启笛

在 阅 读 中 被 照 亮

技术治理通论

刘永谋 著

GENERAL THEORY OF TECHNICAL GOVERNANCE

谨以此书献给尊敬的学术前辈、精神导师和大技术哲学家卡尔·米切姆(Carl Mitcham)！很多次都想放弃,感谢您的持续关注,让我最终得以基本按照最初设想完成此书。

致　　谢

2010年年初,为申请哈佛大学的访问学者资格,选择"北美技术统治论运动及其对中国的影响"作为研究题目,迄今已经过去12年多,我对技术治理的研究不断扩展和深入,期间得到来自国内外各方的经费支持。本书是国家社会科学基金重大项目"现代技术治理理论问题研究"(项目号:21&ZD064)的阶段性成果。感谢新时代,使人文学者能得到足够的研究经费,钻研自己感兴趣的学术问题。

感谢大技术哲学家、美国科罗拉多矿业大学教授卡尔·米切姆(Carl Mitcham)一直关注和支持我的研究:推荐资料,发表评论,帮助在国际上发表相关研究成果。在过去六七年中,他也是我在中国人民大学的兼职同事。感谢美国哈佛大学教授门德尔松(Everett Mendelshon)、德国达姆施达特工业大学教授诺德曼(Alfred Nordmann)、荷兰代尔夫特理工大学教授克洛斯(Peter Kores)、乌德勒支大学教授杜威尔(Marcus Duewell)、西班牙巴斯克国家大学教授伊巴拉(Andoni Ibarra)、美国北德克萨斯大学教授安德森(Douglas Anderson)、科罗拉多矿业大学助理教授朱勤,以及俄罗斯彼尔姆国立科研理工大学教授塞芮德克娜(Elena Seredkina)等国外同行,以不同形式对我的研究提供过实质性帮助。

感谢国内学界前辈或同人,尤其是我的博士生导师刘大椿先生,以及朱葆伟、陈凡、高策、任晓明、王国豫、段伟文、董春雨、成素梅、赵建军、肖显静、殷杰、李建会、刘益东、王克迪、林坚、费多益、黄翔、杨庆峰、闫宏秀、郁振华、邱德胜、马得林、张恒力、张凤帆、张云龙、陈红兵、孟强、潘恩荣、易显飞、雷良、刘鹏、曾华锋、李建军、吴林海、艾志强、张明国、操奇、黄小茹、李卫民、陈声柏、沈湘平、吴静、闫坤如、朱利平、苏竣、王阳、王华平、付长珍、李卫民、唐潇风、苏湛、程林、侯深、聂敏里、徐尚昆、王伯鲁、刘劲杨、马建波、王小伟、滕菲、高璐、邹文卿、张万强、张志会等诸位博士、教授或研究员——排名既无先后,亦未一一列举——他们或向我约稿,或邀我讲座,或提出意见,或评阅过初稿,或提供过资料和信息,尤其感谢他们对我的研究表现出的或多或少的兴趣。

感谢我的微信个人公众号"不好为师而人师者"的关注者。在写作期间,曾持续地分享写作进度以及一些观点,他们中的很多人对我的研究通过留言提出过看法和建议,帮助和价值非常大。

感谢我曾经的学生们,尤其是学位论文选题与技术治理相关的赵俊海、仇洲、李乐、李慕航、李佩、沈凯鹏、兰立山、陈翔宇、谭泰成和曹家熙等,与他们的讨论对我启发颇多。在读的博士生彭家锋、李尉博帮助我对本书进行了最后的校对工作。

感谢北京大学出版社的王立刚编审,他为出版此书付出了专业而辛苦的劳动。最后要感谢我的家人,尤其是我的女儿,没有在最后集中成书的 11 个月中过多地"打扰"我。

2021 年 12 月 28 日

目 录

导论 ·· *001*

    一、科学"下降"与技术"上升" ································ *002*

    二、技治社会的兴起 ·· *010*

    三、"房间中的大象" ·· *016*

    四、理解、选择、调整与控制 ···································· *022*

第一编　技术治理基本原理

第 1 章　技术治理 ·· *027*

    一、语言学考察 ·· *027*

    二、基本概念界定 ··· *032*

    三、类型学研究 ·· *041*

    四、技治制定位 ·· *048*

第 2 章　技治逻辑 ·· *055*

    一、技治证成逻辑 ··· *055*

    二、技治否证逻辑 ··· *062*

    三、技治建构逻辑 ··· *072*

第3章 技治主义 ··· 081
一、思想传统 ··· 081
二、理论内容 ··· 087
三、研究领域 ··· 092
四、定位与评价 ··· 98

第4章 技治运动 ··· 106
一、运动的历程 ··· 107
二、激进派主张 ··· 114
三、温和派主张 ··· 121
四、对运动的反思 ·· 129

第5章 伪技术治理 ·· 136
一、类型与根源 ··· 136
二、治理转译与治理误译 ·· 144
三、山达基教的治理术 ··· 149
四、极权与官僚的治理术 ·· 155

第6章 技治专家 ··· 162
一、技治专家与技治专长 ·· 164
二、技治专家的地位与角色 ··· 169
三、技治专家与大众 ··· 175
四、"三大主力"及其关系 ·· 186

第二编 技治推进诸构想研究

第7章 机械决定论的总体技术统治 ·· 197
一、进化论的科学技术观 ·· 197
二、机器工业社会的宿命 ·· 203

三、"工程师革命"及其未来 209

第8章 实用主义的科学管理乌托邦 218
    一、实用主义科学观 219
    二、分析主义方法论 224
    三、管理主义权力论 230
    四、泰勒制的乌托邦色彩 235

第9章 物理主义的实物经济理想 242
    一、维也纳学派左翼 243
    二、"科学的世界观" 249
    三、实物经济的技治框架 257
    四、社会工程的计划战略 263
    五、逻辑实证的技术治理 271

第10章 行为主义心理学的治理蓝图 279
    一、行为科学原理 280
    二、行为技术 286
    三、文化工程 292
    四、行为工程社会 297
    五、心理学与个体改造 302

第11章 技术专家崛起后的计划社会 307
    一、计划体系的中枢地位 308
    二、技术专家的计划治理 310
    三、计划治理的问题与出路 313
    四、计划治理的主要特点 316

第12章 智能治理社会的贤能政治 321
    一、智能预测的技治原理 323

二、智能治理的公正理想 …………………………… 328
三、知识经济的智能运行 …………………………… 334
四、技治社会的文化批判 …………………………… 340

第13章 全球技术治理：从进化论时代到电子技术时代 …… 346
一、进化论时代的"科学世界国" …………………… 346
二、电子技术时代的全球精英政治 ………………… 367

第三编 技术治理风险研究

第14章 机器乌托邦 ……………………………………… 389
一、"纯粹机器社会" ………………………………… 389
二、敌托邦科幻文艺 ………………………………… 392
三、激进技术统治论者 ……………………………… 395
四、反科学思潮流行 ………………………………… 398
五、成见与风险 ……………………………………… 401

第15章 无产阶级与技术治理 …………………………… 407
一、"隐形意识形态"的危险统治 …………………… 407
二、与民主相冲突的现代性代码 …………………… 418

第16章 自由与技术治理 ………………………………… 430
一、唯科学主义的问题 ……………………………… 430
二、社会工程学的问题 ……………………………… 434
三、作为反技治主义者的哈耶克 …………………… 437

第17章 人文主义者的担忧 ……………………………… 442
一、技治盛行的危害 ………………………………… 442
二、当代技术与官僚主义 …………………………… 445
三、社会科学是技治工具 …………………………… 446

四、技术无神论"药方" ……………………………………… 448
　　五、作为反技治主义者的波兹曼 ………………………… 450

第 18 章　福柯批判"治理术" …………………………………… 453
　　一、批判科学运行原则 …………………………………… 455
　　二、批判三种"治理术" …………………………………… 462
　　三、专家批判与反治理思想 ……………………………… 473

第 19 章　专家阴谋论 …………………………………………… 483
　　一、伍德的专家阴谋论 …………………………………… 483
　　二、凯斯的专家阴谋论 …………………………………… 486
　　三、专家阴谋论的风险启示 ……………………………… 489

第四编　有限技术治理理论

第 20 章　科技谦逊主义 ………………………………………… 497
　　一、科技论的有限建构 …………………………………… 497
　　二、谦逊的有限科技观 …………………………………… 501
　　三、有限科技的"精神气质" ……………………………… 510
　　四、有限技治原则 ………………………………………… 515

第 21 章　技术治理的反治理 …………………………………… 525
　　一、反治理的价值 ………………………………………… 525
　　二、在治理与操控之间 …………………………………… 528
　　三、反治理的类型学 ……………………………………… 538

第 22 章　技术治理的再治理 …………………………………… 545
　　一、控制技术的可能性 …………………………………… 545
　　二、生命政治理论批判 …………………………………… 552
　　三、民主制与技术治理 …………………………………… 559

四、再治理的制度建构 …………………………………… 567

第 23 章 渐进技治论 ………………………………………… 578
　　　一、反对总体策略 ………………………………………… 578
　　　二、从谦逊到渐进 ………………………………………… 582
　　　三、如何渐进前进 ………………………………………… 586
　　　四、渐进与民主制 ………………………………………… 589

第 24 章 专家平衡论 ………………………………………… 595
　　　一、专家权力的外部限制 ………………………………… 595
　　　二、专家与政治家分权制衡 ……………………………… 601
　　　三、"泛专家"及其分化与抗衡 ………………………… 612

第 25 章 技术治理与当代中国 ……………………………… 621
　　　一、技术统治论与中华民国 ……………………………… 621
　　　二、技治中国论辨析 ……………………………………… 629
　　　三、中国特色有限技治战略 ……………………………… 633

主要参考文献 ………………………………………………… 640

导　论

显然,我们生活的时代,与其说是科学时代,不如说是技术时代。如果哲学雄心尚存,想把握所谓"时代精神",就必须把主要的注意力转向技术世界,而不是像鸵鸟一样埋首于旧书堆之中。遗憾的是,类似呼吁居然不多余,因为在中国,哲学研究的主流已经被西方文本的翻译、注解和阐释所占据,哲学家与史学家、文论家的边界已然模糊。

技术源远流长,但21世纪之交人类才进入名副其实的技术世界,盖因此时征服自然的技术逻辑终于笼罩人自身,包括人的精神、个体行为、群体组织和社会运行的方方面面。如霍克海默和阿多诺(另译"阿道尔诺")所言:"在征服世界的进程中,自我学会了遵守现行秩序和接受从属地位,但他很快就把真理与管理思想等同起来。"[①]当"真理"与"管理"等同起来——相比于"管理","治理"表达得更为精准——技术治理便逐渐渗透进人类社会,技治社会的兴起势不可挡。

换言之,技术治理和技治社会是技术时代最为深刻的根本所在。一些亲近技术的人对此感到兴奋,与技治社会相得益彰,甚至乐不思蜀,而另一些敏感的人则感受到伤害,尤其是感到被剥夺某种自由,不断积累着厌世、愤懑和推翻"技术奴役"与"技术暴政"的"革命"怒火。而大多数贪图舒适的普通人则安之若素,并不太清楚技术世界加速迭代意味着什么,沉浸于社会不断上升的进化论教导中,不闻异议,亦不见其余。

世界正处于"百年未有之大变局",哲学不应该有所思考吗?无论如何,首先应该理解技术治理,然后在此基础上,尝试去选择、调整和控制技术治理。的确,无法保证我们的努力不会徒劳,但听之任之肯定是放弃自由、意志

[①] 马克斯·霍克海默、西奥多·阿道尔诺:《启蒙辩证法——哲学断片》,上海:上海人民出版社,2006年,第10页。

和能动性。显然,能在漫长而艰苦卓绝的生存竞争中得以幸存,逆来顺受和混吃等死从来不是智人的风格。

一、科学"下降"与技术"上升"

众所周知,科学是描述20世纪人类社会最好的标签,而技术自19世纪下半叶以来则被认为是科学的应用,科学的新突破指导着技术前进的方向。然而,此种情形在21世纪之交发生"翻转":伴随着科技一体化趋势的深入推进,科学在社会中的地位在"下降",而技术的地位则不断"上升"。

1. "物理学帝国"崩溃

20世纪下半叶,自然科学的学科版图开始发生重大变化,其中最引人注目的是,很多学者开始谈论"物理学帝国的崩溃"的相关话题。

何为"物理学帝国"？哥白尼的《天体运行论》以降,自然科学知识在人类智识宝库中一路高歌猛进,在电力革命之后成就几乎唯我独尊的地位。自然科学的胜利更多归功于人类在征服和改造自然活动中彰显出来的伟大力量,但在各种知识竞争中则是因为采取福柯所称的以客观性—真理性秩序建构为核心的"知识纪律化"[①]策略。

大致来说,"知识纪律化"的核心策略在于:1)首先按照某种客观性—真理性标准,安排人类知识的等级体系——19世纪很多人做过类似的事情,最著名的当属孔德——物理学、数学居于知识中心,依次向外大致环绕化学、天文学、生物学、心理学、医学、工程科学、社会科学,客观性—真理性依次递减,到了人文知识就只能称之为人文"学科"而不是"科学";2)其次要求边缘学科应该努力向核心学科学习、靠拢和"同化"(纽拉特术语),于是各种还原主义和"统一科学运动"的主张此起彼伏;3)最后要制度性地压制、禁止、封存和抹除某些"离心知识",包括不能整合进真理序列的知识和公然反对真理秩序的知识,比如上古传说、巫术传统、"黑暗知识"(如"帝王术""魔鬼学")、秘传知识和地方性知识等。

---

① 米歇尔·福柯:《必须保卫社会》,上海:上海人民出版社,1999年,第170—171页。

"知识纪律化"的最大成果是"物理学帝国"的落成,它以"物理学帝国主义"为基础,"一切皆可划归为物理学"。也就是说,所有的知识或者成为物理学分支,或者走在向它"归化"的路上。于是,人类知识大厦最终应成为牢靠的"物理学帝国",包括人的心理都可以还原为物理学—化学经验现象,而不能还原的灵魂、意志等都是处于科学之外的形而上学——按照卡尔纳普的观点,它是某种态度或情感,但不属于科学知识。①

当然,对于"还原","物理学帝国主义者"的意见不一致,但是他们都要求向物理学"归化",所有的知识都要宣誓效忠实验—可检验性。"物理学帝国主义"的巅峰乃是逻辑实证主义的"统一科学"主张;无论是要统一于物理学语言,还是要统一于物理语言,都骄傲地宣布了物理学的至上优越。

然而,客观性和真理性始终没有得到清晰的阐释,各种尝试包括主体分析学、实在论、符合论、语言赋值说、历史进步论、实验论等,最后均陷入自相矛盾或相互攻讦之中。如今能够得到辩护的信条只剩下:自然科学知识是迄今为止人类获致的形式最为严密的知识。形式严密指的是它很好地运用数学和逻辑。显然,形式严密并不能与客观性、真理性等同起来。并且,统一科学运动一开始就存在分歧,即金字塔模式与百科全书模式的争论。

因此,真理秩序不得不求助于力量,典型的比如普特南的"奇迹论证":如果科学不是真理,那么科学在实践中的作用,难道是神迹吗?如果奇迹太过频繁,它就不再是奇迹,而是自然规律。② 但是,在原子弹爆炸以及各种全球性问题困扰人类之时,越来越多的人怀疑科学力量不是伟力,而是毁灭性力量,由此"奇迹论证"无法让科学戴稳真理的桂冠,因为人们不能接受真理可能走向邪恶。

加之21世纪初,科研活动的可检验可重复性危机爆发。此时,每年全球科学论文发表数量在数百万量级,对它们逐一进行可重复性检验,几乎成为不可能的任务。实验室工作成为人类生产的重要部类,与其他生产活动、商业活动、军事活动和政治活动已经紧密地交融在一起。统计数字表明,某些

---

① 鲁道夫·卡尔那普:《世界的逻辑构造》,上海:上海译文出版社,1999年,第326页。
② Hilary Putnam, What Theories are Not, in Nagel, Suppes, Tarski (eds.), *Logic, Methodology, and Philosophy of Science: Proceedings of the Nineteenth International Congress*, Stanford: Stanford University Press, 1962, pp. 240-251.

学科比如生物科技领域,大部分科学论文从未被检验,最常见的情况是它们不值得花费人财物力去重复检验。

更重要的是,科学中各学科知识的占比在过去50年中发生很大变化。20世纪初的"物理学革命"之后,物理学一直没有大的进展,而与此同时,生物学、信息科学、环境科学、复杂性科学、社会科学以及系统论等横断科学强势崛起,物理学一枝独秀的局面已成明日黄花,崛起的新知识不再执着于向物理学靠拢,而是要走自己的新路,物理学争取到的社会资源、从业人数和关注度都持续下滑,可以说"物理学帝国"崩溃,被科学共和国所取代。这并非说物理学要消亡,而是说物理学已不能定于一尊。在70年代发表的著名论文中,福多称其为科学的"非统一性"趋势。① 事实表明,科学不再是单数的科学(science),而是复数的科学(sciences)。

2."技术的反叛"

与"物理学帝国"崩溃相对,技术的地位不断上升。一般认为,科学与技术在古代分属两个平行的传统:科学属于求真的"贵族"传统,而技术属于谋生的"工匠"传统。彼时,名为"自然哲学"的古代科学与被斥为"奇技淫巧"的古代技术之间交集很少,自然哲学家们大多不耻与下层工匠为伍。19世纪下半叶,科学与技术一体化进程加速:一方面科学原理提出来之后,不断向技术应用转化,另一方面技术持续向科学学习,在体系化、严密化和精确化方面不断提升。科学与技术不断靠拢,工科或工学成为自然科学的强势学科,实际拔高了技术在社会中的地位。今天很多诺贝尔自然科学奖获得者都投身技术工作,技术工作低人一等的观念逐渐消退。

在第二次世界大战之后,科技一体化的趋势愈演愈烈,我认为已然使得科学和技术融合为中国人所称的"科技"。英语中没有"科技"一词,只有单独的科学(science)和技术(technology),可今天我们谈科学或谈技术,多数时候其实在谈科技。换言之,现在一味强调科学与技术的差异,已经意义不大。比如,信息科学还是信息技术,生物科学还是生物技术,航天科学还是航天技

---

① Jerry A. Fodor, Special Sciences: Or, the Disunity of Science as a Working Hypothesis, *Synthese*, 1974, 28 (2).

术,此类区别越来越显得多此一举,不如信息科技、生物科技和航天科技更能反映真实情况。

21世纪之交,情况继续发生变化:如今我们接受科学,更多是因为它能够帮助人们实现造福社会的技术目标,越来越多人认为某个科学新分支应该得到社会重视,是因为它具备足够的技术—经济—社会价值。至于不食人间烟火的纯粹求真科学的高贵形象,很多人比如科学修辞学家认为,不过是早期科学家希望从神学、宗教压制下争取独立,寻求更多社会支持,而"编造"的某种"神话"。客观地说,现代科学产生之初,同时受到求真和功利两方面动力的刺激。不能说求真传统是科学家的谎言,但科学能帮助国家和政府解决实际问题,是科学得以建制化发展的重要推动力。科学所刻画的世界图景,对于21世纪的人们很重要,虽然这不是他们所相信的唯一世界图景,但几乎所有人都相信科学探索能极其有力地帮助实用技术的推进——当然,人们知道科学探索转化为技术应用时,伴随着难以消除的社会负面效应。

一些思想家如海德格尔、斯蒂格勒,开始认为科学的本性是技术的,而不是相反。最近十年来,类似的"技术化科学"(technoscience)理论越来越受到学界的重视,甚至出现将科学纳入技术范围的激进主张。应该说"技术化科学"的主张,在21世纪之交从某个侧面反映出当代科技发展的重要变化,但就此将科学的本质系于技术,肯定会引起一些科学家的不满。更重要的是,讨论科学本质或技术本质之类的本质主义话题,早已不再重要。相比较而言,此时用"科技"代替科学、技术,比"技术化科学"的观点,更能反映当下实际,更易被社会所接受。

一些科学史家如齐尔塞尔,开始重新解读科学史,从中发现技术因素对科学产生和发展的关键作用。关于现代科学方法论的起源问题,齐尔塞尔提出我所称的"智识活动三阶层说"著名见解。[①] 他认为,现代科学产生之时,西欧与智识活动相关的社会阶层主要有三个,即大学学者、人文主义者(humanist)和顶层工匠。前两个阶层接受过系统的数学和逻辑等方法论训练,顶层工匠则没有,但他们发展出朴素的实验操作技能。现代科学能在西欧兴

[①] Edgar Zilsel, *The Social Origins of Modern Science*, Dordracht: Springer Science + Business Media, 2003.

起的关键就在于三大阶层的交流、合作和融合,才使得实验和数学相结合,形成实验科学的新传统。也就是说,现代科学最重要的实验传统,并不源自大学中的"贵族"天才,而是吸收自"工匠"的劳动技能。齐尔塞尔所言的"工匠",包括今天所称的艺术家,彼时与工匠并不分家,典型如达·芬奇,而今天所谓的"工程师",彼时是效力于"战争机器"的工匠。在工匠的顶层,出现对逻辑学、数学等原不为工匠所有的所谓"纯粹知识"的倾慕,推动了现代实验传统的产生,而且顶层工匠彼时也存在着跻身上流社会,与学者、官员阶层流通的可能性。因此,齐尔塞尔所谓的"现代科学的社会起源",在很大程度上可以说指的是现代科学的技术起源。

在福柯看来,知识纪律化导致某些知识"被压迫",而从20世纪六七十年代开始,"被压迫的知识的造反运动"兴起,他所主张的谱系学就是对"被压迫的知识"的研究。① 知识造反运动反抗的是"物理学帝国主义"秩序下的客观性—真理性知识等级,主张人类知识的多元化和自由化。在21世纪之交,技术不再需要借助科学支撑自身的合理性,从"真理的阴影"下挣脱出来,我效仿福柯的说法称之为"技术的反叛"——不能说这意味着科学与技术的优先性关系彻底发生"翻转",但可以说技术与科学在知识上开始"平起平坐",而在社会重要性和欢迎度上,技术甚至已经超过科学。

3. 技术新世界

技术的反叛催生技术新世界。自此,于知识生产者性命攸关的问题是研究工作和研究成果对于大家、对于社会到底有什么用。此时,技术合理性与科学合理性的差异彰显,前者取代后者曾经拥有过的合理性"基石"的地位。这是技术新世界的第一个重要之处。

在新世界中,我们不再缺乏"知识",相反现时代显然已经步入知识冗余的时代。这是现代西方知识生产逻辑的必然后果,尤其是其中的分科逻辑——在汉语中"科学"一词,意味"分科之学"——四百年来不断推进的结果。作为辅助人类生存的进化产物,知识力量的"U型拐点"已经到来,也就是说,知识带来的麻烦和它产生的好处逐渐进入相持阶段。这样的相持加剧

---

① 米歇尔·福柯:《必须保卫社会》,上海:上海人民出版社,1999年,第6—9页。

知识冗余症,在21世纪平添诸多解决知识冗余、应对知识恶果的所谓"新知识",比如围绕如何对待每年百万量级的、没有重复检验价值的论文所产生的"新知识",此种现象我称之为"知识银屑病"。也就是说,知识体系的冗余和失调,已经出现类似疾病的危害,甚至成为人类智识一目了然的"疮疤"。一句话,有些知识是力量,而有些知识则是负担。

面对"知识银屑病",人类尚未提出根本性的可行疗对方案,只能用技术功利的"尺子",从重重叠叠的知识堆积中挑选所需,避免被知识所完全"淹没"。普特南"奇迹论证"的出现,恰恰说明技术合理性在今天相比于科学合理性更为强势:这不仅指奇迹或规律由功利来判断,更是指"奇迹论证"正是因为实用性才成为某种典型的客观性辩护,而且"奇迹论证"指导着目前我们如何应对"知识银屑病",即"从奇迹中挑选出最奇迹者"。这种情况在互联网搜索引擎中得到最好的说明,特别是在同一搜索项得到的无数结果中存在先后的排序。显然,这不再是真理的序列,而是行动的序列,或者是真理—行动的技术治理序列——我觉得它们都是"行动中的密涅瓦"[①]:急于起飞的,不再是雅典娜的猫头鹰,而是她自己。

当然,人类智识需要全盘革命,才能从根本上解决"知识的银屑病"——但这不是我们的主题——"被压迫的知识的造反运动"同样"头疼医头脚疼医脚",属于局部的造反活动。技术反叛之后,知识纪律化日渐崩溃,但功利纪律化则日益强化。可以预见,功利纪律化导致的问题在未来不会少于知识纪律化,但当下功利的"剃刀"的确是剔除冗余知识的利器。坚持技术合理性的人相信:最重要的是行动起来,不要被冥想所迷惑,不要被冗余知识所羁绊。

人类智识活动从来就不局限于书本上和实验室中,技术反叛之后则不断加速,促动技术世界持续加速。这是技术新世界的第二个重要之处。

正如莱特里(Baroness Knightley)1860年的感慨,"现如今没有人能享受到清闲,人们总是在活动着,不管是在寻欢作乐,还是忙于工作"[②]。加速现象体现在当代社会生活的方方面面,譬如技术加速发展,生活加速变化,越来

[①] 刘永谋:《行动中的密涅瓦:当代认知活动的权力之维》,成都:西南交通大学出版社,2014年。
[②] 转引自安德烈亚斯·罗德:《21.0:当代简史》,北京:商务印书馆,2020年,第28页。

越强烈的时间压迫感。一些理论家将加速视为当代社会的本质特征,称之为"加速主义"。对于社会个体而言,越来越多的精神疾病,以及近来备受关注的"过劳死",都与加速主义信仰相关。

在斯蒂格勒看来,"现代技术的特殊性从本质上说就在于它的进化速度"①,即它本质上是加速的。他认为,由于人依附于技术并与技术并存,可以说人的本质是技术性的,而这种技术性就是时间性,因为动物世界没有时间,只存活于当下,而人可以通过技术记忆延展至过去和未来。于是,技术加速意味着人—技术的协同进化是加速的,因此技术世界的加速是本质性的,不可能被避免的。进一步地,由于技术是不确定的,如果社会体制不能与技术加速相协调,历史主义盛行,社会体制抵制技术发展,此即斯蒂格勒所谓的"迷失方向"。②

有些人则与技术加速主义针锋相对,提出技术减速主义的主张。人类学家格雷伯(David Graeber)认为,自1970年以来,世界技术革新开始被阻断,一切都在减速发展;50年代科技专家承诺的各种未来技术大多没有实现,现在被制造出来的是一种幻觉——它将令人失望的东西装扮成令人兴奋的新东西;真正在革新的技术不是市场驱动的,而是最有利于监视、纪律和社会控制的技术,计算机并没有带来工作终结的乌托邦便是明证。③ 显然,格雷伯并没有办法完全否定技术加速主义的观点——这看起来要用统计学方法来判断——而是正确指出,技术加速并不是平衡的,这恰恰是技术合理性的根本缺陷,我们谈论有用性,究竟是对谁、对什么有用呢?

技术新世界的第三个重要之处是技术对社会影响的深度达到全新阈值。段伟文称之为"深度科技化"④,我认为其中的关键是新科技不满足于改造外部世界,它的力量开始深入人的肉身与精神。21世纪之交,克隆人、基因编辑、人体增强和脑机接口等新科技,不断引发世界性的关注,其中蕴含的改造人自身的冲动昭然若揭。

---

① 贝尔纳·斯蒂格勒:《技术与时间1:爱比米修斯的过失》,南京:译林出版社,2000年,第27页。
② 贝尔纳·斯蒂格勒:《技术与时间2:迷失方向》,南京:译林出版社,2010年,第2—3页。
③ 格雷伯:《技术减速主义:我们为什么没能等来"飞行汽车"?》,澎湃思想市场,2020年9月9日发布,https://mp.weixin.qq.com/s/tbUYCx94wsJ3h7lEVTAtrw。
④ 段伟文:《深度科技化与中国技术哲学的未来之路》,《哲学动态》2021年第1期。

实际上，智人诞生至少已经数万年，之后并没有停止进化。人类学家发现，马来西亚沙巴州的巴瑶族，长期生活在海上，脾脏比陆地民族要大一倍，供给他们更多潜水时所需的血氧，可以在水下连续活动10分钟之久。斯蒂格勒则相信一些人类学家宣称的，人类在某个时期之后停止内在进化，而转向"外在代具"即技术进化。① 没有技术就没有人类的进化，技术代具与人的缺陷是问题的两面，换言之，人与技术协同进化。实际上，抛开斯蒂格勒混乱的概念——技术、时间和人常常被他混同起来——他并不能否认"外在化"的进化可能再一次转向人的肉身，而这一次是以新科技为手段——或者说，人的"外在化"的进化与"内置化"的进化最终融合起来，并且不再将人的肉体与人的精神分开来对待。

在深度科技化论者看来，肉身与灵魂既不可分离，也不可分出高下，更重要的是作为肉身与灵魂合体的人从根本上是不确定的。我支持类似的观点：没有什么不变的人性和身体，并用我所称的"露西隐喻"来进行说明——

> 现在主流古人类学研究认为，人类起源于同一个非洲的古猿"露西"。当露西从树上下来，并不知道什么是人。她只是扫视了一下身边的其他古猿，心里说了一句："我不再做猿猴了！我要做人！"可是，她并不知道到底怎么做人，她能决定的只是：彻底与昨天告别，不再做野兽。

"露西隐喻"暗示人类的真实状况一直都是：既不知所来，亦不知所往。今天，人类已经离开露西很遥远了，但仍然不知道自己将去向何方。

实际上，我们从猿猴进化而来，这只是诸多人类诞生理论中的一种，不过是今天的主流观念而已。生物学研究有一种说法：在隔绝状态下，只需要四五百年就会演化出新物种。而根据当代科学观念，人类已经有百万年的历史，智人也有数万年的历史，显然人类在不断进化，如果有一个什么人性，也应该是不断变化的，肉体就更不待言了。

什么是人？这个问题一直没有答案，也不会有答案。人是开放的场域，是可能性和不确定性本身。表面看起来，物理世界似乎是确定性主宰的，深

---

① 贝尔纳·斯蒂格勒：《技术与时间1：爱比米修斯的过失》，南京：译林出版社，2000年，第55—60页。

层的不确定性在最近几十年才慢慢被揭示出来,而人类则一直是似乎确定宇宙中明显的不确定性。而在技术新世界中,人必定成为技术的场域和可能性。

至于人类灵魂结晶出的智识,尤其是自诩"时代精神结晶"的哲学,在技术新世界中再一次面对新的"露西困境"。今日之哲学,半数以上的议题,最有活力的部分,直接都与技术相关。而不直接相关的部分,也不能不考虑技术时代的大背景。总之,技术新世界到来,改变着哲学的基本面貌。

二、技治社会的兴起

在我看来,技术新世界第四个紧要之处,即技术治理与技治社会的兴起,才是当代社会运行最突出的特点。细究起来,技术治理的理想已然蕴含在上述新世界的三个特征之中。技术合理性优于科学合理性的证据,离不开它将理性推进至人自身,突破长久以来抵挡深度科技化的形而上学"禁忌",加速自然与人的齐一化进程。因此,霍克海默和阿多诺所谓的"启蒙的辩证法",在技术新世界中开始"反对"启蒙:人从尘土中超拔出来,又将再一次归于和光同尘。

1. 当代社会即技治社会

毫无疑问,技术治理的出现与兴起,是现代科学技术迅猛发展的结果。19世纪下半叶尤其是电力革命以来,在人类变革和改造自然界的活动中,科学技术发挥了巨大的威力。很自然地,一些思想家想到,应该将现代科学技术应用到社会治理和政治活动当中,让社会运行得更加科学和高效,以造福人类社会。这就是技术治理的基本主旨。

技术治理既是一种主义,也是一种社会实践。显然,无论作为主义,还是作为实践,它必须以科学技术的新进展作为基础。没有科技力量的不断展示,技治主义者的信心就无从落地,或者被反对者视为狂妄。因此,技术治理掩盖不住乐观主义的底色,显示出智人一贯的进取心,应当被视为二百年来现代科学技术惊人成功在社会领域的"引申"。

尤其是20世纪下半叶以来,伴随着第三次新科技革命如火如荼,技治主义所主张的政治实践科学化日益流行。在美国,罗斯福新政(New Deal)之后,社会管理、公共管理和政府治理日益成为"某种技术事务",技术治理逐渐成为广泛共识,支持技术治理的技治主义占据了主流意识形态最重要的位置,甚至堪比实用主义的地位。① 技术治理的风潮很快从西方发达工业国家蔓延到第三世界国家,20世纪70年代以后产生世界性的冲击,极大地改变了全球公共治理活动。②

这种情况在社会主义国家也不例外。一些人甚至认为,社会主义与技治主义同出一脉。③ 美国技治主义理论家凡勃伦,则被一些人视为马克思主义者,他们认为凡勃伦的理论与马克思的思想共同之处颇多,甚至可以算作马克思主义的变种。④ 至于中国,有些人则认为,当代中国工程师在政府决策和治理中非常重要。⑤

21世纪之交,无论是在发达国家,还是在发展中国家,技术治理均已成为公共治理领域全球范围内的重要现象,我称之为"当代社会的技治趋势"。在诸如公共治理、政府活动、企业管理以及非政府组织(NGO)事务中,运用理性化、专业化、数字化、程序化乃至智能化的技术原则和方法日益成为主流选择,"社会技术""社会工程"和"科学管理"等相关理论术语日益为公众所接受。并且,物联网、大数据以及人工智能等新技术的蓬勃发展,智能社会呼之欲出,正在加快技术治理在全球范围内的推进。⑥ 从这个意义上说,当代社会已经成为技治社会,这是现代以来社会理性化不断深入的必然归宿。

之所以称之为"技术"而非"科学"治理,首先是因为科学与技术已然一

---

① Benjamin S. Kleinberg, *American Society in the Postindustrial Age: Technocracy, Power, and the End of Ideology*, Columbus, Ohio: Charles E. Merrill Publishing Company, A Bell & Howell Company, 1973,4.

② J. G. Gunnell, The Technocratic Image and the Theory of Technocracy, *Technology and Culture*, 1982,vol. 23, No. 3.

③ Michael M. Smith, Marx, Technocracy, and the Corporatist Ethos, *Studies in Soviet Thought*, 1988, vol. 36, No. 4.

④ R. E. Mithell, Thoretein Veblen, Pioneer in Environmental Sociology, *Organization & Environment*, 2001, 14(4); Graham Cassano, Choosing Our Ancestors: Thorstein Veblen, Radical Institutionalism and Sociology, *Critical Sociology*, 2009,35(3); William M. Dugger, Veblen's Radical Theory of Social Evolution, *Journal of Economic Issues*, 2006, Vol. XL, No.3.

⑤ Joel Andreas. *Rise of the Red Engineers: the Cultural Revolution and the Origins of China's New Class*, Stanford, California: Stanford University Press, 2009.

⑥ 刘永谋、兰立山:《泛在社会信息化技术治理的若干问题》,《哲学分析》2017年第5期。

体化为"科技",人们很容易理解,使用"技术"这一称呼时,必然牵涉到科学问题,并不把"科学"视为某种与技术隔离的东西。其次,"技术治理"这一术语讨论的主要是科学技术成果运用于公共治理领域的行动或实践相关问题,而不是"科学"一词容易让人们想起的真理、知识与客观性问题。最后,之所以没有称之为"科技"治理,是因为与之相关的许多既有思想的传统比如技术统治论(technocracy),都被归在"技术"名下。

2. 技治社会的根本特征

与传统社会相比,技治社会有诸多不同,其中最重要的至少有五个方面。

第一,技治社会是具备足够"社会自觉"的智能社会。所谓"社会自觉"的概念,将社会隐喻地视为能完成适应性的刺激—反应行动的"类生命体",指的是社会能即时"了解"自身状态,进而"思考"自身前进的方向。通过运用各种新技术手段,技治社会能迅速"感受"内外刺激,做出技术化的操作反应,并根据反馈不断调整,从而摆脱传统社会盲目的"本能"应对方式。进一步隐喻地说,这意味着技治社会已具备足够的"智能"。

第二,技治社会是大规模预测、规划和控制的控制论社会。试图控制社会发展的想法,源远流长,但大规模地实施要到 21 世纪之交才具备充分的技术条件。和传统的社会控制思想相比,技治社会不再设定理想社会的终极蓝图,而是根据具体情况不断修正社会目标。也就是说,技术治理的目标不是某种乌托邦,而是实现更多的即时局部控制,以提高社会运行效率。因此,运用各种技术手段努力,技治社会努力减少对世界的未知状态,朝着即时、连续、全面认知的方向前进,通过计算分析、反馈规划和公共治理,减少浪费、失误、偏差和偶然性,控制社会的风险和不确定性。重要的是努力控制,而不是完成控制,这显然是某种过程主义的思路。

第三,技治社会是科学运行和专家治理的技术决定论社会。技术发展在何种程度上决定技治社会的发展,还有待观察,但乐观的技术决定论肯定是技治社会最重要的意识形态观念。无论实施何种技治模式,技治社会必然坚持科学运行和专家治理这两条我所谓的"技治二原则",而这正是技治社会笃信技术决定论的表现。并且,技术知识生产部门如大学和科研院所,日益膨胀成为技治社会的核心结构,而控制技术亦成为技治国家的基础性任务。拉图尔说:"在过去的一个半世纪里,科学与社会的关系发生了很大的变化。如果有寻求一种能够充分反映此种变化的表达,我发现最合适的一句话就是——我们已经从科学(Science)转向了研究(Research)。"[1]至于国家是否真的能"规划"科技,或者国家被专家所"规划",以及国家与科技的"靠拢"会是何种结果,则会不断困扰技治社会的人们。

第四,技治社会是富裕与风险并存的政治经济学社会。此时,社会生产力发展到新的阶段,即劳动者生产的物质财富,已经能够满足社会成员舒适生活的需求——这一点在自动化和机器人急速推进中愈来愈明显。问题不再是如何生产更多的商品,而是如何公正而合理地分配它们——可以追随加尔布雷思称之为"丰裕社会问题"——必须将经济制度和政治制度结合起来考虑,才可能妥善解决。技治社会充斥更多的社会风险,尤其是政治风险。比如,"丰裕社会问题"在智能革命背景中转变成为"AI 丰裕社会问题",即该问题将在机器人替代劳动愈演愈烈的情况下变得非常尖锐和一目了然,对既有社会制度安排形成巨大的冲击。并且,新技术手段在控制风险的同时,也增加了危机爆发的危险性。2020 年年初,新冠病毒在极短时间内成为全球性流行病,便是极好的例子。

第五,在技治社会中,技治知识观占据主流,人们的知识观念彻底改变。展开来说,技治知识呈现出实用化、操作化、权力化和泛化等四个特点。一是知识日益实用化。技治知识生产的目标是效率,而非传统意义的真理。或者说,知识有用才是知识,此时科学、真理与价值、善直接结合在一起。二是知识日益操作化。技治知识导向治理行动,控制代替理解成为技术化科学的目标。此时,真理在很大程度上被等同于可操作,通过改变自变量求得相应的行为结果。三是知识日益权力化。传统观念将知识视为独立于权力和政治的中立性力量,而技治知识与治理行动是紧密连接,更多知识意味着更大的行动力量。在技治社会中,对知识的传统真理尊崇将逐渐消失,代之以对知识力量的威权尊崇。四是技术知识日益泛化。当社会行动最好以技术的名义获得合理性时,形形色色的技术知识必然暴涨,各个领域都将涌现出大量

---

[1] 布鲁诺·拉图尔:《我们从未现代过:对称性人类学论集》,苏州:苏州大学出版社,2010 年,中文版序言第 1 页。

新技术,技术与技艺将很难区分。并且,以技术为名的伪技术治理现象会日益盛行——它打着技术的旗号,实际上并不真正运用科学原理和技术方法。

3. 智能革命与技治社会

对于智能革命与技治社会的关系,值得认真地剖析。

近来人工智能(AI)大"火",很多人因此提出,智能革命兴起,当代社会开始进入智能社会。究竟什么是智能革命和智能社会,大家却众说纷纭。从技术治理的角度看,智能社会意味着智能治理社会,智能革命意味着"智能治理的综合"的技治新阶段。

智能社会论者认为,智能革命对社会的影响是如此之大,以至于最终将导致社会形态发生整体性变革,智能社会随之来临。因此,简单地说,智能社会就是以智能技术为主导性技术,被智能革命全面影响、改造和定型的社会。

一方面,智能社会是基于智能技术发展的未来愿景而提出的。今日至多能说智能社会正在到来,而不能说已经完全到来。也就是说,它是一个预测性的概念。

未来如何可能被"科学"地预测?至少有两个原因保证预测未来的可能性。首先,在很大程度上,预测未来等于反思当下。科幻小说家威尔斯认为,存在着面向过去和面向未来两种不同的思维方式。[1] 但归根结底,真正理性而有根据的思考只有一种,即对于当下历史境遇的思考。无论以未来—先知的口吻说话,还是以过去—长者的口吻说话,我们谈论的都是现在。其次,预测未来在很大程度上等于控制当下。丹尼尔·贝尔归纳了既有社会预测的 12 种方法,又承认确凿的社会预测实际上不可能,或者说它只能以一种方式可能,即通过社会控制而完成社会预测。[2] 预测未来必然会影响当下的行动,这些行动又会促进预测结果的出现,比如大家都预测某种股票会大涨而买进,最后它果然大涨了。在很多时候,尤其是认知和实践有保证之时,影响未来会升级为控制未来,以保证某种结果如预测般到来。智能技术大规模应用,更使得控制未来日益成为可能。

---

[1] H. G. Wells, *The Discovery of The Future*, New York: B. W. Huebsch, 1913, p. 20.
[2] Daniel Bell, Twelve Modes of Prediction: A Preliminary Sorting of Approaches in the Social Sciences, *Daedalus*, vol. 93, no. 3, 1964, pp. 845-880.

另一方面,智能社会又是现实性的概念,因为智能技术的社会影响已经开始显现,这表现在日常生活、组织机构、组织形式、社会意识和全球化等诸多方面。

在日常生活层面,智能家居、智能出行等智能生活方式出现,个体日常行为和生活习惯慢慢发生变化,比如行为计划性增强,随意或突发性减少,在某种程度上自主性减弱。在组织机构层面,智能技术的运用开始改变企业和政府的活动方式,比如智能物流、无人超市、无人宾馆和无人工厂出现,非政府组织(NGO)和民间社团正在获得更大的力量。在组织形式方面,智能技术正在影响社会组织方式,比如新冠疫情中健康码对社区组织的改变,网上教学推广对教育组织的改变,社区、治安、医疗、养老和育婴等活动的组织都慢慢被重新组织。在社会意识方面,智能技术的推进会慢慢改变诸多社会流行的思想观念,比如智能技术正在改变学院式知识生产和传播模式,进而深刻改变社会一般知识观,再比如隐私观念和权利观念,也会在智能革命中逐渐变化。从更大的背景看,智能革命开始对全球化、信息化和现代化发生重大的影响,比如导致全球化进程加快,产业转移、升级和资源配置将在全球范围内以更大的规模发生,再比如"无人战争"已经引起各国的重视,必将改变国际政治关系。总之,智能技术对社会的影响不是零星的,而是开始在社会的各个层次和领域中显现出来。

如上所述,技治社会肯定是智能社会,因为智能技术大规模推进之后,社会才可能真正实现"自觉"。技治社会要顺利实施技术治理,必须要实现社会自觉,社会"自觉"的程度便是社会"智能"的程度。如前所述,这是一种拟人化的隐喻,即社会像有机体一般具备了某种类生物"智能"。自技术治理诞生以来,各种治理术(亦可称为技治技术)层出不穷,但只要智能技术大规模应用于公共治理之后,社会"自觉"和"智能"的程度,才具备明显的社会统计学意义。当代社会技术治理的大趋势,给智能技术的发展提供了强大的动力,不断推进智能革命的深入。

反过来,智能社会必然会成为技治社会,因为智能技术的推进,必然使社会不断地提高"自觉"水平,采取各种以刺激—反应为核心的适应环境行动。从某种意义上说,有机体的刺激—反应行动意味着它对自身行为的"治理"(适应性的自我控制)。社会作为"智能体",不仅意味着总体化的"智能"反应,更意味着不同部分、不同层面、不同规模的"智能"行动。智能革命和智能社会的未来愿景,不断刺激技治主义者设计出更多大小不一的技治方案,给技治术提供更多更好的技术手段和应用场景。此时,各种治理术不再各行其是,而是在同一智能平台上整合起来,使得技术治理的效能倍增。我将这种现象称之为"智能治理的综合"。所谓智能治理,就是将智能技术运用于公共治理活动。所谓智能社会,尤其意味着智能治理社会,即智能治理将支配社会治理活动。

总之,智能社会与技术治理是相互支持、相互促进的,技治社会不断朝着智能治理社会方向发展。

在未来智能技治社会的理想图景之中,人们的生活尤其是物质生活预期会进一步提高到新的水平,社会运行很可能出现至少四个特点。

第一,进化加速。人类社会不断向前发展和演化,正如生命不断进化一样。进入现代之后,社会节奏明显加快,未来的社会变迁将进一步加速。可以说,技术加速进入"智能加速"的新阶段。

第二,整合增强。所有的人、物和环境因素均被纳入智能网络之中,被全面感知、认识、计算、调整和控制,控制—反馈活动不断升级,实现整个社会更大范围、更深层次、更具体细致的协作。

第三,泛在智能。机器智能将广泛分布在社会中,与人的智能实现无缝融合,甚至环境也表现出极大的"智能"。

第四,计划细致。智能社会追求减少未知以控制风险,才能提高效率。智能网络"自觉"社会的即时信息,据此对未来状态进行精确预测,并在此基础上根据一定的目标对未来行动加以周密计划,以及对偏离计划的行为及时察觉、矫正和控制。

三、"房间中的大象"

既然当代社会从某个侧面可以认定为技治社会,哲学又要把握时代精神,自然不能忽视研究技术治理。从技术治理切入时代精神,对于回答哲学最根本的问题即当代人的历史境遇非常重要——我甚至认为是最佳切入点之一。但是,技术治理研究在国际国内均不尽如人意,技术治理似乎成为西谚所称的"房间中的大象"(elephant in the room),即某种明显重要但不知为何被忽视的东西。

1. 被忽视的原因

一方面,在当代社会生活中,技术治理现象无处不在,如技术性的银行利率调控、新能源政策、科技政策和公共卫生新措施,数字化、信息化的工作环境等,既引起越来越多的社会关注,又常常让非专业的普通公众感到难以理解。在可以预计的未来,这种状况肯定会不断加剧,此次新冠疫情已经成为技术治理推进的强大动力。正如诺德曼(Alfred Nordmann)所言,新冠疫情应对如同上演世界范围内真实的"社会实验",尽显各国在制度、科技和文化等方面的差异。① 其中,技术治理能力和模式的差异非常重要,各国的抗疫工作凸显在社会公共治理领域应用科学技术原理、方法和成果的关键性作用。因此,新冠疫情之后很长一段时间,各国都会重视技术治理问题。

另一方面,随着技治社会深入发展,诸多与人类根本命运息息相关的新情况、新问题,正在持续不断地涌现,如个人隐私在智能治理中被滥用,"AI失业"或"机器人失业"(即AI和机器人在各行各业的应用所导致的失业),等等。对于技术治理,既要看到正面的价值和意义,也要时刻警惕可能的风险。如前所述,技治社会风险爆发的危险性激增,而且不确定性也激增,必须要对此进行深入研究,才可能预先防范,积极引导,民主调控,及时化解。

然而,既有的技术治理研究总体上相当薄弱。原因主要可能有三个。第一,20世纪以来技治主义者虽然不少,但实践家多,理论家少,技治主义者的主要精力被用于投身实际的技治活动中。在北美技术统治论运动中,面对各种批评,技治主义者回应得就很不够。第二,20世纪90年代以来,反科学思潮在西方发达国家盛极一时,技术治理遇到诸多总体化、宏大化的批评意见,而技治主义者缺乏必要理论回应,于是偏见盛行,遑论对技治制深入细致的研究。第三,虽然当代中国与技治制颇为相关,但对待它一直是"即学即用、活学活用"的态度,国内许多学人甚至认为技术治理没有什么好理论可

---

① Alfred Nordmann. Wollt ihr alle nur kleine Pünktchen sein? Zeit Online, 2020 年 4 月 12 日发表, https://www.zeit.de/wissen/2020-04/corona-pandemie-ausgangssperren-demokratie-staat-freiheit-alfred-nordmann.

探讨。

可以说,支持者和反对者都不重视技术治理的理论研究,往往视之为某种因歧义而杂乱的自发性、盲目性实践,甚至根本不能被归纳为统一的、一致的思潮和趋势。对于反对者来说,直接全盘否定就可以了。而对于支持者来说,口舌之争不如脚踏实地改良社会,研究一下具体的技治事务。因此,反对者多是宏大叙事主义者,而支持者多是福柯所称的微观权力主义者,两者的冲突很多时候并不在一个层次上。

并且,支持者和反对者常常混淆技术治理与技治主义。前者属于某种治理活动,而后者则是支持这种治理活动的体系化理论。不少技术治理的反对者,实际上反对的是某种极端的技治主义思想,却被视为反对所有技术治理措施。当然,的确存在反对一切技术治理的激进反对者。不少技术治理的支持者,实际上支持的是某些特定的技术治理措施,却被视为赞同所有技治主义主张的极端分子。总的来说,极端的技治主义者并不多。

最近十多年,西方政府在解决恐怖主义和移民等问题时,遭遇不小的困境。2016年,特朗普当选美国总统遭遇知识界普遍抗议,之后他施政期间各种民粹主义、反科学主义和孤立主义的表现,尤其是对待新冠疫情不可思议的态度,引发全世界对于美式民主制的反思。在这种情况下,不少学者开始思考具有精英制色彩的技治制相关理论问题。但是,大多数思考非常零散,不能统一在同一个主题之下。这与技术治理涉及的问题过于庞杂不无关系,因为在思想史上,相关问题的思考一直被分属于技术统治论、泰勒主义、公共治理运动、工程师社团运动、专家政治与专长哲学以及"统一科学运动"等不同的标签之中,没有很好地整合起来。

2. 建设性审度

系统而深入地总结技术治理现象的理论很少,但与之相关的技治主义思想及技治运动材料却非常多,特别是西方与技术统治论相关的资源非常丰富。如何在技术治理理论研究中推陈出新,尤其要能反映出新世纪的新状况,我认为,必须坚持建设性审度的根本立场。

(1) 建设性态度

在西方国家,技治主义思想一经产生,就引起各种各样的哲学批评,比如哈耶克为此专门著有《科学的反革命》①。除了哈耶克之外，其他当代著名思想家如马尔库塞、福柯、芒福德、哈贝马斯、波兹曼、波普尔、费耶阿本德和芬伯格等人，都批评过技治主义或某些技术治理措施。不得不承认，对技术治理的偏见，长期以来在西方社会中非常流行。

对技治主义的批评可以粗略地分为宏大的和实证的两类。哲学家的批评属于前者，往往站在怀疑甚至反对新科技发展的立场上，以价值质疑和道德否定为主要办法，甚至拒绝科学逻辑向治理逻辑的任何形式转化。宏大批评缺乏对技术治理的深入分析，尤其是对具体的技治战略和措施研究不够。当然，这并非说哲学批评没有意义，相反哲学家提出的很多忠告，如警惕技治制滑入技术专制，值得认真对待。

实证批评集中于政治学的经验领域，如 J. C. 斯科特的著作《国家的视角》，通过分析一些不同国家大型社会工程的实施情况，得出大型社会工程必然失败的结论。对此，他有四个理由，即社会管理简单化、极端现代化意识形态、独裁主义以及软弱的公民社会。② 斯科特的批评很有启发性，但仍需要进一步分析。比如，如果尽量避免这四个原因，是否可以实施一定程度的技术治理呢？对于经验材料的解读，不同的立场常常得出不同的结论。比如社会工程成功的标准如何设定？他所讨论的工程是否彻底失败了，还是虽然没有完全达到预期所有目标，但在一定程度上成功了？目前，技术治理的实证研究还很不充分，需要更多更深刻的案例剖析。

无论是宏大批评，还是实证批评，基本上都相信一个错误的教条：技术治理的目标只能是我所称的"机器乌托邦"（Machine Utopia），即将整个社会变成一架严密而总体化的机器，每个人变成机器上的零件，因此只要信奉技治主义、搞技术治理，社会最终会成为机器乌托邦。这种看法深究起来，可能与古德纳发现的人文社会科学领域普遍存在的对自然科学既羡慕又嫉恨的态度有关。③常见的情况是，在真正深入了解之前，人文学者已经开始攻击新科技。

---

① 弗里德里希·A.哈耶克：《科学的反革命》，南京：译林出版社，2003 年。
② 詹姆斯·C.斯科特：《国家的视角：那些试图改善人类状况的项目是如何失败的》，北京：社会科学文献出版社，2012 年，第 4—6 页。
③ 艾尔文·古德纳：《知识分子的未来和新阶级的兴起》，南京：江苏人民出版社，2002 年，第 5 页。

正如梅诺德指出的,迄今为止,没有一个政治体制是纯粹技治主义的。①技术治理的既有经验表明:无论是技治理论家,还是技治行动家,执着于机器乌托邦的激进派极少,温和的技治主义者占绝大多数。两派的关键区别在于:是否要全盘推翻既有社会制度,是否将技术治理作为改良方案而非革命纲领。温和技治主义者主张积极与政府合作,努力用专业技能改善公共治理,同样反对机器乌托邦。

事实上,历史上诸多技治运动,均得到当时当地政府的大力支持,在既有制度框架下得以实施。技术治理的实践者们提出过的许多措施如社会测量,已经得到普遍认可,成为当代治理活动的基本措施。在现代中国,一定程度的技术治理对社会发展也起到了有益作用。②

总之,技术治理并不只有机器乌托邦一种模式,在历史上还有许多其他的不同实施模式,很多都能与具体的社会现实结合起来,如源自罗斯福新政的智库(Think Tank)模式。当然,应该警惕技术治理走向机器乌托邦,这是技术治理哲学反思的重要问题。

更重要的是,对技术治理的一味否定,并没有阻止技治社会的崛起。应该直面一个问题:如果技术治理一无是处,为何自20世纪六七十年代以来,一直在全球范围内稳步推进,目前仍然在大踏步前进?显然,试图对技术治理在思想上彻底拒绝、在操作上彻底根除,是不可能的、非理性的和破坏性的。而一些同情或支持技术治理的人,在默默推动技术治理的实践活动,但同样缺乏对技术治理深层的、系统的反思,而是在对科学技术的某种乐观精神的指引下凭着热情在前进。因此,不能对当代社会的技治趋势视而不见,必须对技术治理的基础进行深入的哲学分析,以建设性态度反思技术治理。

(2) 审度技术

技术治理反思应该坚持审度技术的基本立场。对于技术,不能单纯地批评和辩护,而是要在具体的国情中,对技术进行谨慎的、历史的和具体的审度。所谓"谨慎",强调反思技术要摒弃先入为主的成见,全面看待问题。所谓"历史",反对对技术问题下一劳永逸的断语,主张随着时代变迁不断调整

---

① Jean Meynaud, *Technocracy*, translated by Paul Barnes, New York: The Free Press, 1969, p. 29.
② LIU Yongmou, The Benefit of Technocracy in China, *Issues in Science and Technology*, 2016, 33(1).

对某一技术问题的认识。所谓"具体",主张在具体的语境中审视技术问题,区别对待不同领域、地区、民族和对象的技术问题。因此,研究技术治理,并非简单地支持或反对技治主义,而是要构建一种理解、选择、调整和控制既有技术治理实践的理论。总之,不能任由技术治理自生自灭,而是要将之引导到有利于社会福祉的一面。

我们需要积极面对新技术挑战的能动性理论。很多"亲技术"的人,坚持技术工具论的立场,认为技术只是实现人类目标的工具,技术负面效应责任在人而不在技术。而很多"反技术"的人,主张技术实体论的立场,认为技术发展有自主规律,它已经在奴役人类,正将人类裹挟至万劫不复的深渊。技术审度论者认为,工具论与实体论之分歧属于哲学论争,并非自然科学意义上真伪之辨,问题的关键在于:面对新技术挑战,人类是否有决心和勇气调控技术的发展,并为此付出必要的代价(比如牺牲某些技术便利)——我又称之为某种"技术控制的选择论",在本书第四编会对其进行详细的阐述。

反技治主义者的很多批评意见言过其实,但也有不少意见值得认真对待,技术治理的理论研究必须加以注意。比如说,技术治理必然伴随着"技术反治理"现象,不可能也不必完全铲除反治理,而是要包容、理解和控制反治理,实现治理与反治理在一定阈值内的平衡。再如,技术治理必须考虑"再治理"问题,所谓"技术治理的再治理",核心是思考以何种制度设计防范专家权力过大,对技术治理本身及其实施过程进行控制。

对技术治理进行选择、调整和控制,更多是治理问题,而非纯粹的技术问题。换言之,技术治理是"治理中的技术"与"治理中的人"结合的产物,在不同语境、国情和历史条件下会呈现不同的模式。好的技术治理模式并非科技应用水平最高的模式,而是治理活动中人和技术的因素结合良好且适应国情的模式。对于中国而言,能更好地为中国特色社会主义建设目标服务的技术治理模式才是好的模式。当然,在更广阔的视野中,还必须考虑技术治理与环境之间的关系,如米切姆所言,技术—生命世界是脆弱的[①],与自然和谐相处的技术治理系统才真正有利于民族复兴的伟大事业。

---

① 卡尔·米切姆:《中国技术哲学研究应重视批判性》,《哲学动态》2021年第1期。

四、理解、选择、调整与控制

根据上述研究目标,本书主要有四个关注点或主要问题:如何理解技术治理、如何选择技术治理、如何调整技术治理,以及如何控制技术治理。其中,理解技术治理是技术治理理论的基础,只有在理解的基础上,才能探寻引导技术治理向好的方向发展的途径。而选择、调整和控制技术治理是技术治理理论研究的动力,因为技术治理理论归根结底是一种问题研究,它因技术治理问题在当代社会的突出表现而出现,而不是某种思想史或哲学史癖好的结果。

为回答上述四个问题,技术治理理论至少必须从哲学层面跨学科地切入如下四个方面的研究。

1. 技治思想研究

在思想史上,自称为技治主义者的理论家并不多,但是持技术治理立场者的确不少。从技术治理的视角梳理思想史,可以厘清不同种类的技术治理思想以及技术治理的不同实施方案和措施,既可以加深对技术治理正反两面的理解,也可以为重构技术治理提供理论素材。

与技术治理有关的思想史材料异常庞杂,至少包括:1) 早期技治主义者的思想,如弗朗西斯·培根、圣西门、孔德和斯宾塞等;2) 统计学中的政治算术学派、国势学派与社会统计学派的技治思想;3) 以凡勃伦为代表的北美技术统治论运动理论家的思想;4) 泰勒主义以及受它启发的公共行政理论;5) 列宁、斯大林等社会主义革命领袖对科学管理的议论;6) 逻辑实证主义者如纽拉特的技治思想;7) 制度经济学派学者,如罗斯托、加尔布雷思、布热津斯基等人的技治思想;8) 当代操作主义、行为主义的心理学、管理学和政治学中的技治思想,如斯金纳行为工程理论和赫伯特·西蒙的决策理论,又如最近开始热门的社会物理学和计算社会学等;9) 未来学派的技治思想,如丹尼尔·贝尔、托夫勒和奈斯比特等人的观点;10) 某些科学主义向艺术、建筑、城市设计和宗教领域的扩散,包含大量技治思想,比如建筑师勒·柯布西耶(Le Corbusier)等人热衷于设计技治城市,又如圣西门的《新基督教》和孔德的人道教,而山达基教(Scientology)将信息通信技术、控制论、人工智能和人体增强等新科技进展与宗教结合起来,试图将当代人彻底技治化。

2. 技治批评研究

无论是对待既有的技术治理思想,还是对待对它的批评意见,都应该采取批判分析的态度,吸收有益的意见,剔除有害的观点。对技术治理的批评意见很多言过其实,但有些批评意见值得认真对待,在重构技术治理模式中必须加以注意。

研究思想家对技术治理的批评意见,包括西方马克思主义者如马尔库塞、哈贝马斯和芬伯格等,后现代主义者如福柯、利奥塔和罗蒂等,人文主义者如芒福德、波兹曼等,自由主义者如哈耶克和波普尔等,相对主义者如费耶阿本德等,以及卢德主义者、怀旧主义者、专家阴谋论者的批评意见。当然,对批评意见必须再批评、再分析。

除此之外,还要研究技术治理的乌托邦小说,如贝拉米的《回顾:公元2000—1887年》和敌托邦小说如"反乌托邦三部曲",以及政治学领域的经验批评。在研究批评意见的基础上,需要勾勒批评者眼中技术治理的形象即机器乌托邦。

3. 技治实践研究

各种技术治理运动均有自身的特点,尤其提出了一些实践措施,如北美技术统治论运动提出了社会测量和能量券两项标志性的举措。技术治理理论不仅是某些理念的集合,也包括可以操作的战略、制度设计和重大措施。哲学对技术治理的反思不应止于理念层面,还要涉及宏观的战略层面。

既有技治运动的著名案例包括:北美技术统治论运动、苏联的控制论运动、拉美技术治理运动和民国的技术治理实践等。这些研究核心是梳理科技与政治乃至整个社会发展的关系,揭示技术治理在历史实践中的经验和教训,为技术治理的重构提供经验素材。

4. 技治建构研究

技术治理理论建构或重构起码要解决两个问题:一是技术治理的基本原理,二是建设性审度的结果即我所主张的有限技术治理之要点。除此之外,还可以考虑讨论第三个问题,即若干技术治理的宏观层面的重大操作问题。

但是,哲学反思的立场毕竟偏向于哲学层面的,不会涉及过于具体的问题。

技术治理的基本原理问题包括:技术治理的定义、原则、类型和逻辑,技术治理的主要战略和基本机制,技治模式如何选择、调整和控制,技治专家及其作用的发挥、调节和控制,等等。有限技术治理的理论问题包括:有限技治的科学论基础,技术治理的反治理,技术治理的再治理,以及有限技治的限度、纠错和价值观,等等。技术治理还涉及一些重大操作问题,比如我所称的"新技术治理"问题,即智能革命背景下的技术治理问题,尤其是智能治理和生化治理,再比如技术治理与当代中国关系的问题,技治主义与社会主义的关系问题,等等。无论如何,我认为,技术治理是可以为社会主义民主制所用,为建设中国特色社会主义事业服务的。

5. 基本篇章结构

显然,上面所列的研究内容非常庞杂,是一张研究技术治理的"蓝图",涉及问题很多,不可能在一本书中全部进行讨论和回答。就理解、选择、调整和控制当代技术治理的研究目标而言,不必对所有问题都做全面研究,而是要抓住其中主要的"关节"和中国的国情,在一定程度上给出站得住脚的整体把握。

由此,全书一共分为四编二十五章,前二十四章基本讨论西方的各种技术治理理论,第二十五章简要论及中国的技术治理的实践。具体分述如下:第一编"技术治理基本原理",第二编"技治推进诸构想研究",第三编"技术治理风险研究",以及第四编"有限技术治理理论"。第一编主要涉及技术治理、技治逻辑、技治主义、技治运动、伪技术治理和技治专家等内容。第二编主要涉及威尔斯、凡勃伦、泰勒主义者、纽拉特、斯金纳、加尔布雷思、布热津斯基、丹尼尔·贝尔等人的技治思想。第三编主要涉及哈贝马斯、波兹曼、哈耶克、波普、福柯、芬伯格以及专家阴谋论等批评。第四编主要涉及科技谦逊主义、技术治理的反治理和再治理、渐进技治论以及技术治理与当代中国等问题,大致勾勒出我所谓的"有限技术治理"之框架。

总的来说,全书归纳、提炼和创新的诸多观点,均为技术治理的基础性问题,可以作为进一步深入研究,尤其是各个领域、各个学科细部研究和操作研究的某种可选择的"脚手架"。当然,这也意味着我对技术治理的研究,未来还会以问题学的形式在各个方向上继续下去。

第一编

技术治理基本原理

第1章 技术治理

究竟什么是技术治理呢？无论在汉语中，还是在英语中，"技术治理"（technical governance）在口语中常常遇到，但均没有经过仔细厘定而作为专业术语来使用。之所以启用它作为新术语，来指称我试图来讨论的问题，正是希望通过对常用口语的精确化、陌生化以及赋予确定而丰富的内涵，帮助该术语及其指代问题的相关讨论迅速传播。日用而不觉的东西，突然让人感到惊讶，会更快地给人留下深刻印象。

一、语言学考察

在英语中，讨论当代政治活动的科学化趋势时，经常会用到 technocracy 一词。但是，该术语的使用存在不少问题，而且它的中文译名在汉语学界很少使用，更重要的是，它的含义与我讨论的问题——现代科学技术成果应用于社会运行，以提高治理效率——存在不小偏差。于是，我经过很长时间的斟酌，决定用"技术治理"来替换 technocracy，以统摄所要研究的问题。

1. Technocracy 在西方

实际上，technocracy 产生的时间并不长。据考证，它是美国工程师史密斯 1919 年所杜撰，用来指代"经由公务员、科学家和工程师的代理而有效的人民统治"（the rule of the people made effective through the agency of their servants, the scientists and engineers）[1]。但是，technocracy 一词被推广开来，

---

[1] Barry Jones, *Sleepers, Wake! Technology and the Future of Work*, Oxford: Oxford University Press, 1995, p.214.

应该归功于20世纪三四十年代一场以technocracy命名自身的著名社会运动——北美技术统治论运动（American Technocracy Movement）。因此，原初的technocracy或者说狭义的technocracy，是与该运动及其主张紧密相连的，从根本上属于20世纪上半叶美国工程师社团自治运动的传统。

由于这场运动的巨大影响，technocracy一词从此迅速传播，走向全世界，含义也开始泛化，不再局限于美国和工程师两大场景，而是用来讨论政府管理科学化尤其是行政技术化的诸多相关问题。而且，在不同国家，technocracy一词的使用与当地的历史文化传统相结合，语义和语用的侧重点都有所差别，细究起来歧义丛生。

显然，史密斯对于高效的代理者掌握管理权是乐观的、支持的，认定它能同时代表"人民统治"。但是，北美技术统治论运动与technocracy一词一经产生，就在西方广受批评，至今仍不绝于耳，在欧洲尤甚。可以说，今天technocracy这个词在西方社会带有较强的负面色彩。

原因至少有三个。

首先，如导论中提到的，技术统治论理论家缺乏，对于各种批评没有及时有力回应。虽然很多人无论在思想上，还是在行动上，都是支持技术统治论的，尤其是许多工程师、技术人员和科学家，但很少有人会宣称自己是技术统治论者（technocrat），以避免不必要的麻烦。而且，技术统治论者大多是实干家，基本上都是理工科或实际工程建设出身，既不擅长意识形态争论，也对其缺少热情。

其次，在北美技术统治论运动中，极少数激进派领袖的言论和做派给西方民众留下极其深刻的"坏印象"。他们中的一些人，甚至被大家视为纳粹。实际上，北美技术统治论的参加者大多数是温和派，后来参与罗斯福新政。关于北美技术统治论运动，后面会专章分析。

最后，20世纪下半叶以来，敌视科学技术的科学敌托邦（dystopia）文艺在西方世界流行，对于technocracy的负面意见形成起到很大作用。通俗文艺和大众文化对人民群众的影响自不待言，以此为基础的各种专家阴谋论此起彼伏，更是影响巨大。专家阴谋论指责专家与奸商、官僚勾结，秘密奴役老百姓，此论在信息时代迅速传播，反智主义人群一呼百应，比如新冠疫情中大出风头的"匿名者Q"（QAnon）组织。在很多敌视专家的人看来，技术统治论基本上等同于公开搞阴谋。关于西方民众对技术治理的成见以及专家阴谋论的问题,后面均会专章分析。

2. 从 technocracy 到技术治理

在中国,technocracy 一般被翻译为"技术统治论"或"技术统治",根据语境有时是"论",有时是"统治"。它很早就被译入中国,基本上与北美技术统治论运动的兴起同时,原因是当时在运动中心之一的哥伦比亚大学有很多中国留学生,因而能同步将相关思想介绍到国内。比如,运动中温和派领袖罗伯的代表作《技术统治论生活:它可能会是什么样的》(*Life in A Technocracy: What It Might Be Like*)1933 年出版,1935 年即被蒋铎译为《技术统治》介绍到中国。①

无论"技术统治论",还是"技术统治",均与以后缀-cracy 结尾的英文术语的一般中文译法不同。这一后缀一般指某种政治制度,如 democracy(民主制)、bureaucracy(官僚制)、aristocracy(贵族制)和 meritocracy(精英制),尤其是与"谁支配政治权力"即与权力主体的政治安排方面有关。按照类似译法,technocracy 直译为"技术制"或"技术专家制",意思会更加准确,可是很少见这样的汉译。

大概在中文中,"统治"多少是有些贬义的,暗含暴力、压制、残酷方面的意味。"技术统治"一词将"技术"与"统治"连在一起,先入为主地将技术在政治领域的应用打上贬义,这并不符合此种应用良莠互现的实际情况,对技术的态度过于负面。近几十年来,"治理"一词在相关领域流行,相比而言它更为中性和客观,因而使用"技术治理"来指代技术统治论的含义更为贴切。

更重要的是,"技术统治论"一词所指涉的内涵过于狭窄:1) 主要是与北美技术统治论运动相关的思潮,属于 19 世纪末以来的工程师争取权利和强调自身主体性的"工程师自觉运动"的传统,并不包括显然运用科学原理和技术方法的其他技术治理思潮和运动,比如科学管理运动、计划主义运动

---

① 罗伯:《技术统治》,北京:商务印书馆,1935 年;罗伯:《技术统治》,上海:上海社会科学院出版社,2016 年。

等;2)关注问题主要集中于政治活动领域,而不能统摄现代科学技术在提高社会运行效率的其他公共治理领域的应用,比如在企业和 NGO 中的组织科学化,在文化建设和城市建设中的技术化努力等。

并且,后来随着 technocracy 一词的泛化,相关讨论变得十分庞杂和混乱,大家对它的理解也差别很大。在英语学界,科学管理运动、科学行政活动、社会统计学和社会物理学,一些计划主义主张,一些科学乌托邦的文艺作品,以及20世纪建筑和艺术中的科学主义潮流,有时被称为"技术统治论的"(technocratic),有时又被认为是与之并行的其他科学主义(scientism)传统。很多时候,technocracy 差不多与 scientism(科学主义)一词等同起来,而后者同样也是没有得到清晰界定的术语,常常作为人文社会科学学者在完全不同语境当中,表达对科学和科学家不满的某种情绪化"大词"。在讨论相关问题时,奥尔森干脆给自己的科学史专著取名为《20世纪的科学主义和技术统治论:科学管理的遗产》①,基本放弃在科学主义、技术统治论和科学管理三者间划清界限的尝试。这从侧面说明三者在治理领域是纠缠不清的,不可能完全分开讨论。

至于被划归为"技术统治论的"(technocratic)运动的实践活动更是五花八门,从中国、苏联、美国到巴西、日本、瑞典等,不同国家、不同时期、不同背景,与北美技术统治论运动的情况差别非常大,被不分青红皂白地归入技术统治论之中,不利于更深入的讨论。

因此,用"技术治理"来囊括诸种泛化的思想和实践,将技术统治论视为其中一个分支,更符合英语世界之外的情况,也有利于明晰概念,夯实研究的基础。从某种意义上说,"技术治理"是某种非常广泛的大思潮和大趋势,覆盖许多不同术语组成的"概念丛"。与之相关的各种理论和实践之资源存在非常清楚的共性,即将现代科学技术成果应用于改造社会运行的治理活动中,这就是导论中指出的技术治理的主旨。

总之,启用"技术治理"的新概念,既可以消除既有概念已经沾染上的贬义,也可以覆盖百余年来相关思想和实践的发展,能够展开足够的理论建构

---

① Richard G. Olson, *Scientism and Technocracy in the Twentieth Century: The Legacy of Science Management*, New York, London: Lexington Books, 2016.

空间。显然,在新术语之下,技术治理已经是全球性普遍现象,而且这也不是全然令人反感甚至绝望的既成事实。

3. "技术治理"与"治理技术"

有时候,中文表达语义含混,不甚精确,容易让人产生歧义。在汉语中,"技术治理"容易与"治理技术"相混淆,因为"技术治理"一词既可以理解为"技术性或技术化的治理活动"(technical governance),本书正是采用此意,也可以理解为"治理技术的(治理)活动"(governance of technology)。这种情况与汉语中"科学哲学"的两种含义即"科学性的哲学"(scientific philosophy)与"研究科学的哲学"(philosophy of science)容易混淆。但无论如何,"技术治理"是偏正结构的词组,"治理"是中心词,"技术"是修饰语。也就是说,我研究的主题是治理活动,而不是单纯的技术。

同样,"治理技术"一词也存在歧义:既可以理解为"对技术进行治理"(governing technology),也可以理解为"用于治理的技术"(technology of governnace)。前一种意思是动宾结构的词组,与"技术治理"的第二种意思即"治理技术的(治理)活动"相似,但它强调的是过程,而不是强调"治理"。而后一种意思是偏正结构的词组,"技术"是中心词,"治理"是修饰词。在"技术化治理活动"中,常常要用到某些"用于治理的技术",但我研究的主题是治理活动,不局限于"用于治理的技术",还包括"技术化治理活动"中的人、制度等以及它们与技术在治理活动中的结合。因此,"技术治理"比"治理技术"能更好地表达我的意思。

因此,在本书中,为了避免混淆,"技术治理"意思是"技术性或技术化的治理活动",而"治理技术"意思是"对技术进行治理",而"用于治理(活动)的技术"则被称为"技治术""治理术"或"技治技术"。

从研究内容上看,技术治理理论要研究如何去理解和选择、调整、控制技术治理,就要涉及治理技术的问题。因为要对既有技术治理进行调控,或者说要完成"技术治理的再治理"的任务,必然要对技术治理中采用的技治术进行调控。这正是"治理技术"的活动,但是这里被治理的不是所有技术,而是已被用于治理活动中的技术,目标是减少甚至消除技治技术的负面效应,以提高技治系统运行效率,更要让技治系统造福社会。这里容易出现两个观念误区:1) 高效技术用于治理同样高效,有时候,改造自然的高效技术用于与人相关的治理活动却变得非常低效;2) 高效的技治系统必定造福社会。显然,有时高效的技治系统也可被用于伤害人类福祉的行动中。

二、基本概念界定

将研究对象从技术统治论(tehcnocracy)扩大到技术治理,包容性增加很多,能更准确地指代我要研究的问题。比如,说"当代社会是技术治理社会(简称技治社会)",比说"当代社会是技术统治论社会"更易让人接受,尤其技术统治论思想明显存在与资本主义、社会主义两大思想传统的紧张关系。但是,这种扩张容易让人感到过于宽泛,无法把握,尤其今天"技术"一词越来越泛化,甚至有包罗万象的趋势。有人甚至认为,儒家治国依靠的是某种"道德技术",那儒家治理术是不是一种技治术?因此,必须对"技术治理"概念进行进一步的界定。澄清"技术治理"的字面意思,说明使用它指代研究问题的好处,以及技术治理的基本主旨,能完成对这一新概念的清晰界定。

1. 定义

何为"治理"?最近30年来,治理理论很流行,"治理"(governance)在很多场合中都取代了"统治"(government)一词。虽然各家对治理的定义差别很大,但均认为治理在根本上意味着社会运行中支配原则的转变,不同于统治依赖于国家强制力,而是要"依靠多种进行统治的以及相互发生影响的行为者的互动"①。总的来说,理解"治理"的要点在于:1) 治理主体是多元的,而不局限于政府,甚至有些情境中政府并不在治理活动中担纲主导;2) 治理活动强调互动,参与治理活动的各方均发挥积极性和能动性,尽量不要依赖不平等的强制力;3) 治理活动强调不断的自组织运动,在行动过程中"创造"各方满意的治理成果;4) 治理活动经常以说理的方式来达成不同程度的支配,表现为知识与权力相结合的治理术,而非暴力与权力相结合的统治术。

由此,所谓"技术治理",指的是在社会运行尤其是政治、经济领域当中,

---

① 格里·斯托克:《作为理论的治理:五个论点》,《国际社会科学(中文版)》1999年第2期。

以提高社会运行效率为目标，系统地运用现代科学技术成果的治理活动。所以，技术治理首先是一种技术性或技术化的治理活动。技术治理理论研究的对象，并非单纯的技术，也非单纯的人，而是人与技术在治理活动中的结合。那么，提升技术治理的水平，必须从人和技术两方面因素的结合来着手。其次，技术治理系统运用的是现代科学技术成果，既包括科学成果，也包括技术成果（后又会讨论），技治技术不光涉及自然技术，还有社会技术——今天可以统称为科技成果。现代自然科学诞生于16世纪，继承哥白尼—伽利略—牛顿所形成的实验科学传统。现代科技大规模地传入中国才百余年时间，明末清初传教士所做的西方科学传播工作并没有在中国产生足够的社会影响。最后，技术治理系统的目标是提高社会运行效率。技术治理系统考虑的主要是效率，尤其是政治运行效率和经济运行效率，并不会自动考虑其他社会目标，或者其他社会目标在技术治理系统中要次一等。当然，对于效率的理解，并非如物理实体一般确定，而是存在着不少的歧义。比如，面对同样的治理事务，不同利益相关者的效率目标是不同的。再比如，存在局部效率与整体效率的差别，即某些技治术在系统中的局部运用效率不高，但对整个系统的效率提高却是有益的。再比如，效率与非效率目标尤其是价值目标，很多时候会交织起来，很难简单地分开。有时理论上高效而忽视某些价值目标的技术治理系统，由于遭到被治理者的抵抗而变得很没有效率，相反，妥善处理价值目标的、看起来相对低效的技术治理系统在实施时反而效率要高很多。这就是效率与效能的区别问题。

显然，技术治理是知识与行动相结合的某种"知行合一"活动。其中，支持技术治理的系统化理论主张，可以称为技治主义。技治主义可以做狭义和广义两种理解：狭义理解主要指技术统治论，而广义理解则包括更多主张社会运行科学化的理论，如泰勒主义、计划主义等。总之，技治主义是专家群体的意识形态主张，代表着科学家、技术人员、工程师、管理专家和经济学家等职业团体的权力诉求，与19世纪末20世纪初相关专家群体的崛起紧密相连。

当技治主义在现实中付诸实施，有时引发大规模的技治运动，更多时候则表现为细微而平和的技治实践。比如，20世纪30—40年代，以美国和加拿大为中心发生的北美技术统治论运动，影响了胡佛和罗斯福两届政府的施政活动,之后美国的行政活动日益技术化。直至今天,运动的领导机构之一技术统治论公司(Technocracy Incorporated)还在运营。再比如,在列宁时代,苏联就很重视泰勒的科学管理理论的推广和运用,出现了帕尔钦斯基和恩格迈尔等著名的技治主义者(technocrat)。① 20世纪60—80年代,苏联一直试图推广"控制论运动",建议全国性的自动化和计算机网络系统对整个计划经济进行全面控制。② 20世纪70—80年代拉美社会主义运动中,也出现了运用控制论和计算机网络的技治运动,比如智利阿连德政府曾实施的"赛博协同工程"(Project Cybersyn)。③

技治主义者是信奉技治主义并推进技治实践的人,可以分为激进派和温和派。所谓"温和",指的是尊重现有政府和既有制度,从事改良而非革命活动。所谓"激进",则希望彻底推翻政府,按照科学原理和技术方法对整个社会进行全盘技治主义重组,最终实现总体主义的科学乌托邦。与一般人印象不同,绝大多数技治主义者都是温和的。北美技术统治论运动总体上较为激进,但参与其中的激进派仍然属于少数派。

必须注意,研究技术治理的理论家并非技治主义者,只有支持技术治理的技治理论家才能归入技治主义者。有一些理论家研究技术治理,但对它持反对意见,如哈耶克和专家阴谋论者,毋宁称之为反技治主义者。还有一些理论家研究技术治理,采取一种持中的立场,既有批评,也有肯定,如波普和D.K.普赖斯就不能简单地称之为技治主义者或反技治主义者。由于采取建设性审度的研究立场,我也属于这一类,似乎可以被称为"有限技治论者"。

2. 原则与战略

进一步而言,归纳既有各种技治主义和技治实践,可以总结出技术治理的基本原则和战略,我称之为"技治二原则"和"技治七战略"。

---

① 樊玉红、万长松:《20世纪20年代苏联"专家治国运动"研究》,《东北大学学报(社会科学版)》2014年第4期。
② Benjamin Peters. *How Not to Network a Nation: the Uneasy History of the Soviet Internet*, Cambridge, MA, USA: MIT Press, 2016.
③ Eden Medina. *Cybernetic Revolutionaries: Technology and Politics in Allende's Chile*, Cambridge, MA, USA: MIT Press, 2011.

(1) 技治二原则

虽然在不同文化、不同地区表现形式各有差异,分支和变种很多,歧义纷呈,但技术治理均坚持两条核心原则或立场:①

> 原则1 科学运行原则,即运用系统的科学原理和技术方法来治理或运转社会。
> 原则2 专家治理原则,即由接受系统的现代自然科学技术教育的专家更多地来掌握治理权力。

归根结底,技术治理要求社会运行的理性化,尤其是政治系统运转的科学化。众所周知,社会理性化的过程自韦伯时代即已经开始,很多人将之等同于人类社会从古代转入现代的根本特征。社会理性化过程发展到技术治理阶段,"道成肉身"的理性被集中于技术合理性,表现为自然科技知识强势干预"治理场"和专家凭借专业知识"上位",特别是一些自然科学化的社会科学和社会科学家的崛起,有时被称为社会技术和社会工程师。在我看来,19世纪下半叶社会科学纷纷从哲学中分化出来,到20世纪下半叶更是大发展,与技术治理的产生和发展是完全一致和相互支持的。

显然,相比于专家治理原则,科学运行原则之于技术治理更为根本,前者是后者的延伸或实践形式,即用专家治理来保证科学运行的实施。原则2中的专家,形式上是要求接受过系统的现代自然科学技术教育,实质上要能够真正实践原则1。接受了最好的自然科学技术教育的人不见得是技治主义者,而没有接受足够这方面教育的人则难以成为真正技治主义者。总之,简单按照专业来识别技术治理所称的"专家"是不合适的。

因此,不能将技术治理与专家治理尤其是专家政治等同起来,两者存在形式与实质的差别。专家治理可能偏离科学运行原则,专家政治可能仅仅止于专家掌权。所以,专家执政并不一定等于科学运行,以科学为名的治理并不一定是技术治理,而可能是我所谓的打着科学旗号的伪技术治理。在实践中,伪技术治理常常存在,即掌权的专家并没有坚持以专业技能实施科学管理,而是打着科学的名号行非理性之实。

---

① 刘永谋:《技术治理的逻辑》,《中国人民大学学报》2016年第6期。

必须再次强调,原则1中的"科学"指的是继承了哥白尼—伽利略—牛顿传统的现代自然科学,原则1中指的"技术"显然是与现代科学技术一体化之后的科技。实际上,作为科技决定论者,技治主义者并不费心区别科学和技术,他们在强调自然科学知识的认识论价值的同时,更强调它对于社会实践的重要性,主张将科学思想、科学方法和科学知识应用于社会实践的方方面面,并坚持科学技术在社会总体运行中的主导性或决定性的作用。换言之,如导论所述,当代技术治理实际上坚持我所称的"科技"观念,基本上放弃了科学与技术分开的旧观念。

(2)技治七战略

除了"技治二原则",既有技术治理现象还可以归纳出如下主要战略措施,在当代社会中随时随处可见。

第一是社会测量,即运用物理方法,对现代社会所有的物质财富和精神财富进行全面、即时和连续的调查、统计和计算,包括所有社会成员可测的物理和精神状态。社会测量的目的是定量了解整个社会的真实状况,为科学运行打下基础。大家容易想到人口普查、经济调查和物价监测等,而精神方面的测量如信用评级、高校中的心理健康辅助等,常常被人们忽视。

第二是计划体系,即运用计划手段(既包括国家计划、社会计划,也包括企业计划),在相对较大的范围内尽可能地对生产和分配活动进行统一的配置和安排。计划体系是一种经济调节方法,并不专为社会主义社会所有,资本主义社会也有计划体系。

第三是智库体系,即制度性地将政治权力的一部分,通过智库方式交由专家掌管,实施一定程度、一定范围的专家政治。最近十年,中国的智库建设也是如火如荼。专家掌管的政治事务往往以效率为最高考量——当然有时候不考虑价值目标会导致效率低下,此即前述效率与效能的分离问题——具有某种意义的非政治性,即以科学事实而非政治价值作为判定标准。显然,智库体系并非把所有权力交给专家,而是一部分治理权力。

第四是科学行政,亦称行政科学化,即按照科学原理和技术方法对政府功能系统进行重新安排,以提高行政效率。其中,自然科学化的操作性极强的公共管理学、行政管理学等社会技术发挥重要作用。除此之外新的行政技术方法尤其是信息化、智能化方法,也有很大的影响,比如时髦的"数字政府"建设。

第五是科学管理,即国家其他机关、各类公司、非政府组织、慈善机构乃至宗教组织中推行科学的管理方法,将日常运转事务交由职业经理人、经济学家和管理专家来掌控。科学管理是整个社会公共领域日益科学化的表征,并不仅仅局限于行政领域。不夸张地说,今天的寺庙和僧人都在努力运用数字化技术来组织自己和影响社会。

第六是科学城市,亦称工程城市,即科学地建设、运行和维护城市各个方面的运行,如能源、交通、治安、生活物资、垃圾处理和环境保护等,提高城市效率和宜居度。城市是人类目前主要聚集地,是公共治理科学化最重要的对象。在智能革命中,智能城市建设是其中关键抓手。

第七是综合性大工程,即技术治理偏好以大工程项目为载体和抓手,推进社会运行的科学化程度。大工程涉及的不仅仅是科技应用的问题,目标也不仅限于技术和经济的考量,同时涉及人口、社会、文化和环境等多重目标,体现出明显的自然因素与社会因素融合的综合性特征。从这个意义上说,大工程既是自然工程,也是社会工程,要统筹运用自然技术和社会技术。

3. 待确定性

进行定义和原则、战略说明之后,"技术治理"概念不再过于泛化。接下来,我再对技术治理的两个重要特征进行说明,即技术治理的待确定性和改良性,以进一步勾勒技术治理的基本形象。

显然,上述对技术治理的分析告诉我们,不是只存在一种技术治理,而是存在很多种技术治理实践和很多种技治主义。即使在北美技术统治论运动中,也明显存在激进派和温和派的区别,两者对应着革命与改良两种不同的主张。而在苏联、中国和拉美地区,技术治理的理论主张和实践模式更是千差万别。因此,技术治理不是唯一的,而是多元化的。

在实践中运用技术治理,可选择的模式很多。即使是同一种模式,在不同的历史语境下,在不同的地区、文化、习俗和民族性之中,它的运行也会有很大的不同,我们可以根据不同的情况对技术治理的运行模式进行一定程度上的设计、调整和控制,这就是我所谓的技术治理"待确定"的意思。

从理论上说,对于"技治二原则"和"技治七战略",容易产生不同的理解，于是造成技术治理观念和实践的不同。当然，这也给反技治主义者留下了诸多可以攻击的环节。这个问题我们将在下一章"技治逻辑"中详细讨论。首先，对"技治二原则"的不同理解，是技术治理出现多种可选择类型的重要原因之一。比如，不光是理工科专家，社会科学专家和人文科学专家也会要求治理权。注意，今天的文科也开始搞数字化，引入自然科学方法，甚至哲学中都出现实验哲学分支。其次，从科学原理、技术方法到治理方案之间需要的我所谓的"治理转译"过程，存在着不同的转译路径，这也为调整技术治理模式留下了空间。关于"可治理的人的科学"的建构，现在流行的是"社会科学自然科学化"，以此为中介来进行治理转译，除此之外，很多情况下实际上是"误译模式"，也就是说流行观念披上科学的外衣。另外，还有一种很流行的"统计学转译"，即用数字方式支持治理方案的合理性。最后，技治七战略在不同国家、地区和文化当中，肯定是五花八门的，差异很大，比如数字支付在中国流行手机支付，而在美国则主要使用信用卡，这导致社会经济情况及具体治理有很大不同。

因此，无论在理论上，还是在实践上，技术治理均存在很多可供选择的模式，在实际历史中它必定受制于国情和实施者的考量。显然，技术治理的模式选择本质上是政治问题，而不是纯粹的技术问题。我认为，应该依靠制度设计来控制技术治理的运行，尤其是防范技术治理的风险。

将对待自然的逻辑扩展到人自身，此种技术治理逻辑并非绝对的坏事。更重要的是，也许问题不在逻辑的扩展，而在于应该反思我们对待自然的逻辑。像对待自然一样对待人究竟是什么意思呢？将自然科学技术成果用于治理自然，再到用于治理社会是很自然的，也就是说技术治理是启蒙蓝图的一部分。换言之，技术治理自然和技术治理社会，这两者是不可分的，因为其中的自然是被纳入社会的自然，社会也是自然之中的社会。或许，不是像对待自然一样对待人，而是反过来，像对待人一样对待自然。这同样也是可以作为技术治理的一种选择，此即我主张的"科技谦逊主义"的自然观。对此，将在第四编中仔细讨论。

4. "改良而非革命"

如导论中所言，很多人将技术治理等同于走向机器乌托邦。这是非常错误的印象。在现实中,激进技术治理活动、激进的技治主义者极少,大多数技术治理活动都是非常温和,属于"改良而非革命"。对技术治理基本印象的偏差,是深入理解技术治理的常见阻力。人们常常被流行的道德义愤蒙蔽双眼,而不会细究愤怒的缘由,更懒得走近自己鞭挞的"敌人",去看个究竟。

这里以智利"赛博协同工程"为例,来分析多数技治活动的温和形象。一句话,该工程是试图运用彼时新兴的控制论和计算机技术,转变国家治理方式,改良政府治理能力,提高社会运行效率的一次短暂而失败的尝试。

1970年,冷战正酣,信仰马克思主义的阿连德在选举中获胜,当选智利总统。他的胜利与不久前美国中央情报局暗杀智利武装部队总司令不无关系,这次暗杀让智利人民对美国非常反感。长期以来,美国将拉美视为"后花园",强力"拉扯"拉美国家进入自己布置的"势力圈子"。1953—1959年,古巴革命在美国"眼皮子底下"发生,美国政府"恨"得咬牙切齿。现在阿连德主张社会主义,美国政府可以说是动用一切资源——除了直接派兵侵略——要颠覆阿连德政府。

不过,阿连德选择的是改良而非革命的道路。他是通过选举而非布尔什维克式暴力革命而掌握政权的,力主和平实现智利国家治理方式的转变,摆脱当时困扰国家的各种难题尤其是经济困境。所以,阿连德要"走"的不是苏联道路,而是民主社会主义道路。什么是民主社会主义道路呢?民主社会主义有很多类型,比如英国费边社会主义、奥地利马克思主义、北欧福利主义等都被视为民主社会主义。它们有一些共性,如不同于苏联和美国,走"第三条道路",又如要把议会民主制与社会主义结合起来,主张渐进改革而不是暴力革命,等等。

对于阿连德的改良愿望,古巴革命领袖是不看好的。阿连德上台不久,卡斯特罗专程访问智利,结论是"第三条道路"撑不了多久。除了美国极力打压,冷战的另一方即苏联也不会真心帮助阿连德,因为他并没有倒向社会主义阵营。

在如此艰难政局中,智利政府请英国控制论专家斯塔福德·比尔(Stafford Beer),搞了一个名为"Cybersyn"的项目,试图用当时风头正劲的控制论理论帮助治理国家,完成以国有化为核心的社会主义改造。同时,阿连德还希望,智利的结构性变革要在民主制的框架下完成,要保证人民的自由。

在学界,比尔被一些人称为"管理控制论之父",他致力于将控制论应用于管理领域。他的控制论理论强调在中心化控制与去中心化控制之间找到平衡。他所理解的控制并非一般理解的"统治",而是系统的自我调节,以此来适应内外环境,提高自身的生存能力,更贴近本书所理解的"治理"。显然,这是一种对控制论的"温和"理解,与很多人闻"控制"而色变的先入之见很不同。

梅迪纳指出:"比尔(控制论)与弗洛雷斯(政治)之间的协同效应是基于双方共同认识到,两个领域在那个历史时期有着相同的核心问题:如何建设一个系统,使之既保持组织的稳定,又能开展剧烈的变革;如何保障整体的一致性,又不牺牲个体的自主性?"[①]因此,温和主义的政治愿景与温和主义的控制论愿景似乎契合起来,1971年Cybersyn项目应运而生。

Cybersyn项目主要包括四个组成部分:1)实时数据交换的电传网络(Cybernet);2)分析数据的统计软件(Cyberstride);3)智利经济(运行)模拟器(CHECO);4)汇总信息做决策的指挥室。要知道,此时互联网(Internet)还没诞生,阿帕网才草创,Cybersyn实际上选择了一条不同于美国的、为民主社会主义而非资本主义服务的新路。相比于互联网,Cybersyn设计得集中性更强一些,互动性要少一些,更类似后来兴起的计算机专家决策系统。

1973年9月11日,智利发生军事政变,阿连德拒绝流亡海外,拒绝投降,被空军轰炸总统府时炸死,民主社会主义政府倒台,Cybersyn项目随之下马。两年多的时间不足以让Cybersyn完全成熟,因此,它是否真的帮助过"智利社会主义",是否贯彻了民主社会主义的理念,大家很难得出一致的评价。但是,梅迪纳指出一点,工人基本没有参与Cybersyn的运作,所谓社会主义的民主管理在此缺失。[②]

在技术理论上,另一个常见的错误是将技术工具论与技术价值无涉论等同起来。认为技术是工具,并不等于认定它不能与价值因素相结合。按照芬伯格的"技术代码"理论,技术系统由技术要素与社会要素融合构成。计算机技术可以与不同的价值目标相结合,成为不同的"科技社会工程"(梅迪

---

① 伊登·梅迪纳:《控制论革命者:阿连德时代智利的技术与政治》,上海:华东师范大学出版社,2020年,第22页。

② 同上书,第4页。

纳语）。认为技术自主，主要说的是它不可控，而不是说它必然会是有利于资本家或工人。

因此，计算机可以是"革命的"，也可以说是"反革命的"，这取决于它与什么社会因素相结合。梅迪纳认为，控制论可以与不同社会制度结合起来，呈现出诸多不同的发展模式："因此只要重新配置，Cybersyn 系统就可以用来支撑不同的权力配置和政治目标。"[①]我同意梅迪纳这种与芬伯格类似的观点，计算机在革命者手中，才会是"革命的"，控制论在改良主义者手中，就会变温和。

当然，智利 Cybersyn 系统的案例，也说明计算机网络并不会天然就与民主制完美契合，无论如何设计，两者之间总有一些抵触之处。因此，技治术并非民主的"天然盟友"，必须要受到民主制的控制，才能为更高的社会目标服务。

三、类型学研究

那么，技术治理主要有哪些类型呢？对技术治理进行分类，运用不同的标准会得到不同的划分。一些人用地域作为标准，将技术治理分为美式、欧式、中式和拉美式等。接下来，我们从技治知识、技治语境中的人、对技治原则的理解以及技治驱动力等方面，来讨论技术治理的类型学。

1. "智能治理的综合"

在技治社会中，知识与人在治理情境中结合起来。两者结合得越好，技治效率越高。很多学科知识均可运用于治理，不同学科基础的技治治理方案各具特色。

以物理学为基础的技治方案，如霍华德·斯科特（Howard Scott）的"高能社会"，往往将社会视为能量转换和利用的"大机器"，主张通过社会测量，查明整个社会的能量状况，进而实现生产和消费的物理学平衡，给社会成员

[①] 伊登·梅迪纳：《控制论革命者：阿连德时代智利的技术与政治》，上海：华东师范大学出版社，2020年，第121页。

提供舒适的物质生活。

以心理学为基础的技治方案,如斯金纳(B. F. Skinner)的"瓦尔登湖第二"社区,最大的特点是用心理学方法对社会成员的情绪和行为进行一定程度的管理、改造和控制,消除不利的心理状态,鼓励有利的个体行为,使之符合技治目标,提升整个社会的运行效率。

以生物学为基础的技治方案,如威尔斯(H. G. Wells)的"世界国",主张用生物学的方法提升社会成员的身体和精神两方面的状态。未来的人类不仅道德水平极高,人性也与今日迥异,身体素质和智力水平也将远超今日,在此基础上技治社会得以高效运转。

以管理学为基础的技治方案,如詹姆斯·伯恩哈姆(James Burnham)的"经理社会",主张用专业的管理技术来运行整个社会,包括公司、政府和其他社会组织机构,摆脱所有者对实际经营者的干扰,组织和协调治理活动所涉及的诸种人财物因素,扩展国有经济,融合政治与经济,让职业经理人来管理。

以经济学为基础的技治方案,如奥托·纽拉特(Otto Neurath)的"管理经济社会",强调在更大范围实行中央计划调节,有规律地进行生产而非依赖盲目的市场调节,并以经济计划为核心实施各种社会工程,不断对整个社会进行改良,最后走向社会主义。

以上提到的诸种理论在本书后续章节中都会详细讨论,在此不展开赘述。

显然,不同学科的技治知识要发挥效力,都必须精确地把握治理对象的即时信息,知悉技治方案实施的实际效果。也就是说,信息高效流通是各种技治术发挥作用的基础性条件。并且,在"技治七战略"的实施过程中,信息—智能技术平台扮演着越来越重要的作用,甚至决定着战略成败。因此,智能革命兴起以来,技术治理将逐渐以信息技术和智能技术为基础,将各种科学原理和技术方法综合应用于治理活动中,可以称之为"智能治理的综合"。这从总体上提升局部社会工程的水平,改变技术治理运行的形式,将其提升到智能化的新阶段。

2. "科学人的诞生"

技治社会不断推进，人类对自身的认识逐渐发生根本性转变，人的形象或人学，不再由哲学、文学或宗教、神话来勾勒，而越来越多地由新科技来阐释，可称之为"科学人的诞生"。在很大程度上，人的行为和情感被还原为与物理、化学、生物和环境等诸变量相一致的函数关系，可以通过改变自变量而加以调节。比如，以往美好或非理性的爱情，如今越来越被理解为人体内某些化学物质如多巴胺的分泌。由此，"科学人"成为遵循操作规则的可治理、待治理之对象，这是技治社会中人的根本规定。

在技治社会中，自然之技治不能容忍荒野，人之技治不能容忍野蛮。所有人可以被预测、改造和控制，而且理当如此，融入整个社会的效率目标当中。实验室逻辑扩展至自然界造就人工自然，渗透到社会塑成技治社会，自此整个世界在某种意义上成为巨大的实验室。但是，导论中"露西隐喻"所暗示的人的不确定性恰恰是技术治理的待确定性的根源，这就决定了技治社会的技术治理将永不能完成，永远"在路上"。

在技治社会中，人人都在技术治理之中，既包括治理者，也包括被治理者。为提高社会运行效率，既可以用技术方法训练出更合适的被治理者，也可用技术方法挑选更合适的治理者。同一个主体有时是治理者，有时又是被治理者。通过训练被治理者实施技治，可以称之为"能动者改造路径"，而挑选治理者实施技治，可以称之为"专家遴选路径"。当然，更多的时候是将被治理者规训与治理者优选结合起来。总之，治理人的不同路径意味着不同的技治方案。

"能动者改造路径"可以运用多种技术手段，沿不同的思路加以实施，比如用技术方法改善个体道德水平的人性进步思路，用技术方法调节个体心理状态的情绪管理思路，用技术方法来控制个体行为的行为控制思路，用技术方法增强能动者的身体和智力的人类增强思路，以及用技术方法塑造协作、利他和高效社区的群体调节思路。总之，技术治理认为存在着更好的被治理者，人类应该一代代向前进化，而不是停留在亘古不变的永恒"人性"之中。显然，技治主义者如果过于追求完美被治理者，很容易陷入苛政甚至极权的泥沼中。

"专家遴选路径"亦包括许多方法,根据所选的专家主要可以分为:1) 工程师领导,包括自然工程师和社会工程师;2) 知识分子领导,包括科学家、技术专家、社会科学家和人文知识分子;3) 管理者领导,包括高中低不同层级的职业经理人和管理人员;4) 经济学家领导,主要指的是社会宏观经济运行方面人员;5) 理想中的德才兼备的领导者,如《现代乌托邦》中设想的"武士"阶层。因此,在技治社会中,专家并非经济和政治地位相同的"新阶级",而是目标分歧的异质性群体,内部存在着不同的目标、价值观、矛盾冲突和专家层级。

3. 技治原则分歧

对"技治二原则"的理解不同,会通向不同的技术治理模式。

第一,科学运行原则需要运用科学原理与技术方法,但对两者的理解是不同的,比如实证主义的、实用主义的、证伪主义的和操作主义的,于是就出现了不同的技术治理模式。比如凡勃伦的科学观是机械论、进化论和实用主义的,属于实用主义的技治主义者。纽拉特的科学论则是逻辑实证主义和工具主义的,他主张科学和科学家只是提供达到目的的方法,属于实证主义的技治主义者。波普尔虽然暗示自己反对技治主义[1],但通过选择证伪主义科学论,进而主张证伪主义社会科学,最后提出渐进的社会工程,可以说某种程度上是证伪主义的技治主义者。很多技治主义者如北美技术统治论运动中的温和派,把技术治理主要等同于行政活动的程序化、技术化和专家化,他们主要是把科学技术限定在工具层面,从操作主义的立场理解科学方法论,而同一时期受到运动影响的中华民国技治主义者们接受的基本都是温和派的立场。[2]

必须要指出,很多人认为科学原理与技术方法是机械主义的,因此技治主义者把现代科技应用于技术治理就可能出现让人担心的状况,即把整个社会变成机器,而每个人是其中一个可以随时替换的零件,这就是我所谓的"机器乌托邦"。今天,机械主义科学观早已经不再是主流价值观。实际上,

---

[1] 卡尔·波普:《历史决定论的贫困》,北京:华夏出版社,1987年,第45页。
[2] Yongmou Liu, American Technocracy and Chinese Response: Theories and Practices of Chinese Export Politics in the Period of the Nanjing Government, 1927-1949, *Technology in Society*, 2015(43).

可以根据具体国情,提倡某种主流科学观以有意识地建构某种技术治理模式,我称之为"科学论选择"问题。

第二,对于专家治理原则也存在很多不同的理解,导致不同的技术治理模式。根据专家确认的不同,可以将技术治理分为科技专家型、社会科学专家型、混合型和泛专家型。混合型指的是主张自然科学家、技术专家、工程师和某些经济学家、管理学家等社会科学家来推行专家治理,凡勃伦属于此类。哈耶克、波兹曼则把技治专家理解为社会科学专家。还可以根据对专家掌权理解的不同,将技术治理分为乌托邦的和渐进的、革命的和改良的等。乌托邦式技术治理模式为未来社会制定整体性的理想蓝图,主张打破既有社会秩序,按照理想秩序重新组织社会。凡勃伦是乌托邦技治主义者的典型,而纽拉特则把"统一科学运动"看成是与社会主义一致的①。前面多次强调,激进技治主义者很少,但在现实中更引人注目。

4. 驱动模式差异

从技术治理的动力不同,至少分为政府驱动的技术治理、公民驱动的技术治理和缠斗反智的技术治理三类。新冠疫情爆发之后,各国都努力运用科学原理和技术方法来抗击疫情,但各国疫情技治战略和措施不同,以德国、中国和美国为典型反映出上述三类不同的疫情应对之技术治理模式。② 无论如何,大家都承认:在疫情抗击中技术治理措施运用得好的国家,遭受的人员和财产损失更小。

(1) 政府驱动的技术治理

中国疫情应对措施的成效有目共睹。疫情爆发之初,对新病毒完全缺乏认知,一开始就选择2003年应对SARS疫情类似模式很正常。绝大多数中国人认为,社会主义要先关心人民的生命健康,而不是GDP。中国传统也有"人命关天"的观点。总之,国情促使中国政府做出了选择。

与之不同,欧美的国情在于个人主义、自由主义盛行,大家愿意自行担责,不希望政府过多干涉;最近30年,反科学思潮在西方社会流行,公众不信

---

① O.纽拉特:《科学的世界观:维也纳小组——献给石里克》,《哲学译丛》1994年第1期。
② 诺德曼、刘永谋、米切姆:《疫情应对中的科技治国模式》,《中国科学报》2020年5月14日。

任科学技术和专家;资本主义以追逐利润为第一目标,西方民众普遍储蓄很少。这些都决定欧美政府采取不了有效但严格的隔离措施。

在中国,科学和专家的位置很高,反科学思潮不流行。政治力量虽是最终决策者,但政府对科学家的意见给予了足够的重视。不过,中国成功最关键的是社会隔离实施到位,社会技术方法运用恰当,民众配合度高,这归功于政府强大的动员能力。

除此之外,同德国和美国一样,手机追踪、健康码等问题,也引起了中国人的广泛关注。这并非什么新技术措施,最近20年来,中国学界一直讨论相关问题,新冠疫情让这个问题凸显出来。

政府驱动的技术治理模式必须接受公众监督。技术治理措施可以为政府所用,现在的问题是必须深入研究,看看如何实现它。比如,随时将技术治理置于公众监督之下,对专家进行伦理教育,疫情结束后立即取消某些措施,等等。

(2) 公民驱动的技术治理

面对疫情,一开始存在两种完全相反的态度,一种是把新冠病毒当作"大号流感"来简单对待,另一种则是迅速执行以隔离为关键的技术治理措施。中国采取的严格隔离措施,在欧美国家是不可能完全复制的。德国也采取了一些很有效率的技术治理措施,同时努力维持时任总理默克尔所称的"社会团结"。

既有的技术治理模式,大都是"政府驱动"(government-driven)和自上而下发生的,这在笃信"小政府"的当代西方社会普遍遭到反对。

有没有其他的可选方案呢?今天的德国科技昌明,社会技术长足发展,因而尝试一种自下而上的公民驱动的技术治理路线。当然,德国以雄厚的经济实力为基础,民众普遍负责任,富有创造力,而且社会生活已数字化,民众具备不少的病毒与公共卫生知识,每个人都可以尝试发挥个人创造力来战胜新冠疫情。尤其是通过"公民科学"(citizen science)的方式,大家可以分享、汇聚和改进抗疫知识,并主动运用这些知识来应对新冠病毒。2020年4月,德国政府发出征集应对疫情的办法,48小时内超过28000名参与者提交了超过 1500 个想法,名为"我们对病毒"的黑客项目发明了新冠疫情追踪程序。①

在新冠病毒一开始导致的社会震惊和休克后,很多德国人开始用"公民科学"知识来自我应对病毒,比如自制口罩,拉大餐桌距离,餐厅必须预订等。此类社会技术是公民自发创造和推广的,需要民众参与(常常要运用信息和网络技术)创造和实践,并且根据当地情况具有鲜明的地方性色彩。这种公民驱动的技术治理措施下,邻人们不是完全"宅"在家里,而是谨慎地走出家门,保持必要距离地共同生活。

在理想的公民驱动的技术治理中,公众不再是人口技术中的统计数字,或者盲目而被动如气体分子般杂乱运动的"小点",而是成为能动性被激发的、训练有素的自我治理者,可以自主思考并且承担责任。

(3) 缠斗反智的技术治理

从技术治理角度来说,新冠疫情中,美国采取的技治模式,可以归结为缠斗反智的技治模式。

面对疫情,许多美国人追问:保护社会不受新冠病毒伤害,但要保护什么样的社会呢?激进的自由主义者宣称只有个人,社会只是附带现象,根本问题是不惜代价保护个人权利和自由。他们相信:"不自由,毋宁死。"(Live free or die)遗憾的是,自由主义的个人主义已成为美国的"社会病毒"。这就是为什么很多美国人抗议社交隔离和居家法令,希望放开经济,高呼:"我们有权决定我们如何保护我们自己,让保姆国家走开!"

美国文化中有强烈的反智、反科学线索。最初,大多数美国殖民地是由宗教狂热分子所建立的,建国后很久美国人还允许拥有奴隶。反智的"根"深植于美国的历史之中。

美国的立国者深知民众中反智主义盛行,因此设计了一种限制民主制的政治制度。美国的参议院不是直接选举的,总统也不是。当公民权扩展,宪法约束民主制的能力随之增加,但操纵暴民的财阀统治(mob-manipulating

---

① Alfred Nordmann. Wollt ihr alle nur kleine Pünktchen sein?, *Zeit Online*, 2020 年 4 月 12 日发表, https://www. zeit. de/wissen/2020-04/corona-pandemie-ausgangssperren-demokratie-staat-freiheit-alfred-nordmann。

plutocracy）的力量也增加。今日美国受到的真正威胁，不是技术治理，而是专家逐渐屈服于政治操控，因此必须让专家运用技术治理去限制或约束民主制。当特朗普出现在每日新冠疫情新闻发布会时，传染病专家福奇不得不违心迎合。同样的事情在美国各届政府中都发生了，只不过不明显，而在新冠疫情期间则完全暴露出来。

与反智主义配合的是激进的个人主义，它让所有美国政府屈服于怀疑主义、民粹主义和各种专家阴谋论。疫情中很多美国人的政治立场是边境牛仔式的，"别管我，让我做自己的事情，用我的枪行我的法"。"不要欺负我"（Don't tread on me）是疫情期间最流行的革命"战旗"（不是不要欺负"我们"而是"我"）。

反智主义和个人主义相互强化，扎根于美国原教旨主义信仰（American fundamentalist religions）中。在历史上，清教徒对《圣经》进行个体的、个人的解释，《圣经》战胜启蒙世俗主义。这就是大多数美国公众的精神气质。美国人有一种对专家即科学家共同体内部团结搞阴谋的怀疑。相较于其同胞，美国科学家经常觉得他们与德国甚至中国的科学家更相似。在美国，科学家经常被指责不忠叛国，不是真正的美国人。因此，虽然科学家经常不得不向反智势力低头，以表示对美国传统文化的认同，但作用不大，很多时候被搞得很尴尬，"我们很忠诚，所以给我们增加研究经费"。总之，美国长期以来的文化传统决定了疫情技治遭遇致命的阻力。

四、技治制定位

当在较大范围内尤其是政府领域内贯彻应用时，技术治理就形成技治制，即某种规则化、惯例化和系统化的技术治理制度。技治制应该如何定位？这里主要讨论三个问题：1）技治制是什么政体？2）技治制好坏如何？3）技治与法治、德治是什么关系。

1. 一种精英制

对于政体划分，亚里士多德的观点最经典。在《政治学》中，他根据执政者的人数和执政目标，将基本政体分为六种，即君主制、僭主制、贵族制、寡头制,共和制、平民制。① 君主制即国王制,以一人为统治者。君主应该照顾所有臣民的利益,如果仅仅考虑一己之私,就沦落为僭主制。贵族制又称为贤能制,少数人而非一个人或多数人执掌政权,谋求所有城邦成员的利益。如果一味谋求小群体的利益,就沦落为寡头制。共和制以多数人为统治者而能照顾所有人的利益,如果一味考虑穷人的利益而剥夺富人,就沦落为平民制。

根据"技治二原则",技治制是技术制和专家制的结合,技术制是专家制的基础。技治制从形式上属于一种专家制,也就是主张由专家主导治理权。从人数上看,专家政治似乎应该属于少数派执政,即贵族制(贤能制)。但是,贵族制是以贤能来挑选执政者,在封建时代往往变成以血统为判别标准即贵族世袭。技治制将贤能标准定位在知识或专业,将其作为治理权分配的依据,因而本质上是技术制。在实际运行当中,专家遴选往往变成以证书资格为判别标准。所以,技治制强调的是管理者的专业能力,更适宜被划归精英制——专家当属技术时代最重要的精英群体之一。

可以说,技治制是试图在当代社会建成继承古代"真理城邦"衣钵的"科学城邦"。在西方文明中,追求社会运行尤其是政治运行理性化的思想源远流长,比如柏拉图的"哲学王"理想,向下则绵延不绝,每一代都有人呼吁。正如福柯所评论的,"西方(也许从希腊社会和城邦开始)从未停止过梦想在一个正义的城邦中把权力交给真理话语"②。柏拉图相信理性是人类治理自己的根据,但他不相信普通民众的理性能力,主张由最具理性的哲学家来治理社会。亚里士多德则相信公民——注意他主张的公民不包括城邦的奴隶——探索真理的能力,主张公民依据理性集体治理城邦。总之,"真理城邦"的主旨是将人类理性应用于社会领域以达到人类自治。工业革命和电力革命以来,现代科学技术在改造自然界的活动中大获成功,被冠以"真理"的头衔。此时,"真理城邦"的古老理想就转变成"科学城邦"的新追求。正如哈贝马斯指出,技术统治论成为晚期资本主义最主要的意识形态,"权威国家(autoritativer Staat)的明显的统治,让位于技术管理的压力"③。

---

① 亚里士多德:《政治学》,北京:商务印书馆,1965年,第132—135页。
② 米歇尔·福柯:《不正常的人》,上海:上海人民出版社,2003年,第13页。
③ 尤尔根·哈贝马斯:《作为"意识形态"的技术和科学》,上海:学林出版社,1999年,第64页。

2. 判别优劣

按照亚里士多德的理论,少数人执政的理想状态是贤能制,它如果为少数人利益而巧取豪夺则沦为寡头制。精英制亦是如此,无论是知识精英、财富精英,还是权力精英,都有可能照顾所有人的利益,也可能只顾及自己的利益,或者说既可能是好的,也可能是坏的。依此逻辑,技治制既可能是腐败的,倾向于寡头制,也可能是好的制度,倾向于贤能制。米切姆认为,将技治制完全定位为利己主义的或腐败的,是不公平的。① 反过来说,技治制也不必然是良善的。比如,丹尼尔·贝尔认为,技治制最接近古希腊城邦的理想,即"一个共同探索真理而团结起来的自由男、女所组成的共和国"②。可这显然也有问题,即真并不等于善,能不代表贤。

在亚里士多德看来,最好的城邦是中产阶级强大,力量超过巨富和赤贫两极,并选择中间政体即贵族制,这是最理想的政体;如果中产阶级不是很强大的城邦,政体选择要根据邦内各个阶层力量对比的实际情况加以选择。也就是说,并没有唯一正确的政体选择,要根据具体情况来判断。技治制亦是如此,评价技治制好坏,不如考虑某个特定社会所施行的技治制是否合适的问题。

20世纪下半叶,西方发达国家中产阶级不断壮大,但21世纪之初尤其是2008年美国次贷危机引发全球金融危机之后,中产阶级的数量有所下降。按照亚里士多德的观点,对于主要由专家、专业人员所组成的中产阶级强大的所谓"纺锤形社会",技治制是很好的选择。但是,此时也要防止技治制沦为寡头制,要对技治制加以控制,尤其是要在技治制出现问题时及时纠偏。

更重要的是,在西方发达国家之外,世界大多数国家的中产阶级并不发达,"金字塔形社会"居多。在这些国家,技治制是否完全不适用呢?亚里士多德的讨论过于简单,因为他是以"小国寡民"的古希腊城邦为对象的。今天的国家和政府都非常庞大,情况非常复杂。从政体的角度看,很难说某个

---

① 米切姆(Carl Mitcham)在2019年8月30日给我的一封邮件中谈到这个观点,还列了一个表格予以说明。
② 丹尼尔·贝尔:《后工业社会的来临——对社会预测的一项探索》,北京:商务印书馆,1984年,第418页。

现代大国只有一种治理权制度——这不是否认某个社会存在一种基本的政治制度,而是在局部、在某个层面,可能运行其他的治理权制度。比如,某个国家基本政治制度是民主共和制,但其中的某个企业可能实施董事会决策的少数人治理,家族企业则可能出现寡头治理权。

技治制是从社会治理角度看待问题,而非局限于政治权力和政府组织。因此,在"金字塔形社会"中,技治制不宜作为总体政治制度,但是可以作为局部的、工具性的权力分配方案,以提高社会总体运行效率。按照亚里士多德的理解,政体是最高统治权的执行者。那么,技治制不在最高统治权层面,而是作为工具在局部发挥作用——这既是可能和可行的,在特定语境中也是有益的。

3. 技治与法治、德治

从科学文化与人文文化二分来看,可以将技术治理与人文治理相区别。前者主要以自然科技手段和自然科技化的社会技术手段为基础,后者主要运用人文学科知识来治理社会。这也可以粗略地看作事实治理与价值治理的二分,技术治理依据事实判断,而人文治理依据价值判断。此种区别的困难之处在于:在社会科学中,事实与价值完全交织在一起,同时包含很多价值考量和社会技术。比如,法律治理既有社会技术的因素,也有价值规范的因素。因此,技术治理与人文治理的区别,在理论建构上非常困难。

在当代技治社会的现实推进中,技治与法治、德治一同成为公共治理领域最重要的治理制度。我们需要对三者进行比较和区分,以突出技治制的特色。

(1) 技治与法治

如何防止技治制沦为寡头制呢?依照亚里士多德的理论,最重要的方式是法治。除了从人治即谁来执政的角度划分政体,亚里士多德还讨论了法治即如何执政的问题。他认为,任何人治都可能出现问题,应结合法治使之指向亚氏以为的政体最高目的,即"政体团体的存在并不由于社会生活,而是为了美善的行为"[①]。

---

① 亚里士多德:《政治学》,北京:商务印书馆,1965 年,第 140 页。

亚里士多德以降,"谁在统治"的问题,被视为比政权更重要的问题,而"怎么统治"的问题,则处于某种工具位置,似乎在特定国情中由特定人群执政,国家就会成为正义的国家。在这种观点看来,法治完全是统治阶级的工具,必定要服从于人治,并没有超出阶级之外的善法或恶法。20世纪下半叶,一些理论家对主体权力分析方法提出挑战,认为"怎么统治"的问题比"谁在统治"的问题更重要。比如福柯认为,权力是各种效应的综合,并非属于哪个主体所拥有的。"凡是有权力的地方,人们都行使权力。确切地说,没有人是权力的拥有者。然而,总是一方面的一些人和另一方面的另一些人在一定的方向下共同行使权力。人们不知道谁是掌权者,但是知道谁没有权力。"[①]由此,权力分析应该摆脱主体分析,不是在拥有权力的人的方面,而是要在权力的实际运作的方面去分析。

视治理工具分析的重要性超过治理主体分析的观点,我称之为"治理工具崛起论"。从马克思主义的立场看,就政权而言,无产阶级掌权是最重要的权力问题。同时,当无产阶级掌握政权,建立起社会主义国家之后,治理工具选择的重要性就突出出来。也就是说,在人治与法治的关系问题上,不能简单地以法治是工具而将其放在不重要的位置。就技治制施行而言,专家同样要依法行使,不能以专业为名突破法治的约束,否则可能导致专家权力失控。

进一步而言,技治制同时意味着技术制和专家制。技术制意味着以科学原理和技术方法来行使治理权,属于传统观念认定的治理工具的范围。作为一种治理工具,技治与法治存在共同之处。从根本上说,技治工具强调遵循自然规律(natural law)行事,而法治工具强调遵照法律(law)行事。在《现代科学的社会根源》中,齐尔塞尔令人信服地说明:现代科学中"物理规律"(physical law)的观念的出现,最早起源于对法律尤其是"自然法"的隐喻:由于某些物理事件不断重复发生,它们被解释为遵循自然的"法律"(law),而这些观念最早都起源于神学思想,尤其是犹太教中神圣"立法者"(lawgiver)的观念。[②] 总之,技治与法治都强调某种主体之外或者说高于主体力量的治

---

① 米歇尔·福柯:《福柯集》,上海:上海远东出版社,2003年,第210页。
② Edgar Zilsel, *The Social Origins of Modern Science*, Dordracht: Springer Science + Business Media, 2003, pp. 96-114.

理或规范。

(2) 技治与德治

众所周知,德治在中国是源远流长的观念,是儒家最重要的政治主张,可以追溯到孔子、孟子、荀子和董仲舒等人,后来不断传承和发展,至今仍然非常流行。一般认为,德治(制)主要强调由道德高尚的人掌握政治权力,通过道德教化和礼仪规范进行社会治理。① 也就是说,与技治制类似,德治包括有德者掌权和用道德方法治理两层意思,同时涉及"谁在治理"与"怎么治理"两个问题。

显然,有德者掌权也属于亚里士多德所称的贤能制,与技治制一样属于少数人执政。因此,在当代语境中,两者都具有浓厚的精英政治的倾向。在中国历史上,对有德者长期通过科举考试来选拔,实际将道德标准转变为道德知识标准。然而,在道德知识丰富与道德高尚之间存在差距,因而有德者选拔还辅以风评和保荐等其他手段。也就是说,表面上看,德治强调的是"贤",而不是专家制强调的"能",但在传统中国语境中存在相同之处。

讨论技治与德治的关系时,由于技治制重视技术工具的作用,常常被中国人视为治理工具。换言之,我们常常从技术制而非专家制的角度看待技治制,将其视为可以为更高社会目标服务的治理工具。而德治也包含着用道德方法治理社会的工具性含义,与主张用技术方法来治理社会的技治制能形成某种互补关系。

正如普特南指出,技术统治论在处理公共问题时,不考虑效率之外的其他价值标准,只顾"如何做"而不关注"对不对"。② 所以,德治与技治第一个层面的互补,表现在整个治理系统价值目标互补上。除此之外,两者的互补还表现在具体治理过程中道德教化方法与科学运行方法的互补上。在某些时候,一味强调效率,反倒可能阻碍治理效率的提高。相比于技术方法,道德方法更"软",更易被治理者接受,因而可能是更高效的方法。最后,两者互补的第三个层面是在细节层面道德规范可能以技术规范的方式表现出来。

---

① 董平:《儒家德治思想及其价值的现代阐释》,《孔子研究》2004 年第 1 期。
② Robert D. Putnam, Elite Transformation in Advanced Industrial Societies: an Empirical Assessment of the Theory of Technocracy, *Comparative Political Studies*, 1977, 10(3), p. 387.

中国古代有"藏礼于器"的观念,而今天颇为流行的"道德物化"(materializing morality)理论讨论的正是两者在技术设计中结合起来的问题。

综上所述,无论是作为执政者选择,还是作为治理工具,技治与法治、德治之间不仅不相互排斥,而且关系非常紧密。如果能很好地结合起来,肯定有利于提高当代中国的治理水平,为建设中国特色社会主义事业服务。因此,问题不仅是要控制技治制,还包括如何将其与法治、德治在当代中国的语境中更好地结合起来。

第 2 章 技 治 逻 辑

从思维上看，人们要接受或者反对技术治理，都有一定逻辑理由或逻辑线索，我称之为技治逻辑。当然，此种技治逻辑，思考或实施技术治理的人或者说大多数人并不会自觉或自省。无论是哪一种技治主义者，还是反技治主义者，均可以在技治逻辑中找到相应的位置。如果想对技术治理进行选择、调整和控制，就必须搞清楚技治逻辑，在技治逻辑形成的可能性空间，寻找建构或重构技术治理的可能性。

因此，对技治逻辑的深入分析，可以说是围绕技术治理的三类意见即支持、反对和审度而展开"思维导图"。技治逻辑的展开，是围绕前述"技治二原则"即原则1"科学运行原则"和原则2"专家治理原则"而展开的。

一、技治证成逻辑

各种技术治理模式皆接受"技治二原则"，但接受两个原则的理由并不完全一样。要证成原则1，实际暗含了诸多步步相扣的逻辑前提，而从原则1证成原则2，亦包含诸多没有明言的立论，并且，原则2亦包含着诸种意见分歧。因而，对整个技术治理证成逻辑进行细致的哲学追问，可以更好地理解技术治理一般原理以及不同技治主义模式之间的差别。

1. 逻辑前提分析

科学运行原则想要站住脚，明显预设了一个前提："0.4 应该以自然科学知识指导所有人的行动。"

今天，这可以说是一个被广泛接受的常识性观点。但是，和所有常识一样，它并不是已被严格证成的。再往前提追溯，"0.1 人的思想影响人的行动"，这可算作基本没有争议的公理，或者说这是人作为能思维的存在者的根本属性。当然,人的某些行为,如膝跳反射、梦游、癫狂等,并不是由有意识的思想支配的,但有意识的行动都是受思想影响的。当我们讲"行动"时,指的是自觉的、有目的的行为。但是,对于不同的个体,同样的思想未必导致同样的行为,并不能通过一一映射将行动还原出标准化的动机。

思想各式各样,从苏格拉底开始,常常被分为意见和知识两类,知识是意见中为真者,而区分两者就是所谓的"泰阿泰德问题"。为了使得行动有效,能够实现自觉的目标,人们通常选择"0.2 （正确的）知识影响人的行动"。在中国传统中,这常被称为"知行合一"问题,而波普尔称为"康普顿问题","即意义对行为的影响"①。虽然很多人的行动在某些特定情境下是由突然冒出的想法、瞬间的激情所左右,但一般还是会尽力用所学到的知识结合具体的情境来指导自己的行为。

然而,知识的范围非常广泛,既包括理性知识,也包括非理性知识。后者如道德戒律、社会习俗、宗教知识和巫术迷信等,有时它们同样有成体系的知识。现代学术包括的自然科学、社会科学和人文科学均为理性知识,比如宗教学就不同于神学或教义学,是用理性方法组织起来的学问。那么,"0.3 （应该以）理性知识指导人的行动"并不是既有人类社会历史的普遍情况,很多情况下人们是用非理性知识指导自己的行动。即使在社会治理领域,中世纪的欧洲以及今天的阿拉伯世界,宗教治理或政教合一被广为接受,而在古代中国,以道德知识为基础的礼制一直是政治的主流。不过,在现代西方社会,理性指导行动起码是社会提倡的主流立场。

文艺复兴之后,尤其是经过启蒙运动,理性日益高涨,"理性指导行动"逐渐成为西方现代社会普遍接受的观念,社会的理性化如韦伯等人所认为的是社会现代化的实质。随着现代化进程从西方向全球扩张,观念0.3为更多的人所认可。并且,随着自然科学的高歌猛进,自然科学知识被视为当代社会中理性知识的典范,各种实证主义者开始主张所有理性知识都要向自然科学学习,于是观念0.3在19世纪下半叶逐渐衍生出"0.4 应该以自然科学知识指导所有人的行动"。对此,技治主义者的主要理由有三条:1）认识论理由,自然科学知识是迄今为止人类获致的最为完美的知识形式;2）实践论

---

① 卡尔·波普尔:《客观知识:一个进化论的研究》,上海:上海译文出版社,2005年,第226页。

理由,自然科学知识业已在人类改造自然界的活动中发挥了巨大的作用;3) 社会学理由,现代社会是复杂的科学社会或工业社会(于是,非用科学方法难以治理)。纽拉特是基于认识论理由提出的"科学统一运动"理论,在知识论层面要求所有的人类知识包括社会科学都要自然科学化,特别是物理学化,而把形而上学从科学的世界观中排除出去。① 凡勃伦则基于社会学理论提出"技术人员的苏维埃"(Soviet of Technician)理论:由于现代科技的发展,西方发达国家于19世纪中叶发展为由工业系统主导的工业社会,"为了工业系统能有效地工作,构成总体的各种子过程必须相互协作,任何协作问题总是会一定程度地阻碍整个系统的工作",因此只有掌握科学技术知识才能保证工业系统的高效运转。②

2. 科学运行的逻辑

当观念 0.4 成立时,"0.5 用科学知识来治理社会"就很容易证成。虽然所有人的行动都应该由自然科学知识指导,但自然科学知识描述的是自然物在自然情境或实验情境中表现出的规律,并不直接与人尤其是社会关系中的人相关,所以并不能直接用于社会治理的语境中,而是需要某种可称之为"治理转译"的意义转换过程。

比如,哥白尼日心说描述的是太阳系天体运行规律,但其中"地球不是宇宙中心"的观点就引申或转换出"人在宇宙中并没有特殊的位置""《圣经》中上帝按照自身面貌造人的说法是错误"等丰富的有关社会中的人的观点,然后再引向"教会政治需要改革""自然应该受到与人平等的对待"等与社会治理有关的观点。

再比如一个众所周知的例子,即达尔文的进化论如何转换成社会达尔文主义的观点,后来又衍生出纳粹主义、反犹主义、种族主义等社会政治立场。在实践中,治理转译的可能意义空间很大,治理逻辑的推进甚至出现自相矛盾的结果。实际上,许多技治主义者尤其是其中严肃的理论家并不赞同过于宽泛的治理转译,因而治理转译在实际技术治理的实践中受到很大的限

---

① O. 纽拉特:《科学的世界观:维也纳小组——献给石里克》,《哲学译丛》1994年第1期。
② T. Veblen, *The Theory of Business Enterprise*, New York: Charles Scribner's Sons, 1915, p. 16.

制,但确实不能否认它在技术治理的逻辑链条中起着不可或缺的链接作用。

技术治理的逻辑还可以从另一条路径有效推进,将"0.5　用科学知识来治理社会"转换成"0.6　用科学来治理社会"(科学并不止于知识体系,现在被公认透视科学的维度至少还有作为实践活动的科学和作为社会建制的科学),再推论出"(原则)1　科学运行即用科学原理和技术方法来治理社会",或可称之为"从科学论到社会工程"路径。既然科学知识不能直接应用于社会情境,可以先从科学和技术中提炼出科学、技术或科技的精神、原理、模式和规范等更"形而上"的要素,然后再将它们应用于社会治理中,或者让社会治理活动模仿、借鉴或受其启发。显然,这些"形而上"要素并不是直接的科学研究活动所涉及的东西,普通科学家、技术专家很少思考这类问题,顶尖的大科学家如牛顿、玻尔,或哲人科学家如马赫、彭加勒、玻尔会更关注些。实际上,它们如今更多地属于科学哲学而不是自然科学的范围,专门的科学哲学家比科学家对自然科学论的问题更为清楚和专业。关于这一点,哈耶克理解得很清楚,所以他认定自己反对技治主义并非是反对科学。①

"从科学论到社会工程"路径可以大致分成两类,直接的和间接的。直接路径是将科学的形而上学尤其是科学方法论,直接应用于具体社会治理情境中,形成某种治理机制或措施。比如,凡勃伦认为科学是机械论的,进而把现代社会视为机械的工业社会。间接路径将科学方法论的应用,经由社会科学中介来完成,即主张"1.1　社会科学与自然科学坚持同一种科学方法论",或可称为"社会科学的自然科学化"。既然自然科学知识不能直接适用于社会情境,而社会科学知识则可以应用于社会情境,那么将社会科学自然科学化,就可以在很大程度上贯彻科学运行原则。凡勃伦认定的技术既包括自然科学技术,也包括社会科学技术,它们均"为有用的目的而对科学知识的运用就是广义上的技术"②。如上所述,纽拉特要通过"科学统一运动"将社会科学自然科学化,尤其是物理学化。而波普尔和哈耶克均是从间接路径来批判技术治理问题的,这就是他们将社会工程问题转变成为科学论或知识论问题的原因。

---

① 弗里德里希·A.哈耶克:《科学的反革命》,南京:译林出版社,2003年,第5页。
② 托尔斯坦·凡勃伦:《科学在现代文明中的地位》,北京:商务印书馆,2000年,第15页。

因此，无论直接路径还是间接路径，都存在一个"科学论选择"即"1.2 通过研究科学论得到应用于社会治理中的科学方法论"的复杂步骤。当问题进入哲学领域，就不像自然科学知识选择那么清楚。虽然自然科学知识不是绝对的真理，但是在特定时代特定的问题上，自然科学给出的答案起码在自然科学家的科学共同体中得到一致认可和接受的程度是足够高的，但科学哲学自20世纪二三十年代兴起以来一直众说纷纭，各家各派此消彼长，对于科学方法论完全没有普遍认可的意见。实际上，哲学研究只能催生更多的问题，而不是逐渐解决旧有哲学问题。因此，在进一步推进技术治理的逻辑之前，必须选择某种科学论作为科学运行的基础。换言之，特定技术治理所应用的"科学方法论"实际是某人某家某派所理解的科学方法论。

3. 专家治理的逻辑

接下来，"科学论选择问题"之后，原则1如何证成"（原则）2 专家治理即由接受了系统的现代自然科学技术教育的专家来掌握政治权力"？技治主义者会指出，这是因为"2.1 科技专家最了解科学方法论"，所以"2.2 技术治理应该由科技专家实施"。

的确，通过接受系统的现代自然科学技术教育，亲身实践科学研究活动，会对科学方法有更深入的理解。因此，观念2.1比较有道理，但是科学方法论不等于科学方法，这为反技治主义者的攻击留下了缺口。实际上，即使纽拉特强烈主张科学管理和社会工程，也并不赞同专家完全掌握社会工程的决策权，而是强调"科学为人民生活带来了改进，而被改善的人民必须理解并参与到这项工作当中"①。

大致来说，专家治理包括专家确认和专家掌权两个环节。专家确认要解决的问题是：谁是技术治理的专家？显然，"接受了系统的现代自然科学技术教育"只是一种形式要求，其实质是"了解并愿意在社会治理中运用科学方法论"。在某些技治主义者的逻辑中，科技专家最了解科学方法论，当然是最支持将其应用于社会领域中，但这个观点是有问题的。由于专家的形式要求与实质要求是有区别的，因此，要确定技治主义者即专家治理所需的

---

① Otto Neurath (ed.), *Empiricism and Sociology*, Dordrecht: Reidel, 1973, p.45.

专家是一件非常困难的事情。有人提出了技治主义者的三条标准：教育背景、政治地位、运行权力。① 但这些都是形式要件，并不能保证如此遴选出的专家必然会贯彻科学运行原则。

显然，有能力有效贯彻科学管理的专家，并不仅限于科学技术专家，"2.3 接受科学技术方法论教育的社会科学家也可以作为技术治理的实施者"。当然，这里的社会科学家是那些坚持用自然科学方法论指导社会科学的社会科学家，而并非所有社会科学家，技治主义者常常提到的有经济学家、管理学家和社会学家。被凡勃伦称为"工程师"的人不仅包括科技人员、技术专家，还包括工业经济学家、工业管理专家等将管理技术、社会技术用于工业与生产之中的专家。② 实际上，在反技治主义者波兹曼和哈耶克等人看来，技术治理主要是社会科学家而非自然科学家的任务。

实际上依照上述逻辑，按照贯彻科学运行的能力而言，"2.4 赞成科学运行的科学哲学家和科学方法论专家也可以作为技术治理的实施者"。就科学方法论的理解而言，科学哲学家比科技专家更专业，因为科学家一般会对本专业的科学方法和方法论更熟悉，而对科学方法论的全貌缺乏深入的研究。然而，相当一部分科学哲学家不赞同技术治理，有些比如费耶阿本德甚至强烈反对社会任何的技术治理倾向，而同情技术治理逻辑的人常常被批评为唯科学主义(scientism)者。

在很多泛技治主义者眼中，"专家"的范围还可以扩大，甚至变成"2.5 所有知识精英都可以作为专家治理的执行者"。这种有意无意的观念在中国很常见，这与长久以来古代中国流行的精英政治传统有关。③ 不过，古代中国执掌精英政治的不是科学知识专家，而是道德知识专家和人文知识专家。无论擅长何种知识都可以成为专家，包括自然科学专家、社会科学专家、人文科学专家、道德礼制专家、宗教知识专家等，专家政治实际就等同于知识精英政治了，也就因过于泛化丧失其科学运行的原义。但是，这种

---

① Li Cheng, Lynn White, The Thirteenth Central Committee of the Chinese Communist Party: From Mobilizers to Managers, *Asian Survey*, 1988, 28(4).

② T. Veblen, *The Engineers and the Price Syste*, New York: Harcourt, Brace & World, 1963, pp. 135-137.

③ Yongmou Liu, American Technocracy and Chinese Response: Theories and Practices of Chinese Export Politics in the Period of the Nanjing Government, 1927-1949, *Technology in Society*, 2015(43).

观点仍坚持技术治理在权力分配中的根本性原则,即以知识而非暴力、血统、金钱等为标准来赋予权力。

当专家确认问题解决之后,与专家掌权相关的一系列问题就接踵而至:专家治理尤其是专家政治中,专家在何种程度上掌握治理权力?如何行使权力?如何获取权力?对这些问题的不同回答,造成技治主义者之间更多的分歧。

在何种程度上掌握政治权力?"2.6 专家可以全面掌权,也可以局部掌权。"前者指向某种治理乌托邦甚至是机器乌托邦,后者指向政治活动某种程度的科学化。圣西门主张科学家和实业家联合掌握,主导社会科学运行。① 也就是说,专家要与其他阶层分享权力,并且要为王权效劳。凡勃伦则主张名为"技术人员的苏维埃"的乌托邦,由技术人员行使国家权力。纽拉特支持科学管理,呼吁科学家投身社会工程,但主张专家扮演工具性而非决策性的角色。② 芬伯格则认为,既有的技治制不仅在发达资本主义社会的社会宏观结构层面盛行,也在社会运行的微观层面如工程建设、工商管理、工业设计、行政活动乃至个体心性结构等中起作用。③

专家如何行使政治权力?"2.7 专家可以实施乌托邦社会工程,也可以实施渐进的社会工程。"对社会治理可以采取全面重构的乌托邦社会工程,也可以采取局部的、改良式的渐进社会工程。圣西门提出用全国各级的牛顿协会取代教会,以科学家取代各种神职人员,掌握教育和道德的职责。凡勃伦也主张,在工程师掌权后,工业系统要彻底改造,不在所有权制(absentee ownership)要被颠覆,"技术人员的苏维埃"成为国家权力组织形式。丹尼尔·贝尔"能者统治论"也很激进。他批评圣西门仍然把知识作为权力的从属性因素,没有看到政治决策与技术决策的同一性,认为专家政治是最接近古希腊城邦的理想蓝图。他认为,"锻炼有素的能者统治可以使社会成为一个公正的社会,即使不是平等的社会"④。但是,更多的技治主义者如加尔布雷思、布尔斯廷、托夫勒以及波普尔(我认为某种意义上是技治主义

---

① 昂利·圣西门:《圣西门选集》第 1 卷,北京:商务印书馆,1979 年,第 262 页。
② Otto Neurath, International Planning for Freedom, See O. Neurath (ed.), *Empiricism and Sociology*, Dordrecht: Reidel, 1973.
③ 安德鲁·芬伯格:《可选择的现代性》,北京:中国社会科学出版社,2003 年,第 185—186 页。
④ 丹尼尔·贝尔:《后工业社会的来临——对社会预测的一项探索》,北京:商务印书馆,1984 年,第 503 页。

者),尤其还有许多以实践而非理论见长的技治主义者,主张改良性质的社会工程,而不是彻底重构社会秩序。

专家如何获取权力?"2.8 专家可以通过革命获取权力,也可以通过改良获取权力。"可以采取激进的革命,也可以进行温和的改良。凡勃伦主张发动"工程师革命",工程师主导革命的领导权,要争取底层阶级的帮助,做好掌权的准备。但是,他不主张暴力革命,认为资本家会平静地让渡权力。①

二、技治否证逻辑

技术治理的证成逻辑链条颇为冗长,很多环节都可以被反技治主义者攻击,从而切断整个证成逻辑,使得技术治理理论不能严整地成立。另一种对技术治理的攻击策略是利用技术治理证成逻辑的"分叉",推导出整个技术治理与某些今天被称为"普世的"政治价值原则如民主、自由相悖。可以称前一种为切断方法,后一种为价值方法。

要注意,不少反技治主义者并非完全反对技术治理,而是反对某些极端的技治主义,尤其是激进技术统治论。某些温和的技术治理措施比如人口普查、经济普查等社会测量术,遭遇的反对并不多。但是,仍然存在不少激进反技治主义者,对所有技术治理措施都持有敌意,完全走到反科学、反理性的极端。典型的比如相信专家阴谋论的老百姓,在社会上不在少数。

1. 切断式否证

(1) 对技术治理逻辑前提的质疑

前面已经提到,"0.3 (应该以)理性知识指导人的行动"并不符合历史上社会治理的真实情形。实际上,礼制德治、政教合一在今天仍然有许多的拥趸。20世纪六七十年代后现代主义兴起之后,西方社会反理性、反科学的思潮颇有市场,90年代激发的唯科学主义者与反科学主义者之间的"科学大战"(Science Wars)就是明证。在许多人看来,当代社会的许多问题都是社

---

① T. Veblen, *The Engineers and the Price System*, New York: Harcourt, Brace & World, 1963, p.163.

会过于理性化导致的,因此更多地强调人的非理性一面。费耶阿本德专门著有一本《告别理性》的书,高喊"回到历史中来"。[①]

即使认可观点0.3,反技治主义仍然可以提出如下两个重要的疑问。

第一,"0.3.1 理性难道不是一个难以琢磨的术语吗?"

的确,何为理性,是一个迄今争论不休的哲学问题。常见的关于理性的理解至少包括:1)人类独有的高级认知能力;2)合乎数学和逻辑的;3)经过审慎、冷静思考而排除情绪化的;4)科学的,实证的;5)实用的,有效的。如果理性得不到合适的界定,如何断定自然科学知识是理性知识的典范?于是,观念0.3不能顺利过渡到"0.4 应该以自然科学知识指导所有人的行动"。而且,反技治主义者通过重新界定理性,可以得出反技术治理的结论。比如,哈耶克把知道和谨守自身的认知能力视为理性,将技术治理视为理性的滥用,"由于它不承认个人理性的能力有限,反而使人类理性没有发挥应有的作用"[②]。波普尔认为,"理性是指(对一个人自己的理论和与之竞争的理论的)理性批判"[③],于是政治理性化在于不断地否定而非按照某种原则去建构。即使把理性限定在科学理性上,问题仍然不可避免。因为从一开始,科学活动就在求真(即追求真理)和功利(即有益于社会福祉)两大并不一致的价值目标中寻求平衡,工具理性和目的理性在科学理性框架中并存。虽然技治主义者视现代科学与技术为一体,但很多人仍然认为,科学与技术差别很大,科学理性与技术理性不一样。总之,对于科学理性、技术理性和科技理性的理解亦是有歧义的、模糊的。

第二,"0.3.2 理性可以指导人的群体行动吗?"

个体的理性行动最终可能导致群体的非理性行为,这是决策理论和博弈论注意到的一个难题。哈耶克认为,决策所需的知识分散于个体的头脑中,各不相同,根本不能汇聚于某个超级头脑中以资统一分析。[④] 因此,社会秩序是自然形成的,无法自觉地重构。

[①] 保罗·费耶阿本德:《告别理性》,南京:江苏人民出版社,2002年,第318页。
[②] 弗里德里希·冯·哈耶克:《经济、科学与政治——哈耶克思想精粹》,南京:江苏人民出版社,2000年,第593页。
[③] 卡尔·波普:《无尽的探索——卡尔·波普自传》,南京:江苏人民出版社,2000年,第157页。
[④] 弗里德里希·A.哈耶克:《科学的反革命》,南京:译林出版社,2003年,第55—56页。

针对观念0.4,反技治主义者对技治主义者给出的三条证成理由都进行了质疑:"0.4.1 为什么要用自然科学知识指导人的行动?"费耶阿本德提出了无政府主义科学方法论,认定科学"怎么都行",并不比巫术、小说和哲学等更理性,"科学同神话的距离,比起科学哲学打算承认的来,要切近得多"①。而20世纪下半叶以来,科学的负面效应日益暴露出来,为科学辩护的实践论理由逐渐被动摇。并且,支持技术治理的三条理由都面临休谟问题的质疑:如何从"是"到"应当"?它们均为事实判断,比如社会学理由,现代社会是工业社会,并不能推出必须用科学方法对其进行治理。这一质疑也可以前推到观念0.3。要想解决该问题,只能用"科学本身包含某些正面价值"来解决,但这会导致"科学包含哪些价值"的争论,使得问题进入价值论否证之中。

(2) 对科学运行逻辑的质疑

对于观念0.5,反技治主义者可以提出新的质疑:"0.5.1 用什么自然科学知识指导人的行动?"长期以来,人们用"自然科学"一词来统称物理学、化学、生物学、地理学和心理学等,这样就掩盖了一个事实:自然科学的不同学科其实差别很大。以往我们总是以物理学为样板来讨论自然科学,并试图让自然科学其他学科向物理学靠拢,但21世纪之交以来,科学哲学界开始注意到这一点,尤其是生物学在20世纪末的兴起,刺激了人们对自然科学内部差异更深的理解,也正在改变科学哲学的基本面貌,这就是前述的"物理学帝国"的崩溃和"科学共和国"的兴起。显然,用不同学科知识指导治理活动,在实践中差别会很大。

另外,对于观念0.5,还可以提出针对治理转译的诘难":0.5.2 治理转译如何能避免结论混乱?"的确,从历史上看,治理转译并不依照严格的逻辑,有时甚至不依照最起码的逻辑,更多借助于偏见、激情和习俗,而不是知识客观性的力量。所以,经由治理转译来推行技术治理,很容易陷入混乱之中,更缺乏必要的客观中立的说服力。芬伯格对此的批评是有道理的,"伪

---

① 保罗·法伊尔阿本德:《反对方法:无政府主义知识论纲要》,上海:上海译文出版社,2007年,第271页。

科学行话的变戏法和可疑的量化是技治主义风格与理性探索之间所有的联系"①。因此,在现实操作中,治理转译不得不放弃实证力量,转而依靠宣传、教育等来引导。

对于"1.1　社会科学与自然科学坚持同一种科学方法论"而言,目前主张两者在方法论根本上不同,进而反对社会科学自然科学化的力量还很强大。比如,波兹曼认为,社会科学自然科学化实际是努力成为伪科学,原因一是要实现某种社会工程的业绩,二是争夺社会给予自然科学的好处。在他看来,社会科学是一种讲故事(story-telling)的形式,完全不同于自然科学。②在《科学的反革命》中,哈耶克则详细说明了两者的不同,指出唯科学主义社会科学方法论有客观主义、集体主义和历史主义三大错误。

针对"1.2　通过研究科学论得到应用于社会治理中的科学方法论",反技治主义者提出了"科学论选择难题":"1.2.1　究竟以什么标准选择科学论?"实际上,在费耶阿本德之后,为"自然科学有独特的优于其他文化形式的方法"辩护变得非常困难。如果没有什么特殊的科学方法论,根本就谈不上将其应用于社会治理中的问题。当然,这是一种极端的观点。即使承认特殊科学方法论的存在,目前各家各派对于科学方法论也争论不休,不同自然科学学科的科学方法论的差异越来越被科学哲学家关注,根本不能用如下理性标准选择,找到与自然科学活动最相符合的科学方法论。的确,"从科学论到社会工程"的路径说是以科学治理为原则,实质上借助的是某种科学哲学而非科学原理和技术方法的力量,难怪要被某些反技治主义者如波兹曼批评为"伪科学"。

(3) 对专家治理逻辑的质疑

技治主义者质疑从科学运行到专家治理的逻辑:"2.2.1　为什么科学运行一定要由科技专家实施?"显然,科学运行与专家治理尤其是专家政治之间有逻辑鸿沟。芬伯格就地指出了两者之间的差异,即专家政治并不一定能实现科学运行,现实中的科学管理常常是伪科学管理即以科学技术为名的专制——"技术专家治国论就不是'技术规则'的结果,而是在特殊的发达社

---

① Andrew Feenberg, *Questioning Technology*, London, New York: Routledge, 1999, p.4.
② Neil Postman, Social Science as Theology, ETC, 1984(1):28-31.

会环境下追求阶级权力的结果"①。费耶阿本德反对专家决策,理由主要有三:1)专家意见往往不一致,专家甚至可以证明任何观念;2)专家往往与讨论的问题无关,只能从狭窄的专业框架出发来理解没有任何体验的问题;3)根本无法证明专家决策比外行好。②

其实,科学运行和专家政治鸿沟的根本原因在于:专家治国和行政要运用的不是专业知识,而是由专业活动抽象出的科学精神、科学方法论、科学活动模式等属于科学哲学的知识。因此,按照专家政治的逻辑,有些人甚至会说,实施技术治理最好的专家不是科学家、技术专家,而是科学哲学家尤其是科学方法专家。然而,在很多科学家看来,科学哲学不值一提,与实际科学研究活动相差很远,"对科学家是没有帮助作用的,正如鸟类学家对于鸟来说不相干一样"③。实际上,科学哲学自诞生以来,与科学家互动很少,倒是20世纪下半叶各种反科学主义兴起后,科学家开始关注科学哲学,但不是赞赏而是批判。费耶阿本德曾尖刻地嘲弄科学哲学:"几乎每一种科学哲学杂志所讨论的都是那些除了一小撮孤僻的知识分子之外任何人都不感兴趣的问题。"④

2. 价值论否证

从某种意义上说,价值论否证是反技治主义者基于自己主张的根本价值立场对技术治理进行的道德批判。总的来说,主要包括:1)人文主义者指责技治主义把人视为机器,技术治理严重束缚人性;2)自由主义者批评技术治理侵害个体自由;3)西方马克思主义者攻讦技术治理帮助资产阶级压迫劳动者;4)历史主义者、相对主义者谴责把科学运行视为社会治理的唯一模式,忽视人文治理方式的作用;5)怀旧主义者、卢德主义者反感的不局限于技术治理,而是包括整个现代生活方式和工业体制,怀旧主义者的口号是"回到古希腊",而卢德主义者的口号是"砸烂所有机器",专家阴谋论者基本

---

① 安德鲁·芬伯格:《可选择的现代性》,北京:中国社会科学出版社,2003年,第110页。
② 刘大椿、刘永谋:《思想的攻防——另类科学哲学的兴起和演化》,北京:中国人民大学出版社,2010年,第138页。
③ 苏珊·哈克:《理性地捍卫科学——在科学主义与犬儒主义之间》,北京:中国人民大学出版社,2008年,第6页。
④ 保罗·法伊尔阿本德:《自由社会中的科学》,上海:上海译文出版社,1990年,第239页。

上可以被视为某种卢德主义者;6) 一些实证学者反对某些技术治理措施,是基于实证案例分析,他们得出技术治理方案在现实中造成危害的结论。

(1) 人文主义批判

人文主义的批评者比如波兹曼、芒福德和埃吕尔。

波兹曼认为,技术统治论危及人的主体性,社会工程视人为可以测量、计算和控制的对象,逐渐使之丧失自信以及思考和判断能力;而且技术治理还威胁社会道德,因为技术专家"服务的神灵不讲述公义、行善、悲悯或仁慈。它们的神灵讲述的是效率、精密和客观"①。他指出,唯科学主义根本回答不了何为生命、何为人这样的终极问题,却试图提供一种无神论的虚幻信仰。更为重要的是,波兹曼对技术治理威胁文化进行了不遗余力的批判。他认为,当代文明已经进入技术统治论文化的时代,技术开始扮演社会核心的角色,技术的自主性增强,技治主义开始流行。在技术统治时代,技术开始向文化发动进攻,试图取代文化。技术统治论的口号是"一切都交给技术",它兴起之后,其他文化类型开始急速消失。波兹曼还批评"社会技术"成为技术治理的帮凶。他认为,当代社会科学试图按照技术原则、方法和规范来管理整个社会,其作用类似于中世纪的"神学";社会科学不应以控制社会、管理人群为目标,其目的应该是"重新发现社会生活的真理,评论或批评人们的道德行为,提供能帮助人们以某种程度的理解力和尊严生活的隐喻、意象和观点"②。

芒福德批评现代技术已成为"巨机器"或"巨技术",即与生活技术、实用主义和多元技术完全相反的专制技术,其目标是权力与控制,追求技术治理所要求的整齐划一的秩序。现代"巨机器"导致了人的异化,主要表现为"非人"的产生,道德和艺术的腐蚀,知识的垄断和自动化与教育的机械化,人的最终堕落。他指出:"要想真正得救,则人类将需要一种类似宗教的自动皈依:必须以有机世界观来代替机械世界观,必须重视人格和生命远过于机器和计算机。"③

---

① 尼尔·波斯曼:《技术垄断:文化向技术投降》,北京:北京大学出版社,2007年,第51页。
② Neil Postman, Social Science as Theology, *ET cetera*, 1984, 41(1).
③ 芒福德:《机械的神话》,台北:黎明文化实业股份有限公司,1972年,第321页。

埃吕尔强调现代技术的自主性,认为技术统治论的流行已经让国家和技术融为一体,技术治理彻底颠覆了民主,正在形成新的贵族统治,公众成为新式奴隶。① 他提倡增强独立于国家的各种社会组织的力量,尤其是艺术、宗教等人文组织,让它们有能力对抗国家力量。

(2) 自由主义批判

自由主义者比如哈耶克、波普尔。

哈耶克认为,技术统治论认为人们有能力重构社会秩序,是非常狂妄的,因为社会制度虽然是"人类行为的结果,但不是人类设计的结果"②。社会工程试图对社会进行自觉控制,因而推崇某个超级头脑来实施对社会的总体支配,侵害个体自由,最终极可能导致专制和独裁,而社会工程师(社会科学专家)就是帮凶。而且,19世纪下半叶以来,技治主义和唯科学主义的兴起,导致自由主义和个人主义在西方社会受到猛烈攻击。

波普尔理解的自由是批判理性的言论自由以及"纯粹的形式自由","即民主、人民评判和废除政府的权利是我们所知道的唯一手段,通过该手段我们能够试图保护我们自己免遭政治权力的滥用"③。他认为,技治主义主张乌托邦的社会工程,相信社会发展遵循某种社会规律,因而试图建构终极理想社会的蓝图,进而按照它对现实社会进行全面重构;为了终极理想,技术治理很容易牺牲当代人的自由和民主,让活着的人受苦。对此,波普尔写道:"即使怀抱着建立人间天堂的最美好的愿望,但它只是成功地制造了人间地狱——人以其自身的力量为自己的同胞们准备的地狱。"④

(3) 西方马克思主义批判

西方马克思主义者比如马尔库塞、哈贝马斯和芬伯格。

在马尔库塞看来,技治主义直接属于意识形态的范畴,社会工程和社会技术已经转化为现代社会的政治合理性的基础。他指出:"技术总是一种历

---

① J. Ellul, *The Technological Society*, New York: Vintage Books, 1967, p. 274.
② 弗里德里希·冯·哈耶克:《经济、科学与政治——哈耶克思想精粹》,南京:江苏人民出版社,2000年,第521页。
③ 戴维·米勒编:《开放的思想和社会——波普尔思想精粹》,南京:江苏人民出版社,2000年,第366页。
④ 卡尔·波普尔:《开放社会及其敌人》(第1卷),北京:中国社会科学出版社,1999年,第35页。

史—社会的过程：一个社会和它的统治利益打算对人和物所做的事情都在它里面设计着。"①人们的生活水平因技术进步大幅度提高，技术治理压制了一切反对声音，人们甚至失去了设想替代性选择的能力。技术进步与技术理性在当代发达资本主义单向度极权主义社会的塑成和运转中占据着极其关键的枢纽作用。他认为："资本主义进步的法则寓于这样一个公式：技术进步＝社会财富的增长（社会生产总值的增长）＝奴役的加强。"②福利与战争以技术进步为基础，在资本主义再生产中被紧密结合起来，在国家团结和动员的背景下，传统政治难题被清除或者被隔离，社会变革和革命的冲动被遏制。对立阶级的政治主张越来越明显地一致，企业、资本家与劳工组织的沟通被加强，社会矛盾日趋缓和。在资本主义社会中，技术治理的奴役是一种舒适的奴役，发达工业社会无产阶级的物质需要满足是以失去自由为代价。

哈贝马斯指出，技治主义是一种新型的"隐形意识形态"，显得意识形态性较少。③ 技术治理措施粉饰了晚期资本主义的剥削和压迫，不再是传统的对无产阶级的集体压制，而是通过国家干预技术手段收买底层群众，并且因此从政治批判的公共领域中脱身出来，将自身划归为经济发展问题而"非政治化"。在技术治理之下，技术逐渐摆脱人而自行运转，人被机器所控制和整合，"人机系统的领导权交给了机器"④。并且，技术治理导致社会分裂为社会工程师和被设计的"零件"，而且将增加战争和破坏的危险。和马尔库塞一样，哈贝马斯认为，技术治理最严重的问题在于，它让人们不再反思社会、反思技术本身——技治主义消灭了公共领域，因而社会、技术不再受到公众的政治批判。

芬伯格是从民主社会主义的立场上批评技术治理的。在他看来，技治主义用谎言掩盖和曲解真实情况，为维护权力和等级制度服务。技术治理与资产阶级权力增强的要求是一致的，它维护等级制管理，"运用技术授权去

---

① 马尔库塞：《现代文明与人的困境——马尔库塞文集》，上海：上海三联书店，1989年，第108页。
② H.马尔库塞等：《工业社会和新左派》，北京：商务印书馆，1982年，第82页。
③ 尤尔根·哈贝马斯：《作为"意识形态"的技术和科学》，上海：学林出版社，1999年，第63页。
④ 尤尔根·哈贝马斯：《理论与实践》，北京：社会科学文献出版社，2004年，第361页。

维护一个扩展的等级制的控制体制,使它合法化"①。

(4) 历史主义和相对主义批判

历史主义者比如福柯②,相对主义者比如费耶阿本德。

福柯的知识考古学认为,真理是历史的、建构的和多元的;不是没有真理,而是没有一致的、普遍的和实在的真理;知识不是主体认知的产物,而是历史实践的过程,相反主体和客体倒是被知识实践所作用、改变和建构。所以,知识并不局限于自然科学之内,不同的学科知识之间并不存在以客观性、科学性划分的等级。显然,福柯反对科学一支独大,反对自然科学方法论对社会科学和社会领域的强制应用。在他看来,这是以真理为名的"知识纪律化"过程,实质上是科学知识夺权的权力斗争,而他的谱系学就是要掀起"被压迫知识的造反运动"③。因此,他会把技术治理的实质视为知识—权力的统治,它将现代社会变成"监狱社会"。他还指出,传统自认为掌握了普遍真理的普遍型知识分子正在失去人们的信赖,取而代之的是熟悉某个领域专业知识的、不宣称自己无所不知的特殊型知识分子。

费耶阿本德也是历史主义者,但由于过于极端走向了明显的相对主义。他反对唯技术治理独尊的科学沙文主义,认为"科学的优越性同样不是研究和论证的结果,而是政治、制度甚至军事压力的结果"④。在他看来,科学方法是多元的,既有理性的,也有非理性的,不管什么方法,只要对科学的发展有利就是好的科学方法;而且,不仅在方法论上,在理性、文化和世界图景等各个方面都应该坚持多元论,用政治相对主义来取代科学沙文主义,打破国家和科学过度且紧密结合的"共生现象"。费耶阿本德主张把专家从社会决策的中心位置清除出去。他认为,社会重大事务需要听取专家的意见,但最后应该是民主方式构成的委员会来决定,其中专家应该是少数。他甚至认

---

① Andrew Feenberg, *Questioning Technology*, London, New York: Routledge, 1999, p. 103.
② 值得指出的,这里的"历史主义"是一般用法,不同于哈耶克、波普尔所称的"历史主义"。他们所批评的历史主义认为,社会历史的发展存在着不以人类意志为转移的客观规律,社会实践行动只有遵循历史规律才能成功,而社会科学就是要获致社会客观规律。在波普尔看来,这种历史主义是乌托邦社会工程的思想基础。
③ 米歇尔·福柯:《权力的眼睛——福柯访谈录》,上海:上海人民出版社,1997年,第216—217页。
④ 保罗·法伊尔阿本德:《自由社会中的科学》,上海:上海译文出版社,1990年,第125页。

为,外行应该控制科学,而且也不会造成危害。①

(5) 怀旧主义、卢德主义者和专家阴谋论批判

许多反技治主义者都有怀旧主义的情结,比如福柯、芒福德和波兹曼,福柯试图复兴古希腊的生存美学,而芒福德、波兹曼则把古代技术视为完美融合了技艺、艺术和人文的灵性之活动。至于卢德主义者,主要是在底层的、民间的群众中大有拥趸者,难以列举出能建构理论的著名代表。但是,众所周知,直至今天,各种"停止科学""取缔科学""砸烂手机"和"捣毁实验室"的声音仍然不绝于耳。事实上,谁也不能令人信服地证明:没有机器的古代社会,人们的生活比今天更幸福。

而专家阴谋论者对技术治理的批判,更是非理性化和反智化,既无法证实,亦无法证伪,却非常流行,影响力巨大,甚至可以说,比其他各种批判的影响都大。它的批判能量在此次新冠疫情中表现突出,对于疫情中的各国各种骚乱起到过强烈的刺激作用。

(6) 实证批评

最后,实证主义的政治学研究分析各种他们认定的既有技术治理或社会工程的实践,其中很多人得出社会工程危害巨大的结论。如前所述,J. C. 斯科特就认为大型社会工程注定是要失败的。普赖斯则是以美国为案例,详细分析技术治理实施过程中,会出现各种问题和危险,进而主张用民主制和阶层多元平衡的方式来控制技术治理,很有启发性。② 不过要指出,实证分析的学者虽然也用价值批判的方法来批评技术治理,但不少人并不像上述哲学家和卢德主义者一般极端,而是提出某些既有技术治理可能改进的建设性措施。

上述诸种反技治主义主张,本书将在第三编"反技治的思想"中详细进行分析,吸收其中的有益元素。

---

① 保罗·费耶阿本德:《知识、科学与相对主义》,南京:江苏人民出版社,2006年,第107页。
② Don. K. Price, *The Scientific Estate*, Cambridge, MA., London, England: Harvard University Press, 1965.

三、技治建构逻辑

相比于自然科学理论，人文社会科学理论存在逻辑不严谨、意义不清楚，甚至某些时候局部自相矛盾的情况，这其实非常正常，并不能因此否定它们的价值，因为对于它们而言，重要的是意义而不是逻辑。实际上，人文社会科学理论的诸多问题，乃是由于术语"意义漂移"不定而造成的，但没有这种"漂移"，意义又难以在隐喻空间生长。技术治理理论面临同样的情形。反过来讲，意义"漂移"也为建构合理的技术治理模式提供了可能。

显然，想要在政治和公共治理领域借助自然科学技术的力量，对于技术治理非常重要的关键节点在于寻找与自然科学活动更相符合的科学方法论。按照技术治理的证成逻辑，不同的科学方法论会对具体问题给出迥异的回答，这既增加了技治主义者之间的分歧，也增加了技术治理和技治主义嬗变的可能性空间。换言之，可以通过科学论选择建构不同类型的技治主义，从中选择与现实更为契合、更具合理性的技术治理模式，并且吸收某些反技治主义者的合理意见，避免某些严重的实践问题。更直接地说，可以通过理论和实践重建，为某种技术治理模式的合理性进行有限度的辩护。必须要记住，技术治理理论从根本上是一个指向实践并以实践为旨归的理论，现实考量无时不在它的视野中。

1. 对反对意见的再质疑

从根本上说，反技治主义者的切断式否证，大多涉及对某些概念、术语的不同理解，基于不同的理解进而得出不同的结论，因而很难以此彻底驳倒所有的技术治理模式和技治主义主张。当然，反过来也是一样。因此，分析反技治主义的价值论否证更有意义，能给技术治理理论的重构诸多原则上的警醒。

从总体上说，反技治主义者对技术治理的价值论攻击，都存在两个相互关联的明显问题:1）以偏概全。他们缺乏对技术治理的全面理解，都是以某一种技术治理模式为攻击目标，将其视为技术治理的全部。这个目标最常见的是被认定为以逻辑实证主义科学论为基础的乌托邦技术治理模式，即我所称的"机器乌托邦"。显然,驳倒技术治理或技治主义的一支,并不能彻底否定技术治理。2) 先入为主。之所以会以偏概全,很可能是因为反技治主义者在深入剖析之前,就先行认定技术治理的"邪恶",并预设不能质疑的价值观念比如自由、民主、阶级平等、人文精神等,以及某些根深蒂固的成见如"技术治理把人变成机器"等,来对技治主义进行批评。实际上,不仅成见需要再认识,被认定为终极价值的东西也并非不可以商榷。

以哈耶克为例分析技术治理与自由的关系。哈耶克以自由主义著称,并且把自由主义与社会主义、技治主义视为天然对立的。甚至可以说,难以厘清他是因为爱好自由而反对社会主义、技术治理,还是相反。然而,哈耶克一再宣布自己不反对科学,只是反对理性、科学的滥用,而技术治理就是一种滥用,而作为其思想基础的唯科学主义是对科学方法论的歪曲。他不仅不反科学,还试图把科学与他不遗余力推崇的自由协调起来。比如他认为:"个人活力解放的最大结果,可能就是科学的惊人发展,它随着个人自由从意大利向英国和更远的地方进军。"①在他心目中,真正的科学是非常自由的、正面的东西,技术治理的问题不在于试图应用科学成果,而在于它对科学方法论的错误理解。所以,他实际上反对的是占据主流位置的唯科学主义——按照哈氏的逻辑,唯科学主义才是真正的反科学。因此,严格地说,哈耶克并不反对科学运行原则,而是反对实证主义科学方法论被应用于社会科学及其政治实践活动中。被他视为自由敌人的不是科学和技术治理,而是错误的技术治理,是实证主义、唯科学主义和乌托邦。

这一点也可以用哈耶克对社会工程的态度来佐证。他认为,社会制度虽然是"人类行为的结果,但不是人类设计的结果"②,所以人们不可能控制和改变社会制度,但是可以利用和影响它——"既然这些制度不是出于设计,而是取决于我们未加控制的个人行为,因此我们至少不能想当然地认为我们能够用组成部分的活动受到自觉控制的组织来改进它们的表现。如果我们学会了理解自发的力量,我们也许希望利用它们,通过正确调整作为一个更大过程之构成部分的机制,去改进它们的表现。但是这样去利用和影响

---

① 弗里德里希·奥古斯特·冯·哈耶克:《通往奴役之路》,北京:中国社会科学出版社,1997年,第22页。
② 弗里德里希·冯·哈耶克:《经济、科学与政治——哈耶克思想精粹》,南京:江苏人民出版社,2000年,第521页。

自发的过程,与试图受到自觉控制的组织来替代它们的做法,有着天壤之别。"①那么,设计、重构和利用、影响的区别在哪?哈耶克并没有深入说明,但是可以肯定,这样的态度并没有彻底否定社会工程,只是否定了极端的乌托邦社会工程,为局部的、操作性的社会改良工程留下了缺口。

比较费耶阿本德与哈耶克的相关立场会让问题更清楚。费氏是公认反科学的标杆人物。在他看来,根本没有什么特殊的科学方法,自然科学的方法就是什么都用、"怎么都行"。既然"怎么都行",那么用一种科学方法主导行不行?费耶阿本德并没有说不行,而是说现在不行,因为现在过于强调某种特殊的方法论一支独大——不管是逻辑实证主义,还是波普尔的证伪主义、库恩的范式理论——所以不行。也就是说,怎么都行,就是不能一元方法论一统天下——"当然,也许会有这样的时候来到,那时将必须给予理性暂时的优越地位,那时捍卫理性的法则而排除别的一切,将是明智的。不过,我不认为,今天我们就生活在这样的时代。"②因此,仔细深究起来,费耶阿本德反对的是一元论的当代科学模式,反对的是任何一种一元论的当代科学哲学,并不是反对所有的科学活动。因为在他看来,实际的科学史证明科学并非一元论的,而是多元论的、反归纳的,经常会借鉴哲学、神学乃至巫术的资源——只要能发展科学,就可以无所不用。实际上,这同样是对自由赋予了他所认为的真实科学史,因而最终费氏的思考越出科学哲学走向自由和自由社会就是必然的了。在他设想中的自由社会中,科学不是没有位置,专家不是没有位置,而是要"将专家(科学家)本人从社会生活的中心位置清除出去"③。也就是说,自由并不反对科学和专家,而是反对说一不二、压制其余的科学和专家。

同样,认为技术治理与民主天然不相容,技治制与民主制存在不可调和的矛盾,而一定与专制、独裁和极权统治相一致,这也值得商榷。这种认定常常与把技术治理认定为乌托邦社会工程即机器乌托邦有关。乌托邦社会工程师是波普尔意义上的历史主义者,肯定社会历史发展存在客观的规律,并

---

① 弗里德里希·A.哈耶克:《科学的反革命》,南京:译林出版社,2003年,第87页。
② 保罗·法伊尔阿本德:《反对方法:无政府主义知识论纲要》,上海:上海译文出版社,2007年,第6页。
③ 保罗·法伊尔阿本德:《自由社会中的科学》,上海:上海译文出版社,1990年,第1页。

按照他们所认定的客观规律来设计某种未来理想社会的蓝图,然后要按照终极蓝图对既有社会进行全面重构。应该说,哈耶克、波普尔对乌托邦社会工程的批评可谓入木三分。从某种意义上说,乌托邦社会工程是宿命论与极端能动论的奇怪混合:说它是宿命论,因为社会客观规律不以任何人的主观意志为转移;说它是极端能动论,因为它要以人力加速和促进"地上天国"早日到来——从历史主义的逻辑说,终极理想社会如何到来同样有历史规律,如何能主观地加速和促进?而设计总体性社会蓝图需要汇总所有社会知识,需要哈耶克所谓的"超级头脑",并不是谁都能窥穿历史规律;而执行社会重构需要强力机构和伟大国家,因此全面重构必然要触及局部利益,引发局部的反抗,有时甚至需要全面改造。并且,改造社会遭遇阻力后,任何退让都会导致理想社会蓝图全面瓦解,于是强调为了真理而牺牲就在所难免,即只有高倡心怀天国的圣徒才能在暴力和流血面前坚守信仰。总之,机器乌托邦的确更亲近专制、独裁和极权。然而,技术治理并不等于乌托邦社会工程或历史主义社会工程,而是还有很多其他模式。

与此类似,"技术治理把人变成机器"的观点,属于机械主义的技治主义。的确有极端机械论者把世界看成精密的、决定论的和可以预测的机器,把科学视为精确测量世界的工具,用机器观念来理解现代社会,视人为社会机器中的一个零件,因而可能导向机器乌托邦。但是首先,机械论同样有很多形态,并非很多人认定的如此极端。其次,机械论观念并不为所有技治主义者完全坚持,典型的机械论技治主义者比如凡勃伦亦是如此。

凡勃伦认为,现代文明就是机器文明,现代性就是机器性、机械性。他认为:"现代状况与古代体制不同之处在于机器技术及其诸多广泛的后果。"[①]他还对机器过程以及现代社会的机械性进行了深入的分析,但是他对机器文明也不是一味支持的,而是在一定程度上批判了机器对人的压抑。[②]他指出,机器生活反对个性,不关心传统、习惯、习俗和道德,并对此表达出不满。

凡勃伦还分析了机器对工人阶级的负面影响。同芬伯格一样,他也认

---

① Thorstein Veblen, *The Theory of Business*, New York: Charles Scribner's Sons, 1915, p.303.
② 刘永谋:《行动中的密涅瓦:当代认知活动的权力之维》,成都:西南交通大学出版社,2014年,第43—44页。

为,社会主义兴起同样与工人阶级试图挣脱机器生活的动机有关。因此,以阶级平等的名义对凡勃伦这样的技治主义者进行批评,也值得商榷。

如马克思指出的,科学技术从根本上是进步的力量,只是在阶级社会被统治阶级所利用和控制。不能简单地认定技术治理就是统治阶级压迫工人阶级的有力工具,它也可能成为工人阶级治理现代社会的有力工具。芬伯格就认为,技术治理是资本主义和苏联式社会主义共有的现象,只有民主社会主义才能真正让人们从技术治理手中解放出来。也就是说,他认为技术治理和技治主义并不与苏联式的社会主义相冲突,而是与民主相冲突——这就回到了前面技术治理与民主关系的讨论。总之,阶级平等、社会主义与技术治理的关系远比西方马克思主义者讨论的要复杂,比如众所周知的列宁对科学管理制度的重视。

2. 重构技术治理的可能性空间

如何建构或重构技术治理?何种技术治理模式是具有合理性而值得为之辩护的?本书在第四编"有限技术治理"中将进行详细的讨论。这里集中讨论建构或重构的可能性空间,而非具体的建构或重构进路问题,其中最关键的问题可能有两个:1)选择一种更切合实际自然科学活动的科学哲学或科学方法论;2)选择一种更为合理而能规避某些可能风险的专家治理模式。

技术治理想要真正汲取当代科技的力量,首先必须有效地解决科学论选择的问题。自20世纪二三十年代维也纳学派崛起至今,科学哲学作为专门学问发展了近一百年,却并没有一劳永逸地解决科学方法论问题。但是,无论是逻辑实证主义和逻辑实用主义,还是证伪主义、历史主义、无政府主义、操作主义、后实证主义和新经验主义,抑或把科学方法论研究引入社会学、历史学和文化学的现象学、后现代主义、建构主义、女性主义、后殖民主义等另类科学哲学,均从某个侧面在某个程度上获致了关于科学的真相,可以作为重建科学论的坚实理论基础。当代科学哲学正处在典型的"战国"时代,各家各派并存纷争,但同时也处在科学哲学大转型的关键点上,原因至少有二:

第一,20世纪90年代"科学大战"引发的反思,哲学反思科学的基本态度发生变化,科学论出现了从辩护、批判到审度的大趋势。经典科学哲学以为自然科学合理性辩护为己任,另类科学哲学则以批判科学和反科学著称,两者均为"片面的深刻"。"单纯的辩护和单纯的批评都是有局限的,应该对科学采取一种审度的态度,用多元、理性、宽容的观点看待科学。"①

第二,20世纪末期以来,当代自然科学本身在发生重大转变,反思科学的科学哲学随之必然发生重大转变。其一,如前所述,随着"物理学帝国"和"物理学帝国主义"衰落,生物学、工程科学、认知科学,乃至经济学等社会科学的迅猛发展,科学哲学不再是物理学哲学及其推广,尤其是生物学哲学的强势崛起正在改变科学方法论的基本面貌。其二,国家规划科学成为普遍现象,自然科学进入"大科学""后学院科学"时代,尤其是21世纪之交随着当代社会从科学时代进入技术时代,科学技术活动的运作动力、机制模式、方式方法乃至价值层面都在发生根本性的变化,这也必然导致哲学反思科学的变化。实际上,某种以阿伽西、苏珊·哈克和舍格斯特尔为代表的科学哲学新趋势已经显现,以审度科学为宗旨,破除二元对立,整合既有科学哲学研究成果的"新科学哲学"是可能的。②

当然,多元化、异质化和语境分析是"新科学哲学"——我现在认为最好称为"新科技哲学"——的重要特征,这也注定技术治理新模式同样不会是某种标准化运行方法,而是会根据具体语境而变化。有一点可以肯定:新模式不会执着于实证主义、机械主义或任何一种极端偏激的科学方法论。总之,技术治理新模式可以尝试以新的科学哲学为其方法论基础。

首先,技术治理的新模式应该是渐进的而不是乌托邦的。波普尔科学论以证伪主义著称,这种理论反对逻辑实证主义的经验证实原则,而主张科学是在不断的大胆假设和实验证伪中,不断提高科学理论确证度,但确证度提高并不能保证科学知识的真理性。然后,波普尔将证伪主义应用于社会科学,得出渐进社会工程的主张:社会科学同样也是不断试错的,这就决定了以社会科学知识为指导的社会工程必须是试错的,即通过排除错误不断前进,而健康的开放社会能够保证社会试错工程得以顺利进行。于是,我们不再依

---

① 刘大椿、刘永谋:《思想的攻防——另类科学哲学的兴起和演化》,北京:中国人民大学出版社,2010年,前言,第1—2页。

② 刘大椿等:《一般科学哲学史》,北京:中央编译出版社,2016年,第278—284页。

据理想蓝图建构乌托邦,因为理想蓝图是历史主义的臆想,而是通过寻找和排除现实社会中能切实感受到的"恶"去改良当代社会。虽然证伪主义方法论有待商榷,但渐进式社会工程的思想是可取的,尤其是波普尔的渐进社会工程理论。波普尔的逻辑是,要发现现实社会的错误,就需要保证人民可以自由地批评社会和政府,国家要保证"纯粹的形式自由","国家干预应当被限制在真正需要保护自由的地方"①。

其次,在权力多元化社会中,专家掌握部分政治权力,尤其是通过占据政府职位具体实施行政权力。波普尔的观点也反映了渐进式社会工程要避免的一个重要问题,即过于执着于现实的局部问题而缺少必要远见。有一种批评是,从某种意义上说,渐进式社会工程停留在工具层面,可以和更高的价值理念及社会制度相融合,作为既有制度的辩护手段而出现,比如说,西方马克思主义者会批评技术治理在为资本主义制度的辩护服务,类似观点值得进一步思考。第一,这种观点不否认社会主义同样可以利用渐进式社会工程来推进社会进步;第二,非此即彼的社会主义—资本主义、计划—市场、公有制—私有制、革命—改良等二元对立思维方式现在看来是有一定问题的。渐进式社会工程目标是"变革地辩护",而非拒绝变革地辩护,这种政治上的量变最终会打破上述二元对立的简单框架。当然,上述观点也是有一定道理的,因为无论如何,渐进式社会工程都更关注社会政治具体的推进,这就带来一个问题,即专家掌握政治权力会不会导致整个社会缺乏理想。这种担心主要症结在于把政治权力看得过于重要,甚至作为当代社会唯一重要的权力。一个健康社会的权力格局应该是多元的,即政治权力、学术权力、宗教权力、媒介权力以及非政府组织权力等诸种权力并存、制衡和博弈,政治权力只是其中一种更偏向于实施、执行和维持的权力。在这样的权力格局中,专家掌握政治权力可能导致的危险便极大地降低了。丹尼尔·贝尔如下观点是值得商榷的:"假如当今世界能有一个真正的社会控制系统的话,那么最有可能行使控制权的便是政治机构。"②可能权力正在多元化的观点能为更多的人接受。哈贝马斯的态度可能更可取,他并没有完全否定技术治理的价值,

---

① 戴维·米勒编:《开放的思想和社会——波普尔思想精粹》,南京:江苏人民出版社,2000年,第370页。
② 丹尼尔·贝尔:《资本主义文化矛盾》,北京:生活·读书·新知三联书店,1989年,第41页。

而是认为对技术进步的后果有两种观点,即"对技术的自由解释"和"技术进步的保守主义",它们都是有问题的,应该以修正的态度对待技术治理理论,主张用民主力量控制技术治理,减少其负面效应,用交往行动、对话协商来反思技术治理。还有,芬伯格反对技术治理的方案,但并不是完全拒绝技术治理,同样也是想以民主约束技术治理。他认为,要走出技治主义,首先要反对技术决定论和技术自主性观念,把由技术要素和社会要素结合而成的技术代码看成待确定的(underdetermined)、可以重新设计的,然后在设计技术代码的过程中引入民主社会主义的价值理念。无论如何,他主张重新设计技术代码可以革新整个文明的规划,这一点多少有点技术治理的味道。

再次,技术治理新模式主张不以学科来确定专家,或者说选择泛专家型技治主义。最为重要的不是有专业背景,而是的确有能力、有意愿实施科学运行原则,因而专家必须要对科学哲学、科学史和科学方法论有很深的了解。波兹曼主张所有人都要接受"技术教育"即学习科技哲学、科技社会学和科技史[①],不过他是出于让每个人警惕技术的目的提出这一观点的。通过技术教育,他认为学生能养成"对新技术提问"的习惯,在接受新技术之前反思它可能造成的各个层面的问题。换一个角度,这个问题又涉及教育的过度专业化问题以及科学与人文分裂问题。科学方法论、理性思维方法、批判式思维等内容不应该是某个专业所专有,而是所有现代高等教育都必须学习的内容。在这种情形下,技术治理的泛专家模式就可行了。或者说,弱化专家培养,强调通才培养。显然,这涉及专家和工程师的培养模式问题。

最后,技术治理新模式必须要考虑当代社会的现实情况,根据具体实践语境而修正。这与新科技哲学的精神实质是一样的。一方面,当代社会治理不可能完全排斥技术治理,尤其许多与科学技术直接相关的公共治理问题,如转基因食品、核能民用、气候政策等,必须要在一定程度上实施技术治理措施。并且,随着当代高新技术的迅猛推进,这样的问题在公共治理领域越来越多。另一方面,随着物联网、云计算和大数据技术等智能技术的爆炸性发

---

① 尼尔·波斯曼:《技术垄断:文化向技术投降》,北京:北京大学出版社,2007年,第115—116页。

展,技术治理新模式建构的技术基础发生了重大变化,即出现"智能治理的综合"状况,这为更为有效的技术治理模式建构提供了更为有效的基础。比如,在大数据时代,更多的计划起码不再像 50 年前看起来那么不可能。当然,无论公共治理问题的变化,还是技术治理的技术基础,在不同地方、不同文化中还是有差异的,这也是技术治理新模式建构要考虑的重要方面。

再次强调,这里只是从理论上初步思考重构技术治理的可能性空间。换言之,完全消除技术治理在当代社会是不可行或者彻底错误的,在合适的语境中,某种形式的技术治理模式会在一定范围内和程度上有积极的意义。对于中国而言,采取何种模式、何种范围和程度的技术治理,正是技术治理理论重构研究最有现实价值的部分。

第3章 技治主义

所谓"主义",一般都是具备完整体系的思想或理论。一些支持技术治理的理论家,从不同的角度提出系统化理论,为技术治理辩护并讨论如何推进技术治理实践,形成我所称的"技治主义",而相信和支持技治主义的理论家和实践者均属于技治主义者。显然,技治主义的理论基石是支持和促进技术治理,核心立场即赞同前述的"技治二原则",但除此之外,各种技治主义具体展开来看包括许多不同层次的观点。

虽然不少技治主义者一再声称技治主义并非意识形态,主张"去意识形态化",但按照马克思主义基本原理,技治主义本质上属于科学家、技术专家、工程师、社会科学家和管理专家等技治专家的阶级意识形态理论。从主要传统、思想框架、主要观点和研究领域等几个方面入手,本章对技治主义进行详细的梳理,进而对其进行批判性的反思和评价。

一、思想传统

1. 源流鸟瞰

早在古希腊,以理性为基石的"真理城邦"理想就初露端倪,这从柏拉图"哲学王"和亚里士多德"公民政治"的主张中可见一斑,两人虽对民众的理性能力持不同的看法,但均坚持依据理性来治理城邦。技治主义的理想是建立"真理城邦"的现代形式即"科学城邦",一般被追溯至培根的"所罗门宫"和圣西门的"实业家科学家联合统治论"。

在《新大西岛》中,培根详细描绘了由科学家、技术专家如何组成"所罗门宫",如何指导他想象的科学乌托邦运转。① 所罗门宫是新大西岛的中心,既是智慧之宫、科学之宫,也是利用科学改善人们生活的中心,更是社会生活的组织和治理机构。在新大西岛上,科学家为社会提供天气预报、灾情预报、新型食品等社会服务,而整个社会承认科学家的贡献,毫不吝啬地用荣誉、金钱和权力回馈科学家。

在《一个日内瓦居民给当代人的信》中,圣西门则提出了比较丰富的技治主义思想。他认为,"如果实行下述制度,社会的一切阶级就可能会安居乐业:精神权力由学者掌握,世俗权力由有财产的人掌握,把选举能够担任人类的伟大领袖职责的权力交给全体人民,把尊重作为付给统治者的工资"②。于是,整个社会应该按照文化程度来分配权力,科学院应该是最高统治机构。他甚至主张,由21人组成的牛顿议会(总会)行使最高统治权,各级牛顿会议代替教会,教育和指挥所有社会成员。③ 在《论实业体系》中,圣西门认为,他所处的时代正在从封建和神学体系占统治地位的阶段,向实业和科学体制占统治地位的阶段发展,所以王权要想自保,必须立即和全面与实业家和科学家联合起来。"因此,既需要在实业中创造代替军人权力的新世俗权力的各项因素,又需要在实证科学方面创造继承神学权力的新精神权力的各项因素"④,将权力交给实业家和科学家,让他们联合统治社会,按照自己的愿望和需要组织社会。

圣西门之后,欧洲很多的理论家,如孔德的实证哲学、斯宾塞的社会达尔文主义,均包含不少技治主义的思想。但是,技治主义在20世纪之交传入美国后,才得以系统化大发展。实际上,19世纪末,圣西门等人的技治主义思想已经开始在美国传播和发展,其中重要的有亨利·乔治(Henry George)和贝拉米(Edward Bellamy)的乌托邦思想,泰勒的科学管理思想,以及凡勃伦的技术统治论思想。

被称为"空想社会主义者"的贝拉米,创作了影响颇大的《回顾:公元2000—1887年》及其续集《平等》,想象美国资本主义制度的崩溃,以及之后

---

① 弗·培根:《新大西岛》,北京:商务印书馆,1959年。
② 昂利·圣西门:《圣西门选集》第1卷,北京:商务印书馆,1979年,第22页。
③ 同上书,第23页。
④ 同上书,第271页。

社会如何按照技术原则重新开始运行。出版于1896年的《回顾:公元2000—1887年》以乌托邦小说的形式,想象波士顿未来一百年的技治主义变化。① 他受到进步主义者亨利·乔治《进步与贫困》②的影响,思考"为什么社会越进步穷人却越贫困",不过他找到的答案是科技,而亨利·乔治则提倡土地公有化改革。贝拉米与亨利·乔治都隐约感到一个问题:以当时美国社会的生产水平,如果组织得很好,如削减不必要的开支和成本,避免人为的浪费,平等地分配,那么所有的社会个体都是可以过上舒适的物质生活的——这一点被后来的技治主义者用科学方法加以证实。由此他们都认为,关键问题是用科技理性来重新设计整个社会制度,消除普遍存在的低效制度设计。

亨利·乔治和贝拉米彼时在美国影响巨大,曾经吸引诸多信徒,试图以改良主义方式实践两人的主张。但是,这些实践与美国工人运动联系不大,主要局限于知识分子之中,没有什么力量,更没有什么实效。与他们相比,20世纪初,泰勒及其信徒以工厂效率化的形式,在美国掀起的科学管理运动,对当时美国乃至西欧的企业治理产生很大影响,后来更是传遍全球,影响整个世界的工业化进程。泰勒的科学管理运用科学方法研究和管理工人生产,提出以标准化原理来提高劳动生产率。他的信徒如甘特、库克等人,进一步将科学管理原理推广到政府、教育机构及其他劳动场所。

真正让技治主义名噪一时的是北美技术统治论运动,它是技治主义开始产生全球性影响的重要节点,连technocracy(技术统治论)这一术语也是1919年在运动中被技治主义者杜撰出来的。后来,提到技治主义,人们最先想到的往往是技术统治论和北美技术统治论运动。因此,狭义的技治主义指的主要是技术统治论,甚至直接指的就是北美技术统治论运动中的主张,尤其是运动理论家凡勃伦的激进色彩浓厚的技术统治论理论。

凡勃伦不仅是美国技术统治论最重要的理论家,而且是技治主义从源起到勃兴的关键人物和枢纽人物。首先,凡勃伦被认为是20世纪美国"技

---

① 爱德华·贝拉米:《回顾:公元2000—1887年》,北京:商务印书馆,1963年。
② 亨利·乔治:《进步与贫困》,北京:商务印书馆,1995年。

统治论的理论奠基人"①,其著作《工程师与价格体系》被认为是技治主义主张最早的系统性阐述,甚至是"技术统治论的圣经"②。从思想史流变看,凡勃伦处于美国技治主义承上启下的关键位置,凡勃伦提出的"技术人员的苏维埃"理论涉及技治主义的主要问题,集中反映技治主义的基本主张、主要特征和缺陷。之后的技术统治论理论家很多都是在凡勃伦的思想框架下讨论问题。其次,凡勃伦直接参与了北美技术统治论运动,对其影响甚巨。凡勃伦是1918年技术联盟(Technical Alliance)成立之初临时委员会的重要成员。在这之前,凡勃伦等人发起成立了"新学院"(New School),开始致力于帮助工程师实现"自觉"。但是,他认为工程师必须联合经济学家、工人等才能成事,引起了许多技治主义者的不满。北美技术统治论运动激进派领导人斯科特曾想否认凡勃伦对他的影响,又说是凡勃伦的《企业论》而不是《工程师与价格体系》激发了技治主义者的思想,但凡勃伦对技术统治论运动的理论指导得到了一致的公认。③ 除了吸收凡勃伦的思想之外,北美技术统治论运动主要提出社会测量(society measurement)和能量券(energy certificate)两项措施,前者主张对工业生产要素尤其能量消耗进行统计和分析,并根据测量来计划最恰当的生产要素配置,后者主张用能量券代替货币来改造社会。这两项措施均可视为践行凡勃伦调研工业系统思想的操作方案。北美技术统治运动虽然在美国昙花一现,但罗斯福新政借鉴了凡勃伦等人的许多思想。④ 总之,理解凡勃伦的技术统治论思想,以及北美技术统治论运动,对于理解美国的技治主义传统乃至美国的主流意识形态非常重要。这两个问题本书会辟专章进行分析。

凡勃伦之后,美国思想家对泰勒主义和技术统治论的发展和传播,让技治主义在20世纪下半叶开始引起世界范围内的关注。支持技术治理和技治主义的理论家主要如罗斯托、斯金纳、普赖斯(D. K. Price)、加尔布雷思、布

---

① J. K. Faulkner,1965,the Emergence of Technocracy as Social Reform Movement, Ph. D Dissertation of University of Utah,p. 109.

② C. H. Davis, *The American Technocracy Movement*: *A Case Study in the History of Economic Thought*, Washington: Ph. D Dissertation of American University, 1986, p. 189.

③ Daniel Bell, Veblen and the New Class, *American Scholar*, 1963,32(3).

④ Rick Tilman, *The Intellectual Legacy of Thorstein Veblen*: *Unresolved Issues*, Westport, Connecticut, London: Greenwood Press,1996,第七章。

热津斯基、布尔斯廷、丹尼尔·贝尔、奈斯比特和托夫勒等人,最重要的理论成果包括《经济成长的阶段:非共产党宣言》(1960)、《新工业国》(1967)、《两个时代之间:美国在电子技术时代的任务》(1970)、《后工业社会的来临——对社会预测的一项探索》(1973)、《技术共和国》(1978)、《第三次浪潮》(1980)等,从而在美国形成了绵延不绝的技治主义传统,成为与实用主义并立的意识形态支柱。

在20世纪的欧洲,美国技治主义思想激发出欧洲技治主义者新的热情,出现不少支持技术治理的思想家如威尔斯、纽拉特,以及许多如勒·柯布西耶(Le Corbusier)一般的技治主义者。但是,总的来说,欧洲人对技治主义的接受度比美国人要低,批评技治主义的著名思想家则更多,如哈贝马斯、福柯、哈耶克等。

在西方世界之外,各种技治主义思潮与当地的文化传统相结合,出现很多旨趣不同的变种。在《20世纪的科学主义和技术统治论:科学管理的遗产》中,奥尔森归纳了20世纪发展中国家技治主义思潮和实践的推进过程。① 泰勒主义和技术统治论的思想出现之后,很快就传到中国,迅速与传统的儒家贤能政治思想结合,在某种程度上逐渐形成中国特色的政治模式。

2. 六大传统

总的来说,技治主义散播极广,结合不同实际,分支和变种繁多,歧义纷呈。在思想史上,虽然自称为技治主义者的思想家屈指可数,但支持推行技术治理的思想家不少,其中最重要的可以粗略地划归到如下相互关联的六大传统中。

(1) 技术统治论(Technocracy)传统,以凡勃伦、斯科特(Howard Scott)和罗伯(Harlod Leob)等人的思想为代表,主张以能量角度重新理解现代社会的运行,将社会治理权交给工程师,建立以社会测量为基础的能量券制度,取代资本主义的货币制度。

(2) 泰勒主义(Taylorism)传统,以泰勒(Frederick Winslow Taylor)、甘特

---

① Richard G. Olson, *Scientism and Technocracy in the Twentieth Century: The Legacy of Science Management*, New York, London: Lexington Books, 2016, 第五章。

(H. L. Gantt)、库克(Morris L. Cooke)和吉尔布雷思夫妇(Frank B. Gilbreth, Lillian M. Gilbreth)等人的思想为代表,主张将物理学和力学的原理和方法运用于工作环境之中,包括工厂、政府和教育等领域,形成系统的管理科学理论,以提高人类的劳动生产效率。泰勒主义对列宁、斯大林的执政产生过影响,并且对美国公共行政运动代表思想家如威尔逊(Woodrow Wilson)、古德诺(Frank J. Goodnow)等人影响巨大。

(3) 计划主义(Planism)传统,以纽拉特(Otto Neurath)、加尔布雷思(John Kenneth Galbraith)等人的思想为代表,主张从社会工程角度来看待社会治理,将计划体系作为当代社会运转的中枢。更细致地说,计划主义传统起码包括三支:1) 社会统计学与社会物理学的技术治理思想,政治算术学派主张用观察和数据等方法对社会经济现象进行研究,代表作是威廉·配第的《政治算术》①。国势学派与政治算术学派同为统计学的早期流派,主张以大事与政策记述国家发展,与政治算术学派发生争论。最终德国社会统计学派的兴起结束了上述争论,逐渐使得社会统计学成为一门社会科学。社会统计学与最新的社会物理学、计算社会学研究关系紧密。2) 倾向于技术决定论的制度经济学派的技术治理思想,罗斯托、加尔布雷思等人均属于这一支。3) 逻辑实证主义的社会理想,包括纽拉特、卡尔纳普(Paul Rodolf Carnap)和齐尔塞尔(Edgar Zilsel)等人的技术治理思想。从科学观的角度来说,行为主义和计划主义一样强调科学的预测—预言功能,两者不同之处在于:第一,行为主义运用心理学的知识而计划主义主要是经济学知识;第二,行为主义对个体行为进行调控,计划主义主要调控群体行为。

(4) 行为主义(Behaviorism)传统,以斯金纳(B. F. Skinner)等人的思想为代表,主张将行为主义心理学应用于社会治理活动,通过行为工程改造个体行为,以此为基础进而建立更加高效和谐的人类社会。行为主义传统与操作主义(Operationalism)的政治构想相关,涉及布里奇曼(Percy Bridgman)、西蒙(Herbert Simon)等人的技术治理思想。

(5) 智能主义(Intelligentism)传统,以丹尼尔·贝尔(Daniel Bell)等人的思想为代表,主张将新兴的信息通信技术尤其是智能技术,大规模运用于

---

① 威廉·佩第:《政治算术》,北京:商务印书馆,1978年。

社会治理活动中,建设以预测—控制为中心的智能治理社会。智能主义传统主要以研究未来的未来主义者居多,往往相信后工业社会、信息社会、智能社会、知识经济等新概念,亦可称之为未来主义(Futurism)传统。在未来主义传统中,还有一类山达基教(Scientology)思想,这是一种糅合灵魂救赎、轮回转世等宗教思想与信息通信技术、控制论、人工智能和人体增强技术等新科技的科幻想象的极端科学主义思潮,主张赋予科技以宗教的内容,不仅用科技解决物质问题,还要解决人的终极精神问题——就其科学内容而言,山达基教属于伪科学。

(6)全球主义(Globalism)传统,以威尔斯(H. G. Wells)、布热津斯基(Zbigniew Brzezinsiki)等人的思想为代表,主张全球治理应该由全球精英联合领导,建立国际政治新秩序,以科学原理和技术方法运行整个人类社会。随着信息社会和智能社会的到来,全球化过程正在不断深入推进,因此,全球主义传统与未来主义传统一样,强调最新科技在全球技术治理中的应用。

二、理 论 内 容

我们从理论框架和主要观点来分析技治主义的理论内容,并进一步说明当代技治主义的"温和化"。

1."理论三框架"或"技治三问题"

粗略地说,完整的技治主义理论讨论的问题,主要涉及三个部分的内容:1)现代科学技术发展对资本主义社会产生什么样的冲击?现代科学技术发展从根本上改变了现代社会,使之进入了新的阶段(如凡勃伦称之为"工业社会",罗斯托称之为"大众消费社会",加尔布雷思称之为"富裕社会""新工业社会",贝尔称之为"后工业社会"),既有资本主义制度与之完全或部分地不适应。这是技治主义理论的前提和基础。2)如何应对上述冲击?必须在发达资本主义社会实行技术治理,一是用科学原则、技术手段和数量方法来运行社会,二是由接受了现代自然科学教育的科学家、技术专家(包括社会技术专家)掌握社会治理权力。这就是所谓的"技治二原则"。3)如何实现对社会的技术治理?对这一问题的回答各家分歧,或主张颠覆发达资本主义再重造，或局部改造，或一定层面上的改良。这是技治主义理论的实践策略。所有技治主义者均不主张通过布尔什维克式的暴力革命来颠覆资本主义社会，因而从根本上都属于改良主义者的范围。

以技术统治论者凡勃伦为例，对上述"理论三框架"或"技治三问题"进行简要说明。关于凡勃伦的技治主义思想，第二编会辟专章详细讨论。

关于第一部分的内容，凡勃伦的观点是：现代科学技术的发展使得美国等西方发达国家在19世纪中叶进入工业社会阶段。何为工业社会？凡勃伦强调工业社会的复杂性，运行它是非常精密、细致和专业的技术工作。他认为，工业系统是工业社会的主干，只有控制工业系统才能运行好工业社会，而工业系统是按照科学原理和技术方法构成的生产系统，组成部分之间紧密契合、有机协作，稍有不慎就可能全面"停摆"。

关于第二部分的内容，凡勃伦的观点是：应该由工程师来运转工业社会，否则资本主义制度终将彻底崩溃。为什么呢？因为资本家的目标是利润，提高生产效率并不总是意味着更高的利润。生产增长使商品增加，市场供求关系变化，商品价格下降，利润可能减少，所以要攫取最大利润，就要把生产限制在某个范围内。限制生产，人们又得不到所需的物质财富，会损害社会福祉。工程师的目标是高效生产，希望把机器生产力完全释放出来，因而在企业生产中常常与资本家不一致。但在资本主义制度下，权力在资本家手中，这就导致技术、生产力的发展与资本主义经济制度之间存在不可调和的矛盾，如果不解决最终会导致整个体系彻底崩溃。并且，只有工程师才真正了解工业系统，才能完全释放科技生产力。所以，资本家应该把权力让渡给工程师。

关于第三部分的内容，凡勃伦的观点是：发动"工程师革命"，建立"技术人员的苏维埃"来治理整个社会。"工程师革命"并非布尔什维克式的暴力革命，而是做好准备，等待资本家"平静"地交权。资本家为什么会交权？凡勃伦认为，这是物理规律决定的，因为资本家没有能力运行工业系统，迟早要把企业经营权交到专业人士手中；而底层民众包括工人阶级也没有能力革新工业系统，因而也必须接受工程师的领导。当然，工程师想要革命成功，还是要争取底层民众的支持。但是，工程师更重要的工作是要为接管权力做好准备，尤其是要对工业系统进行系统调查研究工作，以免获得权力之后"手忙脚乱"。至于顺利接管权力之后,工程师要模仿苏联制度组成"技术人员的苏维埃"来行使国家权力,对整个社会按照科学原理和技术方法进行全面改造,完全解放生产力,实现工程师治国的理想。

2. 主要观点

技治主义的主要观点有哪些?显然,最基本的理论主张是支持和促进技术治理,核心原则展开为前述的"技治二原则"。再具体说,不同的技治主义主要观点也存在某些共同之处。

帕特南归纳技治主义者的决策风格和精神气质,称之为"技治主义精神"(technocratic mentality),实际上蕴含他对技治主义主要观点的理解。技治主义精神主要包括六个方面:[①]1)相信技艺代替政治,主张技术决策去政治化;2)怀疑甚至敌视政客和政治机构;3)不赞同政治民主制的公开和平等主张;4)既有政治冲突是被误导甚至阴谋策划的结果;5)分析公共治理问题时,排斥意识形态或道德标准,注重务实态度,偏爱使用技术术语;6)坚信技术进步和物质财富增长,不太关心社会正义问题。他认为,技治主义者有分歧,但在使用技术性决策方法上一致。也就是说,方法论技治主义最为普遍。

梅诺德认为,作为意识形态的传统技治主义主要观点包括两方面:1)强调技术方法及其在治理语境中运用;2)去政治化即把政治问题还原为技术问题。[②] 更具体的观念包括:歌颂技术,赞美专家;效率第一,绝不妥协;肯定务实态度,避免意识形态争论;爱好和平,喜欢国际合作;反对威权秩序,支持技术化政府;批评政客无能;关注社会预测和未来发展;强调技术创新在政治中的运用,尤其是信息技术和控制论;因技术需要而支持中央集权和国家膨胀。对于传统技治主义,梅诺德并不完全赞同,尤其强调管理与政治要两分,而政治更为重要。

从组织控制形式的角度理解技术治理,布瑞斯认为人类的组织控制经历了四个阶段的演进过程,即从工匠/行会控制、简单控制、结构形式控制到

[①] Robert D. Putnam, Elite Transformation in Advanced Industrial Societies: An Empirical Assessment of the Theory of Technocracy, *Comparative Political Studies*, 1977, 10(3).

[②] Jean Meynaud, *Technocracy*, New York: The Free Press, 1969, p.201.

技治主义控制即技术治理,而技术治理在目前以计算机为中心的工作场所最明显。进而,他归纳传统技治主义的四种主要观点①:1) 在工作场所给专家更中心的位置;2) 权力集中于专家不可避免(布瑞斯对此并不赞同);3) 发达工业技术是社会发展的决定性力量(布瑞斯对此亦不赞同);4) 去政治化即用技术考量代替政治考量(布瑞斯强调两者平衡)。布瑞斯对传统技治主义并不完全赞同,主张对其进行改造,实现技术治理的辩证理性化。

奥尔森理解的技治主义基本等于专家政治主义,因为他理解的技术治理等于"任何在其中技治主义者在决定重要政策、决定政策应该如何执行或两者中均扮演重要角色的社会设置(social uint)"②。奥尔森的观点属于很多人持有的对技治主义的最常见理解。苏联学者杰缅丘诺克对技术统治论进行批判的时候,亦将技术统治论等同于专家权力论,即技术专家和学者从资本家手中接管社会组织权力。③ 他坚持认为,技治主义是技术人员的阶级意识形态,将科技—经济发展作为某种"信仰"。

费舍尔将技治主义视为一种反政治的意识形态④,认为它在实践上导致专家政治。因此,技治主义的主要观念包括:1) 将技术专长组织起来,为社会服务;2) 技术知识是权力的基础;4) 专家与政治领导联合;5) 理性决策代替非理性决策;6) 不重视民主制和民主决策;7) 高效地运用稀缺资源;8) 国家是追求经济社会发展的工具。

综上所述,技治主义的常见主张包括:1) 反传统政治,去意识形态化;2) 在治理活动中运用技术方法,将政治决策还原为技术决策;3) 相信技术决定论,注重技术—经济的发展;4) 主张专业主义,赋予技治专家更多治理权力;5) 强调效率目标,不重视其他价值追求。这些主张与"技治二原则"完全一致。

---

① Beverly H. Burris, *Technocracy at Work*, Albany: State University of New York Press, 1993, pp. 2-3.
② Richard G. Olson, *Scientism and Technocracy in the Twentieth Century: The Legacy of Science Management*, New York, London: Lexington Books, 2016, p. xiii.
③ Э. B. 杰缅丘诺克:《当代美国的技术统治论思潮》,沈阳:辽宁人民出版社,1988 年,第 3 页。
④ Frank Fischer, *Technocracy and the Politics of Expertise*, Newbury Park, London, New Delhi: Sage Publicaitons, 1990, p. 22.

3. "温和化"成功

显然,技术统治论者凡勃伦将理想实现寄希望于资本家主动交权,显得非常幼稚和不切实际,但他坚持全面颠覆既有资本主义制度,就此而言属于激进技治主义者。对当代技治主义观点的总结很清楚地说明:温和技治主义完全是当代主流,激进技治主义信奉者极少。凡勃伦之后,技治主义者抛弃了颠覆资本主义的主张,迅速蜕变为改良资本主义制度以维护资本家统治的理论,技治主义者不再是持不同政见者。这一点在北美技术统治论运动时期就已经初露端倪,到了20世纪六七十年代,技治主义者基本上抛弃了建立"技术人员的苏维埃"的理想,而是聚焦于如何运用科学技术加强既有秩序,"成了种种官方乐观主义理论的来源"①。

凡勃伦技治主义与对资本主义制度的激进批判是紧密联系在一起的,这使得他区别于之前的圣西门和其后的丹尼尔·贝尔等多数技治主义者。圣西门主张,科学家和实业家联合主导社会运行,共同维护王权。贝尔认为,美国正在进入后工业社会,技治主义是非意识形态的,是支撑后工业社会(发达资本主义社会)运行的基本制度,而科技治国、能者统治"可以使社会成为一个公正的社会,即使不是平等的社会"②。这实则是在为美国等发达资本主义国家做辩护,否认资本主义正面临全盘崩溃的命运。相对于凡勃伦,这可以说是某种形式的堕落、阉割或背叛。

失去了批判向度和超越理想之后的技治主义,沦为纯粹的政治或治理手段技术化主张,只问如何借助科学技术让政治决策更有效率,不问科学技术在为何种目标服务。因此,这种无目的的工具理性的技治主义可以与多种政体结合。正是因为这一点,技治主义和技术治理才会从20世纪70年代以来扩散到全球,成为从北美、西欧到亚洲、拉美的普遍现象。

换言之,各种温和技治主义适用的范围更广泛,更易为当代社会所接受,在实践中发挥更大的改良既有社会的作用。激进技治主义虽然慷慨激昂,但在现实中完全接受的人很少,按此去行动而又收到实效的案例基本上

---

① Э.В.杰缅丘诺克:《当代美国的技术统治论思潮》,沈阳:辽宁人民出版社,1988年,第6页。
② 丹尼尔·贝尔:《后工业社会的来临——对社会预测的一项探索》,北京:商务印书馆,1984年,第382页。

没有。各种温和技治主义实践的成功被费舍尔称之为"寂静革命"（Quiet Revolution），几十年来，技治专家暗中从政治精英手中获得权力，根本不需要激进的革命。① 他认为，"寂静革命"能够发生，主要因为三个原因：1）技治决策多数发生于治理语境中，不在普通公众的审查范围之内；2）强调知识和技术的运用，被视为技术决策而非政治决策，政治家的决策往往基于技治专家提供的可选择方案中；3）技治专家往往低调地隐藏自己，与抛头露面的政客形成鲜明对比。费舍尔的观点很好地说明温和技治主义在西方成功的原因，在当代中国它能取得某种成功除了费舍尔所列的三点原因，还与中国独特国情有关。比如，当代中国人对科技的信任度很高，国家对科技的支持和管理很得力等。总之，温和技治主义在 21 世纪之交总体上是很受欢迎的。

三、研 究 领 域

技治主义尤其是温和技治主义对当代社会的剖析，主要涉及四个主要领域，即经济领域、政治领域、社会领域和环境领域，因此技治主义理论常常展现在经济治理、政治治理、社会治理和环境治理四个主要的问题域或研究领域，可以称之为"技治四领域"。

1. 经济领域

从圣西门开始，经济问题尤其是经济计划问题就属于技治主义理论的核心内容。拉迪里（Claudio M. Radaelli）认为，是否关注经济目标，是判断技治主义者的首要标准，因此柏拉图、培根均不能算严格意义的技治主义者，圣西门因提出计划经济的构想，才算得上名副其实的"技治主义之父"。② 凡勃伦、纽拉特等人，以及北美技术统治论运动诸领袖，都专门阐述经济计划的问题，尤其是加尔布雷思更是以系统地提出技治主义计划经济理论而著称。

技治主义者之所以关注经济发展、强调经济的计划性，根源于对社会运

---

① Frank Fischer, *Technocracy and the Politics of Expertise*, Newbury Park, London, New Delhi: Sage Publicaitons, 1990, pp. 19-20.
② C. M. Radaelli, *Technocracy in the European Union*, London, New York: Routledge, 1999, pp. 12-14.

行效率的追求。在他们看来,经济效率是首要效率,最重要的指标是产出的数量和质量,而要实现经济效率,科学计划是最有力的经济效率武器。许多技治主义者认为,自由市场中的生产者和消费者缺乏必要的知识,导致经济活动非常低效,必须用科学方法来指导。凡勃伦强调资本主义经济低效,常常是资本家为了利润目标有意压制生产的结果。加尔布雷思则认为,技术在经济领域的推进导致计划的必要性,因为技术发展需要投入大量时间、资本、人力,同时需要大型组织如大企业、政府等的支持,为使技术在大型组织支持下高效发展,必须要进行计划。①

必须指出,技治主义强调的计划指的是增加经济的计划性,与社会主义计划经济存在本质区别。计划与市场是经济资源配置的两种不同形式,资本主义可以采取一定程度的计划配置,而社会主义可以采取一定程度的市场配置。在《新工业国》第二版导言中,加尔布雷思指出,他所称的经济计划主要存在于企业层面,尽管大企业占据资本主义经济的主导位置,但仍然存在着市场计划的成分。②

随着信息社会和智能革命的兴起,尤其是大数据和物联网技术的发展,技治主义所强调的经济领域计划性日益明显。有人归纳了大数据技术对经济计划的三个方面推动作用③:1) 大数据技术提供的强大数据和计算工具,为经济计划的实施提供技术支撑;2) 大数据技术实现经济的即时预测,使得经济计划可以随时调整,避免计划滞后;3) 大数据技术可以进行个性化数据分析,在一定程度上满足不同个体的个性化需求,解决传统计划经济中忽视差异性的问题。

围绕经济计划的实施,技治主义需要讨论在具体语境中的一系列相关问题。比如,大数据计划方式导致很多新问题出现,比如数据质量、数据方法论等。这些讨论在丰富技治主义经济理论的同时,也引发批评者大量质疑。在很多批评者看来,经济计划最重要的问题并非技术细节,而是价值分配问

---

① J. K. Galbraith, *The New Industrial State*, Boston: Houghton Mifflin Company, 1971, pp. 19-20.
② Ibid., pp. xx-xxi.
③ B. B. Wang, X. Y. Li, Big Data, Platform Economy and Market Competition: A Preliminary Construction of Plan-Oriented Market Economy System in the Information Era, *World Review of Political Economy*, 2017, 8(2).

题。的确,技治主义者考虑太多技术问题,而对于价值问题研究不够,但也必须承认,价值分配一直都是各种经济理论没有彻底解决的难题。

2. 政治领域

技治二原则与政治关系很明显,专家治理原则包含将政治权力部分移交技治专家的主张,因此政治问题是技治主义理论的"重头戏"。在技治主义者看来,既有政治活动缺乏效率,只有使之科技化才能提高效率。威尔斯的"世界国"理论,凡勃伦的"技术人员的苏维埃"理论,加尔布雷思的"技术专家阶层与科教阶层制衡论",布热津斯基的"全球精英政治论",以及丹尼尔·贝尔的"能者政治",都是著名的技治主义政治理论。它们的核心问题是如何实现决策活动去政治化,即将政治决策转变为技术决策,这催生出诸多相关问题的讨论。首先,技治主义者希望澄清许多社会问题如经济危机、能源短缺和贫穷落后等,尝试运用技术治理方法加以解决,认为完全将它们视为政治问题实际上会加剧问题的严重性。很多技治主义者认为,民主政治和公众投票既不科学,也没有理性。其次,技治主义者要提出各种替代性的解决方案,比如用专家决策代替公众投票,如何平衡专家与政治家之间的关系等。随着智能革命的推进,一些人相信社会问题可以通过算法化加以解决,这可以得出去政治化的技治主义政治解决方案。[1]

温和技治主义不再强调专家掌握多少政治权力的问题,而是谋求具体决策活动中的技术化和科学化,实实在在地发挥技治主义者在政治活动中的影响力。在当代诸多公共决策过程中,技治专家并非最终决策者,但他们对社会和公众的影响很大,在如澄清专业问题、提供决策建议、与公众的沟通中介等环节中发挥关键作用。费舍尔认为,技治主义越来越成为一种新政治理论,主要关注专家及其专业知识对政治的影响,即"专长政治学"(Politics of Expertise)。[2] 这种趋势大大缓解了技治主义与民主制、非专业公众的紧张关系,因为作为专长政治学的技治主义与民主制可以共存共荣。实际上,民主

---

[1] M. Janssen, G. Kuk, The Challenges and Limits of Big Data Algorithms in Technocratic Governance, *Government Information Quarterly*, 2016, 78(33), pp. 371-372.

[2] F. Fischer, *Technocracy and the Politics of Expertise*, Newbury Park, London, New Delhi: Sage Publicaitons, 1990, p. 111.

制与技治主义相互包容是当代技治主义发展最重要的趋势。

然而,技治主义与民主制之间的冲突绝不会轻易地抹除,而是需要周全的政治制度设计,以及政治实践过程中的动态调整。并且,专家政治的精英色彩是本源性的,常常带有偏见和隐藏着的私利诉求,需要受到严格的权力划定和限制。最后,技术治理在不同语境中推行,需要与不同的政治制度相结合,最大可能地发挥自身的功能。总之,这些情况都包含着许多值得深入讨论的政治理论问题。

3. 社会领域

社会治理科学化是技治主义理论的最重要主张之一,尤其是对于泰勒主义者的科学管理理论。圣西门的技治主义理论包含社会治理科学化的主张,强调用科学方法提高社会福利。泰勒的科学管理思想继承圣西门社会治理科学化的主张,因此丹尼尔·贝尔才认为"列宁与马克思的关系犹如泰勒与圣西门的关系"[①]。但是,将科学管理理论引入公共管理领域的主要是泰勒的门徒库克和甘特,并对美国公共管理学的兴起产生重要的推动作用。在罗斯福新政中,美国政府吸收了北美技术统治论运动中的许多社会治理主张。总之,技治主义理论离不开社会问题的讨论。

技治主义者之所以强调对社会进行科学化管理,与他们秉持的社会效率理念是一致的。技治主义认为,社会运行存在效率高低、是否科学的区别,与人类对自然界的改造是一样的,而现代社会科学研究的便是社会的科学化,目标是提高社会运行效率。社会科学指导社会运行的结果是社会运行工程化,即按照工程方法来对社会进行治理,而社会运行工程化反过来意味着社会科学成为某种与自然技术相对的社会技术。但是,类似主张遭遇诸多的批评和抵制,不少理论家反对社会科学的自然科学化,而科学管理一经诞生就遭遇来自工厂主和工会的猛烈反对,当代管理学家更愿意强调在社会治理活动中用人文主义平衡科学主义。这些都是技治主义社会治理理论讨论的热点问题。

---

① 丹尼尔·贝尔:《后工业社会的来临——对社会预测的一项探索》,北京:商务印书馆,1984年,第386页。

进而言之,当代技治主义社会治理似乎在两方面发生了重要转变:1) 科学管理日益转变为技术管理。也就是说,以往技术治理强调科学原理,即治理活动对科学活动的"模仿",而当代技术治理越来越注重技术手段,特别是高新技术如智能技术的运用。2) 行政管理组织转变为技治主义组织。也就是说,以往技术治理强调行政管理机构对技治专家的尊重和吸收,当代技术治理注重对既有行政管理机构进行技术化改造,使之成为更加专业化、扁平化的技治主义组织。同样,行政管理机构对科学组织的学习,产生了很多重要的技治主义理论问题,尤其在中国表现为如何协调技治与既有法治、德治在社会治理中的关系之问题。

4. 环境领域

环境问题包括自然环境问题、城市环境问题,是技治主义理论关注的重要领域。这一点常常使人感到惊讶,因为大多数人很自然会认为环境保护完全是"号召大家穿树皮的人"的主张,而技治主义者只会逞科技之利大肆破坏环境。但是,技治主义者和进步主义者属于最早主张现代意义上的环境规划和环境保护的群体之一。

在《进步与贫困》中,亨利·乔治讨论土地问题时,就强调要保护环境,将环境视为未来几代人的共同遗产,进而提出"宇宙飞船式的地球""环境公共财产""未出生者的权利"等环境主义新理念。[①] 米歇尔(Ross E. Mtichell)指出,凡勃伦认真讨论资本主义与环境之间的关系,着力批评过环境资源的资本主义利用方式,尤其是对炫耀性消费、不在所有权制和剥削自然资源的研究,对后来的环境社会学启发颇大。[②] 而在西方常常被奉为"现代环境保护和可持续发展运动之父"的哈波特(Marion King Hubbert),是技术统治论公司除斯科特之外的最重要理论家,原因是他在1955年提出"石油顶峰论"(Peak Oil Theory),认为石油储量有个顶峰,超过顶峰石油会逐渐枯竭,因此

[①] 亨利·乔治:《进步与贫困》,北京:商务印书馆,1995年,第4—5页。
[②] Ross E. Mtichell, Thorstein Veblen: Pioneer in Environmental Sociology, *Organization & Environment*, 2001, 14(4).

石油消费要维持在可持续的水平上。①

为什么技治主义会主张保护环境呢?这是科学运行社会原则的合理推论。技治主义者想要科学运行社会,需要在最广泛意义上处理社会现象,不仅是人类行为和社会问题,还包括直接或间接影响人类行动的各种食物、资源和环境等非人类因素。并且,技治主义者往往认为人类行为存在不同程度的自然主义根源,即社会运行与生物、气候、环境和自然资源关系紧密。因此,要实现科学运行社会,少不了科学地规划自然环境,而不是对自然环境置之不理。反过来说,在技治主义者看来,各种环境问题出现的原因是没有对其进行科学治理,而不是人类干预环境太多。换言之,对环境的科学治理意味着环境保护,减少甚至消除各种环境问题。从效率角度讲,环境破坏意味着环境效率(即环境帮助人类社会高效运转的能力)的破坏。因此,在20世纪之交,进步主义者和技治主义者才会率先提倡并建立起自然保护区,力主对环境进行科学规划。

对于技治主义者而言,自然环境需要规划性保护,人类生活的城市环境规划就自不待言了。贝拉米是最早提出规划城市的思想家之一。在《回顾:公元2000—1887年》中,他就设想以科学方式运转城市,改变工业革命以来以雾都伦敦为典型的自然城市之脏乱差的环境。20世纪20年代,技治主义者尤其是泰勒主义跻身于欧洲意识形态舞台的中央,极大地影响了艺术、建筑和城市规划领域的发展,意大利未来主义画家、诗人和法国建筑师勒·柯布西耶的工作,以及莫斯科兴起的抽象形式主义(abstract formalism)的苏式建筑,便是这种影响的佐证。② 后来又经过库克等人掀起的科学管理城市运动,纽拉特主张的博物馆与图像统计学(即ISOTYPE,International System of Typographic Picture Education)工作,还有建筑领域的包豪斯运动、新浪潮运动,以及芒福德等人的区域城市规划理论、城市综合治理理论,再到今日的"网络城市"和"智慧城市"之构想,城市环境保护与规划之"科学城市"或"工程城市"的理论和实践蔚然大观,已经成为前述当代"技治七战略"之一。

---

① Patrick M. Wood, *Technocracy Rising*: *The Trojan Horse of Global Transformation*, Mesa, AZ: Coherent Publishing, 2015, pp. 30-31.

② Charles S. Maier. Between Taylorism and Technocracy: European Ideologies and the Vision of Industrial Productivity in the 1920s, *Journal of Contemporary History*, Vol. 5, No. 2, 1970, pp. 27-61.

在批评者眼中,技术治理式的环境保护和城市规划不过是某种知识——权力战略。福柯指出:"我以为,在18世纪末,建筑开始被牵涉到认可、健康和市镇问题中去。在这之前,建筑的艺术与权力、神性和力量的表达相关。宫殿、教堂以及有权势的人都采用巨大的建筑形式。建筑表现力量、统治和上帝。它的发展长期围绕着这一中心。然后,到了18世纪末叶,新的问题出现了:空间的配置问题与经济政治的目的密切相关。"① 按照他的观点,环境规划属于时空权力配置,服务于规训主体的肉体和行为。施拉德弗雷谢特(Kristin Shrader-Frechette)则认为,由于既有科研方法存在局限,如使用小样本或非代表性样本、歪曲确定性、滥用统计显著性等,技治专家制定政策时依据的科学结论可能是错误的,从而导致环境不公正和环境伦理问题。② 因此,从技治主义的角度看,环境保护与环境规划同样存在诸多争议和研究空间。"智慧城市"便是典型的例子,它以泛在计算、数字化工具等为技术支撑搭建城市环境,在此基础上对城市中的人和物进行实时监控、管理、反馈等,最近引发诸多热议。③

四、定位与评价

1. 乐观的技术决定论

技治主义是一种当代技术决定论,即相信技术从根本上影响社会制度和社会发展方向。凡勃伦的思想建基于对科学技术的强调和信任之上:因为当代社会是以科学技术为基础的工业社会,所以要用科学技术的原则管理社会;因为工程师真正了解科学技术的原则,所以必须要让工程师掌权。在凡勃伦看来,科学技术是文明的决定性力量,决定了生产力状况、所有制变迁、社会阶级构成、制度革新;现代文明因科学技术而成为科学文明和机器文明,科学技术是现代西方文明的特征,亦是其在实践方面影响其他文明的

---

① 米歇尔·福柯:《权力的眼睛——福柯访谈录》,上海:上海人民出版社,1997年,第151页。
② Kristin Shrader-Frechette, How Some Scientists and Engineers Contribute to Environmental Injustice, *The Bridge*, 2017, 47(1).
③ R. Kitchin, The Real-Time City? Big Data and Smart Urbanism, *GeoJournal*, 2014, 79(1).

原因。

科学技术决定论并不严格区别科学和技术——称之为技术决定论或科学决定论都是可以的——在强调自然科学的认识论价值的同时,更强调科学技术对于社会实践的重要性,主张将科学技术的思维、方法和知识运用于社会实践的方方面面,坚持科学技术在社会总体运行中的决定性作用。科学技术决定论粗略地划分为乐观主义和悲观主义两种不同的倾向,它们都承认科技在现代社会的决定作用,但对于这种状况却给出了相反的评价——乐观主义者支持、歌颂,悲观主义者反对、抨击。

技治主义者对科学技术在现代社会中的决定作用持支持和欢迎的乐观立场。凡勃伦把科学技术看作拯救资本主义危机的"救世主",把技治主义视为解决资本主义制度矛盾唯一良方。布尔斯廷歌颂美国的"实验精神",主张"技术稀释和溶解意识形态",用技治主义最终战胜"部落主义、国家主义、信仰的十字军精神、偏执、审查制度、种族主义、政治迫害、移民限制、关税以及沙文主义"[①]。丹尼尔·贝尔亦主张,技治主义是非意识形态的,认为"技术性决策的方法可以看作是意识形态的对立物:前者是计算性的、工具性的;后者是感性的,表现性的"[②]。在他看来,在后工业社会,资本主义与社会主义的争论、各种意识形态要实现终结了。因此,技治主义是一种典型的乐观科学技术决定论,这是技治主义的明显特征。

更细致地划分,技术决定论有许多不同的形式,之间有很多细微的差别,很难说对它进行简单地肯定或否定。的确,随着智能革命的兴起,越来越多人切身感到技术改造人类社会的巨大力量。但是,科学决定论存在一个根本性的缺陷,即简单地把科学技术和社会二元对立起来。科学技术是社会中存在的,不可能不受社会其他子系统的影响。反过来,社会是受到各子系统运动所推动的社会,科学技术是其中非常重要的组成部分。因此,不能简单地将社会划分为可计算的和不可计算的两部分,然后再计算可计算的,悬置不可计算的,在现实当中两部分是不可分割的。因此,科学技术—社会协同

---

① Daniel J. Boorstin, *The Republic of Technology: Reflections on Our Future Community*, New York: Harper & Row, 1978, p. 6, 59.

② 丹尼尔·贝尔:《后工业社会的来临——对社会预测的一项探索》,北京:商务印书馆,1984年,第43页。

进化论或互构论,较之科学决定论能更好地理解科学技术与社会的关系。这也是激进技治主义者如斯科特的思想在现实中落不到实处的根本性原因。

2. 机械主义与精英主义色彩

乐观的技术决定论往往与唯科学主义脱不了干系,后者无理由地坚信"科学万能""科学至上""科学神圣""科学唯一"之类的理念,常常将非科学的东西贬低得一无是处,主张将它们全部取缔,由科学技术加以替代。在纽约和硅谷等地流行的山达基教的信徒,把科学当作信仰和宗教,代替传统宗教来解决人类的终极超越问题,是信息时代唯科学主义的典型。

唯科学主义往往与机械主义、精英主义紧密相连,对世界的机械理解容易走向"科学能解决所有问题"的科学万能论观点,有机论世界观必然会保留某些科学无能为力的"自留地",如灵魂、意义和目的等,而对科学的极端推崇很容易要求知识精英的特殊地位,因而表现出精英主义倾向。

凡勃伦过于强调工业和机器在现代社会中的作用,把整个现代文明理解成机器文明,把社会运转还原为机器操作,把社会系统还原为工业系统,未免过于简单和冷酷。他把人民大众看成愚昧、落后、麻木、软弱的奴隶,傲慢自大的精英意识表露无遗。即便如此,他还是意识到不发动工人阶级,工程师改造社会的理想只能是空谈。这一点也被北美技术统治论运动的实践所证明。如果工程师真的全面掌握了统治权,以技术原则为社会运转原则,以数字、机械为统治工具,普通民众的权利很可能被工程师以科学和真理的名义所剥夺,在工程师眼中沦为社会机器上的零件或图表上的数据。换言之,激进技治主义的政治理想在实践中存在专制化的风险。

激进技治主义者斯科特的机械主义和精英主义色彩同样非常浓厚。首先是非常明显的机械主义色彩,他认为自然界就是一台机器,社会在很大程度上也是一台机器,可以对它们进行精确的物理学测量,而科学就是"最可能的测量方法论"[①]。因此,他的历史观使用了很多类比机器的物理学术语

[①] H. Scott (etc.), *Introduction to Technocracy*, New York: Continental Headquarters, Tecnocracy Inc., 1936, p. 29.

如平衡负载等。其次是科学价值无涉论,即"科学与道德哲学是无关的"①。再次是主张技术决定社会制度,技术治理制度必然取代价格制度的根本原因正是科学技术的发展,即技术发展要求合乎技术规律的社会制度。最后是极端的科学主义倾向,认为"技术发展是文明改变的基本因素"②,甚至在信仰和伦理领域强调科学技术的优先作用。③ 显然,斯科特的科学观可以归入唯科学主义的范畴中。

3. "科学技术的乌托邦"

技治主义的乌托邦旨趣均非常明显。在北美技术统治论运动中,斯科特、罗伯等运动领袖都坚信科学技术已经促成丰裕社会,很快会推动社会进入技术治理的理想社会。技治主义是当代科学家、技术人员、工程师以及其他专家崛起后的意识形态主张,反映了知识阶层软弱、妥协和折中的两面性,乌托邦旨趣则是两面性最集中的体现。

20世纪以来,知识阶级兴起是全球范围内非常显著的现象。正如凡勃伦所称,"技术人员的乌托邦"实际是工程师的意识形态主张,是工程师"阶级自觉"的理论产物。凡勃伦宣布要颠覆不在所有权制,又坚持等待资本家主动交权。对于布尔什维克主义者来说,他"具有强烈的辩护士和反革命的倾向"④。对于资本家来说,他是把资本家等同于罪犯和疯子,封杀他当然是题中之义。在冷战时期,凡勃伦在西方一直声名不彰,冷战结束后才日益被美国思想界所重视。

凡勃伦在意识形态上的孤立,根源在于工程师群体的阶级特征。工程师经济地位相对较高,因而摆脱不了两面性:既不满资本家的统治,又担心革命会冲击自身的既得利益。关于工程师的革命性,凡勃伦自己也是矛盾的。在《有闲阶级论》中,他指出了学术研究与有闲阶级之间的密切关系。历史

---

① H. Scott, *The evolution of Statesmanship & Science and Society*, New York: Continental Headquarters, Tecnocracy Inc., 1939, p. 25.
② The Technocracy Inc., *America Must Show the Way!*, New York: Continental Headquarters, Tecnocracy Inc., 1940, p. 13.
③ H. Scott, *Science versus chaos!* New York: Continental Headquarters, Tecnocracy Inc., 1939, p. 11.
④ Э. В. 杰缅丘诺克:《当代美国的技术统治论思潮》,沈阳:辽宁人民出版社,1988年,第27页。

上学术主要由有闲阶级推动,高等教育受有闲阶级制度影响最大。既然工程师与资本家(即当代有闲阶级)关系如此紧密,如何具备颠覆资本主义制度和有闲阶级制度的革命性?正是如此,凡勃伦才会设想出没有暴力的"伪革命"。

从表面上,技治主义者主张用技术政治代替金钱政治,要用知识取代资本作为政治权力的合法性来源,是要否定资本在现代西方社会的基础位置,进而多少在质疑资本主义制度本身。许多技治主义者宣称技治主义以客观真理为标准,以成就原则代替世袭原则作为社会等级的划分标准,不偏袒资本家,因而甚至是非意识形态的。实际上,很多早期技治主义者如圣西门、贝拉米等人也被称为"空想社会主义者",之所以是"空想",主要因为不能发动和依靠工人阶级而使改造资本主义制度的激进理想无法落实——这恰恰说明技治主义在进步(社会主义)与退步(资本主义)之间徘徊的两面性。

细究起来,技治主义知识政治的主张是以如下前提为基础的:知识(科学技术)是中立、客观和与政治无涉的。只有如此,知识才能成为独立于金钱的权力来源。这种观点在现时代背景中是站不住脚的。首先,技治主义者对知识的理解也并非与意识形态无涉的。凡勃伦是从习惯角度来看待科学的。在他看来,科学技术属于文化的组成部分,不是孤立的,而是文化整体进化的产物,随着那些构成了文化发展序列的流行思想习惯的变化而变化;是集体传承、共同拥有和群体传播的,表现为群体的共同能力。显然,凡勃伦理解的科学并不是与价值、权力无关的客观真理。丹尼尔·贝尔认为,知识的合理性首先在于它能得到社会的认可,因而得以传播;被传播的知识具有经济学上的价值,能够获得货币补偿,并且被视为社会资源而受到各方面的关注、制约和管理。贝尔知识观关注的重心是知识的社会生产、社会认可、社会传播、社会消费和社会影响方面,是从实用与功利的角度来解读知识,因此贝尔的"知识"才能催生出权力。其次,在科学技术一体化的"大科学"时代,科学技术的非意识形态性很难再站得住脚。当代科学技术的发展需要大量的人力物力财力,需要大规模的组织和动员,不得不向经济、政治、军事等力量寻求支持;而经济、军事越来越需要科学技术的支持,国家日益重视对科学技术的引导、规划和控制。在这种时代背景下,再说科学技术的中立性已经不合时宜。马尔库塞认为,"工业化的技术就是政治的技术"①。他的观点虽然偏激,但也抓住了当代科学技术的某些特点。

4. 为既有制度辩护

关于科学技术与权力的关系,马克思已经阐述得非常清楚。科学技术本质上是瓦解资本家权力的力量,但在具体社会历史阶段实际上却极大增加了资本的权力,强化了资产阶级统治。从根本上说,科学技术是推动社会进步的生产力。这是马克思科学技术论的基本立场。因此,作为生产力的科学技术之于资本主义制度,本质上是一种破坏性、否定性力量,必将帮助无产阶级颠覆资产阶级的统治,获得终极解放。但是,在资本主义社会中,科学技术更多是为资本家服务。马克思认为,发明、机器和科学技术不会让工人致富,只会使资本致富,因而增加了资本支配劳动者的力量,因此"机器成了资本的形式,成了资本驾驭劳动的权力,成了资本镇压劳动追求独立的一切要求的手段"②。在资本主义社会中,科学技术行使权力职能,但这并不代表权力是科学技术的固有属性,科学技术之所以成为权力工具,根源在于资本家购买了科学技术。马克思对被资本家购买后的科学技术如何帮助资产阶级加强统治,控制和压迫劳动者进行了详细分析。因此,在资本主义社会,政治权力只有一个根本性来源,那就是资本,而知识并不能作为独立的权力基础,科学技术也不是非意识形态的。

从马克思主义观点看,虽然凡勃伦对资本家的批评非常尖锐,因而被"社会意识形态辩护者"丑化为"文化恶魔"③,但凡勃伦对资本主义制度的批判和马克思相去甚远,根本不是马克思主义者。在生产力诸要素中,马克思突出劳动者的作用,凡勃伦则强调科学技术的作用。在马克思主义看来,科学技术在生产力中的作用最终要通过掌握它们的劳动者表现出来。关于社会发展动力,马克思认为社会发展的动力是生产力和生产关系、经济基础

---

① 赫伯特·马尔库塞:《单向度的人:发达工业社会意识形态研究》,上海:上海译文出版社,2006年,第18页。
② 马克思:《机器、自然力和科学的应用》,北京:人民出版社,1978年,第26页。
③ R. H. Bartley, S. E. Bartley, 2000, Stigmatizing Thorstein Veblen: A Study in the Confection of Academic Reputation, *International Journal of Politics, Culture and Society*, vol. 14, No. 2.

和上层建筑之间的矛盾运动；而凡勃伦认为社会发展的内因是习惯进化（或主流性格类型改变）的结果，科学、技术、制度乃至文化均属于习惯的范围。关于资本主义的基本矛盾，马克思将其归结为生产资料资本主义私人占有和生产社会化之间的矛盾，是资本主义的基本矛盾；而凡勃伦认为，生产与商业、技术与不在所有权制之间的矛盾是资本主义危机的根本原因。因此，凡勃伦的理论是技术决定论和社会进化论的混合物，与马克思的历史唯物主义基本立场不一致。关于先进阶级和知识分子，马克思主义认为，先进阶级和社会革命主力是工人阶级，而凡勃伦认定为工程师，轻视工人阶级的力量。根据马克思主义，工程师属于职业划分，并不是独立的阶级，其中占有生产资料、占有工人阶级劳动的属于资本家，没有占有的则属于无产阶级。换言之，工程师本身就是分裂、矛盾的，要不就是与资本家同流合污，要不就是与无产阶级站在一起，没有独立的第三种立场。在实践中，工程师更容易和资本家合作，而不是融入工人阶级。北美技术统治论运动的迅速分裂，佐证了马克思主义的判断。

至于凡勃伦之后的技治主义者，则完全站在马克思主义的对立面，为资本家的统治做辩护。罗斯托就是典型，他以马克思主义理论的批判者自居。许多技治主义者坚持科学技术的非意识形态性，主张"意识形态终结论"，以科技发展水平而非生产关系性质来划分社会形态，常常走向资本主义与社会主义趋同的错误结论。如丹尼尔·贝尔认为，资本主义、社会主义都是更加广泛的社会进程即工业体制的变种，后工业社会是超越工业体制的集中化和分散化兼而有之的新型市场计划体制，后工业社会的"能者统治"超越了资本主义与社会主义的对立。这是以一种隐晦的方式否定马克思关于社会主义取代资本主义的观点。

因此，当代技治主义基本已经成为一种维护既有制度的力量，长于建设而拙于批判。无论技术治理与封建主义、资本主义、社会主义等何种样的政治制度相结合，都能发挥很强的治理和稳定功能。这既是技治主义的优点，也是它的缺点，务实但缺乏超越精神。对此，马克思主义者必须要有清醒的认识。

5. 技治主义的"中国变种"

关于技术治理与当代中国的关系，第四编将专章详细讨论，这里只做一个简要的总结性评论。

自中华民国南京政府以来,技治主义对中国现当代政治影响甚巨,极大地改变了中国的政治生态。[①] 北美技术统治运动开始之初,经由蒋廷黻、罗隆基等哥伦比亚大学(技治主义运动早期的中心)毕业生的介绍,引起中国人的关注。不久,南京政府开始吸收专家加入政府,采纳了许多技治主义主张,尤其是国防设计委员会和资源委员会的设立。然而,中国人对技治主义的理解一开始就是停留在技术、工具的层面,并不关心制度规划问题。

中国式技治主义的基本观点主要包括三个方面,即专家治理国家、公共管理技术化、行政系统技术化,而对价格体系、能量券等触动资本主义基本制度的主张没有兴趣。因此,激进派和温和派的斗争在中国没有出现,中国的技治主义者很自然都是温和派,改良国家政治,帮助政府渡过战时的危机,而没有像在美国那样招致相当大的批评。技治主义在中国这么一个非发达工业国家受到关注,更多是它与中国传统"尚贤"思想有某些共鸣,而20世纪初科学主义在中国的盛行也有助于它的传播。

改革开放以来,干部队伍的知识化、专业化和技术化,以及决策和行政的科学化,日益受到国家重视。首先,现时代是科学技术的时代,当代社会是知识社会。对科学技术缺乏了解,很难熟练地管理社会公共事务。其次,改革开放以来,经济飞速增长,社会急速转型,中国社会结构日益复杂。如果不研究国情,不运用科学,很难管好社会公共事务。最后,科学技术被认定为"第一生产力",中国的科学技术迅速发展,知识阶层人数越来越多,吸引知识分子加入国家治理是必然的事情。应该说,技治主义正确地反映了当今社会知识化的基本趋势,包括社会生产知识化、社会运行知识化和社会构成知识化。因此,技治主义在某些方面的主张是正确的。这些主张被世界不同制度所吸收,成为世界政治活动的普遍趋势。

---

① Yongmou Liu. American Technocracy and Chinese Response: Theoryies and Proactices of Chinese Expert Politics in the Period of Nanjing Government, 1927-1949. *Technology in Society*, 2015(43).

第 4 章 技 治 运 动

以技治主义思想为指导,有计划、系统化、大规模地在社会实践中将技术治理付诸实施,对既有公共治理活动进行改革,便会触发效果明显的技治运动。同所有社会改革一样,技治运动往往伴随着诸多批评和阻力。所以,技术治理在当代社会的推进,更多是零零碎碎的、一定程度的、局部渗透的,处于"润物细无声"的情状。进入 21 世纪以来,局部渗透的趋势越来越明显,技治主义者均采取务实的操作态度,竭力避免运动式推进引发社会关注和反弹。但是,自技术治理向全球扩散以来,大小规模的技治运动在不同国家地区、不同文化传统中都曾发生过,显著地改变了当时当地的治理状况。

20 世纪三四十年代,技治主义者在美国和加拿大试图将技术统治付诸实践,发动了盛极一时又逐渐衰亡的北美技术统治论运动。参加技术统治论运动的成员主要是工程师、科学家、技术专家、经济学家以及教育专家等掌握专业技能的精英,该运动在一定程度上直接影响了美国胡佛和罗斯福两届政府的施政活动。胡佛总统出身工程师,对技治主义很感兴趣,主张吸收专家参与政府事务。1934 年,罗斯福总统就任后,更是着力组织专家"智囊团"(Think Tank),大规模推行专家政治。技术统治论组织技术联盟中,至少有 18 位重要成员在罗斯福政府中担任高级职务,分布在一些相当重要的经济部门当中。[1] 罗斯福实施了某些技治主义主张,比如受斯科特等人开展的北美能源调查(Energy Survey on North America)启发,组织了国家潜在产品能力调查。

北美技术统治论运动对于技治主义意义重大,因为它使技治主义受到全球瞩目,自此传播到全世界。本章以北美技术统治论运动为例,分析技治

---

[1] Howard Scott, J. K. Faulkner, *History and Purpose of Technocracy*, Ferndale:Technocracy INC,1984, pp. 23-24.

运动的特点和问题,并通过运动中激进派领袖斯科特和温和派领袖罗伯思想的比较,说明该运动的主要主张和措施。

一、运动的历程

从20世纪20年代初开始发端,到40年代末50年代初结束,北美技术统治论运动的兴衰史可以1933年为界,分为两个阶段:1)酝酿和兴盛期,技术联盟以及技治主义者在哥伦比亚大学的活动,是这一时期的标志;(2)分化和衰亡期,以技术统治论公司(Technocracy Incorporated)为代表的激进派与以大陆技术统治论委员会(Continental Committee on Technocracy)为代表的温和派的分裂以及"总征兵(Total Conscription)"项目的失败,是第二阶段的标志。虽然技术统治论公司延续至今,但1949年之后,北美技术统治论运动已经衰亡。

除了对价格体系和社会测量的立场基本一致之外,参加运动的技治主义者相互之间观点差异很大,尤其是关于是否与政府合作的分歧,导致北美技术统治论运动很快发生分裂。[①] 在以斯科特为领袖的激进派看来,专家加入政府意味着某种变节或投降。斯科特认为:"技术统治论者从来没有试图建议、影响、劝说或哄骗北美大陆或其他任何地区的国家政治领导。……如果他们在某些方面影响了罗斯福,那也不一定是因为技术联盟的意图或动机,更可能是这些过去的会员为罗斯福的政治前途及他们自己的晋升而游说的结果。"[②]激进派在美国遭到很多批评和限制,后来在美国影响很小。在实际应对危机的操作中,技术统治论不如凯恩斯主义的效果好,因此招来更多非议。加之斯科特在社会宣传和应对批评方面失策,30年代末期技术统治论运动开始在美国迅速衰落。

---

① David Adair, *The Technocrats 1919-1967: A Case Study of Conflict and Change in a Social Movement*, Vancouver: MA Dissertation of Simon Fraser University, 1970, p. 2.
② Howard Scott, J. K. Faulkner, *History and Purpose of Technocracy*, Ferndale: Technocracy INC, 1984, 28.

1. 酝酿和兴盛期:1919—1933

作为一场社会运动,北美技术统治论运动兴起最重要的社会历史背景主要包括三个方面:1) 西方资本主义从自由资本主义向垄断资本主义过渡,各种社会矛盾和经济危机激化,第一次世界大战和 1929—1933 年席卷整个资本主义世界的"大萧条"(Great Depression)是最突出的标志;2) 1917 年俄国社会主义革命胜利震动世界,马克思主义及其在苏联的实践给西方社会以强烈的冲击和启发;3) 19 世纪下半叶开始的电力革命日渐深入,伴随着科学技术对社会发展关键作用的彰显,科学家、技术专家、工程师和知识分子阶层兴起,成为不可忽视的社会政治力量。面对资本主义世界的危机,思想家纷纷反思资本主义制度。技术统治论者认为,美国经济危机的根源是资本主义价格体系(Price System),它导致工业社会运转低效,建筑于资本主义价格体系之上的政治和经济活动的低效是结构性和制度性的,因而主张颠覆价格体系,并将政治权力由资本家手中转交到专业的科学家和工程师手中,以提高效率,避免制度危机。

1919 年年底,工程师斯科特、思想家凡勃伦等人在纽约发起成立技术联盟组织,标志着北美技术统治论运动开始。技术联盟由科学家、建筑师、教育工作者、物理学家、林务官、经济学家和统计学家等组成,是一个庞大的行业专家联盟,没有宣布明确的政治目标。作为技术联盟的行动领袖,斯科特自称为"首席工程师"(Chief Engineer)。按照凡勃伦的概述,技术联盟的任务主要是:"首先,要带领开启一个关于工业的详细调查研究,为改变社会的管理提供数据;其次,为操作一个'计数器体系'(Counter System)①提供最好的计划;最后,组织一个技术人员的一般团体。"②

北美能源调查是技术联盟实施的最重要的项目。该项目聚焦于能源的"生产—分配",通过调查北美大陆的能源使用和物理设备的数据,确定能源消耗与商品和服务回报之间的关系,为创建新的社会结构和制度做准备。1921 年,由于财务困难和管理不善,许多成员辞职,技术联盟正式解散,北美

---

① "计数器体系"意味着要对所有社会因素进行量化分析的制度和组织。
② William E. Akin. *Technocracy and The American Dream: The Technocrat Movement*, 1900-1941. Berkeley and Los Angeles: University of California Press, 1977, p. 33.

能源调查未能完成,但收集了很多数据,且得出了北美大陆的能源与技术足以给人们带来富裕和舒适生活的结论,也为斯科特等人后来引入能量券(Energy Certificate)取代货币做好数据方面的准备。

1929年,资本主义世界爆发严重的经济危机,美国人民迫切需要新的救世方案,社会运动风起云涌。比如,加利福尼亚的汤森运动(Townsend Movement)将人们组织起来,向联邦政府申请为工人提供退休金,使得罗斯福总统在1934年制定了美国的社会保障政策;美国现实主义小说家、社会活动家厄普顿·辛克莱尔(Upton Sinclair)领导的"结束加州贫困"(End Poverty In California,简称EPIC)运动,希望通过和平有序的方法,建立一个结束大规模贫困的新社会。斯科特等人抓住时机,宣传技术统治论主张,各种技术统治论组织纷纷成立。

1932—1933年,哥伦比亚大学成为技术统治论运动的中心,斯科特和哥伦比亚大学教授、工程师劳滕斯特劳赫(Walter Rautenstrauch)是核心人物。劳滕斯特劳赫接受了泰勒的科学管理理论和亨利·甘特(Henry L. Gantt)的工程管理主义(Engineering Managerialism)的思想,1932年组织工程师和科学家在哥伦比亚大学成立技术统治论委员会,目标是发展一个用于社会分析的科学理论,该组织后来演变成大陆技术统治论委员会。劳滕斯特劳赫说服哥伦比亚大学校长在哥伦比亚大学矿业工程和化学学院建立工业调查实验室,该实验室主要进行调查研究和培养工程师。

1932年8月,劳滕斯特劳赫和斯科特等人依托哥伦比亚大学工业调查实验室,继续推进北美能源调查,沿用斯科特在技术联盟时期的调查方法。他们一致认为,生产和分配的问题实质上是平衡负载的技术问题,大萧条是工业进程中的工程问题,商人或政府都不能理解并解决,必须由工程师在工业调查的基础上对社会进行重组。参与调查活动的,有原技术联盟的一些成员,他们说服纽约的建筑师紧急救济委员会(Architects Emergency Relief Committee)支持该项调查。

哥伦比亚团队调查了美国1830年到1930年间工业生产的能源使用情况,得出美国的能源足以支撑建设富裕社会的结论。但调查活动遭到外界的质疑,如美国工程协会(The American Engineering Council)指责技术统治论运动不专业,数据不可信,哥伦比亚大学校长也不再支持该项调查活动。面对质疑,技术统治论委员会内部对于是否要继续支持斯科特产生分歧,1933年团队分裂并解散,哥伦比亚大学官方宣布与技术统治论运动划清关系。

在哥伦比亚大学之外,美国西海岸涌现出许多有活力的技术统治论团队,如技术统治论演讲会(The Technocracy Lecture Bureau)、技术统治协会(The Technocracy Society)、美国技术统治协会(The American Society of Technocracy)和洛杉矶技术统治学院(The Los Angeles School of Technocracy)等,发展了多种多样的技治主义思想。

2. 分化和衰亡期:1933—1949

自1933年哥伦比亚大学团队分裂后,北美技术统治论运动整体上分裂为激进和温和两派。激进与否的关键在于是否与资本主义政府合作:激进派把技治主义视为从根本上改造发达资本主义的社会方案,拒绝与既有资本主义制度合作,温和派则把技治主义视为某种政治活动技术化的改良主张,愿意参加到政府的合法行政活动中。技术统治论公司是激进派的代表,大陆技术统治论委员会是温和派的代表,它们各自有理论主张、战略措施和组织方式,相互竞争北美技术统治论运动的领导权。

(1) 技术统治论公司

技术统治论公司由斯科特领导,1933年在加拿大的温哥华成立,初始会员约350人。该组织纪律严明,成员统一穿着灰色西装制服,翻领上别着"单细胞"①徽章。他们继承凡勃伦"工程师革命"的主张,试图在时机来临时取代价格体系管理社会。该组织的目标有两个:1) 准备在资本主义价格体系崩溃之时,全面接管政权。斯科特预言价格体系将会崩溃于1937年,但到了1934年没有任何迹象,于是预言从1937年推迟到1940年。为迎接历史时刻,该组织成员每天工作9小时,集中学习、演讲和组织研讨会。② 2) 由工程师和技术专家取代资本家和政治家掌握管理社会的权力,训练接管政权的"有纪律的部队"。因此,该组织筛选出符合技术统治论标准的精英,开设技

---

① "单细胞"图案是技术统治论公司的标识,由红色和灰色组合起来,类似中国太极图的图案,代表消费和生产之间的平衡。

② David Adair, *The Technocrats:1919-1967 A Case Study of Conflict and Change in A Social Movement*, MA Dissertation of Simon Fraser University,1970, p. 64.

术统治论研究课程,创办技术统治论杂志。1936年,该组织还招收16—21岁的童子军(Boy Scouts)。

技术统治论公司的理想愿景充满乌托邦色彩,力图根据生产而不是根据利润的原则来重新组织社会,运用科学技术发展生产并实现均衡分配,使人们能够在一个和平、富裕且精神积极向上的社会中理性地生活,每个人都懂得如何操作机器是该社会发展的基础。在该社会中,所有人能分享到社会富足带来的好处,共同致力于创造效率与和谐;以货币为交换中介的价格体系将不存在,货币被能量券①取代,一切价值交换都将被消除;工程师和科学家将会取代商人、金融家、公务员和政治家管理社会。在一些小册子中,该组织详细描述了理想目标,如依靠科技发展生产力,给人们更多的闲暇,45岁退休,平等供应商品和服务,生产与消费均衡,废除政府,建立功能性的社会控制体系,缩小贫富差距和社会歧视,消除浪费,提供社会保障,人们自由择业等。②

通过出版和巡回演讲,技术统治论公司积极传播自己的主张,颁布三种影响颇大的政策文件:其一为《科学对抗混乱》,由斯科特于"大萧条"时期所写,指出"大萧条"除了导致罢工和恐慌之外,还会带来饥饿、暴乱、疾病和死亡,只有技术统治和技术统治论才能有效解决混乱危机;其二为技术统治论公司出版于1934年的《技术统治研究指南》;其三为《技术统治:一些问题的回答》,是技术统治论公司1934年对公众提问与质疑的官方回应,宣称自己是一个由斯科特领导的组织,为美国的快速发展建立一个可能的新规则,将科学确定为价格体系最可能的取代者。

技术统治论公司还创办《技术统治论》(*Technocracy*)等八家主要杂志③,持续报道技治主义的发展与北美大陆的社会发展趋势。④ 该组织从1935年

---

① 能量券指以能量为基础的等同于货币的个人实名持有且能记录消费情况的纸质一般等价物。粗略地说,能量券的数值反映了生产某商品或服务所要消耗的能量数。

② Wilton Ivie, *America must show the way!*, New York: Technocracy Inc., 1938, pp.17-18.

③ 其余七家是:温哥华的《技术统治论文摘》(*Technocracy Digest*)、克利夫兰的《8141》(*Eighty One Forty One*)、洛杉矶的《技治主义者》(*The Technocrat*)、波特兰的《西北技治主义者》(*Northwest Technocrat*)、温哥华的《每周研究公告》(*Research Bulletin Weekly*)、温尼伯的《大草原技治主义者》(*The Prairie Technocrat*),以及丰塔纳的《技治美国》(*Technocratic America*)。

④ Howard Scott, *Introduce to Technocracy*, New York: Technocracy Inc., 1936, pp.52-53.

开始巡回演讲,并涌现出以斯科特为代表的一批优秀的公众演讲者。他们的巡回演讲让技术统治论公司吸引更多的成员:从1934年8月到1935年8月,温哥华的技治主义成员人数增加了四倍多。① 1937年4月,技术统治论公司开始在温哥华做电台广播节目。1937年秋,斯科特开始最大规模的跨国大陆演讲,但效果不佳,被公众指责为"法西斯分子""作秀"。直到斯科特在1938年的巡回演讲过后,技术统治论公司影响力突升,跃居美国和加拿大所有的主张社会变革组织中的第一位。②

(2) 大陆技术统治论委员会

大陆技术统治论委员会先后由劳滕斯特劳赫和罗伯领导,倾向于温和的政治改良立场,哥伦比亚团队大部分成员均留在大陆技术统治论委员会。委员会得到罗斯福政府的赞助,在与激进派共存时期占据北美技术统治论运动的主流。

大陆技术统治论委员会积极参与罗斯福新政,向政府请求资金支持,几乎成为政府智库,许多成员后来加入政府成为技术性官员,一些政府项目也委托它设计。1934年2月,在该组织的参谋之下,美国政府成立土木工程署(Civil Works Administration),开始"国家潜在生产能力调查",后来该调查转由纽约房屋委员会(New York Housing Authority)执行,延续哥伦比亚大学的能源调查项目。

大陆技术统治论委员会有两份核心文本,即罗伯的《技术统治中的生活:它可能会是什么样的》(Life in A Technocracy: What It Might Be Like)与《富裕图表:一项基于"国家潜在生产能力调查"成果的美国生产能力研究》(The Chart of Plenty: A Study of America's Product Capacity Based on the Findings of the National Survey of Potential Product Capacity),分别描述技术统治论乌托邦式愿景和实现富裕的途径。

罗伯从1932年开始信奉技术统治论,将技术统治视为实现富裕和自由的方法而不是最终目标,认为资本主义可以通过改良而继续存在。大陆技术

---

① David Adair, *The Technocrats: 1919-1967 A Case Study of Conflict and Change in A Social Movement*, MA Dissertation of Simon Fraser University, 1970, p. 65.

② Ibid., p. 75.

统治论委员会的成员主要由技术专家和其他领域的精英构成,包括公共媒体中的杰出人物,如《时代》(Time)杂志专栏作家约翰·富兰克林·卡特(John Franklin Carter)、《意见》(Opinion)杂志的主编詹姆斯·华特曼(James Waterman)、著名电台评论员、(The Living Age)的主编昆西·豪(Quincy Howe)、纽约约翰日出版公司(John Day Press)的创始人理查德·沃尔什(Richard J. Walsh)等。罗伯最终放弃技术统治论,转向自由主义。1935 年,大陆技术统治论委员会改组为大陆经济富裕委员会(The Continental Committee for An Economy of Abundance),1936 年正式解散。

(3) 运动的衰亡

大陆技术统治论委员会解散后,技术统治论公司成为运动的主力,经历过短暂的繁荣,第二次世界大战爆发后逐渐衰亡,标志性事件是加拿大的技术统治论活动在 1940—1943 年间被政府禁止。

1940 年,加拿大政府禁止技术统治论公司在加拿大的所有活动,虽然 1943 年又发布了解禁令,但禁令已经重创了技术统治论运动。禁令起因是 1940 年技术统治论公司发布的"总征兵"(Total Conscription)①计划。技术统治论运动一开始就明确承诺放弃暴力革命和政治活动,但斯科特却认为战争危机为技术统治论运动推广创造了良好条件,因而执意发布了征兵号召。这让美国人认为,技术统治论已经沦为"美国本土的法西斯主义"(Native America Fascism)。在被禁期间,一些成员组成加拿大胜利委员会(The Canadians for Victory Committee),开展半地下活动,解禁之后该委员会重归技术统治论公司。

第二次世界大战之后,技术统治论公司影响力骤减,招募不到新成员。并且,该组织内部独裁和宗派盛行,有成员开始挑战斯科特的领导地位,要求改组技术统治论公司。1949 年 3 月,该组织分裂,600 余名成员自发成立技术民主主义(Techdemocracy)组织,而原组织变得更加极权,成员们被要求宣誓效忠斯科特。此后,技术统治论公司再没有重要的活动,基本退出了历史

---

① "总征兵"的主要内容:1) 征兵对象为年龄在 18 岁到 65 岁之间的公民;2) 所有的商业和工业国有化,终止以利润为目标的运营;3) 集中经济和政治权力,也就是说所有的州和地方政府都要被淘汰;4) 所有的外国语传播媒介和组织都要被压制;5) 禁止任何酒精饮料的销售。

舞台。不过,技术统治论公司到今天仍然存在,组织目标修订为"没有战争,没有贫困,干净的环境",主要关注的问题有:环境可持续性、生产和分配、全球展望、废物管理、技术冲击和经济稳定性。①

二、激进派主张

虽然温和派是大多数,在实践中也发挥了明显更主要的作用,但激进派的言行色彩鲜明,尤其是其机械主义主张以及与政府不合作的态度,对于西方社会普通公众对于技术治理总体印象的形成非常关键。1933 年,激进派领袖斯科特通过电台全国广播所作激进的《皮埃尔宾馆演说》(*The Hotel Pierre Address*)更是影响巨大,甚至被认为要对整个运动由盛转衰负责。② 无论如何,斯科特的思想可以作为激进派主张的典型代表。考虑到斯科特在技术统治论公司的独裁地位,本书将该公司所出版宣传册子中的基本观点亦归入斯科特的立场表达之中。

1. 从能量角度理解社会

斯科特将能量哲学引入社会历史观,认为现代科技将人类社会从低能阶段提升到高能阶段,这将导致传统的价格制度(price system)全面崩溃。

(1) 工业革命使人类进入了高能社会

在斯科特看来,资本主义之所以发生类似"大萧条"的经济危机,原因是没有从能量而是从货币的角度来安排社会制度。他指出:"可以这样说,困扰我们的原因在于这些年没有按照能量思考我们的福祉和国家运转,而是按照用美元可购买的东西来思考。假如我们想完全理解问题所在,就要抓住能量问题,其他所有事情都根植其上。"③以能量为视角,所有的人类活动均可视为将可获得的能量转换为可使用的形式或服务的过程。在工业革命之前,

---

① 参见技术统治论公司官网主页 http://www.technocracyinc.org/,2021 年 3 月 2 日访问。2010 年冬,作者曾尝试通过邮件与之联系,该公司的回复邮件明确表示已经停止招收新成员。
② H. P. Segal, *Technological utopianism in American culture*, New York: Syracuse University Press, 2005, p. 123.
③ H. Scott, Technology Smashes the Price System, *The northwest Technocrat*, 1990, 321 (4).

人类能量转换(energy conversion)的数量级是很低的,主要能源来源是人力以及少量的畜力、风力和水力。19世纪以来,人类社会使用能量的数量级跃升,进入高能社会,机器成为最主要的能源来源,人力在其中只占微不足道的比重。

斯科特认为:"技术统治论作为一种思想,讨论由技术在现代工业社会机制中引入的能量因素所提出的问题。"①高能社会的出现显然是现代科技在社会的方方面面尤其是经济活动中大规模应用的结果,其表征是大机器工厂为特征的工业系统的全面建成。从社会成员变化的角度看,高能社会的出现与科学家、技术专家和工程师的出现联系在一起,他们才是熟悉和有能力运转高能社会的人。

(2) 价格体系不适应高能的丰裕(abundance)社会

北美大陆是率先进入高能社会的地区,斯科特认为这是北美大陆生产力高度发达、科技领先、资源丰富、科技人员和受过训练的劳动力充足等条件所决定的。通过对北美社会实际的物理测量,他认为北美在1929年左右就已经进入劳动、商品和服务均已摆脱稀缺的丰裕状态②,甚至给出了1929年北美人均可享受2万美元的商品和服务的精确数字③。按照斯科特的逻辑,丰裕是人类在历史上从未面对的状况,人们应该思考的问题就从如何实现丰裕转变成如何分配丰裕产品的问题。

斯科特认为,传统社会基本都是建基于价格体系的基础上,这与低能社会以人力为主要能量来源是相适应的。"何为价格体系?价格体系是任何社会制度,只要它通过以债券或金钱表征的商品价值为基础的贸易或商业,来实现商品和服务的分配。"④在低能社会中,分配围绕交换进行,这与商品和服务的稀缺性相适应。但在高能社会中,价格体系反映不了从稀缺到丰裕

---

① H. Scott (etc.), *Introduction to Technocracy*, New York: Continental Headquarters, Tecnocracy Inc., 1936, p. 36.
② The Technocracy Inc., *The Mystery of Money*, New York: Continental Headquarters, Tecnocracy Inc., 1941, p. 29.
③ The Technocracy Inc., *Technocracy in Plain Terms: A Challenge and a Warning*, New York: Continental Headquarters, Tecnocracy Inc., 1942, p. 7.
④ The Technocracy Inc., *The Mystery of Money*, New York: Continental Headquarters, Tecnocracy Inc., 1941, p. 3.

的根本性变化。① 在斯科特看来,分配丰裕产品需要的不是某种交换方式,而是一种物理测量技术,用来对人类的生产、分配和需要均加以精确的物理测定。也就是说,价格体系在高能社会过时了。按照斯科特的高能社会逻辑,因为人力不再是主要能量来源,人力劳动越来越少是社会发展的物理学趋势,在价格制度之下失业只会越来越严重。显然,唯一根本性办法只有用新制度代替价格体系,凯恩斯主义只能暂时缓解而不能从根本上解决失业问题。

在现实的北美社会中,斯科特认为价格体系问题越来越严重,将很快全面崩溃。在斯科特看来,价格制度存在解决不了的基本矛盾,即利润目标导致生产和消费的不平衡。在价格制度之下,生产是为了售卖而非使用,最高目标是以货币形式体现的利润。一方面,利润本质上是债权,即社会欠货币持有者相应数量的商品(延期债务),在价格制度之下利润越来越集中于少数人手中,无法将所有利润全部消费,大部分利润用于生产再投资而获得更多的利润,最终整个社会的债务增长将超过生产和人口的增长。另一方面,为了谋取更多利润,资本家对外要卖出更多的商品,因而不断扩张生产规模,向外寻找倾销市场,国际贸易顺差扩大;对内则要削减成本,增加机器投资,减少雇员数量,工人购买力所占比重降低,完全消费不了工业所生产出来的商品。于是,整个社会的生产和消费越来越不平衡,最终导致经济危机发生。斯科特进一步指出,高能社会生产能力迅速提升,大规模自动化导致更多工人失业,价格制度的矛盾较之低能社会日益激化,乃至不可调和,因此整个美国的价格体系即将崩溃。②

2. 建立以社会测量为基础能量券制度

斯科特认为,在高能社会,应以技术统治制度代替价格制度。或者说,技术统治是适应高能社会运行的新科学制度。这一制度以精确的社会测量(social measurement)为基础,围绕能量券制度展开。

---

① H. Scott (etc.), *Introduction to Technocracy*, New York: Continental Headquarters, Tecnocracy Inc., 1936, p. 21.
② H. Scott, Technology Smashes the Price System, *The northwest Technocrat*, 1990, 321 (4).

(1) 以能量为单位的社会测量

斯科特对技术统治的理解是双重的。"一方面,它是一个科学家、工程师、技术人员和技术领域工人的组织;另一方面,它是一种思想体(a body of thought)。这种思想体可以精确地描述为对所有社会现象的一种技术方法和分析。"①作为新型组织,斯科特认为技术统治之前在人类历史上从未出现过。作为一种思想,斯科特理解的技术统治论其实是一种能量社会哲学,即以对北美所有能量消耗装置的能量转换活动所进行的以物理学研究为基础的全新社会制度安排。

在斯科特看来,"技术统治论有一个基本假定:与社会机制功能操作有关的现象都是可测量的"②。技术统治制度要发展新的社会测量技术,测定北美所有有用能量的流动过程。技术统治主要关注自然资源转化为有用形式的途径和数量,社会需求的形式和数量,机器增长速度以及人力减少的速度等。这就是技术统治社会测量的主要任务。在斯科特看来,建立在社会测量基础之上的技术统治制度将是科学和客观的,必须以可测量的物理事实为基础,不带任何主观感情、希望、欲望、梦想和意识形态的考虑,因此绝不是一种白日梦或乌托邦。

斯科特认为,以交换价值为基础的价格体系,对社会财富或物质生活状况的测量是不合理,价值测量不能反映可使用的产品和服务的物理状态,而是表达整个社会的债务情况。货币所表征的商品相对价值不断受到市场供求关系的影响而变化,还要持续受到通货膨胀的影响,在测量上也很不精确。而能量作为确定社会生产、分配和需要的精确工具——以生产商品和服务所耗费的能量来表示其真实的可使用性或"价值"——有三个好处:一是不受供需关系和通货膨胀影响,二是所有商品和服务生产都要消耗能量,三是决定生产中单位能量消耗的技术条件在一定时期很稳定。因此,可以用能量券取代货币来进行社会测量,取代整个价格制度。

(2) 按需分配的新分配制度

当有了丰裕的物质条件,又有了反映真实可用商品和服务运动的测量

---

① H. Scott, The Hotel Pierre address, *Technocracy*, 1940, A(19).
② H. Scott (etc.), *Introduction to Technocracy*, New York: Continental Headquarters, Tecnocracy Inc., 1936, p. 29.

工具能量券，就可以实行从按劳分配到按需分配的全面转变。斯科特认为："技术统治论表明，今天北美大陆的高能文明如何让价格制度失效，唯一有效的制度是功能控制和直接平等分配——不需要价格。"①

斯科特认为，测量出整个社会生产出的商品和服务的能量券数，然后由国家在整个社会成员中大致平均分配，从物理学上来说是完全可行的。能量券发行总量代表整个社会制造商品和服务过程中能量转换的总量。因为人力在其中占比极小，因而不计入能量券总数之中。个体分配的能量券不以劳动量为标准，而是在 25 岁以上的所有成人中平均分配，而未成年人接受平均的、一定数量的生活津贴。能量券是记名到个人的，不能转让、出借、赠予和继承，因此不会丢失或失窃。它有一个有效期，过期无效，因此不能积累，也不能储蓄以获取利息。能量券代表的是每个人可以消费和使用的能量数，个人除了个人用品和衣服并不能占有财富。这也就是说，能量券制度实际是一种公有制。显然，斯科特的能量券制度想要实行，首先就是科学技术促成丰裕社会的到来，社会生产总量是远超过所有个体消费需求的总和。在稀缺条件下，这种方式只是人们需求普遍得不到满足的限额或配额措施。

（3）高能社会经济运行的三大转变

斯科特认为，在能量券制度之下，高能社会的经济运行发生了根本性的转变：

第一，货币财富被物理财富所取代。在价格制度下，社会财富是用货币或债权衡量，表示社会欠持有者的商品数量。在能量券制度之下，社会财富是用能量券衡量，表示可以实实在在使用的能量数量。真正的富有应该是可以使用的能量形式和服务，债权意义上的富有是不确定的，可能因为贬值或买不到真实的商品而一文不值。

第二，市场机制被物理学控制所取代。高能社会的能量转换数量级巨大，必须按照科学方法进行物理学控制，不能交给盲目的市场供求关系来调整，否则很容易陷入混乱。这实际上是通常所说的一种计划经济。②

---

① The Technocracy Inc., *Technocracy in Plain Terms: A Challenge and a Warning*, New York: Continental Headquarters, Tecnocracy Inc., 1942, p.18.

② The Technocracy Inc., *Energy Certificate*, New York: Continental Headquarters, Tecnocracy Inc., 1940, p.6.

第三，劳动价值论被能量价值论取代，或者说彻底取消"价值"。斯科特认为，价格制度建基于商品价值的交换之上，以"价值"为基础，通过价格制度，"价值"可以描述为人类汗水的凝结。在低能社会，人力是主要能量转换形式，用劳动衡量商品价值是合理的，但在高能社会，人力所占比重极小，因而劳动价值论就过时了。① 他认为过去所有的社会治理都要维护"价值"，而现在这一术语已经没有意义，可以完全取消了。② 显然这个观点是完全错误的，否定了经济活动属人特性。

3. 技术统治论社会的蓝图

斯科特的技治社会蓝图，是以经济运行为基础和主要内容的，技治政府也是经济逻辑的延伸，而对于他看来不可测量的文化、艺术、宗教和教育等则谈得很少。

（1）生产和消费的物理学平衡状态

斯科特指出："技术统治简单地说，是社会秩序的科学应用。"③它根据物理学数据对所有的社会功能进行社会设计和科学控制，不再是自由放任的生产和分配，而是要实现平衡负载（balance-load）的高能社会科学运行状态。④也就是说，生产和消费必须完全匹配，避免生产过剩或消费没有得到满足的情况。斯科特的理想是对社会进行总体化的规划和控制，认为只有这样才能产生超过局部细微设计之和的效果。⑤

显然，要实现平衡负载，必须要不间断地对整个社会生产和分配的细节状况进行测量、调整、反馈和控制，如生产和服务的地点、型号、种类和尺寸，每个社会成员消费和需求的详细记录等。能量券并没有规定每个人具体消费什么，只要在总能量数额限制之下，个人消费是自由的，而且社会生产会根

---

① H. Scott, The Hotel Pierre address, *Technocracy*, 1940, A(19).
② H. Scott, *The Evolution of Statesmanship & Science and Society*, New York: Continental Headquarters, Tecnocracy Inc., 1939, p. 6.
③ The Technocracy Inc., *Technocracy in Plain Terms: A Challenge and a Warning*, New York: Continental Headquarters, Tecnocracy Inc., 1942, p. 7.
④ H. Scott, The Hotel Pierre address, *Technocracy*, 1940, A(19).
⑤ The Technocracy Inc., *Energy Certificate*, New York: Continental Headquarters, Tecnocracy Inc., 1940, p. 8.

据实际状况及时调整产品和服务的供应。斯科特设想,能量券要对持有人信息有精确记录,用打孔和电话系统随时进行记录和汇总,以随时维持足够和匹配的生产和库存。

(2) 高效而自由的社会生活

技治社会将解放价格制度加之于现代科技之上的束缚,最大化地采用机器生产,减少人的劳动时间。"技术统治可以笑着说,它永远代表更多更好的机器,更低物理成本,以及更快更多的生产。"[1]最终,没有失业,人人收入平等,所有行业都垄断到一家企业之中,人们的生活舒适而简单。斯科特测算的结果是,社会成员在25—45岁之间劳动,每天4小时,一周工作4天,一年工作165天。人们退休之后,领取同样的能量券,享有极大自由。没有贸易和工资,不再交换商品,货币、通胀、紧缩、利息、经济危机等都彻底消失。能量券分配男女相等,残疾人和病人获得同样数量的能量券,社会慈善活动不再需要。很多职业如销售、保险、银行、股票、证券、广告、会计等都会消失,社会交易成本极大下降,大量人员可以做其他事情。社会教育不是为了劳动,而是为了更舒适地生活。

(3) 政府主要任务是实现功能控制(functional control)

斯科特建议:"取消政府,代之以功能控制制度,就像成功运行的电话系统和其他技术事物。北美大陆作为一个单位运转。"[2]在技治社会中,有大约90—100个生产和服务的功能序列(functional sequence),比如通信、交通、农业、橡胶、健康等,每个功能序列依据能力逐级提拔部门领导,序列的领导人组成整个大陆控制的机构,实际就是政府。所有领导人都是从该序列中逐级晋升上来,既是技术人员也是管理者,熟悉该序列的所有运转问题,也就是说,"技术统治论指出,科学家、技术人员、工程师将作为少数领导大多数人"[3]。政府的最高首长实行任期制,由投票产生。斯科特设想,有四个特殊

---

[1] H. Scott, *The Evolution of Statesmanship & Science and Society*, New York: Continental Headquarters, Tecnocracy Inc., 1939, p. 13.

[2] The Technocracy Inc., *America must show the way!*, New York: Continental Headquarters, Tecnocracy Inc., 1940, p. 17.

[3] H. Scott, *The Evolution of Statesmanship & Science and Society*, New York: Continental Headquarters, Tecnocracy Inc., 1939, p. 26.

的序列,即军队、社会关系、外交和研究享有更大的独立性。政府的主要职能实际集中于经济领域,技治国家并不干涉人们的政治立场、宗教信仰和言论自由等。[1] 人们主要通过购买行为而非投票,对生产系统施加影响。

(4) 如何实现技术统治

斯科特认为,高能社会必须实行技术统治论制度,工程师和技术人员必将埋葬价格制度,建立和领导技治社会,这些都是由物理学规律所决定的。因为高能社会的治理,除了技术统治别无他法,现有的政治家都没有能力驾驭高能社会和技术统治制度,因此当应对"大萧条"的各种尝试失败之后,北美人民将不得不求助于技治主义者。因此,技治主义者不需要布尔什维克式的革命,只需要静静地等待资本家转让权力。

在时机到来之前,斯科特等激进派拒绝与既有政府合作,因此与温和派分道扬镳,也不参与民主制下的选举政治。[2] 他认为,技治主义者当前的主要任务有三个:一是开展社会测量以了解和熟悉北美能量运动状况,二是组织训练有素的"部队"(army)[3],三是教育人民意识到危机来临[4],这些都是为未来工程师掌权做准备。实际上,斯科特领导的技术统治论公司主要也是在这三方面开展工作的。

三、温和派主张

作为北美技术统治论运动的温和派领袖,罗伯与斯科特齐名,但理论意见相左,在行动中又有两点关键的分歧:一是斯科特激进地拒绝与现政府合作,而罗伯的主张与之相反,并作为高级官员加入过罗斯福政府,二是罗伯不满斯科特对运动的独裁领导。所以,两人在运动后期分道扬镳。

与斯科特的工程背景不同,罗伯是一位作家、艺术家,办过颇有名气的

---

[1] The Technocracy Inc., *Technocracy in Plain Terms: A Challenge and a Warning*, New York: Continental Headquarters, Tecnocracy Inc., 1942, p. 14.

[2] H. Scott, The Hotel Pierre address, *Technocracy*, 1940, A(19).

[3] The Technocracy Inc., *Technocracy in Plain Terms: A Challenge and a Warning*, New York: Continental Headquarters, Tecnocracy Inc., 1942, p. 15.

[4] H. Scott (etc.), *Introduction to Technocracy*, New York: Continental Headquarters, Tecnocracy Inc., 1936, 封底.

艺术杂志 Broom①,在运动之前长期旅居欧洲,与当时同在欧洲的海明威等人同为美国文学史上的"迷惘的一代"。他写过不少作品,与技术治理相关的主要有三本书:(1)《技术统治中的生活:它可能会是什么样的》(1933),该书1935年就被蒋铎译作《技术统治》介绍到中国;(2)《富裕图表:一项基于"国家潜在生产能力调查"成果的美国生产能力研究》(1935),该调查由罗伯领导,受美国联邦政府土木工程署(Civil Works Administration)的管理;(3)《没有战争的全生产》(Full Production Without War)(1946),该书回忆了北美技术统治论运动,发展了早期的技术统治论思想。罗伯的技术治理思想在温和派中很有代表性,具有明显的调和色彩,在北美技术统治论运动期间就受到中国学者的重视和传播。

1. 能量券制度实现经济自由

和所有技治主义者一样,罗伯是乐观主义的技术决定论者,既认为科技发展决定了整个社会的发展方向,又认为技术发展可以让人类过上幸福的生活。在《富裕图表:一项基于"国家潜在生产能力调查"成果的美国生产能力研究》一书中,他为自己的技术乐观主义进行了非常具体的辩护。该书是1934年由联邦政府组织、罗伯领导的"国家潜在生产能力调查"的研究成果。该项目是罗斯福新政应对"大萧条"的一项技术治理举措,总共有60多位技术专家参与其中,具体测算了1929年美国实际生产的所有商品和服务的数量,以及"假如生产被导向人类需要(needs)和合理的需求(wants)之满足,而且仅仅为物理因素和我们的知识状况所限制时"②可能达到的最大生产能力,并提出了相应的舒适标准理论和相应的国家消费测算办法。通过研究具体数据,罗伯认为,1929年的美国生产力实际已经可以为每个美国人提供舒适生活所需要的基本物质资料。这种观点即商品稀缺性已经消除,与斯科特的丰裕观点以及后来加尔布雷思提出的"富裕社会"(Afluenet Society)理论

---

① 《金雀花》(Broom)是一本国际艺术杂志,由罗伯和美国诗人、小说家、剧作家、文学编辑阿尔弗雷德·克瑞姆伯格(Alfred Kreymborg,1883—1966)共同创立,从1921年11月到1924年1月间,先后发行于罗马、柏林和纽约,试图将新的、前卫的艺术传播到美国。
② Harold Leob (et al.), *The Chart of Plenty*: *A Study of America's Product Capacity Based on the Findings of the National Survey of Potential Product Capacity*, New York: Viking, 1935, p. 164.

的基本立场一致。① 当然,该书的一些假设、技术细节以及调查精确性等受到了质疑,但是基本观点是有说服力的,并且"首次使用了一些在实际国家经济计划中可以使用的技术和方法",因而贡献巨大。② 实际上,同年由美国政府出版的《国家潜在生产能力调查》报告也基本认同了罗伯的观点。

然而,为什么现实却是严重的资本主义经济危机和普通民众饥寒交迫呢？在罗伯看来,这是科技发展与资本主义制度之间存在不可调和的矛盾所导致的。资本主义经济制度的目标不是为了满足人民的需求,而是为了追逐资本家的利润。"利润依赖于价格。价格依赖于货物稀少。因此,在资本主义之下,人类的生活,是依赖于货物的稀少。"③虽然科技发展水平在理论上已经能够提供足够的商品,但资本家却为保证利润而控制生产,在"大萧条"中集中表现为两种现象:一是原材料大增却没人买去投入生产,二是工厂因为商品没有销路而裁处工人。技术和机器的目标是高效生产,与资本的利润目标相冲突。罗伯认为,资本主义试图用少数资本家的奢侈性浪费来解决购买力不彰的问题,只能缓和而不能从根本上解决问题。在技术上来说,这是生产与消费之间的失衡。因此,"大萧条"实际提出了一个问题:科技发展到可以实现产品丰裕的阶段,资本主义制度与科技发展强烈冲突,是否应换一种更适应生产力发展水平的新社会制度？罗伯主张用技术统治制度来取代资本主义制度。

罗伯关于科技与资本主义制度矛盾的观点,与凡勃伦和斯科特等人差别不大,但是,对于技治社会的运转方案,他提出了更详细的构想,许多想法具有独创性,比如有关能量券的一些新设想。

能量券设想并非罗伯的原创,而是可以追溯到凡勃伦、斯科特乃至贝拉米等人的思想。罗伯认为,解决资本主义制度矛盾的关键是建立围绕能量券展开的新分配制度。在生产力足够的情况下,个体舒适生活的需求完全可以得到满足,因此新分配制度应是按需分配的。"第一个问题是如何计算国家的需要,第二个问题是如何开始使轮机转动,第三个问题是如何公正分配产

---

① 约翰·肯尼思·加尔布雷思:《富裕社会》,南京:江苏人民出版社,2009年。
② R. S. Alexander, Accounting Business Methods, Investmentd and the Exchanges, *The American Economic Review*, 1935, 25(2).
③ 罗伯:《技术统治》,上海:上海社会科学院出版社,2016年,第4页。

品。每一个问题都与其他两个相关联,但是每一个问题的中心就是相对价值问题。"①这就需要一种能反映物质资料运动的工具,在罗伯看来货币反映的是资本和利润的逻辑,必须用能量券取代之。

生产每种商品与服务都要消耗能量,商品与服务的相对价值可以用生产它们所消耗的能量表示,单位就是功的单位尔格(erg)。能量券测算不考虑市场供需关系,商品和服务的价格不再被市场因素所影响或决定,而是由生产力发展水平尤其是生产技术条件所决定。以能量券为单位,可以对整个国家物质生产和生活需求进行物理学的精确测量。在此基础上,通过国家统一计划来实现公平的按需分配——实际上,罗伯认为,既有生产力已经超过了所有个体的基本需求,并且科技发展还将迅猛提高社会生产力。强调生产是为人的需求满足服务的,以及以物理单位测算经济的观点,与纽拉特所谓的理性经济学类似。②

举例说,在"大萧条"中由于牛奶没人买,在货币—市场逻辑下就一文不值,但在能量券—计划逻辑下,其能量券数值不变。在前者逻辑中,实际不是没人需要牛奶,而是人们买不起牛奶。在能量券制度下,测算出整个国家生产能力的尔格数,除以总居民数(包括残疾人、儿童、妇女、病人等所有人),就可以得到每个人应当分配的能量券数量。当然,这只是一个基本逻辑,具体还有一些修正。罗伯设想的是,能量券是记名制的,一年一算,过期作废,不可积累,不可转让,也不可以继承。这实际上是一种公有制,或者如罗伯所说是"极其有限的私有制"——"在技术统治中,财产限于个人使用与占有的货物"③。表面上,能量券与社会主义国家曾使用过的各种票证类似,但根本性差别在于,能量券是物质丰裕社会的公平分配手段,而票证是物质贫乏社会的定量供给手段。

与新分配制度相应,社会生产制度也会发生变化,生产不再是为了牟利,而是为了提供社会必需品,整个社会将在既有科技水平上开足马力生产,

---

① 罗伯:《技术统治》,上海:上海社会科学院出版社,2016年,第25页。
② Otto Neurath, What is Meant by a Rational Economic Theory?, in Otto Neurath (edit), *Unified Science*, Hans Kaal translations, Dordrecht, Boston, Lancaster, Tokyo: D. Reidel Publishing Company, 1987.
③ 罗伯:《技术统治》,上海:上海社会科学院出版社,2016年,第39页。

而在资本主义制度中故意破坏生产的行为将会消失。每个适龄的劳动者应当完成的工作任务也可以根据整个社会计划测算出来。职业分配是结合个人愿望和心理学家对每个劳动者的判断来进行。在正式开始工作之前,人人都在不同的职业学校中接受足够的教育。但总的来说,由于科技的力量,只需要很少的人力就可以满足社会中每个人的物质需要。罗伯认为,这为劳动者真正获得更多闲暇时间提供了条件,劳动者不仅日工作时间短,而且很早就可以退休,从事自己喜欢的事业。他还认为,当市场价格形成机制废除之后,技术统治论社会将压缩或取消广告推销的费用,节省交易成本。不光他,凡勃伦、斯科特等人也认为广告业是社会资源的浪费,倒是加尔布雷思认为它对计划体系有重要的价值——他认为广告业对于计划体系的社会需求管理以及意识形态塑造必不可少。①

总之,能量券制度是建立在科技高度发达基础上的技术统治论经济制度,它将彻底免除所有社会成员的经济不安全和经济压迫。在经济自由的基础上,人们可以从事更有价值的事业,求得更高的自由,使社会变得丰富多彩。换言之,罗伯认为,经济效率是技术统治的价值体现,但它不是唯一也不是最重要的价值体现。因此,科学技术可以促进自由尤其是经济自由,这种自由主义观点是罗伯科学观最突出的特点。

2. 技治社会中政治与艺术的状况

在罗伯的技治社会设想中,政治和艺术活动两方面均颇有特色。

(1) 技治政府是作为工业系统延伸的有限政府

技治政府实际是工业管理系统的延伸。罗伯主张,技治社会是工业高度垄断的社会,每一种基本工业只有一两家大集团,它们挑选出最能干的人组成理事会行使政府职能——政府就是工业联合体。政府机关的主席是国家最高官员,具有很大的权力。理事会成员包括主席在内,都是从劳动者中逐级晋升上来的,实行任期制。在技治社会中,人人都参加劳动,残疾人也安排力所能及的工作。在劳动者中,从初学者到专家存在不同的等级,晋升是结合业绩、考试和同行评议完成的,必要时也会有退休代表参加投票表决。

---

① 约翰·肯尼思·加尔布雷思:《新工业国》,上海:上海人民出版社,2012年,第192—200页。

因为逐级晋升,政府组成成员必然是工业技术方面的最高级别专家。

在罗伯的蓝图中,技治国家以科学原则行政,需要投票表决的事情很少,因而职能极大地减少了。它只会禁止反社会的行为,不干预个人的自由,"个人凭着'欧格'无论做什么事都与国家无关"①。除了技术生产和技术方法之外,技术统治并无其他对公民的一致化要求,因而中心化权力压迫消除,小的社会团体得到发展,政治生活呈现生机勃勃的多元化状况。并且,政府主要管理经济事务,以宽容和自由的态度对待社会成员的其他活动,这与技治政府的有限目标即免除经济不安全相一致。"技术统治并非自命为可以打破人类的痛苦。技术统治自命为仅可防止不必需的痛苦,即食料腐蚀于田野而受饥饿的痛苦,一切适当的生活方法摒弃不用而受光荣心的痛苦,劫掠制度使我们疑虑陌生人而受孤寂的痛苦。"②这种观点与自认为自由主义者的波普之"渐进社会工程以除恶而非致善"观点颇为类似。③

在罗伯的设想中,技治政府中官员不是为了金钱,而是为了声望尤其是同行的认可而全心全意为国家服务。这种设想与科学社会学中默顿学派对科学界权力的理解类似,比如,科尔兄弟指出:"科学中的承认在功能上与财富相当;而且,'承认'的权利对科学家来说的确是不可剥夺的;同行的承认大概是现代科学中主要的激励因素。"④可以说,罗伯所设想的是某种完美的专家政府,不仅成员身份而且运行逻辑与科学共同体都类似。

因此,罗伯技治制并没有想把整个社会变成国家主义的大机器,而是主张有限政府,但显然它并不是民主(民选)而是专制政府。罗伯对此进行了辩解,他认为技治主义专制政府是好的、进步的,因为:1)废除了私有财产,官员没有腐败的必要和可能;2)政府任用贤能,效率大大提高;3)官员权力局限于政策和公共事务,不针对个人和私人事务;4)有组织的劳动者仍拥有极大力量,必要时可以对抗政府。他甚至还认为,技治制实现了民主制的实质,即"所谓民主政治最大的好处或者就是使人不必向他人卑躬屈膝"⑤。

---

① 罗伯:《技术统治》,上海:上海社会科学院出版社,2016年,第72页。
② 同上书,第73页。
③ 刘永谋:《论波普尔渐进的社会工程》,《科学技术哲学研究》2017年第1期。
④ 乔纳森·科尔、斯蒂芬·科尔:《科学界的社会分层》,北京:华夏出版社,1989年,第50页。
⑤ 罗伯:《技术统治》,上海:上海社会科学院出版社,2016年,第116页。

(2) 艺术是技治社会最重要的组成部分

罗伯旅欧接触到技术统治论思想时,正关注工业化的美学问题,受其他技治主义者的影响,逐渐将工业化视为解放而非奴役的力量。他在自传中说:"从那时起,我意识到,假如一切顺利,现代工业和它内在的自我推进因素最终将给所有人——而不只是少数权势人物提供时间——去四处看看和欣赏所见之物。"①因此,他的技治主义思想与艺术的关系颇为关注,重视两者的结合。而对于艺术,斯科特等激进派技治主义者是忽视或轻视的。

罗伯估计,在技治社会中由于每个人分配的消费品一般都用不完,资本主义时代的炫耀性消费消失,多余的能量券将转入艺术和审美领域的活动中。他非常强调艺术的作用,认为"艺术在技术统治中或者占人类活动的最重要的地位"②。这与他对艺术极宽泛的理解相关,他将所有改造人类天性的活动均纳入艺术中,艺术家包括传统意义的教师、科学家、心理学家、哲学家、传教士、诗人、音乐家、画家、摄影家、导演和演员等。他认为,人类不仅要改造自然世界,还要提升自身,当技术统治免除了经济不安全,改善人性的艺术自然就被提到最重要的位置上。

在罗伯看来,一旦把资本主义的腐朽因素——其中最腐朽的是所谓"金钱神秘主义"一支独大——从艺术中清除出去,把艺术真正交到艺术家手中,工业化将会被艺术和艺术家所真正改变。在技治社会中,国家不主管艺术事务,坚持艺术自由繁荣的原则,艺术将发生根本改变,将消除"金钱神秘主义"对它的败坏。罗伯把科学技术看作艺术的重要组成部分,技治社会不仅重视而且会将消除所有对科学和工业发展的阻碍,极大地推动两者的进步。宗教、教育和娱乐在技治社会也都会得到大发展。为什么呢?罗伯认为,技术统治免除了社会成员的经济压迫,会解放其精神生活,让人类有更多时间和精力从事其他事业,并破除人的齐一化而实现多元化生活。在这种情况下,宗教不会消亡,而是会摆脱如今美国"金钱神秘主义"信仰至上的局面。在教育方面,技术统治论国家只是管理实用目标的工业学校,而给"为求知而求知"的非公立学校以完全的自主性。

---

① Harold Loeb, *The Way It Was*, New York: Criterion, 1959, pp. 43-44.
② 罗伯:《技术统治》,上海:上海社会科学院出版社,2016年,第110页。

在技治社会中,广告业被清除,流行的潮流时尚等一致性力量减弱,人的个性被解放。在经济安全之后,个人生活样式越来越多样化。社会权力由管理人员、科学家、技术专家以及名望卓著的人掌握,而不是被腐朽弄权的政客所把持。政府不干涉由个人主观选择决定的事务,文化娱乐活动日益兴旺发达。总之,罗伯设想的技治社会不是齐一化而是多元化的,比以往任何社会更为有趣和五光十色。

3. 技治社会终将自然建立

在罗伯看来,技治社会一定会实现。如何实现资本主义社会向技治主义社会转变呢?他认为,美国社会正在发生的兼并和垄断是在为技术统治做准备。一个行业垄断到没有竞争者,垄断者将不再为竞争耗费资源,而是专心生产和分配消费者所需的物资。技治社会的实现不依靠革命或外部力量,将是一种自然演进而非人为努力的结果。罗伯反对布尔什维克革命,担心革命会对技术和社会生产力造成极大的伤害。他认为,资本主义正在崩溃,人们所受的经济痛苦在积累,当痛苦超过资本主义产生的利益时,技术统治论制度自然就会建立,目前美国还没有到向技治社会转化的时候,所以反对在美国搞革命。

除了等待时机之外,罗伯又认为,技治主义者也不是完全无所作为。技治主义者应该为应对现实危机努力,为未来的转变做准备,努力废除反托拉斯法,鼓励、支持和参与工业兼并和垄断,帮助提高劳动者的工资标准和教育程度。等到时机成熟,再推动摒弃市场价格制度的改革,经过国家定价的过渡时期,最后转为能量券制度。之后因为财富只能使用而不能占有,人们自然要求平等分配商品,于是技治制就会全面建立起来。

因此,罗伯主张技治主义者应该与既有政府合作,进行一定程度上的技术治理改良活动。罗伯的终极理想是富裕与自由的社会,工程师掌权只是实现理想的手段。在罗斯福新政中,罗伯领导的大陆技术统治论委员会成为政府智库,成员领取联邦政府的薪水,而他更是直接受雇为政府官员。这种温和态度放弃了全面颠覆资本主义制度的前提,反映了罗伯与温和派技治主义者的妥协性、软弱性和革命的不彻底性,印证了马克思主义者对科学家、技术人员和工程师群体两面性的判断。实际上,技治主义者多数是温和的。但是,它也体现了务实的建设性,在现实社会中能或多或少地推进社会的前进。当然,这让技术统治论实质上成为维护既有资本主义制度的力量。

四、对运动的反思

技术统治论运动高潮时期持续时间不长,对北美社会和政治产生的实际影响也有限,但对于技术治理观念和技治主义的传播却意义重大。技术统治论运动是受技术统治论激发而兴起的社会运动,反过来极大地增加了技治主义的影响力,使之引起了美国公众、政府和学界的关注,很快这种关注不仅限于美国,而且迅速扩散至全球。今天,技术治理已成为当代政治活动在全球范围内最突出的特征,技治主义已成为当代最重要的政治哲学思想之一,技术统治论运动于此功不可没。

1. 运动的基本经验

当代科学技术以效率和实用为基本价值目标,而政治活动是各种价值之间的博弈、妥协和平衡,试图将科技蕴含的价值目标作为政治活动唯一的价值理念的乌托邦式技治工程,实质是试图将政治运作理解为科技运作,把整个社会当作需要全面重构的实验室或试验场。斯科特认为,技术统治是新的政治统治形式,意味着"科学和技能的统治"(Rule of Science and Skills)[1]。这种总体主义的理念,在实际政治活动中有可能走向极权和专制,甚至是某种形式的法西斯主义,这从技术统治论运动中激进派的表现可见一斑。总体化和专制化的问题,在其他技治运动中也有体现,亦是反技治主义者攻讦的最关键的理论问题之一。

技术统治论运动主要参与者并非普通民众,而是社会各界精英,尤其是科学技术精英,目标也是要将更多政治权力赋予工程师和科学家。在技治主义者看来,理想社会应该以科技知识标准来赋予政治权力,这虽然相对于血统世袭、金钱购买和暴力抢夺而言更为合理,但与民主制主张的选举赋权是不一致的。因此,技治运动常常表现为精英主义的运动,主张由接受精英教

---

[1] Howard Scott, *History and Purpose of Technocracy*, Ferndale: Technocracy Inc., 1984, p. 22.

育的人来治理社会,普通民众的拥护度和参与度均很有限。这也是技术统治论运动旋起旋灭的根本的原因。因此,技术治理实践活动要取得更大成效,一定要注重发动民众,与民众分享技术权力,防止专家与社会、民众脱节,以及专家权力过大甚至失控。

虽然在技术统治论运动中,技治主义者极力否技术统治论的乌托邦倾向——"技术统治论不依赖人的情绪、愿望、希望或者理想,而乌托邦主义依赖人们对未来的美好愿望"[①]——但多数研究者均视之为一种乌托邦理想,如阿代尔称技术统治论运动为"千禧年主义的涌现"[②],即人类历史是受某种目的论支配的,不论面临多少苦难,最终都会达到绝对完美的黄金时代。技术统治论运动试图把整个社会视为可以精确量化、拆分和控制的巨大机器,把治理问题视为纯粹的科学问题,把科学原理和技术方法视为政治运行的根本原则,把人简化为完全理性而无非理性的主体,这显然是不符合真实世界的,因而注定不可能完全实现。

多数技治运动均以技术治理乌托邦愿景为号召,都太过于乐观且缺乏足够的论证,很多想法经不住仔细推敲。比如,罗伯的乌托邦思想以机械主义科学技术观为基础,如把科学理论局限为对机械方法的理论概括,把技术视为天然会改善人们生活的工具,这些想法在今天都已经不合时宜。比如他对技治政府是好的专制的论证,就非常乏力和牵强。试想极有效率的专制政府何以能被劳动者轻易颠覆,除了财产性的腐败,难道就没有其他性质的腐败动机?罗伯把政治文明过多地寄托于贤能执政与他主张技术治理制度不同于以往乌托邦而是科学之理由——"差不多一切乌托邦与万能药的特殊方法都是假定把人类天性换在一个较好的环境里去,就可以立即改良"[③]——显然是矛盾的。

虽然罗伯对技治政府专制缺陷的辩解很无力,但他已经意识到,总体化的机器乌托邦是不可行的。因此,他试图在专制政府之外留出一些自主性的

[①] Technocracy Inc., *Technocracy in Plain Terms—A Challenge and a Warning*, New York: Technocracy Inc., 1939, p. 9.

[②] David Adair, *The Technocrats:1919-1967 A Case Study of Conflict and Change in A Social Movement*, MA Dissertation of Simon Fraser University, 1970, p. 3.

[③] 罗伯:《技术统治》,上海:上海社会科学院出版社,2016年,第53—54页。

社会空间,比如艺术和非国家高校等。对于所有技术治理理论而言,预防机器乌托邦都是一个不可回避的问题。除了保留自主性社会空间之外,罗伯实际还提出了限制专家权力的主张。罗伯认为,技术专家应该掌握专制政府的权力,但政府权力是非常有限的,在工业政府之外鼓励社会生活的多元化。对于凡勃伦而言,工程师通过"技术人员的苏维埃"掌权是技术治理实现的关键,之后才能对整个社会进行技术治理改造。① 相比而言,罗伯蓝图的总体化乌托邦色彩比凡勃伦要弱很多。在后来的《没有战争的全生产》中,他仍然坚持技术决定论以及各种资源、人力、知识和机器均应充分利用的基本思想,笃信理论上既有生产力可以满足每个人舒适生活的乐观主义,但不再坚持工程师独裁式的领导权。相反,他相信在现有国家制度基础上进行某种程度的技术治理改良,是可以实现他所谓"文明的舒适"(the amenities of cibilization)——"提供一种新的和更好生活方式的基础"②,艺术家、教师和哲学家而非工程师、经济学家将在改良活动中扮演更重要的角色,当然工程师和经济学家也要贡献自己的力量。

　　罗伯在技治蓝图中大谈艺术、娱乐、个性、宽容和多元化,也启示我们:不能简单地把技术治理等同于机器乌托邦,并将它与自由简单地对立起来。斯科特技治制的目标是经济制度,但罗伯设想的技治制不是经济至上的,而是更关注经济制度转变之后如何推动政治、艺术、文化和人性等领域的进步。因此,技治主义并不必然导致机器乌托邦,而是可以进行建构和选择的,将科学原理和技术方法运用于政治活动和社会管理领域,完全可以避免《一九八四》式科学敌托邦的结果。建构新的技术治理理论,应该像罗伯一样,不能仅仅局限于经济问题上,而是应该系统地考虑整个社会的制度变革,尤其是政治制度安排。

　　技术统治运动中温和派的活动说明,虽然乌托邦式技术治理不切实际,但技术治理是可以作为社会治理非常有效率的工具、方法或手段为更高的公共治理目标服务的。实际上,温和派基本是将技术统治作为实现理想社会目标的手段,为提高公共决策和行政活动效率服务,进而帮助促进整个社会的

---

① 刘永谋:《"技术人员的苏维埃":凡勃伦技治主义思想述评》,《自然辩证法通讯》2014 年第 1 期。
② Harvold Loeb, *Full Production Without War*, Princeton:Princeton University Press, 1946, p. 276.

进步。技术统治论运动试图建立一个功能性的社会控制体系,通过教育培训使人们能够掌握基本的技术操作,满足技术性社会的生产要求,避免失业问题泛滥,消除社会因为财产占有不均而划分的等级结构,最终让人们过上有尊严、无贫困、无犯罪、无浪费的富裕和谐生活,对当代社会治理活动有很强的借鉴意义。技术统治论运动提出的一些具体措施,如社会测量、能源调查、消费调查以及专家智库等,当时就被政府接受,今天基本上成为普遍的治理技术。在大数据时代到来之际,由于信息收集、传输和计算越来越便捷,技术治理在社会治理中的作用将越来越明显。因此,对技术治理、技术治理运动以及技治主义的具体细节研究,将给公共治理科学化的落实提供实用性的参考。

2. 两种立场的比较

总结起来,在技术统治论运动中,激进立场更为瞩目,而温和思想传播更广。这种状况在其他技治运动中也表现得比较突出。极少数的激进分子的行动基本都停留在构思和宣传层面,完全落不到实处。很多时候,激进技治主义者进不了负责实际"落地"的技治运动核心决策圈。

在技术统治论运动中,虽然激进派明显属于少数,但更为公众所知。今天西方社会对于技术治理普遍存在担忧,甚至不乏恐惧的极端情绪,而支持的声音一直比较弱,这与斯科特这样的激进技治主义者在西方社会高显示度有很大的关系。换句话说,激进观点在很大程度上促成了西方普通民众对于技术治理的成见。

斯科特坚称自己谈论的是物质、科技和可以精确测量的东西,那些不可测量的东西不能成为决策的依据。在普通公众看来,这实际上轻视甚至完全忽视人类的情感、道德和信仰等。并且,斯科特直接贬低民主制、支持精英制,在西方民主传统下无疑会受到群起攻之。在斯科特看来,民主制只能适用于低能社会,社会相对平稳和简单,而高能社会运转十分复杂,普通人理解不了,民主投票效率也很低,因此民主制不再适合,而是应该把工业系统和经济运转交给专业人员来管理。① 显然,这种想法没有说服力。民主制社会并非事事投票,并非不允许某些领域某些问题的精英决策。因此,问题是民主与精英的范围和限度,而非两者简单对立。

并且,斯科特的态度无疑会引起民众对于技术治理陷入专制危险的担忧。对此,斯科特的辩解很无力。他说,技术治理在工业系统中是独裁的,这其实是自然规律在"独裁",而在其他领域技术治理是放任自由的。显然,在经济领域的独裁很容易引发连锁效应,没有完善的制度安排,它很可能会变成全社会的独裁。也就是说,技术治理制度设计必须花很大气力专门考虑专家参与的控制问题,不能任由技治专家的权力无限扩张。

但是,斯科特强调并深入分析科技发展对社会制度变迁的重要影响,是非常值得借鉴的。实际上,他对现代科技的发展把握并不充分,尤其没有敏锐地察觉到已经初露端倪的电子信息技术兴起可能产生的社会冲击。当前,人类社会正在经历第三次科技革命,科技对社会制度和社会治理的冲击比以往更为明显、深入和全方位。尤其是斯科特对于高能社会必须有新制度与之适应的观点,在人工智能全面兴起的当下,更是值得学界严肃对待。如果 AI 全面取代人类现有体力劳动和大部分智力劳动的情况将发生,那么新的社会制度就难以避免。虽然他对劳动价值的看法是错误的,但鉴于科技在当代生产力当中扮演的重要角色,他对科技推动历史进步作用的强调与马克思对生产力的强调并不完全冲突。斯科特提出诸多具体制度设计,虽然乌托邦色彩浓厚,但随着当代科技的发展,其中一些设计的可操作性变得越来越强。就比如说,他设想的电话—卡片收集信息系统在今天已经很容易地由物联网完成。总之,技术治理理论并不局限于纯哲学理论,而是要对科技发展与制度变迁两者进行战略层面的设计。

相比激进派,人们更能接受温和派的立场。20 世纪 50 年代之后,技术统治论公司基本被改组为教育组织,唯一目标集中于研究和传播技术统治论思想,日渐温和化的主张是它存在至今的重要原因。可以想象,如果它一直秉持激进理念,很可能早被当局所取缔。

---

① The Technocracy Inc., *America must show the way!*, New York: Continental Headquarters, Tecnocracy Inc., 1940, p. 15.

尤其是在美国和西欧之外的其他国家,激进的技术统治论思想支持者很少。比如相对于罗伯,斯科特对于中国基本上没有什么影响。罗伯的技术统治论著作出版之后,马上就被翻译到中国。但是,斯科特谈到当时的中国,他认为,中国还处于典型的低能社会,不具备推行技术统治论的条件①,但是从北美到苏联、德国、西班牙,最终中国也会进入技术统治论阶段②。也就是说,在他看来,技术统治必将是一种普适性的全球性现象。

显然,温和立场更能调和各家所长,在复杂局面中左右逢源。罗伯思想原创性并不突出,但是善于吸收当时流行的各种思想,交汇工业主义、技术统治论、自由主义、社会主义、改良主义、审美主义和技术决定论等诸多异质性元素,通过调和各家、吸收各家所长以成一家。比如机械与艺术之间的调和,多数人总是简单地把机械与艺术对立起来,但罗伯却看到两者之间可能的一致方面。再比如在技治主义与自由主义之间调和。一般把技术统治论与自由主义对立起来,但罗伯却看到技术统治促成经济安全为自由创造了前提条件——的确,经济自由可以说是其他自由的基础。再比如在技治主义与社会主义之间调和,两者之间差别很多,如对劳动者和科技在生产力发展中孰轻孰重的问题,如领导阶级是工人还是技术专家的问题,如革命还是改良的问题,但罗伯思想有许多类似民主社会主义的成分,他自己也提到与空想社会主义者贝拉米《回顾:公元2000—1887年》③一书的观点有类似之处,但据他说:"我的框架在许多方面与贝拉米《回顾:公元2000—1887年》中的预计一致,但那时我没有读过这本书。"④总之,罗伯思想的调和特点既与复杂的人生和职业生涯有关,也与当时各种思潮激荡以及社会主义运动兴起有关。

罗伯对于人类持有非常善良的看法:当免于经济的恐惧与不安后,人类不会成为寄生虫,而会利用此种自由发展更有价值的创造性活动。这牵涉到根本性问题:在现代科技已经完全能够保证每个人非常舒适生活的情况下,社会制度应该如何来架构?如果"富裕社会"概念产生的震动不够,今天呼

---

① H. Scott, The Hotel Pierre Address, *Technocracy*, 1940, A(19).
② The Technocracy Inc. , *America Must Show the Way !* , New York: Continental Headquarters, Tecnocracy Inc. , 1940, p. 14.
③ 爱德华·贝拉米:《回顾:公元2000—1887年》,北京:商务印书馆,1963年,第9页。
④ Harvold Loeb, *Full Production Without War*, Princeton: Princeton University Press, 1946, p. vii.

之欲出的"机器人劳动者社会"即机器人逐渐成为社会的主要劳动者,已经将这一类问题的思考变得很迫切。表面上看,机器人劳动可能会导致失业,实质上是整个既有制度本质上不适应如此高生产力水平的发展。因此,罗伯的思想在思考人工智能时代很有借鉴意义。

实际上,温和派的许多想法在罗斯福新政时期就付诸实施,比如对社会物质资料进行测量,后来更是在全世界范围内推广。实际上,今天世界上许多国家的政治活动都或多或少地打上了技术统治论的色彩,可以预见未来必将更加如此。因此,对于技治运动尤其是技治主义的主张要辩证地看待。如技术统治运动中激进派所表现的,技治主义容易演变成某种极权主义,而温和派的活动则说明了技术治理与民主制有结合的可能。在技术治理的实施过程中,必须警惕总体主义、极权主义以及极端精英主义,寻找适合实际情况的民主框架下的技术治理模式,是非常关键的问题。在某些乌托邦技治主义者的观念中,大多数普通人被认为是没有进行社会管理的知识、能力和资格的,因而必须由专家进行统治。这种反民主的技术治理思想与当代政治发展的主流趋势是相违背的,技术治理应该为民主制服务,而不是相反。当然,必须承认专家在社会治理尤其是涉及复杂科技问题领域公共决策中的特殊作用,并且这种问题在未来会越来越多。因此,应该选择渐进的技术治理模式,让其为中国特色社会主义建设的根本目标服务。

第 5 章 伪技术治理

21 世纪之交,随着智能革命的推进,当代社会技术治理的趋势愈演愈烈。2020 年春新冠疫情爆发,为抵抗疫情对社会的伤害,各种技术手段尤其是智能技术的新手段,在疫情高峰时期被大量用于公共卫生和传染病应对领域,而在之后的复工复产活动中则被大量用于经济管理、学校教育和行政工作等广泛领域,进一步改变了社会运行的方式。与此同时,技术治理因抗击新冠病毒走上"前台",其中的一些技术治理手段比如手机定位、"健康码"等,也引起了普遍的争议和批评。

并非所有打着科技名义的治理方式,都是技术治理,也可能是伪技术治理,即自称为技术治理的非技术治理方式。伪技术治理目标并非科学运行社会,而是打着科学和技术的旗帜,实际贯彻的是其他目标,尤其是某种利益和权力目标。随着技术治理越来越流行,越来越受到全社会的重视,伪技术治理现象也越来越普遍,必须认真厘清,尤其要警惕伪技术治理的危害。一个非常明显的危害是:伪技术治理产生的负面效应,常常被算到技术治理头上,引起普通公众对技术治理的抵触情绪。

一、类型与根源

伪技术治理并非技术治理,但要冒充技术治理,根本原因是如此做能获得好处,能利用人们对科学技术的信任,分享社会对技术治理的实际支持,从而实现自己的潜藏目标。这就像伪科学要冒充科学、伪专家要冒充专家一样。因此,随着技术时代的不断发展,科技越是发达,技术治理越是受到重视,伪技术治理就越是层出不穷。

当代伪技术治理形形色色,我尝试将其大致归纳为两类:1) 伪科学的治理术;2) 非科学的专家政治。前者的理论基础直接就是伪科学,并非真正的科学,而后者则是专家治理偏离科学运行的结果。

1. 伪科学的治理术

伪科学的治理术以自称为科学的伪科学为基础。什么是伪科学？虽然科学划界标准并非永远固定不变的,但在特定时代和特定学科中,仍然存在区分科学与非科学的主流标准,为科学界和一般公众所大致接受。当然,在一个社会中,科学观是多元的,因而对于科学划界标准亦是多元的,但是,必须承认存在多数人认可的大致标准。

所谓伪科学,便是那些本不是科学却自称为科学以牟利的东西。的确,不能证明科学就比非科学更有价值,即便更有价值,也不能否认价值小一些的非科学的东西如文化、宗教、艺术和哲学等存在的价值。因此,非科学不必因为自己不是科学而懊恼。但是,今天是科技时代,科技被人们所推崇,而且因为这种推崇获得不少"好处",比如更多的关注、资金和崇拜者。于是,一些非科学的东西觊觎这些"好处",便自称科学,希望分一杯羹,即试图借此分享社会给予当代科技的各种利益,此时它们就成了伪科学。

以伪科学牟利的往往是伪专家,即那些并非某个领域专家的人冒充专家,以博取人们的信任。显然,冒充专家是一种故意的欺骗行为,伪专家多少都属于某种骗子。伪专家们口中所称的、向大家宣讲的,多是形形色色的伪科学,信誓旦旦地以专家的身份保证其真实有效性,迷惑公众,非法敛财。在当代社会生活中,伪专家很常见,一般藏身于商业领域,当他们进入政治和社会治理领域,就与伪技术治理现象相关联。

显然,如果用伪科学原理、知识和方法来运行社会,得到的只能是伪技术治理,而不是真正的技术治理。有意思的是,正是科学兴旺导致伪科学兴起,技术治理兴旺伴随伪科学的治理术兴起。原因很简单,如果冒充科学没有好处,谁还热衷于此呢？19世纪下半叶以来,伪科学逐渐在世界蔓延开来,而到了20世纪下半叶,各种伪科学可以说相当热闹。

在伪科学的治理术中,披着科学外衣——或者说号称"以科学为宗教"——的科学宗教极为典型。科学宗教宣布自己的信仰有科学基础,将科学推向神坛,属于极端唯科学主义的一种典型形式。当代最有名的科学宗教有两支:一是以圣西门的新基督教、孔德的人道教为代表的"实证的宗教",

二是科幻作家创立的山达基教。

如前所述,圣西门提出过用牛顿教会代替基督教会的著名主张。晚年在《新基督教》一文中,他系统阐发了自己的宗教主张。① 圣西门提出用新基督教取代老基督教,以一种世俗的人道主义信仰取代对上帝的信仰,在其中科学家和工程师成为新的"教士"。可想而知,圣西门的想法在基督教盛行的欧洲立即遭到基督教徒的大肆攻击。伍德认为,新基督教完全是反基督的,妄图以政治经济的救赎代替灵魂的救赎,非常之危险。② 孔德发展新基督教的宗教观,晚年热衷于建立人道教。他认为,人类社会发展从神学阶段、形而上学阶段进入实证阶段,今天的实证时代推崇实证科学知识,人们要像崇拜上帝一样崇拜人类,要把实证主义变成一种实证宗教。他写道:"实证主义变成了名副其实的宗教,这种宗教注定要取代建立在原始的神学基础上的一切不完备和暂时性的体系。"③孔德声称人道教没有完全否定基督教,而是在基督教基础上发展起来的。显然,这种辩解是无力的。他在欧洲和南美建设人道教教堂,供奉包括伽利略、牛顿在内的"实证主义圣人",曾一度很流行,如今在南美仍然有信徒。

山达基教属于崇拜"超人"的一类宗教,而这种"超人"乃是经过科技提升过和改造过的人。此类"超人"宗教具有强烈的科幻色彩,往往与科幻圈子、科幻文化往往息息相关。在控制论、智能技术和生物技术大兴的 21 世纪,一是通过人体增强对人类进行改造的观念日益流行,二是所谓人工智能"奇点"正在降临的观念日益流行,使得此类"超人"信仰日渐火爆。最初,山达基教主张用名为"戴尼提"(dianetics)的心理诊疗技术提升人的能力,后来不断结合科技创新来发展教义。山达基教便是由美国科幻作家们创立的,不属于实证主义宗教的系列。下文将进行详细分析。

各种科学宗教遭遇诸多非议,很多思想家如波兹曼专门批评过"科学神学"的僭越。至于基督教徒的攻击,更是不遗余力。必须要指出,大多数技治主义者都认为技治主义与宗教无涉,努力保持技术治理与宗教的界限。

---

① 昂利·圣西门:《圣西门选集》第 3 卷,北京:商务印书馆,1985 年。
② Patrick M. Wood, *Technocracy Rising: The Trojan Horse of Global Transformation*, Mesa, AZ: Coherent Publishing, 2015 年,p. 8.
③ 转引自刘放桐等编著:《新编现代西方哲学》,北京:人民出版社,2000 年,第 13 页。

2. 非科学的专家政治

如前所述,"技治二原则"可能出现不一致的情况。也就是说,专家治理社会可能并不遵循科学运行原则,反过来非专家执政也可能执行科学原理和技术方法。在现实中,前一种情况更为常见,因为非专家对科学原理和技术方法的理解有限,在实践中运用更是困难重重。在"技治二原则"之中,科学运行原则是实质原则,而专家政治原则是形式原则。实际上,专家执政并不一定等于科学执政,以科学为名的治理并不一定等于技术治理。专家掌握治理权力之后,实际治理措施可能出现偏离科学技术的情况,我称之为"非科学的专家政治"。

"非科学的专家政治"在当代社会大量存在。尤其常见的是,某个专家最初因为专业技能逐渐掌握政治权力,占据高位后,却实施传统的非科学治理方式。也就是说,此时技治主义和技术治理成为专家操弄权术的欺骗性意识形态,作用是掩盖非科学治理的真相,为专家集团或家族、个人谋求私利服务。在21世纪之交,当代科技已经进入齐曼所谓的"后学院科学"时代,即学院科学时代具有完全自主性的科学,越来越发展成为受到政治、经济和利益团体等社会因素影响的后学院科学。在齐曼看来,后学院科学起源于学院科学,但也有着不同于学院科学的一些特征,即集体化、极限化、效用化、政策化、产业化和官僚化,运转方式遵循 PLACE 规范,即所有者的(proprietary)、局部的(local)、权威的(authoritarian)、定向的(commissioned)和专门的(expert)的规范。于是,专家的"研究被定向要求达到实际目标,而不是为了追求知识。他们作为专门的解决问题人员被聘用,而不是因为他们个人的创造力"[1]。因此,专家掌权后,因为私利原因故意偏离技术治理的情况,在后学院科学时代非常容易出现。

除了有意的"非科学的专家政治",专家在执行科学运行的时候,可能出现无意间的偏差,从科学技术中"导出"非理性、非科学的治理方式。这与治理转译的复杂性有关,治理转译可能变成治理误译,最终使得技术治理成为伪技术治理。当然,仔细追究起来,有意的"非科学的专家政治"也与治理误

---

[1] 约翰·齐曼:《真科学:它是什么,它指什么》,上海:上海科技教育出版社,2002年,第95页。

译有关,因为它同样要用治理误译将非科学的治理术"装扮"成"科学"的形象,所以有意者必须有意进行治理误译。最近,在汉语世界的一个流行词"话术",可以很生动地讽刺此类处心积虑的治理误译。总之,"非科学的专家政治"与治理误译关系紧密,其中的区别只在于有意与无意。

我们以进化论到社会达尔文主义的转译,来说明无意的"非科学的专家政治"中的治理误译问题。在《物种起源》中,生物进化是无目的、无方向的,不过是不断的生物突变和自然选择过程。也就是说,进化并不意味着进步。到了20世纪之交,在社会达尔文主义思潮中,进化与进步被等同起来,生物进化也被解释为生物从低级到高级发展的过程。在《社会静力学》中,斯宾塞断言:

> 进步不是一种偶然,而是一种必然。文明并不是人为的,而是天性的一部分;它和一个胎儿的成长或一朵鲜花的开放是完全一样的。人类曾经经历的和仍在经历的各种改变,都起源于作为整个有机的天地万物之基础的一项规律。……可以肯定地说,人类的各种机能都必然会训练成完全适合于社会性的状态;可以肯定说,邪恶和不道德必然要消失;可以肯定地说,人必然要变得完美无缺。①

在达尔文的著作中,并没有此类结论或假定。从外部环境来说,斯宾塞的观点与当时即维多利亚时期英国盛行的乐观主义不无关系。社会达尔文主义将生物之间的生存斗争的自然法则运用于人类社会,得出诸多社会运行的治理原则,比如淘汰社会中的不适应者是社会进步必不可少的步骤,所以应当放任社会淘汰甚至主动进行人工淘汰。因此,如白芝浩所言:

> 这种逻辑下的经济社会政策,背后潜藏了如下价值判断、道德立场和伦理态度:人与人之间、民族与民族之间弱肉强食是"自然"而合理的现象;这显然属于有利于既得利益者的强权逻辑。从此强权逻辑出发,可以进一步引申出更为激进的主张,即我们所熟知的纳粹主义者的主张:社会中那些不能适应的失败者,无论是种族、民族还是阶层或个

---

① 赫伯特·斯宾塞:《社会静力学》,北京:商务印书馆,2005年,第28页。

人,都是比较低劣的人,他们不值得同情,活该承受"自然"淘汰的命运。①

20世纪之交,社会达尔文主义在全球流行,影响甚巨。在中国,严复将赫胥黎的《进步与伦理》翻译为《天演论》,加入大量的社会达尔文主义的思想,并由此得出大量关于社会运行的治理命题,比如"优胜劣汰"等观点带有明显的道德意涵,而在《物种起源》中生物进化是没有任何道德意涵的。在"吴序"里,严复强调"与天争胜",与各国各民族斗争,并认为这是赫胥黎不同于斯宾塞之处,实际上这完全是严复自己的转译,并非赫胥黎的原意。②可以说,刺激各国竞争和民族争胜的社会达尔文主义,对于两次世界大战的爆发不无关系。

到第二次世界大战结束,社会达尔文主义已经成为贬义词。越来越多人反对进化等于进步的观点:如果生物进化是低级向高级进化,阿米巴虫的适应能力比人更强,那阿米巴虫比人就更高级,所以"从低级到高级"是人站在主体立场上的价值评价。若如此,evolution 也不应该翻译成"进化",而应该翻译为"演化"。只有消除进化论中的"价值增生",才能避免从它开始的治理误译。但是,这无疑是非常困难和复杂的。

粗略地说,常见的"非科学的专家政治"现象比如:

(1) 极权主义的专家政治,即以专家政治形式走向极权专制,如赫胥黎的小说《美丽新世界》、威尔斯的小说《当睡者醒来时》便想象过此类的极端情况。不过如小说中的机器乌托邦在现实中很难完全出现,但是不同程度倾向于极权主义的专家政治还是很可能出现的。

(2) 官僚主义的专家政治,即以专家政治形式走向官僚统治,以专家组成的官僚集团的利益而不是科学运行社会为旨归,官僚组织的长存和扩展是它的最高目标。

(3) 形式主义的专家政治,即没有真正科学运行社会,而是用形式主义的方法迷惑大众,如热衷于让专家"背书""站台",使用各种技术工具(如电

---

① 沃尔特·白芝浩:《物理与政治:或"自然选择"与"遗传"原理应用于政治社会之思考》,上海:上海三联书店,2008年,第12页。
② 严复:《〈天演论〉之"互争"篇》,载刘梦溪主编:《中国现代学术经典·严复卷》,石家庄:河北教育出版社,1996年,第24—25页。

脑和物联网)、量化方法、实证方法和所谓"试验推广",目标不是提升治理效率,而是行谋求私利之实。形式主义方法运用,与一度在街面上流行的"电脑算命"本质上区别不大。

(4) 假智库体系或伪智库体系,即国家政治生活中全面建立的专家支持决策体系,并非独立的分权体系,专家并不提出真正的科学建议,而是揣测决策者的意图投其所好,或者干脆就是为政治家的决策进行论证——此类学问,我称之为"政策论证学"。政策论证学形式看起来很唬人,实际经不起科学检验和推敲。它的一个典型特点是,对于不同甚至完全相左的意见,政策论证学者均能用相似的逻辑和同样的知识予以证明或否定。

3. 产生原因与危害

归根结底,伪技术治理产生的原因是对科技的误读和滥用。"伪科学的治理术"以伪科学为根据,完全不是科学,却假充最新科技。无论有意还是无意,"非科学的专家政治"对科学原理和技术方法的理解都是错误的、片面的。它们均将科学视为一种有力的操控术,而不是探索和造福社会的真理术。关于这一点,在《美丽新世界》中就有很好的说明,在其中,统治者表面上推崇科学,但实际上将科学阉割和异化,凡是与控制社会无关的科学研究都被视为威胁而予以禁止。换言之,《美丽新世界》中实行的科学已经不是真正的科学,甚至从根本上可以算作伪科学。

信息技术兴起之后,德勒兹提醒我们:当代社会尤其要警惕将新科技视为操控术的情况,否则技术治理可能成为伪技术治理,智能治理社会可能成为智能操控社会。福柯批判现代社会,斥之为规训社会,即社会对每个人的身体和行为进行改造,使之成为驯服的臣民。德勒兹发展福柯的思想,告诫当代社会可能正在从规训社会滑落到控制社会。他指出:"我们正在进入控制社会,这样的社会已不再通过禁锢运作,而是通过持续的控制和即时的信息传播来运作。"[①]也就是说,社会运行日益强调信息科技在控制中的作用,"对统治的社会,与之相应的是简单或力学的机器;对惩戒的社会,与之相应

---

① 吉尔·德勒兹:《控制与生成》,载《哲学与权力的谈判:德勒兹访谈录》,北京:商务印书馆,2000年,第199页。

的是高能的机器;对控制的社会,与之相应的是控制学和电脑。"①德勒兹所称的控制社会,实际上是以信息科技为基础的智能治理社会,是技治社会在21世纪之交的新阶段。

归纳起来看,通过与规训社会相比较,德勒兹谈到控制社会的一些重要特征:1) 上述的信息科技的基础作用;2) 禁锢被控制代替,前者有清晰的主体形塑目标,后者强调不断调制的过程;3) 签名被数字代替,前者说明权力深入到个性化的人,后者只关心识别口令,完全不关心信息背后的人。换言之,人在控制社会完全"消失"了;4) 规训社会的危险是被动混乱(主要根源于信息掌握不全)和主动破坏的危险,控制社会的危险是被动干扰(信道噪声)和主动的电脑犯罪(如电脑病毒传播);5) 销售取代了生产,生产是规训社会的轴心,销售是控制社会的轴线。营销学成为社会控制的工具,人们被莫名其妙的成功学激励,变成厚颜无耻的逐利享乐之辈。因此,"人不再是被禁锢的人,而是负债的人"②。

在德勒兹担忧的控制社会中,信息技术和智能技术本该通过探索世界,为提升整个社会运行的效率而服务,实际却被用于操控每个社会个体的目标中。这就违背科学运行社会的技治原则,成为伪技术治理的帮凶。当伪技术治理盛行,整个社会可能沦为某种信息技术所操控的社会即信息操控社会。总之,技术治理不等于技术操控,前者是有界限的,为整个社会效率提高服务的,后者肆意超过应有的界限,为某些人或集团的私利而服务。

从形式上看,伪技术治理与技术治理相似,普通公众很难清楚地区别。当代伪技术治理实施的操控产生明显的压迫,人们总是怪罪于技术治理和现代科技,容易走向完全否定技术治理的极端立场。所以,技术治理在当代社会遭受的各种批评,除了本身运行不好不畅的问题外,与伪技术治理盛行不无关系。至于伪科学,本身就是一种现代迷信,把假的说成是真的,以达到某种庸俗低级甚至卑鄙的目的,通常与别有用心的洗脑或诈骗活动联系在一起,因此伪科学的治理术的危害显而易见,很多已经涉及犯罪活动。因此,我

---

① 吉尔·德勒兹:《控制与生成》,载《哲学与权力的谈判:德勒兹访谈录》,北京:商务印书馆,2000年,第200页。
② 同上书,第206页。

们要反对伪技术治理,揭露以科技为名的社会操控行为。

二、治理转译与治理误译

接下来,我们深入分析治理转译与治理误译的联系与区别问题。

如前所述,"技治二原则"中科学运行社会原则要求将科学原理和技术方法应用于社会运行当中,存在着如何从自然科学知识推导出治理结论的跳跃,需要借助治理转译完成意义的转换。从某种意义上说,这是从"是"理论(即关于自然物的规律论)向"应当"理论(即有关治理的规范论)的转换。从逻辑上说,这种转换面对着休谟难题,即"是"推不出"应当"。虽然不少后世思想家不赞同休谟的质疑,进行过各种各样专门研究,但是该问题至今并未在逻辑上完全解决。而且,"应当"问题超出逻辑或思辨的范围,更多是实践问题。因此,在现实中,"是"一直在"推出"应当——当然,并非总是符合逻辑地推导出"应当"。

如许多思想家指出,在现代社会中,人们信奉用知识尤其是科技知识指导人类的行动——不仅是改造自然的行动,还包括改造社会的行动——从"是"推导出"应当"在实践生活中是非常普遍的现象。比如,从"吸烟有害身体健康"推出"你应该戒烟"。再比如,21世纪之交生物医学科技的迅猛发展,使得生命伦理学备受关注。在当代生命伦理学中,元伦理学一般用五种方法解决"是"与"应当"的逻辑鸿沟:(1)科学事实本身蕴含着伦理学结论;(2)科学事实与伦理学结论,仅在它可包容于某一普遍性伦理学原则之下时才相关;(3)科学事实通过非演绎推理来支持伦理学结论;(4)科学事实与伦理学结论没有逻辑上的联系,只有心理上的联系;(5)科学事实与伦理学结论之间没有必然的联系。① 总之,在当代人类行动领域,"是"与"应当"纠缠在一起是一个基本特征。

1. 治理转译

在治理语境中,从科技知识"推导"(或者更准确地说,派生出、引申出、

---

① 邱仁宗:《生命伦理学(增订本)》,北京:中国人民大学出版社,2020年,第9—11页。

转变成)治理结论,我称之为"治理转译"。治理转译是所有技术治理都必须经过的治理各方一致化的说服或说理过程。作为涉及治理者、被治理者、科技手段、治理知识、治理物资、治理对象和环境要素等异质性组成部分的行动者网络,技术治理系统中各要素想要有效连接起来,就需要维系行动者网络的转译机制。[1] 在拉图尔行动者网络理论中,转译指的是"由事实建构者给出的,关于他们自己的兴趣(interests)和他们所吸收的人的兴趣的解释"[2]。通过有效的转译操作,各方兴趣在一定程度上契合,行动者网络得以稳固维系。在治理转译语境中,各行动者的目标得以拟合,在某种治理修辞学中统一各方的目标,使得技术治理能够真正有效地运转起来。显然,技术治理的修辞学必须以科技知识为基础,才能获得知识—权力在当代社会运行中的力量。从这种意义上说,治理转译是一种知识—权力技术。

实际上,治理转译是一种双向互动的过程。也就是说,在其中既有科学知识向治理知识的前进,也存在治理知识向科学知识的反动。典型的比如工程伦理或工程道德活动,它们在很多时候便是将普遍接受的道德观念,以工程师和技术专家的专业意识为中介,在工程和技术活动中实际着发挥作用。此时,"是"推导出"应当"的过程颠倒过来,但同样是一种"是"与"应当"相互融合的方式。这就提供了某种调节技术治理活动的有效途径。关于工程伦理和工程师教育的问题,本书后面会专门而详细地讨论。

总的来说,从"是"到"应当"的治理转译主要有如下路径:

(1) 通过科学观念来转译。比如,斯科特的高能社会理论,从能源科学的角度来透视社会,把社会视为一个能量转换的大机器,从而得出输入输出要平衡的社会运行原则。

(2) 通过科学精神来转译。比如,泰勒将科学精神与效率联系起来,认定"科学的"管理必定是高效的。对此,有人评价道:"泰勒确信,他所发现的科学规律在性质上既是物质的,又是道德的。通过机械效率来识别'好的',

---

[1] M. Callon, Struggles and Negotiations to Decide What is Problematic and What is not: The Sociologic Translation, in K. D. Knorr (ed.), *The Social Process of Scientific Investigation*, Dordrecht: Reidel Publishing, 1981, p. 197.

[2] 布鲁诺·拉图尔:《科学在行动:怎样在社会中跟随科学家和工程师》,北京:东方出版社,2005年,第14页。

他就模糊了'是'和'应该'的区别。"①

（3）通过科学方法来转译，即设计一些科学实验，使用数据和量化的方法，使治理知识科学化。在社会科学中，此类社会实验越来越多。

（4）通过技术工具来转译，主要是在治理语境中想方设法发明和使用一些机器、仪器、试剂、技术表格、统计技术等。这类转译赋予治理决策的科学性有时比较浅层，并没有改变传统决策的基本逻辑。

（5）通过科学知识直接转译，前述从"吸烟有害身体健康"推出"你应该戒烟"的转译就属于这一类。显然，这一类转译加入了隐藏在推导过程中的价值前提，往往可以导出很多转译结论，甚至出现明显自相矛盾的情况。

（6）通过社会科学来转译，也就是说，将科学原理和技术方法运用于社会科学，然后由社会科学导出治理知识。实际上，自然科学化是当代社会科学的主流，而人们相信社会科学就是研究如何运行社会的，因而用自然科学化的社会科学指导社会运行便是题中应有之义。

2. 治理误译

进一步而言，治理转译并非如自然科学一般严格遵循某种逻辑规则，就很容易出现偏差、错误和混乱，甚至走到非科学、非理性的一端，甚至完全与科学运行原则相悖。此时，伪技术治理现象就出现了。换言之，治理转译与治理误译、技术治理与伪技术治理是同一过程的两种可能结果，必须要对治理转译和技术治理的具体环节进行仔细推敲，谨慎推进，警惕越过治理与操控之间的界限。

以社会科学自然科学化为例，说明治理转译成为治理误译的可能性。首先，自然科学与社会科学的研究对象是不同的，自然科学知识直接应用于社会科学领域的机会并不多。尤其如果仔细推敲这一类治理转译，如从"吸烟有害身体健康"推出"你应该戒烟"，这实际是隐含的"应当"——"人应当健康"——帮助推出新的"应当"。如果某个领域价值观争议很大，就可能转译出相悖的治理结论。其次，抛开具体科学知识，科学原理和技术方法是否

---

① 爱德温·T.莱顿：《工程师的反叛：社会责任与美国工程职业》，杭州：浙江大学出版社，2018年，第156页。

可以运用到社会科学领域也是存疑的。比如社会实验的方法,尤其是大规模的社会实验,往往难以重复,不符合科学实验可重复检验的要求。众所周知,管理学中的霍桑实验表明,只要知道身处社会实验当中,被试的状态就可能发生显著变化。再次,关于什么才是真正的科学方法,并没有统一的意见。科学哲学家费耶阿本德甚至认为,没有什么一成不变的科学方法,科学"怎么都行"①。所以,坚持不同的科学论,在科学方法运用方面会有所不同。最后,关于科学原理乃至科学精神等现代科技的"形而上学",更是聚讼纷纭,莫衷一是。从某种意义上说,此类治理转译本质上是从科学形而上学到治理知识或治理决策,与传统的治理形式如神权治理在某种情况下从神学形而上学到治理知识的神学转译术,很容易混淆起来。

总之,我认为,从抽象层面很难分析治理转译与治理误译的,但在具体的治理情境中面对着具体的治理问题,又是可以审度地区分两者。首先,引入治理转译的科学精神、科学认识论、科学方法论等科学形而上学因素的是非对错,虽然并不能一劳永逸地予以回答,但在具体语境中存在当时当地的主流看法,这些主流看法能够为参与此一技术治理活动的更多人所接受,可以以之区分具体的转译是否为误译。其次,引入治理转译的前提性价值判断,虽然由于风俗、习惯、传统和流行成见等原因隐藏在转译过程中,但是如果在具体的语境中审慎而仔细地分析,是可以被发现和厘清的,进一步而言,它们是否被主流价值观所接受也是可以进行判断的。最后,在某些全新的治理情境中,由于涉及科学知识、科学形而上学以及价值判断存在巨大的争议——这种情况在人类被深度科技化的前沿越来越多,比如某种基因编辑究竟被用于疾病治疗还是人类增强,某种算法究竟是为了提高效率还是增加压迫,某种转基因食品是否会破坏环境等——此类治理转译活动一是可以暂停或终止,二是即使做出也应该不断检查、调整甚至推翻,直至社会得出主流意见来判别转译与误译。总之,治理转译与治理误译的区别是历史的,但在很大程度上又可以确定。

在当代伪技术治理中,常见如下几种治理误译的情形:

(1)统计学误译,即用数字和数据支持某些明显非理性的治理结论。比

---

① 保罗·法伊尔阿本德:《反对方法:无政府主义知识论纲要》,上海:上海译文出版社,2007年。

如历史上臭名昭著的"优生学",就是以所谓社会统计学为基础的。尤其进入大数据时代之后,很多人把数据挖掘呈现出来的可能相关性当成因果性,导致错误的对策意见。

(2) 反向论证,即用科学支持某些意识形态的不科学想法。比如,"大跃进"时期,有人用科学知识论证"亩产万斤"。从表面上看,这是从科学推导出政策,实际上是先有政策,专家再"强行"论证,后来遭到其他科学家的反驳。

(3) 概念污染。细究起来,上述社会达尔文主义的治理误译是通过给自然科学概念赋予价值因素实现的,我称之为"概念污染"。经过概念污染,进化被等同于进步,然后社会运行目标从不断进化变成不断进步,于是社会达尔文主义"获得"进化论科学力量的支撑。在治理误译中,常常遇到"概念污染",并且此类工作常常是信奉唯科学主义的人文社会科学家完成的,提出理论的科学家往往小心地避免理论涉及社会价值观。

(4) 主体杂合。治理误译可能是因为对于人的自然属性与社会属性的混淆,我称之为"主体杂合"。在主体身上,同时混合自然和社会的因素,前者是自然科学研究的对象,而后者则是人文社会科学研究的对象。由于两者同时集中于同一个对象的身上,因而非常容易混淆起来。比如,在边沁提出的圆形监狱理论中,犯人的肉体既是自然的,也是待规训的,就使得经验观察犯人行为得出的结论,非常自然地过渡到如何改造犯人行为的治理方法。比如,满满当当的严格作息工作计划,可以使犯人行为发生改变,很自然圆形监狱中就要制订严格的作息工作计划。从另一个角度看,狱政学、犯罪心理学之类的学问从根本上就是"主体杂合"理论,混杂科学结论和价值判断的。在福柯的理论中,这样的理论被称为"人类科学"。①

(5) 科学精神泛化涵盖。将科学运行社会抽象为坚持科学精神运行社会,然后从抽象的科学精神推演出非常宽泛的不科学治理结论,称之为"科学精神泛化涵盖"。比如将科学精神理解为崇拜科学,就可能在科学的名义下接受科学宗教。

总之,治理误译很容易发生,将少部分人的私利甚至阴谋解释为某种科

---

① 米歇尔·福柯:《词与物:人文科学考古学》,上海:上海三联书店,2001年。

学结论,造成对大多数人利益的侵害甚至残酷压迫。因此,必须要警惕治理误译,以免伪技术治理泛滥,导致人们对现代科学技术的不信任,以及对技术治理的反感。

三、山达基教的治理术

伪科学自称科学,最终目标并非争夺真理的"阵地",而是要谋求利益,必然就会涉及社会实践和社会治理领域。无论如何,伪科学的治理术最后都要通过对人的思想和行为的控制,达到敛财谋色夺权等诸种不堪的目的。下面我以著名的山达基教为例,来分析伪科学的治理术。

1. 美国的反智传统

1952 年,山达基教(也有译为"科学教")在美国出现,由美国科幻作家哈伯德(L. Ron. Hubbard)创立。山达基教用一个 S 加两个三角形构成自己的标识图案。其中,S 代表 Scientology,上边三角意味着知识、责任和控制,下边三角意味着亲缘、现实和交流。该组织的"圣经"是《戴尼提:现代心灵健康科学》(*Dianetics: The Modern Science of Mental Health*)[1],该书在美国曾极为畅销,可以定性为心理治疗和精神分析学方面的"鸡汤"类读物,属于典型的伪科学。1980 年代,《戴尼提:现代心理健康科学》被译为中文,据说信奉者也不在少数。

20 世纪七八十年代,山达基教一度非常兴旺,全世界传播,著名影星汤姆·克鲁斯(Tom Cruise)、约翰·特拉沃尔塔(John Travolta)都是它的忠实信徒。而且,山达基教信徒大多是富人和成功人士,捐了很多钱,山达基教利用昂贵的心理咨询课程,大肆敛财,教产令人瞠目结舌,到处盖教堂、建心灵净化中心之类。

1986 年,哈伯德去世,山达基教内部接班动荡,最后大卫·密斯凯维奇(David Miscavige)接管教会权力。到新世纪之交,山达基教遭遇越来越多的攻击,主要集中于两点:第一,心灵净化之类的修行,导致教徒被虐待和死亡;

---

[1] 贺伯特:《戴尼提:现代心理健康科学》,哥本哈根:新时代国际 Aps 出版社,1988 年。

第二,通过跟踪、造谣、窃听和收买等非法手段,攻击敌视山达基教的人和组织,包括政府机构。其中最有名的是,密斯凯维奇发动教徒攻击美国国税局,因为国税局一开始不认为山达基教是宗教,这意味着它得交税。最后,税务局认可了山达基教的宗教身份。

后来随着名声出现问题,山达基教教徒开始大批退出组织。2015年,有导演专门拍了一部纪录片《拨开迷雾:山达基教与信仰囚笼》(*Going Clear: Scientology and the Prison of Belief*),通过采访一些退教者,对山达基教进行揭秘,在西方影响很大。

直至今天,山达基教在美国、意大利等国仍属于合法宗教,但在多数国家如中国、英国、德国、法国,则不被认为是宗教组织,而是营利经济组织,还有一些地方将山达基教视为邪教。但仅仅在美国,它的信徒仍超过上万人。

为什么山达基教在科学最为昌明的美国诞生并以之为大本营?与一般人的印象不同,21世纪之交,美国的伪科学思潮和运动层出不穷,很多都与各种神秘的宗教或迷信有关。比如,很多美国人相信UFO和外星人的存在,并与美国传统文化结合起来,慢慢变成各种怪诞的宗教。① 被视为美国科技"刀锋"的硅谷,同时也是各种伪科学和宗教势力盘踞之地。比如,2015年,硅谷工程师安东尼·莱万多斯基(Anthony Levandowski)创立"未来之路"的宗教组织,致力于"利用人工智能开发、创造上帝之脑",崇拜未来突破"人工智能奇点"的机器人。② 总之,正如赫斯所评价:"如今的新时代信徒喜欢把技术和精神、科学和宗教扯到一块。"③

我认为,美国出现伪科学盛行,最主要的原因可以归结为两个方面:1)美国是世界上科学最发达的国家;2)美国长期以来的反智传统。第一点毋须赘述,早为世界公认。如前所述,科学越是昌明之地,越容易滋生伪科学。有意思的是第二点,这与长期以来中国人对美国的印象不一致。但是,新冠疫情有力地改变了中国人对当代美国状况的基本认识,很多人尤其是知

---

① D. W. Pasulka, *American Cosmic: UFOs, Religion, Technology*, Oxford: Oxford University Press, 2019.
② Antusen:《机器人上帝:硅谷的宗教驱动力》,利维坦公众号:https://www.94477.com/article/1085090.html,2017年10月19日。
③ 赫斯:《新时代科学:超自然及其捍卫者和揭露者与美国文化》,南昌:江西教育出版社,1999年,第4—5页。

识分子,对美国在疫情中的表现感到难以理解,甚至匪夷所思。原来大家都说,美国是民主、自由与科学的"灯塔",现在怎么变成反智"堡垒"了呢? 从疫情中的表现看,特朗普总统是典型的反智主义者,却得到很多美国人尤其是普通民众的支持。

在很多中国人心目中,"真正美国人"(real American)的代表应该是埃隆·马斯克(Elon Musk),而不是特朗普。但疫情表明,特朗普才代表普通美国人的大多数。这究竟是怎么回事呢? 霍夫施塔特的名著《美国生活中的反智主义》解答了这个疑问,反智主义在美国是有传统的,并非当代才如此。[1] 传统的美国观包含太多未经审查的虚假"美化",就像人们很容易忘记马斯克而不是特朗普才是美国移民。

《美国生活中的反智主义》非常令人信服地论证了,美国的反智传统由来有自,深植于美国的历史文化语境之中。它主要是从宗教、政治、商业与教育四个方面,追溯美国人尤其是社会中下阶层对智识、知识和知识分子的"反智"态度的起起伏伏。霍夫施塔特非常清醒地指出,"反智"并不完全是敌视,而是某种爱恨交织,并且反感情绪亦是起起伏伏的,而不是持续高涨的,还有最重要的一点,在"反智"起起伏伏中,美国知识分子被美国民众所接受和总体认可。也就是说,美国智识史并非无知与知识的简单斗争史,"反智主义"包含着非常丰富的细节与张力。

众所周知,美国立国者多数是知识分子,但是他们坚持民主制而不是精英制,显然民主理想逐渐实施的结果便是他们自己褪下王冠——的确,这多少有些讽刺意味,尤其是在新冠疫情当中。在宗教家看来,智识缺少温暖的情感。在政治家看来,智识拔高精英地位。在商人看来,智识没有实用性。在教育家看来,美国教育应该是平民教育,目标是培养合格公民,而不是智识精英。因此,霍夫施塔特认为,反智在美国的土壤很肥沃,并非一般人所以为的仅仅是宗教蒙昧主义之类冲击的结果。

我认为,知识分子应该成为旧时代的概念,今天的知识人不过是多元社会的一员,不可能再要求特殊的地位——无论以什么为名义,真理的名义也不行。知识人有知识,别人有别的长处,而且今天所有社会成员多少都有些

---

[1] 理查德·霍夫施塔特:《美国生活中的反智主义》,南京:译林出版社,2021年。

知识。因此,大家都是多元格局中的一员,各有所长,各有所好。即使是自然科学家也要明白这一点,何况新冠疫情生动地说明,科学要意识到自己的局限性和适用条件,才具备真正的科学性,狂妄自大的唯科学主义其实不符合科学精神,甚至可能成为某种伪科学——在伪科学的治理术中,这一点非常明显。

除此之外,我认为,美国反智传统的养成,离不开西部拓荒与"牛仔文化",霍夫施塔特对此涉及极少。牛仔不读书,大多是不识字的硬汉(tough guy),反感智识讨论,热衷以个人暴力维护认定的正义,甚至不需要政府和警察局来维持秩序。在某种意义上说,牛仔们的"社会批判"是最彻底的,可又是最反智识、反理性的情绪化行动。在美国平民心中,牛仔形象无疑非常重要。在美国大众文化中,"缺少男子气"属于很损人的辱骂,特朗普对于自己是否表现得像个硬汉就非常在意。血管中流淌着牛仔之血的美国"骄傲男孩",基本上都是反智主义的拥趸。

2. 戴尼提的伪科学

《戴尼提》一书的副标题是"现代心理健康科学",而"戴尼提"一词是 dianetics 的音译,该词的艺术是"心灵科学""智力科学"的意思。哈伯德几乎在该书每个章节中,都不断重复类似"戴尼提是以精确研究和实验为基础的科学"的话。山达基教教徒到处声称自己崇拜的是科学,因而 scientology 也常常被译为"科学教"。但是,事实果真如此吗?

实际上,哈伯德并非是科学家或技术专家,而是美国科幻小说所谓"黄金时代"中的著名科幻作家,而"黄金时代"正是坎贝尔、阿西莫夫、海因莱因和哈伯德"科幻四巨匠"的巅峰时期,时间大致是 1939—1950 年左右。[①]《戴尼提》一书最早于 1950 年发表于《科幻杂志》上,最初的副标题是"一门科学的演化"(The Evolution of a Science),并非经过心理学家同行评议的学术论文或书籍。同年,哈伯德戴尼提研究基金会成立,山达基教之旅正式开始。

可以将戴尼提视为某种完整的心理创伤恢复或心理自我调节理论,因

---

① 亚历克·内瓦拉-李:《惊奇:科幻黄金时代四巨匠》,北京:北京理工大学出版社,2020 年,第 7 页。

为它号称能通过清除(clearing,亦可译为净化)使人幸福快乐。大致来说,戴尼提理论可以如此归纳,人的心灵可以划分为三个主要部分,即分析式心灵、反应式心灵和身体式心灵。① 前两者指挥后者完成人的身体活动;分析式心灵是理性的,与正常记忆库相连,由生存力驱动,而反应式心灵是非理性的,与偏差错误的印痕库(由痛苦记忆形成)相连,由压抑力驱动;印痕压抑生命动力,阻断分析式心灵的指引,导致个体认知偏差和身心疾病,既包括精神疾病,也包括关节炎、哮喘、过敏、冠心病、高血压、糖尿病和癌症等身体疾病;运用听析术(auditing),在听析员、档案员等人的帮助下,个体可以通过彻底回想和审查过去的不愉快经历,从心灵中逐步清除不愉快的印痕,达到离苦得乐和祛病延年的效果;清除过程是分阶段和等级的,越是进入高级阶段,个体就越健康、快乐和幸福,并且释放人的潜能;更神奇的是高级净化可以让人获得超能力,最终,个体成为完全的清新者(the clear),清新者是彻底的解脱者,没有修习戴尼提的普通人则是偏差者,所以,"戴尼提治疗的目的是导出解脱者或清新者"②。

《戴尼提》的内容看起来像是某种精神分析学,缺乏可检验的科学证据,表现为独断论的形而上学。当时,美国科幻圈的另一位主编就认为,戴尼提是"对弗洛伊德心理学的荒唐改编"。③ 据说哈伯德年轻时,受到精神分析学创始人弗洛伊德的一名学生的影响,从此终生对精神分析很着迷。在戴尼提理论和"诊疗术"的建设过程中,"科幻四巨头"之首坎贝尔做出过不少贡献,甚至"戴尼提"一词最早也是坎贝尔提出来的④。弗洛伊德和荣格所创立的精神分析学缺乏可检验的实验证据,在科学心理学界一直争议不断,大多数人并不把它当作自然科学,而是当作一种哲学理论。在《戴尼提》中,哈伯德也承认,戴尼提理论并未得到专业精神病学家和医生的承认。⑤ 有意思的

---

① 贺伯特:《戴尼提:现代心理健康科学》,哥本哈根:新时代国际Aps出版社,1988年,第56页。
② 同上书,第247页。
③ 亚历克·内瓦拉-李:《惊奇:科幻黄金时代四巨匠》,北京:北京理工大学出版社,2020年,第7页。
④ 同上书,第310页。
⑤ 贺伯特:《戴尼提:现代心理健康科学》,哥本哈根:新时代国际Aps出版社,1988年,第330页。

是,1951年,FBI特工对哈伯德调查的结论是他精神不正常。

当时,美国心理学界行为主义当道,将心灵、灵魂这些概念视之为要从心理学中清除出去的形而上学,对待戴尼提的态度可想而知。因此,山达基教的理论基础是科幻作家搞出来的,并未得到科学家承认的自封科学,并以科学的名义招揽信徒、接受捐赠,属于典型的伪科学。

在戴尼提所谓的"诊疗"中,哈伯德还配上类似安培表的心灵净化仪,在清除仪式中使用。在戴尼提理论中,他努力运用一些数字化的表达方式,比如情感分级,给每种情感状态赋予一个数字。于是,戴尼提在外行眼中就显得非常科学。以此为基础的山达基教对信徒进行听析和清除,改变和控制他们的精神,让他们崇拜传说中的"清新者",不惜代价实现人生的解脱。对此,内瓦拉-李评价得非常精当:"'清新者们'体现了科幻体裁一直以来的梦想。他们梦想着建立一个只有天才的社会,其预兆出现在《基地》系列小说中,更加显著地出现在海因莱因因为《惊奇科幻》1949年11月的预言所创作的中篇小说《海湾》中。"①

哈伯德死后,山达基教信徒更是积极结合最新科技发展,如信息技术、AI技术、基因编辑、人体增强等,在硅谷和纽约这样的精英荟萃之地招募了不少信徒。他们常常对外人表示,自从信了山达基教,感觉每天都特别有精神,自信上升,能力提升,事业顺利,所以戴尼提是经过经验验证的科学理论。的确,在《戴尼提》中,除了两个词"超能力""恶魔"——哈伯德认为,恶魔附体实际上是印痕寄生——以外,人们只能质疑戴尼提理论是伪科学或独断论哲学,很难将其与宗教尤其是邪教联系起来。

随着揭秘者和批评者增多,山达基教更深层的神秘教义开始为人所知。这些神秘教义完全像科幻小说,并未以印刷文字的形式大规模传播,而是在教会高层秘密流传。它将科幻与传统宗教的灵魂、转世融合在一起,也充满与好莱坞科幻电影类似的外星、暴力元素。对此,《拨开迷雾:山达基教与信仰囚笼》介绍的大致情况如此:7500万年前,某个外星球上的生活跟20世纪后期的人类社会基本一样,连汽车、红绿灯这些都是一样的;那个世界有一个

---

① 亚历克·内瓦拉-李:《惊奇:科幻黄金时代四巨匠》,北京:北京理工大学出版社,2020年,第326页。

邪恶领袖和一个正义领袖,两帮外星人一直战斗;在斗争中,一些人成了牺牲品,被注射某种物质之后冷冻起来,然后被宇宙飞船运到地球,扔进了火山口,之后外星人在火山口上还扔了氢弹;结果氢弹炸得掉肉体,炸不灭外星人的灵魂,他们就成了在地球上游荡的灵体,到处找肉体来附身;人类婴儿出生的时候,灵体们就纷纷往婴儿身体里钻,人死了以后,灵魂出窍又成为灵体状态,如此不断轮回,永世不休;问题是,一个身体里往往有很多相互对抗的灵体钻了进去,导致人的心灵很痛苦,净化其实是要净化和清除灵体。因此,信徒们认为,哈伯德最后不是死了,而是转世留在地球上。

综上所述,戴尼提主要以如下手段冒充科学:1) 不断独断地重复宣称自己是科学;2) 使用看起来"科学的"心灵净化仪;3) 充斥科技名词和数字式表达;4) 口称反对非科学的东西,强调对科学的信念,甚至把科学的作用夸大到"包治百病""无所不能"的程度;5) 尤其注重融合一些最新科技的思想和术语。无论如何,山达基教所称的科学并非科学,其中的科学成分(如果有一点的话)与世俗科技有本质性差别:它是为宗教服务的,而不是为了真理或社会福祉服务的。从某种意义上说,山达基教中的科学从根本上是宗教控制手段。

四、极权与官僚的治理术

对于"非科学的专家政治",我们举两个例子来进一步说明,即极权主义的专家政治和官僚主义的专家政治。

1. 极权主义专家政治

(1)《当睡者醒来时》

在《当睡者醒来时》(*When the Sleeper Wakes*,1899),威尔斯设想了极权主义专家政治的可能性。

在主角格雷厄姆从昏睡中醒来之前,统治世界的权力是由托管财产委员会的专家掌握的,他们精通金融和科技,使得格雷厄姆的财产不断增长,人们像蜜蜂一样被他们组织起来,昏睡的格雷厄姆则是其中的"蜂王",而整个社会"多么像一只巨大的玻璃蜂箱"①。

以格雷厄姆名义进行革命的奥斯特罗格代表着另一批专家,给主角注射兴奋剂使之醒来,借以煽动工人的革命情绪,推翻了托管财产委员会的统治,但并不想真正改变原有的专家统治制度,反过来动用军队对劳动人民进行镇压。在从非洲调来的黑人军团就要开抵伦敦之时,男主又加入群众,赶跑了奥斯特罗格,但战争并没有结束。

威尔斯并没有意识到《当睡者醒来时》描述的问题不在于科学技术,而在于资本主义制度,但他很好地描绘了专家政治堕落为伪技术治理的状况。无论是托管财产委员会,还是格雷厄姆,他们打着科学技术的名义来统治社会,但实际上行使的却是金钱或资本的统治,因而违背了技术治理的科学运行社会的原则,使之成为伪技术治理。

科学技术被金钱所左右,成为镇压群众反抗的工具,伪技治社会成为近乎奴隶制的极权主义社会。在其中,统治社会的专家才智超绝,但将专业能力完全用于谋取财富、控制民众和扩大自己的政治影响,压制或消灭与自己不合作的专家,再也不是按照发展科技逻辑治理,而是按照攫取权力逻辑来统治。比如,他们用社会不满意度调查预测哪里可能有叛乱,提前安排镇压;他们用心理学尤其是催眠术方法,来灌输思想和控制个体情绪;他们发明并控制了飞行技术,目的是把强大的暴力工具抓在自己的手中。

(2)《美丽新世界》

赫胥黎的反乌托邦小说《美丽新世界》(*Brave New World*,1932),设想了某种极权主义的专家政治。看起来,"美丽新世界"主要运用生理学、医学、化学、心理学、精神病学等知识实施极权操控,生化治理与极权统治完全结合起来。统治者将科学异化为伪科学,技术治理成为伪技术治理。

在"美丽新世界"中,科技为维护极权统治做了些什么呢?

第一,以优生学和生殖科技制造社会成员先天的生物性状差异,用先天生物性状等级制为后天社会等级制做辩护。所有人都是瓶生的,按照孕育的程序不同,分为阿尔法、贝塔、伽马、德尔塔、艾普西龙不同等级。人们生来在智力、长相和才能方面就有不同等级。大家知道,人类一直以来很容易相信

---

① 赫伯特·乔治·威尔斯:《当睡者醒来时》,南京:江苏凤凰文艺出版社,2015年,第81页。

从先天等级到社会等级之间的过渡是很自然的,如此才有种族歧视、女性歧视、同性恋歧视以及残疾歧视。

第二,用生理学、心理学的方法,如条件反射、睡眠教育等,对婴幼儿时期的社会成员进行意识形态塑造。在你小时候,你一看电视,就电击你,可以形成条件反射,让你长大后一看到电视就厌恶。睡眠教育是每个婴幼儿睡着的时候,用话筒小声在他耳边唠叨。这种塑造不是简单的说教,既包括改造身体及其行为的规训,也包括思想和认知的驯化。对付思想异端,不仅施加身体的痛苦,还要施加心灵的痛苦。

第三,用传媒技术、无意识传播等,将艺术和娱乐异化为情绪和思想控制工具。人人都爱艺术,它是解放的力量,也可以成为压迫的工具。在"美丽新世界"中,用音乐进行情绪控制,用感官电影完成爱欲消解,用大型的团结仪式增强集体意识。每个人唱的歌、学的诗,全是歌颂福特("美丽新世界"中的神)的,歌颂"美丽新世界"的。

第四,运用药物和精神分析方法,对所有社会成员实施精神病学的控制。所有不淡定情绪都被视为潜在的威胁——不喜欢的东西不是反对或忍受,而是简单地抹去——全部从政治领域移除,归结到疾病之中,需要服药进行治疗,包括仅仅是有些沮丧的情绪。最突出的是使用"苏摩"(一种致幻剂),人人配给,天天发放。这是一种神奇的致幻剂,不管是心情不好,还是有些激动,只要一粒下肚,马上忘却世间烦恼,仿佛进入天堂仙境。

第五,对社会实施全面控制成为科学研究的全部任务,其他研究以威胁社会稳定的理由被禁止。"美丽新世界"恬不知耻地宣布,不是真理而是控制才是科学真正的目标。这已经偏离追求真理和造福社会的科学目标,成为某种伪科学。

对此,《美丽新世界》有直接的表述。赫胥黎并没有认为科学必然就是极权的帮凶,而是视之为被异化的真正革命者。借主宰者之口,他说:"与幸福不相兼容的事情不只是艺术。还有科学。科学是危险的,我们必须非常小心地给它套上笼头和缰绳。"[①]主宰者还说:"我对真理很感兴趣,我喜欢科学,但真实是一个威胁,科学曾经造福人群,但对于公众来说,它也是一个危

---

① 奥尔德斯·赫胥黎:《美丽新世界》,上海:上海译文出版社,2017年,第213页。

险","我们只允许科学去处理当前最迫切的问题。其他研究一律禁止"。① 也就是说,科技不必然为权力服务,只是在极权主义社会中,科技被统治阶级控制、阉割和异化,成为极权帮凶和伪技术治理工具。

1958年,赫胥黎又写了一本《重返美丽新世界》的小册子,骄傲地宣称,《美丽新世界》中的预言正在比之前以为的来得更快,尤其是极权主义专家政治简直已经呼之欲出。

2. 官僚主义专家政治

美苏冷战的结局是苏联解体、东欧剧变和以美国为首的西方阵营的胜利,这是不可否认的历史事实。从技术治理的角度,贝塞林格认为,苏联一直强调科学管理和专家政治的作用,后期更是走上技治主义的道路。② 不少人则更进一步,将晚期苏联败亡归因于放弃工人和农民的领导,重用科技专家和工程师,走修正主义的道路,放任技治主义侵蚀共产主义。比如在格拉汉姆看来,仅仅从专家政治的角度看,苏联在最后25年完全是技治主义国家,而这正是苏联忽视关系民生的生活日用品生产的重要原因,最终导致人民的不满。③

相反,布热津斯基反对此类用意识形态和阶级斗争解释苏联败亡的答案。他认为,苏联败亡根本原因是经济技术方面的,归根结底是生产力增长没能满足人民物质需求。他也承认苏联人民生活不幸福是苏联败亡的重要原因,但这不是运用技术治理的结果,相反是苏联没有很好地响应新技术革命的结果,而"无力应付现代技术时代现实的后果是,最终敲响了共产主义的历史性丧钟"④。因此,他不认为苏联的失败说明西方民主制取得了最终的胜利。

布热津斯基的观点颇值得玩味,其中一个重要的问题是:苏联后期是否

---

① 奥尔德斯·赫胥黎:《美丽新世界》,上海:上海译文出版社,2017年,第215页。
② Mark R. Beissinger, *Scientific Management, Socialist Discipline, and Soviet Power*, Cambridge: Harvard University Press, 1988.
③ Loren R. Graham, *The Ghost of the Executed Engineer: Technology and the Fall of the Soviet Union*, Cambridge, MA, London, England: Harvard Univerity Press, 1993, pp. 73-78.
④ 兹比格涅夫·布热津斯基:《大失控与大混乱》,北京:中国社会科学出版社,1995年,第68页。

真的走上了技治主义道路呢？众所周知，列宁和斯大林均非常重视泰勒主义在社会主义建设事业中的作用，注意培养"红色工程师"，之后苏联的领导人均给予拥护共产主义制度的自然科学家、技术专家和工程师以很高的社会地位和经济待遇。换言之，在一定程度上，可以说后期苏联实行了专家政治。但是，专家政治不等于技术治理。我认为，苏联专家并没有依照科学运行原则治理社会，而是采取官僚主义的方式来运转国家。换言之，在很大程度上，晚期苏联实行的是官僚主义专家政治的伪技术治理。

对此，布热津斯基对美苏两国领导者的对比分析[1]，很好地支持苏式伪技术治理的观点。在他看来，现代社会是复杂社会，社会人群发生功能分化，因此社会需要政治领导人来解决不同人群行动中的合作和一体化。也就是说，政治领导人是现代国家的一般管理者（general manager），要处理不同领域的专家、精英之间的关系。而在简单社会如农耕社会，政治领导人与非政治领导人是同一的。在现代社会中，政治领导权是政绩的结果，政治领导人在很大程度上是从职业政治家中选拔出来的，而社会扩展和分化催生了专门的政治机构和专门的政治从业者。政治领导人和非政治领导人共同组成了精英，精英领导众多大众。职业政治家的专门知识总是基本上与特定社会有关的，部分是与人类行为的普遍特征相关，但是，这些人性行为知识也与特定社会相关。也就是说，职业政治家是地方性的。

布热津斯基认为，美国一开始是老的殖民地联邦主义者统治，后来权力被新的巨富商人和工业家所取得。而苏联老的统治阶级衰落之后，权力由职业革命家所接替，到了斯大林时期，职业革命家权力交到职业统治者（professional ruler）的手上。因此，苏联共产党干部（apparatchik）是专事政治和统治职业的，而美国政治家很多是半职业的，一般同时还从事法律、商业、教授和记者等营生。共产党干部的职业生涯与军官类似，但一般需要最基本的教育资历，然后国家或工业的官僚机构中不断升迁，接受相应职位所需的培训。当他/她提升到一定的高位，就要接受集中的专门提高政治和意识形态知识的教育，也学习一些处理经济和技术管理的知识。总之，这些训练的目标都明确为发展职业政治领导人团体，为不同行业的专家在意识形态目标的框架

---

[1] Zbigniew Brzezinsiki, Cincinnatus and the Apparatchik, *World Politics*, 1963, 16(1).

下提供规训和"给养"。相反,美国的政治家不一定是从政界底层逐级提拔的,往往是进入政界前其社会经济地位越高,第一次获得的政府职位就越高。苏联最重要的官僚机构是党的管理机构,共产党干部的权力依据党委中的岗位来决定。而美国政治家的职位是投票竞选来的,美国也有工业管理军事教育的层级制,但是没有政治机构的层级制度。

因此,苏联政治家所需要的技能与美国不同。苏联的官员需要很强的执行能力,以及适应政策调整的弹性,而美国政治家需要感知公众意见的潮流,要表达大众的声音,而非某种讳莫如深的意识形态想法。美国大部分政治领导人并非职业政治家,而是选举出来的政治家,将公私两方面的领导经验结合起来,而苏联的政治领导人是将生命献给党的共产党党员,苏联体制中的重要职位是分配给苏联共产党党员的。当然,布热津斯基认为,美国也出现了职业政治家越来越多而选举政治家衰落的情况,将其归因于现代社会越来越等级制化。他将其称为"新职业主义",并认为官僚机构中足够的历练对政治领导人的成功有利。

显然,按照布热津斯基的上述分析可知,1)苏联的政治权力掌握在职业共产党人手中,其目标是意识形态的;2)工程师如果进入职业政治领导的序列,必须以意识形态逻辑而非科学技术逻辑来执政;3)专业工程师并非政治领导,必须遵循职业共产党领导设定的意识形态方向,因此,苏联的专家政治并非真正的技术治理,而是官僚主义专家政治。

布热津斯基还分析了从斯大林至赫鲁晓夫时期苏联共产党中央委员会和秘书处组成成员的出身和教育背景。[①] 他的结论是,职业共产党员人数最多,并且不断增长,从54%增长到81%,其中纯搞意识形态工作的从7%增长到20%,而政府官僚从33%下降到19%,其中工业官僚从20%下降到5%。虽然表面上看接受过高等教育的人数大幅增加,接受过自然科学技术高等教育和马列主义、经济学、人文学科高等教育的人都有很大增加,这显然是苏联这一时期大学生数量普遍增长的结果。并且,增长更快的是职业共产党干部的数量,说明很多理工科出身的大学生最后转变为职业共产党干部。总之,

---

① Zbigniew Brzezinsiki, Cincinnatus and the Apparatchik, *World Politics*, 1963, 16(1).

苏联的权力越来越被职业共产党干部占据,其中很大部分是职业意识形态专家。总之,苏联也鼓吹国际主义,但这并非全球技治主义,而在很大程度上是大国沙文主义和俄罗斯民族对其他民族的共产主义压迫。①

格拉汉姆对苏联工程师的研究也从侧面说明,苏联的专家实际上屈服于官僚主义的统治之下。② 在他看来,苏联的确非常重视技术和工程师,初期也很好地利用了技术上的后发优势,抵挡住第二次世界大战中纳粹德国的入侵。但是,苏联当局自始至终对于专家是不信任的,尤其是沙皇时代接受教育的所谓"旧工程师"。1930 年,斯大林组织"工业党审判",许多沙皇时代接受教育的顶尖工程师被处决,技术精英被视为潜在的破坏分子。这些"旧工程师"热衷于按照科学原理和技术方法来建设国家,与苏共的想法并不完全一致。比如,被处决的帕尔金斯基 1922 年曾著文批评苏共对巨型企业的偏好,认为小型工业、作坊和手艺人有自己的长处。证据表明,大多数"旧工程师"对社会主义计划经济的潜力非常看好,只是对斯大林的非理性决策不满。后来,苏联开始培养绝对服从的"新工程师",同时仍然警惕专家的举动,以至于工程师除了执行党干部的命令,几乎不敢提出不同意见,即使面对不科学的决策。因此,苏联工程师只能设法生产更多产品,无视低效、浪费和工人福利,最好是离开生产岗位,逃入科研院所,因为那里的环境相对宽容一点。格拉汉姆认为,到了 20 世纪六七十年代,忽视社会和经济问题的新工程师们不仅掌管了苏联的工业,也成为苏共新一代领导人,取代了老布尔什维克革命家。

格拉汉姆描述的苏联专家政治,严重偏离科学运行的原则,将主要目标设定为维护国家的统治上。知识分子和专家只需服从官僚主义的指挥和领导。③ 总之,晚期苏联的专家政治应该被视为一种伪技术治理。

---

① Zbigniew Brzezinsiki, Post-Communist Nationalism, *Foreign Affairs*, 1989, 68(5).
② Loren R. Graham, *The Ghost of the Executed Engineer: Technology and the Fall of the Soviet Union*, Cambridge, MA, London, England: Harvard Univerity Press, 1993, pp. 73-78.
③ 密洛凡·德热拉斯:《新阶级——对共产主义制度的分析》,北京:世界知识出版社,1963 年。

第 6 章 技 治 专 家

如前所述,技治主义思想可以追溯到培根、圣西门,但第二次世界大战之后逐渐流行,成为全球性现象更是 21 世纪之交的事情。为什么?因为真正实践技术治理,需要足够数量的专家。当专家大量出现,成为当代社会不可忽视的群体,必然会主张自身权力,参与政治生活和公共治理。换言之,专家崛起与技术治理兴起是同一过程的两方面,是当代科技向政治领域渗透的必然结果。

总的来说,与技治专家崛起相关的历史背景,至少包括五个方面:

(1) 当代科技成为大规模的职业活动。第二次世界大战之后,科学技术的根本面貌发生改变:规模越来越大,所需的人财物力倍增,组织、运转和管理的复杂性倍增,对社会的影响倍增——有人称之为从"小科学"发展到"大科学"①,还有人称之为从"学院科学"转向"后学院科学"②,我的观点是从"科学时代"逐渐转向"技术时代"——总之,科技研发工作的岗位越来越多,科技从业人员呈指数型增加。

(2) 高等教育日益平民化、大众化。现代大学诞生以来,一直居于精英教育的顶端,常被喻为"象牙塔"。20 世纪六七十年代开始,高等教育平民化、大众化的趋势率先从美国开始,向全世界扩散。中国大学自 20 世纪 90 年代末开始扩招,近年来全国高考录取率超过八成。③ 大部分大学生都要接受系统的自然科学基础教育,专家的"后备军"队伍日趋庞大。

(3) 大众传媒的兴起。20 世纪传媒技术不断翻新,尤其是信息通信技术出现之后,大众传媒强势崛起,给知识分子提供了更广阔的舞台和生存空

---

① D. 普赖斯:《小科学,大科学》,北京:世界科学社,1982 年。
② 约翰·齐曼:《真科学:它是什么,它指什么》,上海:上海科技教育出版社,2002 年。
③ 叶雨婷:《2019 高招关键词:高考录取率超八成 物理地位提高》,《中国青年报》2019 年 7 月 13 日, https://baijiahao.baidu.com/s?id=1637975884576274652&wfr=spider&for=pc,2019 年 7 月 3 日发布。

间。在此之前,知识分子往往要依附于贵族、政客和资本家,没有独立的经济来源,比如文艺复兴、启蒙运动中的人文主义者(humanist)往往受雇于王公贵族,从事包税人、法官、秘书和家庭教师的工作来谋生①。知识分子不是大学和科研院所的知识生产者,而是沟通知识生产者与大众之间的桥梁,将艰深的科学知识通俗化,向大众普及传播。

(4)工程活动大量增多。早期的工程师是军人或工兵,现代意义的工程师出现于十七八世纪。19 世纪下半叶欧美各类民用工程激增,企业和公司中工程师、技术人员大量涌现,以至于在 20 世纪头 30 年,美国工程师社团的专业主义意识形态高涨。② 第二次世界大战之后,工程师开始关注社会责任,"反核武器运动、环境保护运动、反战运动和民权运动等风起云涌,要求工程师投身于公共福利之中,把公众的安全、健康和福利放到首位,让他们逐渐意识到工程的重大社会影响和相应的社会责任"③。除此之外,类似胡佛大坝、三峡工程之类的超级工程日益增多,改造局部社会状况和环境的社会工程也日益为人们所接受。

(5)后工业社会的来临。从科技发展的角度看,20 世纪下半叶,发达资本主义国家从工业社会进入后工业社会,科学技术成为"第一生产力"。在后工业社会中,知识和信息成为社会进步的主要推动力,相应的大学和科研院所成为当代社会组织的重要机构,知识生产者的数量和地位持续上升。

总之,上述五个方面的变化均与当代科技的飞速发展及其向社会运行方方面面的渗透有关,甚至可以说,技治专家崛起是新科技革命的最重要后果之一。本章对技治专家进行总体研究,主要讨论问题包括技治专家的认定、地位、功能、类型及其与大众的关系等。

---

① Edgar Zilsel, *The Social Origins of Modern Science*, Dordracht: Springer Science + Business Media, 2003.
② 爱德温·T.莱顿:《工程师的反叛:社会责任与美国工程职业》,杭州:浙江大学出版社,2018年。
③ 刘永谋:《工程师时代与工程伦理的兴起》,《光明日报》2018 年 9 月 3 日。

一、技治专家与技治专长

专家(expert)不等于专门家(specialist),而是在某一领域拥有专长的人。技治专家属于专家的一种,将专门知识运用于治理领域。因此,技治专长既涉及知识专长,又涉及将专业知识运用于治理的治理专长。

1. 技治专家

哪些人属于技治专家?对此,各家观点不一,歧义纷呈。

凡勃伦认定的技治专家主要是工程师,主要包括技术人员、资源工程师、交通工程师以及企业中的管理者、工业经济学家等。[1] 丹尼尔·贝尔认定的技治专家包括科学家、专业人员、技术人员和技术官员。[2] 斯金纳所讨论的技治专家主要是行为主义心理学家,他们能够运用行为工程改造个体行为,从而提高整个社会的运行效率。[3] 加尔布雷思将技治专家称为技术专家阶层(technostructure),主要包括技术人员、计划人员和其他专业人员,是企业的大脑。[4] 托夫勒认定的技治专家,包括总统、总理、各级官员、经理等在内的"技术专家",他们扮演组织者的角色。[5] 托夫勒之所以把这些行政首脑、官员称之为技术专家,是因为他认为政治同样是一种技术工作。

纽拉特认为,技治专家即包括自然工程师和社会工程师,后者在技术治理中的作用同样重要,尤其是制订计划的经济学家。[6] 奥尔森有类似观点,将技治专家分为两类:自然科学技治专家如工程师,社会科学技治专家如银行、公司中的经济学家。自20世纪70年代以来,经济学家在技治专家中所

---

[1] Thorstein Veblen, *The Engineers and the Price system*, New York: Harcourt, Brace & World, 1963, pp. 135-136.
[2] 丹尼尔·贝尔:《后工业社会的来临:对社会预测的一项探索》,北京:新华出版社,1997年。
[3] B. F. 斯金纳:《瓦尔登湖第二》,北京:商务印书馆,2016年。
[4] 约翰·肯尼思·加尔布雷思:《新工业国》,上海:上海人民出版社,2012年。
[5] 阿尔文·托夫勒:《第三次浪潮》,北京:新华出版社,1996年,第60—61页。
[6] Otto Neurath, *Empiricism and Sociology*, Dordrecht Holland, Boston USA: D. Reidel Publishing Company, 1973, pp. 421-433.

占的比重越来越大,尤其在拉丁美洲的影响力比工程师更大。①

在《现代乌托邦》中,威尔斯设想未来的技治专家即"武士"(samurai)阶层,应该同时拥有专业能力和美德。② 帕特南认为,技治专家要同时具备技治主义精神和技术专长(technical expertise)。③ 他们均将专长因素与精神因素结合起来,划分技治专家的范围。

特纳认为,专家与受众是两位一体的,而"在某种意义上,受众是专家的产物"④。从受众的角度,特纳将专家分为五种类型⑤:1)具有普遍合法的专业认知权威的Ⅰ型专家,如物理学家等;2)具备优先认知权威的Ⅱ型专家,如神学家;3)自己创造追随者的Ⅲ型专家,如化妆专家、心理咨询师等;4)得到资助的Ⅳ型专家,需要直接说服受众尤其是潜在的资助者,如社会调查专家;5)官僚机构中的Ⅴ型专家,受众是公众,在官僚机构中拥有自由裁量权。显然,特纳所称的专家,大大超出技治专家的范围。但是,他启发如下观点:不同的技治专家受众是不同的,但他们都要说服治理活动的决策者,才能有效实施技术治理行动。

从技术专长辨别技治专家,梅诺德认为,技术专家拥有技术专长,应该包括专家和经理,是潜在的技治主义者;技术专家并不必然是技治主义者,只有同时信奉技治主义才会成为技治专家;技治专家参与政治活动,拥有一定的政治决策权。⑥

尼科尔斯对专家的界定是循环的,即用专业领域、专家和专业知识来相互界定,专家是拥有某一专业领域专业知识的一群人,专业知识是专家拥有的专业领域的知识。他指出专家的四个特点,即资格、天赋、经验和同行评议(即同行专家的认可和评价),并驳斥了"人人都可以成为专家"的观点。⑦

---

① Richard G. Olson, *Scientism and Technocracy in the Twentieth Century: The Legacy of Science Management*, New York, London: Lexington Books, 2016, pp. xi-xii.
② H. G. Wells. *A Modern Utopia*, Auckland, New Zealand: The Floating Press, 2009.
③ Robert D. Putnam, Elite Transformation in Advanced Industrial Societies: An Empirical Assessment of the Theory of Technocracy, *Comparative Political Studies*, 1977, 10(3).
④ 尹万·塞林格、罗伯特·克里斯主编:《专长哲学》,北京:科学出版社,2015 年,第 148 页。
⑤ 同上书,第 142—147 页。
⑥ Jean Meynaud, *Technocracy*, New York: The Free Press, 1969, pp. 29-31.
⑦ 托马斯·M. 尼科尔斯:《专家之死:反智主义的盛行及其影响》,北京:中信出版社,2019 年,第 41—44 页。

综合各家的观点,对于技治专家的认定,存在三个基本共识:1) 技治专家受过某种系统的自然科学基础教育,社会科学出身的技治专家同样要接受过数学、统计学等自然科学学科的系统教育;2) 长期从事科技相关的专业工作,即使现在不专门从事技术性工作,仍然具备实施技术治理的专长;3) 无论成功与否,都尝试将现代科技成果运用于公共治理和社会运行活动中;4) 或多或少接受技治主义意识形态,支持技术治理行动。总之,普通专家专长于自然技术和社会技术,技治专家则进一步,要用之改造社会,提高社会运行效率,因而技治专家在治理方面也颇有造诣。

在很大程度上,技治专家与技治主义者重合,但两者并非完全等同的。技治主义者是信奉技治主义的人,但并不一定是技治专家,甚至可能是完全文科背景的人。比如,有人将技术官员界定为拥有大专院校学位、从事过专门职业并实际掌权的高职位干部。[①] 也就是说,技术官员要满足三个条件:1) 经济、工程以及其他应用科学的专业文凭;2) 曾经在工厂、工业局或经济规划部门工作过;3) 目前则在政治体系中担任重要职务。如此技术官员可能是技治主义者,也可能不是技治主义者,但技术官员不属于技治专家。因此,技术官员与技治专家也被区分开来,前者拥有后者所不具备的政治权力,而后者以专业工作为主。

还有一个问题,要区别技治专家和技治主义理论家。技治专家是实施技术治理活动的人,技治主义理论家虽然不是技术治理的实践者,但他们是技治主义者。总之,技治专家主要任务不是坐而论道,而是在现实语境中推进技术治理。

2. 技治专长

专长问题远比乍一看要复杂得多。在科技哲学领域,这个问题已经讨论了几十年,但在专长与经验研究(studies of expertise and experience,缩写为SEE)近来流行后,才引起足够的重视。

[①] Li Cheng, Lynn White, The Thirteenth Central Committee of the Chinese Communist Party: From Mobilizers to Managers, *Asian Survey*, 1988, 28(4); Li Cheng, Lynn White, The Fifteenth Central Committee of the Chinese Communist Party: Full-Fledged Technocratic Leadership with Partial Control by Jiang Zemin, *Asian Survey*, 1998, 38(3).

另类科技哲学尤其是科学知识社会学建构主义兴起之后,科学权威性的真理来源逐渐瓦解,让位给专长基础。也就是说,之所以我们要听专家的,不是因为他们获得了真理,而是他们拥有专业领域的专长。从科学家转向专家、从真理转向专长,是专长与经验研究兴起的认识论根源。

《剑桥专长和专家绩效手册》汇总大量近年来对专长研究的论文,分为总论、专长研究方法简史、专长结构的研究方法、专长获得和维持的研究方法、专长与一般问题的普遍化机制等六个部分,涉及专长与智力、衰老与专长、专长发展与脑变化、默会知识与专长、游戏专长、艺术专长、运动专长、写作专长、决策专长、专长的实验室研究、专长与教育等大量的相关问题。[①]

《专长哲学》也是一本论文集,分为"信任专家""专家和实践知识"和"有争议的专家意见"等三个部分,涉及互动型专长、"第三次浪潮"、专家证言、专家与受众、专长现象学、专长与身体、专长构成、专家与大众等诸多问题。[②] 该书认为,专长研究最重要的有两条道路:社会学—第三人称视角,现象学—第一人称视角,代表人物分别是柯林斯和德雷福斯。

柯林斯将专长与经验研究称为科学技术研究(science and technology studies,简称STS)的"第三波"。柯林斯和埃文斯指出,判定专家的外部标准主要是三个:证书、从业记录和经验。[③] 外部标准要结合内部标准即专长,才能真正识别出专家。他们仔细分析了专长,将它分为普遍专长、默会知识专长、互动型专长、可贡献专长以及元专长等几类。[④] 具备外行所没有的默会知识专长就可以算专家,可贡献专长则是可以对某个专业领域做出实质贡献,属于最高级的专长,而介于两者之间的是互动型专长。元专长是可以判定他人专长的专长,包括外部的元专长和内部的元专长,前者是主要运用外部标准判断的专长,后者比如牵涉型专长,即用一个领域的可贡献专长来判断另一个领域的专长。

有人认为,柯林斯的互动型专长概念太过于理想化,"拉普拉斯的因果

[①] K. A. Erisson, Neil Charness, P. J. Feiltovich, R. R. Hoffman (edit), *The Cambridge Handbook of Expertise and Expert Performance*, Cambridge: Cambridge University Press, 2006.
[②] 尹万·塞林格、罗伯特·克里斯主编:《专长哲学》,北京:科学出版社,2015年。
[③] 哈里·柯林斯、罗伯特·埃文斯:《反思专长》,北京:科学出版社,2021年,第61—62页。
[④] 同上书,第63—64页。

决定论,包括柯林斯现在提出的互动型专长理论——都是在理想状态下的没有事实根据的假说"①。但是,通过对专长的仔细研究,柯林斯和埃文斯用外行能理解的语言揭开了专家和专长的神秘面纱。他们的研究极具启发性,主要包括三点:1) 揭示了专家与专长存在错位的可能性,即拥有专家称号的人可能并没有可贡献型的专长——资质不等于实质。在技术治理中,如此专家甚多,一些甚至干脆是伪专家。2) 解释了一些没有资质的人实际上可能是可贡献型的专家,比如老棉农可能拥有棉花专长但没有农学院毕业证,《反思专长》对此很信服地指出,关键问题是不能"衍生"出互动型专长。在柯林斯和埃文斯看来,可贡献专长潜在是可以成为互动型专长,但反过来是不行的。3) 指出了专家在他们的研究领域之外根本不能被称为专家。在现实中,专家跨越自己的专业领域充当专家的情况并不少见。而在技治专家认定中,技治专长的资质是杂乱的,各种理工科、社会科学的文凭都可以为之背书。而且,专家与公众缺少互动并非完全因为理解困难,很多时候是故意沿袭传统的秘而不宣的方式,以方便其行事。

德雷福斯的专长研究则强调专长的具身性。② 也就是说,专长必须具身,必须有身体。他认为人工智能没有人身,因此不能达到和超过人类智能。德雷福斯将专长的获得分为七个阶段:1) 新手阶段;2) 高级初学者阶段;3) 胜任阶段;4) 熟练阶段;5) 专家阶段;6) 大师阶段;7) 实践智慧阶段。③ 也就是说,专长需要花时间亲自去学习,专长的学习者需要专家现场指导,还要在专业圈子中耳濡目染。也就是说,这是一个实践问题,而不仅仅是理论问题,其中有许多类似波兰尼所称的意会知识需要掌握。

德雷福斯与柯林斯的分歧主要在专长的具身性与社会性孰轻孰重上。德雷福斯强调的是前者,即没有亲身经历是不能成为专家的。柯林斯强调的是后者,即社会互动(主要是语言活动)可以造就互动型专家,只有可贡献型专家才需要在实际科学活动中亲身参与。德雷福斯的专家谱系是按照具身

---

① 尹万·塞林格、罗伯特·克里斯主编:《专长哲学》,北京:科学出版社,2015年,第274页。
② H. L. Dreyfus, S. E. Dreyfus, *Mind Over Machine: The Power of Human Intuition and Expertise in the Era of the Computer*, New York: Free Press, 1986, pp. 21-36.
③ 尹万·塞林格、罗伯特·克里斯主编:《专长哲学》,北京:科学出版社,2015年,第170—179页。

程度划分的,而柯林斯的专家谱系是按照社会参与程度划分的。并且,柯林斯提出意向性是社会性和集体性的观点,并试图以此重新理解科学划界问题。就技治专长而言,社会性更为重要,因为技术治理与特定的社会语境是不可分割。在实践中,出现了各种智能化的专家决策系统,它们虽然没有人身,但对于技术治理可以起到辅助决策的重要作用。

除了柯林斯和德雷福斯之外,其他人也提出一些有价值的专长论。比如安纳斯认为,专长有三个特点①:首先,技能或者专长是可以传授的,学习者可以从教师那里学到;其次,专长是对专门领域的全面理解;最后,专长要求专家对所熟练的事情给出解释。按照他的观点,技治专长是可以语言化的,可以传授的。再比如,富勒则认为,专长有四个特征②:1)与专长相联系的技能是特殊训练的产物。专长不可能偶然获得,或者作为某种其他学习形式的副产品。2)专家和外行公众都承认,专长只与特定的场合相关。专家称号没有普遍的适用性。3)专长的倾向依赖于相关专家的学员模式。对基本原则两败俱伤的长期争论,通常贬低了专长的价值。4)专长的认知意义受到专家训练和判断的实用性的影响,与对专长的需求有关。专家太多或需求太少,通常都会使得所讨论的专长贬值。按照他的观点,技治专长同样需要专门训练,也有很多种类,与不同语境相关,而且要控制关于技治专长的争论,才能更好地实施技术治理。

二、技治专家的地位与角色

1. 专家的阶级地位

关于技治专家的阶级地位,相关研究理论繁多,主要可以分为两类:1)马克思主义阶级分析;2)非马克思主义阶级分析。

马克思主义者坚持唯物史观的基本立场,运用马克思主义阶级分析的方法来分析技治专家,集中讨论两个核心问题:1)专家的阶级本性;2)专家

---

① 尹万·塞林格、罗伯特·克里斯主编:《专长哲学》,北京:科学出版社,2015年,第251—252页。
② 同上书,第299页。

崛起对阶级结构带来何种冲击。其中,争论的焦点在于,专家是不是无产阶级的"同路人",能不能以及如何使其为社会主义建设事业服务。因此,马克思主义阶级分析既包括知识分子改造理论,也包括工人教育理论。前者讨论如何将专家融入无产阶级,后者讨论如何将无产阶级与现代科技结合起来。

在冷战时期,美苏两大对立阵营的学者对专家的分析,形成不同的研究传统。在资本主义国家中,相关研究也使用"阶级"概念,但不是马克思主义所认为的阶级,或者说实际是某种非阶级分析。它们往往与"意识形态终结论"——认为资本主义与社会主义的意识形态斗争已经结束——相连,与马克思主义阶级分析方法相悖。在马克思主义传统中,阶级是由财产和经济地位决定的概念。非阶级分析虽然称专家为"新阶级",实际却是从职业和知识专长来理解"阶级"的,所以它所称的"新阶级"并非马克思主义划定的阶级,故而我称之为"非阶级"的。

对技治专家的非阶级的阶级分析,集中讨论以下核心问题:1)与知识相关的职业岗位如何扩增;2)知识从业者剧增对社会变迁产生何种影响。就技术治理而言,技治专家的非阶级分析的要害在于,技治专家如何攫取更多的公共治理权力,最后能否夺取政治领导权?多数相关非阶级分析理论认为,技治专家开始掌握越来越多的公共治理权力,并在一定程度上实施技术治理。其中一部分激进主义者认为,技治专家与资本主义社会的两大基本阶级即资产阶级、工人阶级争夺领导权,最终将取得胜利,使全社会进入总体主义的技治社会——既非资本主义社会,亦非社会主义社会。

对技治专家的非阶级分析开始流行于西方,苏联解体之后,尤其在 21 世纪之交,逐渐在全球范围流行开来,受到越来越多人的关注。粗略地说,它主要涉及主张文化资本的新阶级(new class)理论,主张两大对立阶级融合的中产阶级(middle class)理论,知识社会学研究中的知识分子研究,以及主张知识经济、信息社会的后工业社会理论——从技术治理的角度看,后工业社会便是专家崛起的技治社会。这些"意识形态终结论"色彩浓厚的理论实质上在维护资本主义制度,因而在社会主义阵营中遭到严厉的批判。

从更广泛的社会背景看,19 世纪下半叶科学技术迅猛发展,导致越来越多的人参与到科技和文化事业中,科学家、技术专家、工程师、经济学家、管理学家、社会学家等社会科学专家,以及人文科学家、作家、记者、艺术家等的数量以几何级数增长,成为所谓"中产阶级"的主要组成部分。显然,中产阶级的专家阶层成分非常复杂,相互之间存在各种矛盾,经济地位存在差异,因而利益诉求是有分歧的,也很难发起一致的政治运动。从某种意义上看,技治主义可以视为崛起专家阶层的意识形态主张,技治运动是专家阶层要求更多政治权力的"革命运动"。但是,严格地说,专家阶层共同坚持的意识形态和共同参与的政治运动是否存在,还有质疑,尚待商榷。

如果专家阶层试图在资本家和工人阶级之外独成一派,在资本主义和社会主义之外寻找"第三条道路",最终必然试图走向革命和反革命之间的改良主义道路。在北美技术统治论运动中,虽然激进派观点鲜明,对于宣传技治主义作用突出,但对社会产生实际影响的工作主要是主张与政府合作、对资本主义制度进行改良的温和派所完成的。按照经典马克思主义理论,专家不是具有一致经济地位、一致目标诉求的独立阶级,要么依附于资本家,要么与工人阶级合作,是无法独立领导和完成社会革命的。这一点为前述北美技术统治论运动中专家分裂的情况所证实。

因此,专家并非独立阶级,更难以成为领导阶级,而属于从属阶级。这决定专家没有可能实施在一个社会中全面实施总体化的"技治乌托邦"。即使专家获得一定的治理权,都必须执行领导阶级的决策,在一定程度上实施技术治理措施,并受到国家和大众的监督和制约。

2. 专家与国家权力

无论在资本主义社会,还是在社会主义社会,绝大多数技治专家都希望与国家权力相结合,而国家机构则吸收专家力量,增强自身的权力。可以说,第二次世界大战以来,技治专家权力膨胀与国家治理职能不断增加是同一过程的两面,专家与国家相互支持,相互促进。在《新工业国》中,加尔布雷思认为,随着跨国公司兴起,技治专家的治理权力越来越大,但他根本没提到这对资本和资本家造成的威胁。[①] 基本上,他认为技治专家崛起与相应的计划体系的扩展有利于当代资本主义社会。

然而,技治专家并未因此而成为国家的"主人",或者最后的决策者。在

[①] 约翰·肯尼思·加尔布雷思:《新工业国》,上海:上海人民出版社,2012年。

国家与专家的关系上，贾萨诺夫认为，美国的技治专家开始从科学顾问逐渐介入决策活动。但是，技治专家享有治理权是有限的，"科学会从政治机构手里夺取决策权的风险被过分夸大了"①，并且"监管机构和专家都应该抛弃中立的咨询机会'向权力讲真理'这一幼稚的幻想"②。

南斯拉夫共产党的主要领导人吉拉斯指责苏联对知识活动领域进行专制，官僚"新阶级"在苏联压制各种专家。知识生产被意识形态征服，整个体制只能有唯一思想家。因此，新阶级从根本上阻碍科学和知识的发展。在艺术方面，更是如此。吉拉斯愤慨地批评思想专制："专制统治最恶劣的表现就是在于它强迫人们不要像平常那样去思想，强迫人们表达不是他们自己的思想。"③不过，吉拉斯的批评与苏联自然科学技术尤其是军事科技领域的快速进步并不完全相符，其实，苏联对于自然科学技术的创新比较宽容。再者，苏联专家是被迫，还是自觉自愿地为官僚体制服务，这很难做出某种一般性的普遍判断。

美国左派知识分子米尔斯对统治者与技治专家关系的理解，与吉拉斯类似，即专家是当权者的附庸。米尔斯认为，当代知识阶层完全落入保守主义，错误地认为权力精英也持保守立场。这种解读完全是臆想，是对权力精英的美化，及捍卫所谓的"贵族气质"。权力精英讨厌保守言论，他们的意识形态是社会达尔文气质的成功学，不过不会清楚地表现出来。至于专长替代金钱作为权力基础，在米尔斯看来完全是无稽之谈，上流社会标榜自我奋斗的成功完全是骗人的，他们多数出身上流社会，知识分子和专家都是受雇于人的技术人员和助手，给权力精英们帮忙或帮闲。④

米尔斯的批评过于激进，完全否认专家阶层出现的任何进步意义。而费舍尔认为，技治专家并非只能为权力者服务，也可以成为为民主制奋斗的

---

① 希拉·贾萨诺夫：《第五部门：当科学顾问成为政策制定者》，上海：上海交通大学出版社，2011年，第344页。
② 同上书，第345页。
③ 密洛凡·德热拉斯：《新阶级：对共产主义制度的分析》，北京：世界知识出版社，1963年，第134页。
④ 查尔斯·赖特·米尔斯：《权力精英》，南京：南京大学出版社，2004年，第440页。

政策专家。① 皮尔克指出,技治专家参与政府决策活动,通常扮演四种角色：1）纯粹的科学家；2）科学仲裁者；3）观点的辩护者；4）政策选择的"诚实的代理人"(honest broker of policy alternatives)。② 在健全的民主政治中,四种角色都是必需的。

3. 信息社会中专家的角色

未来学家托夫勒提出"第三次浪潮"理论,即技术发展主导农业文明、工业文明和信息文明"三次浪潮"更替,认为在"第三次浪潮"中,政治权力从经理阶层转移到信息技术专家手中。但是,他又认为,在信息社会中,技治专家并非真正阶级,不可能成为新的统治者。为什么呢？首先,专家群体处理信息,对能力和专长要求极高,因而人数不会太多。其次,专家并非联系紧密的群体,分别代表不同的政治倾向,内部很难达成广泛共识。因此,"认为脑力工人会团结起来去压迫社会其他成员的想法,我认为是错误的。他们可能比任何其他组织更难于形成一个统一的多数"③。

在托夫勒看来,文明更替意味着统治者的变更。在农业文明中,统治者是国王和教会,而过渡到工业文明之后,必须由经理阶层将复杂工业社会组织起来。工业社会的"权力不是来自'生产资料'的占有,而是'组织手段'的控制"④。职业经理人并没有或者仅仅占有少部分生产资料,但控制了整个企业的组织运行,获得实际的控制权,股东则成为象征性的指挥者。政府机构中同样如此,权力掌握在各级官僚而非选举政治家手中。

托夫勒认为,在工业文明中,组织者集团内部权力等级呈金字塔结构,顶端最高权力集团可能是少数个人,或者几个大家族,或者不同利益集团的代表,掌握着整个国家的权力分配。从整体上看,工业文明的政治权力高度集中,对于推进工业化进程非常有利,是工业文明的典型特征。在工业文明

---

① Frank Fischer, *Technocracy and the Politics of Expertise*, Newbury Park, London, New Delhi: Sage Publicaitons, 1990.
② 小罗杰·皮尔克:《诚实的代理人:科学在政策与政治中的意义》,上海:上海交通大学出版社,2010年,第1—2页。
③ 阿尔温·托夫勒:《预测与前提——托夫勒未来对话录》,北京:国际文化出版公司,1984年,第118页。
④ 阿尔文·托夫勒:《第三次浪潮》,北京:新华出版社,1996年,第62页。

中,工业社会运行所遵循的是标准化、同步化和集中化等法则,报纸、广播、电视等大众传播媒介造成了信息领域以及思想领域的齐一化。

在即将到来的信息文明或后工业社会中,金字塔权力结构面临巨大冲击。在托夫勒看来,信息文明处于信息爆炸的时代,信息激增主要由社会多样性和变异加速所引发。此时,齐一化社会瓦解,大众市场分化为分众市场,需求个体化程度提高,统一的教育与传播不再适用。并且,社会快速变化,产生大量新信息。因此,信息文明的新特征决定了社会的平稳运转必然会产生和处理大量的信息,信息社会中大量信息高速流通,决策者在做出每一项决定前都面对大量数据和信息,信息的收集、过滤、处理等各个环节均面临巨大压力。于是,信息技术被激发,"过去二十年里,我们看到已经涌现出大量新的通讯渠道和处理数据的新工具……目的在于减轻信息负载压力的技术革新"[1]。

托夫勒指出,随着信息技术重要性提高,信息技术专家崛起为新的权力阶层。在信息文明中,工业社会中的最高权力集团依然掌控着最高权力。不过在实际决策中,高层决策者既没有能力也没有精力去处理海量信息,只能依赖信息技术专家的判断来作为决策的依据,信息技术专家因而进入核心权力层。除此之外,托夫勒没有分析其他领域的技治专家所扮演的角色。

信息技术专家如何获得权力呢？托夫勒认为,电脑和分析系统是信息技术专家跻身权力层的两大工具,尤其是专家分析系统。为了提高决策效率和及时反馈能力,信息处理不得不更多依赖自动分析系统。而信息技术专家设计出的分析系统,所遵循的是专家制定的复杂运算规则——这类似于今天到处被强调的"算法"——其中蕴含着权力运作的巨大空间,各类信息的准入、归类、甄别和处理的权力事实上都掌控在技治专家手中。尤其在政府运行中,情境的复杂性决定了专家系统可以大展拳脚,从管理阶层向技治专家的权力转移悄然发生。[2] 最终,信息社会将由经理阶层与信息技术专家联合控制。经理阶层的权力来源于对信息的获取与控制,而技治专家的权力来源于信息的处理能力。

---

[1] 阿尔温·托夫勒:《预测与前提——托夫勒未来对话录》,北京:国际文化出版公司,1984年,第112页。

[2] 阿尔文·托夫勒:《权力的转移》,北京:中信出版社2006年,第188页。

按照托夫勒的观点,在信息社会中普通公众的决策权力丧失殆尽。随着智能革命的兴起,此种情况日益明显,引起整个社会的警惕。因此,技治专家必须更多地与公众沟通,但实际上他们的注意力更多向上"盯着"国家和政府,这将导致技治专家被越来越多的非议所包围。如何沟通专家与公众?这必须在制度层面加以仔细考虑。

三、技治专家与大众

技治专家与大众的关系,对于技术治理的运行同样非常重要。当今时代是民主制主导的时代,只对"上"、不顾"下"的技治专家在实施技术治理过程中必定遭遇严重阻力。而且从广义上说,赋予技治专家某种治理权的国家和政府机关的工作人员,大部分也对特定专业事项非常陌生。

1. "专家即大众"

在名著《大众的反叛》中,西班牙哲学家加塞特将当时纳粹主义和布尔什维克主义的崛起视为"大众反叛"的表征,并视之为欧洲乃至整个世界的危险。与柏拉图、卡莱尔和尼采等人一样,加塞特是公开的精英主义者。在他看来,现代社会由精英和大众构成,两者应该各安其位,大众服从精英的领导,现在的问题是在欧洲公共生活中,大众掌握了统治权力,此即"大众的反叛"。①

加塞特理解的"大众"(mass,多译为群众)不是社会阶级的概念,大众并不等于低层阶级,上层阶级多数也是"大众人"居多。加塞特按照人格或资质的类型来区别大众与精英:大众没有特殊的资质,安于现状,随遇而安,对自己放任自流——"犬儒主义遍布大街小巷,其风潮盛行于社会各个阶层之中"②,而精英则在某方面有特殊资质,对自己严格要求,努力实现自身价值——"一切的生活都意味着为实现自我而奋斗、努力"③。加塞特进一步质问道:大众连自己的生活也掌控不了,怎么能统治社会呢?他以为彼时的问

---

① 奥尔特加·加塞特:《大众的反叛》,长春:吉林人民出版社,2004年,第3页。
② 同上书,第99页。
③ 同上书,第94页。

题正是齐一化大众不断聚集,力量越来越强大——第一取代了精英的统治地位,第二是不再服从精英——此种状况加塞特称之为"超级民主"。他还认为,罗马帝国覆灭,也是大众同化、罢黜精英的结果。

有意思的是,加塞特将专家视为最典型的大众。按照他的逻辑,技术治理并非精英政治,而是大众掌权。为什么呢?

第一,加塞特认为,技术发展和技术主义是大众兴起的最根本原因。其一,大众的出现,与欧洲人口暴增——过去一个世纪增加了一倍——有关。这一点加塞特虽然没有点明,可显然没有技术进步,这是做不到的。其二,大众兴起与加塞特所谓"历史水平线的上升"相连。他所说的"上升",指的是大众生活水平上升,在公共生活中的重要性也跟着上升,这种上升使得大众享受到过去贵族才有的待遇。显然,"历史水平线的上升"与加尔布雷思"富裕社会"、斯科特"高能社会"等讨论的是同一种现象,即科技发展在20世纪之交极大地增长了人类的物质财富。但是,对此加塞特却是批评的,不能只看到"大众的反叛",而看不到人类被饿死意味着的根本"恶"。当人们为"历史水平线的上升"而骄傲时,他对其进行讽刺,认为愚人是看不到危险的。其三,大众社会兴起是因为加塞特所谓"新世界"的三个特点,即自由民主政体、科学实验和工业制度,他认为后两者都属于技术,也就是说,新技术发展加上自由民主政体催生了大众及其反叛。

第二,加塞特认为,技术人员(technician)不仅不是精英,而且恰恰是大众的原型,即最典型大众的代表。在他看来,技术人员包括工程师、医生、金融从业者、教师,最典型的是科学家,都是野蛮大众之主力,是当代社会的掌权者。他们为什么会是大众反叛的主力军呢?加塞特申明了三个理由:1)专门化。技术专家都是专门家,除了专业啥也不懂,还把专业之外的东西斥之为业余爱好,对普遍知识和原理毫无兴趣,属于"有知识的无知者"。2)机械化。机械化主导了技术专家的工作和思想,既促进了科学和文明的发展,同时也是科学和文明最大的威胁。显然,加塞特的观点是一种人文学者对科学家、技术专家的偏见:"当今的'科技人',对政治、艺术、宗教以及其他一般性社会和生活问题,所持的看法、所作的判断、所采取的行动,哪一个不是愚蠢至极呢?"①3)技术主义和实用主义。总之,在加塞特看来,专家即大众。

加塞特并非无视科学技术的正面价值,他的问题是将科学与技术分离或对立起来,认为现代的问题是技术兴旺而科学衰落。他认为,今天的"科技人"都是出于实用目的而对科技产生兴趣,对纯粹的科学原理和文明发展则漠不关心,这种实用主义倾向很可能导致科技倒退。换言之,技术主义和实用主义将科技人员转变成大众,于是科技人员领导实质上是大众统治。因此,加塞特强调科学与技术之间的差别,与最新的"技术化科学"理论和我所持的技术时代立场相冲突,与通常大家认为的科学发展动力是求真与功利并存的理论也不同。

在我看来,加塞特所谓的大众掌权的确要拜技术时代取代科学时代所赐,但"技术的反叛"不能被视为一无是处,相反它的进步意义非常明显,加塞特所批评的"历史水平线的上升"便是最明显的证据。并且,加塞特对专家的看法很不公平。为什么?一是科技人员并非全都懂生活;二是很多科技专家是严格要求自己、自我加压、自我担责的人;三是很多人文学者也是专门家,但对现代科技一窍不通对自己也没有高要求。总之,不能将追求造福社会福祉的实用知识等同于庸俗。如前所述,"科学高贵"的想法既不符合历史,现在也过时了。

按照我的术语,加塞特所说的大众社会恰恰是技术治理社会,而他所说的大众统治是专家政治。从这个意义上说,加塞特对"大众反叛"的批评,实际上是对技术治理和专家政治的批评。如果技治专家是大众的典型,当下公众对专家的不信任就不存在了。不过,加塞特的确指出专家与大众一致的方面。尤其在 21 世纪之交,技术人员大量增加,构成社会的中间阶层——在纺锤形社会中,中间阶层是稳定社会的主流力量,他们与非专业的大众并非对立,而是其中的一部分,区别只是职业上的,而非阶级本性上的。

2. "专家之死"

加塞特的观点非常有趣,但不少学者认为,大众敌视技治专家,这是当代一些西方国家如美国反智主义盛行的结果。但在霍夫士达特看来,反智与

---

① 奥尔特加·加塞特:《大众的反叛》,长春:吉林人民出版社,2004 年,第 109 页。

反科技、反专家存在某些重合,但反智不完全等同反科学、反专家,因为虽然知识分子以专家身份说话,但"智识"(intellect)不同于"聪明"(intelligence),知识分子拥有的是智识,而专家拥有的是聪明,两者是不同的,主要在于智识不是实用性或务实性的。总之,反智就是反对知识分子。而霍夫士达特界定的知识分子并不是某类职业人士,如教授、律师、编辑或作家等。知识分子当然要有知识,更重要的是要有"智识",有知识不一定有智识。首先,智识是一种怀疑主义的批判性心态。其次,知识分子要有为真理而献身的虔敬精神。再次,知识分子自命为社会价值观的捍卫者。最后,知识分子有捍卫理性、正义与秩序的使命感。[1] 简言之,他所说的知识分子是一般我们所说的批判性知识分子或独立知识分子,关键要点是要保持与社会、大众的某种疏离的某些知识群体。专家拥有了足够的专业知识,如果又与社会、大众保持足够距离,坚持批判性与独立性,就可以成为霍夫士达特所称的"知识分子"。因此,霍夫士达特理解的反智与反专家是紧密相关的。

如前所述,费耶阿本德是美国哲学家反专家的代表,主张将专家从社会中心地位中清除出去,并且主张外行应该主导科学。他认为,专家的意见常常带有偏见,是不可靠的,需要民主的外部控制。他进而主张在自由社会中,外行可以而且必须监督科学,"外行将控制科学,而且并不造成危害"[2],显然,这走向了技术民粹主义。因此,费耶阿本德号召人们反对专家的权威。费氏指出,专家自认为是大众的老师,把大众视为学生,将当代社会事务的决策权窃为己有,阻止民主深入自由社会之中。在他看来,知识分子与专家没有区别,属于专家的一员,他们的意见没有什么特殊的重要性,解决问题重要的不是专家意见,而是适当的民主程序。在自由社会中,"伟大的人物与伟大的社会权力结合在一起可以管理——即使是以最温和的方式管理——其他人生活的时代逐渐结束了"[3]。可以看出,费耶阿本德不仅反对专家,更是反对理性本身,要高张非理性的作用。

显然,费耶阿本德对专家的批评过于偏激。社会纷繁复杂,社会事务林

---

[1] 参见霍夫士达特:《美国的反智传统:宗教、民主、商业与教育如何影响美国人对知识分子的态度?》,台湾新北:八旗文化/远足文化事业股份有限公司,2018年,第二章"知识不受欢迎"。
[2] 保罗·费耶阿本德:《知识、科学与相对主义》,南京:江苏人民出版社,2006年,第107页。
[3] 保罗·法伊尔阿本德:《自由社会中的科学》,上海:上海译文出版社,2005年,第150页。

林总总,普通公民不可能对它们都很了解,或者花大量的时间和精力来研究。并且,所谓治理语境中的"利益相关者"很多时候都很难界定。因此,专家意见有重要的参考价值。费氏的"外行主导"在实践中很难操作,而且产生的问题必不会少于"专家主导"。不过,他正确地指出专家权力过大,将失去社会包容心,会非常危险。

在《专家之死:反智主义的盛行及其影响》中,尼科尔斯提出,在美国"专家已死",反智主义盛行迟早要给美国共和体制带来大麻烦。[①] 新冠疫情中,美国的情况证明尼科尔斯的判断很有些道理。他将特朗普当选美国总统视为美国反智主义盛行的最重要表现:美国人长期不喜欢专家,选民们不认为特朗普无知,或者会因为他表现出来的无知而将其视为平民的捍卫者——高知精英都是暗中阴谋操纵美国人民的坏蛋——特朗普则利用民众的反智和无知来获取选票。在2016年选举时,特朗普曾明确反对疫苗,和很多美国人一样,他只相信自己的免疫力。

尼科尔斯所谓的"专家之死",指的是在美国专家与民众之间,沟通逐渐停止,老百姓对专家和知识怀有敌意,反专家情绪盛行。为什么会如此呢?尼科尔斯分析了诸多方面的原因。

(1)人性方面的原因。比如,人类生来喜欢抬杠,容易沉浸于自我幻想,专家指出他的错误会被视为侮辱。

(2)达克效应,即越蠢的人越自信。

(3)证实性偏见,即只看得见支持自己观点的证据,却看不见反面事实。

(4)平等偏见,即美国人喜欢在什么问题上都要平等,要求平等对待专业意见和非专业意见。

(5)美国高等教育界、互联网、新闻业和专家自身的原因。

美国高等教育大众化和产业化,学生成了消费者,教授成为提供服务者,导致整个高等教育全面异化,上大学变得和购物差不多,撕裂了专家与大众的关系。

互联网尤其是搜索引擎,扩大了专家与外行的分裂。很多人误以为在网上浏览就是调研,没有批判性思维,实际会变得越来越蠢。互联网并非集

[①] 托马斯·M.尼科尔斯:《专家之死:反智主义的盛行及其影响》,北京:中信出版社,2019年。

思广益的平台,尤其容易让外行将观点误解为事实,网上基本都是某个人或某些人的想法,很多人却以为那是被证明的事实。

尼科尔斯还指出,美国的新闻界和新闻记者也没有站在专家一边。一方面,他们没有深入研究的专业能力,另一方面,他们也不需要研究,只要写一些大家喜欢的东西就可以了。新闻娱乐化,消费者根本不关心重要的问题,更不关心专业不专业,媒体一味媚俗。加上信息过载,美国人几乎不相信新闻节目。"在一个民主社会,人们对媒体的高度不信任是有害的。"①

而专家也可能出错,这更导致公众不信任,尼科尔斯称之为"专家失灵",他总结四种失灵的情况:1)失败是科学和学术的正常组成部分;2)专家跨界发言;3)专家冒险进行预测;4)故意欺骗。

上述种种原因综合在一起,结果便是尼科尔斯所谓的"专家之死"。尼科尔斯的分析虽然针对的是美国,但是我认为对当代中国同样颇有启发意义。总之,不处理好专家与大众、科技与大众的关系,对中国治理体系现代化和治理能力的提高将形成很大的阻力。

3. "公众归位"

大众敌视专家,反过来有些知识分子也敌视大众,我称之为"反民粹主义"。反民粹主义不仅是轻视大众,而且是敌视大众,将大众视为某种危险的来源。显然,加塞特便是反民粹主义者。这里再列举李普曼的思想来说明反民粹主义。

在《幻影公众》中,李普曼对美式民主制进行批判性反思,提出"幻影公众"的民主或反民主理论。称其为"民主理论",是因为李普曼思考的是大众如何在政治事务中真正发挥适合且胜任的作用;称其为"反民主理论",是因为李普曼认为大众在政治事务中起不到什么作用,反倒可能导致"大众暴政",而且这不是所谓完善和提升民主制能解决的根本性痼疾。

就专家与公众的关系而言,我更愿意将李普曼的相关思想称为"公众归位"理论,即公众做好自己的本分就行,而不能统治或治理社会。他认为,在

---

① 托马斯·M.尼科尔斯:《专家之死:反智主义的盛行及其影响》,北京:中信出版社,2019年,第169页。

美式民主政治中,公众要回归其真正位置,即局外人、旁观者和危机参与者,这意味着,1) 公众只是政治活动的外围和边缘,而非真正的社会管理者;2) 公众只是旁观政治事务的处理,通过选举表达支持或反对,人民只是名义上的最高主权者;3) 当民主社会出现重大危机,尤其出现蛮横的专制、极权和独裁时,需要公众舆论支持反抗者。这便是人民在美国的真实地位,即李普曼所谓的"缺位的统治者"(absentee rulers)①。

与公众相对的是精英,他们是局内人和代理者,这不仅意味着真正理解和处理政治事务的是精英,而且是说公众通过选举选择精英来应对社会公共治理事务。有人会说,选举不就是让政客履行人民的意志吗?李普曼认为这完全是胡说。在他看来,选举完全是游戏,挑个候选人画个圈,根本不能反映什么公众意志。事实上,美式民主制同时是一种集权制度,"一个集权社会受控于一个虚构的故事,即统治者是公众意志的代言人"②。

在李普曼看来,民主包含集权的情况并不是美国独有的,而是民主政治无法根治的困境。"民主政治陷入窘境:一方面,他们将遭遇失败,除非制定获得广泛认同的规则;而另一方面,他们似乎无法找到解决重大问题的方案,除非通过集权统治推行其制定的规则,而无视认同原则。这样的问题困扰着民主政治,看似无法通过民主方式解决。"③为什么呢? 这是因为李普曼从现实主义来理解公众舆论或人民意志。他指出,普通老百姓忙于生计,没有时间和精力去研究政治事务,更没有能力深入分析政治问题,而且公共治理事务也与他们没有直接关系,也就没有兴趣为之耗费时间和精力。在这种情况下,能指望按照多数原则由人民引领政治活动吗?似乎不可能。李普曼认为,"民主政治理论的基本前提是公众引领公共事务的发展,而我认为,这样的公众纯粹是个幻影,是个抽象的概念"④,此即"幻影公众"说的基本观点。

在李普曼看来,公众是非理性的,既不可能在政治论战中提出什么有价值的观点,也不可能真的执行某种政治选择,甚至根本不能形成统一的意见即所谓的人民意志。所以,亚里士多德是将民主政治限制于规模不大的城邦

---

① 沃尔特·李普曼:《幻影公众》,上海:复旦大学出版社,2013年,第127页。
② 同上书,第136页。
③ 同上书,第140页。
④ 同上书,第51页。

中,与公民有限的政治理解能力相适应。李普曼认为,在大规模的现代社会中,理性理解基础上的民主制根本不能实现,民主主义者所说的无数公民统一出人民意志和公众舆论的观点,是自欺欺人的错误观点。在庞大而复杂的现代社会中,公众的作用是什么?李普曼认为是辨识不同政治主张,通过选举支持或反对某个代理人,"实际上,局外人跟随在掌握大局的局内人身后""时局稳定的时候支持执政党,不稳定的时候支持在野党,尽管二者难分伯仲,但这仍然是大众治理的本质"①。也就是说,公众指引不了政治前进的方向,但可以通过公开辩论看看各候选代理人有什么不同,通过选举投票表达一下支持。实际上,美国的执政党和在野党差别不大,交替执政的游戏没有实际意义,更重要的是,在漫长选举间隔期,公众根本理解不了代理人究竟在干什么。

如果真的让公众或人民带领社会发展,将会如何?李普曼认为,结果很可能是"公众暴政",即"当公众舆论试图直接参政的时候,它无法摆脱失败或暴政的宿命。它无理智地掌控或处理问题,唯一的方式是整体冲突"②"民主的虚假理想只能走向幻灭和好管闲事的暴政"③。按照无知公众的多数原则来行动,必定会导致一派对另一派的流血冲突,以及对少数派的血腥镇压。在李普曼看来,既没有什么大众意愿,选举也表达不了所谓大众意愿,基于多数原则的选举不过是不流血的书面战争动员,如果不承认多数人选出来的代理人执政,便是向支持者宣战。

李普曼认为,言论自由、信息公开和政治辩论之所以重要,并非公众真的能理解和分析政治事务,而是作为旁观者来分辨其中准代理人们的差别。执政者要考虑所谓公共舆论,但它是不能作为政治决策的依据,因为"究竟哪一个选项会最终胜出,做决定的不是公众,而是掌握着公众舆论的个别人"④。新闻和舆论中包含大量的虚假、错误、成见和盲点,而所谓公意便是通过公共舆论来表达的,因而公意也是可以被操纵的,"在实际生活中,谁也

---

① 沃尔特·李普曼:《幻影公众》,上海:复旦大学出版社,2013年,第91页。
② 同上书,第46页。
③ 同上书,第113页。
④ 同上书,第30页。

不会按照在每一个公共问题上都会有一个公众舆论这种推测去行事"①。总之,公众舆论并不能导致直接行动,因此李普曼将其认定为决定公共事务的次要间接因素。即使是反对暴政,也并非公众提出,公众辨识不出压迫和专横,而是等到有反对者站出来,才会对其进行帮助、支持和跟随。

如果想了解世界的真相,李普曼认为必须依靠专家,原因如下:1) 普通人无法区分新闻真假,需要分辨出专业的诚实报道者,来作为个人决策的依据;2) 政府、企业和机构需要专家完成情报工作,为公共决策提出辅助证据。换言之,依靠专家才能破除新闻和舆论的假象。当然,李普曼也提到新闻从业者要努力报道真相,但总的来说,他认为,掌控媒体的业主的要求以及新闻报道追求引人注目的爆炸性效果会压倒这种报道真相的努力。

显然,李普曼将新闻舆论与情报工作二元对立起来,分别对应假象与真相。专家在真相这一边,不断与被操纵的新闻界和公共舆论做斗争。但是,他也提到限制专家权力的问题。他指出,专家也是人,也会变成官僚,因此"唯一的制度保证,便是尽最大可能将执行者与调查者严格分离"②。专家主要收集信息,而把握政策是政治家、企业家和管理者的职责。"情报机构首先是实干家的工具,是负有决策责任的代表的工具,是办公室工作人员的工具。"③

在李普曼看来,政府并非人民意愿代言人,而是被选举出来处理各种问题,尤其是呼应公众舆论不断呼吁的问题。换言之,公众选出政治专家去解决问题,但并没有针对具体问题的意见。这就是李普曼理解的"公众参政的理想运行模式",即有时利益相关者自己解决,解决不了让政府公务人员干预,再解决不了就让公众舆论施加影响力。

显然,李普曼属于反民粹主义者,被无数人批评过,彼时杜威就专门写下《公众及其问题》与李普曼针锋相对。但是,李普曼扎根真实社会的现实主义非常有力,他与布热津斯基一样是现实主义者,是"冷战"一词的提出者,写下《冷战》《共产主义世界和我们的世界》等指导美国冷战的著作,影响很大。

---

① 沃尔特·李普曼:《公众舆论》,上海:上海人民出版社,2002年,第311页。
② 同上书,第301页。
③ 同上书,第312页。

李普曼论证专家在破除舆论压力和新闻操控方面的作用,颇有道理。但是,在很多时候,公共决策尤其是公共管理决策不一定要依据真相,此时重要的是响应公共舆论的呼声,而非响应真相的发展规律,毕竟政治不是求真活动。当然,政治响应舆论呼声,可能导致公众利益受损的结局。在实际政治活动中,此种我称之为"公众自损"的情形经常会出现,并且在动机与结果之间往往有一个较长的时间和空间的间隔。在现实主义者看来,这不可接受。但在民主主义者看来,这属于正常的民主代价。我认为,当这种情况出现的时候,专家应该努力向公众澄清可能出现的损失,但终归要服从民主制的程序和决策。

4. 专家与大众的互动

专家与大众之间的冲突论或和谐论,都失之简单和绝对,我支持互动论,即专家与大众之间必须不断进行互动沟通。技术治理的实施者要通过互动沟通,在专家意见与大众诉求之间寻找平衡,努力做到公开透明、兼顾各方利益,求得各方的相互理解。反过来,公众需要理解和影响的专家。这在一定程度上和一定范围内亦是可以实现的。

今天的知识分子和专家,都是多元社会的一员,不可能再要求特殊的地位。当今公众受教育程度普遍提高,大家都是多元格局中的一员,各有所长,各有所好。正如霍夫士达特所承认的,不用把智识、知识和知识分子的作用看得太高,反智主义不可能消除,也根本没必要消除,而且程度合理的时候对社会进步和民主制是有益的。我认为,当代批判性最大的特点是,"总体化批判"被"操作性批判"所替代。也就是说,如今社会复杂到如此程度,宏大叙事式的批判实际上变成维护既有社会制度的手法,或者让人们失去进取心的"毒药",社会进步积累于点滴的"小批判"中,比如小区业委会反对物业公司越权。因此,今天知识分子保持批判性,必须出现在每个需要检视、反思和总结的现场,而不是以书斋理论的名义指手画脚。

尼科尔斯提出,要重建美国专家与民众之间的信任。具体来说,他提出可以从数个方面努力:1)反对民粹主义;2)消除民主对专家的误解;3)反对反智主义;4)向美国人民重申民主真实含义,使之明白民主不等于万事平等;5)专家努力与公众沟通。"专家需要时刻谨记:他们是民主社会和共和国政府的公仆,而不是主人。可是,如果公民要当主人,不仅要用教育武装自己,还要具备一种公民道德,让他们能时刻参与管理自己的国家。"① 关键的问题在于:如何才能实现专家与大众的互动呢? 尼科尔斯提到,公共知识分子是专家与外行之间的桥梁,是向外行"科普"专业知识的人群(虽然往往也是一知半解),现在的问题是公共知识分子衰落了。② 虽然他没有明确说,但实际指出,可以从重建公共知识领域方面着手,来加强专家与大众的互动。

柯林斯和埃文斯提出互动型专长和互动型专家的概念,表明互动型专家可以在沟通专家和大众中发挥重要作用。互动型专长表明,外行可以通过纯语言的行为(主要是文献研究和与专家交流),掌握一定程度的专家专长,并同时能与专家与外行进行沟通。在柯林斯看来,互动型专家在科学活动中的作用非常重要,并且"如果互动型专长在科学中的确占有如此重要的地位的话,就为拥有互动型专长的非科学家打开了一扇决策的大门"③。长久以来,公众理解和参与科学面临着专业性质疑和与科学家存在鸿沟的重大难题,柯林斯和埃文斯试图在理论上为公众参与科学决策提供更坚实的合理性辩解和更切实的实践性策略。换言之,在此类活动中,必须有人成为互动型专家,并在沟通科学家与外行的行动中发挥重大作用。互动型专家在尼科尔斯的概念中,类似于公共知识分子。

进一步地,柯林斯和埃文斯区别互动型专长与元专长,互动型专家也可能在元专长的层次上发挥功能。但是,柯林斯和埃文斯一再强调,"分析专长并不是要打造哲学王或类似的专家"④,防止走向技术民粹主义的观点,即认为在某些领域外行能比专家做得更好。他们认为互动型专长是低于可贡献专长的,同样是防止专业问题完全成为政治问题。

因此,柯林斯和埃文斯希望在专业主义与民主主义之间找到某种平衡,在强调科学技术研究者在技术决策中的重要作用的同时,一定要避免冒犯科学家。谁会花巨大的时间和精力,成为某个新科技领域的互动型专家呢? 主

---

① 托马斯·M. 尼科尔斯:《专家之死:反智主义的盛行及其影响》,北京:中信出版社,2019 年,第 248 页。
② 同上书,第 214 页。
③ 哈里·柯林斯、罗伯特·埃文斯:《反思专长》,北京:科学出版社,2021 年,第 124 页。
④ 同上书,第 7 页。

要是专业的科学技术研究者。显然,政府官员如果成为互动型专家,在民粹主义高涨的今天制造的麻烦会更多。在现实中,互动型专家或许能起到一定的沟通作用,但是难以起到核心作用,还可能同时成为科学家和公众的"出气筒",或者常常被他们直接无视。不过,互动型专长的概念的确将"沟通"二字往前推进了一步,进入战略和策略的层面。否则,空谈原则性的理解没有什么价值。

四、"三大主力"及其关系

专家与现代科技紧密相关,包括科技知识的生产者,也包括科技知识的传播者、应用者。在我看来,知识人、工程师和管理者组成技治专家的三大"主力军"。显然,专家是从有无专业知识的角度认定的,知识人、工程师和管理者则是根据知识活动身处环境不同而划分出来的职业,它们都并非经济地位或阶级的概念。

1. "三大主力"

所谓"知识人",指的是科技知识生产者和传播者,尤其指在科研活动中,带有强烈实践指向的科学家、技术专家、社会科学家和科技知识分子。许多社会科学家如经济学家、管理学家、统计学家和公共政策专家,由于当代社会科学自然科学化的深入,都接受过系统的自然科学基础教育,很大程度上相信技术治理的作用,因而也要划在知识人当中。

"知识分子"的定位是知识传播者,又可称为"公共知识分子",既包括科技知识分子,也包括人文知识分子。除了艰深的科技知识生产工作,大量的相关工作岗位如科学普及、科学传播、科幻文艺、科技艺术和工业设计等涌现出来,横跨于从科学到大众、从真理到生活之间的鸿沟之上。如斯诺等人观察到的,围绕当代科技已然形成蔚为大观的科学文化。科技知识分子从事与自然科学技术相关的知识传播工作,向大众解释新科技的进步及其社会影响,是科学文化建设的重要力量。

所谓"工程师",就是以工程为职业的人,属于是科技知识的应用者。工程师可以分为自然工程师和社会工程师两大类,都要在实际的治理情境(自然工程和社会工程)中运用现代科技知识。工程师的起源很早,但现代意义的工程师出现于18世纪之交,欧美工程职业大规模扩张主要是19世纪下半叶以来的事情,第二次世界大战之后工程师成为西方发达国家的主流职业,社会工程和社会工程师在21世纪之交得到社会越来越多的认可。

所谓社会工程,主要指的是运用社会科学如管理学、经济学、社会学、公共卫生学和心理学等的基本原理和技术方法来改造社会的控制活动。一些人不同意"社会工程"的概念,因为他们认为社会是不可控制的。而我认为,对社会实施完全而总体的控制的确是不可能的,但局部的、某个侧面、一定程度的控制不仅是可能的,而且在现实社会中一直在发生。从事社会工程事业的工程师是社会工程师。广义的工程师不仅包括科学专家、技术专家和技术人员等自然工程师,还包括社会工程师,如一些经济学家、管理学家、心理学家、职业经理人、金融专家、精神病专家、城市规划师、社会学家等,他们不同于大学教授和媒体知识分子,参与实际社会工程的设计和实施。

所谓"管理者",指的是在公司、企业、政府和NGO等各种社会组织中占据领导职位,实施技术治理的职业经理人、技术官僚、计划人员、公司经济学家等。管理者自古都有,但只有到了20世纪之交,尤其是泰勒主义和科学管理运动兴起之后,各项管理工作(包括工业管理、企业管理、公共管理、人力资源管理等)逐渐科学化、技术化和数字化,作为技治专家的管理者才真正出现。不是所有的管理者都相信技治主义,但由于管理学的科学化,职业管理者均接受过必要的现代科技教育,很多都相信技术治理的作用。从某种意义上说,管理者属于工程师的特殊部分,即管理工程师。但是,由于管理者与现场施工作业的工程师相比,主要在办公室中以文牍工作为主,特点鲜明,数量庞大,也非常容易辨认,因而我单独将其划分为技治专家的一类主力。

必须要再次指出,"三大主力"主要属于职业划分,而不是阶级划分。从社会主义立场看,适度运用技术治理的问题,也是利用好专家使之为社会主义服务的问题。

2. 不同传统

显然,知识人、工程师和管理者的区分是非常粗略的,在很多时候会有重合。之所以做这样的划分,并非出于类型学的原因,而是因为在实际历史发展过程中,它们分属不同的职业传统,有不同的发展历程,对它们的讨论亦属于不同的思想传统。

知识人数量激增与20世纪高等教育的平民化以及"大科学"的兴起息息相关。20世纪以来,尤其是第二次世界大战之后,西方发达国家的知识人数量尤其是科学家呈指数型增长,越来越多的知识人开始参与技术治理活动。中国的类似现象出现的时间较晚,知识人的爆炸性增长主要是在改革开放之后,尤其是20世纪90年代末高校大规模扩招之后。而对知识人崛起意涵之反思,尤其知识人与技术治理、政治活动之间关系,自20世纪五六十年代以来,成为学术界普遍关注的问题之一。

从阶级结构的角度看,知识人是否构成对立的两大基本阶级之外的新阶级(new class)？新阶级会不会将社会引向技治社会？相关讨论纷繁复杂,歧义纷呈。但是,从技术治理角度看,最重要的相关理论当属新阶级理论和中产阶级(middle class)理论,前者将知识人称为"新阶级",后者将知识人划入"中产阶级",两者均主张知识人是独立阶级,均支持知识人掌握一些公共治理权力——如米尔斯认为中产阶级由于职业原因可掌握某些治理权[①]——不同程度地实施技术治理,其中一些激进者更是可以视为典型的技治主义者。

新阶级理论是知识人阶级分析的主干思潮。正如布瑞斯指出,它的出现受到20世纪60年代西方社会主义运动的影响,尤其是1968年法国的"五月风暴"的刺激。[②] 它主要包括新工作阶级(new working class)理论和专业管理阶级(professional-managerial-class)理论两大分支。前者认为知识人将突破资本主义框架,向社会主义前进,而后者则认为知识人的目标不是工人阶级领导的社会主义社会,而是专家领导的技治社会。在新工作阶级理论中,图雷纳的新工人阶级理论颇为有名[③],而古德纳的新阶级理论可以说是专业管理阶级的典型[④]。

---

① C. 赖特·米尔斯:《白领——美国的中产阶级》,杭州:浙江人民出版社,1987年,第95页。
② Beverly H. Burris, *Technocracy at Work*, Albany: State University of New York Press, 1993, p. 41.
③ Alain Touraine, *The Post-Industrial Society: Tomorrow's Social History: Classes, Conflicts and Culture in the Programmed Society*, New York: Random House, Inc., 1971.
④ 艾尔文·古德纳:《知识分子的未来和新阶级的兴起》,南京:江苏人民出版社,2002年。

与之相对,中产阶级理论家则认为,知识人作为中产阶级,从根本上是资本主义社会的"稳定器",而非技治社会的开拓者。伯恩施坦修正马克思主义理论,认为老式中产阶级即中小企业主在德国并没有随着垄断的发展而灭亡,新式中产阶级即职员阶级随着现代化大生产发展而兴旺发达,工人阶级则摆脱贫困化而上升为市民阶级,他们组成人数众多的中产阶级,成为社会稳定和实现民主的主力军,因此"百年以前需要进行流血革命才能实现的改革,我们今天只要通过投票、示威游行和类似的威迫手段就可以实现了"①。而米尔斯则认为,中产阶级是社会沟通两大对立阶级的"平衡稳定器",新中产阶级的崛起说明资本主义社会劳资矛盾在缓和,但又认为中产阶级在政治上是"墙头草"——"新中产阶级的政治问题是,他们最可能跟在哪个集团或政治运动的尾巴后面跑呢?答案是:看上去最有可能取胜的集团和运动。"②

与知识人不同,管理者数量的激增,主要与资本主义经济的发展与变化相关。19 世纪末 20 世纪初,随着技术进步和经济集中过程不断推进,自由资本主义过渡到垄断资本主义,工厂、公司和企业的规模越来越大,运行越来越复杂,人们开始认识到管理在提高经营效率中的关键作用。20 世纪之交,泰勒、法约尔等人提出科学的管理理论,现代管理学从此正式诞生。

不能断定是美国人最早提出管理学,但泰勒等人苦心孤诣推动的科学管理运动,是管理学建制化并走向世界的最重要推动力。泰勒之后,美国学者成为推动管理学发展的主力,世界上最早的商学院以及系统的商学教育,亦从美国开始。从某种意义上说,成熟管理是美国经济在 20 世纪超过英国并自此独占鳌头的最重要助力之一。

管理学的崛起和建制化的另一面,则是各类管理者数量的激增,管理者权力的不断扩张,以及对管理者权力的不断解读和反思。总的来说,以经理人掌权是否会颠覆资本主义制度为标准,管理者权力论可以粗略地分为激进和温和两派。

以美国学者为主,一些理论家提出激进的"经理革命"(managerial revo-

---

① 伯恩施坦:《社会主义的前提和社会民主党的任务》,上海:三联书店,1973 年,第 2 页。
② C. 赖特·米尔斯:《白领——美国的中产阶级》,杭州:浙江人民出版社,1987 年,第 394 页。

lution)理论,将管理者视为新近崛起的阶级或阶层,并且是正在或已经夺取社会控制权的未来领导阶级,将领导整个社会走向资本主义和社会主义之外的"第三条道路",因而同时遭遇来自左右两大阵营的攻击。伯恩哈姆的《经理革命》(managerial revolution,1941)是经理革命论最著名的经典,着力讨论高级管理层崛起可能导致的权力和社会变革,即既摆脱资本家主导的资本主义道路,也不选择工人阶级掌权的社会主义道路,而是走向经理人领导的经理社会(managerial society)。① 南斯拉夫领导人吉拉斯剖析斯大林时期的苏联时,也得出类似的结论,即政治官僚开始统治整个苏联,"国家机器不过是它的护身符和工具"②。

还有一些美国学者并未将管理者权力提到"无上"的位置,只是主张温和地扩张管理者掌握的权力,有利于资本主义社会的合理化运行,可以称之为"经理扩权论"。泰勒主义的管理革命不仅意味着管理活动的科学化,还意味着管理者掌握更大的权力,两者紧密结合在一起,不可分割。在操作层面,泰勒主义强调在工厂中设立计划部门,管理者围绕计划部门实施管理活动,在工厂中掌握决策权。在《现代公司与私有财产》中,伯利与米恩斯认为,20世纪之交美国的公司正在发生"公司革命",股份制大公司的出现,使得顶层管理者掌握公司权力,开始与所有者分庭抗礼。③

一开始,经理扩权论和经理革命论都各有人主张,后来由于1917年苏维埃革命、两次世界大战以及随之兴起的民族解放运动,激进思想在20世纪四五十年代曾颇为流行,但到了60年代之后,信奉激进观点的思想家就很少了,人们普遍相信管理革新仅仅是资本主义内部的制度改良而已。德鲁克和钱德勒是温和思想的典型代表,均认为经理人崛起是资本主义内部的事情,钱德勒的讨论基本局限于经济领域,而德鲁克的分析更为泛化。1970年,德鲁克在《管理与社会》中提出,正在到来的知识社会,整个都应该由职业管理者领导。④ 1977年,钱德勒的名著《看得见的手:美国企业的管理革命》认为,

---

① James Burnham, *The Managerial Revolution*, Bloomington: Indiana University Press, 1941.
② 密洛凡·德热拉斯:《新阶级:对共产主义制度的分析》,北京:世界知识出版社,1963年,第32页。
③ 阿道夫·A.伯利、德纳·C.米恩斯:《现代公司与私有财产》,北京:商务印书馆,2005年。
④ 彼得·德鲁克:《技术与管理》,北京:机械工业出版社,2020年,第30页。

"支薪经理所管理的大企业,已取代传统的家族小公司而成为管理生产和分配的主要工具",同时意味着"现代工商企业及其经理人员的兴起"①。

与知识人、管理者相比较,工程师的历史则漫长得多。"工程师"一词在西方出现于中世纪晚期,用来称呼诸如攻城槌、石弩和其他军械的制造者和操作者。也就是说,最早被称为工程师的人是军人或工兵。在英国工业革命期间,工程师开始摆脱纯粹军事活动,称自己为"民用工程师"或"土木工程师"。1818年,英国土木工程师协会创立,这是第一个官方承认的职业工程师组织,在差不多的时期,美国、法国、德国等纷纷成立类似组织,这标志着工程师职业正式出现。而在中国,现代意义的工程和工程师都是舶来品。中国工程师最早孕育于晚清的留美幼童群体以及船政留欧群体之中,代表人物如詹天佑、司徒梦岩等,最早的工程师职业团体是1913年詹天佑等人发起成立的中华工程师学会,早期著名工程比如京张铁路。

总的来说,欧美工程职业大规模扩张,与工业革命和电力革命息息相关,主要是在19世纪下半叶和20世纪上半叶,伴随着大型公共工程如运河、铁路的建设,以及大型工业公司的崛起。第二次世界大战之后,西方发达国家已然进入工程和工程师的时代,工程师成为社会主流职业,工程成为改造世界的主要手段,对人们的生活方式产生深刻的影响。中华人民共和国成立以来,中国工程事业有了长足的发展,但根本性的飞跃是在改革开放之后。到今天,中国的工程力量和水平已经举世公认。从某种意义上说,当代中国也进入了名副其实的"工程师时代"。②

对工程师职业的反思,直到20世纪之交才引起思想家的关注,主要集中于两个问题的反思:1)工程师与国家权力的关系;2)工程师的社会责任和工程伦理。对于前者的理解,概括地说,主要存在四种不同的观点,我分别称之为工程师革命论(如凡勃伦的思想)、工程师反叛论(如莱顿的《工程师的反叛:社会责任与美国工程职业》③)、工程师改造论(如斯大林主张以"新工

---

① 小艾尔弗雷德·D.钱德勒:《看得见的手——美国企业的管理革命》,北京:商务印书馆,1987年,第1页。
② 刘永谋:《工程师时代与工程伦理的兴起》,《光明日报》2018年9月3日理论版。
③ 爱德温·T.莱顿:《工程师的反叛:社会责任与美国工程职业》,杭州:浙江大学出版社,2018年。

程师"取代"旧工程师"①)和工程师服务论(当代中国的主流观点),分别主张:1)工程师领导社会;2)工程师要自觉;3)工程师不过是掌权者的工具;4)工程师要服务于国家和社会。而对于后一个问题,正如米切姆所归纳的,很多工程师职业组织在19世纪下半叶就开始将明确的伦理规范写入组织章程之中,成为推动职业发展和提高职业声望的重要手段;20世纪上半叶,工程伦理关注的焦点转移到效率上,即通过完善技术、提高效率而取得更大的技术进步,而到了第二次世界大战之后,工程伦理进入关注工程与工程师社会责任的阶段;21世纪初,工程伦理的社会参与问题受到越来越多的重视。②在中国,工程伦理和工程教育在新世纪才逐步兴起,还有大量的工作需要做。

综上所述,知识人、管理者和工程师虽然都属于技治专家的范围,但分属各自不同的传统,因而具有不同的特点和属性。这也进一步支持马克思主义者关于技治专家的基本观点,即它们并非同一的阶级,而是与知识相关的不同职业门类。

3. 三者关系

知识人、工程师和管理者三者同属于技治专家,均以专长和知识为获取权力的基础,推崇专业主义和能力至上。但是,三者所拥有的专长和知识不尽相同,利益目标也不尽相同,承担的具体工作不一样,实施技术治理的领域和措施也不一样。因此,它们的诉求和目标并非完全一致,而是异质性的,内部也存在分歧和冲突,同样需要努力处理相互之间的关系。比如,加尔布雷思认为,专家内部存在技术专家阶层与科教知识分子之间的矛盾,科教知识分子应该制衡技术专家阶层,防止专家政治走向失控。③

在一些理论家眼中,三者往往交织在一起。泰勒心目中理想的管理者是科学家,要对劳动场所的管理工作进行科学研究,而凡勃伦认为工程师同时包括经理人和知识人,伯恩哈姆认定的管理者甚至还包括政府官僚。大体

---

① Vitaly Gorokhov, Politics, Progress, and Engineering: Technical Professionals in Russia, See Longdon Winner, (edit) *Democracy in a Technological Society*, Dordrecht: Springer-Science + Business Media, B.V., 1992, pp. 175-185.
② 卡尔·米切姆:《工程与哲学——历史的、哲学的和批判的视角》,北京:人民出版社,2013年,第215—230页。
③ 约翰·肯尼思·加尔布雷思:《新工业国》,上海:上海人民出版社,2012年。

上说,管理者因行使专业管理职能而跻身专家,知识人因生产专业知识而成为专家,而工程师因实施自然工程和社会工程而成为专家。在实践中,经理人活跃在管理层,而知识人活跃在研发部门,工程师则活跃在生产一线。可以将管理活动理解为对管理科学知识的应用,研发活动则是对其他自然科技知识的应用,而工程活动需要同时运用自然科技知识和社会科技知识。在帕特南看来,运用社会科学的专家与运用自如科技知识的人在精神气质上是不同的。①

进而言之,在专业知识的名义下,专家治理的职能和目标实际上很复杂。除了上述的知识生产、组织管理和工程实施的职能,还有其他的目标指向。经济学家常常以智库形式,参与对国家宏观经济运行的治理活动,扮演社会预测—解释者的角色。很难相信经济学家的理论真的能完全控制复杂的社会运行,但是他们提出某些社会预测,或者解释某些发生的事情,对于社会稳定运行起着重要的作用。至于工程师治理社会,更多会聚焦于工程物的制造或运行之上,同时不得不考虑大工程的社会责任。总之,由于支撑专家的专长的复杂性,导致专家治理功能的复杂性。在专家治理的讨论中,要区分各种不同情况,否则可能陷入混乱和矛盾。

管理者与知识人、工程师之间是否存在领导与被领导的关系呢?吉拉斯认为,后两者是为统治者(管理者)服务。米尔斯与吉拉斯观点类似,认为知识人和工程师完全受雇于统治者(管理者)。

德鲁克主张的是管理者与知识人之间是温和领导的关系,知识人有相对独立性。他主要有如下两个理由:

第一,因为社会正在进入知识社会,所以,组织和激励知识工作者和技术人员的工作是职业管理者的最重要任务。"在知识社会中,知识而非财富占据社会中心位置。"②新一代职业管理者的最重要任务就是要提高知识运用成效,为此一是不断扩散和增长知识,二是要努力用成就激励知识工作者。并且,对知识的重视实际使得从事体力劳动的工人阶级受到威胁,需要职业管理者去协调工程师与工人之间的冲突。总之,"21世纪,管理需要做出的

---

① Robert D. Putnam, Elite Transformation in Advanced Industrial Societies: An Empirical Assessment of the Theory of Technocracy, *Comparative Political Studies*, 1977, 10(3).
② 彼得·德鲁克:《社会的管理》,上海:上海财经大学出版社,2003年,第61页。

最重要的贡献与20世纪的贡献类似,它要提高知识工作和知识工作者的生产率"①。

第二,在《社会的管理》和《21世纪的管理挑战》中,德鲁克提出知识工作者在知识社会中是相对独立的自我管理者。在知识社会中,知识工作者人数越来越多,其中同时从事知识工作和体力工作的技术人员占比最大。由于知识工作者都是专家,胜任专门化工作,因而需要职业管理者组织各专业人员共同工作,在这个意义上,知识工作者要接受管理者的领导。但是,知识工作者具有很强的独立自主性,并且掌握了生产工具,"组织需要知识工作者要远比知识工作者需要组织更加强烈"②,因而"越来越多的劳动者和大多数知识工作者将需要自我管理"③。从这个意义上说,知识工作者又是独立的,而非传统社会中的依附性阶级。

无论如何,技治专家的"三主力"虽然都属于专家,但不能看成完全一致的某种阶级或阶层。它们应该相互独立,相互制衡,又相互沟通,相互协作。并且,知识人、工程师和管理者内部又存在诸多分化、分裂和矛盾。因此,技治专家根本不能作为一种团结的阶级集团,让专家采取某种一致夺权的行动更是不可能实现的。

---

① 彼得·德鲁克:《21世纪的管理挑战》,北京:机械工业出版社,2009年,第118页。
② 彼得·德鲁克:《社会的管理》,上海:上海财经大学出版社,2003年,第66页。
③ 彼得·德鲁克:《21世纪的管理挑战》,北京:机械工业出版社,2009年,第142页。

第二编

技治推进诸构想研究

第 7 章　机械决定论的总体技术统治

如前所述,凡勃伦是技术统治论最著名的理论家,因而可以他为例来分析技术统治论的技术治理方案。在一种机械决定论科学观的基础上,他提出"技术人员的苏维埃"的技术统治论社会蓝图。在科学运行方面,他的科学观有很强的进化论和机械论色彩,把科学技术视为一种思想习惯,认定科学技术的应用决定了现代社会的机械色彩,并断言资本主义价格系统终将崩溃。在专家治理方面,他认为社会发展最终会将统治权从资本家手中移交到工程师手中,后者将按照技术原则来运行整个社会。

因对"大萧条"的预测而著称,凡勃伦亦被视为制度经济学的创始人之一。从某种意义上说,"技术人员的苏维埃"是一种应对资本主义制度危机的激进改良主张。可以说,每次资本主义经济出现危机之时,凡勃伦就会被更认真地对待,比如应对"大萧条"的罗斯福新政就借鉴了许多凡勃伦的思想。[①] 随着冷战的结束,凡勃伦的思想日益被世人所重视,影响扩展到经济学之外,如传播学、环境伦理学、教育学等,新世纪的全球金融危机更加扩大了他的影响。

一、进化论的科学技术观

凡勃伦是进化论的忠实信徒,通过"习惯"概念将进化论思想引入技治主义中。他用"习惯"来理解科学、技术、文化、制度以及它们的进化,认为它们均属于习惯的范畴。所以,"习惯"是凡勃伦理论体系基础性的概念,是他沟通经济学、心理学、文化学、进化论、伦理学和技术主义等诸多研究视域的

---

① Rick Tilman, *The Intellectual Legacy of Thorstein Veblen*: *Unresolved Issues*, Westport, Connecticut, London: Greenwood Press, 1996,第七章"凡勃伦与新政"。

枢纽。他的逻辑是,科学技术是进化的思想习惯,而它们决定着社会的发展,因而随着科学技术的进化,现代社会必然进化到某种技治社会即技术统治论社会。因此,凡勃伦的科学技术观可以归结为进化决定论科学观,这是他的技术治理方案得以成立的立论基础。

1. 习惯与文化

凡勃伦对习惯的理解颇有新意,认为习惯不是停留在人类的行为模式层面,而是直接关联基本人性。他指出,"在近代生物学与心理学的指导下,人类性格应当用习惯这个字眼来表示"[1],他大量使用人格、性格、本能等心理学术语,努力将当时兴起不久的现代心理学引入经济现象的分析。

由于对于人性的理解不同,凡勃伦理解的习惯与当时多数心理学家的观点并不相同。

首先,习惯是反本质主义和历史主义的概念。达格尔指出:"在人性问题上,凡勃伦是反本质主义者,即人没有自然的、遗传的、生物的本质。"[2]凡勃伦批评传统经济理论从快乐主义立场上理解人性,反对把人性看作被动的、静止的和永恒的东西,主张人性是历史的、变化的,没有什么不变的人类本性或本能。既然人性在变化,人类性格或习惯也就随之变化。

其次,习惯是集体主义的概念。一反西方传统的个人主义观念,凡勃伦认为:"就像有时人们所说的,个体是遗传和环境的产物。而且遗传总是集体的遗产,也许在人这个物种上尤其如此。"[3]任何个体都不能离开群体而成其为自己,必然要分享群体的某些特性(包括优点也包括缺点),拥有将自身某些特性在群体中传承下去的机会。因此,习惯是集体的习惯,必须在群体中传承和传播,纯粹个人习惯是没有意义的。

再次,习惯是社会进化论的概念。在凡勃伦看来,习惯是不断进化的,这种进化没有终点。从内因来看,习惯进化是某个群体中主流性格类型改变

---

[1] 凡勃伦:《有闲阶级论——关于制度的经济研究》,北京:商务印书馆,1964年,第160页。
[2] William M. Dugger, Veblen's Radical Theory of Social Evolution, *Journal of Economic Issues*, vol. XL, No. 3, Sep. 2006, XL(3), p. 657.
[3] Stjepan Mestrovic (ed.), *Thorstein Veblen on Culture and Society*, London, Thousand Oaks, New Delhi: Sage Publication, 2003, p. 37.

的结果。从外因来看,习惯进化是社会环境、历史环境选择的结果。在外部因素中,凡勃伦尤其注重经济环境的选择,这一点与马克思类似。当习惯进化的时候,整个社会制度、社会文化随之进化。

最后,习惯是文化进化论的概念。凡勃伦把习惯看作文化的基本单位。他指出:"任何共同体的文化体系都是共同体成员中流行的生活习惯和思想习惯的混合体。"①在稳定的时期,各种习惯组成的某种文化是相对一致、平衡而有机的整体;而当群体习惯进化,文化也要不断进化。可以说,习惯是文化背后相对稳定的某种"结构"。

在19世纪末20世纪初,凡勃伦对习惯的理解是非常新颖的,借鉴当时最新的行为主义心理学的想法,其中一些理念在20世纪中叶才被广泛认可。

2. 科学是一种思想习惯

凡勃伦的习惯观奠定他审视科学和技术的基调,即它们是某种形式的习惯。凡勃伦主要提到三种习惯,即思想习惯、生活习惯和劳作习惯。他如此描述三者之间的关系:"早期文化中更高层次的理论知识,也就是那些上升到哲学或科学体系的尊贵地位的信念组织,是思想习惯的混合体,这些思想习惯反映了内含于社会的制度结构中的生活习惯;而更低层次的、对日常功效——当然是一些琐碎的东西——注重实际的归纳,反映的是由人民生活中平凡的具体需要所强化的劳作习惯。"②在凡勃伦看来,思想习惯的基础是生活习惯,生活习惯的基础是劳作习惯。这与他强调物质、实践、经济、生产的唯物倾向是一致的,也因此被人攻击为经济决定论。

从习惯的角度来审视科学技术,凡勃伦认为"一种科学观点是共同体流行的一致的思想习惯"③,而"为有用的目的而对科学知识的运用就是广义上的技术"④。在他看来,"科学是对自然现象和社会现象的因果关系的明确认识"⑤,所以他所讨论的科学不仅包括自然科学还包括社会科学。相应地,他

---

① 托尔斯坦·凡勃伦:《科学在现代文明中的地位》,北京:商务印书馆,2008年,第32页。
② 同上书,第35—36页。
③ 同上书,第32页。
④ 同上书,第15页。
⑤ 凡勃伦:《有闲阶级论——关于制度的经济研究》,北京:商务印书馆,1964年,第276页。

所讨论的技术也要囊括自然技术和社会技术,即"除了严格意义上的机器工业外,还包括诸如工程、农业、医学、卫生和经济改革这些应用性的分支"①。

总的来说,作为思想习惯的科学、技术,在凡勃伦看来主要包括如下基本特征:1)思想习惯是文化的重要构成部分,因而科学、技术是一种文化形式。2)科学、技术不是孤立进化,而是随着那些构成了文化发展序列的流行思想习惯的变化而变化。换言之,它们都是文化整体进化的产物。3)科学、技术是集体传承、共同拥有和群体传播的,因而表现为群体的共同能力。个体的创新必须建立在共同知识储备的基础上,并且增加群体的共同知识储备。4)科学、技术可能与生活习惯不一致,要受生活习惯的控制、审查和引导。并且,科学、知识只有得到生活实践中的习惯规律加强和支持,才能保持其地位和力量。5)科学、技术更多地存在于日常生活和工业生产中,而不是秘传理论和永恒真理。显然,凡勃伦不关心科学、技术的认识论问题,而是关心它们如何运用于日常生活,也不关心科学前沿的知识创新,而是关心一般知识如何影响工业生产和经济生活。

总之,对于凡勃伦而言,"科学是否或何以为真"的传统认识论问题并不重要,重要的是科学技术"实际为何"以及它们对真实生活产生了何种影响。为此,他将进化论、心理学、社会学、经济学等多重视角引入科学技术研究中,将科学技术放置于工业生产、时代精神、文化演进和社会进化的语境中,勾勒出日常生活中科学技术的丰满面貌,与稍晚开始流行的逻辑实证主义科学观大相径庭。

另外,凡勃伦的科学技术论体现出技治主义理论家注重吸收最新科技发展的特点。这既体现在科学论选择方面对新科学观、新科学哲学的吸收,也体现在技术治理手段方面对新科技的吸收,还表现在理论术语方面对科技进展的及时借鉴。因此,技术治理理论往往在当时显得很有"科技感"。

3. 知识和科学的不断进化

凡勃伦主张现代科学的最基本特征是进化性,不能坚持进化论的学科均为前现代知识。并且,所有知识和信念的准则都是进化的,因此没有不变

---

① 托尔斯坦·凡勃伦:《科学在现代文明中的地位》,北京:商务印书馆,2008年,第15页。

的知识标准,没有永恒不变的真理。在他看来,中世纪关于事实和可信性的标准与现代完全不同,知识和信念原则比法律和道德原则更容易被修正。在这一点上,凡勃伦的进化论科学观与科学哲学上的历史学派诸人如库恩的思想相近,但是早期库恩坚持不同科学范式的不可通约性,因而它们之间不存在从低级到高级、从不成熟到成熟等比较性等级,而这正是凡勃伦的观点。不过,后期库恩在《结构之后的路》中也试图将进化论、集体主义等思想引入新的范式理论,似乎受到凡勃伦著作的影响。①

那么,知识为何会进化?凡勃伦将之归结为本能刺激的结果。凡勃伦认为,无论东西方,知识源自一样的人类本能,满足一样的人类需求,而包括科学技术在内的"任何知识系统的源头必然可以追溯到主要是被两种人性的特征所赋予冲动和偏向,即随意的好奇心(idle curiosity)和工艺的本能(instinct of workmanship)"②。前者是非功利的,是人生来探索事物本质的天性,不关心知识是否有使用价值;而后者是功利的,按照劳作的习惯来解释世界。因此,工艺的本能更注重实际的推进,注重选择目标、制订标准和方案。在知识进化史上,两者对知识生产活动的支配力量此消彼长,到了现代社会,功利原则逐渐占据了上风。实际上,对科学发展动力的二元解释并不新颖,凡勃伦的创新在于对其进行心理学的解释,即将之归结为某种本能。

在凡勃伦看来,知识进化经历了四个阶段,与人类文明进化迄今经历了前后相继的四个阶段相一致,即早期野蛮文化、高级野蛮文化、早期文明文化和高级文明文化。

早期野蛮文化是和平文化。彼时,对知识的追求主要由随意的好奇心支配,人们以戏剧化的想象方式解释观察到的事实,形成了拟人化或万物有灵论的知识体系。这种知识非实用性质明显,坚持目的论立场。

中世纪文化则是高级野蛮文化,属于好战文化。人们崇尚武力,弱肉强食。中世纪知识仍然继承了万物有灵论,表现为自然神学、自然权力论、自然法等理论流行。想象在中世纪知识生产中仍然重要,但权力体系在知识生产

---

① Thomas S. Kuhn, The Road Since Structure, *Proceedings of Biennial Meeting of the Philosophy of Science Association*, 1990, (2).

② Stjepan Mestrovic (ed.), *Thorstein Veblen on Culture and Society*, London, Thousand Oaks, New Delhi: Sage Publication, 2003, pp. 53-54.

中的作用越来越重要，逐渐开始取代万物有灵的基本主张。中世纪知识体系与主流权力体系、封建等级是一致的，知识以自然法则、法令的形式表现出来。比如，在炼金术和占星术中，物体有不同的尊贵性。知识活动的功利成分开始上升，越来越受到实用主义支配，日常的、实用的、劳作的知识作用增加，但仍处于科学的尊贵地位之下。

中世纪之后的早期文明文化阶段，知识活动中非功利的好奇心被称为"科学精神"，知识的权威等级和尊卑差别变弱，传统的权威性下降。万物有灵思考方式进一步弱化，劳作成为科学真理的权威标准。工艺的本能压倒随意的好奇心，支配知识活动，非拟人、非目的论的因果法则取代拟人论成为首要知识原则，因果关系以工人、工作为中心建立起来。

19世纪进入了高级文明文化阶段，或称之为机器文化。知识活动中心从工人转变为机器，知识成为对机器过程的模仿性说明，类比机器的技术知识具有明显的机械性。知识体系继续去拟人化的过程，万物有灵论彻底消失。现代科学与技术秉持同样标准化、有效性和决定性的思考方式。知识活动注重实际和事实，而非完全功利的实用，非实用的科学精神越来越被重视。随意的好奇心与工艺的本能分裂，实用与知识逐渐开始分裂，或者说知识分为实用知识和非实用知识，非实用的知识为实用知识服务。这种分裂一直存在，但直到此时才彰显。

根据上述知识演化史的描述，凡勃伦进一步指出，科学也在不断进化。任何现代科学探索都必须从形而上学的起点开始，而这种假设性的形而上学逻辑连续地变迁，没有不变的知识标准，也没有所谓的真理的终点。他将科学分为前达尔文时期和后达尔文时期，后达尔文科学是彻底贯彻现代进化论的进化的科学。他认为，前达尔文科学基本上是分类学，主要考察定义和分类，追求精神上的一致性，用先入之见来组织整个事实，表现出拟人和目的论特色，采取万物有灵论、形而上学或自然法体系等形式。而进化的科学研究客观事实，坚持过程的观点，最为重要的是进化的科学坚持现代进化论的方法和观念。进化的科学把自然现象看作因果连续变化的、永不中断的过程或序列，没有起点亦无终点，没有目的亦无意义。凡勃伦主张所有的科学最后都要进化为进化的科学，实际上是要排斥形而上学对科学的"干扰"，与逻辑实证主义主张类似。在凡勃伦看来，包括经济学在内的人文社会科学还不是进化科学,仍然处于前达尔文甚至前现代时期。前现代的思想习惯是目的论的,用精神上的先入之见来组织整个事实,保持精神上的一致性。

二、机器工业社会的宿命

凡勃伦将19世纪以来的西方文明归结为机器文明,带有明显的机械主义色彩。他认为,19世纪中叶美国等西方发达国家全面进入了工业社会。在工业社会,工业系统是社会的主干,工业系统有效运转则整个社会有效运转,它的各个部分紧密契合、有机协作,可以说构成一架社会大机器。除此之外,凡勃伦理论的机械主义色彩还体现在他的技术决定论是一种简单线性的、机械的和"生硬"的决定论。总之,凡勃伦的社会观是机械决定论,他理解的现代社会以及其后的技术统治论社会均为机械性和总体主义的,不允许一丝一毫的"松动",因而带有非常强烈的压迫气息——对此,他也不得不承认。

1. 机械决定论社会观

凡勃伦指出,知识是文明的核心。在任何文明中,知识都被认为有内在的固有价值,比物质性成就更为宝贵。知识可能采取神话、神学、哲学和科学等不同形式,"构成了囊括它的文明的坚固核心,而且赋予那个文明以特征和独特之处"[①]。科学诞生以来,对文明的作用日益增强,逐渐成为社会发展的决定性力量。

第一,科学技术决定生产力状况。凡勃伦认为,19世纪的经济学忽略两个最重要的生产要素,即工业技艺和企业家。工业技艺是指工业生产中运用的自然科学技术,而企业家发挥作用主要是把管理技术运用于工业中。"制造者的生产力只不过是他所掌握的非物质技术设备的函数。"[②]在生产力诸要素中,马克思突出劳动者的作用,凡勃伦则强调科学技术的作用。

第二,技术发展导致经济所有制变化。当技术状况处于体力、劳动技能

---

① Stjepan Mestrovic (ed.), *Thorstein Veblen on Culture and Society*, London, Thousand Oaks, New Delhi: Sage Publication, 2003, p. 52.
② 托尔斯坦·凡勃伦:《科学在现代文明中的地位》,北京:商务印书馆,2008年,第255页。

最为重要的阶段,所有权朝着奴役制度发展。当技术发展到要增加产量就需要更多物质设备,则拥有设备的人处于有利地位,确定的产权制度出现。最重要的资本品从土地变为机械设备,是技术发展的结果。当技术发展到生产需要大型物质设备,这种设备不能由个人制造也不能独自操作,生产工具的所有者与制造者、使用者分离,机械设备拥有者并不直接生产、操纵设备的不在所有权制就出现了。

第三,技术决定了社会阶级的构成。技术发展要求人只有经过训练才能成为劳动者,"劳动者具有的效率以及物质资料可利用的程度都是'生产技术水平'的函数"[1]。当技术发展到设备的生产、所有、操作和使用分离,社会就被划分为设备拥有者和设备使用者两个阶层。

第四,技术推动制度革新。"制度实质上就是个人或社会对有关的某些关系或某些作用的一般思想习惯;而生活方式所由构成的是,在某一时期或社会发展的某一阶段通行的制度的综合,因此从心理学的方面来说,可以概括地把它说成是一种流行的精神态度或一种流行的生活理论。"[2]制度是既有思想习惯和以往文明的产物,与过去的环境相适应,因此是一种保守的力量。与之相反,技术体系是社会中的创新性力量。制度是维护传统、情感、信仰和神秘的,而技术是反传统、非个人、无情绪和务实的。技术体系总是不断突破制度束缚,不断推动制度的演进。

第五,现代文明因科学技术而成为科学文明和机器文明,现代性就是机器性、机械性。他指出:"现代状况与古代体制不同之处在于机器技术及其诸多广泛的后果。"[3]在其中,科学技术至上,与工业生产相互支持,重大问题均由科学家和工程师来处理;机器成为塑造人们生活的主要力量,现代思想日益务实和机械,失去感情和个性;现代知识赋予自身合法性,不再与上帝的光荣和人类的善意相连。

第六,科学技术决定了西方文明的力量。"注重事实的知识是西方文明

---

[1] 托尔斯坦·凡勃伦:《科学在现代文明中的地位》,北京:商务印书馆,2008年,第262页。
[2] 凡勃伦:《有闲阶级论——关于制度的经济研究》,北京:商务印书馆,1964年,第139页。
[3] Thorstein Veblen, *The Theory of Business Enterprise*, New York: Charles Scribner's Sons, 1915, p. 303.

实质性的核心"①,科学技术是现代西方文明的特征,亦是其在实践方面多有所为的原因。

很显然,凡勃伦过于主张科学技术的决定性,不承认社会其他子系统对科技发展的反作用,这一是很机械,二是忽视科技发展的负面效应。首先,他夸大了科学技术在现代社会的力量,而贬低了其他社会文化形式,比如宗教、伦理、政治或艺术的作用。在各个社会子系统之间,要分出高下优劣、孰轻孰重,是非常困难甚至不可能的。其次,他把科技凌驾于社会之上,将其视为社会之因,看不到科技是社会中的科技,必然受到社会其他子系统的影响。最后,他把科技凌驾于人之上,将其视为统治自然和人的力量,看不到科技是人的科技,现代科技的社会影响问题的实质是人类社会的价值观问题。

凡勃伦社会观形成已近百年,属于机器时代的思想,很多观点不适于当代信息社会。比如,过于强调机器在现代社会的作用,对现代文明的理解过于机械;把技术简单地看作科学的应用,不符合当代科学技术一体化的现实。但是,凡勃伦正确地认识到科学技术在当代社会中巨大的关键性作用,率先看到了知识时代的来临以及科学家、技术人员不断增加的社会重要性。并且,他的许多观点(如作为文化形式的科学技术等)与当今科学技术论的潮流颇为契合,在当时更是非常新奇,是可资借鉴的重要思想资源。

2. 机器过程的压抑

按照凡勃伦的观点,在现代机器文明中,机器过程是规律性因素,占据着支配性地位,现代精神生活和文化生活保持着机器过程赋予它的特征。现代工业奠基于机器之上,机器决定了工业的范围和方法,而工业系统是现代社会的主干,因此,"目前是机器过程的时代"(age of the machine process)②。

何为机器过程?凡勃伦认为:"民用工程师、机械工程师、领航员、矿业专家、工业化学家和矿业专家、电气工程师——所有这些人的工作都属于现代机器过程的范围,还包括设计机器应用的发明家,以及将发明付诸实施并

---

① Thorstein Veblen, *The Theory of Business Enterprise*, New York: Charles Scribner's Sons, 1915, p. 4.

② Ibid., p. 1.

加以监督的技术人员。机器过程比机器更宽泛。"①因此,机器过程是囊括了与机器劳动相关的各种异质性因素的集合体,既包括机器,亦包括人和制度等。机器过程至少有三个突出的特点:1) 系统性。机器过程是有机整体,各部分相互联系、相互作用,与其他机器过程不相干的、独立的机械过程是无法持续存在的。2) 标准化。标准化运动渗透到机器过程的每一个细节中,机器体制的每个部分均应可以进行物理测量。3) 协作性。机器过程的各种子过程必须相互协作,任何协作问题总是会在一定程度上阻碍整个机器过程系统的工作。必须要保持工业系统各部分的平衡,才能提高效率,避免闲置和浪费。

机器过程的支配,使得现代社会成为机器社会。对此,凡勃伦并非百分百欢呼的,他认为:"这种情况可能并非完全是一件幸事,但确是事实。"②一方面,他为机器过程提升生产效率欢欣鼓舞;另一方面,他担心现代社会将机器、技术和科学看得如此之高是盲目崇拜,过于崇尚事实知识可能导致人类总体的退化和不适,并且他对围绕机器、科学、技术而发生的西方现代化过程也有异议。凡勃伦认为,现代文明主要是在基督教世界开始盛行,即便在基督教世界,现代观念也并非完全一致。

凡勃伦批评过机器对现代生活的压抑。机器生活反对个性,不关心传统、习惯、习俗和道德。凡勃伦认为:"机器过程不考虑善恶,优缺点,只考虑物质性的因果关系;也不考虑规则和秩序的基础和限制,只考虑可以用压力、温度、速度和张力等来表示的可机械地执行规则和秩序。"③他甚至认为,机器从根本上是反文化的,"机器是一个铲土机和普及作家,最后似乎要铲除所有人类交往和理想中令人尊敬的,高贵的和优雅的东西"④。总之,"被机器工业掌控的文化发展从本质上是怀疑主义的,就事论事情结的,唯物主义

---

① Thorstein Veblen, *The Theory of Business Enterprise*, New York: Charles Scribner's Sons, 1915, p. 5.
② 托尔斯坦·凡勃伦:《科学在现代文明中的地位》,北京:商务印书馆,2008 年,第 5 页。
③ Thorstein Veblen, *The Theory of Business Enterprise*, New York: Charles Scribner's Sons, 1915, p. 311.
④ Ibid., p. 358.

的,不道德的,不爱国,不虔诚的"①。凡勃伦的类似批评,与他理解的进化无目的的观点是一致的。

3. 资本主义社会的矛盾

凡勃伦认为,19世纪中叶,由于技术的不断发展,西方发达资本主义国家全面进入了工业系统主导的工业社会,工业系统成为社会的主干,谁控制了工业系统就控制了整个社会。只有工业系统有效运转,整个资本主义社会才能有效运转。工业系统是不同于以往农业系统或手工业系统的新型生产系统,它按照科学原理和技术原则组织起来,各个构成部分紧密契合,因此"为了工业系统能有效地工作,构成总体的各种子过程必须相互协作,任何协作的问题总是会在总体上一定程度地阻碍系统的工作"②。在具体操作上,工业系统日益朝着标准化、专业化和批量化方向发展。

按照凡勃伦的逻辑,既然现代社会是机器工业社会,它就应该按照机器过程规律即工业技术规律来运行。但是,资本主义社会运行的基本规则不是工业技术规律,而是资本利润规律。这便是资本主义社会最根本的矛盾。由于凡勃伦坚持机械的技术决定论,因而认定资本主义价格体系终结崩溃,未来社会必定走向适应机器过程的技术统治论社会。

据凡勃伦观察,在资本主义企业中,一直都存在着资本家指使和操纵的怠工、停工、罢工、小破坏等降低效率的生产破坏行为(sabotage)。到了19世纪中叶,企业中出现了大规模的"有意的低效"(conscientious withholding of efficiency)即资本家控制企业生产的行为,完全自由竞争的工业生产出现了严重问题。他将这种现象的原因归结到资本主义价格体系,认为"在任何以价格系统基础上组织起来的社会中,在投资和商业事业中,惯常性的工厂停工和工人失业,从整体上或部分上,是维持还过得去的生活状态必不可少的条件"③。工业生产能力的增强,产品产量不断增加,供求关系发生变化,商

---

① Thorstein Veblen, *The Theory of Business Enterprise*, New York: Charles Scribner's Sons, 1915, p. 372.
② Ibid., p. 16.
③ Thorstein Veblen, *The Engineers and the Price System*, New York: Harcourt, Brace & World, 1963, p. 43.

品价格下降,单个商品利润下降,影响了资本家的利益,因此资本家才会故意破坏生产。对于资本家而言,并非生产产品越多获利越大,而是要把产量控制在某个范围之内,才能获得最大的利润。资本家对生产的抑制行为,导致了四个方面的浪费,"(a) 物质资源、设备和人力的闲置,整体地或部分地,有意地或无意地;(b) 销售(比如,包括不必要的批发商和商店的增加,分店和专卖店的增加);(c) 生产和销售过剩产品和假货;(d) 出于商业战略考虑的系统性的错误、怠工和重复"。① 于是,企业本来有生产能力进行生产,但在资本主义价格体系中,资本家不让企业充分生产,最终让所有社会成员一起陷入贫困和物质缺乏的处境之中。因此,资本主义价格系统阻碍了工业生产的发展。

价格体系的问题反映了资本主义社会中生产与商业、技术与利润之间不可调和的矛盾,归根结底是资本主义所有制的问题。凡勃伦认为,技术决定生产力,"制造者的生产力只不过是他所掌握的物质技术设备的函数"②;所有制的变化是技术变迁的结果。当技术发展到某个阶段,占有生产工具的人在社会中处于更有利的位置,此时所有权制度出现,保护生产工具占有者的利益。当技术进一步发展,机械设备代替土地成为最重要的资本品。当人类进入发达资本主义社会,工业生产必须以大型机器设备作为生产工具,任何个体均无法独自操作它们,机器的所有者、制造者和应用者分开,不在所有权制(即所有者不直接操作机器的所有权制度)成为资本主义社会的基础。

不在所有权制决定了资本主义企业最高目的是为不在所有权人攫取更多的利润。在资本主义制度下,生产技术、机器操作为所有权要求所支配,成为所有权经营手段即获利手段。所有权所规定的商业业务变动,直接影响企业中的技术应用和生产进步。"工业萧条就是企业萧条,工业繁荣,就是企业繁荣"③,于是,技术和生产的发展催生了资本主义所有制,反过来,不在所有权制却制约了技术和生产的发展。因此,要为目前日益扩散的工业混乱负责的是不在所有权人和不在所有权制。也正是如此,资本主义政府不会也没

---

① Thorstein Veblen, *The Engineers and the Price System*, New York: Harcourt, Brace & World, 1963, p. 64.
② 托尔斯坦·凡勃伦:《科学在现代文明中的地位》,北京:商务印书馆,2008 年,第 255 页。
③ 凡勃伦:《企业论》,北京:商务印书馆,1959 年,第 118 页。

有办法解决制度性生产破坏行为。凡勃伦认为,技术发展终将突破所有权制度的束缚,生产和商业的矛盾最终会导致资本主义经济体系彻底崩溃。实际上,他死后不久,持续四年的"大萧条"就爆发了,他的理论因对"大萧条"的预测而迅速引起人们的关注。

凡勃伦对资本主义制度的批判和马克思主义相比差别很大。在生产力诸要素中,马克思突出劳动者的作用,凡勃伦则强调科学技术的作用。马克思认为,生产资料资本主义私人占有和生产社会化之间的矛盾,是资本主义的基本矛盾;而凡勃伦认为,生产与商业、技术与不在所有权制之间的矛盾是资本主义危机的根本原因。在社会发展动力上,马克思认为社会发展的动力是生产力和生产关系、经济基础和上层建筑之间的矛盾运动;而凡勃伦认为社会发展的内因是习惯进化(或主流性格类型改变)的结果,科学、技术、制度乃至文化均属于习惯的范围。因此,凡勃伦的理论是技术决定论和社会进化论的混合物,与马克思的历史唯物主义基本立场不一致。

三、"工程师革命"及其未来

既然运行工业系统是非常精密、细致的工作,商人无法胜任领导工业社会发展的工作。因此,凡勃伦提出了"技术人员的苏维埃"的主张,认为工程师治国是未来的必然趋势。正如丹尼尔·贝尔所言,"技术人员的苏维埃"只能是乌托邦式的幻想。[①] 按照马克思主义,知识分子属于职业划分,并不是独立的阶级,其中占有生产资料的部分属于资产阶级,没有占有生产资料的部分属于无产阶级;工程师内部就是分裂的,工程师掌权只能是幻影。美国技治主义运动一开始就分裂了,一部分人与当权者合作,背叛了凡勃伦的初衷。而凡勃伦等着资本家自己让渡权力,更是绝无可能发生。实际上,他也意识到,不发动工人阶级参与,工程师改造社会的理想只能是空谈。

1. 工程师应掌权

凡勃伦指出,商人与工程师(商业与生产)之间目标是有冲突的,这是资

---

① Daniel Bell, Introduction, See Thorstein Veblen, *The Engineers and the Price System*, New York: Harcourt, Brace & World, 1963, p. 27.

本主义体系无法解决的。商人目标是赚取更多的利润,即扩大不在所有权人的利益。工程师目标是提高工业系统的效率以生产出更多的产品,即追求全社会的利益。更多的生产并不等于更多的利润,将产量控制在某个范围才可以获得最大利润。在不在所有权制下,企业最终决定权仍然在商人手中。为了获取更大利润,商人们压制工程师,干涉工业系统的生产,甚至有意破坏生产,造成各种浪费和低效。凡勃伦认为,工业混乱日益扩散,根源不在所有权人和所有权制度,生产和商业的矛盾最终会导致资本主义经济体系崩溃。

要想工业系统高效运转,实现其最大生产能力,应把工业系统的权力完全交给工程师。进入20世纪,既得利益者对工业系统的阻碍日益明显和严重,极大地损害了整个社会的福祉。凡勃伦认为,"最根本的是让那群技术专家能不受约束地配置系统可利用的资源,包括物资、设备和人力,而不管任何国家的阻拦或任何既得利益者的不满"[①]。工程师掌管工业系统是由技术发展的客观规律所决定的,但只要不在所有权制存在,企业最终决定权仍在商人手中,为既得利益者的利润服务。这便是既有工业社会各种问题之根源所在。

资本主义所有制维护资本主义社会中资本家的统治,保证他们对商业企业的控制权,也导致了他们与工程师之间的矛盾。被凡勃伦称为"工程师"的不仅包括自然科学领域的科技人员、技术专家,还包括工业经济学家、工业管理专家等将管理技术、社会技术用于工业与生产之中的专家。显然,这与他将社会科学视为科学组成部分的观点是一致的。凡勃伦指出,"技术人员大致可以说是代表社会的工业能力,或者换句话说,是关心工业系统的;而生意人主要为不在所有者的商业利益代言,是工业社会所有者"[②]。生意人想攫取更多的利润,工程师想提高生产效率和能力。当生意人决定资本主义企业时,工程师的理想必然受到压制。在资本主义社会中,商业与生产是矛盾的,直接表现为商人与工程师的目标冲突。

在凡勃伦看来,生产和技术的发展决定了企业的控制权最终要从资本家的手中移交给工程师。因为只有熟悉工业技术和工业管理的工程师,才能

[①] Thorstein Veblen, *The Engineers and the Price System*, New York: Harcourt, Brace & World, 1963, p. 73.

[②] Ibid., p. 148.

领导工业系统高效运转,实现其最大生产能力。进入20世纪,掌控企业权力的商人对工业系统运转的阻碍越来越严重。因此,凡勃伦认为,工程师接管工业系统乃至工业社会的权力是由技术进化的客观规律所决定的,生产发展最终将颠覆资本家和不在所有权制的统治。

凡勃伦还认为,从资本家到工程师的权力转移已经在实际发生。他是通过回顾企业出现以来商人和工程师之间关系史的变化得出这一结论的。起初,工业企业的控制权一般掌握在公司出资人手中,比如18世纪末19世纪初的英国企业家。运转企业最基本的任务是处理技术和经营两大事务,早期企业家能够同时胜任生产职能(包括技术和管理)和商业职能。这一方面与资本主义兴起之初创业的企业家能力有关,另一方面也与早期工业企业的技术事务、管理事务和商业事务均不复杂有关。后来,工业企业规模越来越大,内部组织越来越复杂,工业技术越来越专业,一个人想控制企业的所有事务越来越困难,企业不得不将生产问题和商业问题交由不同的人负责。由于工业系统的运行非常复杂,不懂工业技术的商人根本不能胜任,必须由精通技术和管理的工程师来负责工业系统的运行。19世纪中叶以来,工业企业中的生产职能交由工程师领导,而商业职能交由商人领导,由于企业财务问题越来越标准化,也交给专门的金融企业完成。工业技术和工业管理因为越来越复杂,使得工程师权力不断增加,在20世纪之交成为企业活动的首要权力主导因素,而商人的权力不断衰落。

唯物史观认为,工程师不属于阶级区分而属于职业区分。在工程师群体中,有些人因为占有生产资料而实际属于资产阶级,有些人仅仅依靠出卖脑力劳动谋生因而实际属于无产阶级。因此,工程师并非同质的阶级,更谈不上是社会的先进阶级和革命主力军。在阶级斗争中,工程师总是会分裂,或者依附于资本家,或者与无产阶级结盟,不能成为独立的社会力量。

2."工程师革命"

工程师如何才能掌权?凡勃伦主张发动"工程师革命",以真正掌握工业社会的权力。因为发达资本主义社会已经进入工业社会,所以这种社会中任何有效的革命都必须是工业上的革命,即彻底改造和重组新工业系统,如不能完成这个任务就只能是必将失败的短暂骚乱,而不是真正的革命。底层民众既不懂革新工业系统的意义，因而没有革命愿望；更没有革新工业系统的能力，因而无法领导发达资本主义社会的革命。工业社会革命的领导权必须交给熟悉工业系统运转的工程师。

在凡勃伦看来，工程师革命需要做许多准备和发动工作。首先，工程师必须争取底层民众的支持，向他们宣传工业系统的真相，激发他们的革命热情。其次，工程师自身还需要做好准备：一是工程师要实现"阶级自觉"，认清自身在工业系统的位置和历史使命；二是工程师要组织起来，以集体力量实现政治诉求。凡勃伦认为，工程师的自觉和组织工作在 20 世纪之交已经开始，美国工程师联合会与学会(Associations and Institute of Engineers，简称 AIE)的成立就是其标志。另外，工程师还必须对目前的工业系统进行详细的调研，为改造工业系统预先做好准备。在凡勃伦看来，上述工作均刚刚开始，因而革命还需等待。

工程师革命并不是真正的革命，而是社会改良运动。凡勃伦自己一再声称工程师革命并不危险，"不需要暴力冲突，或者旗帜飘扬"，之所以称之为革命，"是因为对于既有秩序的卫道士而言，找不到更温柔的名字来称呼这个变化"①。他认为，美国不会发生布尔什维克式的革命，美国要发生革命只能是工程师革命，工程师革命也只会发生在美国这样的工业国家而不是落后的俄国，但目前美国的社会制度还没有明显动摇的迹象，虽然已经出现工程师革命的征兆，但革命的时机、条件还未成熟。即使有朝一日工程师革命大规模发生，凡勃伦也反对暴力，而是强调做好各种准备，等待资本家"非常平静地交权"。他认为，"虽然既得利益者和他们的不在所有者很勉强，但总是自愿的，而不是被迫让渡权力的。这在不远的将来很有可能发生"②。显然，工程师革命实质是改良而非真正的革命，凡勃伦坐等资本家自愿交权，属于幼稚的一厢情愿和乌托邦式的幻想。

凡勃伦设想，工程师革命之后的社会是按照科学原理和技术原则高效运转、由工程师掌控的工业社会。首先，工业系统被彻底改造，工业控制的目标从获取不在投资的利润转到增加有用的商品产出，生产力被彻底解放，物

---

① Thorstein Veblen, *The Engineers and the Price System*, New York: Harcourt, Brace & World, 1963, p.143.
② Ibid., p.163.

资短缺被彻底消灭,社会物质财富极大丰富。其次,不在所有权制被颠覆,工程师接管了以往属于商人和不在所有权人的企业控制权,工程师按照技术原则调配国家所有的可用资源、机械力量和设备,统筹全部生产和消费,按照生产和技术要求精心运转工业体系,努力避免浪费和重复,最终实现社会高效运转和资源高效利用。最后,工程师组成"技术人员的苏维埃"来行使国家权力,实现工程师治国的理想。"技术人员的苏维埃"主要由四个部分构成,即"有资格被称为'资源工程师'的技术人员,以及交通系统的代言人,以及最终产品和服务分配的代言人"[①],以及一些"生产经济学家",即以提高生产效率为目标的经济学家。苏维埃委员会组成人数不要太多,均为专业人员。

"技术人员的苏维埃"的机械主义、精英主义色彩非常明显。凡勃伦过于强调工业和机器在现代社会中的作用,把整个现代文明理解成机器文明,把社会运转还原为机器操作,把社会系统还原为工业系统,未免过于简单和冷酷。凡勃伦把人民大众看成愚昧、落后、麻木、软弱的奴隶,其傲慢自大的精英意识表露无遗。即便如此,他还是意识到不发动工人阶级,工程师改造社会的理想只能是空谈。这一点也被技治主义的实践所证明。如果工程师真的全面掌握了统治权,以技术原则为社会运转原则,完全以数字、机械为统治工具,普通民众的权利可能被工程师以科学和真理的名义所剥夺,在工程师眼中沦为社会机器上的零件或图表上的数据。总之,凡勃伦的政治理想在实践中存在滑向专制的危险。

3. 工程师与有闲阶级

关于工程师的革命性,凡勃伦自己也是矛盾的。在《有闲阶级论——关于制度的经济研究》中,他指出了学术研究与有闲阶级之间的密切关系。历史上学术主要由有闲阶级推动,高等教育受有闲阶级制度影响最大。而工程师由学术研究支撑的大学教育所培养,因而很难摆脱有闲阶级的影响。

凡勃伦用进化论的观点来审视社会阶级,把社会化分成掠夺者和被掠夺者两部分,即掠夺阶级和劳动阶级。前者即有闲阶级,不创造任何财富,靠

[①] Thorstein Veblen, *The Engineers and the Price System*, New York: Harcourt, Brace & World, 1963, p. 135.

他人的劳动来生活,在现代社会中主要包括企业所有者、政治家、律师、会计和经理等。后者即工人或底层民众,在现代社会中主要包括从事生产性活动的手工艺者、机器工人、技工和技术人员,他们创造社会财富。马克思认为,资产阶级在兴起之初极大地推动了生产力的发展,属于革命性的力量,之后才逐渐成为生产力发展的阻力。凡勃伦则认为,有闲阶级是依靠暴力统治的掠夺者,从来都是纯粹的社会寄生虫,不创造社会财富却大肆浪费。从这个意义上说,凡勃伦比马克思更为激进。

有闲阶级的产生与技术发展有关。凡勃伦认为,有闲阶级诞生于野蛮文明的晚期。当技术发展到社会生产出现产品过剩,掠夺不至于灭绝被掠夺者时,有闲阶级才可能出现。并且,技术发展让武器具有了相当大的威力,掠夺才可能实现。在晚期野蛮文明时代,部落战争将人们的任务分成生产性工作和侵占性工作,前者被认为是低贱的、不体面的,后者被认为是光荣的、高贵的,专事侵占性工作的有闲阶级因而兴起。在现代以前,有闲阶级主要包括武士、骑士、巫师、国王、贵族、教士、地主等。

学术研究与有闲阶级之间关系密切。凡勃伦指出,知识研究也是非生产性的,有闲阶级喜欢从事、参与和支持学术、教育和文化活动,对知识、文化、习俗、传统和习惯的传承贡献很大。从历史来看,学术主要由有闲阶级推动,学校尤其是高等学校受有闲阶级制度影响很大。学术起源与宗教仪式、巫师、教士的关系密切,早期的知识、学术多数属于宗教仪式方面的知识,与超自然力的崇拜有关。至今,学术中仍有神秘、高深的倾向和宗教遗风,比如入学礼、入会礼、毕业礼和授予学位等。凡勃伦甚至说:"由此可见,学识,在开头时,在某种意义上可以说是教士代理有闲阶级的副产品;而且至少到最近为止,高级学识仍然在某种意义上是教士阶级的副产品或副业。"[1]总之,学术在凡勃伦看来都是掠夺、剥削的副产物。

凡勃伦指出,现代大学仍然是有闲阶级机构。今天掌握大学的不再是教士,而是工业巨头,而"现代科学也可以说是工业操作的副产物"[2]。高等学校如果不是复古的,至少是保守主义的,新观念往往在高校之外流行之后

---

[1] 凡勃伦:《有闲阶级论——关于制度的经济研究》,北京:商务印书馆,1964年,第263页。
[2] 同上书,第277页。

才进入校园。高校鼓励体育运动,也与有闲阶级的喜爱有关。有闲阶级投身学术,偏重于那些与实际毫无关系的学问,比如拉丁文、修辞学等"古典学",因为如此才能彰显其不事生产的悠闲。今日高校对非功利的求知的极力推崇与此有关。

凡勃伦认为,现代科学之所以兴起,应归功于有闲阶级中下层中求知欲望强烈的人的努力,他们多少偏离了有闲阶级的求知标准。马克思认为,资本家并非出于热爱或求真而支持科学技术的发展,而是将科学技术视为"生产过程的因素即所谓职能"[①]来加以发展,不支持对于不能谋利的高深理论。凡勃伦在这一点上与马克思观点正好相反。

在现代社会中,工程师绝大多数都是现代大学培养出来的,即使在工作中多少抛弃有闲知识的剥削观念,也深受高级学识观念的浸染。既然工程师与资本家(即当代有闲阶级)关系如此紧密,他们又如何具备颠覆资本主义制度和有闲阶级制度的革命性?为了回答这个问题,凡勃伦设想出上述没有暴力的伪革命。虽然没有革命愿望,但工程师改良社会的愿望很明显,与身处"象牙塔"中的大学教授差别很大。我认为,大学教授比工程师更为保守,但两者均很难完全被视为底层民众或被掠夺阶级,他们的内部是分裂和分层的。

4. 激进主义批判

技术统治论属于技治主义中比较激进的类型,而凡勃伦又是激进技术统治论的代表。他的激进主义建基于进化论与机械决定论的科技观的基础上,论证过程呈现出表面上的"科学性",即每一步推进都看起来逻辑严密,且借助一定的科学技术论据。因而,凡勃伦不仅对科技发展很乐观,对自己的激进社会改良方案也很有信心。

总的来说,激进主义最明显的特点有两个:1) 不与既有制度妥协的激进态度;2) 坚持全面地科学运行社会的总体主义立场。前者意味着不与资本主义政府合作,坚持由工程师"统治"社会即全面掌握国家政权,颠覆资本主义经济制度。后者则意味着将科学原理和技术方法总体化地运用于社会

---

① 马克思、恩格斯:《马克思恩格斯全集》第47卷,北京:人民出版社,1979年,第570页。

运行中,对社会制度进行全盘科学重组,使之成为全新的总体主义技治社会。

凡勃伦亲自参与北美技术统治论运动,深度影响了运动的激进派尤其是斯科特的基本立场。在运动之前,凡勃伦等人发起成立了新学院(New School),开始致力于帮助工程师实现"自觉"。但是,他认为工程师必须联合经济学家、工人等才能成事,引起了许多激进技治主义者的不满,这些人赞同的是他有关商业与生产的矛盾、工程师掌权等主张。也就是说,比凡勃伦更激进的人,追求纯粹的"工程师革命"和"工程师国",进而实践总体主义社会工程。这走向了在西方社会备受非议的机器乌托邦,滑向专制与极权的危险中。

然而,激进技治主义者反对布尔什维克式的暴力革命,反映了激进技术统治论软弱、妥协和折中的根本性缺陷。正如凡勃伦自己所言,"技术人员的乌托邦"实际是工程师的意识形态主张,是工程师"阶级自觉"的理论产物。凡勃伦宣布要颠覆不在所有权制,又坚持等待资本家主动交权,对于布尔什维克主义者来说,这就是变相的"反革命":劝说革命的人们放下武器,等待统治阶级的改良措施。

而对于资本家来说,激进技术统治论亦不可接受。凡勃伦是把资本家当成罪犯的"疯子",封杀他是题中之义。有论者比较了与凡勃伦同时代的马克斯·韦伯,韦伯将诸种美德冠以"新教伦理"之名赋予了资本家,而凡勃伦从资本家身上看到的是吸血的暴力、狡诈、游手好闲和虚荣,因而虽然两人思想可以比肩,但凡勃伦由于不能见容于资产阶级,故而声名远不如韦伯。[1]因此,凡勃伦难以见容于西方主流学术界,被"社会意识形态辩护者"丑化为"文化恶魔"[2]。

凡勃伦在意识形态上的孤立,根源在于工程师群体的阶级特征。工程师不是一个独立阶级,比如会分化,并且由于经济地位相对较高而摆脱不了两面性,既不满资本家的统治,又担心革命会冲击自身的既得利益。在实践

---

[1] Cyril Hedoin, Weber and Veblen on the Rationalization Process, *Journal of Economic Issues*, 2009, XLIII(1).

[2] R.H. Bartley, S.E. Bartley, Stigmatizing Thorstein Veblen: A study in the Confection of Academic Reputation, *International Journal of Politics, Culture and Society*, 2000, 14(2).

中,工程师更容易和资本家合作,而不是融入工人阶级。因此,去除激进思想的技治主义更为流行,既可以说是阶级革命意识的蜕化、堕落或背叛,也可以说是技治主义自觉工具化的发展——技治主义后来的成功传播,恰恰是主动剔除激进意识形态成分,将自身定位于实现社会更高目标的治理工具或治理术的结果。

第8章 实用主义的科学管理乌托邦

作为技术治理的重要分支,泰勒主义和科学管理运动走向全球,有力地传播了技术治理思想。科学管理是技术治理在经济领域,尤其是企业和公司治理中最常见的战略应用,它将"技治二原则"(即科学运行原则和专家治理原则)贯彻于工作情境之中。

一方面,在泰勒看来,彼时工厂运行效率不高,原因是工厂管理中没有运用科学,因而要用新式的科学管理取代传统的经验管理。也就是说,科学是科学管理的基础,科学管理理论是一种自然科学应用理论,科学管理是科学成果应用于工厂管理的实践活动。这完全符合科学运行工厂的原则。

另一方面,泰勒同时代的人包括他自己,都将泰勒及其门徒视为科学家和工程师,而不同于今天的职业经理人,而泰勒也出任过美国机械工程师协会的主席。泰勒把管理者和工程师基本等同,没有预见到半个世纪之后管理者将自己负担的纯粹自然技术职责交给了专门的技术人员,成为狭义的纯粹管理者,这一点是泰勒理论的重大缺陷。① 今天,越来越多的人将职业经理人视为社会工程师,他们所掌握的狭义管理知识被视为社会技术,这种把自然工程师与社会工程师统称为工程师的观点,与泰勒理解的工程师—管理者是一致的。

无论如何,泰勒强调管理的重要作用,要求成立专门的计划部门和雇用专门的职能工长,实际上是要将工厂权力中的一部分尤其是管理权交给掌握科学管理知识的工程师。于是,传统工厂中所有者与工人二元权力关系就转变为所有者、工程师和工人三元权力关系。并且,泰勒自认为通过科学管理的"思想革命"或"心理学革命",能将二元对立关系转变为三元和谐关系,而

---

① J.-C. Spender, Hogo J. Kijne, *Scientific Management: Frederick Winslow Taylor's Gift to the World?*, Boston, Dordrecht, London: Kluwer Academic Publishers, 1996, p. 1.

工程师的工作为这种转变提供了可能。换言之,工程师才是科学管理制度中真正的领导者。显然,泰勒的思想符合专家治理的基本思路,即由受过系统科学教育的工程师,将科学原理、科学知识和科学研究方法系统地运用于劳动工作场所,以提高劳动生产的效率,并形成系统的管理科学理论。

因此,从技术治理的角度来看,泰勒主义是技治主义的重要一支,而科学管理运动则是20世纪技术治理运动的重要实践形式之一,影响甚至超过北美技术统治论运动。因此,对泰勒主义者的技术治理思想进行研究,对于理解和改进技术治理有着重要的价值。

重要的泰勒主义者不胜枚举,本章列举的除了泰勒本人,还包括甘特、库克和吉尔布雷思夫妇,他们都是泰勒的门徒,和泰勒有过紧密的合作,被认为是泰勒主义的创立者之一。泰勒提出的科学管理基本原理和主要方法,被他的门徒继承、接受,并在不同领域、不同方面有所发展和侧重。虽然泰勒制传播到不同国家、不同文化和不同行业当中,发生了变形、分叉和转变,但核心思想仍然为所有泰勒主义者所坚持,因而通过对泰勒及其门徒思想的研究,可以抓住泰勒主义技术治理理想的基本概貌和特点。

一、实用主义科学观

对科学原理的理解使泰勒主义技术治理方案区别于其他技治主义思想。"科学管理"这个术语是布兰代斯、吉尔布雷思和甘特等人命名的,泰勒常常称自己的思考是"任务管理"或"效率管理",但是"科学管理"这个词却被人们广泛接受,认为"科学"二字很好地归纳了泰勒主义者的思想。对于何为科学性,泰勒主义者的理解有共通之处。那么,他们是如何理解科学的呢?

1. 混淆科学与价值

具体来说,泰勒试图加以"科学化"的工厂管理领域包括如下方面:1)科学定额任务,即确定工人日常劳动的合理任务量,采用的技术手段包括时间研究、动作研究、金属削切实验和工具研究等;2)科学完成劳动任务,采用的技术手段包括设立计划部门、劳动和工具标准化、分发计算尺和指示卡、坚持管理的"例外原则"等;3)科学训练工人,采用的技术手段包括动机研究、职能工长制、挑选合适的工人、对工人进行教育和培训等;4)科学分配利润,采用主要技术手段是计件差别工资制;5)科学控制成本,采用的主要技术手段是成本会计核算制。

以差别计件工资制为例,泰勒总结它的主要特点在于:工资率的制定依靠资料而不是估计,制定计件工资率与日工资率依据观察而不是随机决定,以及选择、吸引和培养最佳工人。[1] 它的内在逻辑关键在于两点:一是超过额定效率按高工资率支付报酬,二是新增加的利润不由资方独占而是劳资双方共享。这为什么是"科学的"分配方法呢?显然,这是典型的实用主义思路,利用人的欲望达到提高生产效率的目的。说它是科学的,似乎是因为它"科学地"把握了人性的"真相",因而实现了高效。泰勒设想的工程师分权行动是以科学—效率两位一体的概念为合法性基础。也就是说,要提高生产效率,必须要科学运行工厂,反过来,只要科学运行工厂,就能提高生产效率。工程师推行科学管理,就等于推行高效管理,这既是工程师的最高目标,也是以往所有者管理所忽视的。对此,库克就明言,彼时工厂的问题正是财务问题即攫取利润考虑太多,而导致生产无效的发生。[2] 这与技术统治论者凡勃伦关于资本主义社会"制度性低效"的观点类似。显然,这也是典型的实用主义的科学观,即有用的就是科学的,于是泰勒虽然不停强调科学研究工厂、工人和劳动,但不提真理问题,不以发现劳动工作场所的真相为最高目标。因此,实用主义科学观是泰勒思想最根本性的特点,决定了泰勒主义可以划归为实用主义的技术治理理论。

泰勒等人对科学根本上是从价值方面进行理解的,将科学与应用、真理与价值等同起来,这是实用主义科学观的基本立场。这一点在库克的科学观中体现得尤为突出。按照库克的说法,他不讨论具体展开泰勒原则的方法,而是讨论它的精神实质。他认为:"在秒表面前,或者说在任何看来有用的

---

[1] F. W. 泰罗:《科学管理原理》,北京:中国社会科学出版社,1984年,第10页。
[2] H. L. Gantt, Issac A. Loos, Education and Industrial Efficiency-Discussion, *The American Economic Review*, 1915, 5(1).

其他机制之前,展露的是相互信任和相互帮助的精神。"① 于是,科学管理在企业中运用科学主要意味着:1)科学方法可以在研究任何人类努力中应用;2)在日常生产中运用实验室方法;3)遵循科学指令而不是个人意见或传统观点;4)承认无知是一种不愿意被发现的罪恶;5)强调工作场所更紧密的合作;6)填平而非仅仅沟通劳资鸿沟;7)要求工业与社会主张的善相一致;8)转变对人和人际合作的不科学管理方式。② 显然,他理解科学和真理时,是将它们与价值、善直接结合在一起的,这正是实用主义科学观的基本思路。

2. "人的科学"及其应用

实用主义科学观混淆真与善,既意味着科学真理是善的,也意味着社会价值是真的,因此并不坚持自然科学与社会科学的分野,亦不将社会意义的人排除在自然科学研究的范围之外。从主旨上讲,技术治理将自然科学技术的成果运用于社会运行活动当中,预设了社会运行在某种程度上可能被控制或调适的观念,再往前一步看,它从根源上认定存在"人的科学",即普遍、一致和实在的人性或人本质存在。"人的科学"可以接管神话、神学、哲学和艺术的阵地,勾勒某种作为社会运行原点的人的形象。依照"人的科学",劳动者是可以控制,也应当被控制的,而从某种意义上说,泰勒的科学管理是"人的科学"在劳动工作场所的应用。

泰勒主义者强调对人的科学研究。泰勒强调的动机研究,即详细研究影响人们动机的因素,认为在动机领域存在着绝大多数人类行动的规律,其研究方式与时间研究、动作研究是一样的,动机研究直接与刺激工人积极性相关,如制定工资和奖金制度。③ 库克认为,科学管理是科学精神和工匠精神在人类事务中崛起的结果,科学管理要讨论人的力量、机制和精神,一句话是"人的经济学"(the economy of men)。④ F. 吉尔布雷思也强调用科学方法

---

① Morris L. Cooke, The Spirit and Social Significance of Scientific Management, *Journal of Political Economy*, 1913, 21(6).
② Ibid.
③ F. W. 泰勒:《科学管理原理》,北京:机械工业出版社,2013 年,第 99—101 页。
④ Morris L. Cooke, The Spirit and Social Significance of Scientific Management, *Journal of Political Economy*, 1913, 21(6).

研究人,强调在人员分析或工人分析中要努力标准化,同时又要避免千篇一律。[1]

泰勒主义者都十分重视科学地"使用"和教育工人。吉尔布雷思夫妇重视科学地挑选和培训雇员,强调必须吸引有价值的申请者,留住和提拔已经雇用的人,以及将这两方面结合起来。[2] 甘特非常强调工人教育的重要性,相信训练和研究个体工人是工业管理中最重要的事情。[3] 他认为,工作习惯对于工人的重要性就像思维习惯之于工程师的重要性一样,它可以也必须进行有意识的训练。甘特推广的甘特表就是一种群体性激励措施,对于训练工人工作习惯有重要作用。有人甚至认为,要是没有甘特表在工人和机器工作量计划方面的应用,泰勒制就不会起作用。[4]

由于泰勒认定科学是可以普遍化的东西,因而工厂研究中得出的科学管理原理是可以推广到整个社会领域的,不过科学管理思想最后主要被应用于企业和政府行为改造之中。泰勒本人除了讨论工厂科学管理问题之外,主要还讨论过大学教育中的科学管理问题。他认为,大学应该以培养成功人士即未来优秀的公司雇员为目标,因而大学要建设得和学生未来毕业被雇用的公司、工厂类似,让学生尽早进入职业状态。[5] 泰勒的这些观点在当时立刻遭到学界的严厉批评,因为大学常常被视为追求真理的场所。

库克致力于将科学成果应用于更广阔的社会领域当中,尤其是教育、政府的运行活动之中。1909 年,卡内基基金会请泰勒帮助研究教育机构的效率问题,项目的实际实施者是库克,他提交的研究报告引起很大的反响。[6]

---

[1] Thomas B. Dean, Frank B. Gilbreth, Discussion of Personnel Activities, *Proceedings of the Academy of Political Science in the City of New York*, 1922, 9(4).

[2] Frank B. Gilbreth, Lillian M. Gilbreth, The Three Position Plan of Promotion, *The Annals of the American Academy of Political and Social Science*, 1916, (65).

[3] The American Management Association, *Gantt on Management: Guidelines for Today's Executive*, New York: The American Management Association. Inc., 1961, p. 22.

[4] James M. Wilson, Gantt Charts: A Centenary Appreciation, *Europe Journal of Operational Research*, 2003, (149).

[5] Frederick W. Taylor, A Comparison of Uinveristy and Industrial Discipline and Methods, *Science, New Series*, 1906, 24(619).

[6] 丹尼尔·A. 雷恩:《管理思想史(第 5 版)》,北京:中国人民大学出版社,2009 年,第 203—204 页。

库克认为,教育机构非常低效,应该废除教授终身制,把高校管理工作交给专家而不是委员会处理。在政府工作方面,库克主张政府工作要系统化和科学化,将科学管理原理运用于行政工作当中。在政府管理中,同样要强调,发展每一种工作要素的科学理论和方法,选择和训练政府雇员,科学地挑选适当的政府雇员,以及科学地调整政府管理者与民众之间的责任。[1] 库克还批评美国科学家与政治分离的现象,认为两者应该更好地结合,原因是越来越多的事实需要被政治活动处理,而两者分离的现象是传统观念导致的,即学界应该是"象牙塔",学生应该是"隐士"。科学家要更多地意识到自己工作的社会后果,而政治家要重视迅猛增长的科技力量。[2]

3. 科学是系统性理论

泰勒等人还强调科学管理理论的理论性和系统性,以此作为其科学性的重要特征。泰勒、甘特和吉尔布雷思夫妇都强调科学管理不是经验的总结,而是科学研究的结果,不是在某一个点上的改进,而是系统地运用科学以提高效率的活动。比如泰勒对"磨洋工"的系统研究,将它按照引起的原因分成本性磨洋工、故意磨洋工和由于劳动不科学导致的系统低效三类。[3] 所以,科学管理不是单个措施或手段的应用,而是一项以"思想革命"为基础的整体工程。泰勒认为,很多工厂的科学管理实践之所以不尽如人意,正是因为没有足够的推行时间,肢解了科学管理理论,只是采用了某一种技术手段比如差别计件工资制。他指出:"现代的工程学大概可以称之为一门精密科学,它年复一年地逐渐摒弃本来的凭空猜测和单靠经验办事的粗糙做法,而更牢固地建立在有确定原理的基础之上。"[4]

---

[1] Morris L. Cooke, Scientific Management of the Public Business, *The American Political Science Review*, 1915, 9(3).
[2] Morris Lewllyn Cooke, Scientists Should Knock at the Door of American Politics, *American Scientist*, 1946, 34(1).
[3] F. W. 泰罗:《科学管理原理》,北京:中国社会科学出版社,1984年,第39页。
[4] 同上书,第60页。

二、分析主义方法论

之所以泰勒主义者认为自己的工作是科学,很大一部分原因在于他们认为科学管理大量应用了科学方法,科学方法对于泰勒主义的技术治理实践起着直接的指导作用。在科学方法的运用方面,泰勒主义者各有特点,巴思出名的是计量尺,甘特出名的是工人教育和甘特图表,吉尔布雷思夫妇出名的是运用摄像机的动作—疲劳研究以及工业心理学方法,埃默森追求效率至上,而库克将科学方法广泛运用于社会事务的方方面面。

1. 泰勒理解的科学方法

泰勒采用他所理解的科学方法来研究劳动工作场所的问题,典型的比如他的时间研究、动作研究和金属削切实验。举时间—动作研究为例,泰勒对它的描述是:"第一,找个不同的人(最好来自国内各个部门各个企业),这些人对所要分析的工作具有特殊的专长。第二,研究其中每个人在完成所要调查的工作时所采用的基本操作或动作确切顺序,以及他使用的工具。第三,用秒表测算工人做这些基本动作时,每一步所需要的时间。进而确定选择用最快速度完成这项工作时其动作的组成部分。第四,消除一切虚假的、慢的和无用的动作后,把最快的动作和最适合的工具汇集成一个序列。然后,就用这种包含了一序列最快和最合适动作的新方法取代以前使用 10—15 年的较落后的方法。"①泰勒认为,如此就完成了从经验到科学的转变,但是这里并没有运用到专门的自然科学知识,只用了秒表这个应用自然科学知识得到的人工技术物,所以泰勒主要认为时间—动作研究运用自然科学的研究方法,因此得到的就是科学知识。由此看来,他所理解的科学方法的核心特征主要包括:1) 运用实验方法而非概念思辨或主观判断,注重尝试、反馈和纠错;2) 强调分析方法即把研究对象分解为单个元素;3) 坚持标准化方法即归并单个元素得到数量不多的标准操作;4) 使用数量方法,如用科学仪器将数字赋予研究对象,使用数字和图表表达观点,这意味着使用量化的

---

① F. W. 泰勒:《科学管理原理》,北京:机械工业出版社,2013 年,第 97—98 页。

科学仪器,如秒表和摄像仪。

2. 泰勒门徒对科学方法的理解

甘特专门研究过科学管理中的科学方法问题。他认为,之前管理太强调结果而忽视结果实现的方法,科学管理更应关心方法问题。① 以往工厂中决策主要靠委员会投票,其实就是靠猜,现在应该要依赖科学方法获得的精确知识来做决定。在工厂管理中运用的科学方法主要包括:1)分析和综合相结合的方法。对复杂操作的调查要分成三个部分,对操作的组成元素的分析,对每一元素单独研究,最后把研究结果综合到一块。2)将科学方法应用于人类事务之中,所谓科学管理就是在人类事务管理领域用科学知识代替意见。3)唯一成功的方法是科学调查。在科学管理中要调查三个事实,找出工人每日合适的工作任务,找出工人一天工作的适当报酬,安排工人能不断有效工作的计划。甘特认为,泰勒对世界最大的贡献是以人类行动的知识代替意见作为行动的基础,他坚持所有的工业问题都必须以科学调查来回答。②

吉尔布雷思夫妇以动作研究或疲劳研究著称,终生以人文主义态度推广动作研究的技术和原则,视之为可以同时有益于效率和工厂和谐的好方法,可以消除劳动敌对,他们在泰勒死后有力反驳了对科学管理的攻击,进一步提出科学管理"思想革命"的基础性和重要性。③ F.吉尔布雷思极其强调动作研究的重要性。他认为,动作研究的目标是节约人力,办法一是要有意识地消除不必要的动作,二是要将错误和无效的动作转变为高效动作。④ 而节约人力就意味着减少工作中的疲劳,因而吉尔布雷思夫妇的动作研究常被称为"疲劳研究"。F.吉尔布雷思的动作研究主要采用观察、实验和科学测

---

① H. L. Gantt, Issac A. Loos, Education and Industrial Efficiency-Discussion, *The American Economic Review*, 1915, 5(1).

② The American Management Association. *Gantt on Management*: *Guidelines for Today's Executive*, New York: The American Management Association, Inc., 1961, p. 38.

③ Brian Price, Frank and Lillian Gilbreth and the Manufacture and Marketing of Motion Study, 1908-1924, *Business and Economic History*, 1989, (18).

④ Frank B. Gilbreth, Motion Study as an Increase of National Wealth, *The Annals of the American Academy of Political and Social Science*, 1915, (59).

量等三种方法,基本原理是:把工作尽可能分解为最基本的可能要素,单独研究每一种动作要素及其相关关系,从历时性的被研究动作要素中寻找耗费体力最小的动作,再综合成最有效的工作方法。[1] 他还具体研究科学管理中科学测量的单位、方法和装置问题。[2] 他提出了两种测量方法:微动作方法(micro-motion method)和摄影记录方法(chronocyclegraph),前者是要用照相机加上时钟研究工人劳动动作,后者要在被测者身上关节和身体某些部位装上小电灯泡,用摄像机拍摄工人劳动再进行研究。接下来的工作是:1)剔除无效动作,形成标准动作;2)改变机器设备、生产工具和工作环境;2)调整工人的工作岗位,目标都是节约人力和提高效率。F.吉尔布雷思坚持动作研究应该让工人参与,每个人都可以对自己的工作和动作进行研究,提出改进意见。

3. 泰勒门徒推广科学方法

吉尔布雷思夫妇将动作研究推广到不同的工作场景中,如家务劳动中[3]、医院护理工作中[4]、图书馆工作中[5],都可以也需要进行动作研究。作为女性,L.吉尔布雷思尤其关注劳动妇女的工作效率问题。分析女性在商业中成功的经验[6],认为通过工作分析可以给女人更多的工作机会[7],工程师可以指导护士们建立标准化工作程序[8],动作研究可以减轻家庭妇女的疲劳[9]。

库克同样注重将科学方法推广到更广泛的社会领域中。他强调对公共

---

[1] Frank B. Gilbreth, Lillian M. Gilebreth, The Effect of Motion Study upon the Workers, *The Annals of the American Academy of Political and Social Science*, 1916, (65).

[2] Frank B. Gilbreth, Units, Methods, and Devices of Measurement Under Scientific Management, *Journal of Political Ecomomy*, 1913, 21(7).

[3] Frank B. Gilbreth, Motion Study in the Household, *Scientific American*, 1912, 106(15).

[4] Lillian M. Gilbreth, Fatigue as It Affects Nursing, *The American Journal of Nursing*, 1935, 35(1).

[5] Lillian Moller Gilbreth, Motion Study in Libraries, *ALA Bulletin*, 1945, 39(1).

[6] Lillian M. Gilbreth, Why Women Succeed in Business, *The North American Review*, 1928, 226(2).

[7] Lillian M. Gilbreth, Efficiency of Women Workers, *The Annals of the American Academy of Political and Social Science*, 1929, (143).

[8] Lillian Gilbreth, Management Engineer and Nursing, *The American Journal of Nursing*, 1950, 50(12).

[9] Lillian M. Gilbreth, Management and the Home, *Management International*, 1965, 5(5).

资源和公共设施的调查和测量,专门研究过纽约州的公共物资库存状况。① 这是技术治理最典型的社会测量战略在公共事务中的应用。他坚信科学方法在解决生产效率之外的失业、贫穷等社会议题中的正面作用。库克做过费城公共事务部的主任,研究费城失业状况和原因,提出科学研究在缓解费城失业问题中的重要作用。② 他认为,失业问题的原因在于劳动者的盲目性、传统思想、缺少组织以及其他一些原因,如果进行仔细的科学研究,它们是可以对治的,因此,应该在大学中设立专业研究失业的讲席。③ 他认为,在和平时期,百分之九十的失业可以通过系统的科学管理方法加以消除。④

在将科学方法运用于社会公共事务方面,库克做了大量的研究。他研究科学管理在美国电力工业发展中的应用,指出电力不仅是工业和生活方便之需,而且有更广泛的文化意义,是文明生活不可或缺的组成部分,比如无线电和电影,这种文化特性让电力在公众舆论和公共政策中具有重要作用。⑤ 他研究了美国农村电气化推进过程,从科学管理的角度指出工程师在其中的重要作用。⑥ 他主张建立大电厂以解决美国电力短缺的问题,促进美国经济的发展。⑦ 库克还试图将科学管理推广到铁路系统运行当中,提出要在美国铁路系统中建立和完善成本计算(cost-finding)制度。⑧ 他认为,传统观念存在三个错误:1)成本统计数据混乱;2)难以在铁路运转中运用成本会计;3)成本会计仅仅被视为省钱方案。库克主张科学地推进成本会计在美国铁

---

① Morris Llewellyn Cooke, Taking Stock of Regulation in the State of New York, *The Yale Law Journal*, 1930, 40(1).

② Morris L. Cooke, Foreword, *The Annals of the American Academy of Political and Science*, vol. 65, Supplement. Steadying Employment: With a Section Devoted to Some Facts on Unemployment in Philadelphia, 1916: iv-v.

③ Morris Llewellyn Cooke, Casual and Chronic Unemployment, *The Annals of the American Academy of Political and Social Science*, 1915, (59).

④ Morris Llewellyn Cooke, Scientific Management as a Solution of the Unemployment Problem, *The Annals of the American Academy of Political and Social Science*, 1915, (61).

⑤ Morris L. Cooke, Forecast of Power Development, *The American Economic Review*, 1937, 27(1).

⑥ Morris Llewllyn Cooke, The Early Days of the Rural Electrification Idea: 1914-1936, *The American Political Science Review*, 1948, 42(3).

⑦ Morris Llewellyn Cooke, Giant Power and Coal, *The Annals of the American Academy of Political and Social Science*, 1924, (111).

⑧ Morris Llewellyn Cooke, True Cost-Finding-What It Can Do for the Railroads, *The Annals of the American Academy of Political and Social Science*, 1919, (86).

路系统的运行,搞清楚它能做什么,又如何去实现。第一步就是要对目前既有的铁路成本会计努力进行认真研究,找出问题,加以科学改进,形成一套统一的铁路成本会计的科学方法。库克赞同铁路的国有化和集中管理,认为有利于对铁路进行科学的成本测算和控制,而私人铁路都不愿为国家设立统一标准。库克试图研究科学在农村管理领域的应用,以实证方法研究美国的农村问题。① 库克还主张将科学管理原理运用于河流流域管理之中。他认为,河流发展规划往往是工程师的任务,这种大型的规划工程涉及社会因素——"即使是大坝高度也有社会含义"②——因此,工程师教育不能局限于技术目标中而忽视人文社会教育,工程师不能生活于"技术的象牙塔"(technical ivory)当中。

4. 实用主义探究:分析、实验与调查

总的来说,泰勒主义者将科学方法理解为分析方法,即将研究对象分解为元素,逐一研究元素之后再综合成总体解决方案。他们认为,不仅是物理对象,企业中的人类事务,也应该用这种分析主义的进路来研究。这使得泰勒主义的方法论带上浓厚的机械论和还原论的色彩,尤其是要将劳动动作标准化的想法。这是泰勒主义在彼时许多普通大众心目中的印象,在卓别林著名的电影《摩登时代》(*Modern Times*)备受批评。

在元素分析中,实验和调查方法的运用是泰勒等人最重视的。很容易发现,泰勒式的分析、实验和调查并不为自然科学所独有,在人类其他探究活动(如探案、法庭辩护、写小说和字谜游戏等)中均有所运用,目的是要解决问题。泰勒等人承认,科学管理所运用的方法并非什么原创经验方法,但泰勒主义者将它们更系统、更仔细地运用于工厂之中。也就是说,他们把探究方法发展到极致,因而就成为某种科学方法。他们的观点与苏珊·哈克的实用主义探究方法论不谋而合。③ 哈克认为,科学是广泛存在的经验探究活动

---

① Morris Llewllyn Cooke, An Engineer Looks at Rural America, *The Journal of Land & Public Utility Economics*, 1963, 12(1).

② Morris Llewellyn Cooke, Some Implications of Multiple-Purpose River Planing and Development, *The Scientific Monthly*, 1952, 75(2).

③ 苏珊·哈克:《理性地捍卫科学:在科学主义与犬儒主义之间》,北京:中国人民大学出版社,2008年。

的一种形式,目的是获得世界某些部分或方面真实解说;科学探究与日常探究本质上是类似的,并无本质区别,是后者的精致化或升级版,科学方法是日常探究方法专门化和精致化的产物。比如,泰勒等人将科学方法运用于人事管理当中,提出科学选人、用人、培养和淘汰等,明显就是探究精神专业化的体现,属于围绕效率提高的实用主义解题活动。

将科学方法与日常探究方法混淆起来存在两个问题。

第一,这容易扩大科学的范围。比如,仅仅是仔细审看工厂过去积累的档案,泰勒主义者也称之为科学工作。在泰勒主义科学方法论看来,区别科学探究与日常探究意义不大,甚至可以取消科学划界问题,可检验性和科学方法概念在一定程度上也可以取消。只要有利于提高效率的研究方法都可以被称为科学的方法,它不限于逻辑和形式严密方法,而是异质性的、多元的和范围非常广泛的。正如前述库克所言,他更关心科学精神的应用。从治理转译的角度,这属于转译过程中的实用主义扩大化,存在明显的治理误译风险。如前所述,这种方法在治理转译实践活动中非常常见,简单地说,就是从科学知识、科学方法"上升"到科学精神等科学形而上学,然后以某种方法坚持科学形而上学的要求,以此号称其科学性。显然,不仅仅只有自然科学符合科学精神,比如说马克思主义哲学也是科学的。

第二,探究真相、解决问题并不等于发现真理。技术治理要运用科学原理与技术方法,主要是基于科学改造世界的巨大力量,而不是因为科学致力于探索真理。技治主义者赞同科学是真理,实际是赞同科学是以效率为目标的最佳解题方法。从这个角度上讲,可以说所有的技治主义者都有实用主义的倾向,比如凡勃伦、纽拉特就是如此。在工时研究中,真理是对工人动作的分解、精简和改进,实用是生产效率的提高。但是,有证据表明泰勒参与的许多工厂的工时研究都不很严谨,很多时候科学管理改造工作场所导致的效率提高可能来自:1)对科学的信心;2)造成劳动者的紧张状况;3)仅仅是实验情境的结果。因此,探究活动的力量有时候不来自于真理,而是它的实用。

关于上述混淆问题,科学修辞学当然可以做一些批判性的思考,但是对于技术治理而言,启示在于将"真理之名"等于真理的后果:1)真理之名当然应该是真理的一部分;2)真理之名也可能是伪技术治理的源头。就比如智库体系可能成为伪技术治理,它可以建设成政策论证体系,甚至是政策宣传体系,这属于战略手段异化导致的伪技术治理。总之,对于治理转译过程必须进行认真而细致的审度。

三、管理主义权力论

泰勒主义者对科学管理的强调,等于主张给予工程师更大的权力,因为工程师本来就居于科学管理的领导位置。所以,科学管理兴起,意味着工厂中工程师拥有更大的工厂权力,而当在工厂中试行的科学管理扩散到其他社会组织之中,就意味着工程师在整个社会中拥有更大的治理权力。从科学性的角度看,之所以说科学管理贯彻科学精神,赋予运用科学知识管理各种社会组织的工程师更大权力乃至最终的领导权是其中最重要的方面。换言之,泰勒主义者对工业的科学改造,与工程师自主性权力增加是紧密相连的。

1. 劳动工作场所的权力重组

泰勒如何在劳动工作场所实施技术治理的工程师权力重组思路?他总结的科学管理四大原理说得很清楚:"科学管理原理有四个基本组成要素:第一,形成一门真正的科学。第二,科学地选择工人。第三,对工人进行教育和培养。第四,管理者与工人之间亲密友好地合作。从每个工人的每项操作中,都可以归纳出科学规律来。任务和奖金这两个因素就构成了科学管理机制的两个最重要因素。"[①]

第一,上述四大原理的主语是工程师—管理者,而不是资本家—所有者,这意味着推行科学管理是工程师要从资本家手中分得权力,尤其是工厂的管理权。这与技术统治论者如凡勃伦的观点是一致的。重要的问题是劳动要科学化,这需要生产和运用科学的劳动知识。劳动知识的生产与运用和工厂主关系不大,主要由工程师和工人合作完成,工程师侧重于劳动知识的生产,工人则侧重于劳动知识的运用。换言之,泰勒主义者将劳动生产过程视为知识的物化过程。泰勒认为,只有如此,生产效率才能大幅度提高,管理

---

① 弗雷德里克·泰勒:《科学管理原理》,北京:机械工业出版社,2013年,第22页。

才能科学化,这主要依靠工程师与工人的共同努力。这也就是为何泰勒式科学管理实施之时,遭到来自所有者强烈反对的原因。①

第二,很多论者如斯本德注意到,这四大原理意味着工程师要削弱工人对劳动知识的控制权。② 中世纪时期的手艺人—作坊主完全控制着劳动过程,包括其中所运用的各种劳动知识和技能。工业革命之后,工人不再拥有劳动工具,但仍然掌握着如何劳动的知识,并以此为武器与工厂主抗争。科学管理之前的工厂管理多采用军事化等级管理,所有者通过监工对工人进行压迫,工人则可以利用自己对劳动知识和劳动过程的掌握进行反抗。而科学管理主张工程师介入劳动过程,生产标准化的劳动知识,工人再按照工程师教授的方法和程序进行劳动。如此一来,工人对劳动过程的控制能力被大大削弱,而且工程师设定的标准化科学劳动让工厂劳动变得越来越简单,使工人成为机器的附属物,这就是所谓的去技能化(de-skilling)。从知识的角度看,工人劳动知识之前是属于秘而不宣的隐性知识、工作诀窍或非正式知识,工程师要使之显性化、标准化和正式化,这是对工人知识领地的争夺。因此,泰勒制一开始就遭到工人和工会的普遍抵制。

第三,这四大原理规定了工程师科学运行工厂的主要任务,必须并重,不可偏废。第一原理要求生产科学知识,这是工厂科学化的基础。第二、三原理直接指向应用科学知识以实现科学劳动,科学劳动最终只有通过劳动者来实现,工程师并不执行具体的劳动任务。它们集中强调人尽其才的原则,把合适的人安排在合适的岗位,并对人员进行不断的教育。第四原理并不能直接从科学研究中推导出来,但是它对于效率目标至关重要,是科学管理得以真正实现的保障条件,因为工人反抗会令科学管理完全失效。也就是说,工程师主要是工厂蓝图的绘制者,并不直接运转整个工业系统。在这一点上,凡勃伦对工程师角色的理解存在问题。这样一来,要使工厂按照工程师的设想运转,必须彻底改变与工人的对抗关系,完成"思想革命"。因此,工程师的领导权必须以工业民主和合作为基础。

---

① 丹尼尔·A.雷恩:《管理思想史(第5版)》,北京:中国人民大学出版社,2009年,第152—156页。
② J.-C. Spender, Hogo J. Kijne, *Scientific Management: Frederick Winslow Taylor's Gift to the World?*, Boston, Dordrecht, London: Kluwer Academic Publishers, 1996, pp. 18-20.

第四,泰勒设想的工程师分权行动是以他们掌握更多的管理科学知识为理由的,这不同于资本家权力以资本为基础而工人权力以劳动为基础。现代组织权力理论认为,组织权力主要包括三种:1)基于正式职位的权力;2)基于非正式社会系统的权力,比如团伙派系等;3)基于专业知识的权力。在泰勒眼中,可以从知识管理的角度来理解工厂——工厂中有形的设备、厂房和工具都是知识的物化,工人和机器的劳动则执行知识指令,必须对它们进行细致的科学研究——因而工厂必须由掌握专业知识的工程师来领导,才能实现生产效率的最大化。比如泰勒提出用职能工长取代传统工头,就是基于知识—权力的逻辑:职能工长是因为专门知识而成为工长,扮演工人某个方面教师的角色,而传统工头是因为工厂主委任职位而成为工长,扮演压制性监工的角色。同时,职能工长也意味着权力的去中心化的尝试,旨在将工厂主的权力授予具有专业知识的工程师们。① 因此,莱顿认为:"对科学管理的最佳看法为,它是工程师意识形态的延伸和法典。这种构想的核心是一种宇宙包罗万象的自然法则所构成的理念。工程师认为自己是这些法则的发现者和解释者。在深奥的专业知识中,他们找到了为自主和其他职业价值观提供辩护的基础。"② 总之,泰勒的思想与当时风起云涌的工程师要求权力的专业化运动是一致的。

第五,强调科学管理总体上意味着工程师在工厂中权力的扩张,泰勒在操作层面主要通过设立计划部门来推动这种扩张。他认为,计划部门是工厂管理的中心,是工厂运转的关键,"工程技术集中在制图室里,正如现代管理集中在计划部门一样"③。工厂的计划部门权力非常大,几乎囊括公司业务的方方面面,向车间派出工序和路线调度员、指示卡办事员、工时和成本管理员以及车间纪律检查员。计划部门主要是由工程师组成并掌权的部门。尼尔森认为,工厂中央计划部门的想法是泰勒"野心"最大的表现。④ 计划部门主要通过书面形式来收集信息和传达指令,在纸面勾勒工厂每日运行蓝图,

---

① 丹尼尔·A.雷恩:《管理思想史(第5版)》,北京:中国人民大学出版社,2009年,第151页。
② 爱德温·T.莱顿:《工程师的反叛:社会责任与美国工程职业》,杭州:浙江大学出版社,2018年,第155页。
③ F.W.泰罗:《科学管理原理》,北京:中国社会科学出版社,1984年,第62页。
④ Daniel Nelson, *Frederick W. Taylor and the Rise of Scientific Management*, Madison, Wisconsin: The University of Wisconsin Press, 1980, p.40.

再努力使工厂实际运转状态接近理想状态。

2. 对工程师社会责任的强调

泰勒主义者积极参与工程师社团的组织工作,主张工程师的领导权并不局限于工厂中,而是随着科学管理在各个领域的应用而扩展到社会公共事务的各个方面。尤其是泰勒死后,他的门徒日益强调工程师的社会责任和团结工会的问题。

甘特强调工程师的社会责任,认为工程师权力增加同时意味着责任增大。甘特认为,科学管理者均为工业工程师(industrial engineer),是整个社会经济系统的领导人。[①] 工程师不仅要设计、建造工厂和机器,还要运行它们,工程师运行经济系统的职能以往被忽视了。鉴于经济系统在整个社会中的重要作用,工程师要意识到自身肩负的重要社会责任,即他们不仅是工厂的领导者,还应该是整个社会的领导者。甘特的这一观点,与技术统治论者极为相似。甘特认为,工程师管理工厂,不能仅仅考虑所有者的利润追求,而是要考虑整个社会的效率最大化,防止工业生产能力的闲置。[②]

库克非常关心工程师的职业伦理问题,认为专业人士和工程师应该抓住领导权,否则权力就会落入缺乏伦理准则的人群手中,而工程师的职业伦理要注重保护公共利益。[③] 他认为,工程师要为更广泛的公共利益服务,不要局限于追求利润,强调对工程伦理和工程师社会责任的宣传,科学管理"要减少浪费而不是把人管得死死的"[④]。

最极力主张与工会合作的是甘特。泰勒主张以科学管理取代传统的监工式或军事化管理,并强调工人可以通过个人努力实现以工资为指标的个人价值最大化。但是,泰勒不喜欢工会,认为工会组织会破坏"思想革命"之后

[①] The American Management Association. *Gantt on Management: Guidelines for Today's Executive*, New York: The American Management Association, Inc., 1961. 180.

[②] H. L. Gantt, The Effect of Idle Plant on Costs and Profits, *The Annals of the American Academy of Political and Social Science*, vol. 61, America's Interests after the European War, 1915: 86-89.

[③] Morris Llewllyn Cooke, Professional Ethics and Social Change, *The American Scholar*, vol. 15, no. 4, 1946: 487-497.

[④] Morris Llewellyn Cooke, Ethics and the Engineering Profession, *The Annals of the American Academy of Political and Social Science*, vol. 101, The Ethics of the Professions and Business, 1922: 70.

的劳资和谐关系。甘特强调科学管理中工人拥有更多的机会,认为这就是民主的真义,科学管理拥护工业民主,反对专制管理。与泰勒相比,甘特还主张科学管理与工会组织相互结合、相互促进。资本主义工厂中随处可见工厂、机器和工人受到限制的问题,这是被忽视的大问题,甘特认为这个问题只有工程师与工人、工会通力合作才能解决。①

3. 泰勒主义与工程师崛起

实际上,技治主义能在美国兴起,尤其是与彼时美国高涨的三个紧密相连的运动相关:1) 工程职业主义运动(Engineering Professionalism Movement);2) 泰勒主义运动(Taylorism Movement);3) 北美技术统治论运动(American Technocracy Movement)。工程职业主义主张工程职业专业化,工程师组织专业社团,承担更大的社会责任,而不仅仅作为商业谋利的工具。泰勒主义以泰勒等人的管理思想为基础,在社会各行业推广科学管理。技术统治论运动以凡勃伦等人的技治主义理论为基础,坚持工程师接管资本家对社会的领导权,激进派甚至试图发动"工程师革命"。上述三大美国运动都主张增加工程师权力,它们起自北美,但后来很快都扩散到欧洲和全世界,风靡全球包括中国,影响深远。总之,彼时工程师开始自觉成为一个社会阶层,谋求更大的权力和承担更大的社会责任,泰勒主义顺应了这一时代潮流。

上述三大运动相互融合,相互支持。泰勒及其门徒身体力行,在美国的工程师社团中都担任重要职务,他们的主张也是当时工程师要求权力的社会思潮的重要组成部分,因此科学管理运动与工程职业主义运动关系紧密。而泰勒主义运动与北美技术统治论运动也颇多交集。比如甘特晚年创立了名为"新机器"(New Machine)的工程师组织,被认为是北美技术统治论运动的重要源头之一,著名的运动领袖劳滕斯特劳赫是该组织的秘书长,②其技术统治论观点受到甘特的重要影响,尤其是甘特呼吁工业应该以整个社会利益为目标,取代狭隘的利润目标。当然,也有学者认为,甘特与北美技术统治论

---

① H. L. Gantt, Influence of Executives, *The Annals of the American Academy of Political and Social Science*, vol. 85, Modern Manufacturing. A Partnership of Idealism and Common Sense, 1919: 257-263.

② William E. Akin, *Technocracy and The American Dream: The Technocrat Movement, 1900-1941*, Los Angeles: Universuty of California Press, 1977, p. 52.

运动某些方面一致的思想,并非晚年才有,而是与他早年思想一脉相承,是他思想连续发展的必然结果。①

四、泰勒制的乌托邦色彩

总的来说,20世纪上半叶,科学管理的应用在美欧等国有力地促进了工厂生产效率的提高,这也是泰勒主义在美国之外迅速扩散的主要原因。但是,泰勒所主张的劳资和谐的"思想革命",在很多地方并未因科学管理运动的推进而得到足够程度的实现,尤其是对工人劳动状况和生活的改善作用并不是很大,泰勒主义者因而与劳工组织关系紧张。② 也就是说,泰勒及其门徒关于劳资关系、工业民主与工人福利等方面的主张过于理想化,在现实中难以实现。

正因如此,泰勒死后,他的门徒越来越强调"思想革命"是科学管理的基础,以此来缓和公众把科学管理视为剥削工具的印象。比如F.吉尔布雷思早年对科学管理理解比较狭窄,认为其目标是消除浪费③,而工程师的任务是测量,因此未来工程师教育应该着重提高其测量能力,学会选择合适的测量单元、测量方法和测量设备。④ 泰勒死后,吉尔布雷思夫妇领导泰勒学会,面对各种对科学管理的攻击,他们日益强调"思想革命"的根本性,极力强调提高工人劳动强度的福特制与泰勒制的区别。⑤ 反思泰勒主义与工人关系,对于技术治理的实际运行有很大的借鉴意义。

1. 对科学的理解过于乐观

泰勒认为,运用科学提高效率,必须与同时实现雇主雇工效益提高相一

---

① Peter B. Petersen, Henry Gantt and The New Machine (1916-1919), *Academy of Management Anaual Meeting Proceeding*, 1986, (1).
② Daniel Nelson, *Frederick W. Taylor and the Rise of Scientific Management*, Madison, Wisconsin: The University of Wisconsin Press, 1980, p. x.
③ Frank B. Gilbreth, Lillian Moller Gilebreth, What Scientific Management Means to America's Industrial Position, *The Annals of the American Academy of Political and Social Science*, 1915, (61).
④ Frank B. Gilbreth, H. C. Metcalf, Dexters S. Kimball (etc.), Discussion of Educational and Technical Training in Personnel Administration, *Proceedings of the Academy of Political Science in the City of New York*, 1922, 9(4).
⑤ 丹尼尔·A.雷恩:《管理思想史(第5版)》,北京:中国人民大学出版社,2009年,第194页。

致,否则不能运行真正的科学管理。科学管理意味着劳资关系的和谐,此即泰勒所称的"思想革命"。换言之,科学劳动最终需要工人执行,如果不能将部分效益划分给工人,科学管理就不可能真正实现。当科学提高生产效率之后,劳资双方都可以获利;反过来,劳资双方的获利,能促进科学管理对生产效率的进一步提高。这当然是一种非常理想的状态,因而有人称泰勒坚持的是乌托邦主义。① 除了提高效率,泰勒主义者还认为科学管理可以解决经济萧条、失业、贫困等社会根本问题。对此,他们的论证逻辑是:真正的科学管理提高劳动生产率,同时提高工厂主的利润和工人的收入,劳动者有钱消费,经济不会萧条,工厂景气避免了工人失业。这是一种过于乐观的科学主义乌托邦思想。

传统观点认为,工人是抵制生产效率提高和技术进步的。为什么?因为生产效率的提高,机器的运用,会导致大量工人失业,因此磨洋工是必然选择。泰勒认为,科学管理原理应当让工人意识到:生产效率提高,不仅对雇主有利,对工人也有利,因为科学管理主张雇主利益与雇员利益是一致的、互为条件的。泰勒认为,新机器引入从实际历史来看不是导致更多失业,而是提供更多工作机会。为什么呢?"某种日用商品的降价可立刻引起对这种商品需求的激增"②,这个结论的逻辑是:生产越多,价格越便宜,人们消费得就越多。显然,这在资本主义社会不是事实,马克思对此说得很清楚。而磨洋工问题,泰勒分成三类,本性磨洋工、故意磨洋工和由于劳动不科学导致的系统低效,他认为只要使用科学的工作方法和工具,第三类是可以消除的。对于前两类磨洋工,他认为差别计件工资制可以应对,而差别计件工资制是以应用科学核定劳动工作量为基础的。在现实中,科学管理应对磨洋工是很有效的。但是,这并不一定与"思想革命"相结合,而是可能成为资本家残酷剥削的工具,造成大量的"血汗工厂"。此时,虽然"血汗工厂"给资本家带来了利润,但对整个社会福利而言,并没有多大的提升作用。如果以社会效率作为衡量科学管理效率的标准来看,"血汗工厂"并不科学,不是真正的技术治理,而是偏离了泰勒实用主义科学观的伪技术治理。这也是泰勒一再强调科

---

① J.-C. Spender, Hogo J. Kijne, *Scientific Management: Frederick Winslow Taylor's Gift to the World?* Boston, Dordrecht, London: Kluwer Academic Publishers, 1996, p.2.
② 弗雷德里克·泰勒:《科学管理原理》,北京:机械工业出版社,2013年,第9页。

学管理是整体,不能缺少"思想革命"的逻辑。

泰勒主义者对科学的错误理解还在于,对区分科学与价值过于乐观。在泰勒主义者看来,在工厂管理与公共管理中,最大的问题就是把科学问题交由委员会而不是工程师处理。很多问题其实是可以由科学研究确定的,是科学事实问题而不是价值判断问题。科学管理就是要将科学能够解决的问题都交给科学研究者和工程师来处理。但是,科学哲学的研究表明,科学并非完全价值中立的,很难将两者截然分开。比如科学确定日常工作定额问题,泰勒认为可以通过研究工人劳动的时间—动作研究加以解决。可是,以什么样的工人为研究对象呢?泰勒认为要研究"一流工人"。显然,"一流"是与价值相关的概念,而且以"一流工人"为标准意味着增大普通工人的劳动强度。技术治理领域不同于纯粹自然界,与"社会之人"紧密相关,因而价值因素对科学问题的影响更明显。如果没有纯粹的与社会无关的科学知识,以科学为准绳的决定就掺杂着大量的价值抉择,而以真理为名的工程师之专家权力就会非常有争议。当然,这并不是说要完全否认技术治理,而是说要意识到技术治理的有限性和复杂性,技术治理并非纯粹科学和真理问题,而是处理真理与价值相结合的问题。要仔细区分具体的技术治理问题,对于那些富含价值因素的问题,工程师对其决策只能起到辅助的作用。

2. 对工业民主的理解过于理想

反过来看,也不能据此就抹杀泰勒主义技术治理的进步意义,这一点在当时的时代背景下看就更清楚。从更大的社会历史背景看,泰勒主义的兴起与 20 世纪之交美国崛起并接替英国成为世界超级大国紧密相关。美国崛起呼唤先进的工业和管理技术,泰勒主义者领导的科学管理运动摒弃传统的手工工场式或军事等级式的管理方式,让美国工业真正步入现代化,极大地促进了美国经济和军事实力的发展。[①] 反过来说,美国的成功也让世界关注来自美国的泰勒主义思想,1920 年代欧洲人是将泰勒主义作为美国文明最重

---

① Peter B. Darmody, Henry L. Gantt and Frederick Taylor: The Pioneers of Scientific Managemen, See *2007 AACE International Transactions*, 2007, PS. 15.

要特征来学习的。① 我认为,美国思想的最重要成果包括三个:一是美式实用主义,二是美式民主思想,三是包括泰勒主义、技术统治论等在内的技治主义。实际上,之前美国主要是从欧洲学习思想,泰勒主义是美国人对世界思想库的重要贡献。当然,泰勒主义后来在欧洲的传播,除了美国崛起之外,还主要有三个原因:1) 第一次世界大战对欧洲破坏严重,战后高效重建欧洲的需要使得泰勒主义受到重视;2) 欧洲各国政府有组织地推动泰勒制的传播,尤其是引导企业成立计划部门;3) 泰勒主义与欧洲更早的圣西门主义和同时期的法约尔主义形成共鸣,因而被广泛接受。② 总之,泰勒主义不是向封建奴隶制的返祖,而是朝向现代民主管理前进,它的兴起与传播是20世纪工业、经济和社会运行领域的重要事件。

泰勒主义者非常重视个人主义和工业民主。个人主义动机是泰勒的重要逻辑基点,即工人有通过劳动及其报酬实现个人价值的动机,因而愿意参加到科学管理的改革当中。甘特指出,科学管理是建立在个人主义基础之上的,与传统的专制管理(autocratic management)是不同的,科学管理是民主管理,工程师是领导人(leader)而不是简单的发号施令的人(commandor)。③ 库克同样强调,科学管理意味着工人的个人化(individualizing),因而科学管理具有重要的社会意义而不仅是经济意义。科学管理意味着工人参与到企业当中,争取个人利益的最大化,可以通过与资方合作实现更多利益。这实际上是工厂管理从传统军事体制转向民主体制的结果。在库克看来,一开始工厂制度继承军事制度,目标是战斗,工厂主与工人的关系是暴力的。科学管理的工厂目标是输出平稳的工作流,减少紧张关系,让不适和无序最小化。民主管理不是对人们的统治,而是让人们尽可能参与治理。科学管理的工程要铲除军事体制,让每个工人发挥能力,也就是说,科学管理的工厂是依靠集体智慧来运转,而不是之前由极少数人的意志来运行的,因而科学管理是一种民主治理形式。科学管理因此意味着对雇员的教育,这是工人个人化的要

---

① Charles S. Maier, Between Taylorism and Technocracy: European Ideologies and the Vision of Industrial Productivity in the 1920s, *Journal of Contemporary History*, 1970, 5(2).

② Mary McLeod, "Architecture or Revolution": Taylorism, Technocracy, and Social Change, *Art Journal*, 1983, 43(2).

③ H. L. Gantt, Issac A. Loos, Education and Industrial Efficiency-Discussion, *The American Economic Review*, 1915, 5(1).

求。这也意味着,招聘员工时要挑选适合的雇员,任何科学管理组织同时必须发展为教育机构。①

泰勒主义技术治理在美欧能发挥提高效率的作用,而没有彻底走向极其恶劣的残酷压榨,与当地整体社会状态有关。其中,值得注意的方面有两点:一是强大的工人运动与工人团体的力量平衡,二是个人主义和民主主义在西方的强力支持。当工人力量强大时,科学管理的推进必然要受到工会的反制,"思想革命"就会被泰勒主义者所强调。实际上,如果真正能兑现劳资共享增利,工会就有可能与科学管理相结合。当时,美欧的工人运动高涨,工会力量强大,这一点毋庸赘述。经过启蒙运动,个人主义和民主思想逐渐成为欧美社会主流,它不仅有益于工人接受科学管理,也会在科学管理走向"血汗工厂"之时产生强大的反抗力,而"血汗工厂"中的工人个人主义意识是很弱的,常常被驯化为机器零件式的存在。因此,技术治理必须和进步的力量如民主制、工会运动等相结合,才能避免走向反动的方向。比如,在压制个人主义和工会组织不发达的东南亚地区,如果不对泰勒制进行限制,更容易出现"血汗工厂"。

3. 对工程师领导的理解太过理想化

泰勒主义者之所以认为技术治理与民主没有冲突,是因为坚持科学与民主相互支持,而工业民主就是二者相结合的产物的观点。甘特认为,工业民主是高效之上的更高目标,只有民主才能实现高效。② 库克认为,只有社会中每个个体都有发挥自身最大能力的同等机会并以此促进公共的善,真正的民主才能获得,科学管理所蕴含的工业民主不把工人作为机器附属,属于劳动问题的终极解决方案。③ 他还认为,民主与科学不矛盾,民主是美国文化的优势,科学管理在工业领域发挥了这一优势,是反对独裁的管理个人主义(administrative individualism)的民主新形式,而工业民主同时意味着与工

---

① Morris L. Cooke, The Spirit and Social Significance of Scientific Management, *Journal of Political Economy*, 1913, 21(6).

② H. L. Gantt, Issac A. Loos, Education and Industrial Efficiency-Discussion, *The American Economic Review*, 1915, 5(1).

③ The American Management Association. *Gantt on Management: Guidelines for Today's Executive*, New York: The American Management Association, Inc., 1961, p. 225.

会合作,通过工厂教育增强工人的个体能力和民主式领导。① 显然,泰勒主义者只看到科学与民主的一致性,没有看到两者相悖之处。从根本上说,民主是价值选择,民主制的精义在于人人参与政治决策,不被少数精英或权贵所左右或胁迫,而科学是真理的事业,科学共同体是精英组织,科学争议诉诸实验检验而非民主决策。在科学家一方,坚持科学的自主性,反对外行对专业问题发表意见。在大众一方,坚持国家和社会对科学事业进行监督,防止科学的负面效应。这种监督不仅要防范和应对科学应用的负面社会影响,更重要的是对科学家和技术专家的权力及其运用进行控制。具体到技术治理问题上,就要对工程师权力进行划定、调节和控制,此即我所谓的"技术治理的再治理问题"。

在泰勒及其门徒眼中,工程师是劳动工作场所中最合适的领导者,因为他们掌握的是基于科学事实的专业权力,这种权力是价值中立的、客观的。如前所述,他们的这种看法是有问题的。泰勒等人还认为,工程师专注于专业解题,以科学研究结论作为决策的唯一依据,不像资本家为了利润不顾工人的利益。这种看法与现实不完全相符。工程师当然有自己的价值标准和利益诉求,并不是道德上完美之人,可能利用大众对专业的无知,以科学之名而行私利之实,而走向伪技术治理。伪技术治理可能采用标准化、程序化和数量化的形式,这不是对科学真正的运用,因为自然科学研究最本质的精神是创新或创造,而不能简单地等于形式上的标准化、程序化和数量化。很多人对此问题的判断,实际依据对自然科学的语言表达即图表、格式和注释等形式标准化的印象,这并非自然科学核心的认识论内容。科学管理运动冠以"科学"之名在工业领域大举成功,与其展示的科学标准化形象不无关系。实际上,类似情况还很多,这也就是"科学的"一词变得异常复杂的原因。总而言之,真正的技术治理要"回到科学本身"。

在现实世界之中,依"科学"之名容易走向伪技术治理,依"真理"之名容易走向暴政,而依"确定性"之名则往往导致混乱。如果说光明能够让人类看清很多东西,黑暗则具有同样的效力——或许不是看清,而是感受或者冥

---

① Morris Llewellyn Cooke, "Who Is Boss in Your Shop?", *The Annals of the American Academy of Political and Social Science*, 1917, (71).

想。泰勒制导致"血汗工厂"便是这样的例子。因此,对技术治理的再治理,正是对知识走向治理活动可能出现的负面问题的警惕。技术治理是知识与权力相联的领域,必须要慎重地防止知识与权力的勾结与共谋。

21世纪之交,新技术治理手段层出不穷,专业方法变得异常复杂,比如运筹学、控制论和行为工程等,运用复杂的数学、实验和科学仪器,显得非常的"科学"。但是,雷恩的评论非常精当,"运筹学和科学管理一样希望通过科学的方法来理性地评估各种选择方案,试图找出最佳决策可能。在泰勒时代,人们相信科学能够带来一个完美社会,今天人们对此信心降低,最优听起来似乎比最佳途径要顺耳一些。另一个惊人相似之处是,现代的研究者与他们的前辈们一样,尝试运用科学的方法来分析人类行为"[①]。"人的科学"是否成立?人的行为是否可以完全用科学进行预测、调节和控制?简单地说,人有理性的一面,也有非理性的一面,前者可以用科学方法加以研究,但是后者是不可以的。因而,基于"人的科学"的技术治理必须有限度,此即我所谓的技术治理限度论或有限论。限度来自两个方面:1) 固有限度,原因是科学不光在真理方面,在实用方面也是有限的;2) 自发限度,即出于明显的危险而制度设限。比如为了区别治理与操控,必须把技术治理限制于群体性的制度方面,绝对不能涉及针对个体的差别化思想和行为的过度控制。道理其实很简单,不能无理由地预先假设任何个体是罪犯、破坏者或不合作者。

---

① 丹尼尔·A.雷恩:《管理思想史(第5版)》,北京:中国人民大学出版社,2009年,第538页。

第 9 章　物理主义的实物经济理想

长期以来,逻辑实证主义被视为远离生活的纯粹语言分析理论,属于书斋中的学问。持这种观点的学者,常常引用石里克所说的"事实已经足够证明(马赫)学会绝对是不关心政治的"[1]作为证据。其实,这是 1934 年 3 月马赫学会被倾向于法西斯主义的维也纳警察局调查时,作为会长的石里克的自辩信中的话。自辩信完全没用,几天后学会被取缔。维也纳学派与马赫学会关系密切,许多核心成员同时也是马赫学会的成员。合理的解释只能是:维也纳学派不仅有明显的政治主张,而且与法西斯主义格格不入。否则,就无法解释为什么狂热纳粹分子要开枪刺杀石里克,也无法理解纳粹在奥地利当道之后,学派成员为躲避迫害而纷纷流亡英美。

事实上,马赫学会和维也纳学派汇集了许多支持社会民主主义的激进左派知识分子[2],许多维也纳学派成员尤其是左翼不仅有明显的亲社会主义倾向,其从事的理论研究工作也与社会实践紧密相关,甚至积极参与实际的政治运动,有其政治目标。这就是 20 世纪 90 年代以来成为科学哲学研究领域新热点的"逻辑实证主义(左翼)再研究"的主旨,代表性的成果如于贝尔主编的《重新发现被遗忘的维也纳学派:奥地利学者对奥图·纽拉特和维也纳学派的研究》[3]、卡特赖特等人的《奥图·纽拉特:科学与政治之间的哲学》[4]、赖施的《冷战如何转变了科学哲学:走向冰封的逻辑护

---

[1] Janek Wasserman, *Black Vienna, Red Vienna: the Struggle for Intellectual and Political Hegemony in Interwar Vienna, 1918-1938*, Saint Louis: Washington University, 2010, p. 122.

[2] Janek Wasserman, *Black Vienna: The Radical Right in the Red City, 1918-1939*, Ithaca, London: Cornell University Press, 2014, pp. 106-130.

[3] Thomas E. Uebel (ed.), *Rediscovering the Forgotten Vienna Circle: Austrian Studies on Otto Neurath and the Vienna Circle*, Dordrecht, Bosoton, London: Kluwer Academic Publishers, 1991.

[4] Nancy Cartwright, Jordi Cat, Lola Fleck, Thomas E. Uebel, *Otto Neurath: Philosophy Between Science and Politics*, Cambridge, New York: Cambridge University Press, 1996.

坡》①等。

再研究加深了学界对逻辑实证主义的理解,尤其提出如下新观点:1) 维也纳学派思想的产生、发展和变化有其不可忽视的社会政治根源;2) 维也纳学派的形成并非是由某个统一观念支配、接受某个导师教诲的结果,所谓逻辑实证主义的经典观点(received views)并不为维也纳学派所有人接受;3) 维也纳学派内部存在观点分歧的左右两翼,或者如于贝尔所说的以石里克(右)、卡尔纳普(中)和纽拉特(左)为代表的三极②;4) 维也纳学派内部争论,为后来经典观点在分析哲学传统内部被抛弃埋下了伏笔——如亨普尔、奎因乃至费耶阿本德、罗蒂等帮助击溃经典观点的人都出身于分析哲学传统内部。

仔细研究维也纳学派左翼诸人的政治与社会主张,会发现本质上包含一种基于逻辑实证主义的技术治理构想,与正统社会主义差别甚远。本章以其中左翼或"极左翼"代表纽拉特的思想为例,研究维也纳学派左翼的技治主义理想。

一、维也纳学派左翼

包括卡尔纳普在内的维也纳学派与政治联系紧密,首先是因为当时奥地利尤其是维也纳特殊的社会历史背景。③ 第一次世界大战期间,奥地利属于奥匈帝国的领土。1918 年 11 月,奥匈帝国崩溃,第一次世界大战结束,奥地利第一共和国时期开始,各种政治力量纷纷崛起。当时,主要政党包括坚持奥地利马克思主义的社会民主党、保守右翼基督教社会党以及主张纳粹民族主义的德意志民主党,还有许多小党派,不仅展开激烈的选举战,还组织自卫队,经常发生暴力冲突。维也纳当时是左翼力量的堡垒,也是社会民主党人的中心阵地,史称"红色维也纳"(Red Vienna)。1927 年,维也纳发生严重

---

① George A. Reisch, *How the Cold War Transformed Philosophy of Science: To the Icy Slopes of Logic*, Cambridge, New York: Cambridge University Press, 2005.
② Thomas E. Uebel (ed.), *Rediscovering the Forgotten Vienna Circle: Austrian Studies on Otto Neurath and the Vienna Circle*, Dordrecht, Bosoton, London: Kluwer Academic Publishers, 1991, p.5.
③ 埃里希·策尔纳:《奥地利史:从开端到现代》,北京:商务印书馆,1981 年,第 621—672 页。

骚乱,民主政治遭遇危机,国家社会党(纳粹)成立,奥地利开始走向反马克思主义的法西斯主义。1934年,纳粹党卫军暴动,刺死总理,史称"维也纳事件",之后奥地利内战爆发。1938年,德国纳粹攻占奥地利,第一共和国结束,维也纳学派诸人纷纷逃出纳粹占领区。

维也纳学派就诞生于如此的政治环境中,如卡尔纳普所言:"在维也纳小组中,我们所有的人对我们国家的以及欧洲和全世界的政治事件都有着强烈的兴趣。"[1]在革命与反动的斗争中,维也纳学派诸人基本都支持进步的奥地利社会民主党及其主张的奥地利马克思主义——这是一种将马克思主义与新康德主义、马赫主义乃至逻辑实证主义等融合起来的民主社会主义改良主张,属于资本主义和苏维埃社会主义之外的"第三条道路",因而受到列宁和斯大林的批评。[2] 维也纳学派成员尤其是纽拉特参与了奥地利马克思主义的理论建设工作,很多人加入过奥地利社会民主党。

1. 卡尔纳普的政治活动

作为维也纳学派标志性人物的卡尔纳普,一直对政治非常关注,在早年维也纳时期和后来侨居美国时期,他均参与过大量的政治活动,还集中表达过"科学的人道主义"的政治立场。卡尔纳普没有入党,但对时事政治非常感兴趣,勇于表达自己的观点,自认为属于学派左翼。维也纳学派所有成员都赞成拒斥形而上学、"统一科学"、促进科学发展和社会进步的目标,但在如何实现的问题上,内部却存在着保守右翼与宽容左翼的争论。右翼以石里克、魏斯曼为代表,接受维特根斯坦的影响,主张纯粹语言分析,而哲学工作就是澄清科学语言。左翼以纽拉特、卡尔纳普、弗兰克和齐尔塞尔为代表,接受马赫主义的传统,具有宽容的实用主义倾向,并受到马克思主义的影响,主张哲学与科学平等合作,哲学工作不仅局限于语言分析之中,更是要关照实践。卡尔纳普对政治和社会问题的兴趣和观点,还受到纽拉特和爱因斯坦的重要影响。在思想自传中,卡尔纳普专门谈到纽拉特思想对他的影响,也详细谈到与爱因斯坦在普林斯顿的交往和对他的影响,而爱因斯坦同样思想左

---

[1] 鲁道夫·卡尔纳普:《卡尔纳普思想自述》,上海:上海译文出版社,1985年,第134页。
[2] Helmut Gruber, *Red Vienna: Experiment in Working-Class Culture, 1919-1934*, New York, Oxford: Oxford University Press, 1991, pp. 3-5.

倾,同情社会主义。尤其是纽拉特关于思想的社会历史条件分析的观点,得到了卡尔纳普的赞许,这一观点明显有马克思"社会存在决定社会意识"观点的烙印。正是因为卡尔纳普承认历史文化因素对科学实践的积极影响,因此他对库恩的《科学革命的结构》做出了非常高的评价。① 他还积极参与社会主义运动中的工人教育和成人教育工作——"红色维也纳"时期,包括公共卫生计划、医疗服务体系、工人教育计划等社会主义革新活动在维也纳如火如荼。显然,如果说右翼的石里克都不能完全摆脱与政治的关系,或者说他的"理论研究去政治化"主张不过是纳粹暴政下的一种政治选择,那么卡尔纳普的理论研究工作与政治、社会的关系只会更紧密,因此讨论其哲学思想的政治和社会意涵就是可能的。

侨居美国之后,卡尔纳普仍然积极参与政治活动,因而在麦卡锡主义盛行的时代,他和许多侨居美国的维也纳学派其他成员一样,被作为"亲共分子"而遭到调查。1954年,卡尔纳普出于对社会主义的支持态度,在发表于具有共产主义倾向的《工人日报》左翼宣言上联名,而受到美国联邦调查局的调查,最终被认定为没有参与破坏性的政治活动,但参与了共产主义政治组织的活动。② 在严酷的政治环境下,整个美国的分析哲学圈日益从左翼激进立场转向右翼保守立场——晚年卡尔纳普也只能如此以求自保,最后基本上退回到纯粹逻辑分析和语言分析的非政治领域当中,这就是赖施所谓"走向冰封的逻辑护坡"之意,也是当代分析哲学保守气质的历史原因。

2. 作为技治主义者的纽拉特

纽拉特是维也纳学派中最突出的政治理论家和社会活动家。正如纽拉特研究最著名的专家于贝尔所言,因为纽拉特积极参与社会实践和政治活动,因而是维也纳学派最主要的组织者、宣传者和领导者。③ 有人则认为他

---

① Thomas Nickles (ed.), *Thomas Kuhn*, Cambridge, New York: Cambridge University, 2003, pp. 18-21.
② George A. Reisch, *How the Cold War Transformed Philosophy of Science: To the Icy Slopes of Logic*, Cambridge, New York: Cambridge University Press, 2005, pp. 272-276.
③ Nancy Cartwright, Jordi Cat, Lola Fleck, Thomas E. Uebel, *Otto Neurath: Philosophy Between Science and Politics*, Cambridge, New York: Cambridge University Press, 1996, p. 78.

是逻辑实证主义成为社会运动与全球性思潮最重要的"发动机"①。瓦托夫斯基认为:"第一,我要考虑,维也纳学派,或更确切地说,它的某些领导成员提出,科学的世界观是历史中的一项政治事业,它不仅反对奥地利思想生活中的反动势力,而且也反对政治和社会生活中的反动势力;更具体地说,是对向社会主义社会演变的社会政治运动的一项贡献。第二,我要把维也纳学派本身作为社会和历史分析的对象,作为思想运动来考察。也就是说,要把维也纳学派'作为社会运动'来考察,并且也从'社会学'的观点来考察这一运动。"②他提到的"某些领导成员",指的就是纽拉特。正是在他的影响和推动下,逻辑实证主义者走出书斋,将理论工作与社会实践紧密地结合起来,才使维也纳学派的思想产生了重大社会影响。我认为,如果维也纳学派真如右翼(如石里克)所主张,闭锁书斋之中,逻辑实证主义根本不可能成为弘扬英美分析传统的20世纪标志性的哲学思潮。

直到今日,纽拉特仍没有得到科学哲学界应有的重视。这根源可能在于:1) 由于政治环境的打压,逻辑实证主义乃至整个分析哲学传统迅速右转、趋于保守。③ 先是纳粹崛起,在欧洲大陆驱逐维也纳学派诸人,再是他们移居美国后,在冷战背景下遭受麦卡锡主义者对"亲共分子"的压制,使得分析哲学逐渐远离实践,成为纯粹逻辑主义的语言分析理论。最后,分析哲学的后来者都忘了逻辑实证主义是"红色维也纳"时期兴起的激进革命理论。2) 在维也纳学派内部,纽拉特思想特立独行,对所谓经典观点(receive views)一直持强烈甚至根本性的批评态度。后来的研究者将逻辑实证主义者的基本观点勾勒为经典观点时,就只能略过与之明显偏离的纽拉特、齐尔塞尔等人的思想。3) 纽拉特研究领域并不局限于语言哲学或科学哲学,而是将逻辑实证主义应用于经济学、社会学、科学史、社会科学哲学、统计学等领域,这是传统的科学哲学研究者并不熟悉的领域。除此之外,纽拉特过早去世,没能在第二次世界大战之后的思想界占据一席之地,也是他的思想被

---

① John Symons, Olga Pombo, Juan Manuel Torres (ed.), *Otto Neurath and the Unity of Science*, London, New York: Springer, 2011, p. 2.
② M. W. 瓦托夫斯基:《维也纳学派和社会运动》,《哲学译丛》1985年第2期。
③ 刘永谋、张寻:《卡尔纳普哲学思想的政治意涵》,《山东科技大学学报(社会科学版)》2019年第2期。

低估的重要原因。

总的来说,纽拉特的思想贡献不止于科学哲学,于贝尔概括道:"纽拉特作为经济学家,以无货币经济闻名。作为历史学家,以1919年巴伐利亚革命中的完全社会化(full socialisation)工作著名。作为教育家,他的社会博物馆工作很出名。"① 而就科学哲学而言,他以"统一科学"与"纽拉特之船"著称。众所周知,统一科学是维也纳学派的核心观念。如卡尔纳普在思想自传所说,维也纳学派的统一科学思想与运动,主要是受纽拉特的影响。② 而一般认为,"纽拉特之船"说的是纽拉特反对认识论的基础主义(于贝尔就这么认为),但也有人认为,"纽拉特之船"讲的不完全是认识论问题,更多是指社会化改造面对的各种困难和应对方案。③ 我认为后一种观点更有道理,因为纽拉特提出"纽拉特之船"的文章讲的是"社会学与生活实践"的问题,而不是分析知识问题。

虽然反对经典观点,但纽拉特无疑是坚定的逻辑实证主义者。从根本上说,逻辑实证主义是对康德主义或先验主义的一种反动,其主旨一是完全否弃先天知识代之以彻底的经验主义,其二是运用数理逻辑新方法贯彻经验主义,从人类知识库当中剔除所有的形而上学。至于经典观点主张的一些核心立场。如证实原则、综合与分析的二分、科学发现与辩护二分、科学价值无涉等,并不是逻辑主义和经验主义结合的必然推论。纽拉特就认为,证实主义和证伪主义都是伪理性的(pseudo-rational),知识是多元主义的、历史根源的,但这并不影响他的逻辑实证主义立场。因此,以往的科学哲学研究将逻辑实证主义与历史主义简单对立起来,是非常错误的。逻辑实证主义者不一定反对历史研究,纽拉特和卡尔纳普都对科学史研究十分重视,而齐尔塞尔主要研究科学史,试图提出完整的逻辑实证主义科学史研究纲领,可惜流亡美国后他生活潦倒而太早离世。

从理论上说,逻辑实证主义并非只是囿于对自然科学基础的研究,而是

---

① Nancy Cartwright, Jordi Cat, Lola Fleck, Thomas E. Uebel, *Otto Neurath: Philosophy Between Science and Politics*, Cambridge, New York: Cambridge University Press, 1996, 导论, p. 1。

② Otto Neurath, *Empiricism and Sociology*, Dordrecht Holland, Boston USA: D. Reidel Publishing Company, 1973, pp. 43-44。

③ John Symons, Olga Pombo, Juan Manuel Torres (ed.), *Otto Neurath and the Unity of Science*, London, New York: Springer, 2011, p. 4。

可以用于更广泛的领域。从实践上说,维也纳学派一开始就不是封闭于象牙塔中的学问,而是密切地关照社会实践和现实政治。这在纽拉特身上得到了最集中的体现。从技术治理的角度看,纽拉特提出了一种基于逻辑实证主义的、强烈支持技术治理的体系化技治主义理论。在他的著作中,"技术主义""科学乌托邦主义""社会工程""社会化""管理经济"等核心术语的使用实际上表达了坚持技治二原则的根本立场。由此,他的科学哲学思想可以视为对实施科学运行原则的理论准备,即澄清何为科学原理和技术方法的前提性问题。他的回答是逻辑实证主义的,而且将逻辑实证主义的科学观贯彻到他的社会运行理论当中,形成了围绕社会化和计划展开的技术治理战略。换言之,纽拉特的科学哲学思想或纽拉特的逻辑实证主义观点,与他对政治、经济、社会和文化方面的思想构成一致的整体,他的科学哲学思想扮演了理论基础的作用,为其他领域的研究提供基本的认识论和方法论。

纽拉特不仅提出了技术治理理论,还积极参加社会实践和政治活动,在现实中推行他的技治主义主张。他出身于书香门第,父亲是著名的经济学家。他很早就对学术研究兴趣浓厚,尤其是经济学方面的研究。同时,他积极参与社会活动和实践,很早就加入了奥地利社会民主党。在"红色维也纳"时期,纽拉特在政府中担任官员,积极推进他的社会化主张,尤其集中于三个方面:工人教育、住宅改造、修建经济与社会博物馆。他的博物馆与图像统计学(International System of Typographic Picture Education,简称 ISOTYPE)工作,影响很大,1931 年苏联人曾邀请他在莫斯科设立类似博物馆。维也纳学派诸人尤其是纽拉特和齐尔塞尔积极参与社会主义教育工作,积极推动成人教育和工人教育,石里克也曾参与授课,参与这些工作使得学派所有成员在政治上日益左倾。① 纳粹兴起后,纽拉特四处流亡,1946 年客死英国牛津。

按照我的理解,纽拉特提出了比较完整的技术治理方案,既有对理想技治主义社会的乌托邦设想,也有如何实现它——既包括实现的知识基础,也包括实施的战略和依靠力量——的理论思考。因此,接下来的讨论主要包括三部分的内容:1) 纽拉特技治主义的知识论基础。我将科学世界观与统

---

① Janek Wasserman, Black Vienna, *Red Vienna: the Struggle for Intellectual and Political Hegemony in Interwar Vienna, 1918-1938*, Saint Louis: Washington University, 2010, pp. 132-142.

一科学的理论视为纽拉特主张技术治理的方法、知识和原理的准备工作。2）纽拉特技术治理的基本框架。我认为,纽拉特用实物经济和社会主义等概念勾勒了一种远景的技治乌托邦,而社会化是他实现理想的手段。3）纽拉特的计划战略。就实施战略而言,纽拉特对技术治理战略的探讨着力于社会测量和计划体系两个方面。鉴于他对社会测量的讨论过于专门化,围绕社会统计学展开,本章主要讨论纽拉特对计划问题的总体设想。4）本章对以纽拉特为典型代表的逻辑实证主义的技治主义思想进行深入反思,尤其是探讨了它与马克思主义的关系。

二、"科学的世界观"

瓦托夫斯基总结得很对,"纽拉特很明白,科学的世界观不仅可以看作是思想或科学的启蒙运动,而且可以看作是对争取社会主义社会斗争的一种贡献。在论及实践活动与科学的理论构成人物之间的关系时,纽拉特也是明确的"[①]。在启蒙观念的指导之下,纽拉特不仅会反对形而上学,还会着力统一科学知识以服务于科学改造世界的活动,因而也决定了"统一科学"不会是纯粹理念上的探讨,而会成为知识领域的社会运动。因此,在纽拉特看来,运用科学世界观的技术治理与技治主义是合乎启蒙观念的,甚至是启蒙观念必然的产物,需要改造的世界既包括自然界,也包括社会,都需要应用科学(包括自然科学和社会科学)的成果。

1. 反形而上学与启蒙

1929 年,纽拉特发表了著名的《科学的世界观:维也纳小组》一文,用"科学的世界观"概念对他理解的维也纳学派的基本立场进行了概括。在他看来,世界观不仅是理论,也是行动的先导,从神学或形而上学世界观向科学或反形而上学世界观的转变,是人们从中世纪向现代前进的先导。[②] 纽拉特声称,科学世界观与启蒙精神一致,是反形而上学和神学的。它由各门经验科

[①] M. W. 瓦托夫斯基:《维也纳学派和社会运动》,《哲学译丛》1985 年第 2 期。
[②] Otto Neurath, *Empiricism and Sociology*, Dordrecht Holland, Boston USA: D. Reidel Publishing Company, 1973, pp. 383-388.

学推进，但思想家们没有对科学世界观进行系统总结，赞同科学世界观的人们也没有聚集成为一个学派，正在兴起的维也纳学派就是赞成科学世界观的学派，维也纳是科学世界观的中心。科学世界观的基本目标是反对形而上学，同时重视对"生活问题"即社会实践的研究和参与，尤其是"致力于重建经济和社会关系的努力、人类大同的努力、改革学校和教育的努力"①。因此，维也纳学派会保持开放，努力与各种社会思潮尤其是马赫学会的合作和联系，希望为重塑人们的日常生活提供理论支持。所以，科学世界观不仅是一种思想，肯定也要诉诸社会运动。

纽拉特提出科学世界观，与他不满于当时奥地利形而上学高涨的形势直接相关，但他同时也看到科学家们在推动与之相对的理解世界的物理主义蓝图。他认为，必须通过各种形式与形而上学和神学做斗争。在他的观念中，形而上学受到右翼奥地利基督教社会党支持，是保守、落后甚至反动的。他甚至认为，巫术和魔术都比形而上学和神学更接近科学。② 在历史上，魔术表演常常与技术工作密不可分，同样都要处理经验事物，后来才逐渐被人为分开，而神学则完全退出了经验领域，退到完全空洞而无意义的超验领域之中，经验领域逐渐被现代科学的兴起填补空白。相反，"即使是远离形而上学的态度也肯定是以工人运动的增长为基础的"③，反对形而上学更是一种进步的思想和行动。

科学世界观反对形而上学的方法是将其揭示为无意义的伪问题。在纽拉特看来，传统哲学中的问题，一部分是形而上学，另一部分可以由经验科学来加以研究，今后哲学的任务只局限于澄清问题和陈述，所使用的方法是逻辑分析，不再提出特殊的哲学论断。和卡尔纳普一样，纽拉特认为形而上学只是一种情感表达，不是理论或知识，而是诗歌、神话和艺术。科学世界观否认任何形式的先天综合判断和先验主义，坚持彻底的经验主义，只承认关于各种事物的经验陈述以及逻辑和数学中的分析陈述。所以，科学世界观有两

---

① O.纽拉特：《科学的世界观：维也纳小组——献给石里克》，《哲学译丛》1994 年第 1 期。
② Otto Neurath, *Philosophical Papers 1913-1946*, Dordracht, Holland: D. Reidel Publishing Company, 1983, pp. 34-35.
③ Otto Neurath, *Empiricism and Sociology*, Dordrecht Holland, Boston USA: D. Reidel Publishing Company, 1973, p. 423.

个特征:(1) 经验主义和实证主义,(2) 逻辑分析方法。总之,纽拉特把逻辑实证主义等同于科学世界观,归结为启蒙精神的产物。

纽拉特对启蒙与形而上学关系的理解,使之与维也纳学派右翼尤其是石里克的观点分歧很大,被于贝尔认为是维也纳学派内部批判经典观点的代表。比如,纽拉特主张完全避免使用因果概念,不承认完全肯定或否定假说的可能性,主张科学家面对特定假说多元态度的合理性。他还坚持真理融合论,具有某种认识论的整体论的倾向。在理解社会问题上,他更是反对二分法,坚持"要把由人类、动物、植物、土壤、空气等要素所构成的整体(可称为'共存')作为出发点"①的所谓"集合纲领",与拉图尔等人的行动者网络理论立场颇为接近。他反对科学的价值中立说,主张"科学研究的潮流从来不是社会中立的,但是它们并不总是处于社会斗争的中心"②。纽拉特对于逻辑分析方法也不迷信,而是主张逻辑分析与历史分析两种方法并举。通过分析歌德、惠威尔、马赫和迪昂等人物理学,纽拉特认为,西方思想中流行的二分法是好战精神的产物,尤其是科学竞争的结果,科学家在相互竞争的科学假说之间做选择并非完全理性的,研究科学史必须融合物理学、历史学和哲学,"在这个意义上,物理学史家既是受哲学训练的物理学家,也是受物理学训练的哲学家"③。并且,要想研究清楚物理思想,必须把它作为整体反思世界的一部分,这正是当时科学史研究的问题之所在,尤其在科学史内部各专门史也相互隔绝。④

纽拉特反对知识基础主义,主张历史主义知识论,看起来与当代流行的后现代主义有些类似。但他坚守启蒙立场,尤其坚信科学的力量,因此与后现代主义者有着根本性的区别。他甚至好几次表达他不相信哲学,不相信认识论和形而上学,只相信科学或实证知识。正是坚持启蒙立场,纽拉特的科学世界观遭到了批判启蒙的西方马克思主义者霍克海默的质疑。在《启蒙

---

① 奥托·纽拉特:《社会科学基础》,北京:华夏出版社,2000年,第30页。
② Otto Neurath, *Empiricism and Sociology*, Dordrecht Holland, Boston USA: D. Reidel Publishing Company, 1973, p. 403.
③ Otto Neurath, *Philosophical Papers 1913-1946*, Dordracht, Holland: D. Reidel Publishing Company, 1983, p. 30.
④ Otto Neurath, *Empiricism and Sociology*, Dordrecht Holland, Boston USA: D. Reidel Publishing Company, 1973, p. 100-103.

的辩证法》中,霍克海默和阿道尔诺对启蒙思想和现代科学进行了深刻批判,主张从"去魅"走向"反魅"。纽拉特对此进行了回应,认为霍克海默误解了逻辑实证主义,尤其把统一科学误解为极权主义的知识论。①

2. 统一科学作为知识基础

统一科学是维也纳学派的核心观念。纽拉特的反形而上学与统一科学两个主张是密不可分,统一科学是科学世界观题中应有之义。可以说,反形而上学是破坏性的工作,而统一科学则是建设性的工作,缺一不可。思想家必须要对经验科学提出的科学世界观进行系统的论述,在理论上这就意味着通过将逻辑分析方法应用于经验材料而达到统一的科学。纽拉特认为,科学世界观的建构从具体经验开始,但超越个别经验或学科边界,经由主体间性指向统一科学建基于其上的统一经验领域。② 在实践上,统一科学意味着不同学科的研究者之间的合作,也就是说,统一科学既是理论工作,也是社会运动。从技术治理的角度说,科学运行社会需要科学的指导,只有统一的科学才能导向统一的社会运行,实现平稳而有效的技术治理。因此,作为科学哲学家,纽拉特对科学统一的强烈愿望,乃是为全面科学的社会化行动提供"工具库",也就是说,他的科学统一运动最终要统一于实践活动。

总的来说,纽拉特统一科学的核心思想包括如下方面:

(1) 经验科学统一于物理主义语言,统一科学就是物理主义科学

理论上,统一科学的关键在于寻找不同学科研究者可以通过主体间性把握的东西,纽拉特认为这必须从大家使用的语言入手,即通过物理主义语言来统一科学,此即物理主义。"正是这种物理主义语言即统一语言使全部科学都包括其中:除了'物理语言',没有任何'现象语言';除了另一种可能观点,没有任何'方法论的唯我论';没有任何'哲学';没有任何'知识论';除了其他世界观,没有任何'新的世界观',只有具有其定律和预言的统一科

---

① John Symons, Olga Pombo, Juan Manuel Torres (ed.), *Otto Neurath and the Unity of Science*, London, New York: Springer, 2011, pp.13-30.
② Otto Neurath, *Philosophical Papers 1913-1946*, Dordracht, Holland: D. Reidel Publishing Company, 1983, p.46.

学。"①因此,"'物理主义'在最宽泛的意义上运用关于器官感觉的陈述,以及感觉知觉的陈述(为了将所有物理主义陈述与人类行为结合起来)"②。物理主义并非主张还原至原初经验,而是指还原于观察语句,观察语句以记录语句(protocol sentence)的形式出现。"记录语句和非记录语句都处于时空术语(物理主义)之列。我们总是能对任何这样的报告追问:'哪里?','何时?'"③纽拉特认为,运用物理主义语言,才能创造严谨而统一的科学陈述系统。纽拉特把卡尔纳普《世界逻辑的构造》视为这种创造的初步尝试,但认为是他应该放弃现象主义语言,而采取物理主义语言。事实上,卡尔纳普最后转向了物理主义的立场,但他与纽拉特对物理主义语言的理解不完全相同。总的来说,他们对何为物理主义语言的界定都很模糊。

和卡尔纳普理解类似,纽拉特所主张的物理主义语言限于"时空中事物的陈述"——"在统一科学的框架内,一个人能做出时空过程的预言,这些过程在某些特殊的例子中能追溯到'红'和'冷','大声'和'坚硬'的表达"④,"所有这些术语都是时空术语,因此可以称为'物理主义'术语('陈述'或'术语'这样的术语也是物理主义的)"⑤。所有不能追溯到时空中事物的陈述都是无意义的形而上学,都要从科学中清除出去。并且,物理主义语言并不等于既有的物理学语言,"物理主义的术语比物理学术语更丰富,因为它包含比如'细胞群''刺激'等术语,因而将生物学和心理学纳入统一科学"⑥。

纽拉特对物理主义语言的理解与卡尔纳普的主要不同在于:第一,物理主义语言既不是完全的日常语言,也不是完全的人工语言,可以通过对物理学语言进行删减、修改而获得。他指出:"且让我再重复一遍:我并不是要提

---

① 奥托·纽拉特:《社会科学基础》,北京:华夏出版社,2000年,第110页。
② Otto Neurath, *Philosophical Papers 1913-1946*, Dordracht, Holland: D. Reidel Publishing Company, 1983, p. 55.
③ Otto Neurath (edit.), *Unified Science*, Dordrecht, Boston, Lancaster, Tokyo: D. Reidel Publishing Company, 1987, p. 3.
④ Otto Neurath, *Empiricism and Sociology*, Dordrecht Holland, Boston USA: D. Reidel Publishing Company, 1973, p. 325.
⑤ 奥托·纽拉特:《社会科学基础》,北京:华夏出版社,2000年,第4页。
⑥ Otto Neurath (edit.), *Unified Science*, Dordrecht, Boston, Lancaster, Tokyo: D. Reidel Publishing Company, 1987, p. 3.

出(像有些人对我和我的朋友们所设想的那样)'简单的基本论断'、'原子观念'、'感觉材料'或它们的语词替代物,即把某种基本的、原始的和粗糙的东西作为我们开始时的立场。相反,我认为,我们从一堆完全无规律和模糊不清的东西开始,就像我们日常说话所呈现的那样。然后我们可以在其中发现一些规律性,并且把其中有些成分与具有其精确性和可用公式来表示的计算联系起来。"[①]在这一点上,卡尔纳普主张物理主义语言是完全的人工语言。第二,纽拉特认为,物理主义语言意义是唯一的,但模糊性却不可避免。绝对无模糊性的语言是形而上学的本体论语言,物理主义语言不是本体论语言,它必须从总体上强调时空和集合体的特点。所以,物理主义语言是多元的,而非唯一的。各门科学统一于物理主义语言,不等于还原为物理学,这实际上也是做不到的,统一科学中的社会科学尤其需要物理主义语言的模糊性和多元性。

(2)"只有一个可以被称为统一科学的经验科学"[②]

纽拉特指出,"各种科学学科一起组成'统一科学'。科学工作的任务是创造所有规则的统一科学"[③]。科学世界观要统一的科学不仅包括自然科学,也包括心理学和社会科学,反对德语传统中的精神科学与自然科学的二分,"所谓'自然科学'与'精神科学'之间的区别——前者'仅仅'是关于秩序的科学,后者还是关于理解的科学——根本不存在"[④]。统一科学集中研究各门学科的基础问题,澄清科学概念和陈述,如空间问题、行为主义心理学问题等。统一科学要整合各门学科,而不是要挑起所谓真理与谬误的斗争。如此,奠基于其上的系统化技术治理才不会陷入混乱之中。

科学世界观认为,不存在与各门经验科学并列或凌驾其上的科学哲学,哲学属于自然科学的基础部分,帮助人们从偏见中解放出来。统一科学不包含传统哲学,将形而上学清除出去,只留下作为分析科学基础的科学哲学。"对于物理主义来说,因为它是十分严格表征的,任何被经院哲学家、康德主

---

① 奥托·纽拉特:《社会科学基础》,北京:华夏出版社,2000年,第25页。
② Otto Neurath, *Empiricism and Sociology*, Dordrecht Holland, Boston USA: D. Reidel Publishing Company, 1973, p. 325.
③ Otto Neurath, *Philosophical Papers 1913-1946*, Dordracht, Holland: D. Reidel Publishing Company, 1983, pp. 53-54.
④ 奥托·纽拉特:《社会科学基础》,北京:华夏出版社,2000年,第117页。

义者和现象学家提出作为哲学的任何东西,都是无意义的,除了他们的部分构想可能被翻译为科学的,即物理主义的陈述。"①于是,统一科学中的哲学的唯一的任务是澄清概念和术语,这属于科学研究必不可少的一部分。因此,纽拉特的技治方案所运用的科学原理包括逻辑实证主义的科学哲学。

(3) 支持"百科全书主义"的统一科学,反对"金字塔主义"的统一科学

纽拉特认为,统一科学可以有两种不同的模式:一种是他所反对的"金字塔主义"(pyramidism),即以主干、分支以及次分支的方式建构系统的"科学大厦",一种是他赞同的"百科全书主义"(encyclopedism),即采用百科全书式的方式建构"科学图书馆"。② 显然,纽拉特受到狄德罗和达朗贝尔等"百科全书学派"思想的影响,但是他主张对百科全书要尽量做到语言统一,从而实现各个学科之间的沟通和交流。在他看来,金字塔模式坚持学科等级差别,而百科全书模式坚持学科平等,反对对科学进行分级;等级制的金字塔模式阻碍科学的自由进化,而百科全书模式将科学视为不同科学单元的集合。百科全书模式是英美盎格鲁—撒克逊传统的偏好,这个传统历来反对极权主义,喜欢功利主义,而德国理性主义偏好形而上学和唯心主义,欢迎金字塔模式。纽拉特指出,他理解的逻辑实证主义是反极权的,"支持统一科学百科全书的逻辑经验主义的百科全书主义(不仅是我,还有我许多科学的朋友们,所极力推荐的,也许是用不同的词语表达),是民主合作宽容方法的孩子。它不是靠哲学实现的,是彻底反极权主义的"③。纽拉特主张百科全书模式,带有明显的实用主义倾向。在分析哲学传统中,这种实用主义后来主要是由奎因所继承和发展,成为逻辑实用主义。百科全书主义运用于技术治理当中,必然会导致反极权和宽容的立场,这在纽拉特的技术治理框架和战略中有所体现。

---

① Otto Neurath, *Philosophical Papers 1913-1946*, Dordracht, Holland: D. Reidel Publishing Company, 1983, p. 58.
② Ibid., pp. 203-204.
③ Ibid., p. 242.

3. 统一科学作为社会运动

纽拉特认为,物理主义的统一科学是为了生活,是不同于神学生活的经验主义生活方式的基础。因此,统一科学必然会走向社会。作为一场社会运动,统一科学运动1934年被维也纳学派所发起,纽拉特是最主要的推动者。[①] 它强调统一科学对于社会和政治生活的重要性,纽拉特尤其反复强调统一科学计划与经济社会化、教育改革、和平合作的国际化以及人类统一之间的联系。而且,"统一科学运动不仅是为了统一科学,更是为对抗纳粹而联合科学家"[②]。从1934年至1941年,纽拉特等人在世界各地举办了一系列统一科学国际会议,1936年发起成立统一科学研究所,卡尔纳普、弗兰克和莫里斯等维也纳学派学者积极参与其中。纽拉特还在他主持的博物馆事务中推广统一科学,创制著名的纽拉特图像文字(ISOTYPE),向工人阶级传播各种统计信息,这被称为"维也纳方法"。

除此之外,纽拉特和卡尔纳普还发起"国际统一科学百科全书"的出版项目,将他的百科全书式的统一科学思想付诸传播,出版委员会还包括玻尔、罗素、杜威和布里奇曼等人,影响巨大。[③] 该出版计划试图提高不同学科的科学家之间的合作,纽拉特任主编,副主编卡尔纳普和莫里斯。在纽拉特的总设想中,整个丛书包括四个部分,第一部分是统一科学的基础,第二部分是方法论问题,第三部分是分支科学的概要状况,第四部分是观点和方法在医学、法律、工程学等领域的应用,计划总计26卷260本书,除此之外,还有10卷专门的地图和图表。[④] 实际上,从1937年到1970年丛书一直在继续,共出版20本书,包括库恩的《科学革命的结构》。

1945年纽拉特死后,统一科学运动主要由弗兰克和美国的学科间对话

[①] Sahotra Sarkar, Jessica Pfeifer (ed.), *The Philosophy of Science: An Encyclopedia*, New York, London: Routledge, 2006, pp. 848-849.

[②] Nancy Cartwright, Jordi Cat, Lola Fleck, Thomas E. Uebel, *Otto Neurath: Philosophy Between Science and Politics*, Cambridge, New York: Cambridge University Press, 1996, p. 2.

[③] Rudolf Carnap, Otto Neurath (etc.), International Encyclopedia of Unified Science, *Science, New Series*, 1937, 86(2235).

[④] Otto Neurath (edit.), *Unified Science*, Dordrecht, Boston, Lancaster, Tokyo: D. Reidel Publishing Company, 1987, p. xix.

小组(Inter-Scientific Discussion Group)推动,后来弗兰克得到洛克菲勒基金支持,在波士顿成立了统一科学研究所,分析哲学的后起之秀包括亨普尔、内格尔、奎因等人加入其中,为推动分析哲学在美国的发展发挥了重要的作用。但是,统一科学运动一直受到政治气候的影响,麦卡锡主义兴起之后,弗兰克等人失去了基金支持。1958年,费格尔将统一科学研究所搬迁至明尼苏达科学研究中心,波士顿的相关研究由科恩等人在波士顿大学的波士顿科学哲学研讨会(Boston Colloquioum for Philosophy of Science)继续。

三、实物经济的技治框架

纽拉特技术治理理论是科学世界观理论运用于社会运行或公共治理领域的产物,这使它具有很强的乌托邦色彩。纽拉特不仅希望看到统一的科学,还希望看到在其指导之下的统一的社会,而社会在纽拉特眼中呈现出明显的物理主义或唯物主义的色彩,因而他思考的技术治理问题主要集中于经济领域,他的技治主义理论相当部分属于政治经济学的内容。总的来说,纽拉特技治主义理论主要回答两个问题:1)技治主义目标是什么?纽拉特将其归结为实现实物经济——社会主义,实际上他的目标是一种高度的技治主义社会。2)如何实现目标?手段是社会化和完全社会化,实质是将科学原理与技术方法运用于社会运行当中,即遵循技术治理的第一原则——科学运行社会原则。

1. 目标:向管理经济和实物经济转变

纽拉特研究了第一次世界大战对经济的影响,认为持续多年的战争使得参战国的经济发生了重大改变,国家对经济的计划管控程度越来越大,并且这些变化在战后的和平时期仍然得以延续。对此,他持积极的态度,主张应该专门研究与和平经济学相对的战争经济学。在他看来,以货币相连的传统经济学理论,属于和平经济学,忽视了实物经济,与之相对的是战争经济学,反映货币秩序被取代后的新经济秩序。简而言之,持续战争让参战国的经济逐渐从自由市场经济转向管理经济(administrative economy),目标是让整个国家经济能力围绕战争目标而尽可能得到高效开发,最终管理经济将完全过渡到消灭货币制度的实物经济(economy in kind)。纽拉特指出:"自由经济时代正在结束,而管理经济(administrative economy)开始了,货币经济(money economy)将消亡,将让位于完全组织的实物经济(a thoroughly organized economy in kind)。"①

纽拉特的管理经济理论有着强烈的经验主义和物理主义的气息。他认为,管理经济不等于所谓的国家社会主义的乌托邦,也就是管理经济不等于权力都由国家集中,也不等于说国家权力是唯一性的。管理经济主要特点或措施可归纳如下:

(1) 社会测量变得极为重要,要完成实物计算(calculation in kind)而非金钱计算(monetary calculation)。对实际生产状况进行社会测量变得很紧迫,管理者需要了解物理的社会物资配置而非金钱表示的价格与利润,这就是实物计算与金钱计算的差别,因为在战争期间真实装备才意味着胜利的可能。而在自由市场中,更多的金钱代表更好的生活,金钱计算是最根本的方法。在管理经济中,要以实物眼光看待经济运转,经济学将转变为某种技术分析。这种观点和技术统治论者斯科特、罗伯等人关于能量券的想法颇为类似。

(2) 限制和取消市场交易,推进国有化和执行经济计划。在管理经济中,利润不再是最重要的,要用计划配置的方法实现所有人就业,并摆脱生产设备低效运转的状况。这就意味着生产的集中化和生产行业、信用系统和销售链的国有化,以及更多的、范围更大的经济计划。由于市场交易受限,货币的使用和作用受限,非现金交易的无货币经济(moneyless economy)增多,比如实物工资和实物缴税,但还没有达到没有货币的实物经济状态。"总的来说,存在从基于货币的自由市场向基于实物计算的管理经济转变,它一般将各种测量建基于实际项目的经济计划。"②从社会主义运动的实践来看,纽拉特把计划和市场对立起来是不对的,它们在任何经济体中都会并存,只是程度不同而已,而不是你死我活的关系。在这一点上,加尔布雷思的理解更符

---

① Otto Neurath, *Empiricism and Sociology*, Dordrecht Holland, Boston USA: D. Reidel Publishing Company, 1973, pp. 123-124.

② Otto Neurath, *Economic Writings Selections 1904-1945*, New York, Boston, Dordrecht, London, Moscow: Kluwer Academic Publishers, 2005, p. 257.

合实际。

(3) 作为科学社会工程的社会化(socialisation)措施大规模出现。纽拉特认为,在传统经济中,生活秩序是自发、无意识和混乱的。到了管理经济阶段,人们开始有意识地建设新的生活秩序,向更高的社会主义阶段前进,此时新的实物经济学成为社会工程的一部分,给未来发展提供一个预测性的框架。社会化目标是要消除传统经济秩序中的低效、浪费、失业和萧条,通过经济活动的科学化使之服务于人类的福祉。这与凡勃伦强调技术治理针对普遍存在的有意破坏(sabotage)、泰勒声称科学管理要消除磨洋工异曲同工。同时,纽拉特又认为,社会化将为了工人利益而增加生产,因此他对泰勒制是相当赞同的。他指出,很多人认为泰勒制让工人生活机械化,这是错误的,泰勒制可以输入一种新的人文主义,让工人过上更好的生活。[1] 社会化不仅考虑效率,而且要考虑工人的健康和福利,纽拉特认为这两方面并不冲突,罢工则很难提高工人的生活水平,因为提高名义工资,导致物价上涨,而实际工资不见得提高。[2]

纽拉特认为,管理经济是过渡性经济系统,即从自由市场向实物经济转变的、战争期间的中间状态,而向实物经济的最终转变是不可避免的。在他看来,向实物经济转变的实质是经济活动的目标发生根本性变化,即从追逐利润变为提高人类生活标准(human living standards),这也就意味着经济学研究转向以生活标准为中心。换言之,管理经济、实物经济及其实施的计划工程都是为了提高人们的福祉。传统经济学以金钱计算为中心,生活标准经济学以生活标准为中心,以实物的物理学测量为基础,这意味着经济学研究的重心从生产问题转向分配问题。这一点和北美技术统治论运动的激进领袖斯科特的观点很相似。

在纽拉特看来,在过去的一个世纪中,技术进步并未带来人们生活标准的提高,甚至在没有战争和自然灾害的时候也是如此,正是因为没有很好解

---

[1] Otto Neurath, *Empiricism and Sociology*, Dordrecht Holland, Boston USA: D. Reidel Publishing Company, 1973, pp. 130-131.

[2] Otto Neurath, *Economic Writings Selections 1904-1945*, New York, Boston, Dordrecht, London, Moscow: Kluwer Academic Publishers, 2005, p. 361.

决分配问题,以及对生产的人为破坏问题(典型的如经济危机时期的机器闲置)。① 以金钱为中介的经济学并没有刻画实际经济活动状况,而对幸福、福利等进行物理主义的经验研究则可以解决这个问题,这就导向了人类生活状况(life situation)分析。按照纽拉特的物理主义或行为主义社会学的理解,对生活的感受是一个类似"硬度"的比较术语,可以用生活状况加以具体化。② 他把生活状况具体分解为与住房、食物、衣服、教育、娱乐、工作时间、工作量、疾病、品行等有关的数据,从而把经济活动以提高人们生活水平为目标落到实处。当然,他承认生活状况与生活感受不能完全等同,同样生活状况的人对生活的感受并不完全一样,但他认为经济学可以沿着上述思路发展下去,把他的新的经济价值观点扩展为经济学理论,进而"影响生活状况的某种制度和测量"③。

纽拉特的经济学在很大程度上受到马克思的影响,是典型的政治经济学理论,将政治、经济和社会学等问题熔于一炉,与纯粹的当代学院经济学差别很大。他继续在政治经济学中反对形而上学,认为传统的金钱计算理论最大的问题是假设所有的人都是"完美洞见的理性人",这是应该从物理主义经济学即生活标准经济学中剔除的形而上学。④ 实际上,纽拉特的政治经济学思想与同时代的技术统治论者凡勃伦有许多共通之处,与后来的计划主义者加尔布雷思所提出的富裕社会理论和计划理论也有诸多类似之处,尤其是在社会测量、计划经济与分配问题等方面。

2. 手段:社会化与完全社会化

纽拉特的社会化理论带有明显的乌托邦色彩,很多想法是他参与社会主义运动的总结,更多的则是理想性的构想。对于社会化,纽拉特有一段很清楚的界定:"(社会化)不是市场经济(a)它将带来一种管理经济(a_1),即一种中央决策,以实现一种经济计划,或者至少支持它。不是主人统治(rule by

---

① Otto Neurath (edit.), *Unified Science*, Dordrecht, Boston, Lancaster, Tokyo: D. Reidel Publishing Company, 1987, p. 72.
② Ibid., p. 75.
③ Ibid., p. 76.
④ Ibid., pp. 93-94.

masters),如我们所知,它将带来社群统治(rule of the community)(b_1),而且让全体人民做自己命运的主宰。不是主人经济(economy of the masters)(c),它将带来集体经济(collective economy)(c_1)。不是服务于特权主人阶层,它将带来为所有人福祉服务的经济。……因此,社会化可以由 a_1 b_1 c_1 来定义。而且,社会化以资源的全效使用(full use)代替资源的低效使用(under-use)(d_1)。"[1]显然,他的社会化观念与社会主义尤其是民主社会主义的基本立场是一致的,同时显示出对将科学应用于社会治理的坚定信念。他指出:"过去生活秩序被当作命运接受,现在在从未有的高度上变成我们有意识的分析意志的对象。社会化,即社会主义生活秩序目标导向的实现,是今天的要求。"[2]也就是说,社会化阶段还不是社会主义阶段,而是处于管理经济的过渡阶段。全面社会化不仅限于经济方面的社会化或私人企业的国有化,更是社会各个领域的社会化措施的综合,要实现整个社会组织重构,这就会让整个社会迈入社会主义阶段。在纽拉特看来,支持管理经济的人都是社会主义者。

如何推进社会化呢? 纽拉特认为,社会化可以通过许多方式实现,他推崇同时实现社会主义、团结主义(solidarism)和共产主义(communism)的集体主义方案,强调农民与工人合作,要求农业与工业并存,推进大规模社会主义生产和对工农平等对待的集体主义经济,按照家庭为单位分配生活资料。他反对用暴力革命的方式实现社会化,主张改良主义方案,认为在资本主义制度下也可以逐步施行社会化措施。他认为:"假如社会主义导致解放,它必须加入宽容,它必须公正地对待文明的不同,将每一种都按自己的方式嵌入经济计划和管理经济。"[3]尤其是,他主张的社会化和社会工程不是布尔什维克主义的,不暴力铲除传统组织和清洗以前的官员。

在经济方面,社会化意味着一种遵照计划的管理经济。但是,纽拉特认为,社会化不等于社会主义,但社会主义采用社会化的方法,经济计划并不是只有社会主义才有,计划经济也并不等于社会主义,在古代比如斯巴达人就

---

[1] Otto Neurath, *Economic Writings Selections 1904-1945*, New York, Boston, Dordrecht, London, Moscow:Kluwer Academic Publishers, 2005, p. 350.
[2] Ibid., pp. 347-348.
[3] Ibid., p. 402.

采取过某种计划经济。① 在纽拉特看来,社会主义经济的本质性特征在于实现分配正义和取消经济特权,而不在于计划经济。

在社会化组织方面,纽拉特设想一整套计划机构及其职能来推行社会化。他认为,必须有一个中央经济管理局(Central Economic Administration)设计经济计划,使得相关制度相互兼容。他还强调发挥行会和行业的协调作用,主张银行职能发生根本性转变,加强社会统计制度,与实物计算中心(Centre for Calculation in Kind)联合等。

在阶级政策方面,在社会化时期,国家权力主要由工人和农民掌握,但是他们要联合其他反对资本主义的力量,包括中产阶级。"社会化部分为那些不得不在资本主义下最为受苦的人、工厂工人所需要。为了走向社会化,但是,工厂工人不得不联合工匠、农民、公务员和专家来组织反资本主义集团。"② 如此,过渡时期的阶级政策主张社会民主,强调各革命阶级的合作,尽量采用最少的暴力而实现社会化。

总之,在很大程度上,纽拉特理解的社会化实际上是社会理性化和数字化,在全社会逐步推进技术治理措施,而他要实现的社会主义社会具有明显的技治主义特征。

随着社会化的不断推进,整个社会最终实现完全社会化(total socialisation),也就是进入纽拉特所理解的社会主义阶段。纽拉特主张,逐步社会化直至完全社会化是实现社会主义的方法。社会化不等于国有化,而是一种对社会整体的关注和设计,是一种社会工程。总的来说,纽拉特的社会主义观念的核心在于政治经济学方面。他认为社会主义要向泰勒主义学习,既要提高生产效率,又能给工人提供更好的生活条件,社会主义生产关注点从利润转向效率,效率与生活条件共同提高。社会主义的经济运行以提高人们生活条件为最高目标,消除集团特权,用社群经济[economy of community(Gemeinwirtschaft)]取代主人经济。

纽拉特认为,在社会主义社会中,每个人都有最低的住房、实物、衣服、教

---

① Otto Neurath, *Empiricism and Sociology*, Dordrecht Holland, Boston USA: D. Reidel Publishing Company, 1973, p. 137.

② Otto Neurath, *Economic Writings Selections 1904-1945*, New York, Boston, Dordrecht, London, Moscow: Kluwer Academic Publishers, 2005, p. 367.

育和休闲保证,每个人都承担不同类型的工作。社会主义实现完全的社会化和实物经济,用计划来管理整个经济,社会主义的计划经济不再考虑利润问题,而是要考虑人民生活水平的提高。在社会主义企业中,按照能力遴选经理人。在社会主义经济中,取消商品和货币,对产品实行计划分配。资本主义货币经济一切为了利润或财富,社会主义计划经济一切为了使用或效用。在经济计划为基础的实物经济秩序中,社会主义将能更好地考虑人的幸福问题。除了经济方面的改变,纽拉特也强调建设社会主义文化,"社会主义作为思想是一种作为热爱社群的生活秩序"[1]。无产阶级不仅要提高物质生活,也要提高精神生活。对此,纽拉特指出:"我们相信我们可以表明:爱、和谐、对超个人的风险不仅仅在社会主义的某处找到庇护所,而是被其组织形式所推荐,甚至与经济计划和实物计算——否则它们仅仅作为冰冷体制而为我们所知——最紧密地一道发展。在其效果和目标的感知形式中,社会主义劳动运动永远都是影响整个人类的、为更好的物质和精神生活、为了自由个性的文化运动。"[2]

四、社会工程的计划战略

纽拉特对技术治理实施战略的讨论,主要集中于计划体系和社会测量两方面。他对社会测量尤其是经济学测量提出了一些很有见地的想法,比如上述提及对生活标准的物理主义测量方法。但是,他的社会测量思想偏重于统计学的技术性方面,比如前述的图像文字系统(ISOTYPE)方法。纽拉特发展它的目的是希望对工人进行教育,在他主持的博物馆中进行很好的应用和展示。从理论上说,他对经济计划战略的讨论更有创新,这也与他的社会统计学思想紧密相连。对他来说,计划尤其是经济计划非常重要(这一点与卡尔纳普很类似),要实施计划战略,既需要胜任的社会工程师,也需要胜任的自然工程师,更离不开物理主义的自然科学和社会科学提供的知识指导。因此,纽拉特主张赋予专家更大的政治权力,这符合"技治二原则"的专家治

---

[1] Otto Neurath, *Economic Writings Selections 1904-1945*, New York, Boston, Dordrecht, London, Moscow: Kluwer Academic Publishers, 2005, p. 426.

[2] Ibid., p. 406.

理原则。

1. 计划革命的核心位置

经济计划在纽拉特的社会化进程中处于核心位置。他指出:"我们知道社会化的目标是:全效使用和社群目标的经济(Gemeinwirschaft)。我们知道这是如何达到的,通过管理经济(Verwaltungswirtschaft)的经济计划,它在一般规则(Gemeinherrschaft)之下将导致一种实物经济(Naturalwirtschaft)。"① 纽拉特认为,人类社会正在进入计划革命的时代,"也许,我们处于某种将被称为'计划革命'时代的前夕,与'工业革命'相对。计划变得几乎普遍:计划作为一种战争方法,计划作为经济学家抑制经济衰退的良药,计划为建筑师所爱,而且计划成为我们社会新模式的特征"②。在他看来,制定计划的实质是在不同人群之间分配不同的生活条件。

社会化需要清晰的经济计划来实现,而且要提高经济的效率和弹性。这导致社会统计学的作用和需求大大提高,尤其需要对生活状况进行具体的数据测量,以作为整个经济计划的核心。纽拉特区分了两种社会统计学,一般统计学对各种资源进行单独统计,而新社会统计学对整个社会资源进行统一统计,并找出它们之间的关系。进而,他对新社会统计学提出了许多技术上的改进方法。纽拉特还讨论了建立欧盟和国际计划的问题,主张创立世界邦联(world-commomwealth),设想在欧洲范围统一测量和调配资源。这种想法与全球技治主义者威尔斯和布热津斯基等人类似。

纽拉特一再强调,计划和社会工程并不一定与私有财产制度相冲突。他把社会工程作为经济计划的一部分,社会工程并不等于国有化。他指出:"对一个社会工程师而言,显然可以使用合作、卡特尔、混合公司、贸易联盟、消费者协会、商业会所、农业会所和其他大型组织与国家一起作为社会化的实施者。"③他还认为:"经济计划的结构和实现可以被分为如下部分:机器的

---

① Otto Neurath, *Economic Writings Selections 1904-1945*, New York, Boston, Dordrecht, London, Moscow:Kluwer Academic Publishers, 2005, p. 384.
② Otto Neurath, *Empiricism and Sociology*, Dordrecht Holland, Boston USA: D. Reidel Publishing Company, 1973, p. 422.
③ Ibid. , p.138.

技术(应用,方法等),劳动的技术,管理,社会工程。社会化有意识地使用这些计划,理性地推进,有时也许有目的地在一般计划中培育非理性、传统的行为。"①也就是说,他所谓的社会工程主要集中在经济领域,属于经济计划的一部分:"设定工业标准和类型,以及专业化,是社会工程的一部分,其重要性只有大多数公司均牵涉其中才能实现。"②但是,如前所述,纽拉特经济学并非狭义的经济学,而是传统意义涉及广泛的政治经济学。在很多时候,他将自己的政治—经济—社会思想统称为"物理主义社会学",既包括对社会的历史学和政治经济学考察,也包含了今天我们所讲的社会学的内容。他认为,社会学主要任务是研究社会结构以及社会习俗的变化。因而,他所谓社会工程,就是运用物理主义社会学或"科学的社会学"来改造社会的实践活动。"社会结构理论对于任何社会工程师来说都是根本的,社会工程师指的是所有作为合作者(collaborator)参与所有社会构造(formation)有计划组织的人。"③因此,纽拉特的社会工程主张总体化倾向明显,具有很强的乌托邦色彩。

实际上,纽拉特支持经济领域的乌托邦主义,认为社会工程就是科学乌托邦主义(scientific utopianism)。④ 在他看来,物理主义的社会学不仅能预测历史,而且还认为可以根据预测对未来进行设计和调节。他以为乌托邦主义与历史必然性的观点并不矛盾,应该鼓励社会工程师对未来进行调节,反对寂静主义者的无为态度,也反对传统历史主义者主张历史的必然性而否定人的主观能动性。"历史主义的时代结束了,乌托邦主义时代才刚刚开始。"⑤这种观点类似我所认为的如下观点:当代社会正在进入技术治理社会,而技治社会一个重要特点便是不断通过预测和计划进行控制,但是技治社会在我看来并非以某种乌托邦为目标,而是以持续的控制本身为目标的控

---

① Otto Neurath, *Economic Writings Selections 1904-1945*, New York, Boston, Dordrecht, London, Moscow:Kluwer Academic Publishers, 2005, p. 358.
② Ibid., p. 360.
③ Otto Neurath, *Empiricism and Sociology*, Dordrecht Holland, Boston USA: D. Reidel Publishing Company, 1973, p. 403.
④ Otto Neurath, *Economic Writings Selections 1904-1945*, New York, Boston, Dordrecht, London, Moscow:Kluwer Academic Publishers, 2005, p. 539.
⑤ Ibid., p. 395.

制论社会。

纽拉特对乌托邦社会工程的论述主要局限于经济—政治领域,尤其是并不涉及文化、艺术和思想领域的计划控制——这是一种对乌托邦社会工程的常见成见,即乌托邦社会工程必然会控制包括人的思想——或者说,纽拉特的乌托邦主义是某种有限乌托邦主义。并且,纽拉特认为,社会工程根据计划对未来进行调节,但这不代表社会工程是简单而粗暴的,相反社会工程不是简单的修剪,而是要宽容,要反对暴力,坚持和平改良。因此,他还极力强调社会工程要避免过于机械性,要考虑人性。对此,他指出:"了解其工作的社会工程师,想要提高一种对实际目标有用的建制,要同样注意人的心理学特征,他们对新奇的热爱、他们的抱负、传统的依赖、任性、愚蠢……总之,注意他们在经济框架内社会行动特殊的和规定性的所有一切,就像工程师对铁的韧性、铜的断点、玻璃的颜色和其他类似因素所做的工作一样。"[1]

然而无论如何,必须要承认,纽拉特对社会工程的设想,在现实中很可能沦为完全总体化、机械化的激进革命的乌托邦追求,尤其是过于强调取消市场经济,反倒会威胁对经济计划的良好运行。真正温和而宽容的技治主义者肯定会认识到:即使是经济领域的计划也不可能是无所不至的,而给市场的自发调节留下足够的空间,好的经济计划必然是一个相互协调的、繁多的局部计划体系,而非唯一的总体化计划。

2. 工程师与建议的专家政治

与社会工程的泛义理解相一致,纽拉特对社会工程师的理解也是泛义的。社会工程师最重要的任务就是设计和执行项目计划,以达到追求幸福的最高目标。纽拉特认为,传统社会活动的目标是赚钱,而计划活动的目标是追求"幸福条件"。什么是幸福条件呢?"以同样的方式,我们可以把'幸福条件'描述为不同的要求,包括食物、住所、工作时间、意外、缺乏、国民自由,

---

[1] Otto Neurath, *Empiricism and Sociology*, Dordrecht Holland, Boston USA: D. Reidel Publishing Company, 1973, p.151.

以及更多的要求。"①按照纽拉特的理解,社会工程师不仅包括管理学家、工业经济学家和统计学家,还包括银行经济学家、职业经理人、精神病医生、心理咨询师和法律专业人员如律师、法官等,很可能他在内心深处将自己也视为一名社会工程师。纽拉特与目前对社会工程师日益泛化的理解是一致的,也就是说,社会工程师的范围逐渐扩大到将自然科学化的社会科学应用于社会实践中的专业人员。

纽拉特认为,专家对于经济运行和社会工程极为重要,必须给专家以一定的经济管理权力。他指出:"社会主义管理经济将给各类专家打开新的活动领域,特别是工程师、医生和经济学家。完全不考虑净利润地处理经济的科学管理将鼓励对心理学家、生理学家以及技术的、管理的和社会的工程师的需求。"②同时,自由市场经济缺陷的暴露,纽拉特认为也增加了专家和工程师的重要性。在向社会主义过渡的社会化过程中,自然工程师和社会工程师都发挥着重要的作用,中央计划机构不得不通过专家来控制公司的人财物,政府必须要制度性地咨询专家。因此,在过渡经济阶段,经济运转工作必须由专家和经济官员共同负责。换言之,这是政治经济学领域的专家治理主张。在整体架构上,纽拉特主张国家经济在过渡时期由逐级选举的经济委员会来管理。专家帮助经济委员会控制工程和生产的行会,推动其社会化和科学管理。具体来说,纽拉特认为,在社会化过程中,专家团体要处理五类问题:1) 与会计程序相关的商业问题;2) 与劳动者心理和生理相关的工作方法问题;3) 技术问题;4) 管理问题;5) 经济的、统计的和法律的问题,这是由社会工程超出个别公司而引发的。③

同时,纽拉特又认为,专家并非管理经济、实物经济和社会主义社会的最终决策人和最高权力者,相反专家政治要受到民主制的制约。伯恩哈姆等主张"经理人革命"的理论家认为,发达国家在罗斯福新政之后,出现了社会主义和资本主义趋同而走向经理人社会(managerial society),是一种资本主

---

① Otto Neurath, *Empiricism and Sociology*, Dordrecht Holland, Boston USA: D. Reidel Publishing Company, 1973, p.424.
② Otto Neurath, *Economic Writings Selections 1904-1945*, New York, Boston, Dordrecht, London, Moscow: Kluwer Academic Publishers, 2005, p.301.
③ Ibid., p.367.

义—社会主义二者结合的新社会,其中职业经理人、管理者和技术性官僚是统治者。经理人运转整个社会,资本家试图变成管理者,而经理人社会将逐渐从极权主义阶段向民主阶段变化。① 纽拉特不赞同这种观点,认为在未来的管理社会中,是没有特权的平等民主社会,虽然专家到处提供建议咨询服务。纽拉特主张社会工程所追求的最优解决方案要适可而止,对最优的判断不应交给专家来决定。计划主义的技术治理必须在民主制的控制之下,才能很好地适应整个民主制的模式,并提供必要的数据用于民主讨论。"也许,这是为什么民主国家的宣传比一党制国家更有教育性和情感性的原因,在民主国家,统治(government)是在某种立场上一起压制不受欢迎的知识。"②纽拉特还指出,专家政治在实践中的困难恰恰在于两方面:一是民主人士不信任专家政治,二是很少有企业认为社会化不可避免,倾向于政治保守主义而不是改变。③ 应该说,纽拉特提出的以民主制约束专家政治的观点是非常有价值的,在智能革命的新时代越来越值得深思。

虽然纽拉特认为民主会导致一些混乱,但社会工程与民主制并不矛盾。科学乌托邦主义只是提出关于未来的方案,想象不同类型的社会秩序,而不判断哪种方案是最合理的。因此,科学乌托邦主义并不意味着专家直接支配改造社会。它把实际的实践决策交给民主制完成。"当然,有许多乌托邦主义者认为人们有可能一步一步地改变社会,而另一些人则几乎不期望改变社会,或者他们把希望寄托在一种新型的单一共同体之上。但是,这些假设以及其他假设都不是科学的乌托邦主义的实质内容。"④也就是说,专家在政治活动中主要的权力是建议权,扮演思想库(brain trust)的角色,而是不是最后的决策权。无论是自然工程师,还是社会工程师,都不是预言家。"一个机械工程师可能讨论很多可能的飞机类型,而没有任何理由期望其中某个计划实现的可能性比另一个大。与此相类似,一个'社会工程师'、一个'制订计

---

① James Burnham, *The Managerial Revolution*, Bloomington: Indiana University Press, 1941, Third Printing 1962.
② Otto Neurath, *Empiricism and Sociology*, Dordrecht Holland, Boston USA: D. Reidel Publishing Company, 1973, p. 427.
③ Ibid., p. 138.
④ 奥托·纽拉特:《社会科学基础》,北京:华夏出版社,2000 年,第 47 页。

划者'可以探讨许多可能的社会模式,而并不会试图预言其中哪一个将会实现。"①至于科学家,纽拉特认为他们也不擅长于决策或执行:"极权主义者可能试图让科学家做新社会的领导人,像以前社会的魔法师、贵族或教士。逻辑经验主义的百科全书主义不明白,为什么被训练来发现尽可能多的替代方案的科学家有特别的能力选择一个方案(一种不能以计算为基础的方案),仅仅通过为有着不同欲望和态度的他人做决策或执行一个行动。"②这里"逻辑经验主义的百科全书主义"指的就是纽拉特的主张。

3. 指导社会工程的社会科学

统一科学指导改造世界,其中的社会科学是指导社会工程的知识基础,必须依靠社会科学知识才能更好地实施社会工程。对此,纽拉特认为:"社会科学家对于大众的重要性,我想,主要基于将社会科学家的研究结果、将历史学的研究结果用于社会工程。"③但是,这里社会科学指的是当时要进行改造的未来社会科学,与德国精神科学的旧传统决裂的社会科学,属于统一科学的一部分。如此,既有的社会科学要进行概念和陈述的澄清,剔除形而上学成分,使之真正成为科学,统一于物理主义的旗帜之下。但是,纽拉特指出,统一科学并不是把其他学科变成物理学的分支,"物理主义社会学的发展并不像某些人有可能想象的那样,是要把物理学定律传递到生物及其群体中去"④,各门学科仍然有自己不同的对象、问题和方法,作为统一基础的物理主义语言是有模糊性的。就社会科学而言,物理主义主张仍然允许它保留自己与自然科学不同的一些地方。比如,不可预测性在社会科学中非常重要。纽拉特比较了物理预测与社会预测,指出社会预测的反身性问题即预测者及其预测会影响预测的实现。无论如何,纽拉特设想的社会科学是一种自然科学化的实证性社会科学,而不是思辨性浓厚,更接近于哲学的社会科学。

纽拉特认为,社会科学在方法论上与自然科学是统一的,都是经验科学

---

① 奥托·纽拉特:《社会科学基础》,北京:华夏出版社,2000年,第44页。
② Otto Neurath, *Philosophical Papers 1913-1946*, Dordracht, Holland: D. Reidel Publishing Company, 1983, p.239.
③ Otto Neurath, *Economic Writings Selections 1904-1945*, New York, Boston, Dordrecht, London, Moscow:Kluwer Academic Publishers, 2005, pp.536-537.
④ 奥托·纽拉特:《社会科学基础》,北京:华夏出版社,2000年,第119页。

的方法。不仅经济学、社会学和心理学,而且法理学、伦理学和教育学等,都可以贯彻自然科学的方法论,要进行物理主义和行为主义的改造。

在心理学领域,统一科学意味着剔除"活力论"等形而上学实体,全面转向华生等人提出的行为主义心理学,可以研究人与人的经验关系,而不要讨论准则、价值和本质之类的东西。"在物理主义的框架中,'心理学'变成最宽泛意义上的行为主义系统。社会学也不得不在物理主义语言中表述为'社会行为主义'。"①物理主义心理学反对视角理论(aspect theory),主张普遍的行为主义,主要分支包括精神分析学、条件反射理论、格式塔心理学和行为主义心理学。并且,纽拉特还仔细讨论了各个分支如何清除形而上学的问题,主张编撰物理主义的心理学术语辞典。

在社会学领域,物理主义社会学是经验社会学,必须探讨某个群体对某些刺激的典型反应,从而对重大历史运动做出预测,纽拉特称之为"社会行为主义"。所谓社会行为主义,"即:社会学不是一种'精神科学'(Geisteswissenschaft),也不是一种'心灵科学'(Geistwissenschaft),它们的基础不同于其他科学和自然科学,而是一种作为统一科学一部分的社会行为主义社会学"②。社会学经过社会行为主义改造之后,就成为和天文学一样的经验科学——"人们可以和星群相比较,星群内的星星相互联系比与其他星群更紧密。社会学科和生物学比较,生物学研究地区和单个大陆的动物种群"③——社会学此时实际成为一种社会技术。

纽拉特所称的社会学,是包括了传统的历史学和政治经济学的泛义的社会学。他认为,之前的历史和政治经济学研究被形而上学和神学所束缚,科学的社会学或物理主义社会学要成为一种关于社会机构如何运转的社会技术,最重要的任务是研究习俗和社会结构的变化,剔除社会管理以及社会工程的一般理论。因此,纽拉特所谓社会学包括了大量政治经济学内容,他甚至将马克思主义视为与工人运动联系紧密的最现代的社会学理论。并且,

---

① Otto Neurath, *Philosophical Papers 1913-1946*, Dordracht, Holland: D. Reidel Publishing Company, 1983, p. 56.

② Ibid., p. 71.

③ Otto Neurath, *Empiricism and Sociology*, Dordrecht Holland, Boston USA: D. Reidel Publishing Company, 1973, p. 363.

他认为自己主张的社会学是马克思主义社会学,马克思和恩格斯创立了某种科学的物理主义方法。① 无疑,他的想法是错误的,但表明了他与马克思主义之间的复杂关系。

五、逻辑实证的技术治理

纽拉特的技治主义主张以逻辑实证主义为基础,换言之,他希望实现的社会科学运行是依照逻辑实证主义对科学原理和技术方法的理解来进行,在此理念之下,只有信奉物理主义的工程师才是真正的科学专家。我将其称为逻辑实证(主义)的技治主义。

1. 主要特征

概括起来,逻辑实证的技治主义具有如下明显的特征。

(1) 同时从逻辑构造和实际效果两方面理解科学,坚持科学的可控性

一方面,科学是思想构造物,甚至整个知识世界都是逻辑构造的产物;另一方面,科学构造与实际行动及其效应相对应,而不仅仅局限于观念之中。当然,对于这种两面性更深的根源,维也纳学派左翼并没有给出进一步解释,在他们看来这属于形而上学问题。纽拉特的两面性观点,显然是与他对启蒙观念的坚持是一致的,也就是说,他认为科学知识的生产和传播等于启蒙的推进,希望将科学视为把人们从教条束缚中解放出来的力量,并且还要将它输入自然世界、社会科学和社会世界,以达至人们进一步的解放。构造科学知识的科学理性就是人类理性的全部,科学理性同时在观念和实践两方面都是解放的,原因就在于它是可以控制的:不仅自然是可控的,社会是可控的,而且理性本身也是可控制的。所以,有人把纽拉特理论的指导思想归结为"可控理性"(controllable rationality)的概念。② 在这一观念之下,科学及其应用后果都是可控的。这也是霍克海默批评纽拉特的根本原因,因为在霍氏看

---

① 奥托·纽拉特:《社会科学基础》,北京:华夏出版社,2000年,第60页,注释1。
② Thomas E. Uebel (edt.), *Rediscovering the Forgotten Vienna Circle: Austrian Studies on Otto Neurath and the Vienna Circle*, Dordrecht, Bosoton, London: Kluwer Academic Publishers, 1991, p. 9.

来,启蒙是太阳一般无法控制的力量,先是带给人们光明,最后免不了烧毁一切。

(2) 技术治理的目标是有限的,最重要的问题是经济领域的控制

一般说来,技治主义对社会科学技术化的理论讨论,主要集中于经济—政治领域,这意味着它们在理论上习惯于将政治与经济融合在一起考虑,换言之,技治主义的经济理论核心是科学主义的政治经济学。对于技治主义者而言,区别政治与经济意义不大,因为在科学时代实现经济自由意味着政治运行的全新可能方案,而当代政治越来越多地包含着对社会经济活动的调适内容,甚至经济计划成了政府的最重要职能。当然,除了政治经济学,技治主义者主要还对文化建设、社会建设和生态保护(环境规划)等问题发表了自己的看法。纽拉特的技术治理战略的探讨基本上局限于政治经济学领域,虽然讨论过住房、教育和文化等问题,但实际上也是围绕政治经济学问题来展开的。他深入研究的社会测量和经济计划问题,目的都是要实现经济领域的控制。如前所述,由于纽拉特对经济问题的政治经济学理解,必然会让他的技治主义理想被打上浓重的乌托邦色彩,但他始终知道可控理性意味着有限理性,无限理性必然将可控理性吞噬。所以,纽拉特反对激进的革命,坚持技术治理要服从社会主义和民主制的大框架,主张专家政治不得与民主相冲突。当然,他的类似辩解看起来并没有太大的说服力,难以消除其主张的明显机械性的气质。纽拉特过于强调经济和计划,显然是由其物理主义和统一科学立场所决定。实际上,技术治理常见的实施战略有很多,比如前述的技治七战略。技术治理模式应结合不同的国情加以选择和调适,结合多种实施战略,更重要的是诸种战略的运行都应该具有本土化的特色,既不专一于某一战略,也不存在某种全球通用的唯一模式。

(3) 通过物理主义的社会科学哲学,完成真理到行动的治理转译过程

按照休谟的两分法,科学知识是一种是如何的学问,而治理是一种应如何的方案,"是"在纯粹逻辑的范围中是推导不出"应当"的。因而,从科学知识到治理行动的指导性观念,要经过复杂的话语转换过程,如前所述我称之为治理转译。对此,纽拉特是通过统一科学概念来完成的。按照纽拉特的观念,科学之所以要统一,就是要指导实际行动的,特别是要指导工人解放的社

会主义运动。自然科学知识可以指导人们改造世界的活动,而改造社会的活动则需要社会科学的指导。按照纽拉特的观念,只有一种统一的科学即物理主义科学,包括物理主义自然科学,也包括物理主义的社会科学和物理主义的哲学即科学哲学。也就是说,纽拉特提出了一种物理主义的社会科学哲学。实际上如于贝尔所言,物理主义社会科学哲学是早期逻辑实证主义的重要主张,不仅是纽拉特一个人持有这样的观点。[①] 自然科学知识不能直接指导改造社会的行动,但它蕴含的物理主义主张是可以也必须用来指导社会科学研究,这种指导也是清除形而上学而使社会科学真正成为科学的方法论。于是,所有社会科学概念都要放在时空框架中刻画,而所有的社会行动都必须接受科学理性的指导。这看起来是一种对社会科学进行自然科学化改造的主张。实际上,即使逻辑实证的技治主义将理想的自然科学归结为物理主义,也不能说明当代自然科学的独特性,因为我们发现物理主义观念不仅局限于自然科学中,而是普遍存在于人类观念的许多地方,尤其是苏珊·哈克所称的探究活动之中。因此,很难说以物理主义来指导社会科学研究,就实现了从科学原理到社会行动的科学转译工作。换言之,物理主义治理转译并不必然而唯一运用科学原理和技术方法,在其中,社会科学并没有从属于自然科学,而是从属于物理主义并平行于自然科学。从理论上说,这样的转译过程存在无限多的可能解释,社会科学的自然科学化只是其中一种。

(4) 从工程角度看待世界,坚持泛专家的专家观念

当可控性被提高到本体论的高度,无论自然世界还是社会世界,都被视为工程活动的对象,因为只有工程世界才是完全渗透可控理性的。这就是为什么技治主义者会最早开始讨论环境保护问题的原因,即不能再让环境自然而然了,而是将它们纳入计划之中,使之成为"文明的自然"而非"野蛮的自然"。在工程的视角之下,为当代理性的实践活动提供知识指导的人都应该纳入专家之中,环境保护活动则需要环境工程师的指导。因此,纽拉特的泛专家的理解对应的是工程世界的观念,而工程世界是从可控科学视角中折射出来的。现实世界中的大型工程项目往往不仅涉及对自然的改造,更牵涉移

[①] T. 于贝尔:《早期逻辑经验主义中的社会科学哲学——激进物理主义的情况》,《世界哲学》2011 年第 5 期。

民、环境、文化、经济和政治方方面面的问题,同时具有自然工程和社会工程的属性。经波普尔和哈耶克的批判,一般认为总体化的乌托邦社会工程既不可行,又极其危险,但他们并没有否认局部而渐进的社会工程的可能性①,而局部社会工程在现实中一直在发生。如斯诺所言,的确存在着或多或少的科学文化与人文文化分裂的"两种文化"问题,这正是自然工程—社会工程、自然工程师—社会工程师、自然科学—社会科学之二分法的背景。在理想状况中,专家教育应该全面化,不同专家团体应该团结起来,工程目标应该多元化,打破上述二分,为人类福祉服务。这实际上也是统一科学的基本精神。

(5) 与马克思主义、社会主义思潮关系密切,因而某些主张尤其是计划思想与社会主义者的想法有类似之处

在逻辑实证运动中,马克思主义、社会主义一直是无法绕过去的思想渊源,这与当时维也纳学派所处的社会环境紧密相连。彼时,奥地利帝制崩溃,各种思想风起云涌,奥地利马克思主义、民主社会主义崛起。除了纽拉特,逻辑实证主义中很多人如齐尔塞尔都加入了奥地利民主社会党,这也是为何"统一科学运动"后来在美国受到麦卡锡主义压制的原因。纽拉特自称是马克思主义者和社会主义者,很多人也这么认为,比如于贝尔认为他是社会主义者,波普尔则认为纽拉特是"半社会主义者",还有人认为他是马克思主义者,但不是教条的马克思主义者,是不断反思的马克思主义者。② 纽拉特还将自己主张的物理主义或行为主义的社会学称为"唯物主义基础的社会学"③。有人认为,纽拉特受到马克思主义的影响主要集中在三个方面④:1) 受马克思式的唯物主义的影响,认为思想和科学都是改造世界的工具;2) 受马克思式认识论的影响,认为科学和知识都是集体思维的产物;3) 受作为马克思前驱的法国唯物主义者的影响,坚持统一科学的百科全书模式。我认为,除此之外,马克思主义对纽拉特的影响还存在于:4) 纽拉特对反形而上学的理解受到马克思革命精神的影响,他认为,在反对形而上学方面,科

---

① 刘永谋:《论波普尔渐进的社会工程》,《科学技术哲学研究》2017 年第 1 期。
② Otto Neurath, *Empiricism and Sociology*, Dordrecht Holland, Boston USA: D. Reidel Publishing Company, 1973, p. 45.
③ Ibid., p. 361.
④ Nancy Cartwright, Jordi Cat, Lola Fleck, Thomas E. Uebel, *Otto Neurath: Philosophy Between Science and Politics*, Cambridge, New York: Cambridge University Press, 1996, p. 182.

学世界观与社会主义和唯物主义是一致的,尤其是参与社会实践方面,很多科学世界观的拥护者都努力成为一个"社会战士";5) 纽拉特的科学史研究思想从根本上受到马克思唯物史观的影响。实际上,左翼科学史方法在这一点上非常突出,典型的比如齐尔塞尔的《现代科学的社会起源》,他的"现代科学兴起的三个社会阶层说",明显运用了马克思的阶级分析法,被人称为"批判的马克思主义者"。[1] 对科学史的重视,与维也纳学派左翼关注和参与现实是有关的,与马克思主义倾向也是有关的。6) 纽拉特对无产阶级与科学技术关系的理解受到马克思的明显影响。纽拉特认为,无产阶级能最好地发挥科学的作用,而资产阶级在阶级斗争中日益阻碍科学,社会主义意味着科学的乌托邦的实现,社会主义从总体上考虑了新技术和新技术的使用,不会导致失业。社会主义的生产计划是技术创新的载体,无产阶级的胜利只会大幅度推动技术进步。总之,从某种意义上说,纽拉特是被忽视的西方马克思主义者或者典型的奥地利马克思主义者。

2. 奥地利马克思主义

众所周知,一般将奥地利马克思主义划归为民主社会主义。奥地利社会民主党主张奥地利马克思主义,属于社会主义和资本主义之外的"第三条道路",曾经被列宁和斯大林批评,因为他们反对暴力革命和布尔什维克主义。[2] 奥地利马克思主义强调民主的作用,主张民主制与社会主义相结合,反对苏联的无产阶级专政制度。奥地利马克思主义还主张对马克思的理论进行改造和发展,尤其是用马赫主义改造马克思主义。除此之外,它的另一个特点是重视社会主义文化,认为文化在阶级斗争中扮演重要角色。

纽拉特的理论具有奥地利马克思主义的上述特点,与布尔什维克主义区别很大。比如,在纽拉特看来,科学理论是为社会实践服务的,统一科学及其运动是为社会化服务的。但是,他并不认为社会主义转变意味着暴力革命和总体化的乌托邦转变,他希望宽容和温和地过渡到社会主义,因此区别了

---

[1] Edgar Zilsel, *The Social Origins of Modern Science*, Dordracht: Springer Science + Business Media, 2003, p. ix.

[2] Helmut Gruber, *Red Vienna: Experiment in Working-Class Culture, 1919-1934*, New York, Oxford: Oxford University Press, 1991, 导论, pp. 4-7。

管理经济与实物经济、社会化与完全社会化。总的来说,他有一个最终的实物经济的总体蓝图,但实现它的过程却是逐步的、渐进的。再比如,如前所述,纽拉特虽然明显处于政治经济学传统,但是他对政治与经济的关系理解更有弹性,不像正统马克思主义者认为两者完全不可分,因此,他认为可以对经济系统进行单独的计划,比如在计划和社会化问题上,他就认为计划并不只属于社会主义,而社会化也不等于国有化。

实际上,纽拉特理解的马克思主义有很强的技术性和计划性的特征,甚至认为马克思是社会工程主义者,而物理主义是唯物主义的高级形式。在他看来,马克思主义者是严格的唯科学主义者,反对形而上学,支持社会工程,而无产阶级斗争坚持科学态度,重视科学方法和成果的应用。并且,在所有反对形而上学的物理主义社会学中,马克思主义是最彻底的,因为它不仅在理论上有所坚持,而且指导工人阶级的实践活动。① 唯物主义仍然有形而上学的成分,继承了19世纪的余绪,而现代的物理主义是现代的逻辑化的唯物主义。在苏联,马克思主义是所有社会工程的根本基础。纽拉特认为,马克思主义"在某种意义上,它是工人的战略,一种社会工程的教程"②。也就是说,纽拉特认为,马克思主义是从根本上支持总体化的技术治理的,并且对社会工程提供了具体的指导。他指出:"马克思主义与苏俄的社会工程根本上一致,是其一部分。在某种程度上它有狂热的特点,但是毕竟这也应用了科学。对于列宁,无论问题大小,能组成紧密组织的政治先锋队,在专制时代成功地使用,是与任何有感情色彩的英雄主义、殉难等无关的技术分析。但是,历史充满逻辑上正确的科学态度与强烈的感情元素结合的例子。"③也就是说,按照纽拉特的这种理解,马克思甚至是技治主义者,社会主义与技治主义是不可分割的。他甚至认为,很多马克思的批评者批评马克思的技治主义,实际是反对科学,要从科学的社会主义退回到"不科学的乌托邦主义"中。④

---

① Otto Neurath, *Empiricism and Sociology*, Dordrecht Holland, Boston USA: D. Reidel Publishing Company, 1973, p. 350.
② Ibid., p. 291.
③ Ibid., p. 382.
④ Ibid., p. 426.

如瓦托夫斯基所指出的,不仅纳粹主义和天主教等右翼势力攻击逻辑实证主义,许多左翼力量如正统马克思主义者和法兰克福学派等也对它进行批评。右翼势力把逻辑实证主义视为一种社会和政治的威胁,而不仅仅是思想的威胁。这很好理解,比如纽拉特不仅在思想还是行动上,都主动反叛既有资本主义秩序。而一些马克思主义者指责逻辑实证主义是主观唯心主义的变种,是反人道的科学主义、物理主义和行为主义,无视卡尔纳普所宣称的"科学的人道主义",无视左翼逻辑实证主义试图为社会改革运动服务,是当时的左翼运动的一部分。应该说,后来英美的逻辑实证主义日益退出社会和政治领域,甚而完全退入逻辑主义和语言哲学的保护之中,既有右翼打压的原因,也有左翼同行者不理解的原因。

我认为,无论是右翼的批评,还是左翼的批评,都是运用意识形态和价值判断先行的方法的结果,都没有深入地理解纽拉特的逻辑,尤其是科学形式分析与社会主义主张之间的一致性关系。对于右翼来说,根本上反对资本主义的立场是无可饶恕的,对于老左翼来说,反对布尔什维克主义和列宁主义就是支持资本家,而对于新左翼来说,科学和启蒙应该被钉在耻辱柱上。他们都没有或者没有能力对逻辑实证主义进行真正深入的哲学批判,尤其解决瓦托夫斯基所指出的"科学的专门的认识论和方法论理论与社会实践的关系"①。

理解纽拉特的关键在于理解,科学哲学在他那里乃是为改造社会服务的。这里的逻辑是,理性的实践需要科学知识作为基础,而科学哲学肩负着澄清和改造所有科学知识的任务,是作为全面社会化之知识基础的统一科学的先行者和把关人。这的确是一种科学主义的自信,自信能将理论与实践在逻辑主义和经验主义的基础上完美地统一起来,最终实现社会主义蓝图——更重要的是,这种统一按照纽拉特的观点来看,居然还是可以控制的。显然,逻辑实证的技治主义理论太过乌托邦主义,而在现实中其影响也是非常有限的,远比不上它左右两边的批评者。

纽拉特把社会主义与技治主义等同起来的看法是极其错误的。马克思主义者重视科学技术的作用,但并不是唯科学主义者,尤其不是科学决定论

---

① M. W. 瓦托夫斯基:《维也纳学派和社会运动》,《哲学译丛》1985 年第 2 期。

者。按照马克思主义原理,社会进步的最终推动力是社会生产力,在阶级社会中社会进步的直接动力是阶级斗争。科学技术是社会生产力的重要组成部分(甚至是第一生产力),但整个劳动过程才是生产力发展的决定性部分,科学技术只是作为手段和工具为劳动者所用。因此,发挥科学技术的力量是社会主义非常重视的方面,但无论是将其用于自然界的技术改造,还是用于社会的技术治理,都只是社会主义社会运行的手段,而非它的目的。这就是我所谓的"技术治理工具论"。并且,作为一种社会运行手段,技术治理同样也可以为资本主义社会服务。在阶级斗争中,资本家和工人阶级都可以利用技术治理的方法,为自己的目标服务,但这并不代表具体语境中技术治理就能超越阶级或阶层的范围和限制。总之,马克思对社会运行的技术分析是为了更好地实现社会主义和共产主义服务的,而不是将技术治理凌驾于社会主义的根本原则之上。当然,这也意味着,社会主义可以运用技术治理方法,应该也有能力更好地运用它。因此,对逻辑实证的技治主义的批评并不等于简单地否定它的价值,更重要的是利用它的思想资源,比如纽拉特的计划、社会工程和治理转译的思想,为重构新的技术治理理论服务。

第10章　行为主义心理学的治理蓝图

自冯特创立以来,实验心理学就十分重视科学研究为社会服务,以此来证明学科的合法性。之后华生提出心理学行为主义进路,强调"行为心理学的事业是去预测和控制人类的活动"[①],可以说他已经看出心理学用于建构技治社会的力量。显然,如果心理学能够预测和控制人的行为,就可以用它来改造个体行为,使之符合社会总体目标,从而改善整个社会的运行方式和效率,朝着"完美社会"的方向前进。从社会治理的角度看,这蕴含一种以心理科学为基础的技术治理路径。

作为华生之后行为主义心理学的代表人物,斯金纳应该是20世纪下半叶最著名的心理学家,他的显赫声名最初来自他的行为主义乌托邦小说《瓦尔登湖第二》(1948)。维基兰德认为,开始心理学研究之初,斯金纳就坚信其工作的社会价值,但只是在自认为获得人类行为的科学理解之后,才将行为科学(即行为主义心理学)用于改造社会的人类事务中。[②] 在另外两部名著《科学与人类行为》(1953)、《超越自由与尊严》(1971)中,斯金纳提出一套如何用行为科学来构建更好社会的社会工程理论。

在斯金纳看来,心理学应当是应用科学方法研究包括人在内的有机体行为的一门科学,有机体的行为和外部环境之间存在着确定的函数关系,心理学研究这类函数关系的具体内容。在内外环境中寻找与人类行为有关的变量,然后通过操纵各种变量,预测和控制人类行为,进而使人类行为研究成为一门科学。因此,行为科学包括了一套改造人之行为的行为技术,可以用于对人类行为进行控制,此即斯金纳所谓的行为工程。他主张行为工程不应

---

① 约翰·布鲁德斯·华生:《行为主义》,杭州:浙江教育出版社,1998年,第12页。
② Laurence D. Smith (ed.), *B. F. Skinner and Behaviorism in American Culture*, Bethlehem: Lehigh University Press, 1996, p. 83.

该是零散的,而应该对社会文化进行总体化的文化设计,但设计方案实施应该逐步推进。他设想了名为"瓦尔登湖第二"的行为工程社区,描绘出行为技术治理的理想社会——它之所以是理想社会,不在于社会成员是否喜欢,而在于最可能在进化长河中生存下来,因为"考虑自身生存的文化是最可能幸存的"[①]。

本章以斯金纳为例,深入剖析行为主义心理学的技术治理方案。和其他技术治理路径相比,行为主义技术治理别具特色:它实现社会运行目标的方式是改造和控制社会成员的行为,属于前述的"个体改造路径",斯金纳的理论是其中一种。对斯金纳的技术治理思想进行深入研究,可以加深对技术治理中"个体改造路径"的理解。

一、行为科学原理

技术治理将自然科学技术的成果运用于治理活动之中,斯金纳技治方案运用的是行为主义心理学,所以行为科学是技术治理的基础和出发点。行为科学区别于其他心理学流派的根本特点是坚持行为主义,这也决定了斯金纳社会工程理论的特色。

1. 行为主义科学观

在斯金纳看来,传统心理学仍然包含诸多形而上学的因素。他主张对人的研究要科学化,反对那种认为人类行为具有独特性而将其排除在科学之外的观点。在他看来,人和其他动物一样均属于有机体,行为模式具有相同的规律。他将研究人类行为的科学称为行为科学或人性科学,即通常所称的行为主义心理学。

行为主义是行为科学的哲学基础。[②] 在认识论上,行为主义坚持操作主义科学观,将科学定律视为操作规则,把科学目标设为获得一系列可以实验操作的有效程序,而不关心是否通向客观真理,或者说,真理在操作主义者眼

[①] B. F. Skinner, *Contigencies of Reinforcement: A Theoretical Analysis*, New York: Meredith Corporation, 1969, p. 60.

[②] B. F. Skinner, *About Behaviorism*, New York: Vintage Books, 1976, p. 6.

中等于可操作。于是,科学属于操作行动,要对客观事件进行预测和控制。

在方法论上,行为主义主张科学的任务是建立和验证函数关系,"通过验证一个变量对另一个变量的影响来证明函数关系的有效性,是实验科学的实质"①。所以,行为科学方法第一步是观察有机体及其所处的环境,第二步是发现有机体行为与环境变量的一致性,第三步是明确相关操作规则,提出行为定律。行为定律不一定多么严格,却是有用的操作关联假设,比如学习理论就是如此。②

在实践论上,行为定律通向对有机体行为的预测和控制,斯金纳虽然早期有些犹豫③,最终仍将预测和控制认定为行为科学的重要目标,并且认为预测和控制人类行为将使人类获益良多。显然,这就打开了通向技术治理的大门。不过斯金纳所称的控制,不是随心所欲的控制,而是要在遵循行为定律预测的基础上,通过改变自变量来求得相应的行为结果。

根据行为主义科学观,行为主义对于人类行为的基本假设如下:人是所处环境的产物,特定的环境变量引发人的特定行为,因此对变量的观测便可以在某种程度上预测人的行为,而对环境变量的调节便可以在某种程度上控制人的行为。行为科学通过实验研究环境变量与人类行为之间的关系,用函数关系描述人类行为,环境参数是自变量,而人的行为是因变量。这种函数关系代替之前行为的因果关系解释,只寻找环境—行为之间的函数关系,而不追究其中是否有因果关系。由于行为科学中的函数关系是概率性的,而非绝对的,因此运用行为科学预测和控制人类行为,考虑的是如何提高或降低行为发生的概率。因此,统计学是心理学研究最重要的方法。④

2. 破除心灵主义

斯金纳指出,要坚持行为主义科学观,必须要破除传统心理学的心灵主

---

① B. F. 斯金纳:《科学与人类行为》,北京:华夏出版社,1989年,第217页。
② B. F. Skinner, Are Theories of Learning Necessary?, *Psychological Review*, 1950, (57), 194.
③ 在1938年出版的《有机体的行为:一种实验分析中》中,斯金纳还说预测与控制"一般不被认为是行为科学的目标",与有机体行为有关的刺激物太多,导致人的行为太复杂,因此以行为科学研究指导人的行为控制不太现实,还需要进一步研究。(B. F. Skinner, *The Behavior of Organisms: An Experimental Analysis*, New York: Appleton-Century-Crofts Inc., 1938, p. 10.)
④ B. F. Skinner, Methods and Theories in the Experimental Analysis of Behavior, *The Behavioral and Brain Sciences*, 1984, (7).

义和内省法。行为主义主张人的行为是由环境决定或制约(可称之为环境主义),而传统观点主张人的行为是由人的心灵或内部状况驱动的(可称之为心灵主义)。斯金纳认为,内部状态最终都可以还原为外部自变量,"尽管'意义'和'含义'这种说法表面上指行为的特征,但却暗指自变量。诸如'友爱'、'混乱'、'聪颖'等词同样是表面上描述了行为的特征,而实际上却是指行为的控制关系"①。因此,行为科学取消物理世界和心理世界的区分,对人的行为进行一种完全的物理语言的描述。

在斯金纳看来,心灵主义无法科学地解释人类行为,于是杜撰"内在人"(inner man)的观点,作为人类行为的内在原因。于是,人分裂为内在人和外在人,内在人像司机驾驶汽车一样驾驶着外在人。"'内在人'的功能的确是提供了某种解释,但这一解释本身不能得到解释,由此,解释便中止在内在人这里。内在人不是过去历史与现实行为的中介,而是产生行为的中心。它的作用是发端、产生、创造。如此一来,就像在希腊人心目中一样,它成为神圣莫测的东西。"②"内在人"是神秘莫测的形而上学概念,阻碍了人类行为的科学研究的可能,行为科学第一步就要破除内在人概念。破除了"内在人"观念,不用试图寻找自主人的心灵、人格、心理状态、情感、个性、目的、意图、自由意志等,才能扫除行为科学研究的障碍。③

斯金纳还指出,"内在人"观念不光存在于心理学中,而且广泛存在于社会科学当中。比如,经济学中的"经济人"属于某种内在人解释方式,必须要破除,进而走向行为主义经济学。④

与破除心灵主义相应,行为科学要彻底抛弃内省法。心灵主义讨论有机体行为的过程,假定在刺激到反应之间,存在中间状态即心灵。如何研究心灵?传统理论依赖于研究者的自我反省即内省法,内省结论无法科学检验。斯金纳为否定心灵的存在,举了个例子:如果机器人与人一样行动,对刺激反应一样,就无法区分机器人和人,即使机器人没有感觉或想法,这样的机

---

① B. F. 斯金纳:《科学与人类行为》,北京:华夏出版社,1989 年,第 33 页。
② B. F. 斯金纳:《超越自由与尊》,贵阳:贵州人民出版社,1988 年,第 12 页。
③ B. F. Skinner, *The Behavior of Organisms: An Experimental Analysis*, New York: Appleton-Century-Crofts INC., 1938, p. 3.
④ B. F. Skinner, Behaviorism at Fifty, *Science, New Series*, 1963, 140(3570).

器能造出来,就证明心灵主义是不需要的。① 当心灵不存在,内省对象也就不存在了。华生还保留了内省法,否定心灵存在的斯金纳比他更激进。

3. 坚持环境主义

与心灵主义相对,环境主义主张有机体行为受环境制约。为什么呢?因为有机体行为具有相倚性(contingency)。这是行为科学的重要概念。所谓相倚性,指的是有机体对外界环境的刺激做出反应之后,反应的结果或经验将使得有机体今后在相似环境中可能产生相似的反应,换言之,有机体行为相倚于之前导致该行为产生的刺激和该行为的后果。所以,有机体行为是后果选择(selection by consequences)的,即某个刺激导致某个行为,产生某种后果,该后果反过来会决定在该刺激再次发生时候是否会再次发生该行为。人的某种行为如果得到奖励,会出现得越来越频繁,反之,如果被惩罚,出现频率就会越来越少。因此,人的行为变化取决于所处环境与其互动的结果。

斯金纳认为,进化论用后果选择替代了目的概念,即进化方向是环境选择出来的,而非朝着某个目的前进的。他归纳了三种后果选择,即自然选择、操作选择和文化进化,指出人类行为便是这三种后果选择的结果。② 有机体在不同环境条件下复制自身,包括复制基因控制的行为模式。环境类似时,行为模式才能运行良好,环境变化后则需要新的行为模式,这便是繁殖过程中出现基因突变的原因。最终,环境会对基因突变进行自然选择。操作选择是相倚性联系的建立和变化过程,在人与环境的互动中随时随地可能发生,新行为的发生频率根据行为后果增加或减少。而文化进化选择的是社会行为,此时其他社会成员构成社会环境,行为的后果不光是自然后果,更重要的是社会后果或文化后果。上述三种后果选择催生三种人类行为进化方式,即应答性条件反射(respondent conditioning,即巴甫洛夫经典条件反射)、操作性条件反射(operant conditioning)和文化实践进化(evolution of cultural practices)。斯金纳的研究工作主要集中于后两种选择方式上。

按照斯金纳的术语,引起有机体行为的外部诱因即刺激,由它引起的行

---

① B. F. Skinner, *About Behaviorism*, New York: Vintage Books, 1976, p. 15.
② B. F. Skinner, *Upon Further Reflection*, Englewood Cliffs, NJ: Prentice-Hall, INC., 1987, pp. 51-58.

为即反应;刺激与反应结合为反射,即刺激产生的干扰传到中枢神经再"返回"到肌肉。反射分为非(无)条件反射和条件反射,全部条件反射均以非条件反射为基础,但非条件反射反应只是有机体行为的一小部分。非条件反射如膝跳反射,是先天遗传的结果。条件反射只是增加了对刺激的控制,没有增加新的反应,而人们可以实际上一直利用条件反射过程控制人的行为,比如斯金纳认为,升国旗时的情绪反应便属于条件反射。

人的行为多数是条件反射行为,包括应答性条件反射和操作性条件反射,后者由于在与环境互动过程中随时发生,数量更多,也更为重要。应答性条件反射由刺激直接诱发反应,与已有的非条件反射成对出现。"虽然刺激在不断地影响着有机体,但是它们和操作性行为的关系却不同于和应答性反射的关系。简言之,操作性行为是自发性的而不是诱发性的。"①

操作性条件反射包含刺激、反应和强化三个方面。刺激是反应伴随着强化的诱因,既触发反应,也导致后果。有机体要分辨刺激和后果。分辨行为体现了有机体的自主性,尤其在分辨的抽象过程中得到集中体现,举一个例子,用某一红色亮点刺激鸽子反应,到它对其他颜色亮点没有反应,到它对红色做出反应,这就从分辨前进到抽象了。

在斯金纳看来,人类行为之所以走向文化进化,是因为人具有独特的语言行为。按照他的理解,语言行为是通过他人中介的强化行为,通过进化的语言环境强化才能形塑。② 也就是说,语言不是说出来的语词,而是说话者在语言共同体中的语言行为,语言共同体塑造和维系说话者的行为。语言行为涉及另外的人,另外的人是环境因素,语言相倚性和其他相倚性是一样的。"由此,语言产生了文化,文化也是相倚性行为的集合。"③换言之,文化进化是社会中所有操作选择的总体。

4. 反思行为主义

行为主义心理学的兴起与彼时盛行的逻辑实证主义及其工具主义化的

---

① B. F. 斯金纳:《科学与人类行为》,北京:华夏出版社,1989 年,第 102 页。
② B. F. Skinner. *Upon Further Reflection*, Englewood Cliffs, NJ: Prentice-Hall, Inc., 1987, p. 89.
③ B. F. Skinner. *Contigencies of Reinforcement: A Theoretical Analysis*, New York: Meredith Corporation, 1969, p. 31.

操作主义紧密相连。斯金纳承认实证主义对他的影响,专门回顾逻辑实证主义在美国的传播,分析它对行为主义心理学的重要影响。① 他将实证主义大体分为三种,即孔德的社会实证主义、马赫的经验实证主义和维也纳学派的逻辑实证主义,行为主义属于第三类。行为主义明显受到布里奇曼操作主义的影响,甚至可以视为操作主义从物理学扩展到心理学的结果。② 行为主义反对"内在人"概念,反对物理世界和心理世界的区分,要求对人的行为用物理语言进行描述,符合逻辑实证主义反对形而上学和统一科学的基本立场。实际上,纽拉特等人已经提出了"行为主义社会学""行为主义心理学"的概念。在纽拉特的术语中,社会学不是今日理解的狭义社会学,而是包括经济学、心理学等所有对人的社会学维度研究的学问。

在《关于行为主义》一书中,斯金纳概括了20种对行为主义的批评意见,并在最后一章中进行了逐个反驳。③ 一些人批评他的还原主义立场,坚持人的行为不能与动物完全等同。一些人批评他走向了机械主义,把人当成自动机器。一些人批评他否定艺术、科学等创造性活动,不能研究深层次的心灵问题。一些人指责他过于简化,把实验室研究扩大到社会当中。甚至还有人认为行为科学形式上像科学,实际不是科学。对于后果选择,也有人提出一个没有"最初能动者"的批评,类似牛顿思考的"第一推动者"。④ 而一般认为,加西亚效应(Garcia effect)质疑相倚性强化概念——有的操作反射很容易形成,有的则形成不了,这与生物遗传有关——撼动了行为主义的科学地位。⑤

无论如何,行为主义关于对人的行为进行科学研究的主张有积极意义。科学方法或许不能解决人类行为的所有问题,但是缺乏科学向度的人类研究必定不充分。还原主义有问题,但没有一定程度的还原就不会有科学理论。行为主义在一定程度上是还原论的,在一定程度上又是整体论的。他们对人类行为的还原,停留在行为单位即刺激—反应层面。理论上说,华生认为肌

---

① B. F. Skinner, *Recent Issues in the Analysis of Behavior*, Columbus, Ohio: Merrill Publishing Company, A Bell & Howell Information Company, 1989, pp.107-109.
② B. F. 斯金纳:《斯金纳自传》,《河北师范大学学报(哲学社会科学版)》1979年第3期。
③ B. F. Skinner, *About Behaviorism*, New York: Vintage Books, 1976, 第14章"总结"。
④ B. F. Skinner, Selection by Consequences, *Science, New Series*, 1981, 213(4507).
⑤ B. F. Skinner, *Upon Further Reflection*, Englewood Cliffs, NJ: Prentice-Hall, Inc., 1987, p.174.

肉运动和腺体分泌可以还原为物理、化学现象,但他的研究并没有朝这个方向发展,而是向行为单元复合的方向前进。他认为,刺激—反应行为主要是条件反射和非条件反射,人的简单动作往往涉及许多条件化的行为单元,一系列后天习得的条件反射形成人的习惯,而所谓人格就是习惯的集合(如前所述,行为主义的习惯概念深刻地影响了凡勃伦的技术统治论)。也就是说,华生看重的是条件反射→习惯→人格的研究路线,而斯金纳看重的是强化→设计→文化的研究路线。两条路线都反映了新旧行为主义对人的预测和控制的重视,甚至可以说,这是行为科学最高的目标。

二、行为技术

在强化相倚关系中,控制刺激和后果可以引导反应。这对于人类行为同样有效,即根据行为原理和行为定律,对环境加以改造,可以改变特定行为发生的频率,进而改造人的行为模式。将行为科学运用于人类行为控制领域所取得的技术,斯金纳称之为行为技术。行为技术的关键是通过操纵强化(即行为频率变化的现象)实现对有机体行为的控制。

1. 设计强化改变行为

强化意味着改变操作性条件反射行为,提高或减少反应的频率。斯金纳用实验方法,仔细研究各种强化现象。在操作性条件反射中,对强化进行设计,在一定时间内作用于有机体,可以解释和预测有机体的反应及其频率。当强化停止,反应发生频率降低,斯金纳称之为操作的消退。

斯金纳划分了两类强化物:"一类是给予一些东西,叫正强化物。一类是剥夺或消除东西,叫负强化物。我们把由于呈现负强化物而产生的结果叫做惩罚。"[①]正强化让人感到愉快,如金钱、赞誉等,负强化反之,如责骂、劳累等。惩罚给行为者带来不快的东西,或者取消令行为者愉快的东西,受到惩罚后行为者倾向于终止或避免该行为。有时,斯金纳也将惩罚列为单独一类强化现象。对于不同的个体而言,具有强化作用的事物可能存在极大差异。

---

① B. F. 斯金纳:《科学与人类行为》,北京:华夏出版社,1989年,第69—70页。

在斯金纳看来,文学艺术都是人类创造出来的强化物,而"人格""自我"实际上是早期经验强化形成的行为模式,能持续很长时间。它是可以调节的,并非什么本质的或永恒的东西。

在行为的实验分析方面,斯金纳最重要的工作就是发现了强化操作表(schedules of reinforcement)。操作表包括类强化物、迁移、差别强化、间歇强化等一系列相关问题。比如强化可以分为连续性强化和间歇性强化,后者又分为固定间歇强化、变动间歇强化、固定比率强化、变动比率强化,它们各自有其特点。根据上述发现,斯金纳提出,既然人的行为取决于环境和强化,那么完全可以通过改变环境和运用各种强化手段,来改造和控制人的行为。斯金纳自称,强化操作表被广泛用于教育、宗教、工业、商业等广泛领域。[1]

2. 行为控制不可避免

人无时不刻不处于环境制约之下,人的相倚性行为完全由环境所决定,而遗传基因决定人的非条件反射行为。因此行为科学认为,人并非自主的,也不存在所谓"自由意志"。也就是说,人类行为永远被环境所控制,人不可能摆脱所有控制。环境包括自然环境和社会环境,他人也是环境的组成部分,社会控制不可能完全消除,除非完全脱离社会环境。总之,人不可能摆脱环境依赖性,因而不可能完全消除控制,不存在脱离一切控制的绝对自由。

在斯金纳看来,改变人类行为主要有四种方式,行为技术是其中之一,其他三种传统方式包括:1) 纵欲或享乐的方式;2) 清教徒式惩罚方式;3) 药物改变身体状态的方式。传统方式也与改变相倚性联系有关,但只有行为技术才是明确建立在科学基础上的行为改造方式。[2] 行为技术对人类行为的改造,并非随心所欲的操控,必须遵循行为规律来安排环境因素,才能引出所期望的行为结果。

斯金纳区分了两类行为控制:有害控制和有利控制。他赞同趋利避害的享乐主义,认为人可以努力摆脱有害事物或不利控制,通常所说的自由实

---

[1] C. B. Ferster, B. F. Skinner, *Schedules of Reinforcement*, New York: Prentice-Hall, Inc., 1957, p. 16.

[2] B. F. Skinner, *Contigencies of Reinforcement: A Theoretical Analysis*, New York: Meredith Corporation, 1969, pp. 64-66.

际指的是躲避了有害控制的状态。在负强化和惩罚控制当中,很多措施都是令人厌恶的控制行为,要尽力避免。趋利避害的自由行为并非源于人对自由的热爱,而是有机体与环境之间相倚性联系作用的结果。所以,追求自由的关键在于:1)避免和改变环境中的有害控制因素;2)促进并完善有利控制因素。

斯金纳认为,"自由意志"是虚假的形而上学概念,自由是一种争取自由的行为方式,"一切生物的所作所为,都是要使自己从与有害事物的接触中解脱出来,通过一种被称为反应的相对简单的行为来获得某种自由"①。因此,"这下一步行动,不是将人类从控制中解脱出来,而是去分析和改变他们置身于其间的种种控制"②,即自由行动应该对各种控制形式加以仔细研究,以实现趋利避害的目标,而不是对所有控制形式一概加以否定。据此,斯金纳批评传统自由观将自由视为摆脱一切控制,这既是错误的,也完全不可能实现。更重要的是,虽然传统自由文献洋洋大观,在反对专制和争取自由的斗争中也起到过重要作用,但因为错误观念而遮蔽了与自由有关的真正问题,把人们追求自由的努力引向错误的方向。

3. 自我控制、控制他人和机构控制

斯金纳仔细研究了行为控制的机制,将行为技术分为三类,即自我控制技术、控制他人技术和机构控制技术。运用它们控制人的行为,即他所谓的行为工程。

包括人在内的有机体能够直接通过改变影响行为的因素,减少惩罚性反应的发生概率,成功躲避惩罚会强化该行为,这就是自我控制。自我控制包括控制反应和受控反应两部分,控制反应可以作用于受控反应的变量,改变后者的发生概率。虽然自我控制的外部结果和刺激有些是自然界提供的,但多数是社会提供的,社会应该对大部分自我控制行为负有责任。因此,自我控制是社会性的。斯金纳并不认为自我控制体现人的主观能动性或自由负责。实际上,他倾向于减弱对个人创造性的强调,将创造性视为人类群体

---

① B. F. 斯金纳:《超越自由与尊严》,贵阳:贵州人民出版社,1988 年,第 25 页。
② 同上书,第 41 页。

对环境的适应行为。

从这个意义上说,自我控制与控制他人紧密联系在一起,实施的行为技术也类似。斯金纳归纳的个体控制技术主要包括:1）物理限制和辅助的技术,如紧身衣、手铐等;2）改变刺激的技术,如糖衣胶囊;3）剥夺与餍足;4）操纵情绪条件;5）使用厌恶刺激,即激发逃避行为;6）通过操作性调节,强化自己的行为;7）自我惩罚;8）转向别的事情。斯金纳归纳的控制他人技术包括:1）物理控制技术,这是最有效的;2）非强力控制技术,主要包括操纵刺激（如在买衣服的地方装镜子）,强化控制（如工资和行贿）,厌恶刺激技术,惩罚,剥夺和餍足,利用情绪,药物使用等。

在社会中,数量更多的是人与人之间互动的社会行为,或一群人适应环境的社会行为。按照斯金纳的归纳,社会环境对社会行为的影响主要包括如下因素:1）社会强化,即涉及其他人的强化;2）社会刺激;3）社会事件,如人与人之间的社交距离,领导和服从,语言事件等;4）群体行为,即通过群体产生的强化,效果会大大增加。群体的重要特征就是对每个成员施加控制,而被控制者在群体中也是控制其他个体的群体的一部分,自私行为在群体中会被大大压制。

和机构控制相比,个人控制的力量很微弱。即使是群体对他人的控制,也属于伦理上的控制,即将行为分为正确或错误两类,而机构控制则带有强制性,把行为划分合法（合规）或非法（违规）两类。斯金纳归纳的机构控制主要包括:1）政府控制,包括各种强制控制（主要由警察组织和军队来执行）、伦理控制、经济控制、教育控制和宣传控制所采取的技术措施。在斯金纳看来,法律是将事实控制编撰为文书,政府控制不能太偏重于强制的惩罚力量。2）宗教机构控制,主要方法是扩大团体和群体控制。3）心理机构控制,主要是讨论心理学、心理诊所、精神病医生等对社会的控制。斯金纳认为,社会控制导致副作用,导致个体和群体的伤害以及反控制行为,心理疗法可以缓和社会控制的副作用。4）经济组织的控制,主要靠金钱来强化行为。5）教育机构的控制,"教育强调的是行为的获得而不是行为的保持"[①]。机构控制同样要运行许多具有可操作性和程序性的行为技术来实施控制。

---

① B. F. 斯金纳:《科学与人类行为》,北京:华夏出版社,1989年,第378页。

斯金纳主张对行为控制进行科学研究，提高各种控制的效率，造福社会。比如他努力将行为科学原理运用于教育活动中，形成独特的行为教学技术，他设计过一种教学机器，来教学生学习拼写和数学，基本原理是通过教学环境的改变，或者说有关教学的刺激的变化，来强化学习行为，提高学习效果。① 在他看来，人的学习和鸽子学习是一样的，同样符合强化相倚性的行为定律。

4. 行为控制的限度

华生和斯金纳都只研究预测和控制人的行为，但是就他们认为心灵是形而上学而言，控制人的行为等于控制人的全部。按照福柯的术语，行为科学属于规训知识，目标是改造人的行为。比较起来，斯金纳比华生的控制欲更强，因为华生的学习理论重在描述，而斯金纳的强化理论重在改造。

斯金纳公开主张用科学方法对人的行为进行控制，将自由视为控制形式的问题，即"自由是可接受的控制形式"②。这容易引起人们的反感。对此，他曾进行过辩解，"一切控制都是由环境实施的，因此，我们要为之努力的是设计更好的环境而非更好的人"③。这种辩解很无力，因为按照他的理论，改造环境与改造人在行为科学中是一致性函数关系，人类行为反过来会影响环境改变，两者根本无法分开。

人类行为都是环境控制的结果，根本谈不上自主和创造。改造环境也好，改造社会也好，控制他人也好，都是受控行为。换言之，完全没有什么控制行为，有的只是受控行为。于是，人类完全陷入宿命论的罗网中，根本没有一点松动的可能。斯金纳认为，人以其行为改变了环境，同时肩负控制者和受控者双重角色，改变环境意味着实施控制，改变了的环境又会对人进行控制。那么，人实施控制是不是"命定"的？按照他的理论，斯金纳提出行为工程理论也是复杂的相倚性强化的结果。

斯金纳区分有害控制和有利控制，想以此解决自由问题。按照他的观点，不管出于什么目标，比如教唆人杀人，只要强化形式能让人接受，均属于

---

① B. F. Skinner, *The Technology of Teaching*, New York: Meredith Corporation, 1968, p. 30.
② B. F. Skinner, *About Behaviorism*, New York: Vintage Books, 1976, p. 180.
③ B. F. 斯金纳:《超越自由与尊严》，贵阳:贵州人民出版社，1988年，第81页。

自由的范围。这导致他坦然接受思想操纵,并将其划归于思想改造法,属于行为技术的一种。重要的不是人的思想应不应该被改造,而是应该采取令人愉悦的改造方式。当思想改造采用惩罚的办法来进行,比如饥饿或体罚,或者偷偷摸摸进行,或者改造者与被改造者明显权力不平等,即使改造效果明显,也会被人斥之为"洗脑"。换言之,洗脑如果令人愉悦,斯金纳是接受的,比如赫胥黎小说《美丽新世界》中设想的服用致幻剂"苏摩"来消除反社会情绪。按照斯金纳的观念,人并没有稳定的人格、思想、自由意志、信仰、目的和观点,因此就没有什么"思想"让人改变,或"脑"让人去"洗"。显然,他对思想自由的观点太过惊世骇俗。

人类无法逃避不同程度的相互影响和控制,在这一点上斯金纳无疑是正确的。但是,行为控制不能仅仅区别形式上的好坏,更重要的是必须考虑行为控制的限度,在合理的限度内,控制是可以容忍的,但是超过限度,控制就变成操控,侵害人的自由。我认为,控制与操控的界限起码要考虑:1)改造行为的目的;2)改造技术实施的强度。无论是诱导性的,还是强制性的,精确到某个人行为的技术改造均非常危险。社会控制目标必须是统计学性质的,而不能是机械确定性的,两者之间的缝隙便是多样性的空间。

总的来说,进化论对斯金纳的影响很明显。行为科学对人的控制,要借助对环境的改变或控制来实现,因为人的行为终极目标是适应环境。从某种意义上说,马克思也主张环境——它称之为社会历史条件,其中最重要的是经济基础——决定人的思想和行为,但他更多是从阶级来讨论的,而行为主义将环境决定论推向个体的人。这是行为主义最大的问题,统计学意义的东西不能变成机械决定的东西。就算自由问题不是意识形态问题,而是一种技术问题,自由技术在哪里实现、在哪里锚定,都是可以仔细探讨的。而斯金纳的观点太过激进,精确到个体的控制,在技术上是不科学的。我所主张的有限技术治理理论认为,以宗教、教育和意识形态形式出现的群体的、统计学意义的控制是技术治理的应有界限。从技术上讲,精确到个人的控制必然面临巨大的反治理压力,非常容易崩溃。

人们接受教育和宗教的行为改造工程,是值得深思的。第一,不能放弃任何一个个体,坚持有教无类和博爱。第二,改造主要在群体层面来进行,而不是精确某一人某一事。第三,强调自我教育的方式,通过所谓内化来保证一定程度的自由。自由不自由,在很大程度上是某个界限内的技术事务,既不是如斯金纳所说的根本不存在,也不是一句"人生而自由"能简单概括的。

三、文化工程

既然人的行为可以用行为技术来改造,那么也可以用行为控制的办法努力促成一个更好的社会,此即斯金纳文化设计理论的主旨。文化设计的对象是社会环境,即通过控制环境诱导有益于社会的人类行为。文化设计试图将社会统合起来考虑,但斯金纳承认它不可能一蹴而就,因而是一种总体设计、渐进实施的社会工程战略。

1. 文化设计的原理

在斯金纳看来,文化是一个社会在各种相倚性联系基础上产生出来的习俗、习惯和生活方式等行为模式的集合体,构成了人类生存于其中的社会环境。这与凡勃伦的文化观类似。社会个体行为受到环境制约,文化—社会环境比自然环境的作用更大。换言之,一个社会可以通过文化自变量调节,对成员行为实施环境控制。

斯金纳认为,文化可以被总体设计,也就是说社会控制可以有意识地全盘规划文化,此即为文化设计,社会立法、社会计划均属于文化设计的例子。显然,文化设计思想包含乌托邦的倾向。斯金纳指出:"简言之,一种特定的文化是对行为的一种实验。"[①]文化设计通过改造社会环境而实施行为工程来控制个体行为,努力实现社会目标,属于总体化的文化社会工程。

为什么要设计文化呢?斯金纳认为,社会文化和生物一样处于进化选择之中,任何文化都处于不断演化中,既可能生存,也可能灭亡。文化是由成员承载和传递的,成员越多,文化生存下去的机会越大。如果一种文化对环境适应能力不行,成员得不到帮助他们生存的东西,就可能消亡。文化传递是拉马克式的,即它发生的改变可以传递。一种文化也可以向其他文化学习,不同的文化之间存在竞争和选择。要想使文化长存,必须运用行为科学

[①] B.F.斯金纳:《科学与人类行为》,北京:华夏出版社,1989年,第402页。

原理和技术,对文化进行重新设计,即考虑哪些行为需要修正、保持或取消,据此安排相倚联系,从而改造既有文化。

因此,好的文化便是能更好生存下去的文化,"生存是我们据以评判任何文化的唯一价值,任何可促进生存的习俗行为从定义上讲都具有生存价值"①。而好的文化设计便是设计出好的文化,"一种设计很好的文化是一套相倚性强化,生活于其中的成员以维系文化的方式行动,还能应付突发情况,以未来会更有效地做事的方式发生改变"②。显然,文化要长存,一是要设计出最有利生存的相倚性联系,二是有效地实现自身对成员行为控制的有效性,即将文化设计真正落实下去。注意,文化设计的目标是更好,而非最好。显然,并没有人知道什么是最好的文化,而且内外环境在不断变化中,更好、最好都不可能确定,文化必须不断变化才能生存。

斯金纳主张全面对既有的西方文化进行重新设计,理由主要包括:1) 西方文化太过依赖消极控制形式,运用太多负强化和惩罚,因而社会成员在行为科学意义上并不自由。惩罚可以消除或保持某种行为,也可以形成厌恶让有机体躲避。斯金纳认为,从长远看,惩罚对于被惩罚者和执行惩罚的机构都不利,降低了团体的工作效率和满意感,因此"用其他方式减弱操作就可以不使用惩罚"③。2) 既有的文化设计并不自然。他认为,设计自己的文化是西方文化最突出的特征,虽然设计得并不好。④ 当代西方文化设计的重要问题是自然相倚性腐蚀、被破坏,这是西方生活的根本问题。也就是说,自然环境选择出来的相倚性应该有利于生存,但资本主义按照资本的逻辑,强化产生许多非自然的行为模式,比如太多感官刺激等。⑤ 3) 外星文明压力。斯金纳认为,在外星文明和地球文明碰撞之前,人类文化面临尽快发展的压力。⑥

---

① B. F. 斯金纳:《超越自由与尊严》,贵阳:贵州人民出版社,1988 年,第 134 页。
② B. F. Skinner, *Contigencies of Reinforcement: A Theoretical Analysis*, New York: Meredith Corporation, 1969, p. 55.
③ B. F. 斯金纳:《科学与人类行为》,北京:华夏出版社,1989 年,第 179 页。
④ B. F. Skinner, *Upon Further Reflection*, Englewood Cliffs, NJ: Prentice-Hall, INC., 1987, p. 18.
⑤ Ibid., pp. 20-24.
⑥ Ibid., p. 17.

2. 如何设计文化

斯金纳详细讨论文化设计的方法和注意事项，主要观点如下：

第一，平衡个人、集体和文化三层次价值目标。显然，在文化设计中，存在三种不同层次的目标价值，即个人价值、集体价值和文化价值，也就是说究竟以个人的生存、社会生存，还是以文化生存为设计目标的问题，因为这三种目标之间是有冲突的。斯金纳的观点是，文化设计要充分考虑三方面的诉求，努力达到平衡和统一。

第二，面向未来进行设计。后果选择是面向未来的，行为工程期待未来的满意后果，设计出来的新文化要在未来环境中生存，因此"问题不是设计一种现在人们喜欢的生活方式，而是未来身处其中的人们喜欢的生活方式"①。文化设计包含着纠正过去错误的意味，而当代人生活在过去设计的结果之中，所以当代人对今天的文化设计不满意很正常。

第三，文化设计要渐进实施。文化工程是运用实验室知识来进行文化设计，社会环境远比实验室复杂，因此文化设计必须逐步推进，防止简单化和齐一化。就渐进式主张而言，斯金纳与波普尔关于社会工程的看法是一致的，但波普尔反对总体化社会工程，只容许小规模社会工程。②

第四，社会控制要温和。首先，要减少有害控制，鼓励有利控制。其次，更多地鼓励自我控制，减少他人控制和机构控制，更多地使用非物理的强制。斯金纳认为："社会所巩固的好行为都是通过自我控制的练习。"③这类似福柯所讲的主体化过程或自我技术。最后，使用政府控制要慎重。社会惩罚主要由政府实施，减少政府控制，将控制交给其他机构以更温和方式来实施。

第五，文化设计的反控制。行为技术是一种工具，文化设计者可能出于私利而恶意使用，因此必须考虑对文化设计的控制。其一，安排有效的反控制，使两者保持平衡，比如不同目标的机构控制之间要相互制衡，其二，保证设计者或控制者必须生活于他所设计的文化中，控制者同时也是被控制者，

---

① B. F. Skinner, *Contigencies of Reinforcement: A Theoretical Analysis*, New York: Meredith Corporation, 1969, p. 56.
② 刘永谋:《论波普尔渐进的社会工程》,《科学技术哲学研究》2017 年第 1 期。
③ B. F. 斯金纳:《科学与人类行为》,北京:华夏出版社,1989 年,第 306 页。

防止文化设计者成为超越社会控制之外的独裁者。①

3. 文化设计的缺陷

技术治理运用科学技术来改进社会,提高社会运行效率,已经成为当代社会最重要的特征和趋势。斯金纳运用行为科学和行为技术来设计社会环境,帮助提升社会运行状况,不失为一种有启发意义的思路。但是,他的文化设计理论存在诸多问题,值得进一步商榷。

第一,个体、集体和文化目标冲突在实践中很难达到完全平衡和统一。斯金纳认为,文化要生存,就要尽可能地帮助成员生存,因为如果成员不能生存,文化就会灭亡,因此两者最根本目标可以达成一致。但是,少数人与集体目标不相符的情况总是存在,有利于个体生存的可能威胁集体和文化的生存,而文化设计考虑的又是未来人的生存,所以会加剧不一致的情况。当目标冲突发生时,斯金纳明确地强调集体和文化,甚至以种族生存的名义压制个体主义,这无疑埋下了极权主义的隐患。控制行为令人厌恶与否取决于个体感受,那些对于文化生存有利,又实在不能消除的令人厌恶的控制,斯金纳坚决予以保留,所以他是容忍"洗脑"的。

第二,文化设计理论没有完全解决设计者问题。社会设计需要总体设计者,具体落实到各处需要控制者。按照斯金纳的理论,设计者应该由熟悉行为科学的心理学家来担任。显然,大家会担忧科学家会不会成为随心所欲的"科学王"。斯金纳认为不必担忧,因为"科学也不是自由的。它不能干预事件的过程;它仅仅是事件的过程的一部分"②。这种辩解很无力,因为设计者当然可以专门设计有利于自己的控制,比如规定不得干涉科学家的工作。斯金纳还提出一种预防措施,即设计者不能实施控制③,但这也不能完全消除疑虑。实际上,他在内心中把行为科学家当成毫无私利的圣人,但科学知识社会学(SSK)研究表明这不切实际。

第三,政府可能干预文化设计,以扩大自身权力。斯金纳提出,文化设

---

① B. F. Skinner, *About Behaviorism*, New York: Vintage Books, 1976, p. 187.
② B. F. 斯金纳:《科学与人类行为》,北京:华夏出版社,1989 年,第 420 页。
③ B. F. Skinner, *Contigencies of Reinforcement: A Theoretical Analysis*, New York: Meredith Corporation, 1969, pp. 58-59.

计政府时,要以促进人类更好生存为目标,尽量缩小政府机构,减少政府强制力,反对专制主义和极权主义。在当前实际状况下,大规模的文化设计和实施,必然由政府来进行组织,否则行为科学家只能纸上谈兵。换言之,政府在文化设计中地位举足轻重,让它们自己"革"自己的"命",过于理想化。

第四,文化设计理论无视人类尊严和人类权利。这两个概念均以人的自由意志为基础,即人有自由意志,一切人类文明成就皆为人主观创造,人类尊严和人类权利便是对自由意志的肯定。斯金纳认为人没有自由意志,人的任何举动包括美德都是环境控制的结果,这就否定了人类尊严和人类权利。于是,行为科学以科学为名,实际却站在了人类的对立面。斯金纳以人类更好地生存为文化设计更高目标,但失去尊严和权利的人类生活不会令人满意。

第五,文化设计否定所有价值标准。与尊严和权利类似,行为科学也否定价值观念。斯金纳认为,任何价值判断实质上是关于事实的判断,道德规范不过是客观相倚性联系的反映。所谓行为的好坏,不过是它可能受正强化,或受负强化和惩罚,这是行为科学事实,好坏不过是对该事实的虚幻感受。然而在现实社会中,大部分人类行为都要靠道德规范来调控,难以想象完全否定道德规范会导致何种社会失范状况。

第六,文化设计理论存在不少矛盾。从基本思想来看,文化设计中许多想法都是常识,只是用行为科学进行论证。然而,从行为单元到人的复杂行为,行为科学还没有说清楚,谈到实际控制也没有清晰的操作价值,所以迄今为止的行为科学控制理想更多停留于理论层次。斯金纳承认反控制的必要性,就说明了社会控制的矛盾之处,这也决定了控制不能精确实现,而精心设计的文化注定会走样,甚至可能完全失效。如果文化设计没有科学的精确性,就只能是某种哲学或文化学的理念,无法得到科学性证据的支持和检验。

第七,文化设计理论与技术设计理论一样,都存在根本性的循环论证困难。芬伯格提出的技术设计理论的基本逻辑如是:技术代码中既有社会因素,也有技术因素,在技术代码中可以通过引入不同社会因素来实现不同的技术发展道路,而当代社会是技术决定的,不同的技术发展道路可以改变现代性的路径,不同路径将提供不一样的技术因素来参与技术代码的确定。与之类似,斯金纳提出的文化设计理论基本逻辑如是:文化即社会环境,是可以被主动设计的,主动设计的文化将改变人的行为,进而改变整个社会,包括引起人们行为改变的社会环境。那么,究竟是社会环境改变人,还是人改变社会环境呢?按照环境主义的观点,人的一切都是受控的,怎么可能主动设计文化呢?

四、行为工程社会

斯金纳指出,行为科学提供的行为技术,最终指向一种高效文化的乌托邦目标。[①] 在详细讨论了文化设计的原理、方法和注意事项之后,他设计出什么样的理想社会呢?对此,斯金纳主要在《瓦尔登湖第二》(1948)中以乌托邦小说的形式加以勾勒,1976 年该书再版时增加的《重访瓦尔登湖第二》的序言,以及 1984 年的小说《乌有乡消息,1984》[②],对名为"瓦尔登湖第二"的行为主义社区进行了补充说明。《乌有乡消息,1984》非常有趣,设想著名的反乌托邦小说《一九八四》的作者奥威尔 1950 年并没有死,而是化名布莱尔住进"瓦尔登湖第二",并与它的创建者弗雷泽有过交往和讨论,最后死在那里。显然,斯金纳是以这种形式来与奥威尔进行思想交锋,在小说中奥威尔最后赞同了弗雷泽的想法。

1. "瓦尔登湖第二"

"瓦尔登湖第二"组织和运行的最终目标是实现美好生活,包括四个方面:1) 成员好的健康状况;2) 不快乐的劳动最小化;3) 锻炼、发展成员的天分和能力;4) 放松和休息。行为工程的设计目标就是实现美好生活的目标。[③] 据此,它坚持最小消费和非竞争性两条原则。最小消费原则指的是经济上要减少不必要的消费,由此就可以减少不愉快的劳动时间。这继承了梭罗《瓦尔登湖》中的思想,故名之为"瓦尔登湖第二"。非竞争性原则指的是

[①] B. F. Skinner, *Contigencies of Reinforcement: A Theoretical Analysis*, New York: Meredith Corporation, 1969, p. 39.

[②] B. F. Skinner, *Upon Further Reflection*, Englewood Cliffs, NJ: Prentice-Hall, INC., 1987, chapter 3.

[③] B. F. 斯金纳:《瓦尔登湖第二》,北京:商务印书馆,2016 年,第 165—168 页。

既有的社会竞争性太强,要代之以人际和谐合作的小社区,反对个人竞争,提倡人与人之间的高效配合。换言之,斯金纳理解的社会运行效率主要是不浪费和不因争斗而损耗,如此高效社会同时也是美好社会。

在政治方面,用小规模社区取代大规模的社会,这可以减少和避免传统意义的政治活动,无须选择新型政治领袖或创建新型政府,因为"小社区是采用新类型的指令,不受政府官员、政客和教师组织干涉的理想场所"[①]。也就是说,"瓦尔登湖第二"没有建制化的政府、宗教和经济制度,具有明显的无政府主义倾向。斯金纳认为,这样的行为工程社区可以不断扩大和扩散,甚至可能在全世界实现永久和平。看起来,他理想的世界是由很多相对独立的小社区所构成,从表面看有些类似原始社会的部落群落。

社区成员在权力和政治地位方面是平等的,不存在攫取更大权力的情况。行为科学家是社区的设计者,但在其中并没有特殊权力,更没有强制干预社会的权力,所以绝不会是独裁者。社区最高决策机构是规划师董事会,有六名规划师,三男三女,任职十年,不得连任。规划师责任是保证社区成功运转,制定政策,审查经理们的工作,也有一定的司法职能。但是,规划师同样必须参与体力劳动。

董事会成员从经理以及他们推荐的人选中选择,社员不投票选举董事会成员。社区在各个方面如食品、艺术、牙科等都有自己的专家,出任经理,经理分配工作任务,也要参与体力劳动。经理必须有专业能力,真正关注社区福利,不是通过选举而是以能力得到晋升的。专业培训的费用由社区支付,社区成员基本没有个人私有财产。

在经济方面,"瓦尔登湖第二"的主要产业是农业和工业。社区采用工分制,强调体力劳动的重要性,避免因工作性质不同而导致的阶层差别。社区成员经济地位人人平等,没有阶级阶层差别,没有炫耀性和浪费性消费,主要生产必要生活消费品,回收一切可回收的物资,以尽量减少工作。人人参与体力劳动,没有凡勃伦所谓的有闲阶级。人人适度工作,孩子在很小年龄就参加工作。每天8小时工作制,提倡每个人快乐而创造性地工作。社区没有货币,所有商品和服务免费。社员创造的所有财富都属于整个社区,实行

---

① B. F. 斯金纳:《瓦尔登湖第二》,北京:商务印书馆,2016年,第8页。

经济上的准公有制。

在社会生活方面,"瓦尔登湖第二"营造人人平等合作的和谐文化,反对给某些人比别人更大的名气和社会声望。社区成员用餐时段分开,用机械化方式洗碗,实现效率最大化。发展家政技术,减少家务浪费时间,尤其要解放妇女。每个社区成员到了十六七岁结婚,18岁的女性生第一个孩子,二十二三岁时结束生育再次投入工作。

行为工程认为,家庭是古老的社会组织形式,必须要改造。在社区的指导下,男女凭个人感情结合在一起,但双方保持独立性,分房居住。家庭出现问题时,夫妻接受社区心理学家的辅导,而孩子由社区的公共机构抚养。

社区将行为科学有组织地运用于教育过程,对不同年龄段孩子采取不同的强化安排,让学生按照自己的成长速度发展。教学侧重于学习和思考的技巧,具体课程由学生自学。学生在接受教育过程中,逐渐自然地融入社会生活。当一种情绪对于社区不再有用时,就用行为工程技术加以消除,反过来要用行为工程技术强化好的情绪。1岁以内的婴儿住在社区中的育婴设备中,1—3岁幼儿住在集体宿舍中。运用行为技术,让小孩子在群体中接受积极情感,避免父母的消极情绪影响,目标是在社区中消除嫉妒等消极情绪,培养快乐等积极情绪。

"瓦尔登湖第二"只区分规划师、经理、工人和科学家四种职业。但是,没有纯科学,只有应用科学,对纯科学有兴趣可以在业余时间搞。但是,科技的目标是节约必要劳动,而不是"制造"不劳动的有闲阶级,因而科技对于社区并不多么重要。社区中没有宗教,个别成员的信仰问题可以通过心理学家进行干预。社区成员制作的所有电台节目都可以播出,但节目受到监控,也没有广告。

"瓦尔登湖第二"制定有法典,由专人向所有成员解释,让所有成员熟悉。但是,社区基本不对成员实施惩罚,也没有警察局。传统社会往往通过惩罚来消除个体不良行为,而"瓦尔登湖第二"则运用正强化技术,引导成员行为向好的方向发展。因此,行为主义社区并非传统意义上的自由主义社区,却是基本上没有惩罚的社会。社会成员遵守社区规则,每个人过着"自由"(或者说"感到自由的")而和平的幸福生活。

2. 情绪控制的梭罗主义

斯金纳的《瓦尔登湖第二》出版后非常畅销，不久就有一些参考该书的行为主义社区在美国各州进行尝试性实验。当然，这些社区如今基本上关门，幸存下来比较有名的是弗吉尼亚的双橡树（Twin Oaks）社区，2019 年底还有不到 100 人的社员。

某种意义上说，"瓦尔登湖第二"是梭罗主义与行为工程的结合体。各种资料显示，现实中以行为主义为名的实验社区与其说是行为主义的，不如说是梭罗主义的。在《瓦尔登湖》中，梭罗提出一种克制欲望、与自然和谐共存的个体伦理学，在经济上以尽量少消费为特点。梭罗主义者发展出一小群人互助式的生态乌托邦社区，颇有中国道家所倡"小国寡民"的味道。再加上内部公有制、计划经济、完全或半完全与世隔绝，以及宗教或准宗教的生态信仰，在现实中似乎可以实施。"瓦尔登湖第二"在这些方面并无不同，它的突出之处是以情绪工程为核心行为工程在社区中的普遍运用，但现实社区中这一特点并不突出，或者说行为工程的作用并没有很明显地发挥出来。

再一个明显的问题是，行为主义社区的规模问题，斯金纳的设计是小规模的，社员数百人，再大就要分裂。那么，行为主义乌托邦能否大规模实现呢？人类世界应该回到以几百上千人为单位的零散状态中吗？这有些类似史前的原始部落时代，准确地说是行为控制的原始共产主义社会，很难说这是进步还是倒退。尤其是在科技问题上，行为主义小社区难以支撑当代"大科学"的发展，加之忽视理论科学的态度，可能会延缓或阻碍科技发展的速度，甚至可能导致当代科技水平大幅倒退。

《瓦尔登湖第二》明确宣称社区维持一种扩大的家族秩序，内部家庭结构弱化乃至消解，而整个社区就是一个大家庭。在规模和框架上，这种准公有制和中国传统血缘聚集群落有很大的相似之处。两者之间的区别在于细节，其中最重要的是，斯金纳采取对社员的行为主义控制，而中国传统是对成员进行道德教化。斯金纳把思想控制视为行为控制的一种方法，而道德教化是使所有的行为控制都建基于思想控制之上。按照斯金纳的观念，道德教化属于较少强制性的控制方式，属于应该提倡的范围。也就是说，两者在理念上并不冲突。因此，在中国语境下，斯金纳的想法在很大程度上意味着向中国古代德治传统的回归。

就技术治理而言,除了行为控制尤其是情绪管理,"瓦尔登湖第二"的设计创见并不太多。斯金纳设想的职业等级制,非民主提拔以及行业管理,将国家视为经济体而非政治体,取消货币等,与技术统治论者斯科特设想的乌托邦相同。① "瓦尔登湖第二"公然提倡个体精神层面的情绪控制,称之为伦理训练或情绪训练,希望把社员改造成平和情绪的人,进而实现整个社区的非竞争文化,这种做法很值得商榷。首先,诸多研究表明用技术方法洗脑,一定程度上可以实现,但做不到完全改变人的情绪状态。其次,用技术方法实现情绪控制,同样可能走向专制。斯金纳的意思是,科学原理如此就不是专制。但是,以科学为名义的专制仍然是专制,否则"优生学"造成的种族隔离和屠杀就不会臭名昭著。最后,当行为主义社区林立,它们相互之间可能出现竞争关系,会影响社区内部的合作。在实践中,行为主义社区要与现实社会进行物资交换,也出现了类似问题。

《瓦尔登湖第二》出版于1948年,而距离纳粹的极权主义国家倒台才三年,可以想见它的出版引起多么大的争议。很多人直接痛骂斯金纳是纳粹余孽,如罗杰斯声称:"行为科学也成了当代世界的恶魔之一。斯金纳的《瓦尔登湖第二》中,对行为科学应用于社会后的发展趋势最真实、最直白的描述已经或正在引起大量令人最担心的关注。"② 还有人指出,"瓦尔登湖第二"社员完全没有自由,有的只是类似巴甫洛夫条件反射实验中狗的"自由",自名为"瓦尔登",实际背离了梭罗的自由精神。③ 正如前述对自由、控制和文化设计的分析,《瓦尔登湖第二》很难洗脱极权主义倾向的嫌疑,如废除选举、四类职业划分以及情绪控制等。对此,斯金纳回应道,巴甫洛夫的经典条件反射可能导致类似《美丽新世界》的极权主义乌托邦,但行为科学不会,因为它所依据的操作性条件反射强调有机体的主动性,尽量避免令人不快的控制技术。④

---

① 刘永谋:《高能社会的科学运行:斯科特技术治理思想述评》,《科学技术哲学研究》2019年第1期。
② 卡尔·R.罗杰斯:《罗杰斯著作精粹》,北京:中国人民大学出版社,2006年,第226页。
③ D.W. Bjork, *B. F. Skinner: A Life*, New York: Basic Books, 1993, pp. 154-155.
④ B.F. Skinner, *Contigencies of Reinforcement: A Theoretical Analysis*, New York: Meredith Corporation, 1969, pp. 50-51.

有人指责《瓦尔登湖第二》威胁当代民主制。实际上,这本书将民主等同于多数人的意愿,视之为"善意的骗局""愚昧的专制",行为主义社区"有民主的优点,却没有它的缺陷"。① 斯金纳用科学否定民主完全错误,科学应该为民主服务,而不是相反。更重要的是,科学技术和技术治理并不一定与民主相冲突,而是可以在民主制下发挥自己的力量。

然而,《瓦尔登湖第二》的流行,说明它抓住当代西方社会运行的一些根本性的问题,尤其是:1) 消费主义盛行,人们被欲望扭曲;2) 恶性竞争,为了发财致富无所不用其极;3) 情绪失控,人们普遍心态扭曲,极端情绪泛滥;4) 个人主义严重,威胁社会整体利益。也就是说,发达资本主义社会各种弊病最终表现为社会个体行为失控,而斯金纳主张从调节个体行为入手来改善社会运行,这非常有见地。并且,他一改传统调节个体行为的宗教和道德说教方法,力主用科学方法来调节人类行为,即使行为科学有各种瑕疵,仍不失为极富启发的社会改良办法。

五、心理学与个体改造

如前所述,存在一类技术治理的"能动者改造路径",即通过训练被治理者的途径,来实现技术治理的效率目标。斯金纳运用的是心理学来改造被治理者,与他类似的是 H. G. 威尔斯主要运用生物学和心理学来构想技术治理乌托邦"世界国"(World State)。两人运用生物学和心理学成果治理社会,都属于技术治理的"个体改造路径",即通过提升每个社会个体行为来实施技术治理。

1. 心理学社会工程

进一步而言,威尔斯与斯金纳的个体改造论实施方案不同。威尔斯希望用科技方法来改善的是人类的道德水平,可称之为"人性进步法"。他认为,未来技治社会中的人不仅在身体素质上,而且在智商和道德水平上远远超过今人。而斯金纳否认有什么人性、善恶和道德,主张用科技方法来控制

---

① B. F. 斯金纳:《瓦尔登湖第二》,北京:商务印书馆,2016 年,第 70—74 页。

个体行为,使之合乎社会整体目标,可称之为"行为控制法"。

并且,威尔斯与斯金纳的技治目标也不同。实际上,斯金纳与威尔斯都相信自然进化与道德进化无关(人类进化不一定会通向更高的道德水平)。威尔斯用科技手段来弥补道德进化,而斯金纳直接用行为科学取消所有的人类价值,或者说将道德问题完全转变为科学问题。在技术治理的效率目标上,威尔斯与许多技治主义者一样,主要将效率局限于经济效率上,相信技术治理最强大的功能是用科学技术实现社会物质极大丰富;而斯金纳的效率目标主要集中于不浪费、非竞争和幸福,即富裕和消费并非真正的效率,平静和谐的幸福生活才是高效生活。因此,斯金纳的技治理想不一定是富裕社会,也可能是贫穷社会,这种想法让斯金纳在技治主义者中独树一帜,带有某种亲宗教的倾向。

第二次世界大战以来的心理学主要有三大流派:行为主义、精神分析和人本主义,21世纪之交则出现认知革命,行为研究逐渐转向认知研究。但是,心理决定论以及由此延伸而来的社会工程观念一直居于现代心理学的主线位置。心理决定论指的是心理学坚持人的心理状态被既有的东西所塑造,无论这种东西是先天的心理结构或基因,还是说过去的事件,总之人的心理状态是有规律的,而不是偶发的、无规律可循。有了这一预设,心理学才成为摆脱文学、艺术、哲学和宗教的羁绊而独立的自然科学分支。比如,"过去"在精神分析中指的是幼年的经历,特别是某些创伤性的经验,而在行为主义中指的是过去积累的刺激—反应模式。

如果决定论成立,很容易让心理学家想到,决定论意味着人的行为或心理状态在很大程度上可以预测,因而可以运用心理学知识来改善人性,进而改善社会,这便走上了社会工程的路子。只是在如何改善人性的问题上,大家看法不一样,比如,行为主义主张通过调整强化反射活动而改变个体行为,精神分析则主张通过调整心理平衡而达到自我理解和自我改善,两种方法都指向对环境的适应。无论如何,大多数心理学家都自信心理学可以给社会带来福祉。

对自己主张的行为工程,斯金纳亦是如此之自信。斯金纳发展了桑代克的学习效果律——在集中情境反应中,能带来满足的反应模式将被习得——这与斯金纳强化理论的原理一致。强化理论用实验方法对强化进行细致的研究,得到了细致的斯金纳强化表。如果希望社会个体均按照某种推荐方式行事,则可以通过环境—条件的调整,对所推荐的行为方式进行强化,而"某种推荐方式"在斯金纳看来可以实现人类群体的和谐和平,所以应当进行大力"推荐"。

斯金纳的心理学社会工程观念,承接达尔文主义者如高尔顿的想法。和高尔顿相比,斯金纳没有放弃任何一个社会成员,反对优胜劣汰的残酷竞争。高尔顿的社会工程也是进化论的,更准确地说是社会达尔文主义的。在他看来,人的心理特质是遗传并进化着的,可以通过社会工程促进优胜劣汰的进程。比如说,如果社会由有德的人组成则更适应环境,就应当让有德男女婚配,一代一代筛选而改进人类的天赋和德性。反过来,对德性低劣的社会成员如罪犯、精神病和醉鬼,应该采取限制生育等方式来实现"优生"。

两类社会工程主张都招致了强烈的反对,"优生学"最后在纳粹的"犹太人清除计划"后声名狼藉。20 世纪之交,很多精英主张人性改造计划,而对其中的危险意识不够。人性改造计划的危险到底在哪里呢?从技术上看,"优生学"臭名昭著的一个很重要原因在于:它不仅主张正面的提升,而且主张负面的铲除。"优生学"意味着有些人必须消失,这对于大多数人来说过于残酷。虽然斯金纳采取的是正面提升的方法,但众人反对的主要理由在于:1) 自由问题,很多人认为,精确到个体的行为塑成就是剥夺自由;2) 推荐问题,良好行为模式由谁推荐呢?行为主义者将人性改造的手段和目标统一起来,但这里面风险很大。

值得指出的是,斯金纳和高尔顿的心理学社会工程都忽视了一个很重要的技术问题,即忽视了意义在社会工程中不可或缺的作用。在社会工程中,必须要考虑意义工程,也就是通过"虚构"来匹配社会工程的意义系统,不存在没有意义系统的治理系统。

2. 斯金纳与美国传统

技治主义最强的说服力恰恰在于许诺更富裕的社会和更先进的科技,斯金纳理想中"贫穷的技治乌托邦"既没有"富裕的技治乌托邦"之长处,却有它被人诟病的短处,因而合理性要大打折扣。可是,20 世纪美国心理学经常被描述为行为主义的世纪,斯金纳无疑是其中最重要的人物。[1] 为什么不少美国人却趋之若鹜?这与美国历史文化的传承有关。换言之,放在美国的历史文化传承中,斯金纳并非异类,而毋宁说是某种主流。

很显然,"瓦尔登湖第二"中有着强烈的清教主义情绪。实际上,斯金纳不反对自由,但是认为当代美国人推崇的自由,不过是一系列被称为消费主义的条件反射。[2] 他对消费主义的反对,对社会环境设计的强调,对集体主义最终高于个体主义的主张,都隐隐反映出美国文化中清教主义的影响。比约克(Daniel W. Bjork)认为,《瓦尔登湖第二》建议回到北美殖民地时期强调社会责任的清教主义旧传统中。[3] 放在美国初期虔诚信仰的氛围下,斯金纳主张情绪控制和思想改造就不再难以理解,比如对异端的警惕和敌视制造了1692年马萨诸塞州的"萨勒姆女巫案"。也就是说,斯金纳思想并非美国文化的异类,他与主张言论自由第一的其他美国人都是美国文化矛盾的产物。

美国文化还带有强烈的乌托邦传统,北美殖民地的创建者逃离家乡高压传统,试图用理性在全新土地上建立前所未有的社会。因此,设计理想社会对于美国人而言并没有显得多么令人难以接受,更重要的是他们推崇理性和科学技术,坚信理性和科学技术能给社会带来好处。19世纪下半叶进步主义思潮在美国兴起,用科学技术来运行社会的想法日益流行,因而科学管理运动、技术统治论运动在美国率先开始,统一科学运动则进入高潮。可以说,技治主义在20世纪已经与实用主义并驾齐驱,成为美国意识形态的重要基石。

虽然在21世纪之交,反智主义在美国越来越兴盛,但民主与科技同行的观念在美国历史上更为长久。斯金纳不过是美国科技乌托邦传统的最新代表,美国的科学家、技术专家和发明家从不为自己的研究用于改良社会而疑惑。斯金纳强烈感到自己的工作具有社会责任和社会义务,他发明过教学机

---

[1] Paul Naour, *E. O. Wilson and B. F. Skinner: A Dialogue Between Sociobiology and Radical Behaviorism*, New York: Springer Science + Business Media, 2009, p. 20.
[2] 希雷:《心理学史(第2版)》,北京:机械工业出版社,2018年,第275页。
[3] Laurence D. Smith (ed.), *B. F. Skinner and Behaviorism in American Culture*, Bethlehem: Lehigh University Press, 1996, p. 38.

器、婴儿抚育箱等,还尝试将其进行商业推广。在自传中,他自称承接培根的传统,即知识就是力量的技术进步论传统。①

毫无疑问,斯金纳技术治理思想的出现,也与第二次世界大战以来全球范围内对资本主义的全面反思有关。20世纪前20年,美国经济突飞猛进,超过英国成为世界第一。可是,接下来第一次世界大战爆发,紧接着是1929—1933年"大萧条",然后是第二次世界大战,说明发达资本主义国家陷入根本性的危机之中,于是各种理论反思纷纷出现,比如社会批判理论、后工业社会理论、"意识形态终结论""经理人革命论""东方主义"等。而斯金纳是从传统资本主义社会控制方式入手进行批判,也就是说他认定资本主义控制方式正在失败,从根本上违背了文化进化的方向,正在危及人类的生存。然而,人们往往看到斯金纳反对自由、民主和过于理性的一面,却忽视了他对现实社会进行批判的一面。

总的来说,"瓦尔登湖第二"并非典型意义的技术治理乌托邦,与其说它关心的是高效运行社会,不如说它关心的是规范社会成员的行为方式。为此,斯金纳不惜接受思想改造和洗脑,就是佐证。行为控制的最大秘密在于隔断个体与他人的密切关系,使每个人彻底原子化,进而制造行为和心理两方面的齐一化状态。

虽然人类自诞生以来,思想控制和行为控制就是统治者私下思考的问题,但在当代文化环境下,公开谈论对人的情绪和行为同时实施控制,需要极大的勇气。斯金纳之所以敢于公开讨论,是因为他打着科学的名义,让科学为自己的理论背书。休谟提出事实与价值二分,斯金纳直接将价值并归于事实,直接避开了休谟难题,同时也说明所谓行为科学是事实与价值不分的理论,这一点在本质上违背了逻辑实证主义的基本立场。并且,"瓦尔登湖第二"并不推崇科技进步,因为科技进步的目标与不浪费、非竞争和幸福并不一致。斯金纳认定科学应该被划为个人爱好,应该由个人在完成工分之余来进行。换言之,"瓦尔登湖第二"除了行为控制技术,对其他科学技术发展是排斥的。从这个意义上说,斯金纳的理想并非典型意义上的技治主义乌托邦。

---

① B.F.斯金纳:《斯金纳自传》,《河北师范大学学报(哲学社会科学版)》1979年第3期。

第11章 技术专家崛起后的计划社会

制度经济学家常常强调技术在制度演进中的作用,凡勃伦和加尔布雷思便是典型。加尔布雷思著述颇丰,影响颇巨,尤以对富裕社会(alfluent scociety)和计划体系(plan system)的研究著称。从科技哲学的视角看,他是典型的技术决定论者,认为"技术和组织的迫切要求,而非意识形态的色彩,决定了经济社会的形态"①,而他的制度经济学研究可以视为对现代科技究竟为何及如何决定经济制度的系统理论回答。

在加尔布雷思看来,当代经济社会实际是由科学技术所决定的、按照技术原则运行、由技术专家阶层(technostructure)所主导的技术统治论社会(technocratic society),起码在经济领域尤其是计划体系中是如此。他与凡勃伦一样认为,工业系统(industrial system)是当代社会的主干,而工业系统的主干则是数千家大企业组成的计划体系②,而"经济发达的社会中社会问题和政治任务是最重要的,这些任务应该由科学家来思考和解决"③。因此,亚当斯才会说加尔布雷思的《新工业国》描述了"技治主义、私有的社会主义和公司国的蓝图"④。

本章以加尔布雷思为例,来研究制度主义计划式技术治理方案的特点。简而言之,加氏方案要点在于:1) 现代技术在经济中的广泛应用,使当代富裕社会实际成为市场—计划二元并列的技术治理主导的"新工业国";2) 技术专家阶层崛起,掌控了计划体系,并通过计划对整个社会施行一定程度的

---

① 约翰·肯尼思·加尔布雷思:《新工业国》,上海:上海人民出版社,2012年,第6页。
② John Kenneth Galbraith, Economist as Social Critic, See William Breit, Roger L. Ransom, *The Academic Scribbers*, Princeton: Princeton University Press, 1998, p. 173.
③ John Kenneth Galbraith, Economics and the Quality of Life, *Science*, New Series, 1964, 145(3862), pp. 117-123.
④ Walter Adams, A Blueprint for Technocracy, *Science*, New Series, 1967, 157(3788), p. 532.

技术治理;3) 当代技术治理既有可以完善的缺点,也隐藏着不能解决的风险,需要与之相平衡的力量。因此,他的技术治理方案以计划战略为核心,在各种技治主义中特色鲜明。

一、计划体系的中枢地位

计划体系是当代美国等发达资本主义社会最重要的组成部分,它由技术专家阶层所主导,而非传统观念认为的由所有权人主导。显然,加尔布雷思的观念受到凡勃伦以及伯利与米恩斯的名著《现代公司与私有财产》的类似观念的影响。

1. 技术应用催生计划体系

加尔布雷思指出,20世纪尤其是第二次世界大战以来,经济生活中最明显的特征是精密而复杂的技术大规模应用于生产当中,这导致当代经济发生了一系列的变化。技术的经济应用直接导致工作首先要细分为不同组成部分,最后再将不同部分合成完整的产品,进一步产生了六个重要后果:1) 生产周期越来越长;2) 投入资本越来越大;3) 时间和金钱的大量投入越来越不可缺少;4) 需要越来越多的技术人员;5) 越来越需要严密组织;6) 大规模的复杂组织催生了计划的必要性。[①] 换言之,当代生产需要复杂的机器和技术,因而需要大量的资本投入以及技术人员,这也导致生产周期变长,经济风险急剧增加,必须组织大型企业,以计划的方式对生产进行风险控制。

加尔布雷思认为,当代社会是以工业系统为主干的新工业国,经济具有双形态结构:占主导地位的是几百上千家大公司,与之并行的是数十万小企业和小农场。这两部分的经济活动差异很大,加尔布雷思将前者称为计划体系,后者称为市场体系。在他看来,"计划体系是'新工业国'的核心特征"[②],而"工业系统采取各种减少风险的措施,称之为计划"[③]。他没有否定市场体

[①] 约翰·肯尼思·加尔布雷思:《新工业国》,上海:上海人民出版社,2012年,第13—16页。
[②] 同上书,第10页。
[③] John Kenneth Galbraith, Conversation with an Inconvenient Economist, *Challenge*, 1973, 16(4), p. 28.

系的存在,但将其置于次要和辅助的位置,因为市场对经济的刺激不如计划刺激大,市场和计划两者发展不平衡,大公司组成的计划部分发展迅速。[①] 加尔布雷思并不认为市场与计划有优劣之分,但认为在很多领域尤其是公共事务中,市场必须让位给一定程度的计划。

加尔布雷思指出,计划体系与国家密不可分。实际上,"在一些重大的方面,成熟型公司是国家的左膀右臂。在一些重要的事情上,国家也是计划体系的工具"[②]。因此,美国有两种计划,即企业计划和外部计划。"企业的计划——它是企业对于可能受到的各种市场影响的一种长期内而言的自我调适——肯定不同于外部的计划,后者规定了企业的各种价格以及企业的产量。"[③] 外部计划是一种国家行为,与企业计划密不可分,两者都是对市场机制的替代。总之,技术发展支持计划体系,不喜欢市场体系,因为市场不能支持大规模的技术应用,因此"市场的敌人不是意识形态而是工程师"[④]。

2. 计划体系由技术专家阶层主导

为了规避技术应用引发的经济风险,计划体系以有组织的计划方式,对大公司内外的相关经济活动进行控制,与市场体系中的市场自发调控并行。在加尔布雷思看来,"计划体系的科学之处在于它有组织地运用资本和技术"[⑤],它处理任何问题凭借的都是科学管理和技术优势。这进而也决定了加尔布雷思所谓的技术专家阶层掌握了计划体系的主导权力。总之,计划体系实际上是在经济领域实行技术治理的产物,贯彻"技治二原则"。

加尔布雷思认为,20世纪上半叶,现代大公司的权力从所有者转移到技术专家阶层手中。原因在于,技术和计划的要求增加了大企业对于专门人才以及将他们组织起来的需要:现代技术需要技术人才,制订计划需要专门人才,各种专业人才需要协调组织。实际上,他把公司分为两种,创业型公司和成熟型公司,前者由企业家掌权,而大公司多为后者,由技术专家阶层掌权。

---

① John Kenneth Galbraith, Conversation with an Inconvenient Economist, *Challenge*, 1973, 16(4).
② 约翰·肯尼思·加尔布雷思:《新工业国》,上海:上海人民出版社,2012年,第280页。
③ 同上书,第25页。
④ 同上书,第30页。
⑤ 同上书,第336页。

技术专家阶层是将专业知识、才能和经验带入企业决策之中的有组织的专家联合体,以集体力量发挥作用,主要包括技术人员、计划人员和其他专业人员,技术专家阶层跨度很大,成员可能位居公司最高级别,也可能是中下层的白领或蓝领的专家。加尔布雷思认为它是企业的大脑,是决策真正的指导性智囊。在成熟大公司中,名义上董事会、总裁等最高管理者是决策者,但实质的决策过程是技术专家阶层左右的,董事会决策已经仪式化。因此,计划体系的崛起,也是技术专家阶层的胜利。

3. 技术专家阶层的基本特征

在加尔布雷思看来,技术专家阶层主要有三个基本特征:1) 主张集体主义,反对个人主义。技术专家阶层以组织而非个人的形式发挥作用,讲求紧密合作而非竞争,支持适应组织需要而非凸显太强的个性,强调团队精神和理解他人。2) 强烈要求独立性,反对组织之外的干预。现代大公司反对政府对公司内部事务干预的商业伦理,实际反映和满足了技术专家阶层的独立性要求。3) 推崇专业精神和专业素养。知识和专长是技术专家阶层的标识和准入证、通行证。加尔布雷思指出:"技术专家阶层本身除了具有其他的作用之外,它也是一种装置,这种装置将各个门类的专业性的科学、工程以及其他知识结合在一起,用以解决特定的问题。"[1]

二、技术专家的计划治理

技术专家阶层以计划为手段,对计划体系乃至整个经济社会实施技术治理,以规避技术应用导致的经济风险,计划就是规避风险的有组织、成系统的措施。加尔布雷思主要讨论了专家计划的如下问题。

1. 专家计划的动机和目标

加尔布雷思认为,传统企业家的目标是利润最大化,而技术专家阶层不是股东,没有所有权,不会以股东利润最大化为目标,其最高目标是组织的成

---

[1] 约翰·肯尼思·加尔布雷思:《新工业国》,上海:上海人民出版社,2012年,第224页。

功,"更为可能的是,它将最大化自己作为一个组织取得成功的可能性"①。围绕自身最大化的目标,技术专家阶层形成了一套驱动体系。作为一种组织力量,它的首要动机是保持独立自主的决策权,防止因公司亏损导致组织的萎缩甚至无法生存;在此基础上,增加销售以使得公司和自身都最大可能程度地增长,并不断推进技术进步,为此要寻求国家支持特定产品的开发或基础性研究;当收益超过投资时,再不断增加可能的分红。总之,"一定程度的有保障的收益,还有最大速度的增长,这些与提供收入用于必须的投资相一致,它们是技术专家阶层的主要目标。技术的新奇性和不断增加的分红从它们不得与上述两个目的相抵触的意义上而言是次要的目标"②。

加尔布雷思认为,技术专家阶层中的个体非常认同组织的目标,自愿对自己的目标进行调适而与组织目标相契合,这也是技术专家阶层力量和权力的源泉。并且,由于大公司在经济社会中的主导地位,技术专家阶层的目标往往影响社会目标,而技术专家目标也会根据社会目标进行调试,加尔布雷思认为两者之间存在不断双向调适的过程,计划体系的目标通过与社会目标之间的认同与调试,最后"也变成了我们这个社会本身的目标"③。换言之,它把计划目标转化为社会普遍认可的价值观念。

2. 专家计划的主要措施或方面

加尔布雷思指出:"所有的计划都力图尽最大可能确保它所设想的未来情况就是未来的实际情况。这也符合技术专家阶层对其自身安全的关注,这是因为对于危及它的收益、进而是它的职位的事情,这种控制在最大程度上减少了它们发生的可能性。"④为此,技术专家阶层努力完成如下几个方面的工作。

第一,价格控制。防止价格竞争,控制产品价格。所谓"反垄断",在工业计划时代是不合时宜的,是做给人们看的,维护所谓"对于市场的幻觉"。

第二,需求管理。计划体系需要需求管理,因为任由消费者的无序需求

---

① 约翰·肯尼思·加尔布雷思:《新工业国》,上海:上海人民出版社,2012年,第118页。
② 同上书,第170页。
③ 同上书,第306页。
④ 同上书,第224页。

和欲望增长,对生产存在极大的风险。技术进步推动整个社会进入了产品极大丰富的富裕社会,当人的基本物质需求越是被满足,接下来购买什么就越是能够被说服,此时需求管理不仅必要也有可能。需求管理实质上是一种劝说而非强制。实际上,需求管理已经成为当代社会巨大而且迅速增长的产业,包括广告、销售以及相关的调研、培训等。

第三,工资与失业控制。技术专家阶层的目标不是利润最大化,而是防范风险和不断扩大组织,其目标与社会目标相互调适,这使得它容易与工人妥协,因为罢工容易失控。在这种情况下,大企业更容易满足工人合理的工资要求,因此工会作用在明显下降。但是,它追求技术进步,增加了削减蓝领和增加白领的趋势,尤其是自动化的推进更是如此。减少成本并非裁撤蓝领的最重要动机,动机是扩大自身的队伍。在这种情况下,失业并非因为需求导致生产不足,而是因为没有教育方面的资质,或没有相应的工作经验和资历。

第四,涉足教育尤其是高等教育。技术专家阶层崛起,力图不断扩大自身的队伍,需要符合资质的专业人才,因而刺激了高等教育的发展。同时,技术专家阶层和大公司介入高等教育,试图按照自身的喜好,塑造教育系统。

第五,游说国家和政府。技术应用所催生的大企业经济问题可能超出了工业企业的资源所能负担的程度,使得它们会寻求国家的保护和帮助。这就是计划体系与国家关系密切的原因。比如,技术专家阶层要防止工资和价格交替上涨,大公司无法独自做到,就要游说政府采取措施。技术研发投资很高,风险极大,单个大公司很难承担,因而需要由国家将其作为公共事务来处理。整个社会的需求管理极为复杂,同样需要政府的帮助和协调。因此,大公司总是与国家一致而非对抗。反过来,计划体系的诉求也增加了政府职能,或者说"现代技术因而定义了现代国家日益增加的职能"①。

3. 计划不等于社会主义

美国大公司的计划要通过技术专家阶层的组织力量乃至国家权力来推行,但是它不等于社会主义国家的正式计划。社会主义计划是全社会范围内

---

① 约翰·肯尼思·加尔布雷思:《新工业国》,上海:上海人民出版社,2012年,第5页。

的,由社会、国家和政府来控制生产性企业,而资本主义计划体系的计划更多是由生产者决策控制的。① 并且,资本主义社会中还有与计划体系平行的市场体系存在。在加尔布雷思看来,计划是有意识对需求和供给加以调节,具有规模巨大的特点,一定程度的计划是现代经济社会发展的普遍现象,根源于技术在经济活动的应用,既是"技术的绝对要求",也因为市场机制的缺陷,并非社会主义或资本主义所独有。就这一点而言,他认为社会主义和资本主义是趋同的。计划不是自由的敌人,应该去除它的意识形态色彩。因此,技术专家阶层崛起超越资本主义—社会主义的意识形态对立。也就是说,只要技术和计划的现象存在,技术专家阶层就获得了很大的权力。在社会主义中,技术专家阶层受到国家计划机构和共产党的领导,但也需要自主权,才能有效地发挥作用——这正是苏联大企业的问题。②

三、计划治理的问题与出路

应该说,加尔布雷思对技术专家阶层有足够的批判眼光,看到技术治理的诸多问题。但相比他的批评,他提出的解决问题的思路非常乏力。

1. 当代技术治理的问题

(1) 富裕社会的不平衡问题

技术治理极大地促进了当代经济的发展,出现历史上从未有过的富裕社会。富裕社会最大的问题在于私人领域与公共服务、市场体系与计划体系的不平衡。富裕社会已经具备消除贫困的力量,却因公共服务远远落后于私人生产,而置贫富悬殊于不顾。加尔布雷思指出,"相比之下,在国家所提供的服务之中,那些与计划体系的需要并无直接关系的服务更为不受青睐"③,比如医疗、公园、休闲和垃圾处理等。在经济领域,最大的不平衡是市场体系

---

① John Kenneth Galbraith, Conversation with an Inconvenient Economist, *Challenge*, 1973, 16(4).
② 约翰·肯尼思·加尔布雷思:《新工业国》,上海:上海人民出版社,2012年,第103页。
③ 同上书,第327页。

与计划体系的不平衡,"寻求两个系统平衡增长和发展是一种核心工作"①。

(2) 富裕社会的教育科技问题

在富裕社会中,教育和科研主要属于公共服务事务,为市场和私人企业所忽视,而由于私人生产与公共服务的不均衡,两者发展实际受到阻碍,当代社会对教育和科研的投入是很不够的。加尔布雷思指出,当代社会技术进步不是个人化而是"高度组织的方式对科学、工程知识和技能方面进行投资的结果"②。在基础研究和工程研究之间,在军事研究和民用研究之间,存在着资源配置的不均衡。在不同的产业之间,在大公司和小公司之间,科技研发也存在不均衡。除此之外,加尔布雷思还指出,大众传媒技术被用来粉饰资本主义社会的贫富不均,为资本家的阶级统治服务。"现代的大众传播方式,特别是电影和电视,足以能够保证普通大众看到,最奢华的服饰不仅穿在富人们的女儿身上,而且穿在了煤矿工人们或是旅行推销员的女儿身上,他们可能因为某种才能而一夜暴富,或者也许只是为了装门面。"③类似的言论,在马尔库塞的《单向度的人:发达工业社会意识形态研究》中也出现过。

(3) 技术专家阶层的权力制衡问题

显然,技术专家阶层以科学技术的名义,在新工业国中拥有很大的权力,尤其是在独立性很强的大公司中,这需要加以制度上的制约。并且,这种组织化的权力与国家权力相互支持,此时计划体系中公权力与私权力界限模糊,因此,"就经济权力与公权力的相互结合而发出警告,是合乎情理的"④。

(4) 科技—计划—军事一体化的问题

计划体系与国家一致性关系方面,最危险的是技术专家阶层对军队目标的认同,反过来,当代科技发展往往以军事理由要求国家投资。加尔布雷思认为,美苏冷战实际是国家为了计划体系的需要而制造的幻象,是艾森豪威尔所谓的军工复合体的意识形态灌输——在冷战的威胁之下,科技、专家、计划体系、军事和国家都获得了大量的利益。加尔布雷思的这种观点与

---

① J John Kenneth Galbraith, Conversation with an Inconvenient Economist, *Challenge*, 1973, 16(4), p.33.
② 约翰·肯尼思·加尔布雷思:《富裕社会》,南京:江苏人民出版社,2009年,第102页。
③ 同上书,第75页。
④ 约翰·肯尼思·加尔布雷思:《新工业国》,上海:上海人民出版社,2012年,第377页。

哈贝马斯关于当代社会一体化的论述类似。

(5) 美学和闲暇缺失的问题

加尔布雷思认为,计划体系是一种获得物质便利的技术安排,但是国家目标不应当只有经济目标,而计划体系一支独大就会导致国家对其他目标的忽视。其中,加尔布雷思认为最重要的就是计划体系对审美体验的无力、"憎恶"甚至冲突,国家应当对审美事务进行保护和大力的支持。① 并且,计划体系未能也不打算兑现让人们获得更多闲暇的承诺,加尔布雷思对此很不满。

2. 解决上述问题的对策

(1) 科教阶层制衡论

技术专家阶层权力过大,可能故步自封,加尔布雷思认为可以由科教阶层(educational and scientific estate)来制衡。他所称的科教阶层在学校、大学和研究机构从事与教育和科研有关的工作,有时被人称为知识分子、作家和诗人等。科教阶层最重要的职能就是生产合乎资质的专业人员,因而与技术专家阶层联系紧密,甚至可以说技术专家阶层深深依赖于科教阶层。但是,两者动机存在三大差异:1) 科教阶层坚持个人主义,技术专家阶层深信组织力量;2) 科教阶层讲求自由,技术专家阶层严守纪律;3) 科教阶层对国家保持批判态度,技术专家阶层与国家保持高度一致。加尔布雷思认为,应该让科教阶层成为政治领导者,从而避免技术治理的问题。不过,他也承认科教阶层存在三大问题:1) 缺乏自信;2) 不积极主动;3) 不擅长政治游说。实际上,他在《新工业国》初版十几年后说:"对于科学教育阶层,我现在没有里根总统执政之前那么有信心。"②

(2) 教育解放论

科教阶层如何在政治上领导社会方向,主要就是利用对教育的把控,尤其是要发挥高等教育的作用。加尔布雷思认为,高等教育包含双重角色:不仅是服务于技术专家阶层的需要,还要捍卫受过教育者的价值观和目标,服

---

① 约翰·肯尼思·加尔布雷思:《新工业国》,上海:上海人民出版社,2012年,第329—332页。
② 同上书,第四版序言,第21页。

务于人类智识和艺术的发展。因此,在高等教育中,要灌输质疑计划体系和政治多元化的观念,以此促进社会进步。

(3) 公私平衡论

加尔布雷思认为:"褒扬私人产品而贬低公共产品的趋势——所产生的社会后果是相当大的,甚至是很严重的。"[1]因此,必须要平衡私人生产和公共事务,将消除富裕社会的贫困置于社会和政治的中心议题,保护自然环境。实际上,他的主张暗含着扩大政府职能、加强国家调控力度的意思。

四、计划治理的主要特点

在加尔布雷思看来,美国人对经济学的贡献很小,主要集中在亨利·乔治、凡勃伦和贝拉米等人的技治主义,以及萨姆纳的社会达尔文主义。他非常推崇美国技治主义集大成的理论家凡勃伦,称其为"来自于新美国的最伟大的声音"[2]。实际上,他对凡勃伦技术统治论理论多有继承和发展。[3] 在继承方面,他对工业社会和工业系统的基本理解,对于专家掌权尤其是掌控经济运行的强调,与凡勃伦类似。在发展方面,他比凡勃伦乐观,认为专家已经悄悄掌权。某种意义上说,加尔布雷思的理论是对凡勃伦核心思想的注解或扩展,尤其是经济的技术决定论思想是在跨国公司时代的新说明。

1. 温和性

加尔布雷思与凡勃伦最大的不同在于,他完全没有颠覆资本主义、建立国家主义总体化乌托邦的激进想法,属于典型的温和派技治主义者。因此,加尔布雷思虽对当代美国多有批评,指出新兴阶层对工人阶级尤其是体力劳动者的威胁,但也非常重视马克思的理论,推崇马克思的革命精神[4],很多马

---

[1] 约翰·肯尼思·加尔布雷思:《富裕社会》,南京:江苏人民出版社,2009 年,第 111 页。
[2] 同上书,第 44 页。
[3] 刘永谋:《"技术人员的苏维埃":凡勃伦技治主义思想述评》,《自然辩证法通讯》2014 年第 1 期。
[4] John Kenneth Galbraith, Revolutions in Our Times: Marx and Lenin: Lloyd George and Roosevelt; John Maynard Keynes, *Bulletin of the American Academy of Arts and Sciences*, 1986, 40(3).

克思主义者对加尔布雷思的论点也很接受,尤其是国家被大公司所掌握[1],但是,不再有人像指责凡勃伦一样,认为加尔布雷思是马克思主义者。而且,加尔布雷思也认定马克思的经济学过时了。

与同为温和派的罗伯相比,加尔布雷思也认为美学缺失是技术统治论的重大缺点,两人理论的不同之处起码有三点:1)罗伯主张的能量券其实是公有制,而加尔布雷思认为计划等技术治理措施可以在私有制中推进;2)罗伯强调艺术解放功能,加尔布雷思突出教育与科技阶层的作用;3)罗伯主张通过垄断逐渐过渡到技术统治论新社会,加尔布雷思认为计划体系崛起说明当代社会已经技术治理化了。总之,加尔布雷思完全抛弃了所谓"工程师革命"的基础主张。

从更大的范围看,加尔布雷思谈论技术专家崛起,以及技术专家与知识分子意见相左,并没有太大的创新。和技治主义诸流派相比,高度强调计划在技术治理中的核心地位,并对当代计划治理措施及其得失进行了详细的分析,尤其是对需求管理的分析,是加尔布雷思技术治理理论最突出的特点。

2. 泛技术

加尔布雷思对专家、知识、技术与权力及其关系的实用主义理解,在技治主义者中也是特色鲜明。他认为,"技术意味着在实际工作之中系统运用科学或者其他条理化的知识"[2],也就是说技术不仅限于科学知识的应用。这与其他技治主义者有些不同,属于对技术的泛理解,也隐含着在治理中更重视技术而非科学的立场。

在加尔布雷思所指的"其他条理化的知识"中,他提出的"传统智慧"(conventional wisdom)的观点颇有特点,体现了身处美国实用主义传统而受到的影响。传统智慧指的是社会中广泛被人接受和重视的理念,是一种维持现状的保守知识力量,最大的特点就是可接受性。"每个社会都要防止思想

---

[1] John Kenneth Galbraith, Economist as Social Critic, See William Breit, Roger L. Ransom, *The Academic Scribblers*, Princeton: Princeton University Press, 1998.
[2] 约翰·肯尼思·加尔布雷思:《新工业国》,上海:上海人民出版社,2012年,第12页。

变化过快"①,传统智慧提供惯性和阻力,以实现思想领域的稳定。一个社会中,绝大多数人的思想其实是受到传统智慧的影响甚至支配,在它的框架下理解、预测和行动。在现实中,事情的发展往往超出传统智慧的预测,因此它始终处于过时的危险之中。加尔布雷思认为,经济学领域有许多陈腐的传统智慧,要逐一批评,代之新的"传统智慧"。他指出了人类理念世界的一个重要却被忽视的现象,人们指导日常行为的大部分知识,并非因为真理性获得其合法性,而仅仅是因为惰性传承和稳定需要。这实际是一种实用主义的知识论。

从知识社会学的角度看,加尔布雷思实际坚持的是知识多少决定权力大小的知识—权力观点。他认为,"知识才是阶级之间的分割线"②。这与他技术治理的基本主张是一致的,也决定了他将教育尤其是高等教育提到足够的高度。在这种情况下,对传统智慧的解释权就意义重大,而转变传统智慧也就意味着真正的解放。在他看来,要完成传统智慧的转变,首先要拨开迷雾知道真实的情况,其次要坚持批判思维了解传统的局限。这就是加尔布雷思一直强调富裕社会需要新的经济学的原因。③

清晰表述传统智慧很重要,在当代社会这一任务已经职业化,而且有利可图。"一般看来,清楚地表述传统智慧是学者、官员和商人的特权"④,他们之间也存在表述权的争夺。加尔布雷思反对商人不参与思想市场争夺的观点,认为他们与知识分子之间正发生激烈的社会声望竞争。在富裕社会中,商人的社会声望在下降,新兴阶层则在 20 世纪迅速崛起。在新兴阶层内部,尤其技术专家阶层与科教阶层之间,也存在表述权的斗争。技术专家阶层会利用广告传媒技术维护自身的社会声望。

3. 反思性

除此之外,加尔布雷思对当代技术治理还有诸多批评——"在过去三十

---

① 约翰·肯尼思·加尔布雷思:《富裕社会》,南京:江苏人民出版社,2009 年,第 15 页。
② 约翰·肯尼思·加尔布雷思:《新工业国》,上海:上海人民出版社,2012 年,第 232 页。
③ John Kenneth Galbraith, Economics and the Quality of Life, *Science*, *New Series*, 1964, 145 (3628).
④ 约翰·肯尼思·加尔布雷思:《富裕社会》,南京:江苏人民出版社,2009 年,第 10 页。

年中,J. K. 加尔布雷思是作为一个对美国生活的领军社会批评者而出现的"①——这在技治主义者中也很具特色。当然,他的批评并非简单地否定,而是希望建设性地提升社会的技术治理水平。也就是说,他是一个建设性的批评者,颇为难得。

然而,加尔布雷思给出的对策虽然在某些具体层面上很有可操作性,但从根本上说没有太大的说服力。比如,他意识到专家权力需要社会控制,却指望科教知识分子加以制衡。实际上,在《富裕社会》中,加尔布雷思把技术专家、工程师、知识分子、医生、牧师和管理者等视为新兴的闲暇阶层,称之为"新兴阶层",并认为新兴阶层追求的目标不是金钱,而是知识和自我实现。也就是说,技术专家与知识分子一致性是基本面,两者之间的矛盾不过是内部矛盾,因而加尔布雷思所谓的制衡是"伪制衡"。进一步而言,加尔布雷思讨论的还是科学与人文的制衡——科学与人文对立的观点,今天日益受到质疑,而科学具有人文向度或科学亦是一种文化的观点日益为人们所接受。再比如,加尔布雷思提醒人们注意技术专家阶层与国家共谋的风险,尤其是专家与军事的一体化的危险。但他又说,要解决公私不平衡,提升技术治理水平,还需要进一步增大国家的职能。显然,他的观点有些自相矛盾。

加尔布雷思自认为,他的理论最大的问题有两个:一是没有预计到日本等新兴经济兴起给计划体系带来的改变,二是忽视了对大公司内部的管理研究。② 这实际上算不上什么太大问题,因为不能以预见未来为评判理论的必要指标,而微观讨论并非他的研究主题。亚当斯对加尔布雷思的批评意见有两个:一是加尔布雷思的观点没有得到强有力的实证数据的支持,二是即使计划体系已经崛起,加尔布雷思给出的建议也没有太多吸引力,还有许多其他的公共政策可以选择。③ 亚当斯的批评切中要害。计划体系在美国崛起于两次世界大战与"大萧条"有关,进入20世纪八九十年代情况又有一些变化。因此,加尔布雷思没有给予市场体系及其与计划体系的关系进行深入分

---

① John Kenneth Galbraith, Economist as social critic, See William Breit, Roger L. Ransom, *The Academic Scribblers*, Princeton: Princeton University Press, 1998, p. 163。
② John Kenneth Galbraith, Time and the New Industrial State. *The American Economic Review*, 1988, 78(2)。
③ Walter Adams, A Blueprint for Technocracy, *Science*, *New Series*, 1967, 157(3788)。

析,这是其技术治理方案的重大问题。实际上,加尔布雷思后期逐渐承认市场的作用。

除此之外,加尔布雷思的问题还有:夸大了需求控制的作用,夸大了大公司的控制力;对技术专家阶层的反思,尤其是对它与国家共谋的分析还很不充分——当代治理最大的问题,乃是官僚主义或科层制(bureaucracy)没有有效的对抗力量,技术专家阶层已然成为典型的科层制阶层,而科层制并不仅仅是一个工具,尤其是当人们对此没有意识的时候,就技术进步与公司的关系而言,的确没有证据证明大公司更有利于技术进步,高新科技往往滥觞于一些小公司。当然,它们可能发展为大公司或被大公司兼并。显然,加尔布雷思技术治理理论的问题,都是重构技术治理理论需要认真思考和解决的。

第 12 章　智能治理社会的贤能政治

丹尼尔·贝尔在20世纪末名噪一时,他的学术声誉主要来自三个方面:1) 作为未来学或未来主义的代表人物;2) 后工业社会理论的提倡者;3) "意识形态终结论"的提倡者。从技术治理的角度看,他对技术—经济领域的技术统治论表示过明确的支持,但在政治领域则支持领导阶层更为广泛的精英主义(meritocracy)政治。他宣称的立场,与他对技术统治论、精英主义两个术语的理解相关,但是就他完全赞同"技治二原则"而言,贝尔无疑是一位技治主义者。更准确地说,他属于泛专家的技治主义者,也就是说,他对专家的理解不局限于自然科学领域的科学家和技术专家。但是,他的"精英"不是世袭贵族,而是以专业能力和成就见长的专家,故而他支持的是技治主义贤能政治。贝尔的贤能政治与贝淡宁所称的"贤能政治"(political meritocracy)并不相同,后者儒家色彩浓厚,承接中国古代"举贤任能"的传统,但两者在不同程度上强调专业能力的旨趣类似。

从技术治理的视角透视,贝尔坚持技术决定论,重视以社会预测为基础的未来学,认为运用新的智能技术预测技术发展,可以预见整个社会的未来,并以此为基础在一定程度上调整和控制未来社会。贝尔进行社会预测的结论构成其后工业社会理论。他认为,"1946年到1950年是后工业社会象征性的'出生年代'"[①],也就是说美国彼时率先开始从工业社会转向后工业社会,并且他预计21世纪初到20年代,西方发达国家会完全进入后工业社会。实际上,他所预测的后工业社会实质上是以他所称之"智能技术"为基础的技治社会,可以称之为智能(技术)治理社会。一方面,智能技术被广泛应用于社会运行和治理当中,另一方面,掌握智能技术的专家和机构拥有更

---

① 丹尼尔·贝尔:《后工业社会的来临——对社会预测的一项探索》,北京:商务印书馆,1984年,第383页。

大的权力,因而使得后工业社会将完全成为不同于工业社会的信息—知识社会。

从技术治理的视角透视,贝尔所提倡的"意识形态终结论",可以理解为智能治理社会意识形态的基本特征。在《意识形态终结论》中,他也承认,很多人认为该书是为技术统治论的意识形态辩护[①],不过他坚持认为技术统治论不是一种意识形态,这与他对意识形态概念的独特理解是相关的。就意识形态作为维护既有社会制度的理论体系而言,我认为"意识形态终结论"显然是一种意识形态。

今天回过头来对照贝尔在20世纪70年代对未来社会的预测,他的大部分观点尤其是关于智能技术与技术治理的观点,还是相当准确的。21世纪第二个十年,智能革命方兴未艾,极大地推进了技治社会全面深入的发展,以智能治理为标志的新技术治理已经成为全球范围内的基本特征。

本章以丹尼尔·贝尔的思想为例,剖析未来学派对智能治理社会技术治理方案的设想。

概括地说,贝尔的技治主义思想主要包括如下内容:1) 西方发达国家正在进入的后工业社会,是某种基于智能技术的技治主义社会,准确地说,是经济领域的技术统治论社会和政治领域的贤能政治社会;2) 未来的技治社会是以智能技术为基础,按照知识中轴来运行的智能治理社会,尤其是在技术—经济方面;3) 知识是技治社会权力的基础,科技专家在其中居于领导地位,但在政治领域,专家与政治家争夺政治权力,受制于政治家;4) 理想的技治社会应该实行公正的贤能政治,平等问题是技治社会最大的政治问题;5) 技治社会文化思想领域有两大特征,其一是"意识形态终结",乌托邦理想被技术决策所取代,其二是文化结构与社会结构之间的激烈冲突。

和其他技治主义者相比较,贝尔的技治主义思想主要特点在于:1) 预测主义,即强调技术治理与社会预测的一致性;2) 公正主义,即强调技术治理与实质平等的结合;3) 智能主义,即强调信息与智能技术之于技术治理的基础性作用;4) 制衡主义,即强调民主政治对专家权力的限制;5) 文化主义,

---

① 丹尼尔·贝尔:《意识形态的终结:50年代政治观念衰微之考察》,南京:江苏人民出版社,2001年,第469页。

即反思技治主义可能对精英文化的压制;6) 泛专家主义,即将社会工程师、行政专家和文化专家均纳入专家的范围。

一、智能预测的技治原理

贝尔研究当代社会的最重要方法有两个:一是社会预测方法,另一个方法他称之为"概念图式2方法",核心理念是将社会分为社会、政治和文化三大平行结构,进而通过分析三大结构的变迁来判断整个社会的变迁。社会结构即技术—经济体系的转变,主要是经济体制、职业体制的变化,也涉及理论与实践尤其是科学与技术之间的新型关系。

贝尔的后工业社会理论就是社会预测和结构变迁分析两种方法结合运用的产物,即通过预测社会结构(尤其是技术—经济体系)的变迁,提出以美国为代表的西方发达国家在20世纪中叶开始进入技治社会的观点。而在未来技治社会中,贝尔认为,社会运行的基本动力是知识中轴,社会围绕它才得以不断地科学运转,同时这种运转依赖于以智能技术为基础的社会预测活动,换言之,未来社会将是智能治理社会。

1. 技治社会的动力系统

贝尔不断强调,后工业社会理论并非局限于对技术—经济体系的分析,而是对新的中轴原理和中轴结构进行分析。他认为,社会的三大结构之间并不是一致的,变化节奏也不同,而是按照不同的中轴原理和中轴结构来运转的。何为中轴原理和中轴结构呢?"中轴原理和中轴结构的思想力图说明的不是因果关系(这只能用经验关系论来说明),而是趋中性。在寻找社会如何结合在一起这个问题的答案时,它设法在概念性图式的范围内说明其他结构环绕在周围的那种组织结构,或者是在一切逻辑中作为首要的逻辑的动能原理。"①所以他认为,中轴原理是某一社会领域运行的基本动力和首要逻辑,对中轴原理和中轴结构的剖析是研究社会最好的方法。

---

① 丹尼尔·贝尔:《后工业社会的来临——对社会预测的一项探索》,北京:商务印书馆,1984年,第15页。

贝尔指出,社会、政治和文化三大社会结构的中轴原理和中轴结构是不同的。现代社会中社会结构的中轴原理是功能理性,即最小成本最大产出的效用化和经济化原则。技术—经济体系的轴心构造是官僚等级制度,这是现代社会专业化分工和功能切割的结果,同时还满足了协作统一的需求。在技术—经济体系中,一切以实际效用为最高原则,人是某种物件或"东西"。政治结构主要调整权力的分配,调解、评判各种权力矛盾,牵涉暴力的合法使用,调解社会冲突,维护社会传统或宪法传统。政治结构的中轴原理是合法性,在民主政体中表现为民众授权政府进行社会管理,它的轴心构造是代表选举制或参与制,即不同方面的利益需求通过政党或社会团体得以表达。而文化结构主要指的是表达象征和含义的领域,包含绘画、诗歌、小说、宗教等以想象形式开掘、表达人类生存意义的各种活动。文化的中轴原理是实现自我并加强自我的愿望。

贝尔预测的后工业社会是技术治理社会,这主要体现在它坚持"技治二原则"上。首先,从工业社会向后工业社会的转变,主要意味着社会结构之中轴原理的转变。一言以蔽之,后工业社会的中轴原理是理论知识处于中心地位,它是社会革新与制定政策的源泉,理论知识的集中与具体化推动社会结构乃至整个社会的运行。贝尔所指的知识以可以编码的技术性知识为主,因此理论知识中轴原理大致意味着以当代科技的原理、方法和知识来推动社会运转,这符合技术治理的科学运行社会原则。与后工业技治社会相比较,贝尔认为,农业社会中轴原理是土地和资源的局限性,而工业社会中轴原理是对投资决策和经济增长的控制。其次,贝尔进一步指出,围绕后工业中轴原理,技治社会的中轴结构组织起来:大学、研究所和公司研究部门成为整个技治社会的首要机构,以科学技术为基础的工业是最主要的经济部门,而最重要的资源是人才或人力资源,最重要的政治问题是科学政策和教育政策的问题,社会等级以专业技术能力来划定,而提升社会等级的基本途径是教育。显然,这些新趋势意味着在后工业社会中,尤其是在经济结构中,专家阶层处于领导地位,这就符合技术治理的专家治理社会原则。总之,科学运行社会和专家治理社会是技术治理核心立场,故而后工业社会本质上是技治社会。

2. 智能技术的基础作用

贝尔列举了他所谓的"智能技术",主要包括:信息论,控制论,决策论,博弈论,效用论,随机过程,线性规划,统计决策链,马科夫链式过程,蒙特卡洛随机过程,极大极小解,概率论,集合论,以及计算机技术等。贝尔指出,之所以将这些新的理论发展称为智能技术,原因主要有两个:1) 技术是科学知识以可复制的方式来解决问题,因此智能技术是一种"社会技术",以规则系统(解决问题的规律)代替直观判断;2) 上述科学理论真正用于社会预测和实践应用,是因为出现了计算机这个技术工具,否则上述数学理论只有学术价值。所以,智能技术是以计算机为基础,研究复杂技术—社会问题的技术,尤其是要进行社会测量和预测,而不同于纯粹的工程技术。显然,贝尔的"智能技术"不同于今天的术语用法,智能技术如今主要指的是信息与通信技术(ICT)的一些最新进展,包括物联网、大数据、云计算、区块链和人工智能(AI)技术。相比较而言,贝尔的概念比现在的概念要宽泛,而且是以社会测量和预测角度来界定"智能",类似于整个社会的某种"自觉",而今天所称智能技术之"智能"如前所述是某种拟人化的隐喻用法。

智能技术在后工业社会中有什么作用?贝尔认为,现代性一个根本性标志就是对社会变化的自觉,以及努力控制变化,但直到最近智能技术在后工业社会兴起,才使人类的社会控制事业真正看到希望。一方面,在技治社会中,科学与技术一体化,科学直接开辟新的技术领域,理论知识成为社会的战略中心,知识部门成为社会的核心结构。在这种情形下,国家或社会再也不能忽视技术的发展,而是转向对技术发展进行大规模的预测、规划和控制。另一方面,科学技术发展推动技治社会快速发展,导致社会前景的不确定性,技治社会希望通过运用技术方法来对社会发展进行预测。总之,后工业社会的运行依赖于对不确定性的消除,这必须运用智能技术才能做到,用智能技术预测和控制技术发展,用智能技术预测和控制技治社会的发展。因此,贝尔对后工业社会五个方面的总结性归纳中,有两条主要依赖智能技术的运用,即"未来的方向:控制技术发展,对技术进行鉴定""制定决策:创造新的

'智能技术'"①。并且,这也决定了技治社会将在智能技术的研发上投入大量人、财、物,注定了智能技术将在技治社会迅速勃兴。显然,当代社会的技术发展已经证明了贝尔的这一预测。

将智能技术运用于公共治理活动,我称之为"智能治理",并视之为当代技术治理的最新形式,是与生化治理齐名的最新技术治理战术手段。② 因此,贝尔所称的以智能技术为基础的技治社会,基本上等同于我所称的智能治理社会。当然,由于他所指的智能技术概念更广泛,我所称的智能治理只是贝尔主张的智能治理的一部分,或者说是其中最新发展的一部分。更重要的是,智能治理在我看来属于战术性新工具的应用,可以在技术治理各个战略中进行运用,亦可以形成我所谓的"智能治理的综合",但在贝尔看来,智能治理就是技术治理本身,技治社会就是智能治理社会。

如上所述,贝尔是从社会自觉的观念来阐明智能治理对于技治社会的必然性的。他的论证逻辑是,现代以来的社会依靠不断创新以及社会对创新的管理来运转,社会必须对创新持有必要的自觉,即要预测和控制创新,如此才能对整个社会进行计划。因此,1) 理论知识变得重要,因为抽象理论的普遍性不仅是当下经验的解释,也可以拓展到未来预测;2) 技术预测变得很重要,因为创新主要是技术创新;3) 社会预测变得不可避免,因为技术进展使得社会飞速变化,预测技术发展是社会预测的基础,尤其是对社会结构进行预测;4) 智能技术必然兴起,因为它正是一种社会自觉的技术。总之,智能治理社会在贝尔看来就是自觉自生的社会,在这种意义上,它可以被称为"智能的"。当然,贝尔主要将这个判断集中于社会结构方面,以及政治结构中占据主流的技术决策领域。

3. 反思"智能"与预测

智能技术与社会预测是紧密相连的,技治社会的运转离不开社会预测,它必须以智能技术为基础,换句话说,它是智能主义社会或预测主义社会。贝尔所称的社会预测,实际包括对社会现有状况的测量、未来状况的预测和

---

① 丹尼尔·贝尔:《后工业社会的来临——对社会预测的一项探索》,北京:商务印书馆,1984年,第20页。
② 刘永谋:《技术治理、反治理与再治理》,《云南社会科学》2019年第2期。

发展过程的控制三个方面。因此,贝尔投身于未来学研究,长期主持美国"2000 年委员会",在促成20世纪七八十年代未来学的盛极一时中出力颇多。他对社会预测理论进行了详细的讨论,尤其是社会预测的基本认识论和方法论。他研究了技术预测、人口预测、经济预测和政治预测等各种不同预测形式的问题,指出智能技术的兴起改变了社会预测的根本面貌。他归纳了12 种社会预测的模式:1) 社会物理学;2) 趋势预测;3) 结构确定性(structural certainties);4) 操作代码(operational code);5) 操作系统(operational system);6) 结构必要性(structural requistes);7) 过分识别的问题(overriding problem);8) 基本行动者(prime mover);9) 顺序发展(sequential development);10) 解释框架(accounting schemes);11) 可选择的未来:"幻想"写作;12) 决策论(decision theory)。① 虽然贝尔最终不得不承认,并没有任何可靠的社会预测方法,但惊人的预言却层出不穷,试图吸引注意和资源。②

贝尔还在多篇论文中尝试归纳各种社会预测方法,但他最为熟练运用的是历史规律意义上的"社会物理学方法",即运用三大结构、中轴原理等整体理论进行重点预测,辅以简单的时间序列做延长趋势观察。当前国内热议智能革命和智能社会,未来学相关的议题如人类未来、大历史、后人类、新技术预测等,再一次吸引学界关注,但在方法上并没有本质创新,主要突破在于可资利用的运算能力和数据库容量的提高。

新的智能技术是否使得社会预测之效力得以改观呢? 技术是否可以预测,社会是否可以预测,仍然是没有得到完全解决的难题。仅就社会测量而言,智能科技尤其是物联网技术的发展,可以预见将达到对物理学上可测量物的完全社会测量,但是社会中还有许多不可物理学测量之物,如社会个体的思想和情绪。而社会预测就更为复杂,因为它必须以社会规则运行为前提。也就是说,只有社会运行是平稳、有规律的,它才能顺势预测,不规则的社会震荡因极其偶然性而无法预测。并且,社会预测结论本身亦是社会运行的一部分,因而社会预测在一定程度上的自我实现性使情况变得更为复杂,这通常被称为社会预测的反身性问题。至于对社会进行总体控制,更是被哈

---

① Daniel Bell, Twelve Modes of Prediction: A Preliminary Sorting of Approaches in the Social Sciences, *Daedalus*, 1964, 93(3).

② Daniel Bell, The Year 2000: The Trajectory of an Idea, *Daedalus*, 1967, 96(3).

耶克等人嗤之以鼻，但局部、小范围、一定程度的社会控制不仅可能，而且人类社会一直在实践着。因此，智能预测问题是复杂的。

归根结底，智能技术只是一种新工具。贝尔认为，它的特点在于既要制定社会运行的目标，又要用来实现和控制这一目标。因此，贝尔给作为工具的智能技术赋予了非常强大的意义，强大到并不逊色于社会目的本身。他甚至说："实际上，后工业的转变意味着工具力量的加强，超越自然的力量，甚至是超越人的力量。"①但是，他接下来又说："工具可以有不同的用途。何种用途则取决于社会的价值观、特权阶级的固有本质、社会的开放度、它的体面感或者我们在20世纪所强烈地感受到的兽性。"②显然，贝尔对作为工具的智能技术如何定位是矛盾而迷惑的，但他仍然认为智能治理给人类提供了新的希望。

我认为，工具—目的的二分法的确太绝对，应予以一定程度的打破，但贝尔拔高了新工具的力量，智能技术无论怎么发展，它都是人类实现价值目标的工具。当前哲学界对智能技术的理解普遍存在误区，即对"智能"二字做了拟人化的想象。更重要的问题不是工具会翻身做主人，而是人类怎样才能更好地运用智能技术，更具体地说，有没有决心、愿不愿意为控制智能技术运用付出努力和代价，即坚持前述我所称的"技术控制的选择论"。

二、智能治理的公正理想

贝尔认为，在未来社会中，科学家、专业人员、技术人员和技术官员将会在社会的政治生活中起到主导作用，这些人都属于他所称的技治主义者。他指出技术统治的特点，即对事的管理替代了为政治而做出理性判断。总的来说，美国步入后工业社会是"科技治国时代"的开始。但是，他并不认为技治社会完全由科学家、技术人员和工程师掌握社会权力，尤其在政治领域，权力仍然主要集中在政客手中，政客与科技专家时有权力斗争和冲突。除此之外，技治社会还存在专家与平民之间的政治斗争。因此，他主张所谓"公正

---

① 丹尼尔·贝尔：《后工业社会的来临：对社会预测的一项探索》，北京：新华出版社，1997年，1976年序，第18页。
② 同上。

的精英政治"——我认为公正与专业能力的结合就能得到贤能政治,因而贝尔的主张是技治主义的贤能政治——以平衡技治社会各方面的政治诉求。

1. 专家的领导地位

从权力的角度看,贝尔的后工业社会转变意味着权力、财富和地位的重大变化。首先,技治社会中知识阶层急速扩张,而成长最快的社会集团是技术和专业阶层。这一点已经被21世纪之交的现实社会发展所证明。显然,快速成长的社会集团必然会要求相应的社会权力。其次,技治社会强调行动领域的技术决策,因而要求专家包括科学家、技术专家和经济学家等直接参与政治活动。总的来说,技术决策"强调用逻辑的、实践的、解决问题的、有效的、有条理的和有纪律的方法来处理客观事物,它依靠计算、依靠精确的衡量以及系统概念,从这些方面来看,它是和传统的、习惯的那种宗教方式、美学方式和直观方式相当对立的一种世界观"[①]。也就是说,专家参与政治并不是把治国简化为技术问题,而是强调用技术精神或技术理性来治国。最后,由于技术决策在权力斗争中的关键地位,社会权力越来越多地转移到专家手中,更准确地说,技治社会的权力与知识密不可分,是某种知识—权力。

在贝尔看来,权力向知识转移,意味着两方面的改变:1)人们获得权力的手段转向了知识,即声望、地位最终都以知识为基础,教育是获得权力的方式,最杰出的人物是科学家。在这种情况下,人才培养、教育问题成为社会的首要问题,成就原则取代归属承袭原则成为划分社会等级的标准,阶层变迁的主要途径是教育。2)知识成为权力的源泉,关键不是因为财产标准或政治标准转移到知识,而是知识本身的性质发生了变化。理论知识成为社会的中轴,经验退居其次,理论知识成为社会发明和经济增长的基础。在公共治理方面,知识增长的成果比如社会决策理论,使得有可能用理论知识的指导来实现社会控制,甚至可能根据理论知识对社会的预测来选择社会的未来。因此,知识是后工业社会不可或缺的政治资源,正在改变传统的经验论式的政治决策,而转向技术决策。在这种条件下,"'社会变革'已经不再是一个

[①] 丹尼尔·贝尔:《后工业社会的来临:对社会预测的一项探索》,北京:新华出版社,1997年,第381页。

抽象的用词,而是政府在高度自觉的基础上积极参与的一个过程"[1]。简言之,知识及其促成的计划包括军事计划、经济计划、社会计划等,已经成为现代社会中一切有组织行动的基本必需。因此,"在现代社会里,在权力和阶级地位的关系中,似乎正在进行着两个'悄无声息的'革命。一个是权力获取模式的变化,单单继承权已经不再是决定一切的因素;另一个是拥有权力的性质本质的变化,技能和政治地位而不是财产,变成了权力得以确立的根据"[2]。

在智能治理社会中,技术决策是新时代政治决策的主要形式。在新时代中,技术问题很难与政治问题分开,踏上政策舞台的科学家既是政治家也是技术顾问。贝尔认为,此时统治权的大部分掌握在技术—知识中坚集团里,包括公司经理和占据机构职位的政治领导人。知识是社会权力的主要源泉,政治控制知识活动,知识促成政治决策向技术决策转变,技治政治必须考虑科学阶层的意见,科学本身的精神气质会影响科学家的行动方式不同于其他集团,从而改变政治形态。对此,贝尔是十分赞成的,他称之为精英主义(meritocarcy,在《后工业社会的来临:对社会预测的一项探索》译本中,这个词被译为"能者政治")政治。他指出:"我感到,才能、成就和普遍性的原则是一个有成效的、有教养的社会的必要基础。"[3]

实际上,贝尔区分了精英主义(meritocracy)和技术统治论(technocracy)两种政治。两者的区别在于对掌权者的认定:1) 精英主义讲的"精英"不仅仅是科技专家,而技术统治论主张是科技专家掌握政治权力。因此,他理解的精英主义是广义的专家执政,而非仅限于科技专家执政,当然科技专家也属于他所称的精英之一部分;2) 技术统治论专家的认定以证书为基础,即取得某个专业的高级文凭和专业资质才能成为专家,而精英主义的精英认定必须以同行认可的成就和能力为标准。显然,贝尔所指的"精英"资格不是通过血缘世袭、暴力占据、金钱购买或神授而取得的,而是依据某种专业能

---

[1] 丹尼尔·贝尔:《后工业社会的来临:对社会预测的一项探索》,北京:商务印书馆,1984年,第382页。
[2] 丹尼尔·贝尔:《意识形态的终结:50年代政治观念衰微之考察》,南京:江苏人民出版社,2001年,第32—33页。
[3] 丹尼尔·贝尔:《后工业社会的来临:对社会预测的一项探索》,北京:商务印书馆,1984年,第502页。

力——不仅限于自然科学专业——取得的,所以他所称的专家政治仍然是一种"泛专家政治",并且反对专家的形式认证压倒实质认证,即专业能力比单纯的证书更重要。

2. 专家与政治家、平民

专家掌握技治社会的领导权,贝尔认为最主要体现在社会结构领域,在政治结构中,专家的确享有很高的政治地位,但并未掌握政治领导权。为什么呢？贝尔认为,原因在于专业阶层不是一致性的社会群体,相反是分裂的社会群体,没有集团凝聚力。贝尔受到了 D. K. 普赖斯《科学阶层》的影响,将专家阶层划分为科学阶层、技术阶层、行政阶层和文化阶层四个组成部分,四大专家成分并无共同的经济利益基础,只是共享一种精神气质即专业能力至上,因此相互之间分离力量是很大的。并且,贝尔区分了技术人员和技术官员。他认为,技术统治论有很多混乱,原因是没有区分技术人员和技术官员,即掌握政治权力的技术官员不能划归技术人员,而是属于政治家的队伍,不过他们都是技术统治论者。因此,在技治社会的政治领域,更多的是技术官员而非技术人员在掌权,两者之间是有冲突的。贝尔认为,技术官员在技治社会中大量出现,在美国很多专家转到国防部任职就是明显的例子。

在智能治理社会中的科学界,科层化、官僚化和政治冲突将日益明显。贝尔指出,科学的大规模和集中化发展,科技人员和科研经费剧增,这导致了科学的官僚科层化。并且,四大专业阶层之间存在意识形态的分野和争论。所以,科学界急需解决自身的政治问题,即建立科学界的代表制度。但是,科技发展一直以来都要求中立性,要求摆脱政治、传统专断势力的束缚。自近代科学诞生以来,这种中立性要求实际上保持了科学的活力,成为科学健康发展的基本诉求,但是这种中立性在技治社会造成了科学界内部的紧张关系,因为它反对官僚科层化、政治屈从和极权主义。简言之,无论专家,还是技治主义者,都不是马克思主义意义上的阶级或阶层,相互之间存在着权力的争夺。

除了内部权力斗争,技治专家还要面对两种更严重的外部政治斗争。其一是对技术治理存在敌意的平民与精英专家之间的冲突。贝尔认为,专业人员与民众之间冲突是后工业社会最主要的冲突,民主参与的革命在很大程度上就是在反抗技治主义者。对此,他写道:"如果说资本家和工人之间在工厂里的斗争是工业社会的标志的话,那么,专业人员和民众之间在组织内和社会内的冲突,便是后工业社会中冲突的标志。"[①]其二是政治家、政府与精英专家之间的冲突。知识是技治社会的主要权力来源,反过来,政府不断加强对学术制度的控制。在技治社会中,学术制度表现出对政府的高度依赖。贝尔认为,这种依赖产生的原因有三:一是教育传统上一直是公共活动,二是今日美国更多大学生是在公立大学接受教育,三是高等教育越来越依靠联邦资助。在技治社会中,大学将成为统治集团的文化中心。在这种情况下,学术制度与政治制度的矛盾和冲突就不可避免,因为学术资源分配不再依赖于市场而是依赖于政府,而政治考量与学术考量有差距。

由于上述原因,在智能治理社会的政治结构中,最终掌握政治权力的不是专家阶层,而是政治家。贝尔认为,技治社会中技术决策重要性增加,不是减少政治的重要性,相反将使得技治社会需要更多的政治,并且技治政治更多是有意识的选择,而不是盲目地投票。技治社会政治管理方式日益技术化,但政治决策主要依靠的是谈判协商或法律仲裁,而不是技术官僚的理性判断。贝尔甚至认为,在技治社会政治结构中,专家必须屈服于政治家的情况,以及平民主义对专家阶层的攻击,会破坏政治领域的理性,可能最终导致技治主义在政治领域的衰落。

3. 贤能政治的困惑

总的来说,与其他的技治主义者相比,贝尔的专家政治主张主要有如下非常有价值的见解:1)泛专家的观点,即专家包含科学专家、技术专家,还包括社会技术专家、行政专家和人文科学知识分子等;2)专家分裂的观点,即专家内部有矛盾、分裂和斗争;3)限制专家领导权的观点,即专家领导权主要在经济领域,而政治领域则要被制衡,文化领域的科学技术专家权力更要被限制甚至反对——类似观点我称之为"有限技治论";4)在政治领域中,政治家、民众要通过斗争制衡专家权力;5)专家认证要从形式上的证书判定

[①] 丹尼尔·贝尔:《后工业社会的来临:对社会预测的一项探索》,北京:新华出版社,1997年,第139页。

走向实质的专业能力认证;6)专家政治必须要处理好平等问题,否则就会走向衰亡。这些观点对于专家政治的合理建构都是非常有启发性的,切合当代社会发展的现实情况。

然而,贝尔的技治专家政治理想也存在着根本性的问题。他认为,后工业的技治社会肯定会走向精英主义政治,而精英主义政治存在问题,需要规范,他因而主张"公正的能者统治"(即贤能政治)的观点。实际上,他区分了公正的精英政治和不公正的精英政治。他指出,不公正的精英政治导致人们鄙视下层民众,其中的不平等令人反感,而公正的精英政治并非完全拉平社会等级,而是1)主张平等尊重所有人,同时对精英给予不同程度的赞扬;2)承认社会地位低下者享有优惠政策,同时接受社会优秀成员通过工作和努力而晋升到更高地位的状况,即认可才能和成就的晋升原则;3)保持社会开放性,不排除其他途径如通过政治能力登上社会高层地位。总之,公正的精英政治对人人平等尊重的同时承认人与人之间成就的差异。

在贝尔看来,这样的社会即使是不平等的,仍然是公正的社会。换言之,贝尔认为平等是技治社会精英政治最重要的政治问题,而以往对平等的理解在技治社会中已经不能保证社会公正,比如以专业证书作为职务晋升的条件,实质上危害了机会均等,因此追求平等要从机会均等转向实质平等,尽量减少实际的一切不平等。同时,贝尔强调科学技术发展对实现平等的基础作用,"过去200年来西方社会的一个惊人事实是人与人之间的差距的不断缩小——不是通过分配政策和公平的判断,而是通过技术,技术使产品成本低廉并使更多的人得到更多的东西"[①]。

贝尔把公正的精英主义社会(或贤能政治社会)视为最为接近古希腊城邦的理想蓝图,这种城邦是由一个共同探索真理而团结起来的自由人组成的真理共和国,是反对魔法、宗教、形而上学等导致的社会混乱的理想设计。因此,贝尔甚至批评了以圣西门为代表的早期技术统治论者,因为他们仍然把知识作为权力的从属性因素,没有看到政治决策与技术决策的同一性。显然,这是典型的乐观主义的科学政治乌托邦想法。实际上,贝尔所谓公正精

---

① 丹尼尔·贝尔:《后工业社会的来临:对社会预测的一项探索》,北京:新华出版社,1997年,第494页。

英政治,不过是一种平民主义和精英主义之间的调和,带有资本主义公正观的虚伪性,因为本质上公正的精英社会中权力和社会财富归根结底仍是由精英掌握的,但在表面上,精英给予民众形式上的"尊重",以及经济上的"优惠"——按照马克思主义的观念,这些"优惠"本来就是劳动人民自己创造的——这怎么看都像是统治者给被压迫民众的某种施舍。如何能保证贝尔所谓的"公正"真正得以实施呢?难道靠精英的道德自觉吗?贝尔所谓的精英是能力的精英,并非道德的精英。显然,贝尔的公正精英主义只能是某种空想。

三、知识经济的智能运行

技治社会的经济生活将会是什么样子的?贝尔论述了它的两个最重要特点:1)知识本身成为很大的"生意";2)经济生活由于智能技术的应用而被计划化。这些观点的前提是贝尔对知识、信息和科学技术的实用主义理解。他认为,知识就是系统化的有用信息之汇编,在这个意义上,技治社会是知识社会或信息社会。因此,技治社会在社会预测基础之上对社会进行控制,不仅要控制知识的生产和流通,还要对整个经济活动进行计划。如前所述,很多技治主义者都是持有一种实用主义知识观,很多时候,"有用即真理"导致对真理的工具主义的理解,贝尔就是如此,但是他将工具的地位看得很高,有时候甚至能决定目的,比如前述智能技术既是社会预测的工具,又影响社会目标的选择。

1. 信息匮乏催生知识社会

很多人认为,技治社会可以运用科学技术的力量,最终解决商品稀缺性问题,从而消除经济领域的斗争。但是,贝尔认为,技治社会并不意味着匮乏的终结,而会出现的新的匮乏,即信息、协作和时间的匮乏,原因在于后工业社会要处理的主要经济问题不是人与机器之间的关系,而是人与人之间的竞争关系。这一观点并没有否认加尔布雷思"富裕社会"或斯科特"高能社会"的观点,但是指出物质需求之外的非物质性需求,将在技治社会变得尤其突出起来。

新的匮乏决定了技治社会新经济的重要特点,即信息成为最重要的交易商品。换言之,围绕信息生产、交换和消费的信息经济在技治社会迅速崛起。贝尔认为:"信息之本质上是一种集体货品而不是私人货品(如财产)。在商品销售上,生产商之间的'竞争'战略显然是可取的,以免企业变得懒散或垄断。然而,为了知识的最佳社会投资,我们必须采取'合作的'战略,以增强知识在社会上的扩散和使用。关于信息的这个新问题,在后工业社会的理论和政策方面,向经济学家和决策者们提出了最重大的挑战。"[1]所以,技治社会是信息经济社会。

在贝尔的概念体系中,"信息"与"知识"并没有明确的区别,信息经济与知识经济两个概念基本等同。对于知识,贝尔完全是一种实用主义的理解方式。他认为:"知识是对事实或思想的一套有系统的阐述提出合理的判断或者经验性的结果,它通过某种交流手段,以某种系统的方式传播给其他人。因此,我把知识区别于新闻和娱乐。知识包括新的判断(研究和学问)或者对老判断的新提法(课本和教学)"[2]"知识是一种客观上已认识的事物,一种精神财富,冠以一个或一组名字,由版权或其他一些社会承认的形式(如出版)所认可。这种知识根据写作和研究所花费的时间,以通讯和教育工具的货币补偿方式得到了报酬。它受制于市场判断、上级的行政或政治决策的判断、或者对成果价值要求当地社会资源的判断。从这个意义上说,知识是社会基础设施投资的一部分;它是书籍文章中有条理的内容或者甚至是录写下来有粗略计算的供传递的计算机程序"[3]。显然,贝尔是从传播学、经济学和信息学的角度来界定知识的。知识不是某种真理,而是某种"合理"。知识的合理性首先在于它能得到社会的认可,因而得以传播。被传播的知识具有经济学上的价值,能够获得货币补偿,并且被视为社会资源而受到各方面的关注、制约和管理。在形式上,知识应该服从信息传播的要求,即编码化、程序化、条理化。总之,贝尔所称的知识基本上等同于所有出版形式下文本所包含的信息,就是系统整理之后的有用信息的集合,这种理解从某种意义

---

[1] 丹尼尔·贝尔:《后工业社会的来临:对社会预测的一项探索》,北京:新华出版社,1997年,1976年序,第15页。
[2] 同上书,第191页。
[3] 同上书,第193页。

上切合了当代社会知识爆炸情境下的真实情形。

故而,贝尔是不区分信息社会和知识社会两种提法的。他认为,"显然,后工业社会是双重意义上的一个知识社会"①。一方面,后工业社会革新的源泉越来越导源于研究与发展,理论知识居于中心地位,科学与技术一体化,科学发展直接促进技术进步。另一方面,后工业社会的社会力量越来越多地集中于知识领域,科技发展状况在很大程度上决定了国内生产总值和就业情况。

2. 知识经济的计划性

从经济结构的侧面看,技治社会是知识社会,技治主义经济主要是知识经济。在贝尔看来,这意味着什么呢?第一,知识经济的生产对象从农作物、矿石和能源转向了信息,最主要的经济问题是信息的组织、规划以及控制科学技术的发展。第二,知识经济的主要经济部门是第三产业甚至第四产业,尤其是科研、教育和咨询等信息产业,信息和知识在其中扮演着关键的作用。第三,在知识经济活动中,知识劳动者如专业人员、技术人员和科学家的人数所占比例越来越大。第四,知识社会中的主导技术从原料技术、能源技术转向信息技术或知识技术,而生产方法越来越依赖于新兴的智能技术。第五,知识经济的工业生产以科学为基础,最重要的经济政策是科学政策、教育政策的问题。第六,知识经济首要经济资源是人力资本(即专业技术能力),科技人员的数量大幅度地增长,如何培育出更多的专业人才成为技治社会经济运行的关键问题。今天看来,贝尔对当代知识社会的论断,的确反映了当代社会发展的某些重要的趋势。

在各种知识形式中,贝尔认为技术知识对技治社会的经济社会发展最为重要。技术成为区分时代变化的主要力量之一,因为技术发展扩大了人类对待自然界的方式,改变了社会关系和观察世界的方式。贝尔列举了技术促成的五种社会变化,即提高生产效率,催生大量工程师和技术人员,创造强调功能关系和数量—技术合理性的新观念,通过运输和通信技术使得经济、社会相互依存度增加,改变了人们对空间和时间的审美认识。因此,贝尔把科

---

① 丹尼尔·贝尔:《后工业社会的来临:对社会预测的一项探索》,北京:商务印书馆,1984 年,第 239 页。

学杂志和学术论文的出现看作 17 世纪末以来最重要的社会创新,因为这两项发明促成了之后知识的指数形式增长,但是,这种指数增长是有限度的。

技治社会所有的知识经济活动,包括知识的生产和流通,都带有很强的计划性,这是技治主义关于技术—经济结构的重要特征。这种计划性主要表现在,通过智能技术,用模型、模拟、系统分析和决策分析等办法,对经济问题制订更为有效和合理的解决办法。贝尔认为,除了经济活动之外,技治社会还试图在各个领域都加强计划,因而是一个更加有意识地制订决策的计划社会。概括起来说,贝尔对技治社会之社会计划的主要观点包括:1) 社会计划与社会预测紧密相连,重视社会预测必然会重视社会计划;2) 技治社会的计划活动以智能技术为基础,智能技术完成的社会预测,能够提供可供选择的未来,社会计划意味着社会选择和社会决策;3) 技治社会的社会计划是整个社会而非个人通过某种公共机制来选择和实施的;4) 技治社会的社会计划重视社会指标的制订,以测算经济进步的方向、程度和目标;5) 从某种意义上说,技治社会中的计划让复杂经济活动变成了某种新型社会工程,但计划问题的本质仍然是价值观问题,而非纯粹的技术问题;6) 技治社会经济活动的计划性增强导致政治日益参与经济决策,这导致政治决策的技术性越来越强;7) 技治社会的计划活动,不仅预测变化、控制变化,甚至根据预定的目标来制造变化。必须要指出,贝尔对社会计划的强调,并不意味着他主张计划经济,他并不反对资本主义制度,主张的实际是有计划的资本主义市场经济,这与加尔布雷思的计划体系观念一致。

在社会计划中,贝尔特别强调对知识和科学技术的计划和控制,这与他对知识在技治社会中发挥中轴作用是一致的。首先,在技治社会中,知识问题同时是社会问题,或者说二者根本不可能截然分开。在贝尔看来,当代知识不仅在增长,更重要的是在分化,即各个知识领域不断出现新的分支和专业。这种分化并不是简单的知识发展的固有逻辑,而是根源于科学本身的社会组织之分化。所以,控制知识实际上是控制知识生产和流通的社会组织。其次,在各种知识机构中,大学扮演着科学家基地的作用,因此技治社会必须重视对大学的控制,重视科技政策和教育政策的制定。最后,要注意知识部门与军事部门、政治部门之间的一体化关系,防止利益和权力的共谋。

3. 审度技术—经济决定论

贝尔是在对马克思的社会发展理论进行重新解读的基础上提出后工业社会理论的。他认为,《资本论》实际上提出了两种社会发展的基本概念图式。长期以来,人们主要关注的是图式1,即生产力与生产关系、经济基础与上层建筑之间的矛盾运动推动社会向前发展的图式。图式2则详细描绘了资本主义社会的实际变化,即社会、经济和文化的三大结构变化。贝尔认为,图式1是简化的阶级斗争的社会发展图景,图式2在一定程度上修正了图式1。在贝尔看来,图式1、图式2是平行的,图式1并不更为根本,虽然马克思认为图式1更为根本。贝尔的观点否定了经济基础对于上层建筑的决定性关系,将经济基础与政治、文化活动置于平行的位置,显然曲解了马克思的社会发展理论。

按照概念图式2描绘的图景,贝尔提出了"后工业社会"的观点。也就是说,前工业社会、工业社会到后工业社会的划分依据是社会、经济和文化三大结构尤其是社会结构的变化,而不是如图式1所要求的所有制决定阶级关系的变化,因此苏联、美国虽然在图式1中分属社会主义和资本主义,但在图式2中都步入后工业社会,在社会、经济和文化三个方面均出现了相似共通的转型。贝尔认为,资本主义、社会主义的区别实际上是一个更加广泛的社会进程即工业体制的变种,它们可能在后工业社会中汇集成某种新型的集中和分散兼而有之的市场计划体制,而苏联稍晚也将和美国一样开始进入后工业社会。这种观点说明了发达工业社会的某些特点,但在根本上有悖于马克思主义唯物史观的基本原理,试图抹杀资本主义与社会主义的本质区别,属于为资本主义辩护的"趋同论"的错误观点。

在贝尔看来,在三大结构中,主要是社会结构即技术—经济结构转型催生了后工业社会,而社会结构的转型根源在于"知识性质的变化:知识的指数增长和科学的分支,新的智能技术的出现,使用研究与发展预算来创立系统研究,所有这些变化归纳起来便是理论知识的汇编整理"[①]。从这种观点

---

① 丹尼尔·贝尔:《后工业社会的来临:对社会预测的一项探索》,北京:商务印书馆,1984年,第55页。

来看,贝尔在社会发展方面是知识(技术)形态论,即知识(技术)发展从本质上决定社会形态。这与马克思的生产力形态论即生产力水平从本质上决定社会形态是不同的,但是按照马克思主义原理,"科学技术是生产力"甚至是"第一生产力",技术形态论似乎可以作为生产力划分标准的有益补充。

技术决定论奠定了贝尔对技治社会经济结构的基本认识。所谓技术决定论,即认为技术决定了社会发展的方向和道路。对于贝尔而言,工业社会进入技治社会是技术发展的结果,属于某种"物理学"规律。其中,智能技术的兴起扮演着关键角色,因为智能技术使得社会自觉成为可能,即可以真正实施对社会的全面测量和预测,尤其是技术—经济领域的预测,并在此基础上对知识经济进行调整和控制。并且,按照技术决定论,经济领域的发展和变化主要由技术决定,因而经济预测的关键是对技术进行预测,通过技术预测探知整个经济领域的变化。因此,技术决定论实际上从两个方面给贝尔研究经济结构提供了方法论支持:1)用智能技术帮助预测;2)以技术预测为核心进行社会预测。

实际上,贝尔多次强调,他是非技术决定论者,但我认为他肯定是技术决定论者,在经济结构领域是彻底的技术决定论者。为什么呢? 归纳起来,他的理由是:1)后工业社会是技术决定的社会,但之前其他社会并非如此;2)技术—经济轴线只是一种分析社会的轴线,就如同反对经济决定论一样,他反对技术决定论;3)文化领域技术决定论不起作用,文化结构和社会结构发生激烈冲突。不过他的辩解值得商榷,因为他把技术决定论简单地等同于坚持"科学技术决定社会发展"这一观点。实际上,技术决定论有很多变种、很多形式,有强有弱,极端的技术决定论者可能要求其理论完全坚持"科学技术决定社会发展"的逻辑及其演绎展开之结论,但更多的技术决定论者只是在一定程度、一定层面或一定领域主张"科学技术决定社会发展"。因此,在以下两个意义上,贝尔是技术决定论者:1)他的确可以从不同的轴线透视社会,但是他选择从技术发展角度透视,这说明他认为技术轴线是突出的,更有意义或更有价值的;2)他明确地说,后工业社会是知识—技术为中轴的社会,这意味着后工业社会是技术决定论的社会。

四、技治社会的文化批判

从对技术决定之未来的评价上看,技术决定论者又分为乐观的和悲观的,贝尔属于比较乐观的决定论者,也就是说,他对技治社会的总体评价是不错的,当然也承认它可能有些问题。除了上述提到的对技治社会平等问题的担忧之外,贝尔对技治社会的批评主要集中在思想文化领域中。智能技治社会的思想文化状况如何?贝尔主要从两个方面对该问题进行了探讨:1)技治社会的意识形态状况;2)技治社会的文化冲突。贝尔对技治社会文化的批评主要是在后者即文化冲突方面。

1. 技治社会的意识形态

贝尔对技治社会意识形态状况的描述,一言蔽之,就是技治社会中不会再有意识形态的冲突和斗争,此即他所谓的"意识形态终结论"。换言之,在技治社会的思想领域,意识形态终结论占据压倒性的意识形态位置。但是,贝尔并不认为意识形态终结论是一种意识形态。这与他对意识形态概念的理解有关。

什么是贝尔理解的意识形态呢?贝尔归纳了"意识形态"一词四种常见用法:1)意识形态是能动的,思想可以形塑或决定现实;2)所有思想都是意识形态,是有条件的、有阶级性的、有局限的,因而是社会决定的;3)意识形态是对某种特殊利益的合法化(justification)说明;4)意识形态是社会规则,是一套用来动员人民行动的信仰系统。而意识形态主要有三大功能:1)社会用之向其成员说明自身的合法性;2)社会用之将社会普遍价值内在化和清晰化;3)社会用之进行社会动员,如苏联是典型的意识形态驱动的社会。[①]但贝尔"不是把'意识形态'当作'信念体系',而是把它看作19世纪产生的一组特殊观念和情感"[②],将意识形态视为一种断定其世界观是真理的思想体系。也就是说,意识形态不是真理,但宣称自己是真理,到了技治社会,意

---

① Daniel Bell, Ideology and Soviet Politics, *Slavic Review*, 1965, 24(4).
② 丹尼尔·贝尔:《意识形态的终结:50年代政治观念衰微之考察》,南京:江苏人民出版社, 2001年,第6页。

识形态的非真理性被认清,因而必然走向衰亡。

概括地说,贝尔所谓的"意识形态终结论"认为,在后工业社会中,19世纪以来的普遍性意识形态,在20世纪中叶已经走向衰落,新的地方性意识形态正在兴起,资本主义与社会主义之间的意识形态论战丧失意义,因为两种社会体制出现趋同的趋势,因此相互之间可以进行有效的借鉴。展开来说,"意识形态终结论"主要观点包括:1)意识形态的终结意味着人类思想的最终去魅,激进乌托邦理想被抛弃,更意味着不断对现有社会进行批判;2)意识形态的终结意味着革命的终结,以往的左派与右派的意识形态争论失去意义,因为普遍真理性乌托邦理想幻灭,技治社会不再有以此为目标的社会革命;3)意识形态的终结意味着技术决策成为技治社会最重要的任务,而不是对自称真理之理想的追求;4)意识形态的终结意味着科学技术是技治社会判别真假的唯一标准,因为贝尔认为科学是反意识形态的,这与法兰克福学派的马尔库塞、哈贝马斯"作为意识形态的科学技术"的观点是相反的;5)意识形态的终结意味着知识分子不能继续以意识形态为业,或者说,知识分子由宣称掌握普遍真理,而转变为熟悉某些问题的专家;6)意识形态的终结意味着西方知识分子接受了如下政治共识,"接受福利国家,希望分权、混合经济体系和多元政治体系"[①];7)意识形态的终结意味着资本主义与社会主义的意识形态论战失去意义,共同走进意识形态终结的新时代;8)意识形态的终结意味着以真理为名为不道德的行为和奴役人民的现象做辩护的现象必须要终结;9)意识形态的终结意味着19世纪那种普世性的、人道主义的、由知识分子提倡的意识形态的终结,而在亚洲、非洲兴起了地区性的、工具性的、由政治领袖创造出来的新意识形态,而"旧意识形态的驱动力是为了达到社会平等和最广泛意义上的自由,新意识形态的驱动力则是为了发展经济和民族强盛"[②]。

实际上,贝尔是把"意识形态终结论"作为技治社会思想领域基本特征提出来。也就是说,他认为技治社会是去意识形态的社会。在贝尔看来,技术决策是非意识形态的。他写道:"事实上,技术性决策的方法可以看作是

---

① 丹尼尔·贝尔:《意识形态的终结:50年代政治观念衰微之考察》,南京:江苏人民出版社,2001年,第462页。

② 同上书,第463页。

意识形态的对立物：前者是计算性的、工具性的；后者是感性的，表现性的。"①在技治社会的政治领域，技术决策变得越来越重要，这实质上就意味着整个社会思想的去意识形态化。

然而，我认为，"意识形态终结论"仍然是一种意识形态理论。根据马克思主义原理，意识形态是建基于一定经济基础的体系化、理论化社会意识，具有鲜明的阶级性，为某种阶级统治进行辩护。由此来看，"意识形态终结论"主张结束资本主义与社会主义的意识形态争论，共同进入技治主义的意识形态中，而美国是率先向技治社会迈进的，所以这实际意味着全世界最终都走向西方，走向美国，走向资本主义。从阶级立场分析，"意识形态终结论"是为专家阶层主张更大社会权力的思想体系，即使一再以知识、科学技术的名义来论证这种主张，仍然摆脱不了鲜明的阶级属性。实际上，贝尔自己也是从实用主义立场看待知识和科学技术的，因此他以知识和科学技术为名的主张也不能获得客观的非意识形态性之证明。进一步而言，"意识形态终结论"可以弱化阶级斗争、革命和社会主义理想的重要性，抹杀资本主义与社会主义之间的差别，实质上起到维护资产阶级统治的作用。总之，"意识形态终结论"是技治社会的新意识形态。今天看来，意识形态及其斗争显然并没有终结，尤其是资本主义与社会主义的意识形态斗争不但没有终结，而且经常会激化，当前中国的社会主义实践经验就是佐证，尤其近年来美国针对中国的意识形态攻击表现得非常明显。

2. 技治社会的文化冲突

贝尔认为，传统社会的社会、政治和文化三大结构虽然中轴原理不同，但均由共同的价值体系来维系一致性，进入后工业社会，三大结构日趋分裂，成为技治社会问题的总根源。最尖锐的是文化结构与社会结构之间难以遏制的根本性冲突。在技治社会中，文化的中轴方向是反体制、反传统、反道德遵从的，技术—经济体制则是按照经济化模式和技术统治论模式而确立的。贝尔认为，文化体制与技术—经济体制的紧张关系最终将成为后工业社会

---

① 丹尼尔·贝尔：《后工业社会的来临：对社会预测的一项探索》，北京：商务印书馆，1984年，第43页。

中最严重的问题。因此,文化反抗是后工业社会最重要的冲突形式。20世纪60年代欧美的学生运动,就是反对一个以科学为基础的社会的文化造反运动突出例子。

按照贝尔的观点,技治社会中经济结构以利益和效率为导向的经济化中轴对当代文化结构造成了巨大的冲击,使得现代主义和大众文化兴起,冲击了传统资本主义、清教主义和精英文化,经济结构的目标是获取效益,文化结构的目标是自我表现和满足,这必然会导致激烈冲突,造成严重的文化问题。他认为,清教伦理在技治社会衰落,享乐主义盛行,资本主义精神新生阶段中并生的宗教冲动力和经济冲动力,现在只剩下了经济冲动力,宗教冲动力基本丧失。

在贝尔看来,现代主义就是经济冲动一支独大的产物,现代主义有三大特征:1)现代主义过分强调个人主义,轻视集体秩序;2)现代主义追求即时的反应、冲撞的效果和同步的煽动性,摒弃了文艺复兴以来的"理性宇宙观";3)现代主义重视传播媒介的运用,以传播效果评价文化。现代主义催生大众文化兴起,在20世纪中期逐渐取得了文化领域的霸权,导致了如下文化问题:1)现代主义干扰了文化的统一,瓦解了传统清教主义世界观,整个技治社会因而出现信仰危机;2)"现代文艺的贬值,是由于它突出'自我表现',并抹杀艺术与生活之间的差别"[①];3)现代文化是对大众趣味的让步,并因此而全面堕落;4)现代文艺不是严肃艺术家的创作,而是大众的文化共有财产,是新式时尚的变化,"与其说这类玩意儿是反文化,不如称它作假文化(counterfeit culture)"[②];5)现代主义催生的大众文化看似火热,实际上是庸俗、粗鄙和无聊的东西,因此导致中产阶级享乐主义盛行,民众沉溺于色情之中。总之,贝尔对现代主义和大众文化是极为不满的。

技治社会文化结构与社会结构的冲突问题如何解决?贝尔寄希望于政治结构和政治家的协调。贝尔认为,技治社会的支配体系是政治结构和政治秩序,政治结构起到协调三大结构关系的作用。他认为:"假如当今世界能

---

① 丹尼尔·贝尔:《意识形态的终结:50年代政治观念衰微之考察》,南京:江苏人民出版社,2001年,第24页。

② 同上书,第37页。

有一个真正的社会控制系统的话,那么最有可能行使控制权的便是政治机构。"①他认为,经济职能从属于社会目标是20世纪下半叶的发达工业社会最重要的历史转折,这促成政治秩序成为社会的支配体系。只有政治结构才能解决后工业社会中包括控制技术变革在内的重大问题。也就是说,在技治社会中,不再是经济基础决定上层建筑,而是反过来,即社会组织的首创力主要来自政治制度。贝尔的意思是,在后工业社会中,社会三大结构中的社会结构、文化结构转变带来的问题,比如现代文化出现导致的与传统对立的问题,知识阶级崛起要求重新分配权力的问题,最终都依靠政治制度的创新加以解决,所以政治是最终控制和管理的力量。显然,这里的逻辑有些混乱,技术—经济变迁提出的问题由政治创新解决,这其实说明了经济基础的更为基础的作用,即政治创新要适应经济基础的变化,而不是相反。也就是说,马克思的原理并没有被贝尔所否定。贝尔逻辑错乱的原因,主要是没有意识到科学技术是生产力的重要组成部分。

如贝尔自己承认的,他是一个文化保守主义者,他对技治社会文化状况的批判有一些道理,但从根本上是值得商榷的。首先,大众文化并非一无是处。贝尔对文化的革命力量抱有很大的信心,视其为反抗资本主义经济压迫的主要途径,但是又将大众文化看作文化对经济利益投降的产物,因而对大众文化大加鞭挞。的确,大众文化存在不少的问题,但是大众文化的诞生打破了统治阶级对文化的垄断,让普通民众参与到文化生产、流通和消费的过程中,这本身就是一种文化革命。重要的是提升大众文化,而不是将它与传统文化对立起来。实际上,传统文化、精英文化中也有很多糟粕的东西。其次,不能认为大众文化盛行的技治社会是没有文化的社会,而技治主义是文化的最大威胁。不能否认,当代技术发展尤其是最新的传媒技术和信息与通信技术的兴起,支撑了大众文化的兴盛。但是,技术发展并不能决定特定的文化发展道路,不同的文化形式都可以利用技术手段发展自身。并且,技术与文化并非对抗的关系,相反,技术发展给文化发展提供了更多新手段和更大的平台,比如电子音乐、电脑作画和电子游戏。再次,从某种意义上说,贝尔描述的文化冲突背后实际是专业阶层中争夺文化权力的斗争,即人文知识

---

① 丹尼尔·贝尔:《资本主义文化矛盾》,北京:生活·读书·新知三联书店,1989年,第41页。

分子和技术专家争夺文化领导权。贝尔支持精英文化,意味着要赋予知识分子在文化领域更大的权力,由于大众文化的技术性,技术专家可以在其中大有所为。与常见的理解不同,贝尔理解的"知识分子"类似于哈贝马斯的观点,主要由记者、编辑和媒体人等组成,而不包括教授、学者,更不包括科学家、技术专家和工程师——我基本上赞成这样的知识分子概念。按照他的想法,知识分子将专业文化、高深文化通俗化,再传播给普通大众。在现在社会文化领域中,大众文化一家独大,文化领导权被技术专家、老百姓所分有,贝尔对此不满。并且,意识形态的衰落意味着19世纪以意识形态为业的知识分子大为受挫,这就让贝尔更感技治主义对思想文化的威胁。显然,贝尔的担忧过于保守,他不能想象一种由劳动人民主导的无产阶级文化。

综上所述,以智能技术的社会预测和控制为基础,贝尔从社会、政治和文化三大结构的变迁出发,描绘了智能治理社会的蓝图,提出了许多有价值的观点和问题,敏锐地观察到当代社会正在发生的技术治理趋势,对马克思的唯物史观做出了一些有益的补充。尤其是他对智能技术在当代治理活动中基础性作用的阐发,很好地把握了正在发生的智能革命的特点。但是,他对生产力与生产关系、经济基础与上层建筑关系的理解,存在着许多错误,违背了唯物史观的基本原理。并且,他对技术理性与民主政治、人的解放之间存在的矛盾,考虑得还不够深入,虽然考虑了智能治理的一些问题,但基本上赞同技术治理的总体主义推进,即将整个社会按照技术治理的逻辑来安排,这种看法过于乐观。智能治理社会将是高效社会,但同时也是高风险社会,这种风险并不局限于文化领域,因而对智能技术运用于公共治理的后果,必须要做研究、预测和防范,谨慎推进,妥善处理,引导智能治理向造福社会的方向前进。

第13章 全球技术治理：从进化论时代到电子技术时代

技治主义者推崇科学技术，才会有将科学技术运用于社会运行中的技术治理主张。进一步而言，如果坚持科学技术规律的普适性——这是多数技治主义者的信念——很容易想到"技治二原则"在全球任何国家、地区和文化传统当中都应该是适用的，而不同的技治国家之间需要按照科学原理来进行协调，如此才能达到整个人类社会运行效率的整体提高。这便是全球技术治理的基本思路，它与20世纪高涨的全球化趋势是一致的。也就是说，从某个侧面看，全球化乃是全球理性化，尤其是经济交往和国际关系领域的理性化。因此，许多技治主义者比如威尔斯强烈支持和推动过全球化浪潮，许多反技治主义者尤其是专家阴谋论者，往往极力反对全球化。

本章以威尔斯和布热津斯基为例，深入讨论技治主义者的全球技术治理方案。威尔斯是最著名的科幻小说家之一，与凡尔纳并称科幻小说的早期开创者。他的思想形成于达尔文进化论思想全面影响西方文明的进化论时期（20世纪之交），被视为最早提出全球主义技术治理的技治主义者之一。而布热津斯基主要所处的时代是以微电子技术为基础的信息社会从滥觞到兴盛的20世纪下半叶，他将其称为"电子技术时代"。他不仅被视为当代最著名的地缘政治学家，还被许多人尤其是专家阴谋论者和苏联学者视为当代技治主义者最典型的代表之一。因此，他们两人的全球技术治理方案明显带有进化论时代和电子技术时代的不同特点，反映了全球技术治理理论的发展和变化。

一、进化论时代的"科学世界国"

在作品当中，威尔斯表达了对科学运行社会和专家治理社会的信心和思考，尤其体现在《现代乌托邦》(*A Modern Utopia*, 1905)、《神秘世界的人》

(*Man like Gods*,1923)、《公开的密谋》(*The Open Conspiracy*,1928)、《未来世界》(*The Shape of Things to Come*,1933)、《新世界秩序》(*The New World Order*,1940)等科学乌托邦著作当中。威尔斯对技术治理的观点主要以预测未来的形式表达出来,这与他对思考未来之重要性的强调有关。他认为,"思考未来"的思想方式以未来为参照,将现在视为未来的准备和预演,属于更为现代的创造性思维;与之相对的是"思考过去"的思想方式,以过去为参照,将现在视为过去的结果和重演,属于更为传统的保守性思维。在他看来,中国人喜欢思考过去,而西方人更喜欢思考未来。[1] 有人甚至认为,技治主义的乌托邦构想,几乎成为威尔斯中后期作品的核心思想,而小说中的主角"成为一种传播这类思想的说教工具"[2]。换言之,威尔斯强烈地呼唤技治社会的到来。

在威尔斯看来,未来社会必然是技治主义的"科学世界国",即世界性的技治社会,他主要将未来技治社会称为"世界国"(World State)、"现代国"(Modern State)、"世界乌托邦"(World Utopia)或"现代乌托邦"(Modern Utopia)等。世界国是按照科学原则组织起来的世界国家或世界联邦,由专家掌握公共治理权力,领导世界国家的前进。对未来社会的技术治理趋势,他早期有一些批评,后来总的态度是明显支持的,不过后期也强调美德与知识共同支撑未来社会的发展。他认为,当时英国社会并未走上技治主义的道路,需要进行技治主义和费边主义(Fabianism)——1903年他加入了费边社,后来又退出——的改造,也因此他曾一度对列宁治下的苏联抱有很强的支持态度。

无论如何,威尔斯的技治主义立场非常明显,与其他技治主义者相比,主要表现出如下不同特点:1) 乌托邦主义;2) 进步主义;3) 精英主义;4) 全球主义或世界主义;5) 秩序主义;6) 民主社会主义;7) 自由主义,等等。威尔斯是较早期的技治主义者,针对当时的社会弊病,传播了很多颇有价值的技治主义新观点和新思想。

---

[1] H. G. Wells, *The Discovery of The Future*, New York: B. W. Huebsch, 1913, p. 20.
[2] 陈俊:《现代科幻文学的奠基者》,载赫伯特·乔治·威尔斯:《莫罗博士岛》,大连:大连理工大学出版社,2018年,序言,第xxii页。

1. 进步主义构架

威尔斯构想的技治社会是运动的,不断进步的。他区分了老乌托邦与现代乌托邦,认为老乌托邦的最大特征就是达到某种完满而静止的永恒状态,不需要再做任何改进,如天堂降临人间一般,而"现代乌托邦不仅是理性和幸福的世界国家(World State),而且不断从好向更好进步"①,因而永远处于充满希望和不断上升的状态。为什么呢?威尔斯认为,人类生活永远不会稳定不变,而是不断变化,因而稳定不变的乌托邦构想是不可能的。②

显然,威尔斯对未来技治社会的构想受到彼时进化论思潮的重要影响,不仅把自然视为进化的,也将整个社会的发展以及各种社会现象如科技、人性和制度等均视为受进化规律支配的。他接受过大学生物学教育,受老师"达尔文斗犬"赫胥黎的影响巨大,对进化论颇有研究,甚至以科幻作品参与彼时有关进化论的科学争论。③ 换言之,他的技治理想与彼时流行的进步主义思潮的基本进化论理念是一致的。总的来说,威尔斯乌托邦的进步主义基调突出地体现在他思想的三个方面:1) 对科学技术的进步主义理解,即认为科学技术自身不断进步并不断推动社会不断进步;2) 对人性的进步主义理解,即对人性改造的乐观态度,认为人性可以不断通过技术方法的改造而进步;3) 对制度的进步主义理解,即认为在科技进步和人性改造的基础上,社会制度将不断进步,进入世界和平的世界国新阶段。

(1) 科技进步论

威尔斯对于科技发展十分关注和了解,通过大量阅读科学杂志和期刊了解科技最新进展,对于未来科技发展做出过非常高水平的预测,如在《获得自由的世界》(*The World Set Free*,1914)中预言了核战争,当时就受到科学家的关注,后来又将类似战争称之为"终结战争的战争"(war to end war)④。他意识到科学与技术的差别,但是基本上将技术视为科学的应用成果,二者

---

① H. G. Wells, *A Modern Utopia*, Auckland, New Zealand: The Floating Press, 2009, p. 203.
② H. G. Wells, *The Open Conspiracy: Blue Prints for World Revolution*, London: Read Book Ltd., 2016, p. 113.
③ Steven McLean, *The Early Fiction of H. G. Wells: Fantasies of Science*, London: Palgrave Macmillan, 2009, pp. 4-5.
④ H. G. Wells, *The Shape of Things to Come*, London: Penguin Classics, 2006, pp. 124-125.

紧密相连,并且主要是从实用主义的角度看待科学技术,即更多关注科学技术提升人类社会福祉的功利方面。他明显持有技术决定论的态度,即科技发展决定着人类社会的未来发展,这也是他坚信技治社会终将到来的原因。但是,也有人批评威尔斯的科学观是机械主义的,这样的世界观无法支撑持续的道德秩序,甚至无法支撑任何持续的事情。① 甚至还有人认为,威尔斯的思想基本是不科学的,其中包含大量的伪科学因素。②

对于科学技术的社会应用,威尔斯早年实际是持怀疑态度的,这在《时间机器》(The Time Machine,1895)中体现得很明显,但威尔斯在后期越来越乐观,认为机器不仅是不可避免的,而且是有益社会的,因而欢迎科技进步。不过,后期的威尔斯并不简单地认为科技会自动成为完全无害无风险的人类成果,而是主张必须及时控制科技风险,以免人类自己招致巨大灾难,但他坚信科技为人类福祉提供了不可缺少的基础。因此,威尔斯设想的所有未来社会都是非常重视科技发展又科技高度发达的社会,整个社会是完全按照科学原则组织起来的技治社会。

尤其要指出的,威尔斯的技治社会不仅重视自然科学技术,而且非常重视社会科学技术,尤其是社会学和心理学。在他看来,技治社会的领导者必定会非常注重运用社会科学知识和方法来运行社会,比如威尔斯构想的现代乌托邦有系统而精密的社会学理论,并注意对普通下级官员进行心理学方面的训练。③ 不过对于科技原则和方法在政治和政府领域的应用,威尔斯虽然非常支持,但是对于其结果则是时而乐观时而悲观的。因此,有人批评他不懂政治,他则回应说:"对于政府的科学治理理论而言,我的政治障碍是一种解放。"④

(2)人性进步论

威尔斯所受的科学训练影响了他对人的一般观念,也包括他所设想的未来专家的形象。⑤ 在人性改造方面,威尔斯倾向于国家和社会用科技和教

---

① A. West, H. G. Wells, *The Spectator*, 1946, CLXXVII (8).
② B. Bergonzi, *The Early H. G. Wells*, Manchester: University Press, 1961, pp.16-17.
③ H. G. Wells, *A Modern Utopia*, Auckland, New Zealand: The Floating Press, 2009, p.76.
④ H. G. Wells, *Experiment in Autobiography*, London: Jonathan Cape, 1934, pp.651-652.
⑤ Roslynn D. Haynes, *H. G. Wells Discoverer of the Future: The Influence of Science on his Thought*, London: The Macmillan Press LTD, 1980, p.7.

育的方法对人性进行大规模改造,使之日益趋向于善的方向,这种倾向在《现代乌托邦》之后越来越明显。首先,他相信人性向善,世界本质上是善的、成熟的、阳光的。在现代乌托邦中,作为领导者的武士阶层最主要的信仰就是坚信人性善,否认原罪说。① 其次,他接受了赫胥黎的观点,认为宇宙进化与道德无关,也就是说进化过程不会自行导致人类道德进步,或者给社会提供更高的道德直觉,因而自然并不是如原始主义者(primitivist)所认为的自然状态就是最佳最道德状态。再次,他主张不仅要对原始自然状态进行干预,同样要对人类和人性进行改造。最后,他相信正确地运用科技手段来控制和提升人类道德水平是有益的,尤其是科技提高生产力水平并减少人类劳作对于人类道德进步非常重要。

因此,在威尔斯设想的未来技治社会中,人类的道德水平得到了极大的提高,人性与今日之人性迥然不同。未来人是高尚的人、完满的人,心灵纯洁,乐于奉献,与人合作,诚实勇敢,极富创造力(威尔斯尤其强调这一点,这与他的科学决定论和科技乐观主义的立场是一致的),追求知识与艺术……甚至是"过着一种半人半神的生活"②。这种变化并非所谓返璞归真的结果,而是人工规划的结果:从出生到生活、死亡,一切都被世界国所强力改造。在人性提升过程中,科学技术起到了关键的作用。威尔斯的所有乌托邦构想都重视心理学和心理学家在人性提升当中的重要作用。威尔斯认为,心理学可以用来对人性进行改造,而人的社会性内容完全是"人造本性"(artificial nature),"人是生出来的,但公民是制造出来的"③。为此,世界国政府成立了专门的一般心理学部(Department of General Psychology)。④ 世界国认为,人类不仅可能有身体残疾,也会有精神残疾,需要教育来重塑人类的精神⑤,还要运用心理学方法,来消除社会个体对合作的抵抗等问题。教育作为提升人性的最重要手段,必须要运行心理学和社会学知识来进行。除此之外,威尔斯的未来技治社会是赞同优生学措施的,认为优生学的目的是清除人类自身的

---

① H. G. Wells, *A Modern Utopia*, Auckland, New Zealand: The Floating Press, 2009, p. 331.
② 赫·乔·威尔斯:《神秘世界的人》,西安:太白文艺出版社,2010 年,第 264 页。
③ H. G. Wells, *The Shape of Things to Come*, London: Penguin Classics, 2006, p. 204.
④ Ibid., p. 205.
⑤ Ibid., p. 295.

杂草,在选择父母标准方面制定新规定以及发展遗传科学。他相信持续的优生优育,可以让人类进入更高的境界,最终与今天人类完全不同。显然,威尔斯的优生学观点与高尔顿有些类似,不过他没有表达对所谓低劣人群进行清洗或灭绝之类的残酷念头,这与他赞同赫胥黎而反对斯宾塞将社会发展也视为优胜劣汰的过程的主张是一致的,也是由"进化与道德无关"基本立场决定的。

（3）制度进步论

科技不断进步,促进人性不断进步,两者共同决定社会制度不断进步,这是威尔斯思想的必然逻辑推论。在他看来,社会制度进步的大方向是走向世界集体主义(world collectivism)①,人类从混乱与退化转入秩序与进化的新阶段。世界主义或全球主义应该是威尔斯思想最著名的特征,以"新世界秩序"(new world order,亦可译为"世界新秩序")为其标志性概念,这个词也常常成为专家阴谋论者集中攻击的对象——在他们看来,"世界新秩序"不过是各国精英狼狈勾结密谋奴役全世界劳动人民的代名词。②

世界政治共同体的主张,威尔斯在很早前就提出了,在很多作品中都有体现。虽然他不是第一个提出类似主张的思想家,却是系统描述且影响最大的思想家之一,并为联合国的诞生做出过极大贡献。1905年,他描述的现代乌托邦就是世界主义的。他指出,老乌托邦在地理上都是与世隔绝的,如位于幽深山谷或孤立海岛,而现代乌托邦则是囊括整个世界的。③ 1940年,威尔斯出版了"新世界秩序"同题著作,总结他对世界国家和世界政府的观点,为成立联合国而大声疾呼。彼时,纳粹崛起,全世界都嗅到战争迫近的气息。可不可以避免世界大战？既有的世界政治秩序的问题在哪里呢？如何才能实现世界和平？威尔斯以及当时许多仁人志士都在思考类似问题。在威尔斯看来,问题的症结在于:既有世界秩序是国家个人主义(nationalist individualism)系统,也就是各国只考虑自身利益最大化,相互不合作不妥协,各国

---

① H. G. Wells, *The New World Order*, New York: FQ Classics, 2007, p.21.
② 刘永谋:《智能革命视域下的专家阴谋论:对技术治理的一种新批评》,《特区实践与理论》2019年第2期。
③ H. G. Wells, *A Modern Utopia*, Auckland, New Zealand: The Floating Press, 2009, pp.19-20.

混战以至于人类到了要灭绝的程度。① 因此,当务之急是研究讨论如何实现世界和平的有用知识,并且各国必须愿意为实现世界管理(world administration)付出代价,放弃只考虑自己的个人主义,走向世界和平的"新世界秩序"。

(4) 乌托邦主义的危险

威尔斯进步主义的技治乌托邦构想,试图对整个世界包括自然、社会和人性本身进行总体化的设计和改造,并以此不断推动人类社会向更高文明前进。毋庸置疑,进步主义可以提振人类对自身命运的乐观精神,鼓励人类为更美好的未来而努力。实际上,进步主义从19世纪下半叶到20世纪初在美欧非常流行,的确起到了推动社会进步的巨大精神作用。但是,进步主义乌托邦理想同其他乌托邦主义一样存在着巨大的危险。

人们常常把乌托邦写作分为人文主义乌托邦和科学主义乌托邦,前者把乌托邦的实现寄托于人性的提升,后者则把乌托邦的实现寄托于科学的进步。威尔斯将两者结合起来,让科技进步与人性改造相互融合,共同作为走向乌托邦的推动力,因而可以说他的技治主义是人性改造论的技治主义,他的乌托邦是人性改造论的科学乌托邦。看起来,似乎他的乌托邦建构更有道理,但实际上并非如此。首先,对于科技发展的历史进步作用,他过于乐观。的确,科技发展毫无疑问会推动生产力的进步,但生产力进步并不必然带来所有人福祉的进步,更可能是让富者愈富穷者愈穷。其次,对于科技成果运用于社会公共治理和政治事务的结果,威尔斯自己其实也是很怀疑和犹豫的。再次,如哈耶克所主张的,总体主义的乌托邦更有可能成为极权主义专制,而不大可能成为更完美的社会,最主要的原因就在于:人类要掌握设计复杂现代社会所需的所有知识和信息是不可能的。最后,威尔斯对人性及其改造太过于乐观,这一点对于他的乌托邦建构是致命的。在我看来,这是威尔斯乌托邦主义最大的问题。涉及人性及其改造方面的问题,既有的哲学思辨从来没有形成稍微有些共识的结论。有没有人人一致的人性?人性是善的、恶的,还是一半善一半恶的?人性可能进化、改造和提升吗?设计人性是好的、坏的,还是极权主义的,甚至会毁灭人类的?这样的问题从来就没有得到

---

① H. G. Wells, *The New World Order*, New York: FQ Classics, 2007, pp. 7-8.

很好的回答。

威尔斯的乌托邦要顺利运行,必须以完美人性为基础,而对于完美人性获致的可能性,威尔斯又只能寄希望于他毫无理由的乐观主义。举个例子,他在《神秘世界的人》中设想的通信方式,类似今天的电话和网络的分散—集中中转—分散的信息系统,他也想到类似的中转信息技术可能被人用来犯罪和专制,但相信乌托邦人完全不会这么做,因为这种行为在乌托邦人看来是千年以前令人不齿的野蛮行为。正如该书标题"Men Like Gods"所暗示的,他预计的未来乌托邦人可以说不再是人类,而是更高级的生物。在《未来世界》中,威尔斯预计世界国会在20世纪60年代建成,从此世界进入了世界性的"现代国时代"(Era of the Modern State),实际上21世纪20年代的今天,他的世界主义理想还遥遥无期,表面一统的欧盟如今也似乎岌岌可危。而威尔斯身后,人类的所作所为很难从经验上佐证人性向善的结论。在此书中,他认为,20世纪初年,人类困于不停歇地工作以满足基本的欲望要求,22世纪初年由于人人物质要求得到满足因而人性动力转向高尚的事情和帮助他人。对此,我极度怀疑。首先,从理论上说21世纪初年满足每个人物质欲望的生产力条件在很多地方已经实现,但是极大丰富的物质资源却被少数人所浪费,而太过发达的生产力给人类造成了困扰,比如我所称的"AI失业问题",即机器人的使用导致劳动者大规模失业。其次,人性的极度悲观主义者认为,人类丑恶不是因为没有吃饱,而是具有某种自然性或遗传性,而类似的观点在当今基因决定论日益流行的情形之下,为越来越多的人所信奉。

另外,威尔斯对科技方法对人性加以向善改造更是过于自信。首先,科技方法有无改造人性的效力,并无一致的结论。其次,就算此种效力成立,国家或社会的制度性人性改造,结果是人人向善,还是一批人被改造为奴隶、另一批人成为生物学意义上的主人,而整个世界最终落入《时间机器》所预言的人族最终分化为两个对立物种的恐怖结局呢?我认为后一种可能性更大,因为以目前的人性状态,人类掌握改造人性科技而使之向善发展,就如同抓住自己的头发离开地面一样。实际上,我并不否认人性可能进化,只是已知数千年的人类文明史并没有人类高尚化的明显迹象,因此对人性改造论的乌托邦必须予以足够的警惕。从既有人类史看,人性进化可能会耗费数十万甚至百万数量级的时间,而在这之前,人类很可能已经自我毁灭。

2. 专家与技治战略

按照威尔斯的逻辑，未来技治社会是在科技进步的基础上不断进步的科学乌托邦，显然进步的方向必须由真正掌握科技知识的专家来把握，因而科学乌托邦必然由专家治理，否则就会迷失方向而不能不断进步。并且，专家政治必须坚持用科学原理和技术方法来运行社会，实施技术治理战略，才是真正的技治制。

（1）专家的资质与遴选

威尔斯的早期作品对专家政治是有所质疑的，如《当睡者醒来时》（*When the Sleeper Wakes*, 1899）就表达了对极权主义专家政治的忧虑。基于弗兰肯斯坦式无道德意识或道德意识淡薄的科学家掌权而可能导致巨大社会灾难的风险认知，威尔斯中后期开始强调科技专家必须要进行道德能力训练和承担社会责任。在《现代乌托邦》中，威尔斯对执政专家阶层进行了详细的描述：在遴选和培育专家方面，将知识与美德结合起来的想法，明显类似柏拉图的"哲学王"精英主义思路，也类似中国古代儒家"选贤与能"的一贯政治主张。

按照威尔斯的描述，现代乌托邦的治理者是武士阶层，理论上武士是所有成年人（21岁或25岁，这个数字威尔斯并没有完全确定）都可以自愿申请，但由于武士资质要求受过大学教育或通过大学水平考试，因而实际排除了较低的两个阶层即愚钝者和卑劣者的资格。要想申请成为武士，必须在教育和科学方面证明自己的能力，在不断的淘汰中存活：1）必须完成大学教育；2）有专门技艺，即从事过医生、律师、军官、工程师、作家、艺术家等专业工作；3）有学习抽象的《武士之书》（*Book of Samurai*）的能力。当年加入武士阶层后，要受专门的训练，尤其是学习《武士之书》并自愿遵守《武士守则》（*Rule*）。《武士守则》包括三部分的内容：1）成为武士的资格；2）禁止做的事情；3）必须做的事情。比如说，武士应该有良好的体力状态，应该素食，保持贞洁但不一定独身，五分之四的夜晚独自睡觉，冬天武士必须要洗冷水澡，每天都得刮胡子，必须服从命令，等等。武士遴选不歧视女性，女武士有相应的训练和规则。整个社会的领导职位向合格的武士开放，具体职位分配由抽签解决。显然，威尔斯的这些想法借鉴了各种僧团的行为准则。但是，后期威尔斯否定宗教在技治社会中的位置,高举唯物主义无神论的旗帜,或者说他将技治主义作为了一种信仰。赫茨勒评价说:"威尔斯的乌托邦是一个由律己的、有社会头脑的和为人们公认的专家们所统治的世界!"①

按照亚里士多德《政治学》的观点,威尔斯设想的总体化技术治理政体,属于贵族(贤能)政体或寡头政体的范畴。② 如果在技治体制中执政的专家以国家所有人利益为考量,则倾向于贵族政体。如果在技治体制中执政的专家以本团体利益为考量,则倾向于寡头政体。亚里士多德认为,无论是贵族政体还是寡头政体,如果促进城邦的正义,就是好的政体。也就是说,美德应该是治理的最高目标,而不是知识和真理。众所周知,苏格拉底主张知识即美德。在类似的主张中,无知即罪恶,而之所以失德是因为缺乏知识尤其是缺乏关于美德的知识,真正有知识的人必然是高尚的,而高尚的人必然是饱学之士。但是,现实常常并非如此,很多专精学问之人,无论是精于自然知识还是道德知识、宗教知识,品行并不强于普通民众,相反许多高尚之人是没有受过多少教育的普通人。精通科学之人,一样可能违背科学精神,滑向金钱和权力的怀抱,威尔斯的小说《莫罗博士的岛》就是佐证。更重要的是,以真为目标和以善为目标会出现冲突的情形,这一点由休谟对"是"和"应当"的二分得到了很好的解释。因此,即便是同时具备知识与美德的专家在面对大量的此类问题时,也没有办法提出万全的解决方案,最可能的方案是在真与善之间寻找某种平衡。实际上,真不仅与善可能冲突,与美的关系亦是如此。在《未来世界》中,威尔斯就预计到专家治理可能压抑人们对美的追求,导致整个社会的"审美挫折"。③ 显然,对于上述知识与美德的两难问题,威尔斯缺乏深入的分析。

(2) 专家的职能与组织

在专家组织上,《现代乌托邦》则借鉴弗朗西斯·培根的所罗门宫(House of Saloman)来组织的,并将其扩展到整个世界国。④ 所罗门宫按照从科学研究到社会应用的逻辑加以组织:掌权的专家首先要进行研究,然后要

---

① 乔·奥·赫茨勒:《乌托邦思想史》,北京:商务印书馆,1990年,第245页。
② 亚里士多德:《政治学》,北京:商务印书馆,1965年。
③ H. G. Wells, *The Shape of Things to Come*, London: Penguin Classics, 2006, pp. 299-205.
④ H. G. Wells, *A Modern Utopia*, Auckland, New Zealand: The Floating Press, 2009, p. 305.

将研究成果应用于社会以提高整个社会福祉。威尔斯主张专家必须是学者，是对科学具有强烈情感的科学主义者，反对非理性的观点，对自然界和社会都进行认真的研究，不断推进自然科学和社会科学进步；然后，专家要应用科技知识对社会成员进行教育，对社会运行进行控制。也就是说，掌权的专家必须履行的主要职能是：研究自然和社会、教育民众和控制社会。在诸多作品中，威尔斯都表达了技治社会应该运用心理学和社会学来治理社会的想法。世界国的专家们要认真研究心理学和社会学，尤其是有关罪犯纪律、工人群体心理等方面的研究，以此为基础对社会个体进行教育。威尔斯认为，知识精英们是技治社会核心，在技治社会中甚至"教育就是我们的政府"①；光有民主是不够的，民众需要专家告诉他们如何拯救和运行社会，因此民众需要接受终身教育。

除了执政期的职能外，威尔斯还赋予专家在社会革命期间的宣传职能。在技治社会尚未到来之时，信仰世界主义的知识精英们包括科学家、社会学家、经济学家、知识分子、工程师、建筑师、技术工人、工业组织者、技术专家等，应当率先行动起来，宣传教育群众，发动革命。因此，威尔斯高度赞扬斯科特、罗伯等人领导的北美技术统治论运动所做的宣传和理论工作。②

至于专家政治是否是集权的，威尔斯并没有定论。在《现代乌托邦》中，公共治理职位由武士掌握，武士们组织委员会，对武士事务进行管理，其他阶层基本干涉不了武士事务。而且武士内部也是层级制的，武士们根据资历和能力不断晋级。而在《神秘世界的人》中，整个星球没有中央政府，没有权力集中的机构，依靠分散式专家治理模式来维持社会运行，任何具体公共事务的处理意见都由最了解该事务的人来拟定。但是，专家并不能将自己的意见随意强加于别人头上，就此而言威尔斯认为专家不能算统治阶级。并且，乌托邦人道德高尚，专家更是精通于道德问题。因此，不是公共机构而是专家尤其是哲学家和科学家，拥有许多优先权，原因是专家拥有专业知识而不是统治权。

（3）专家的技治战略

威尔斯设想的未来专家政府将推行的技术治理措施主要包括：

---

① 赫·乔·威尔斯：《神秘世界的人》，西安：太白文艺出版社，2010 年，第 78 页。
② H. G. Wells, *The Shape of Things to Come*, London: Penguin Classics, 2006, p.214.

1) 世界计划。世界国的经济是计划的经济,是世界范围内合作的经济体制。未来的世界国科技高度发达,能够发现利用更多资源,整个社会被充分组织起来,社会个体和自然资源被全面计划,整个地球被有计划地改造和提升。他认为,走向技治社会的斗争之关键在于:公开在精神上和实践中反对无计划、无组织、无效率和碎片式的政府以及全社会广泛存在的无效、浪费和贪腐,可以将其称为"公开的密谋"(open conspiracy)。

2) 货币与能量券并存。世界国仍然使用黄金为货币,但同时世界政府和各级政府测算能量数据,用能量为单位记账,地方政府用能量凭证(energy note)而不是黄金来交易,不受通货膨胀的影响。这实际是将经济生活视为一种能量系统,此时能量成为一种新的货币单位,与金钱货币具有同等的流通效用,现代国以能量为基础建立新的经济秩序。借杜撰的思想家之口,威尔斯还极力主张,货币不必是有形的黄金,可以采用无实体的数字货币。① 这个预言在今天似乎正在变为现实。

3) 社会测量。世界国要对社会方方面面的状况,包括人的状况进行测量,以数据为基础来建立整体的乌托邦社会。在《未来世界》中,威尔斯设想世界国设立了中央观测局(Central Observation)和世界百科研究所(World Encyclopedia Establishment),对所有的社会测量数据进行集中和研究。威尔斯关于社会测量和能量券的观点提出得很早,启发了之后的技治主义者。

4) 大工程和社会工程。世界国不断推动诸多如巨大水坝、改造生物和控制气候之类的大工程(vast engineering),数量是如此之多,世界国的历史从而成为科学技术和大工程不断发展的历史。② 大工程不仅是纯自然工程,还包括许多社会工程。这是因为世界国社会科学发达,以社会科学研究为基础,不断推进不同规模的社会工程。甚至可以说,整个世界国尤其是它的经济系统就是一项大型乌托邦社会工程。指导世界国的乌托邦经济学理论,被威尔斯视为建基于社会学之上的应用物理学,它的一般问题是阐明最有效地应用平稳增长的物质能力的方法,在这一过程中科学研究要为人类服务,为提升人类一般需求服务。③ 威尔斯关于经济学的看法与之后纽拉特等人的

---

① H. G. Wells, *The Shape of Things to Come*, London: Penguin Classics, 2006, p. 205.
② Ibid.
③ H. G. Wells, *A Modern Utopia*, Auckland, New Zealand: The Floating Press, 2009, p. 93.

行为主义经济学观念很类似。当然,虽然他们同属于民主社会主义的传统,但威尔斯更倾向于费边社会主义,而纽拉特属于奥地利马克思主义。

5) 国有化。威尔斯没有提出取消私有制的主张,但主张推进国有化程度,尤其是交通、基建和通信等大型公用事业应该交给国家管理。在土地方面,威尔斯赞同公有私营的主张,也就是说世界国在理想状态上是地球土地的唯一所有者,各级地方政府辅助管理,再转交私人经营,这种委托私人经营必须有较长的可预见的期限,不可随意转变。威尔斯的国有化主张不是出于消灭剥削的目的,而是为了增进整个社会的计划程度和可控程度,使社会运行更加科学化。

(4) 费边社会主义烙印

威尔斯加入过费边社,虽然后来退出,但他的思想中费边社会主义思想的烙印是很深的。总的来说,费边社会主义是一种主张对资本主义进行渐进式改良的民主社会主义思想,认为社会主义根本上是一种道德信仰,即信仰"思想、使人人有同等机会、保证人人享有基本的生活水平、民主自由"[①],而不首先是某种经济制度,或者说公有制是因其为上述目标服务才成为"社会主义的",而并不等于社会主义的同义词,也就是说,私有制也是可以为社会主义目标服务的。后期威尔斯一再宣称未来乌托邦社会是社会主义社会,甚至"在我看来乌托邦社会实际上就是共产主义社会"[②],但他赞同私有制,认为现代社会必须保留一些私有财产,否则人是没有自由的,私人财产是衡量自由程度的重要指标,技治政府必须保护个人合法私有财产。不过他也承认,技治社会在遥远的未来(比如数千年)将超越社会主义,进入全球的无政府主义或共产主义的自组织状态。

除了对私有制的态度,威尔斯设想的专家政治与费边社会主义的类似立场主要还有:1) 人人机会平等,即技治社会要保证每个人上升机会的完全平等。2) 保障基本生活,即技治社会必须对失败者和弱者进行补偿,保障他们的基本生活。3) 坚持民主自由。在《现代乌托邦》中,威尔斯认为,现代乌托邦就是将个人主义与共产主义—社会主义融合起来。这属于典型的费

---

① 乔·柯尔:《费边社会主义》,北京:商务印书馆,1984 年,第 24 页。
② 赫·乔·威尔斯:《神秘世界的人》,西安:太白文艺出版社,2010 年,第 264 页。

边社会主义主张,威尔斯以为如此可以保障个体自由尤其是言论和思想的自由。4) 渐进主义。威尔斯设想资本主义社会过渡到技治社会是渐进发生的,虽然他亦称之为"革命",但这种革命是从专家宣传教育群众开始并逐步推进的,在《未来世界》中他设想这种渐进过渡需要上百年的时间。5) 国际主义。社会主义者最高目标是国际主义的,超越民族和国家的,致力于在全球范围内建立和建设社会主义。

显然,威尔斯理解的社会主义与正统马克思主义者的理解有本质性的差别,根本上是一种技治主义主张。首先,他赞成一定程度的私有制的社会主义,这与正统马克思主义者的立场是不一致的,后者认为成熟社会主义社会必然是公有制的。其次,他理解社会主义社会是专家主导的,这完全违背了马克思主张的工人阶级作为领导阶级的基本主张,因而他是专家治国论者,而不是真正的社会主义者。最后,他过于强调社会主义的道德性,忽视了社会主义首先是经济和政治主张,不符合马克思主张的经济基础决定上层建筑的唯物史观。因此,列宁批评威尔斯本质上属于资产阶级,而威尔斯对此也无异议。总之,将威尔斯认定为技治主义者,更为符合他的思想。

然而,必须承认威尔斯思想尤其是后期思想受到社会主义和共产主义的极大影响。比如他想象,未来乌托邦会国家消亡,准按需分配,消除失业,劳动者随心所欲地变换职业,人人为社会共同体最高利益奋斗,以及人人以服务他人为荣等,很难说没有受到当时风起云涌的社会主义革命思潮的影响。威尔斯在很大程度上试图糅杂技治主义、社会主义、自由主义和国际主义等多种理论要素,努力吸收彼时流行的新乌托邦观念,基本上没有考虑它们之间在理论上是否兼容,不过对小说家的理论水平不能做过于苛刻的要求。

3. 秩序与自由

效率是技术治理最关注的目标,而效率往往必须以秩序为基础,尤其是经济生活的秩序。也就是说,秩序主义往往与技术治理联系在一起。这一点在威尔斯的思想中体现得非常明显。但是,作为一名作家,他又非常强调自由,尤其是言论自由的价值。因而,威尔斯试图在秩序主义和自由主义之间达到某种一致性。

(1) 技术治理世界国的秩序

威尔斯设想的未来技治社会是秩序化远远超过当前社会的新世界。即使是在《神秘世界的人》中,他设想数千年之后中央集权的权力机构消失,人类进入某种类似无政府主义的自组织时代,但世界不仅没有陷入无序,秩序更加井然,当代社会与之相比只能被划定为混乱时代。虽然没有中央政府,但自组织起来的社会,到处都有因对某一问题更加了解的权威专家,来建设和维护秩序。秩序不仅被施加于个体、群体和社会之上,也施加于生物、生态环境和整个自然界之上,比如气候和生态完全被改造,有害生物、传染病和寄生虫全部被消灭,凶猛动物的野性被抹杀,甚至棕熊被改造为以糖果和素食为食……人类完全按照自己的意愿控制着整个自然界。

在未来技治社会中,社会秩序更是进入前所未有的控制时代。威尔斯对秩序的强调,从他提出的广为流传的"新世界秩序"中"秩序"二字可见一斑。《新世界秩序》中的"新世界秩序"理论,主要讨论如何实现新秩序以及新秩序是什么两个问题。该书的主要观点包括:

第一,召开公开会议讨论世界和平问题,而不是秘密决定世界政治秩序。所有人都能够参与有关世界和平的公开辩论,媒体要将各种意见和批评完全表达出来,各国政府要绝对保证言论自由。

第二,要反对各种破坏性力量,各国共同转向世界集体主义(world collectivism)的全球化融合。威尔斯特别提到的破坏性力量,包括科技飞速进步导致的社会激烈变革,国家之间的战争和人群之间暴力相向的阶级斗争。

第三,推行全世界范围的集体化(world-wide collectivisation),这意味着增加对经济和政治的控制,也意味着社会主义趋势不可避免。在威尔斯看来,社会治理应该以总体化管理取代之前的碎片化管理,国家干预经济的美国罗斯福新政属于经济领域的集体主义运动,而社会主义经济改造的最重要任务是消除年轻人失业的问题。

第四,成立国家联盟,以此推动政治领域的集体化,推动世界主义的"革命密谋"(revolution conspiracy)。威尔斯认为,历史上存在着两种革命:一种是完全诉诸暴力的天主教式革命,另一种是通过宣传或教育而发动的布尔什维克式革命。建立"新世界秩序"的世界革命,首先要提出"新世界秩序"理论,然后进行广泛宣传教育,改变西方人的观念,再改变社会制度,获得永久和平。

第五,"新世界秩序"的三大核心支柱是集体化、法治和知识。在威尔斯看来,更多的集体化、更好的法治和更实用的知识,最终都是为了提升整个人类的福祉尤其是保护人的权利服务的,因而他将其归纳为"团结的世界社会主义"(consolidating world socialism),显然这是一种民主社会主义的立场。显然,"新世界秩序"要消除各种破坏性力量,尤其要铲除战争,最终达到对人类生存的严格控制。

实际上,1928年威尔斯《公开的密谋》已经形成了"新世界秩序"中的主要观点,尤其集中设想了世界主义革命的实施过程,即他所谓的"公开的密谋"。彼时,他将人类事务出现危机的原因归结为道德进步没有跟上物质进步,也就是说,科技高度发达而"新世界秩序"的观念却没有为人类广泛接受。因此,世界主义知识分子要对人民进行教育,知识分子本身也要对自己进行再教育,因而"公开的密谋"是一种知识的重生和更新。[1] "公开的密谋"并非依靠某个单一组织完成,而是持有世界主义理念的人们共同自发的思潮,始于思想的解释、宣传和辩论,这种社会运动不断发展,最后实现世界控制和联合。其中,教育革命最基础和最急迫,然后人们还需要新世界的客观的现代宗教,取代过去的主观宗教。威尔斯对宗教的主张,让很多西方人将技治主义视为反基督教的思潮。总之,未来技术治理的世界国是政治、社会和经济统一运行的社会,试图建立统一的世界联邦和世界政府,阻止战争,减少浪费,控制道德、生物和经济等社会各方面的力量。

除了自然秩序之外,威尔斯的技治社会之社会秩序达到了什么样的水平?从他的各种作品中,可以归纳出来一些共同观点如下:

第一,在全世界范围统一语言,或者是改造过的英语,或者是一种像数学公式一样的科学语言。由此种观念看出,后期威尔斯可能受到同时代维也纳学派的影响。

第二,对世界范围内的经济和贸易活动进行严格控制,即便社会物质极大丰富,仍然要惩罚个人浪费——这种对浪费的痛恨后来影响了凡勃伦的

---

[1] H. G. Wells, *The Open Conspiracy: Blue Prints for World Revolution*, London: Read Book Ltd., 2016, pp. 34-36.

看法。在现代乌托邦中,世界国推行经济自由,消除一切贸易壁垒。

第三,干预个体和群体的生活方式。比如,全球范围内统一住宅模式,科学规划城市,全球禁酒(威尔斯的理由是,喝酒是因为生活无聊,而世界国生活不无聊,所以不应该喝酒)。在《现代乌托邦》中,人们未来都住在相似的四方形院子中,统一戴帽子,不养宠物。

第四,对人本身的肉体和精神进行深度改造和设计。技治社会中人类都经过科学优生,身材好,长得漂亮,整个人口数量要进行严格控制,人的寿命不断提高,个体必须接受终身教育,等等。威尔斯设想,很多世纪之后,科学的生育控制使得未来人都充满活力,满怀希望,富有创造力,善于学习,而且脾气温顺。

第五,对社会生活重新进行科学组织。比如,家庭凝聚力下降,不再是社会核心,家务社会化;婚姻制度在遥远的将来甚至被取消,整个世界成为有组织的世界共同体(organized world community);社会组织井然有序,没有传统宗教,没有神殿庙宇;没有对动物的虐待。

第六,对科技进行控制,并极其重视科技在社会控制中的作用。在《未来世界》中,威尔斯设想的世界国极其重视科学技术在社会运行和社会控制中的作用。可以说,世界国的秩序是以科学技术的发展为基础的。世界国垄断和控制了飞行和航海的技术,成立海空控制委员会(Air and Sea Control Committee),以此将最强大的军事力量控制在自己手中。世界国的三大组织机构是世界政府、世界议会和海空控制委员会。由于运用相关科技成果,世界国的警察和教育的目标发生了重大改变,人性行为改造和古代的苦修禁欲方式已经完全不同。[1]

(2)技术治理世界国的自由

虽然威尔斯强调秩序,但他认为未来乌托邦的最高目标是保证人们的全面自由,或者说是以集体化和法治来保证人权。[2] 也就是说,技术治理的秩序主义要受到自由原则的约束。

作为技治主义者,威尔斯并不认为技术治理必然与自由相冲突,不过他

---

[1] H. G. Wells, *The Shape of Things to Come*, London: Penguin Classics, 2006, p. 323.
[2] H. G. Wells, *The New World Order*, New York: FQ Classics, 2007, p. 50.

对自由的理解明显有些矛盾。威尔斯认为,个体自由是现代乌托邦最重视的问题之一,而老乌托邦主义者最不重视自由。威尔斯心目中的技治社会并不反对个体,相反把自由视为生活的根本,反对对规则的绝对服从,因为自由是技治社会所推崇的创造性工作成为可能的基础。但是,现代人是社会生物,威尔斯反对把自由等同于绝对自我意志的自由,要实现的是"在社区中的个体自由",强调自身意志与他人意志之间的妥协和折中,否则就是"狂热而错误的个人主义"。① 也就是说,个体自由只能在集体中存在,而国家的某些禁令是增加而不是减少了自由的总量,法律多少并不与自由的多少成反比。所以,威尔斯主张的自由是集体主义的有限自由观。

在《现代乌托邦》中,威尔斯特别强调技治社会要保障公民自由迁徙权和隐私权。不过对于隐私权,他认为人们的隐私观念不断变化,在人烟稀少的古代人们没有隐私要求,而目前对隐私的强调也属于过渡阶段,因为现阶段的人们没有足够的智力和教养能让自己在公众中也感到轻松自在。

在《神秘世界的人》中,威尔斯集中归纳了技治社会要遵循的五项自由原则②:1) 隐私原则:个人隐私非经个人允许不得公开,但个人有义务响应公共机构统计数据的需要。2) 行动自由原则:每个人可以自由旅行和自由移居。3) 知识共有原则:除了法定不得公开的内容,任何人均享有查阅任何知识的自由。4) 反对说谎原则:非为法定原因,任何机构和个人不得隐瞒事实真相,保证公民了解真相的自由权利。5) 言论自由原则:任何人都可以自由发表意见,提出批评,但不能捏造事实。后面三条原则与知识、真相和言论相关,说明威尔斯将知识置于自由之基础的地位,即知道得越多就越自由。也就是说,他更多强调的是自由创造和自由地获取知识。

显然,威尔斯非常担心以自由为名义的无政府混乱,尤其是随意的杀戮,这与他对当时战乱尤其是两次世界大战的深恶痛绝是有关系的。所以,他反对激烈摧毁秩序的暴力革命——他在《当睡者醒来时》表达了对以暴制暴的流血冲突的怀疑和厌恶,主张改良主义和渐进主义。

但是,威尔斯始终担心过度社会控制会对自由造成侵害。在早期作品

---

① H. G. Wells, *A Modern Utopia*, Auckland, New Zealand: The Floating Press, 2009, p. 43.
② 赫·乔·威尔斯:《神秘世界的人》,西安:太白文艺出版社,2010 年,第 228—236 页。

如《莫罗博士岛》(*The Island of Dr. Moreau*,1896)中,威尔斯对社会控制个体持更多批评的态度。[①] 在孤岛中,莫罗博士将动物改造为兽人,并在一个助手的帮助下,维持着岛上的"准"社会秩序,最终出了事故,导致莫罗身死,而整个岛上的兽人秩序完全崩溃,兽人均退化回野兽。

在莫罗博士岛上,兽人身上的兽性强烈而人性新立,必须以强力手段增进其人性而压抑其兽性。莫罗采取的是技术治理的办法:一是手术治疗,二是技术催眠。前者假定某些生理结构是兽性的根源,必须加以改造或去除,后者以技术手段将莫罗规定的规则植入兽人的大脑结构之中。除此之外,莫罗还对违规者实施公开的残酷惩戒,震慑不时发作的兽性。秩序的崩溃是由一只美洲豹引起的:这只豹子的改造还未完成,却挣脱枷锁跑了出来,它兽性大发的表演激起了兽人的兽性,更关键的是莫罗在追捕美洲豹过程中死了。虽然美洲豹也死了,但神一般的莫罗居然也会被美洲豹杀死,让"莫罗规则"支撑起来的社会秩序很快就崩塌。

这部早期小说强烈地表达了威尔斯对极权控制的担忧,虽然后来威尔斯总体上对科学的社会控制越来越乐观,但总是无法否认问题可能发生,因而在后期作品中一再强调自由原则对于技治社会的重要性。这种对自由原则在技治社会中重要性之强调,与温和技术统治论者罗伯的立场类似。

(3) 秩序与自由的张力

秩序与自由之间存在明显的张力,这历来是政治哲学的难题之一,威尔斯尝试将两者通过科技统一起来。在他看来,技治社会必须以科技发展为基础,科技发展需要个体创造力,而创造力爆发需要自由;反过来,自由促进科学大发展,科学转化为应用技术则赋予人类按照自己目标改造自然、社会和自身的力量,整个世界因人工化越来越远离自然混乱而越来越有秩序。显然,这里面的逻辑存在矛盾和冲突。越来越多自由会正相关越来越多的秩序吗?他所提出的集体主义自由能够如他所说的那般完美吗?我认为,集体主义自由实际上是寻找某种平衡,而绝不是自由与秩序、权利与效率一同向更高水平推进,这在理论上很难实现。举《现代乌托邦》中威尔斯设想的"理想工厂"为例。他设想,理想世界的工厂是雇主和工人之间相互协商来管理

[①] 赫伯特·乔治·威尔斯:《莫罗博士岛》,大连:大连理工大学出版社,2018年。

的,尤其是工资亦是如此协商加以制订。这种观点类似于后来泰勒主义者所称的"思想革命",欧文、傅里叶以及泰勒等人在现实中曾做过尝试,但从来都没有达到理想状态,结果要么是"血汗工厂",要么是以工人罢工和暴力获胜,劳资双方皆大欢喜的案例很少。

在自由与秩序问题上,威尔斯不得不承认总体化技治社会并非绝对平等的社会,而是努力追求平等的社会,无法否认人与人之间的先天差别。在现代乌托邦中,社会成员被划分为四大等级,即诗意者(poietic)、活力者(kinetic)、愚钝者(dull)和卑劣者(base)。[①] 威尔斯一再解释,这种划分是为了政治实践的需要,尤其是遴选领导者的需要,并且划分是基于个体先天差异,而不代表权益方面的差别,加上四大等级不是继承式,因而现代乌托邦主张人人平等。但是,实际上后两个等级在政治实践中,基本上被排除在公共治理职位之外,所以威尔斯关于平等的解释并不令人信服。按照他的设想,四大等级的划分根据是个体的创造力,诗意者优于创造,多数是科学家、诗人和哲学家;活力者善于想象,是受教育的良好对象;卑劣者没有那么聪明,但遵守规矩;而基础者不仅智力平平,而且情绪不稳定,自私自利和不诚实,倾向反抗和暴力。在《神秘世界的人》中,即使是非常遥远的将来,威尔斯仍然没有主张平等分配,而是保留了差别性收入系统,只是相信高尚的乌托邦人因创造力更高而收入更高,更高的收入会被乌托邦人用于有益的事业如艺术事业。

显然,如此技治等级虽然符合威尔斯主张的技治社会应该是创造力盛行之社会的主张,但完全不符合现代民主制的精神,一百年后极易让人反感,最新批评如等级制的科幻电影《分歧者》(*Divergent*,2014)就设想了一些可以在不同等级之间变换的人,最后他们发起了革命,推翻了等级制度。显然,等级社会必然决定了不同等级人群之间享有自由的差异,也就是说威尔斯主张的自由并不意味着每个人享有的自由都是一样的。

实际上,威尔斯技治主义思想中自由与秩序之间张力的关键点,是对社会个体控制的问题。个体控制一方面意味着秩序,另一方面意味着失去一部分个体自由。按照威尔斯的集体主义自由观,扩大秩序或扩大自由均不可能

---

① H. G. Wells, *A Modern Utopia*, Auckland, New Zealand: The Floating Press, 2009, pp. 293-299.

解决问题,解决方法只能是找到控制的度,即在某个度上自由与秩序能达到最好的平衡。符合某个度,技术治理将是很好的公共治理,而超过它就走向了极权主义的操控。我赞同斯金纳的观点,即社会控制是必须的,我的理由是,文化意味着对个体自然属性尤其是兽性的控制,使人类走向更加文明的一端,完全没有社会控制就意味着人类重回自然的野兽状态。但是,社会控制必须有限度,否则走到极端,剥夺人的所有自由,技治社会将变成庞大的机器乌托邦,人也会因此失去人性,陷入极权的恐怖之中。因此,重要的问题是寻找治理和操控的界限,而这个问题没有得到威尔斯的深入思考,他只是乐观地相信自由与秩序在技治社会中不会冲突,或者时而乐观时而悲观地矛盾着。

科技与自由、秩序的关系远比威尔斯所想象的要复杂得多。科学研究是自由的吗?科学家当然需要学术自由的支撑,但科研活动也需要秩序。一是现在越来越多的人认为,科研是存在禁区的,科研活动要受到社会的伦理监管;二是科学家共同体所建立的科研制度是非常秩序化的,比如同行评议、出版发表制度,所有参与现代科研活动的个体都不可能随心所欲;三是随着后学院科学时代和我所谓的技术时代的到来,科研活动规模越来越大,需要严格地组织,很多领军科学家的主要任务变成了组织科研活动。但是,现代科技的秩序化,并没有改变自由探索、自由思考和自由辩论对于科技发展,尤其是原始创新不可或缺的根本性价值。因此,国家和社会不能放弃对科技的社会控制,当然这种控制也是要寻找一种平衡。威尔斯并没有忽视对科技发展的社会控制问题,但是没有深入理解科技与自由、秩序的辩证关系。

总的来说,威尔斯作品浩繁,观点庞杂,逻辑性不强,相互之间的张力颇大,甚至相互冲突。他的思想的原创性不大,明显是彼时各种时髦思潮的汇聚,这导致他早期的乌托邦构想与晚期有不少的差别。而且,他的技治主义思想以小说和乌托邦作品的形式呈现,缺乏深刻的分析,很多观点虽然很有新意,均属浅尝辄止。作为早期的著名技治主义者之一,威尔斯的技治主义思想对于技治主义的发展具有非常重要的价值。首先,他的作品影响巨大,声名远播,甚至赢得了罗斯福和斯大林的尊重①,对于技治主义思想的传播发挥了巨大作用。其次,他较早地综合诸多技治主义的初步设想,启发了后来技治主义者的思想。最后,他的技治主义思想的缺陷,也为技术治理理论的建构提供了诸多的反思和修正之处。比如说,他的人性进化论观点的问题,警醒后来者应该在制度设计方面着力,而不能寄希望于道德进步;他对技治极权化的担忧,警醒后来者应该思考社会对专家权力的控制问题,以及建立总体化技术治理乌托邦的危险性,等等。

二、电子技术时代的全球精英政治

布热津斯基的研究并不集中于反思科技、工业或计划、社会工程等领域,而主要是属于国际政治研究的传统,因而与一般的技治主义者讨论的主题殊为不同。当人们谈论"技治主义者布热津斯基"时,主要提到他的电子技术时代(technetronic age)理论和三边委员会(Trilateral Commission)的主张。至于他的地缘政治学,与其说是技术决定论,不如说是地理环境决定论。不过,从技术治理的角度看,布热津斯基提出了一套颇具特色的全球技治主义思想,基本要点包括:1) 美国社会已经率先进入以电子技术为基础的技治社会,这代表着世界的技治主义未来之趋势;2) 电子技术时代的国际政治应该由全球精英联合领导,美国要扮演全球主义技术治理领头羊的角色;3) 将科学原理和技术方法尤其是地理主义运用于国际政治研究中,形成地缘战略(geostrategy)理论,以此为指导来实践美国的技治主义国际政治战略。也就是说,电子主义、全球主义和地理主义是布热津斯基技治主义思想的突出特征。与威尔斯相比,布热津斯基的全球技术治理主张与时俱进,与全球化时代当代科技尤其是电子信息技术的新发展紧密结合起来。因此,他设想的未来社会可以被称为"全球电子技治社会"。

1. 电子技治社会兴起

布热津斯基非常认同丹尼尔·贝尔提出的后工业社会理论,提出了类

---

① Roslynn D. Haynes, *H. G. Wells Discoverer of the Future: The Influence of Science on his Thought*, London: The Macmillan Press LTD, 1980, p. ix.

似的电子技术时代理论。在他看来,新科技革命对世界造成总体化的冲击,尤其深刻地改变了革命传播者美国,使之率先进入了电子技术时代。所谓电子技术时代理论,就是对布热津斯基眼中的全球电子技治社会的刻画。

(1) 电子技术社会是电子技术治理社会

布热津斯基认为,20世纪六七十年代,电子技术革命在最先进发达国家尤其是美国率先爆发,它们开始从工业时代步入电子技术时代,社会的各个方面都在发生根本性的变化,最终将实现从工业社会向电子技术社会的跨越。

电子技术社会是被电子技术所决定的社会,即技术发展尤其是电子产业"越来越成为社会变化的基本决定性因素,改变了习俗、社会结构、价值以及社会的总体状况"①。在布热津斯基看来,之前的工业社会并不是技术决定论的社会,因为技术应用在工业社会中基本局限于加速和提升生产技艺,而在电子技术社会中,科技知识不仅提高生产力,而且直接影响社会生活的所有方面,乃至直接作用于人本身,如生化技术不断增强对人类的控制,计算机技术不断增强人类智力和学习能力,传媒技术不断改变人类的社交行为,因而电子技术社会成为真正为技术所决定的后工业社会。

因此,布热津斯基不是工业主义者,却是电子主义者。这一点他与丹尼尔·贝尔类似,两者均认为技术发展并不是一直决定了人类社会的历史演进过程,而是到了后工业社会才开始决定社会发展,布热津斯基尤其强调到了冷战时期发达国家才转变为技术决定论的社会。他认为:"在未来,计算机不单是完成任务,还将要思考各种问题;不单是分析数据,还将要进行推理并给出答案;不单是处理,还将是创造。"②按照布热津斯基的逻辑,整个电子技术社会的各个层面,包括经济生产、社会组织、文化习俗和心理意识等,都要按照电子技术革命和电子产业技术发展的逻辑来重新塑成,都要遵循技术逻辑来运行。显然,这将是技术治理盛行的技治主义社会,特别的,将是典型的电子技术治理社会。该社会的运行遵循"技治主义二原则",即在社会运行

---

① Zbigniew Brzezinski, *Between Two Ages: America's Role in the Technetronic Era*, New York: Viking Press, 1970, p.5.
② 兹比格涅夫·布热津斯基:《大失控与大混乱》,北京:中国社会科学出版社,1995年,第90页。

中运用科学原理、技术方法的科学运行原则和由系统接受自然科学教育的专家掌握社会运行权力的专家治理原则。换言之,电子技术时代亦是技治主义时代。

(2) 电子技术社会的主要特征

很容易发现,电子技术社会理论与后工业社会理论提出时间相近,不过电子技术社会理论是从国际政治和国际关系角度提出来的,而后工业社会理论是社会学和文化研究领域的重要成果。与丹尼尔·贝尔一样,布热津斯基也是通过与工业社会进行比较,来概括电子技术社会的主要特征。

第一,工业社会的生产重心从农业转向工业,机器操作代替人力畜力,而电子技术社会工业重心让位给服务业,自动化和自动控制代替个人操作机器。

第二,工业社会劳资关系的重点是就业失业和社会保障问题,而电子技术社会重点则是技能陈旧、安全与休假以及利润分享(profit sharing)问题,蓝领工人的精神健康越来越受到重视。

第三,在工业社会中,教育是社会进步和社会改革的重要手段,而电子工业社会中教育最根本的问题是发现将理性运用于社会潜能提高的有效技术,计算机技术和传媒技术被大规模运用于教育当中,教育过程越来越长,新知识越来越多。

第四,工业社会领导权从传统的农村贵族精英转移到城市富裕精英的手中,而电子技术社会中以物质财富尤其是对能源占有为基础的财阀统治,将被以个人专业技能为基础的政治领导所取代,知识成为获得和运用权力的工具。

第五,工业社会中大学是远离社会的象牙塔,培养社会精英的临时中转站,电子技术社会中大学被深深卷入社会运行中,成为社会智库,是政治计划和社会创新的源头。

第六,工业社会倾向于寻找社会困境的总体化答案,因而意识形态事业发达,而电子技术社会传媒技术发达催生众多可变的各种观点,宏大叙事衰落,理性越来越被限定为科学理性,科学理性深刻地影响人们的政治观点。

第七,在工业社会中,选举权和政治参与是政治领域的关键问题,而在电子技术社会关键问题变为如何保证真正参与决策,而疏远政治也成为重要问题。

第八,在工业社会中,有选举权的人们通过工会和政党组织,以相对简单的意识形态方案团结起来,政治态度容易被国家主义情感影响,政治观点表达使用各国地方语言表达,而在电子技术社会中,大量没有组织公民的政治态度的汇聚引导着政治潮流,他们容易被最新的电子传媒技术所操纵、被有吸引力的个体所左右,政治不再局限于一国而成为全球事务参与,政治的语言表达被电子图像表达取代。

第九,在工业社会中,经济权力被大企业家和工业管理掌握,而在电子技术社会中,经济权力日益去个人化(depersonalization),日益与政治权力联系在一起,个人的政治无力感增加。

第十,在工业社会中,商品和个人财富是社会成就的表现形式,而在电子技术社会中,运用科技实现人类目标以及提高生活质量是最重要的社会成就。

显然,布热津斯基总结的变化不仅说明了电子技术社会的特征,也描绘了科技尤其是电子技术对当代政治和社会运行的重大改变。换言之,电子技术社会的政治和社会运行,必须按照技术逻辑尤其是电子技术逻辑来实现。它的技治主义特征主要集中表现如下:1)专家领导社会;2)大学成为社会智库;3)电子技术支配教育事业;4)科学理性影响政治观点;5)电子技术左右政治活动。总的来说,因为布热津斯基主要关注国际政治问题,因而他的技治主义思想在政治学和国际政治方面很突出,下文会仔细讨论。

(3)电子技术社会与人的控制

布热津斯基认为,电子技术使得全球化不断推进,同时社会变得越来越碎片化。在他看来,碎片化是社会内爆(implosion)与外爆(explosion)同时发生的结果。社会内爆指的是电子技术导致社会环境迅速变化,人类越来越可塑和可控,任何东西都变得短暂易逝,客观真实被感官真实取代,生活失去了内聚力。社会外爆指的是电子技术使得国家与社会的边界越来越模糊,全球实在(global reality)越来越影响个体,世界直接与每个个体联系起来。显然,布氏的"内爆外爆说"受到麦克卢汉和鲍德里亚的思想的影响。

布热津斯基认为,麦克卢汉的"地球村"不如"全球城市"(global city)更能说明电子技术时代中不安、焦虑、紧张和碎片化的相互依赖网络,这种相互依赖只是互动频繁而不是亲密关系。① 太多的知识涌现出来,人们只能成为狭隘的专家或肤浅的通才,知识代沟急速扩大,导致沟通困难,给人类的智力团结带来了重大威胁,社会变得越来越不确定和智力混乱。

电子技术催生的社会内爆和外爆同时发生,不仅导致紧张和不安,也催生了对社会运行的全新看法。对于技术治理而言,其中最重要的就是"人类行为是可以控制"这种新观念的崛起。布热津斯基的这一想法与我所谓的"科学人的崛起"的观点类似。他认为:"在最先进的西方社会里已经出现了日益引起最大激情的问题是,19世纪的系统意义上的'意识形态'成分越来越少,而哲学—科学的本质越来越多。"② 在此背景之下,人类不再被认为是真实的(authentic),而是合成的(synthetic),因而所谓人类本质也是通过技术比如生化技术干预的,科技事实上向个体敞开了更多的关于自身的选择。因而,在电子技术时代,依靠科学来提高人的自我控制能力,这导致科学逐渐全面介入对人的研究,类似"人究竟是什么""生命是什么"的深层问题也成为科学问题,有意识的自我分析越来越被重视:我的 IQ 如何,我的 EQ 如何,我的天资、个性、能力、吸引力和负面特征是什么? 在布热津斯基看来,内在的或精神性的人被外在的或可计算的人所取代,人在对自己的科学刻画中不断转变自身,这导致了社会控制和社会运行的困难。

(4) 电子技术时代的全球政治觉醒

布热津斯基认为,20 世纪的政治以极权主义运动的兴起为主要特色,伴随着极权主义实验失败,在 21 世纪之交出现了全球规模的人类政治觉醒。电子技术催生的全球化进程,导致政治活动发生重大变化,布热津斯基认为其中影响最大的就是"全球政治觉醒",电子技术时代是全球政治觉醒的时代。它有三个基本特征③:1) 全人类包括落后民族都在政治上积极起来;2) 全球权力中心从大西洋两岸转移到远东,大西洋两岸国家正在失去 500 年来的全球统治权;3) 全球性问题出现,影响整个人类,人类必须共同应对。

---

① Zbigniew Brzezinski, *Between Two Ages: America's Role in the Technetronic Era*, New York: Viking Press, 1970, p. 14.
② 兹比格涅夫·布热津斯基:《大失控与大混乱》,北京:中国社会科学出版社,1995 年,第 91 页。
③ 兹比格涅夫、布热津斯基、布兰特·斯考克罗夫特:《大博弈:全球政治觉醒对美国的挑战》,北京:新华出版社,2009 年,第 1—2 页。

也就是说,以电子技术为基础的全球政治觉醒是反极权主义的,尤其是与全球极权的趋势相冲突。应该说,在很大程度上,布氏技术治理思想中的全球主义和反极权主义主张符合国际政治进程的实际。

布热津斯基指出,全球政治觉醒是科技发展尤其是电子技术革命的产物。科技发展催生工业革命,工业革命促进识字率急速提高,为政治觉醒提供了必须的条件。随着电子技术时代到来,全球通信手段尤其是计算机的使用,使得频繁的观点和信息交换成为可能,这使政治觉醒提高到更高的水平,既增加接近感,也增强了对全球不平等现象的政治意识。总之,科技发展实现社会富裕,也刺激了政治觉醒,发展中国家逐渐富裕的刺激作用更为明显。

布热津斯基指出,"无论如何,全球政治觉醒和现代科学技术的结合加速了政治历史的演变"①"于是,一个以政治觉悟水平不断提高为特征的、拥挤而亲密的全球政治性社会正在出现,但是,它是在持续的和某些方面甚至在日益加大的社会经济差异的背景下出现的"②,全球政治、国际政治或政治全球化的时代随之到来。布热津斯基认为,全球化正在抹除国内政治与国际政治的区别,尤其对于美国等先进发达国家而言尤其如此。在全球政治时代,政治理论关注的重要对象如武器、传播、经济和意识形态都主要不再从国家角度审视,而是要从全球视角来研究。典型的比如核武器的出现,使超级大国之间的国际平衡关系得以在新科技的基础上实现。

2. 美国领导的全球技治

在布热津斯基看来,率先进入电子技术时代的美国在人类未来和国际政治中扮演着特殊的角色:在人类未来方面,美国是全球技治主义的试验场;在国际政治方面,美国是担负着西方世界兴衰责任的领袖。考虑到布热津斯基是美国冷战最重要的"师爷"之一,他要求美国在第二次世界大战之后挺身而出,带领西方国家与苏联为首的共产主义阵营进行竞争和对抗,他的"美国领袖观"就不足为奇了。从第二次世界大战之后的国际局势实际发展

---

① 兹比格纽·布热津斯基:《第二次机遇:三位总统与超级大国美国的危机》,上海:上海人民出版社,2008年,第165页。
② 兹比格涅夫·布热津斯基:《大失控与大混乱》,北京:中国社会科学出版社,1995年,第61页。

历史来看,布热津斯基的"美国领袖观"无疑对美国政府的国际政治实践影响巨大。

(1) 美国在电子技术时代全球领导位置

布热津斯基认为,美国是率先进入电子技术时代的国家,更是电子技术革命最重要的全球传播者。因此,美国成为全球注意的焦点,以及其他国家所效仿、嫉妒、钦佩和憎恨的对象。他提出"美国冲击论",认为美国对世界的冲击一开始是与自由、民主相连的理想主义冲击,后来转为越来越物质主义的"美国梦"和美元,而现在美国冲击越来越来自它在科技和教育领域的领头羊作用。

布热津斯基认为:"当代美国是世界的社会实验室。"[①]在他看来,美国经历过三次革命:美国独立、美国内战和电子技术革命,对应着美国发展的三个阶段:前工业美国、工业美国和电子技术美国。科技和教育成为美国最重要的核心竞争力。美国逐渐成为以专业才能分配权力的知识社会,美国科学界的智力氛围和组织方式都支持不断的探索和创新,社会对技术创新的接受度和适应度很高,吸引全球科学家移民美国,这些都支撑着美国成为史无前例的科技和教育的全球性精英平台。

从某种意义上说,美国是一个技术专家阶层主导的社会,欧洲和苏联在这一点上与美国都有不小的差距。但是,这一点在新冠疫情当中被一定程度地证伪了,美国人在疫情期间反智主义盛行,大出人们所料。就连布热津斯基提到的惯常现象——外国学生纷纷到美国学习,把创新思想和美国文化带回自己的国家,于是出现了以美国为中心的全球性创新—模仿的关系,换言之,美国成为全球社会发展的实验室——在疫情之后也悄悄地有所变化,美国的外国留学生开始向其他国家流动。

这种新关系很容易让人想到某种帝国主义关系,布热津斯基专门对此进行反驳。他认为,这种新帝国主义与传统帝国主义不同,后者或者是大英帝国式的殖民关系,或者是中华帝国式的朝贡关系,前者虽然也是不对称关系,但它是电子技术革命与全球传播的关系。他认为:"大规模的美国创新

---

① Zbigniew Brzezinski, *Between Two Ages: America's Role in the Technetronic Era*, New York: Viking Press, 1970, p.7.

的高潮,主要得益于20世纪20年代和30年代大量欧洲知识分子移民来到美国。"①这使得美国在人类历史上第一次真正成为全球社会,对美国有利有弊,既促进了全球大规模合作,也增加了美国的不稳定性。

(2) 美国的技术治理战略

美国如何推行自己的全球技术治理战略呢?布热津斯基主要提出了如下观点:

第一,强调教育和大学的关键作用。在美国,与科技相关的社会组成部分急速扩张,美国大学成为知识传播的复杂网络中心以及国内国际战略创新的源头,大学地位超过教堂和跨国公司。技术问题而非哲学问题,主导美国学者对教育的思考,电子技术被引入科技和教育事业。现代公司运转越来越科学化,商业活动越来越像系统的科学任务,不仅生产产品,还要探索未来。美国社会越来越强调个人专业能力,个体意识觉醒越来越电子技术化,强调对电子技术的应用以解决各种社会问题。总之,美国进入前所未有的所有人都变富裕的社会,教育已经成为美国社会进步最重要的方法。因此,要提高美国黑人教育水平,实现社会成员的终生教育。

第二,强调科研和创新的重要作用。布热津斯基认为:"到第一次世界大战爆发时,美国不断增长的经济力量已经大约占全球国民生产总值的33%,使美国取代英国而成了世界第一工业大国。美国的这种突出的经济活力是由一种崇尚试验和创新的文化培育出来的。美国的政治制度和自由市场经济为雄心勃勃的和不迷信传统偶像的发明家创造了前所未有的机会。"②因此,美国社会问题的解决关键在于应用科技力量,应该讨论和关注科技的作用,培育创新文化氛围,赋予专家权力,让专家为社会目标服务。

第三,强调计划在社会运行中的作用。布热津斯基主张美国进行政治创新,实现参与的多元主义(participatory pluralism),不仅仅是宪政改革,还要制订广泛的国家计划,不仅包括经济目标,还要包括文化目标。技术发展使美国社会越来越需要计划,计划使美国需要更多的合作关系,少一些中心

---

① 兹比格涅夫·布热津斯基、布兰特·斯考克罗夫特:《大博弈:全球政治觉醒对美国的挑战,》,北京:新华出版社,2009年,第123页。
② 兹比格纽·布热津斯基:《大棋局——美国的首要地位及其地缘战略》,上海:上海人民出版社,1998年,第5页。

化,要消解公私之间的明显区别。

第四,反对乌托邦主义。布热津斯基认为,计划不等于乌托邦总体工程,美国应该超越纯粹美国视角,思考更多的全球性问题,将国际问题视为人道主义问题而不是善恶政治冲突;反对乌托邦主义,不寄希望于一劳永逸地解决困境,将科技作为处理人类问题的工具,集中于提升个人生活品质。

第五,以民主制控制技术治理。布热津斯基总结的美国新经验是:社会创新者利用科学服务人类福祉,但又不教条地限定人类命运。这是典型的技术治理策略。但是,美国成功建立在健康的民主制之上,技术治理的策略要服从民主制的根本目标。美国对电子技术时代的探索如果失败,将代表着人类的失败,尤其是民主制向科技力量投降。①

(3) 美国全球技术治理面临的难题

布热津斯基也意识到,美国推行全球技术治理战略存在着诸多阻力,其中他讨论最重要的难题至少有两个:全球发展不平衡和"丰饶中的纵欲无度"。

全球发展不平衡的显著标志是"全球贫民窟"(global ghettos)的出现。布热津斯基认为,第三世界国家将成为电子技术革命的受害者,一些落后国家可能因此而会成为全球贫民窟。虽然第三世界国家在发展,但是赶不上发达国家的发展速度,相对而言越来越落后,相对剥夺感越来越强烈,对外部世界的政治敌意越来越大,发达国家与发展中国家差距拉大很可能导致越来越大的仇恨,结果可能是落后国家的动乱和独裁。因此,电子技术革命积累的全球效果是矛盾的:一方面,革命标志着全球共同体的开始,同时又拉大了社会差别与国家差距,导致传统急速衰落。三个世界分裂加剧导致国家政治秩序紧张,第三世界的无秩序很可能与种族主义和民族主义情感相结合。反过来,星球意识(planetary consciousness)越来越普遍,对国际化的直接感受越来越强烈。

发达国家的问题则是"丰饶中的纵欲无度"。布热津斯基认为,在电子技术时代,对人的控制与纵欲无度是同时存在的。彻底控制的虚妄观念导致

---

① Zbigniew Brzezinski, *Between Two Ages: America's Role in the Technetronic Era*, New York: Viking Press, 1970, p. 98.

了西方在精神上的另一个极端,"它的主要表现形式是对个人和集体的欲望,对性欲与社交行为极少约束控制"①,人们普遍开始认为,一切价值观念都是主观和相对的。于是,在美国等先进国家,放任无度的生活方式流行,只顾达到个人的自我满足,不受道德制约,使得西方生活方式在全球广受诟病。② 布热津斯基进一步解释,"'丰饶中的纵欲无度'的概念基本上指的是,一个道德准则的中心地位日益下降而相应地追求物欲上自我满足之风益趋炽烈的社会。与强制的乌托邦不同,丰饶中的纵欲无度并不设想对被解救者创设一种永恒的社会天堂的境界,而是在个人和集体的享乐主义成为行事的主要动机的背景下,主要着重于立即满足个人的私欲"③。他认为,"丰裕中的纵欲无度"导致美国思想腐朽,追求物欲的成功学流行,以相对主义的享乐至上作为生活的基本指南,没有共同遵守的道德原则。

在西方之外,人们仍在为生存问题而挣扎,全球分裂日益加剧,有损全球共识达成。美国成为唯一真正的全球大国,美国政治中国内与国际之间的界限消解,产生孕育一个真正全球社会的可能性。但是,如果美国不重新确定某些道德标准的中心地位,不对一味追求个人欲望的满足进行自我控制,美国的全球霸权也不可能持续很久。换言之,美国之所以难以在全球行使有效权威,是因为文化而非经济方面的内在弱点,这使得全球政治不稳定性越来越大。于是,"今天的世界更像是一架用自动驾驶仪操纵的飞机,速度连续不断地加快,但没有明确的目的地"④。因此,无论在国际事务方面,还是在国内社会情况方面,未来的全球政治有可能发生巨变而失控。

对此,布热津斯基提出的应对措施是提倡"公众的自我控制",这种自我克制原则应用于政治领域包括四个方面的原则:1) 用于物质力量方面,即物质力量自我控制;2) 用于政治激进主义活动中,即激进活动要在宪法框架内进行;3) 用于个人期望,反对纵欲无度、道德堕落;4) 用于社会变革,强化教育公众不能放弃持久的价值观念。⑤ 自我控制仅仅是"提倡",便会自动实现

---

① 兹比格涅夫·布热津斯基:《大失控与大混乱》,北京:中国社会科学出版社,1995年,第217页。
② 同上书,第4页。
③ 同上书,第75—76页。
④ 同上书,第6页。
⑤ 同上书,第242—245页。

吗？布热津斯基并没有提出有说服力的落实措施。

（4）三边委员会：联合国际技治精英

布热津斯基认为，在电子技术社会，由不同国家的商人、学者、专业人员和官员组成的国际精英出现，全球精英团体获得了真实的力量，越来越多发达国家的社会精英成为国际主义者和全球主义者，掌握越来越多的权力。全球信息网络促进知识互动和融合，进一步增强了专业精英的国际性，一般性全球通用的科学语言出现并流行开来。

与之相对，地方大众与全球精英的差距加剧。布热津斯基指出，大众往往是地方主义的，更容易被民族主义政客利用，反对提倡世界主义的精英。国际精英越来越多地思考全球性问题，重视电子技术革命在应对全球性苦难和需要中的作用。对国家实力的衡量标志，从以往的领土、人口、文化、意识形态和军事力量等，逐渐被 GNP 数据、人均收入和消费数据、教育机会、创新和科学成就、R&D、健康和营养，甚至奥运会奖牌数以及太空探索竞赛所取代。对意识形态的关注让位于对生态问题的关系，如空气与水污染、饥荒、人口过剩、气候变化、核辐射等。

在实施美国全球技术治理战略的组织方面，布热津斯基强调全球精英联合起来、行动起来，建议并创立了以此为目的的三边委员会，并主张通过联合国来治理全球。显然，他所谓的全球精英实际上是西方发达国家的精英。在很多人，如斯唐看来，三边委员会是西方统治世界的阴谋。[①] 对此，布热津斯基澄清道："与现在流传的说法相反，三边委员会并不是为统治世界而策划出来的阴谋，它是真正以促使美国、西欧和日本进行共同努力来塑造一个更为合作的世界为目标的。它的许多会议和文件都是以对发展中国家的援助、更合理地开发海洋资源的安排、推迟或停止核武器扩散的计划等问题为中心的。"[②]

三边委员会的想法最初由布热津斯基提出，显然受到威尔斯提出的"新世界秩序"观念的影响。1973 年，D. 洛克菲勒和布热津斯基发起成立三边委

---

① A. Stang, Zbig Brother, *American Opinion*, 1978, 21(2).
② 兹比格涅夫·布热津斯基：《实力与原则：1977—1981 年国家安全顾问回忆录》，北京：世界知识出版社，1985 年，第 59 页。

员会,冷战时期对美国外交政策影响很大。它具有明显的精英主义色彩,囊括政商学等美欧日各方面精英,既以西方世界团结稳定为目标,又肩负与苏联冷战竞争的使命。换句话说,布热津斯基也属于国际技治精英中的一员。

建立一个以美欧日为核心的世界秩序是三边委员会的最大目标。该委员会认为,没有一个和平稳定安宁的新的世界秩序,对美国极为不利。建立新秩序的办法,首先是由"三边"即西方先进工业社会组成稳定的核心,加强西方发达国家之间的关系,其次是改善与第三世界的关系,再次是处理与苏联集团的关系。

冷战结束后,三边合作前景渺茫。三边委员会并没有公布全面综合的"新世界秩序"蓝图,只是由各种专家组成特别研究小组提出一个三边委员会研究报告。该委员会称之为"渐进积累的功能主义政策建议",这些建议合在一起整体上被称为"管理相互依存战略"。这个战略的核心问题就是管理世界经济,有限解决的是重整混乱不堪的国际货币金融体系和国际贸易体系。

3. 地缘战略分析方法

地缘战略学(geostrategy)是布热津斯基的美国全球技术治理实施的重要理论指导,也是他将他所理解的科学方法应用于国家政治的产物,与他坚持电子技术对当代政治的决定性作用相一致。这一点也是布热津斯基被认作技治主义者的重要原因之一。布热津斯基的地缘政治学目标非常清楚,即谋求和维护美国的全球霸权,冷战时期击败苏联获得全球霸权,冷战之后维护美国的全球唯一霸权。

(1) 国际政治与地缘战略学的重要性

按照布热津斯基的逻辑,国际政治对于全球技术治理非常重要。在国际政治领域,布热津斯基认为,美国不能只是捍卫自身的国际安全,还具有其他三项重要的使命:"1. 在一个地缘政治平衡变化不定、民族国家愿望上升的世界中管理、指导和塑造中心力量之间的关系,以便形成一个更加合作的全球体系""2. 遏制和终止冲突,预防恐怖主义和大规模杀伤性武器扩散,以及促进被内部冲突撕裂的地区的集体维和行动,以使全球暴力下降而不是进一步扩散""3. 更有效地处理人类现状中令人日益无法容忍的不平等现象,以适应'全球良知'这一新现实,并推动共同应对新的环境和生态问题对全球福祉的威胁。"① 而对于美国总统而言,外交政策是其具有最大个人裁决权的领域,因而布热津斯基认为每一届美国总统都应在国际政治领域内倾注精力。

显然,布热津斯基的此种观点在强调像他一样的国际政治专家的重要作用:美国应该重视他的地缘政治学研究,美国应该更重视大战略的理论研究,战略规划的作用应该得到加强。由于地缘政治学的专业性和科学性,布热津斯基对它在美国外交中作用的强调,实际就意味着对地缘政治学专家在外交中作用的强调。他多次提到,美国国际外交政策缺乏一贯性战略,呼吁政府应该加强地缘政治学家在外交政策和实践中的权力。他认为:"美国没有一套适应新形势的、一体化而全面的战略理论。美国的核战略与核现实不相吻合。它的常规陆军态势处于同地缘政治方面的危险不相适应的状态,而它的海军力量则要全力应付其战略方面的使命。"② 实际上,地缘战略学不仅是学术研究,而且是身居高位的布热津斯基的实践战略。

(2) 地理主义:国际政治学的科学化

在布热津斯基看来,要真正提升国际大战略研究水平,就必须把科学原理和技术方法运用于其中,并听取和重视国际政治专家的意见。从技术治理的角度看,他的地缘政治学就是贯彻科学运行原则的成果,也是国际政治领域推行全球技术治理的指导理论。但是,在布热津斯基的理论中,国际政治学的自然科学化是一种泛义的,这与他对科学及其方法的宽泛理解是相关的。他会使用一些数据,但除此之外,狭义自然科学化的东西并不多——当然,政治学之前太不科学化了,因而他的理论显得更科学。

仅仅就地缘战略分析方法而言,布热津斯基体现的科学性并不在于一般谈科学性所理解的实验方法和科学仪器的使用上,更多体现于某种"科学精神"的指导,这种指导具有很强的美式实用主义科学观的色彩。这同样又是泛义的科学精神化,而不是狭义的科学方法化,即以他所理解的科学精神来重塑政治学。在很大程度上,他所理解的"科学化"是贯彻地理环境决定

---

① 兹比格纽·布热津斯基:《第二次机遇:三位总统与超级大国美国的危机》,上海:上海人民出版社,2008年,第4页。
② 兹比格涅夫·布热津斯基:《竞赛方案——进行美苏竞争的地缘战略纲领》,北京:中国对外翻译出版公司,1988年,第176页。

论倾向的主张,这就是我称之为"地理主义"之含义。

长期以来,善恶、信仰和理想等价值问题,是国际政治研究的主流,对于非价值问题如实力、效率和行动等讨论很不充分,而且缺少可行性和可操作性。布热津斯基将冷战竞争胜利设定为最高价值目标,再讨论操作上如何能在冷战中取胜。虽然他也会讨论价值和文化的竞争力,但此时它们成为冷战竞争和维护霸权的工具,而不是作为最高价值目标。所以,有人说:"布热津斯基之所以难以归入现实主义者或理想主义者是因为他让未来主义的人道主义(futuristic humanism)屈从于现实政治(realpolitik)。"①从这个意义上说,布热津斯基政治学的"科学化"首先是"去价值化",其次才是直接学习自然科学的研究方法,很多人称之为务实主义或实用主义路线。可以说,在布热津斯基眼中,国际政治和全球政治可以作为某种超大型的社会工程来实施,而主导实施的"工程师"是如三边委员会等组织起来的全球精英。所以,布热津斯基不仅被认为是技治主义者,还被视为新一代全球技治主义者的代表。也就是说,布热津斯基的地理主义同时意味着务实的全球主义,即始终从全球视角审视美国的地缘战略。

(3) 地缘分析的方法论原则

第一,地理原则。不能说布热津斯基是彻底的地理环境决定论者,他也考虑到科技发展对地理约束的突破。但是,地缘政治学关于地理因素对国际政治影响的分析达到了非常详尽的程度。他指出,地缘政治分析"可使人集中注意地理和政治权力之间、领土和人民之间、历史趋势和地缘政治重点之间的紧密联系"②。

第二,操作原则。就国际政治的发展而言,布热津斯基给出了很好的一种向科学性前进的尝试。虽然他的多数想法仍然属于默顿所谓"中层理论"的范畴,脱离不了很强的形而上学色彩,但这些分析中有一些已经具备实证形式,更多的观点具备向经验操作前进的潜能。在《竞赛方案——进行美苏竞争的地缘战略纲领》中,布热津斯基直接就宣布该书是"一本实用的行动

---

① Larry Donald Kuzma, *The International Relations Thought of Zbigniew Brzezinsiki: An Intellectual Profile*, West Lafayette, IN: Ph. D dissertation of Purdue University, 1983, p. 240.

② 兹比格涅夫·布热津斯基:《竞赛方案——进行美苏竞争的地缘战略纲领》,北京:中国对外翻译出版公司,1988年,第5页。

指南"①,而不是停留于两可的空泛议论。

第三,物质原则。更重视物质性力量的分析,而不是精神追求的高尚与否,比如分析武器力量、国内生产总值比较、铁路运输力量等。我称之为"物质主义",但这并非讨论物质与意识第一性的问题,而是指布氏重视物质性力量在国际政治中的作用。与物质原则相连,必然是对科学技术及其成果在国家政治中重要作用的强调。

第四,历史原则。如果从历时性角度研究布热津斯基几本主要著作,会发现他坚持因时而变、与时俱进的研究原则。在冷战中,他强调操作性地进行冷战争胜。冷战结束后,他强调尽快结束冷战思维,重新思考美国的全球大战略,维持美国的霸权地位。这大约因其反教条主义而具备某种"科学精神"。布热津斯基认为,英国衰落正是因为不知因时而变,"可叹的是,那些忠诚的臣子们显然低估了历史是多么善变。大英帝国并没有受到多少历史洞察的指导,而更多地为帝国的狂妄自大所左右"②。再比如,晚年他多次强调抛弃冷战思维,积极面对中国崛起的事实,美欧、美日、美俄、美中是白宫最重要的四大国际关系。③

第五,渐进原则。地缘政治学从历史发展的眼光看待国际政治形势,必然主张实施国际战略的渐进主义,通过一步步地权衡利弊,逐渐实现目标,不夸大一时一事的得失。在布热津斯基看来,冷战竞争重要的是一个过程,而不是一个简单的结果。即使苏联解体,对他而言也只是竞争发展到新的阶段,而不意味着一劳永逸的美国胜利。在布热津斯基看来,20世纪全球政治经历三次大的转变:第一次是欧洲权力平衡被打破,第一次世界大战爆发;第二次是冷战爆发,两个超级大国第一次具备全球破坏和毁灭的能力;第三次是冷战结束,世界进入新的阶段。④

(4) 地缘战略分析的经验与实证方法

就国际政治研究的发展而言,布热津斯基给出了很好的一种向科学性

---

① 兹比格涅夫·布热津斯基:《竞赛方案——进行美苏竞争的地缘战略纲领》,北京:中国对外翻译出版公司,1988年,第5页。
② 兹比格纽·布热津斯基:《第二次机遇:三位总统与超级大国美国的危机》,上海:上海人民出版社,2008年,第1—2页。
③ Zbigniew Brzezinsiki, Living With China, *The National Interest*, 2000(1).
④ Zbigniew Brzezinsiki, Selective Global Commitment, *Foregn Affairs*, 1991, 70(4).

前进的尝试。国际政治研究要具有专业性,不能随便什么人都能"侃"几句,不能停留在《三国策》或《三国演义》的分析水平上,必须在方法论上向自然科学学习。当然,这并不是唯一的国际政治研究进路,不能否认人类行为的偶然性在国际政治领域体现得很明显。更重要的是,国际政治研究具有自我实现预言的特点,因而绝不能否定在其中价值研究的重要性,因为在国际政治中人类需要理想。但是,无论如何,如果没有经验与实证方法的运用,国际政治研究就无法成为独立的科学分支。

在上述方法论原则的指导下,布热津斯基的地缘战略分析大量采用了如下经验与实证的非价值性研究方法:

第一,板块分析,即以大陆板块或大地区为单位分析问题。比如,布热津斯基认为欧亚大陆是全球战略的重点,美苏争夺欧亚大陆有三条中心战略战线:远西战线、远东战线和西南战线。

第二,中心—边缘分析,即划分国际战略的中心与边缘,以及探讨两者的变迁。比如,现阶段国际政治的中心是欧亚大陆,美洲是边缘,但亚太地区的重要性越来越强烈。

第三,关节处或连接处分析,即分析地缘战略中的板块交汇处,比如中东,这些地方往往很脆弱,易动荡。

第四,战略要地分析,即分析具有内在重要意义又被各方觊觎的地区或国家,比如冷战时期的德国、朝鲜和伊朗等。

第五,地理资源分析,即分析各地理单位中的出海口、人口、矿产、森林等诸种地理环境之资源。

第六,海洋—内陆分析,即注意海洋大国与内陆强国在战略目标、战略措施和价值观等方面的差异。

第七,科技力量分析,即分析各国科技力量尤其是军事科技力量的数据,对比优劣势,包括工业、核力量、铁路、空中力量、海上能力、导弹目标范围,以及对军事力量的技术远距离投送能力等。

第八,地图和图表分析,即大量使用图表、地图、数据、编年史和大事记等形式帮助分析,这是对自然科学文本的模仿。

第九,帝国分析,布热津斯基所使用的帝国一词有自己的用法,"我使用'帝国'这个术语作为一个道义上的中性词,用以描述一种政治关系中的等级制度,这个制度可以从一个中心向外辐射器影响。至于对这类'帝国'的道义性的衡量,那要看它如何行使其帝国的权力,并在多大程度上得到其势力范围内的人们的赞同,以及其目的是什么"[1]。因此,帝国分析是某种中心向边缘辐射的分析方法。他将美苏均视为帝国来分析,分析它们的核心地带、领土扩张、帝国历史、附庸层的展开等问题。

第十,情境预测与规划方法,即对未来可能出现的国际政治情境进行预测,然后提出可操作的应对方法。

第十一,问题与对策分析,即在国际政治领域提出问题,然后寻找可能的对策方法。如早期布热津斯基的地缘战略理论可以被视为回答"美国如何在冷战中取胜"的战略对策。

第十二,进攻—防御分析,即同时考虑防御方案和进攻方案,根据不同情况选择二者之一。

第十三,单元分解方法,即对战略力量、战略资源、战略问题等进行逐项分析,对经济、军事和社会等方面进行深入比较。

显然,这些方法使得国际政治研究变得更为客观,更具有可操作性。

4. "意识形态衰落论"

讨论布热津斯基的技治主义思想,离不开美苏冷战的大背景。第二次世界大战之后,以苏联为首的共产主义阵营发展迅猛,以美国为首的西方资本主义世界感受到巨大的竞争压力。美国如何才能在冷战中获胜呢？这是布热津斯基理论思考的主干问题,也是他的技治主义主张要着力应对的问题。在他看来,西方资本主义国家必须团结起来,以对抗共产主义阵营,并且美国必须放弃"孤立主义",肩负起领导西方世界的当然责任,因而全球主义是布热津斯基的必然选择。而对比美苏两大阵营,布热津斯基认为取胜的关键在于新科技力量的竞争,相信更好顺应科技发展将决定了竞争的胜负,而新科技的核心是电子技术,从而电子主义就成了题中之义。至于地理主义,乃是全球主义与电子主义叠加之后的方法论延伸,将冷战舞台设定为新科技

---

[1] 兹比格涅夫・布热津斯基:《竞赛方案——进行美苏竞争的地缘战略纲领》,北京:中国对外翻译出版公司,1988年,第13页。

革命之下的整个地球。

(1)"意识形态衰弱论"的新意识形态

布热津斯基认为,电子技术时代的政治思想与意识形态发生重要变化,是一个信仰不稳定的时代。电子技术革命对既有意识形态和人生观的冲击很激烈,体制化信仰对很多人来说不再重要,或者越来越值得怀疑,个人信仰也随着时尚而迅速转变。与信仰类似,体制化的意识形态的力量也迅速减弱,受到各种各样的攻击,国家越来越关注人民的外部生活质量而忽视内在的精神向度。民族国家兴起后,民族主义和国家主义以世俗理性缓解宗教虔诚。而普遍主义的意识形态被对具体社会平等问题的关注所取代,人们开始经历政治和社会自觉。在思想领域,反科学、反理性的社会思潮越来越流行,典型的比如"新左派"、法兰克福学派,政治激进分子受到年轻人追捧。大众追求平等和安全,关心个体精神事务,甚至出现宗教狂热,但对意识形态越来越冷淡。

意识形态衰弱意味着效率价值观与效率专家的崛起。布热津斯基认为,追求效率的专家崛起,典型的如经济学家、科学家和管理专家,将意识形态视为对社会变化阻碍最大的教条主义。在国际政治研究领域,教条主义被布氏认定为美国外交政策制定的最大阻力,应该加以警惕并加强思想领域的竞争。[①] 并且,他还认为,对意识形态要加以操作主义的理解,即意识形态实际上是理论与行动之间的联结,可以被定义为一套行动方案,根源于对现实本质缺点的教条式假设。[②] 布氏的这种理解与意识形态作为上层建筑的马克思主义立场是不同的,与意识形态作为维护既有统治秩序的系统观念的法兰克福学派立场也是不同的,其中的阶级观念和阶级立场被完全放弃。

布热津斯基大谈意识形态在电子时代的衰落和弱化,这种论调显然受到丹尼尔·贝尔"意识形态终结论"的影响。布氏的逻辑是电子技术减低了意识形态的重要性,而贝尔的逻辑是后工业时代中资本主义和社会主义趋同,二者的阶级意识形态差别被抹杀。坚持技术决定和技术治理的逻辑必然是反

---

① Zbigniew Brzezinsiki, Dogmatic Dangers: When Policymaking Rigidfies Ideas, *Harvard International Review*, 2006(2).

② Zbigniew Brzezinsiki, Communist Ideology and International Affairs, *The Journal of Conflict Resolution*, 1960, 4(3).

意识形态的吗？如果法兰克福学派的"科学技术是一种隐形意识形态"的观点成立,意识形态弱化或终结的立场显然是错误的。反过来,如果坚持技术的工具论立场,即科学技术仅仅是维护既有统治的工具,新科技的发展不是减弱而是增强了意识形态的力量。因此,意识形态弱化或终结理论都是错误的。

实际上,意识形态弱化或终结争论的焦点不是如何理解"意识形态"这一概念,而在于社会主义—共产主义是不是一种区别于和高于资本主义的意识形态理想。所谓"弱化"或"终结",弱化或终结的是社会主义—共产主义的意识形态,而不是资本主义的意识形态。简言之,弱化或终结的目标是反对共产主义以在冷战中取胜。众所周知,布热津斯基是强硬的反共分子,对苏联痛恨至极,但如库祖玛所言,他并不是盲目和没有弹性的反共分子,他支持美中亲近,赞扬马克思是伟大思想家。[①] 布氏所提倡的"意识形态弱化论"并非去意识形态,而是一种反对苏联共产主义体制的新意识形态。如果说其中存在值得汲取的启示的话,首先应该是两个亮点:一是反对乌托邦式的社会工程,二是重视科学技术推动社会进步的重大意义。

(2) 夸大美国和西方的位置和作用

如库祖玛总结的,很多人批评布热津斯基杜撰太多没有深度的概念,也有人批评他的理论性不强,只是一个谋士,还有人认为他忽视了许多国际关系中的重要问题,而库祖玛觉得布氏的思想摇摆不定,原因是喜欢追逐流行的思想和潮流。[②]

斯唐则批评三边委员会想设计并控制单一的世界政府,榨取第三世界的财富,并且以电子技术为基础用警察国家取代美国民主制。[③]

阿伯拉从科技发展的角度批评布热津斯基,认为当代创新接近创新逻辑斯蒂曲线的顶点,但是布热津斯基和托夫勒仍然假定未来变化还会继续和加速,因此他们对过去和现状的理解阐释得更好,对未来预测不那么可能,但是他们提出的问题是重要的问题。[④]

[①] Larry Donald Kuzma, *The International Relations Thought of Zbigniew Brzezinsiki: An Intellectual Profile*, West Lafayette, IN: Ph. D dissertation of Purdue University, 1983, p. 266.

[②] Ibid., pp. 272-288.

[③] A. Stang, Zbig Brother, *American Opinion*, 1978, 21(2).

[④] Ronald Abler, Review, *Geographical Review*, 1971, 61(4).

在我看来，布热津斯基技治主义思想最大的问题是夸大了美国和西方在电子技术时代的位置和作用。

首先，美国在历史上一直在孤立主义与开放主义之间徘徊，它并不是全球技术治理的当然领袖。冷战时期美国自居西方世界的领导，奉行全球主义和国际化，是为了与苏联抗衡，归根结底是为了美国自身国家利益服务的。一旦美国觉得国际化有害于自身利益，就很容易走向"美国优先"的孤立主义，特朗普政府反对全球化就是很明显的例子。

其次，科学和技术尤其是信息通信技术给不同国家和地区提供相同的机遇，如果应对得当，其他国家如中国在布热津斯基所谓的电子技术领域是可能局部或全面领先于美国的。正如布氏指出，美国消费文化在电子技术时代可能成为领导全球技术治理的短板。这既是其他国家可能的优势，也是对其他国家的警醒。2020年以来的新冠疫情，恰恰反映出美国和西方在技术治理方面的问题。

最后，对美国力量的夸大也意味着对苏联和冷战影响的过高估计。的确，苏联解体和东欧剧变改变了整个国际政治格局，但并没有最终给缠绕20世纪的大问题如社会主义的未来、如何实现世界永久和平等予以回答，马克思等人对资本主义的批评并没有被证伪。而作为一个失败例子，苏联的技治主义教训被布热津斯基给予太重要的位置。比如，当技术治理成为当代社会的根本特征，伪技术治理也会随处可见，不仅苏联如此。

第三编

技术治理风险研究

第 14 章　机器乌托邦

如前所述,在当代西方社会,对技治主义的负面看法在普通民众中非常流行,人们普遍把技术治理的目标等同于所谓"机器乌托邦"。为什么会如此呢?应该说,原因错综复杂,至少包括:第一,科学敌托邦式的科幻文艺作品在当代西方非常流行;第二,激进技治主义者给西方民众留下了极其深刻的坏印象;第三,反科学思潮在西方的兴起,最终引发"科学大战"。

新冠疫情期间,西方民众对技术治理应对疫情不同程度的排斥情绪,充分说明机器乌托邦观念在西方社会的流行,以及西方思想家对技术治理推进的警惕程度。要深入理解当代技术治理的基本趋势,一方面必须破除机器乌托邦的成见——它无疑妨碍了对技术治理和技治主义的深入研究——以审度的态度来重思技术治理,另一方面又要从机器乌托邦意象中看到技术治理如果失去控制,可能导致的某些重大的社会风险,帮助技治社会和技治系统更为健康地运转。

一、"纯粹机器社会"

技治主义的想法一经提出,在西方学界就受到了各种各样的批评,包括西方马克思主义者、自由主义者、人文主义者、后现代主义者、历史主义者、相对主义者、卢德主义者和专家阴谋论者等的批评。大致来说,对技术治理的批评在第二次世界大战之后愈演愈烈,尤其是在 20 世纪 90 年代和 21 世纪初达到了顶峰。倒是最近十多年来,渐渐有了一些重新思考技术治理的呼声。[①] 尤其是新冠疫情全球大爆发以来,类似的呼声愈来愈多。然而长期以来,西方主流舆论对技治主义和技术治理已经形成了某种负面成见——最

[①] 刘永谋:《技术治理的哲学反思》,《江海学刊》2018 年第 4 期。

著名、最流行的具体意象是电影《摩登时代》中的流水线和小说《一九八四》中的电幕。

当然，笼统地说"西方成见"是不严谨的，一是不同国家地区、不同时期的社会观念状况不一样。比如在法国，圣西门是技治主义的鼻祖，在19世纪乃至20世纪上半叶支持技术治理的理论家很多，如孔多塞、傅里叶、孔德等，围绕巴黎综合理工学院一直有一批活跃的技治主义者，在20世纪初形成了计划主义思潮。尽管20世纪70年代以来，法国后现代主义者福柯、利奥塔和德里达等人猛烈批判了科学技术在法国的强势地位，直至今天工程师和专业人员在法国仍占有政治地位较为优越的精英位置。① 二是不同人群对技术治理的理解差异不小。比如在知识阶层中存在如斯诺所谓的"两种文化"对立，人文知识分子对技术治理持负面看法的占大多数，而可能对技治主义持好感的科学家、技术人员和工程师，在公众舆论上往往属于"沉默的大多数"。无论如何，在北美和西欧，对技治主义反感、憎恶乃至极端敌视的人随处可见，尤其是当与西方之外的其他地方如中国、拉美、俄罗斯和非洲等相比较，西方对技治主义与技术治理的成见就显得更加明显。

在西方成见之中，搞技术治理基本上等同于要走向某种"纯粹机器社会"——整个技术治理社会目标最终就是成为一架完整、严密和强力的大机器，每个社会成员均沦为社会机器上的一个随时可以更换的小零件，和钢铁制造的零件没有实质的差别。人们会想当然地认为，这架机器将是无比高效甚至无可匹敌的，所有试图从其中独立出来的个体都将遭到灭顶之灾。因此，西方成见认为技治主义者将"纯粹机器社会"视作理想的社会蓝图，即我所称的"机器乌托邦"，而在反对者的眼中，机器乌托邦则是堪比人间地狱的机器敌托邦（machine dystopia）。

概括起来说，机器乌托邦包括如下对技术治理的标志性理解：

第一，总体主义，即技治主义者坚信自己发现了类似自然规律的社会历史规律，进而按照社会历史规律设计出某种总体化的终极理想社会的蓝图，并以此为根据彻底颠覆现实社会，运用科学技术对整个社会运行方式包括国

---

① 卡尔·米切姆：《工程与哲学——历史的、哲学的和批判的视角》，北京：人民出版社，2013年，第187—190页。

家政党、社会制度、风俗习惯乃至个人生活等实施全面改造。在技治社会中，将无一人一物能逃脱总体化社会工程的控制，或者说，机器乌托邦忽略的地方在社会学意义上可以被认为是"不存在的"。最近30年来，信息与通信技术（ICT）、物联网（IoT）和大数据技术急速推进，更是给社会公众无处藏身的感觉，《一九八四》中想象的电幕在技术上完全成为可能。

第二，机械主义，即技治主义者不仅将自然界和动植物视为机器，也将社会和每个人视为机器，将人类自以为独特的情感、意志、心灵和信仰等还原为物理学、生物学和心理学等自然科学事实，而各个机器零件之间如钟表一般紧密啮合、精密运转，因此必须对整个社会进行事无巨细的精确物理学测量，进而以数据为基础，按照科学原理和技术方法进行机器操控式的社会运转，才能保证社会机器稳定运行而不步入歧途。卓别林主演的电影《摩登时代》中对人成为机器零件的影像呈现广为传播，机器在现实中异化的现象很普遍，而第二次世界大战之后，系统论、信息论、控制论和协同论等横断学科大规模的传播，越发加深了社会公众对社会控制的精密性和不可理解性的印象，社会理解中"专家阴谋论"越来越盛行。

第三，极权主义，即技治主义者肯定反对民主和自由，主张国家至上，由专家掌握所有国家大权，实行公开的等级制，权力最终集中到少数寡头手中，掌权者以科学技术成果为工具，按照数字方式冷酷地统治整个社会，以知识和真理的名义剥夺普通民众的政治权利，对社会成员实施行为和思想两方面的监视和控制，以保证社会稳定运行。的确，当代科学技术的不断发展，在增加人类福祉的同时，也给专制者和独裁者提供了极权主义的利器。法国哲学家福柯对知识—权力改造个体行为的规训技术的抨击，极大地影响了当代通俗文化和艺术，比如获奥斯卡奖的电影《飞越疯人院》就很好地诠释了福柯对精神病院和精神病学的批评。技术治理思想控制的恐怖，则在布莱伯利的科学敌托邦小说《华氏451》中得到具象呈现（"思想消防员"到处搜查并焚毁书籍），它被改编为电影、电视剧和舞台剧广泛传播。一些极端反对技术治理的普通公众甚至认为，先进的科学技术发明出来就是为国家和独裁者监控人们服务的。

第四，经济主义，即技治主义者均主张效率第一和唯一，科学技术是最为有效和有力的方法，专家们为了经济效率必须牺牲其他人类价值目标，否认文学、艺术、风俗和宗教等的价值,社会运行最高的目标应该是越来越发达的科学技术、越来越丰裕的物质财富和人类文明不断地扩展——越出地球,殖民月球、火星、太阳系……至于为什么不断扩展,则不在技治主义者考虑的范围内。著名好莱坞科幻影视系列作品《星际迷航》就是这种不断星际殖民梦想的典型通俗表达之一。

二、敌托邦科幻文艺

当代西方通俗科幻文艺作品,流行对科学技术发展及其对自然界和社会的应用进行质疑和嘲讽,换言之,敌托邦态度在当代西方科幻文艺作品中占据主流,这对西方民众技术治理的成见形成产生了最重要的影响。

乌托邦写作在西方由来已久,可以追溯至柏拉图的《理想国》。在批判和否定社会现实的基础之上,乌托邦对完美社会进行理想规划和理性设计,属于一种社会思想实验。乌托邦可以粗略地分为人文乌托邦和科学乌托邦,前者比如莫尔的《乌托邦》,把通往完美社会的希望寄托于人性转变和道德提升;后者比如培根的《新大西岛》,主张以科学技术为基础建构理想社会。

科学乌托邦作品大量出现和流行,成为现当代西方文学的特色之一。科学敌托邦是一种悲观主义的乌托邦写作,是科学乌托邦的对立面,构想的是科学技术发展导致未来社会落入全面异化、自由丧失、极权专制和冷酷无情的悲惨境遇。总的来说,科学乌托邦与敌托邦均相信科技决定论,即自主发展、人无法控制的科学技术决定人类社会的未来命运。

从历史维度上看,西方乌托邦写作在 20 世纪总体上经历了从乐观到悲观的转变。早期的科学乌托邦小说多数将科技进步等同于社会进步,将科技进步等同于乌托邦本身,将社会治理问题还原为科学技术问题,这种乐观精神在 19 世纪末 20 世纪初达到顶峰。[①] 但是,两次世界大战爆发,极权主义国家的兴起,原子弹爆炸,之后环境、能源、人口和气候等全球性问题爆发,科学技术发展的负面效应日益彰显出来,西方公众对科学技术主导的未来之想象逐渐走向了悲观的另一极。可以说,"敌托邦叙事很大程度上是 20 世纪恐惧

---

① 邬晓燕:《科学乌托邦主义的建构与解构》,北京:中国社会科学出版社,2013 年,第 4 页。

的产物"①。

美国公众对技术治理的想象很明显就经历了如此转变。美国人一直相信人类社会进步依赖于民主与科学的组合,对将科学技术应用于社会治理和公共事务是持欢迎态度的,这正是技治主义在欧洲产生却大兴于美国、并在20世纪三四十年代率先掀起实践技治主义的北美技术统治论运动的重要原因。

彼时美国人民对技术治理的支持态度,在亨利·乔治的《进步与贫困》和爱德华·贝拉米的《回顾:公元2000—1887年》的畅销中得到佐证。亨利·乔治指出,科技和工业的飞速发展在现实中没有缓解而是加剧了贫困,说明问题不在于生产而在于分配,应该在对分配规律实证研究的基础上设计科学分配,才能消除贫困。②虽然他给出的土地公有并征收全部地租的方案明显有问题,但以科学原理和技术方法解决贫困问题的进路却是应者云集。《回顾:公元2000—1887年》是美国最著名的技治主义小说之一,影响了美国技术统治论的集大成者凡勃伦。它想象了波士顿未来一百多年的发展,凭着直觉指出以彼时美国的科技生产力,如果更科学地设计社会制度,所有的社会个体就可以过上舒适的物质生活,而在经济安全基础上,人类可以创造完美而辉煌的新生活——"从那时开始,人类进入了精神发展的新阶段,一种更高的智能的进化过程。"③

然而,第二次世界大战之后,美国民众开始怀疑科学与民主是自然同盟的假设,要求认真思考科学和科学家在民主政治和宪法体制中的地位问题。以艾森豪威尔的退休告别演讲为标志,他提出要警惕科学与军工的共谋④,人们开始怀疑科学发展能否与美式代议制政府兼容。这与当时更大的文化背景有关,即美欧学界对包括理性与自由政府结盟等各种启蒙信念产生怀疑,而当代美国科学家则对技术治理的兴趣不大。

与此形成鲜明对比的是,第二次世界大战之后苏联主流思想对于将

---

① Tom Moylan, *Scraps of the Untainted Sky: Science Fiction, Utopia, Dystopia.* Boulder Colo: Westview Press, 2000, p. xi.
② 亨利·乔治:《进步与贫困》,北京:商务印书馆,1995年。
③ 爱德华·贝拉米:《回顾:公元2000—1887年》,北京:商务印书馆,1963年,第211页。
④ R. I. Vexler(ed.). *Dwight D. Eisenhower, 1890-1969.* Dobbs Ferry, New York: Oceana Publications, 1970, pp. 139-146.

科学用于政治领域非常乐观,认为共产主义体制是唯一能让政治建基于科学方法的路径。关于这一点,作为当代科学乌托邦写作的最典型代表,美苏科幻小说基本旨趣的差异可以作为佐证:苏联科幻多为进步幸福的乌托邦式的,尤其是以别利亚耶夫的《跃入苍穹》为代表的太空探索小说,而美欧科幻多为专制暴政的敌托邦式的。并且,苏联官方哲学坚持马克思主义和辩证法是科学,认为不仅政治而且自然科学如物理学均必须接受辩证法的指导。在此背景下,苏联很多科学家对于技术治理是非常支持的,对技治主义也抱有明显的同情。普赖斯指出:"更近的是,苏联征服太空变成了把马克思主义哲学传播至太空的方法。"① 在 A. 托尔斯泰的科幻小说中,苏联红军甚至借助火箭登上火星,通过革命推翻了火星人的统治。②

当代西方好莱坞式科幻影视极尽渲染机器乌托邦恐怖之能事。③ 正如美国科幻大家阿西莫夫(Issac Asimov)指出的,当代美国科幻小说不是乌托邦的,而是反乌托邦的。④ 电影的主人翁要么出身复杂,比如是不知道自己真实身份的克隆人(《冲出克隆岛》)或者是克隆人与人繁殖的第一个人(《银翼杀手 2049》),要么遇到罗曼蒂克的挫折,比如爱上机器人(《机械姬》)或人工智能(《她》),要么就是为所居住的社会制度感到深深的不安(《华氏 451》《高堡奇人》),要么干脆就是在一个即将毁灭或已经毁灭的世界中挣扎(《我是传奇》《机器人瓦力》《9》《疯狂麦克斯》),所有的痛苦都指向科学技术的发展以及控制科学技术的科学家、政客和狂人。在西方科幻敌托邦文艺作品中,目前最流行的有三种:赛博朋克与机器朋克文艺(机器、怪物和幻境横行的未来世界)、极权乌托邦文艺(以科学技术为手段的残酷等级制社会)、AI 恐怖文艺(机器人对人类的冷血统治)。

与技术治理形象塑造最为相关的文艺作品,当属流传极广的"反乌托邦

---

① Don. K. Price. *The Scientific Estate*. Cambridge, MA: Harvard University Press, 1965, p. 5.
② P. Yershov. *Science Fiction and Utopian Fantasy in Soviet Literature*. New York: Research Program on the U.S.S.R., 1954, pp. 8-11.
③ 江晓原:《为何好莱坞影片中的科学技术绝大部分是负面的》,《科学与社会》2018 年第 7 期。
④ I. Asimov, (ed.). *More Soviet Science Fiction*. New York: Collier Books, 1962, p. 11.

三部曲":扎米亚京的《我们》(1921)、赫胥黎的《美丽新世界》和奥威尔的《1984》(1950)。"建基于技术而非迷信之上的社会,变成了最貌似有理的暴政体制。"① 如前所述,在《美丽新世界》中,新科技与专制在未来的"世界国"中紧密结合为极权主义技术治理体制,成为自由最凶恶的敌人。② 在赫伯特的《沙丘》中,令人瞠目结舌的高新科技与落后的封建制结合起来,整个星系均在帝国皇帝的极权主义统治之下。③ 而最新的著名科学乌托邦作品则是美国心理学家斯金纳的小说《瓦尔登湖第二》,这部行为工程幻想小说虽然创作于1948年,但开始流行却是在20世纪六七十年代,在现实中甚至一度引发行为主义社区在美国各处的尝试性实验。④ 如前所述,《瓦尔登湖第二》初衷是描述以行为主义心理学为基础的理想社区运行蓝图,但它的核心主张即用行为工程对每个社员从一出生起就进行心理学改造,消除妒忌心、竞争心等斯金纳认为的非合作情绪、心理和个性,引起反对者对自由侵害和极权控制的极大忧虑,因而被很多人视为实质上的科学敌托邦作品。总之,科学敌托邦文艺作品盛行,对西方普通公众对技术治理成见之形成影响最大。

三、激进技术统治论者

机器乌托邦的形成与激进技治主义者的表现有直接的关系。技治主义者均主张两条基本原则即科学运行与专家治理,激进与否的关键在于是否彻底推翻既有社会制度,是否与既有政府合作而在一定程度上施行技术治理,而激进派完全拒绝与现政府合作,拒绝任何改良主张。实际上,绝大多数的技治主义者属于温和派,如圣西门、贝拉米、加尔布雷思、纽拉特、丹尼尔·贝尔等,而类似技术统治论者凡勃伦的激进派是极少数。但是,极少数激进分子的观点和行动在西方社会具有非常高的显示度——这符合传播学中"激进获胜、另类传播"的规律,尤其相比理论家、思想家,激进的技术治理社会活动家的表现对于公众对技术治理看法的影响更是巨大。

---

① Don. K. Price. *The Scientific Estate*. Cambridge, MA: Harvard University Press, 1965, p. 8.
② 奥尔德斯·赫胥黎:《美丽新世界》,上海:上海译文出版社,2017年。
③ 弗兰克·赫伯特:《沙丘》,桂林:漓江出版社,2000年。
④ B. F. 斯金纳:《瓦尔登湖第二》,北京:商务印书馆,2016年。

以北美技术统治论运动中"双雄"——温和派领袖罗伯和激进派领袖斯科特——作为例子。罗伯出身豪门,却拒绝继承家族银行和投资业务,选择成为作家和艺术家,创办文艺杂志,与海明威等人被称为美国文学史上"迷惘的一代"(The Lost Generation)。在旅欧期间,他接触并被技治主义所吸引,随即回国投身技术治理运动。而斯科特出身寒微,却极力想给人一种掌握高深技术的专业人员与先知的印象。实际上,他并没有接受过系统的高级工程教育,但具有丰富的工程经验,开办过工程公司。他具备卡里斯玛(charisma)人格,极富领袖才能,但性格过于严厉、极端和揽权,和媒体关系不好。后来,两人分道扬镳与斯科特过于独裁也有很大的关系。在运动中,斯科特领导的技术统治论公司制订徽章,统一制服,严明纪律,甚至发动所谓的"总征兵",组织技术统治论者的"部队",给不了解具体情况的公众以冷酷、阴森和可怕的印象,甚至被一些人视为纳粹。① 斯科特死的时候,几乎没有什么重要媒体发讣告;而罗伯死的时候,美国诸多重要媒体都发布了讣告。②

一开始,罗伯的技治主义思想就带有自由主义和审美主义的烙印,与斯科特思想鲜明的机械主义和物理主义特点颇为不同。③ 两人对技术治理的基本理解是相同的,都是从北美技术统治论运动的"导师"凡勃伦那里借鉴和发展出来的,主要包括如下方面:

第一,丰裕(abundance)、工业系统与高能社会。人类社会可以从能量使用角度来理解,之前社会是主要使用人力、畜力、水力和风力的低能社会,工业革命之后进入主要依靠机器的高能社会。高能社会主干是工业系统,它是一台精密运行的大机器。自从社会生产力发展到丰裕阶段,机器转化的能量完全可以满足所有人舒适生活所需,而现实并非如此,是因为社会制度设计不科学。

第二,能量券与社会测量。高能社会必须实行技术统治论制度,核心是围绕能量券建立全新的分配制度。废除货币,代之以反映物质资料真实运动

---

① 刘永谋、李佩:《科学技术与社会治理:技术治理运动兴衰与反思》,《科学与社会》2017年第2期。
② Harold Leob, Howard P. Segal, *Life in a Technocracy: What It Might Be Like*, Syracuse, New York: Syracuse University Press, 1996, p. xvii.
③ 刘永谋:《高能社会的科学运行:斯科特技术治理思想述评》,《科技哲学研究》2019年第1期。

状况的能量券。以能量券为单位,对整个国家的物质生产和生活需求进行物理学的精确测量,在此基础上,通过国家统一计划来实现完全平等的按需生产和按需分配。

第三,生产最大化与经济自由。工业生产系统由专家、技术人员和工程师掌握,企业目标不再是利润而是提供更多的社会必需品,因而将在既有科技水平下开足马力生产。于是,社会产品极大丰富,人人都免于经济压迫,并得益于科学技术对生产率的大幅度提高而享有大量闲暇。

第四,有限的技术治理政府。技术统治论社会工业高度垄断,每种基本工业只有一家大企业,每家挑选最能干的人组成政府。也就是说,技术统治论社会的政府是工业系统的延伸,实际是工业联合体。政府成员包括主席在内,都是从劳动者中逐级晋升和提拔上来的,都是科学技术和管理的专家。技治国家以科学原则行政,需要投票表决的事情很少,并且主要管理经济事务,以宽容和自由的态度对待社会成员的其他活动,因而政府职能极大地减少。

斯科特与罗伯对技术治理实施的理解存在差别,主要在于两个方面:

第一,技术治理实现的时机。斯科特认为,"大萧条"就是资本主义灭亡而技治主义上台的征兆,因而拒绝与美国政府合作挽救危机,而是组建资本主义价格制度崩溃之后接管权力的"部队",准备非布尔什维克的"工程师革命"。而罗伯认为,技治主义要实现首先要经过一个漫长的垄断过程,当垄断达到极大程度时技术治理自然就会实现,因此技治主义者应该与政府合作,运用专业知识帮助资本主义度过危机,并加速垄断向技术治理转变的过程。实际上,罗伯加入了罗斯福政府,被斯科特称为"叛徒"。

第二,对文化和艺术的看法,或者说对人性提升的态度。斯科特只关心工业系统的改革,认为能量券制度解决了所有的问题,并声称所有的方案都是科学的、可计算的和可控制的,而无需依靠人性、情感、意识形态文化等不可测的东西来决策。罗伯则认为,实现经济安全并非技术统治论最大的价值,最重要的是经济自由之后人们可以从事更有价值的事业,即文化和艺术活动,而文化和艺术的繁荣将从根本上提升人性。

在北美技术统治论运动中,给美国公众印象深刻的是斯科特而非罗伯,即使今天提起该运动的领袖,人们能想起的也是斯科特。斯科特的激进观点和形象一开始很快引起了美国和加拿大公众的很大兴趣,但很快就转变成极大反感,技术治理公司也曾被加拿大政府封禁。

在北美技术统治论运动从急速崛起到突然受挫的关键点上,斯科特所做的"皮埃尔旅馆演讲"(Pierre Hotel Address)被很多人认为应该为整个运动由盛转衰负责,因为当时收音机刚刚普及,通过电台面向全国广播第一次实现一个人同时向所有人说话。[①] "皮埃尔旅馆演讲"是斯科特第一次全国电台广播,但激进的"首秀"造成了完全不可挽回的负面公众印象。[②] 在演讲中,斯科特夸张地宣布技术统治论思想前无古人,颠覆了数千年人类社会思想史,这完全不符合思想史的事实。他还宣布,资本主义很快就会被技治主义全面代替,不管普通民众是否接受,这是物理学的"铁律";只有专家和智者才能理解技术统治,才能运行技术统治论制度,现有的执政者智力和能力都不够;技治主义者放弃合法选举和民主参政,只需再等 18 个月,资本主义价格制度就会全面崩溃,美国人民届时将不得不求助于技治主义者来挽救美国;技术统治不是社会主义、共产主义和资本主义,也不是纳粹主义、凯恩斯主义和自由主义……不是之前的所有主义,技术统治不是愚蠢的民主制,而是真正的精英用科学方法运行社会。总之,他宣称其他人对"大萧条"危机根源的理解都是错误的,提出的主张都是错误的,只有技术统治论才是美国人唯一的出路。很难想象这种狂妄的救世主腔调不激起听众的极大反感,尤其是斯科特对资本主义 18 个月崩溃的危言耸听很快就被事实所否定。

总之,北美技术统治论运动在当时对美国社会造成的实际影响有限,但它使得技治主义思想向全世界快速传播,斯科特等人的激进观点和形象也随之被西方社会公众所认识,促进了西方民众对技术治理成见的形成。

四、反科学思潮流行

机器乌托邦形成更大的文化背景,与 20 世纪七八十年代以来在西方发达国家反科学思潮的流行有很大的关系。20 世纪六七十年代,以 1968 年法

[①] 当时的美国总统罗斯福就很善于利用新兴电台传播施政理念,他在"大萧条"中的电台讲话被称为著名的"炉边谈话"(Fireside Chats)。

[②] Howard Scott, The Hotel Pierre Address, *Technocracy*, Series A, 1940(19).

国"五月风暴"为标志的学生运动、反对越南战争的和平运动以及环境保护运动、女权运动、性解放运动、同性恋解放运动等政治运动风起云涌,对西方社会观念产生了极大冲击。它们催生出各种新思想,包括社会批判理论、后现代主义、环境保护主义、女权主义、后殖民主义等,这些新思想与大众传媒相结合,对社会公众的一般科学观产生了巨大影响,其中最突出的就是反对科学的思潮盛极一时,至今在西方仍然影响巨大。在反科学思潮看来,科学不再是对真理和人类福祉的无私而神圣的追寻,而是与政治共谋(conspiracy)的权力、依靠金钱和资本运转的游戏、听命于赞助人和资本家的工具、残酷统治自然的帮凶、生态恶化和环境破坏的根源,甚或是发达国家白种男性压迫妇女、黑人以及穷人的利器。在科学哲学专业内部,反科学的另类科学哲学甚至一度居于主流,在 90 年代占据了欧美著名高校的讲坛。[①] 此次新冠疫情中,美国普通公众中盛行反智情绪,与学术界反科学思潮高涨不无关系。

反科学声音所传达的质疑科学技术的怀疑主义和相对主义,在影响普通大众的同时,也引起坚持正统科学观的自然科学家、哲学家的不安和反感,从 80 年代末期开始,美欧的科学卫士们开始批判另类的科学哲学思潮,从而引发了与反科学思想家之间的一场持续十多年的"科学大战"。争论的双方一边是持正统实证主义科学观的一些不同学科的科学家和科学哲学家,他们构成了维护自然科学的科学正方或科学卫士;另一边是被他们攻击的后现代主义者、强纲领科学知识社会学(SSK)研究者以及激进的女性主义者、后殖民主义者和生态主义者,属于质疑科学的科学反方或科学反对派。"科学大战"引起了西方社会的广泛关注,不仅是彼时学界的热点事件,也备受普通公众的关注。

戏剧性的"索卡尔事件",对本来主要为学界争论的"科学大战"扩散到社会发挥了关键的作用。1996 年,美国著名左派文化批评先锋刊物《社会文本》准备推出一份"科学大论战"的专刊,对科学卫士的批评予以还击,纽约大学的理论物理学家艾伦·索卡尔(Anlan Sokal)在专刊上发表了一篇《超

[①] 刘大椿、刘永谋:《思想的攻防——另类科学哲学的兴起和演化》,北京:中国人民大学出版社,2010 年。

越边界:迈向量子引力的变革性诠释学》的文章。在这篇文章中,他故意模仿和迎合反科学学者的观点,将广义相对论、量子力学、微分拓扑学等自然科学最新成果,毫无根据地与科学反对派的观点相联系,并有意留下一些科学中的常识错误(比如将圆周率 π 和引力常数 G 视为"历史性中来理解"的变数)。用他的话来说,该文"在文字上带有明显的胡说八道""抛弃了客观实在性观念的判断""不是思维的逻辑结果",而是靠"权威的引言、诙谐的双关语、牵强附会的类比和毫无根据的大胆断言"的诈文。① 在文章发表的同时,索卡尔又在另一家刊物《大众语言》上发表谈话《曝光:一个物理学家的文化研究实验》,把诈文的实情和盘托出,以诈文被《社会文本》接受发表证明反科学论者对科学的"无知"。索卡尔声称,文艺复兴以来西方社会的政治左派历来都是自然科学的盟友,用科学反对蒙昧主义,但是当代许多政治左派却被后现代主义、女权主义所俘获,抛弃了启蒙的思想遗产,从进步的理性主义立场堕落到诋毁科学的相对主义立场。因此,他的诈文就是要把左派从相对主义思潮中解放出来。

"索卡尔事件"迅速吸引了人们的"眼球",之后,许多著名报纸比如《纽约时报》《泰晤士报》加入论战,反科学论者纷纷在西方大众传媒上撰文反驳,科学家们也针锋相对,众多著名出版社也趁势推出大量相关著作,各种专业的、通俗的和传媒组织的会议、论坛和辩论更是蔚然大观,当代大科学家比如威尔逊和大哲学家比如德里达、罗蒂等卷入了论战。

"科学大战"直接说明反科学的思潮在当代西方社会的流行,以至于科学的支持者们不能视之为"杂音"而置之不理。当然,当"科学大战"的高潮逐渐消退,学界开始出现跳出争论双方视野,冷静地回顾、总结和反思,避免极端倾向的声音,比如科学社会学家舍格斯特尔的反思。② 但是,就西方普通公众一般科学观而言,审度科学的声音传播得还很少,极端的反科学思想仍然受众广泛。近年来,由于 AI 研究和商业化的新一波热潮以及生物工程在克隆、人类基因组计划等方面的显著进步,又激起了西方社会公众对机器

---

① A. Sokal, A Physicist Experiment with Cultural Studies, 载于 Lingue Franca (ed.0 , *Sokal Hoax: The ShamThat Shook Academy*. Lincoln, NE: University of Nebraska Press,2000, p. 51。

② 刘永谋、张亢:《反思科学大战:舍格斯特尔的科学技术论》,《上饶师范学院学报(社会科学版)》2016 年第 4 期。

人、克隆人、人体增强等问题的普遍担忧甚至恐惧。显然,反科学思潮的兴起,有力地支持反对将科学技术应用于社会治理当中的主张,强化对技术治理的机器乌托邦成见。

直至今天,科学卫士与科学反对派的争论仍未完全平息。并且,"科学大战"逐渐从北美辐射开来,引起了许多非西方国家的广泛关注,产生了极其广泛的影响,在中国启发了21世纪之交大众传媒如凤凰卫视关注的"科学、伪科学和反科学"以及"中医是不是科学"的又一轮争论。进入21世纪,西来的"反科学"思潮开始在中国人文社会科学学界迅速传播,再伴随传统文化和国学全面复兴中的某些偏差,各种宗教复苏中的某些不当思想,以及激进环保运动、转基因食品争论等社会公众议题导致的某些附带效应,"反科学"观点在中国的受众也越来越多,社会一般科学观也在发生微妙的变化。当然,不能完全否定"反科学"思潮的价值,更不能否认当代科学技术发展的负面效应,但如果片面夸大科学技术的负面效应,完全抹杀现代科技在整个社会中的重要地位以及它对人类生活的巨大贡献,是有一定害处的。

五、成见与风险

推进技术治理是不是如西方成见所认为的,等同于走向机器乌托邦?机器乌托邦属于技术治理的一种可能极端模式,但技术治理与技治主义并非只有机器乌托邦一种可能模式,而是存在很多差别迥异的运转模式。这一点早为历史经验所证明。如前所述,北美技术治理运动"双雄"罗伯和斯科特的技术治理理想有很大的不同,罗伯所主张的技术治理有明显的自由主义、改良主义的倾向。

实际上,绝大多数技治主义者认同技术治理的改良模式,积极与政府合作,努力用专业知识逐步改善社会公共治理的水平,许多技术治理的尝试得到了政府的大力支持,典型的如前述的智利阿连德政府实施的"赛博协同工程"(Project Cybersyn),而激进的"工程师革命论"的支持者寥寥无几,公开全面支持机器乌托邦的技治主义者更是闻所未闻。

温和技治主义者所提出的技术治理的运行模式也有很大不同,比如波普尔呼吁渐进的社会工程,罗伯拥护能量券和社会测量两项措施,加尔布雷思等人更注重计划治理,普赖斯强调智库的分离和独立。在民国时期,南京政府的技术治理努力主要包括专家议政、咨政和参政。① 总之,历史上技术治理存在很多不同的模式。

从理论上说,技治主义之所以种类繁多、观点歧义,就在于对技术治理两条核心原则(即科学运行和专家治理)的理解存在重大差别。科学运行原则主张用科学原理和技术方法应用于社会运行,但对何为科学原理、技术方法,则存在多种不同的观点,维也纳学派以降的科学哲学发展充分证明了这一点;而且,不仅学术界,社会流行科学观对科学技术的理解在百年间也发生了变化。对科学技术的理解不同,必然导致对科学管理的理解不同,比如机械主义科学观可能导向技术治理的机器乌托邦,自由主义科学观可能走向如罗伯所期望的以技术治理为基础的多元社会,马克思主义科学观指导下的技术治理必然要为工人阶级服务。专家治理原则主张由受过系统的自然科学教育的专家来掌握政治权力,但对何为专家、专家如何掌权,同样存在很多种不同的观点。

今天,社会科学越来越自然科学化,管理学等社会技术日益受到重视,人文学科也出现了类似趋势,如最近兴起的数字化人文科学(digital humanities)、实验哲学等就佐证了这一点;接受自然科学教育的专家越来越不止于自然科学家、技术人员和工程师,经济学家、管理学家、计量社会学家、心理学家、社会规划专家、运筹学(operation research)专家等越来越被视为科技专家。而在一些非西方国家比如中国,"专家"一词实际与传统"士大夫"观念相对,几乎囊括了所有接受现代西方系统教育的专业人士。至于专家如何掌权,技治主义者的理解更是差别巨大。因此,理论上技术治理存在很多不同的模式。我认为,必须破除机器乌托邦的成见,不要谈技术治理而色变,而是要客观地在具体的历史语境中评价技术治理,以建设性的态度深入研究各种不同的技治主义和技治战略,结合实际吸收技术治理的某些有益措施,建构合理新模式,为建设中国特色社会主义而服务。

---

① Yongmou Liu, American Technocracy and Chinese Response: Theoryies and Proactices of Chinese Expert Politics in the Period of Nanjing Government, 1927-1949, *Technology in Society*, 2015(43).

通过对 20 世纪技术治理在包括中国在内的全世界范围的传播和实践进行深入的研究，奥尔森说明了技术治理在 20 世纪提高公共治理效率和推动社会进步方面厥功至伟。特别是他有理有据地指出，第二次世界大战后技术治理仍然为美国政界重视，总体上推动了美国公共治理水平的提高，他指出技术治理趋势也导致了某些问题，这与美国民众的反技术治理情绪流行形成鲜明的对比。[①] 对此，美国科学政治学的开创者 D. K. 普赖斯在其名著《科学阶层》中，通过对美国宪政具体运转的详细剖析，也表达了类似的判断。[②]

那么，技术治理社会有没有可能真的成为机器乌托邦？从百余年技术治理的实践历史看，无论是北美，还是欧洲、苏联、拉美、新加坡和菲律宾，机器乌托邦从来就没有真正在现实中出现过。但从理论上说，最极端、最激进的技治主义主张的确存在走向机器乌托邦的可能。因此，破除技术治理西方成见的同时，必须认真地思考如何避免技术治理在实践中滑向机器乌托邦。实际上，机器乌托邦观念本身为规避风险指明了方向。

首先，要反对总体主义，反对全社会范围内的宏大社会工程，可以尝试一定范围、可反馈调整和逐步前进的社会工程。波普尔的《历史主义的贫困》、哈耶克的《致命的自负》以及斯科特的《国家的视角》等对国家主义的总体化乌托邦社会工程提出了有力的批评，其中最令人信服的批评是：宏大乌托邦工程至大无外，不允许对预想的理想社会蓝图进行质疑和纠错，而是对异议者实施暴力压制甚至肉体消灭。这种情况在 20 世纪并非没有发生。历史经验说明，至大无外的整肃往往发生在封闭孤立的社会当中，而对外界保持开放、沟通和全球化的社会往往可以在很大程度上避免总体主义冲动。从理论上说，总体化乌托邦社会工程想要实施，首先就必须对乌托邦的边界有清晰的划定。传统乌托邦往往构想地理环境的隔绝，这更多是一个隐喻，实际就是要求清晰的权力控制边界，这在对外开放的社会中是不可能完全做到的。

其次，转变对科学技术的机械主义理解，进而消除对技术治理措施简单、机械甚至粗暴的运用，增进对科学技术的人文主义理解。实际上，把人和

[①] Richard G. Olson, *Scientism and Technocracy in the Twentieth Century: The Legacy of Science Management*, New York, London: Lexington Books, 2016, pp. 86-105.

[②] Don. K. Price, *The Scientific Estate*, Cambridge, MA: Harvard University Press, 1965.

自然都视为机器的极端的机械主义科学观,早已不再是当代社会一般科学观的主流,比如对科技产品(典型的如苹果手机)的美学认可,但简单粗暴的社会治理思维还是在一定程度上存在,尤其是"只见数字不见人"的现象还很普遍。这涉及社会一般科学观的塑造,要重视科学传播和公众理解科学的努力,尤其是要批判极端的唯科学主义和反科学主义思潮,走向一种更为全面、客观和结合具体情境的科学观。就技术治理建构本身而言,必须在理论和制度上设置必要禁区:技术治理不得介入单个社会个体的心理和行为的改造或控制,必须将政治理解为集体事务的议决和执行,而非权力的攫取和掌控。文化和教育必然改造本真的人,但这种改造是多元化和自我选择的,而普遍化的科学技术若用于改造个体,必然会导致彻底齐一化、标准化和机械化(《瓦尔登湖第二》的危险就在此)之后的崩溃或疯狂,如《美丽新世界》中"野人"最后自杀身亡。实际上,现代科学技术并不长于处理个体的身心问题。总之,政治科学化并不意味着个体标准化。

再次,要警惕极权主义,防止科学技术为权力所俘获,成为专制者极权统治的工具。技术治理与自由、民主并不必然冲突,比如技治主义者罗伯同时是自由主义者,以自由主义者著称的波普尔并不反对渐进的社会工程①,而美国、法国、挪威等民主国家实施技术治理的经验说明了技术治理可以在民主制下兼容。奥尔森指出,技术治理在世纪之交有明显缓和的趋势,试图通过制度重构、技术评价(TA)、负责任研究和创新(RRI)等技术民主形式逐渐与民主制融合起来,当然,对抗模式仍然存在。② 但是,从宏观制度设计上,防范技术治理与极权主义一体化至少有三个大的方面必须注意:一是分权制衡,专家与政治家的政治权力在制度上要分立,相互牵制,避免两者完全合流而共谋;二是限制专家权力,专家掌握政治权力的某些方面、某些环节,最终决策权力仍应交给民主决策,将专家政治限制在民主制之下,避免精英政治对民主和自由的威胁;三是多元化权力机制的培育,即避免整个社会政治权力一支独大,与其他权力如学术权力、宗教权力、经济权力、军事权力等多元共存,相互平衡,专家只是掌握政治权力的一部分。实际上,如《美丽新

---

① 刘永谋:《论波普尔渐进的社会工程》,《科学技术哲学研究》2017 年第 1 期。
② Richard G. Olson, *Scientism and Technocracy in the Twentieth Century: The Legacy of Science Management*, New York, London: Lexington Books, 2016, pp. 160-174.

世界》中的主宰者所言,"科学的每一个发现都有潜在的反动性,甚至科学有时候也必须被视为可能的敌人"①,也就是说,极权者要把科学技术变为统治工具,必须阉割科学技术,因为科学技术本质上是革命的力量。因此,维护健康的科学技术发展,同时意味着规避极权主义的危险。

最后,防止经济至上的观点,防止技治主义的效率目标代替整个社会的目标,让技术治理为更高的社会目标服务。不可否认,技术治理的基本目标是效率,技治主义关注的重点是以经济和行政为核心的具体社会事业,这也正是它的长处所在,技治主义者基本上都主张政府要参与工业生产和消费的管理。事实上,很多技治主义者都与斯科特和罗伯一样把政府视为某种工业联合体,主张技治政府职责主要集中于有限的经济职能。这实际上说明,技治主义目标有限,主要集中于实现社会成员的经济自由,对文化、教育和宗教等事业关注不多,并非都是如凡勃伦主张的总体社会规划方案——他主张建立"技术人员的苏维埃"来代替资本主义制度。换言之,技术治理可以设计成为局部的制度安排,为更高的社会制度服务,而不能作为社会整体制度安排,否则必然使全社会陷入经济至上、效率至上和 GDP 至上的偏颇之中。

技术治理在全球的推进,已经表现出它在提高公共治理和行政活动的效率方面的显著优势,也暴露了一些问题。无论如何,对待技术治理不能简单地加以否定,而是要抛开成见,深入研究,合理应用,发挥长处,避免风险。一定程度的技术治理实际上已经是全球范围内政治活动的显著特征,这是被多数技治主义批评者所忽略或罔顾的既成事实,在这种状况下一味地否定技术治理,主张彻底铲除技术治理措施,不啻于逃避问题,完全抹杀了技术治理的正面价值。随着第三次科学技术革命的深入推进,尤其是信息革命和智能革命相继到来,社会生产力进一步提高,技治主义者提出的丰裕问题日益突出:现有的科学技术发展水平完全可以满足人人美好生活所需的物质资料,如何科学地改良既有社会制度以逐步实现这一目标,避免生产力高度发达与更多人陷入贫困享受不到科学技术的好处并存的矛盾状况呢? 尤其是可以预见,AI 技术推进取代大部分人类劳动之后,上述矛盾会变得愈加尖锐,而技治主义的观点是能够提供一些有益的思考的。

---

① 奥尔德斯·赫胥黎:《美丽新世界》,上海:上海译文出版社,2017 年,第 213 页。

中国公众对技术治理的态度,远比欧美发达国家要宽容,类似机器乌托邦的观点并不流行。北美技术统治论运动一经兴起,就传入当时的中华民国,受到很多学者和媒体的青睐,南京政府也曾尝试过一些专家政治措施,取得了不错的效果。改革开放之后,发挥科学家和技术人员的作用,给予他们一定的政治空间和政治话语权,实施科学行政和科学管理,事实上起到了推动社会发展的重要作用。也就是说,一定程度、某种形式的技术治理可以说是中国过去四十多年间飞速发展的重要原因之一。[①] 从某种意义上说,温和技治主义者主张的渐进式社会工程符合邓小平"摸着石头过河"的思想,主张国家调控经济以及计划和市场并行等战略措施与中国特色社会主义实践原则并不相左。尤其是在过去四十多年间,中国的工程从业者、工程师以及理工科大学毕业生的人数急剧增长,一大批世界领先的大型工程建设令世界瞩目,工程师与大工程建设活动在当代中国扮演着越来越重要的作用。此时再看技治主义者主张的"工程师治国",颇有启发意义。因此,中国更应深入研究技治主义,在中国特色社会主义理论的指导下,在规避机器乌托邦风险的同时,在一定程度上推进技术治理,为实现中华民族的伟大复兴服务。

---

① Liu Yongmou, The Benefit of Technocracy in China, *Issues in Science and Technology*, 2016 (1).

第 15 章　无产阶级与技术治理

以法兰克福学派为代表的西方马克思主义者,讨论科技新发展对当代社会的冲击,主要从机器批判和意识形态批判的角度质疑技治主义和技术治理,尤其诟病它帮助资本主义制度压迫劳动者。因此,他们批判技术治理时,非常关心技治社会中无产阶级的历史境遇和未来命运,并试图寻找解决问题的方法。本章以哈贝马斯和芬伯格为例,来讨论西方马克思主义者对技术治理之社会风险的分析。

一、"隐形意识形态"的危险统治

哈贝马斯对技术治理一贯持批评态度,批评主要集中于两个方面:1)发达资本主义社会出现的政治科学化和统治技术化的现象;2)支持技术治理的技术统治论思想。2015 年,他出版最新的专著就取名为"技术统治论的诱惑",主要讨论欧洲和欧盟的政治问题,指出技术治理的趋势在欧洲越来越突出,担忧没有有力的民主制约束,技术统治论可能会导致危险。[①] 在批评的基础上,哈贝马斯还提出了克服技术治理危险的交往与对话方法。作为西方马克思主义者,哈贝马斯对技术治理的批评有着鲜明的特点,对理解当代政治趋势与技术治理风险颇有启发。

1. 对专家政治的批评

哈贝马斯认为,发达资本主义社会出现了明显的政治科学化现象,专家掌握越来越大的社会治理权力,运用社会技术对无产阶级进行更严密的统治,有利于资产阶级的权力增长。进而,他分析了政治科学化和技术统治的

---

① Jurgen Habermas, *The Lure of Technocracy*, Cambridge, UK; Malden, MA: Polity Press, 2015.

社会风险。

(1) 政治科学化的问题

与很多当代哲人的观点类似,哈贝马斯也认为西方资本主义社会在进入 20 世纪的前后发生重要变化,出现许多与早期自由资本主义社会的不同之处,即进入了发达资本主义社会。在他看来,发达资本主义社会最重要的特征有两个,一是国家干预加强,二是科学技术成了第一生产力。① 这两种趋势相互影响,发达资本主义国家开始大力干预科研活动,将科学技术进步制度化。哈贝马斯指出,传统社会的合法性基础建立在神话的、宗教的或形而上学的基础之上,资本主义是第一个把经济增长视为必然目标并将其制度化的生产方式,而发达资本主义社会中科技已经成为第一生产力,因而科技进步导致生产力进步,成为国家理所当然的目标并被制度化。

因此,发达工业社会中,科研、技术、生产和管理之间结成了一个相互支持、相互渗透的整体,这个整体是当代生活的制度基础,包括工人阶级在内的社会个体都不得不以一种异己的方式与之紧密地结合。而在政治和公共治理领域,则出现了哈贝马斯所谓的"政治科学化"的现象。政治科学化指的是,第二次世界大战之后,发达资本主义国家把越来越多有待解决的治理问题,以研究项目的形式交给专家去研究,越来越频繁地就这些问题与专家进行磋商;国家官员、政治家与军队严格按照科学建议,来行使他们的社会管理职责;专家依附于政治家的情况颠倒过来,政治家似乎成了专家们所做出的决断的执行者,后者以科学的名义提出自己的意见并称之为必然规律性。

哈贝马斯所称的政治科学化,主要指的是专家在政治活动中权力越来越大的趋势,因而他批评的实质上是当代专家政治越权的现象。他怀疑专家在政治活动中的地位和作用被高估,批评专家群体本身存在重大问题:1) 在大众传媒时代,专家缺乏批判意识;2) 专业高度分工导致专家知识狭窄,而且相互不了解;3) 专家与公众之间、专家知识与日常实践之间存在巨大鸿沟,而哈贝马斯认为哲学应做两者之间的沟通工作。也就是说,他以为哲学家不是专家,哲学是某种融合裂痕的事业。

对专家政治,哈贝马斯也心存疑虑。他指出,政治科学化下的政治活动

---

① 尤尔根·哈贝马斯:《作为"意识形态"的技术和科学》,上海:学林出版社,1999 年,第 58 页。

的目标发生了转变,不再是寻求类似公正、自由、解放之类的实践目的,而是关注于解决类似调整消费品价格、监督食品安全之类的技术问题,从而消除国家与社会的功能失调以及威胁资本主义制度的危险行为。显然,在这种状况下,人们的政治兴趣被引向细节的、烦琐和无关宏旨的方面,忘却了更为超越的或者说全人类解放的方面,所以哈贝马斯才说当代政治带有一种独特的"消极性质"。

(2) 技术统治的问题

哈贝马斯认为,在发达资本主义阶段,整个世界也发生了值得注意的变化,其中最重要的是资产阶级统治形式发生了根本性的转变,转向一种以补偿政策为核心的社会技术统治模式。① 这种观点与奥尔森的观点类似,奥尔森认为,20 世纪下半叶,社会技术专家尤其是经济学家的力量超过自然技术专家。科学技术推动社会生产力极大提高,这就给资产阶级调和阶级矛盾提供了有利条件。哈贝马斯指出,发达资本主义国家之国家干预实质是采取了一种对普通大众的"补偿政策",以避免社会冲突的发生。顾名思义,补偿政策是资产阶级为了资本主义制度永世长存而对被统治阶级做出的利益让步。于是,在发达资本主义国家中,不仅是资产阶级,连无产阶级的生活也得到大大的提高,绝对贫困迅速减少。资产阶级的统治不再表现为赤裸裸的暴力,而是越来越表现为温和的社会技术统治模式,运用科学原理和技术方法来统治社会,表面看起来越来越平等,实际上权力运行效率更高,无产阶级所受到的严密控制更甚于从前。

对于资产阶级将技术方法运用于统治的做法,哈贝马斯是持保留意见的。首先,技术化统治已经成为一种压制人的异己力量。在技术统治之下,技术逐渐摆脱人的控制而自行运转,尤其是学习机的出现使这种趋势达到最高阶段。更重要的是,人被机器所控制和整合,"人机系统的领导转交给了机器。人放弃了监督使用技术手段的角色"[②]。其次,在发达资本主义社会中,技术进步日益与军备投资相互支持,这显然是很危险的。军备投资不断攀升,让技术统治论被发达资本主义官僚统治的精英阶层所接受,进而成为

---

① 尤尔根·哈贝马斯:《理论与实践》,北京:社会科学文献出版社,2004 年,第 240—243 页。
② 同上书,第 361—362 页。

整个社会的合法性基础;反过来,技术统治论为军备投资辩解,阻止裁减军备的想法,所以技术化统治将增加战争和破坏的危险。再次,技术化统治导致的纯技术文明存在着分裂的危险,理论与实践的分裂,社会人群的分裂,分裂成"社会设计师和蹲在封闭机构里的人"①,分裂将威胁文明的基础。最后,技术化统治削弱民主的力量,容易逃脱民主制的监督和控制。哈贝马斯认为,时下在欧洲流行的渐进主义(incrementalism)实际上是民主制对技术统治的妥协。②

哈贝马斯指出,技术化统治模式还日益消磨无产阶级的革命意志,导致底层民众对革命的激情大不如从前。发达资本主义社会中的阶级冲突减弱,被接连不断的各种次要冲突所取代,工人阶级的斗争目标不再是阶级利益,而是某种特权——换言之,这些冲突是争权夺利,并不是如马克思所言基于消除私有制、实现人类解放之超越性理想。他甚至认为,如果把无产阶级看作社会主义革命的承担者,它逐渐消失了,阶级意识尤其是革命意识被工人阶级所抛弃,革命理论没有了接受者。也就是说,社会技术统治模式极大地增强了资产阶级统治力量,削弱了无产阶级的力量。在此基础上,哈贝马斯认为马克思的阶段斗争学说需要修正,阶级斗争不再是资本主义向社会主义过渡的主要动力。显然,虽然哈贝马斯没有说发达资本主义的国家干预完全消除了阶级斗争,但认为发达资本主义社会缓和了阶级矛盾,这实际上是对资本主义制度一定程度上的辩护。

2. 对技术统治论的批评

技术统治论是技术统治和政治科学化趋势背后的理论支持。哈贝马斯认为,技术统治论是发达资本主义社会的隐形意识形态,存在着诸多的危险,必须予以警惕。他对技术统治论的批评,是在他的总体理论框架下进行的,主要涉及他的科技生产力理论、意识形态理论、认识兴趣理论和交往行动理论。

---

① 尤尔根·哈贝马斯:《理论与实践》,北京:社会科学文献出版社,2004年,第357页。
② Jurgen Habermas, *The Lure of Technocracy*, Cambridge, UK; Malden, MA: Polity Press, 2015, p.11.

(1) 隐形的技术统治论

哈贝马斯对发达资本主义的意识形态状况进行分析,认为科学技术已经成为发达资本主义合法性的辩护力量,技术统治论是晚期资本主义最主要的意识形态。在他看来,意识形态是一种辩护性的观念或理论,它为既有社会运行方式做辩护,宣称既有的社会制度是合理的,阻碍人们对社会问题进行反思,从而为统治阶级或社会既得利益者服务。与马克思的观点不同,哈贝马斯认为生产力(包括作为第一位生产力的科学技术)并不一定是解放性的、进步性的力量,而是可以为资本主义的意识形态服务的。在发达资本主义社会中,生产力的进步取决于科技的进步,而科技进步开始发挥一种使资本主义统治合法化的功能,所以生产力不再是解放的力量,不能激发社会解放的进步运动。在他看来,科学技术蕴含的技术理性,为从对自然之统治延伸至对人之统治的"统治合理性"辩护,成为发达资本主义合法性的基础,因此"社会不断的'合理化'是同科技进步的制度化连在一起的"①。

科学技术蕴含的意识形态被哈贝马斯称为技术统治论,他还认定它是一种与传统意识形态不同的新型"隐形意识形态"。哈贝马斯所理解的技术统治论是一种把技术进步与政治制度、经济制度融合在一起的意识形态,坚持科技进步必然会推动社会的进步,因而社会管理尤其是政治制度框架的建构,要以科学技术标准为原则来进行。简而言之,技术统治论把社会发展理解为技术问题,要用技术方式来统治或控制社会,这是上述政治科学化和技术化统治的思想根源。

在哈贝马斯眼中,技术统治论不同于传统的意识形态,具备一些明显的新特点。第一,科学性,即要求所有的合法性辩护都必须通过科学的检验,并以科学名义全面否定传统的意识形态。他甚至认为,资本主义之前是没有严格的意识形态的,因为之前的意识形态并没有达到对它之前的各种意识形态的全面否定,而当代的新的意识形态即技术统治论完成了这一目标。第二,隐蔽性,即表现为某种科学结论使发达资本主义的权力关系免受批判,并不被公众所察觉。第三,因为科学性和隐蔽性,技术统治论很清晰,很符合理

---

① 尤尔根·哈贝马斯:《作为"意识形态"的技术和科学》,上海:学林出版社,1999年,第38—39页。

性,显得"意识形态性较少"。第四,将科学变成偶像,比之传统意识形态更加难以抗拒,影响范围更为广泛,因为它的辩护在形式上表现为科学分析而不是统治阶级的立场。第五,改进、修饰了晚期资本主义的剥削和压迫,不再是传统的对某个阶级的集体压制,而是通过国家干预用技术手段收买群众。第六,技术统治论从政治批判的公共领域中脱身出来,将自身划归为经济(发展)问题而逃避公众的政治质疑,哈贝马斯称之为意识形态的"非政治化"。

(2) 技术统治论的危险

哈贝马斯将技术统治论视为唯科学论在实践问题上的相应延伸。"'科学主义'或'唯科学论'(Szientismus)就是科学对自己的信任,即坚信,我们不再把科学理解成为一种可能认识的形式,而是必须把认识与科学等同看待。"[①]唯科学论将科学视为唯一可靠的认识,将自然科学方法视为唯一可靠的认识方法,否定传统的认识批评和自我反思的认知方法。

在哈贝马斯看来,当代知识活动陷入了唯科学论的错误之中,而他的知识论"研究目标是唯科学论的批判"(die Kritik des Szientismus)[②]。首先,传统认识论的认识条件分析并非毫无意义的,唯科学论以自然科学为唯一可靠知识,排斥形而上学,结果是抽掉自身的基础。哈贝马斯指出,实证主义用科学方法论研究来回答可靠知识问题,实际是从认识结果即自然科学知识来反推获取可靠知识的认识规则,认识论是通过分析正确认识途径保证知识的正确性。其次,否定认识条件问题意味着对主体的贬低。当认识条件不再重要时,注意点不再是反思主体,而是分析既存的自然科学知识。在知识学中,主体被贬低为按照经验进行活动的人,内在的认识结果、认识能力和认识特征对于获取可靠知识没有什么意义了,有意义的是逻辑和数学。因此,唯科学论批判的最终目的是要恢复自我反思,恢复认识论对主体的批判。

哈贝马斯还从认识兴趣的角度批评技术统治论。他认为,人的认识兴趣支配着人的科学活动,每一种科学活动对应了特殊的认识兴趣,主要包括三种,技术兴趣、实践兴趣和解放兴趣,分别对应着三种科学,"经验—分析

---

① 尤尔根·哈贝马斯:《认识与兴趣》,上海:学林出版社,1999年,第3页。
② 同上书,第305页。

的科学""历史—解释学的科学"和"批判的科学",分别应用于三种人类活动,工具活动、交往活动和自我反思。技术兴趣是有效地控制外部世界的兴趣,支配着服从技术规则的工具活动,追求可以预测对象的、技术上可用的经验科学知识,将人类从自然界中解放出来。实践兴趣是寻求不同主体之间相互理解的兴趣,支配着服从主体通性的交往活动,追求可以增进对话、达成共识的精神科学知识,把人从社会中解放出来。解放兴趣是解放主体自身的兴趣,支配着批判性的自我反思活动,追求沟通技术兴趣、实践兴趣的批判知识,把理论与实践真正统一起来。解放兴趣是最终极的认识兴趣。社会进步归根结底取决于解放兴趣的实现,解放兴趣又奠基于技术兴趣和实践兴趣的实现。在哈贝马斯看来,技术统治论破坏三种认识兴趣之间的关系,只承认技术兴趣,否认其他两种认识兴趣的价值。其中最大的危险是对解放兴趣的遮蔽,它让人们不再反思社会、反思技术本身——按照他的术语说,对社会的反思被排除在"交往活动"或"相互作用"之外,或者说技术统治论与公共领域在当代的消亡存在关联,因而社会、技术不再受到公众的政治批判。

3. 用交往与对话来控制技术统治

哈贝马斯承认,技术统治与技术统治论在发达资本主义社会已经是政治和公共治理领域的基本趋势。因此,他虽然批评它们,但没有完全否定技术统治论和技术进步的价值。他指出对技术进步的后果有两种不同观点:"对技术的自由解释"认为,人从根本上能够决定科技进步的方向和尺度,技术手段只能是一种手段,技术进步、自动化使人摆脱体力劳动、痛苦、风险和危险;"技术进步的保守主义"认为,科学、技术、工业、军队和管理已经相互一体化,组成了一个持续扩张的系统,是危机或危险性的根源,并压抑主体的自由。哈贝马斯对技术统治论采取一种修正的态度,主张用政治、民主力量控制技术统治,减少其负面效应,用交往行动、对话协商来反思社会、技术和技术统治论。

(1) 交往与对话

哈贝马斯的交往行动理论非常著名,交往是其核心概念。他认为,黑格尔包括马克思混淆了"劳动"和"交往"两个概念,把人类实践活动归结为劳动,使得分析局限于经济领域。他明确区分了两者,劳动是人与物通过工具的结合,受到技术规则、经验知识的指导;交往是人们之间以符号为媒介的相互作用,受到行为规范、行为期待的约束。因此,在劳动中,主体通过工具作用于客体,彰显其主体性;在交往中,主体通过符号与另一主体相互作用,彰显其主体通性。主体通性意味着通过自由、平等的交往、对话达成某种一致或共识。因此,健康的交往活动意味着不同主体之间自由、平等和不受限制的对话、讨论和协商。在后期的研究中,哈贝马斯更是从交往行动理论中发展出一种商谈伦理或对话伦理。

哈贝马斯进一步主张:"生产力和生产关系之间的联系,似乎应该由劳动和相互作用之间的更加抽象的联系来代替。"①在他看来,劳动领域与交往领域是平行的领域,劳动与社会之技术战略、技术进步相连,交往与社会之制度框架、政治活动相连,两者之间应该分开,通过平等的对话来相互联系。也就是说,生产力与生产关系应该平等对话,而不是前者决定后者,否则在哈贝马斯看来就陷入技术决定论。所以他认为,技术统治论实质上就是掩盖了劳动与交往的差异,把本应由交往解决的政治、社会制度和意识形态问题归结为属于劳动范围的经济、技术规则和工具活动问题,从而使发达资本主义意识形态不再属于公众对话、讨论、协商和反思的范围。简单地说,技术统治论掩盖交往活动的方式,把晚期资本主义的一切活动都划归为劳动、技术问题,从而阻碍了公众反思社会,即导致了哈贝马斯所谓的"公众社会的非政治化"。

(2) 约束技术统治

在哈贝马斯看来,重建自由、平等和不受限制的交往活动是解决发达资本主义所有问题的关键,包括消除技术统治论与技术统治带来的危险。哈贝马斯拯救发达资本主义的方案可以归结为,建构不受限制的社会交往活动,实现不受限制的对话,实现"公众社会的重新政治化"②。在技术统治与技术统治论问题上,他主张把技术进步与制度框架分开考虑,反对将技术准则强加于社会生活方式之上,而要用民主控制科技进步的方向。在这一点上,哈贝马斯与科学方法的无政府主义者费耶阿本德殊途同归。

---

① 尤尔根·哈贝马斯:《作为"意识形态"的技术和科学》,上海:学林出版社,1999 年,第 71 页。
② 同上书,第 78 页。

具体地说,哈贝马斯要发起关于技术与实践关系的全社会范围内的对话或讨论。对此,他如是说:"随着技术进步带来的没有预计到的社会文化后果,人类面临的挑战不仅是用咒语呼唤出的自己的社会命运,而且是学会掌握自己的社会命运。只有技术对付不了技术的这种挑战。确切地讲,必须发起一场把社会在技术上的知识和能力上的潜力,理性地、负责任地同我们的实践知识和愿望联系起来的政治上起作用的讨论。"①在他看来,这种讨论能启发公众反思技术统治和技术统治论、反思社会本身,能够启发政治家克服发达资本主义统治的非理性统治。从某种意义上说,当代西方社会兴起的技术民主化浪潮,正是哈贝马斯所呼吁的讨论。

哈贝马斯指出,目前公开讨论还存在许多阻碍,包括:1)经济或军事方面的阻碍,如商业技术秘密问题;2)官僚主义的封锁;3)国际压力和社会制度差异。② 在公开讨论中,尤其重要的是促成科学家与政治家的对话,必须充分培育科学的外部公众社会,发挥它在公开讨论中的作用,尤其是科学咨询机构的作用。哈贝马斯认为,科学咨询机构起到沟通政治家、公众与专家的作用,是对话的捷径,它有两项目标,"一是用指导性的利益观(这种利益决定行动者对情况的了解)解释研究成果,二是评价科研规划,以及鼓励和选择那些把研究过程引向实践问题的项目"③。显然,哈贝马斯对科学咨询机构的重视,与他对专家和专家政治的批评是矛盾的。

4. 作为反技治主义者的哈贝马斯

总的来说,哈贝马斯对技术治理的批评的特点主要包括两点:

第一,运用马克思主义的某些视角和方法来分析问题,通过对技术统治的批评来批判当代资本主义的最新发展。从阶级角度来审视技术治理,他指出技术治理在发达资本主义社会中更多是为资产阶级统治服务的本质特征。从生产力与生产关系的角度来审视技术治理,他指出发达资本主义以生产力效率为名,打着科学与真理的幌子,掩盖科学技术在资本主义社会中被异化的真相。

---

① 尤尔根·哈贝马斯:《理论与实践》,北京:社会科学文献出版社,2004年,第379页。
② 于尔根·哈贝马斯:《后形而上学思想》,南京:译林出版社,2001年,第113页。
③ 尤尔根·哈贝马斯:《作为"意识形态"的技术和科学》,上海:学林出版社,1999年,第108页。

第二，试图辩证地分析技术统治与技术统治论，没有完全否定两者的价值，具有一定的建设性。哈贝马斯承认，当代社会在很大程度上已经是技术治理社会，不可能完全消灭技术治理，而是要想办法来约束它，这在当代主流西方思想对技术治理的否定潮流中是比较难得的。不过，对于技术治理，不仅要约束，还应该积极主动地对其进行引导和调控，使之为人类福祉服务，这可以通过制度设计在很大程度上得以实现。

哈贝马斯对技术治理的批评，对于分析技术治理风险以及重建技术治理理论颇有启发。

首先，哈贝马斯提出要加强民主制对技术治理的约束，必须将技术治理置于民主制的控制之下，这是非常重要的。在很多人看来，技术治理与民主制在理论上是水火不相容的，哈贝马斯则指出西方民主制实际上与技术治理是并存的，强力的民主制可以约束技术统治论。哈贝马斯这一想法实际上与他把技术统治论作为发达资本主义的基本意识形态是相冲突的，果真如此，民主制对技术统治的约束不成了资本主义的自我否定了吗？我认为，技术治理可以作为低于民主制的工具性制度设计，如此才可能被民主制约束。在工具主义的思路下，技术治理必须被置于高位的基本制度的控制之下，可以为中国特色社会主义制度服务。

其次，哈贝马斯对专家权力过大的警惕，同样非常有启发意义。不过如前所述，哈贝马斯对专家在社会治理中的位置是矛盾的，一方面要求警惕专家政治，另一方面又强调专家机构在公开对话中的重要性。实际上，技术治理本身就意味着给予专家更大的权力，这是当代社会治理日益科学技术化的基本趋势所决定的。但是，专家权力过大，可能导致巨大的风险，这必须引起重视。在阶级社会中，科学技术在社会运行中的运用并非中性的，对各个阶级阶层的影响是不同的，专家有自身的阶级利益，很容易被资产阶级收买，从而对无产阶级造成不利的影响，因此必须将专家权力限制在必要和合理的范围之内。

最后，哈贝马斯强调技术进步与制度框架分离的想法，值得技术治理理论研究者加以重视。他正确地指出，技术统治论从根本上是混淆技术进步与政治进步的不同目标，以理性的名义改造政治活动，却可能导致资本主义的非理性统治。所以他主张，"应该在分析的层面上，把一个社会系统的制度框架或者社会生活的世界(社会生活的世界似乎包含在社会系统的制度框架中)和前进中的技术系统加以区分"①。不过,他和哈耶克一样认为,社会制度不可能是有计划的理性设计的结果,而只能是社会历史自发演化的产物,这值得认真地商榷,实际上哈耶克也没有绝对否认社会工程的可能性和现实性。②

进而言之,哈贝马斯对技术统治和技术统治论的批评存在不少的问题。

首先,哈贝马斯混淆了专家政治与社会的科学运行模式,把技术治理等同于专家政治。专家政治并不等于按照科学原理和技术方法来治理社会,而很可能是以专家名义的伪技术治理,科学运行才是技术治理的第一原则。对专家权力的限制恰恰是基于科学运行社会的考虑,而不是反对科学技术的理由。哈贝马斯夸大科学技术与资本主义制度的一致性。马克思是用辩证的眼光来看待科学技术与资本主义制度之间的关系,一方面,科学技术推动生产力发展必将突破资本主义生产关系的束缚,因而成为资本主义制度的终极破坏力量,另一方面,在资本主义历史阶段的科学技术为资本家所用,因而成为一种维护现存资本主义制度的巨大力量。从根本上说,科学技术是第一生产力,是推动社会生产方式、生产关系不断进步的力量。哈贝马斯对技术统治论的批评拒绝承认这一点,因此从基本立场上背离了马克思主义。

其次,哈贝马斯认为技术统治让工人阶级失去革命意志,这与当代工人阶级运动的发展现状是不相符的,比如近年来在法国兴起的养老金全国罢工和"黄马甲运动"就是反例。不能以生产力发展可能有利于资产阶级统治为名,否定它们从根本上是进步力量的马克思主义基本立场,工人阶级生活水平提高并不能改变他们的阶级意识。并且,他认为过去强调生产力的决定作用是技术决定论,在无产阶级革命意志问题,他却陷入自己所批评的技术决定论。

再次,哈贝马斯对劳动与交往的二分也是有问题的,以此来批评技术统治论站不住脚。劳动中当然有交往行动,而交往行动或者直接是生产性的,或者间接与劳动相关,不能绝对分开。哈贝马斯以劳动与交往的二分法来反

---

① 尤尔根·哈贝马斯:《理论与实践》,北京:社会科学文献出版社,2004年,第373页。
② 刘永谋:《哈耶克对技治主义的若干批评及启示》,《天津社会科学》2017年第1期。

对马克思的劳动理论，进而以交往行动理论来反对生产力进步论，从根本上都是错误的。他反对马克思把物质生产活动、经济活动视为社会基础的核心观点。在他看来，经济活动、生产力不是社会发展最终的决定因素，政治活动、生产关系对社会发展的影响与前者同等重要，而平等对话、协商一致的政治活动可以达成对发达资本主义社会的反思，找到修正和改良这一制度的方法。从某种意义上说，哈贝马斯无法彻底反驳马克思对资本主义基本矛盾的分析，于是转而提出这样一种观点：虽然晚期资本主义经济基本矛盾无法消除，但是政治活动与经济活动处于同等地位，因此经济矛盾推导不出资本主义必然灭亡的结论，改良政治可以使资本主义制度长期存在下去。可以说，哈贝马斯处心积虑建构的交往行动理论不过是为资本主义辩护的改良理论。

最后，哈贝马斯提出用交往和对话来约束技术统治论，在现实中这是无力和不切实际的。没有平等的主体，何来平等对话？在发达资本主义社会中，各个阶级、阶层远远还没有实现平等，甚至可以说科技进步加重而不是减弱了不平等。比如，"数字鸿沟"带来在信息、知识方面的新差距。如前所述，他自己也承认公开对话阻碍重重。早期的哈贝马斯认为，对技术统治论的抗议可以先从大中学生开始，大中学生持续的抗议运动能够逐渐破坏技术统治论，最终瓦解发达资本主义的合法性基础。显然，哈贝马斯认为工人阶级已经失去革命意识，只好选择了大中学生作为进步的力量。然而，1968年哈贝马斯与学生运动分道扬镳，否定了学生的进步性，所以最终他的平等对话论成了无人执行、无人理睬的理想。总之，通过对话达致"真理"只是听上去很美，其实质仍是一种新的"真理乌托邦"或"政治乌托邦"。

二、与民主相冲突的现代性代码

芬伯格是马尔库塞的学生，是法兰克福学派的"后来者"。他对技治主义的批评继承了法兰克福学派的某些立场，又融合了社会建构论的立场，并吸收了后现代主义的一些观点，尤其对技术治理风险的分析颇具特色和创新。

1. 技治主义：含义、背景和主体

在《追问技术》中，芬伯格把技治主义等同于以科学专家为合法性源头的管理体制。他指出："我使用的'技术统治论'意味着一种广泛的管理体制，其合法性由科学专家而不是传统、法律或人民意志赋予。技术统治论管理在何种程度上是科学的是另一个问题。在某些例子中，新知识和技术真正支持更高的理性化水平，但是经常是：伪科学行话的变戏法和可疑的量化是技治主义风格与理性探索之间所有的联系。"①首先，技治主义不只是某种政治主张，而是在社会各个领域广泛存在的组织方式。其次，技治主义以技术理性的名义赋予科学技术专家主导社会管理的权力，公众在社会管理方面的争论被专家决定所取代。最后，在实际运作中，专家管理很多时候并不见得更为理性，此时科学、技术只是某种辩护词或修辞学。

在芬伯格看来，技治主义是技术决定论的两个基本立场之一。这两个基本立场是："1. 线性进步：技术进步是线性过程，路径固定。2. 基础决定：社会制度必须服从技术基础的命令。"②第一个立场主张技术自主性，即技术进步的模式已经固定，在所有的社会中都按照唯一和相同的路径发展，其他社会因素如政治、文化等能够影响技术变化的速度，但不能改变技术发展的一般道路；第二个立场主张技治主义，即"社会组织必须在发展的每一个阶段上，根据技术'律令'的需要来适应技术的进步"③，也就是说技术规则同时也是社会组织的规则。

技术统治论观念在发达资本主义社会各个领域都极为盛行，不仅在社会结构的宏观层面，也在社会运行的微观层面，如工程建设、工商管理、工业设计、行政活动乃至个体心性结构等中起作用，因此当代社会可以被称作"技术统治论社会"。"它的主要特点是人所共知的。科学—技术的思维成了整个社会的逻辑。政治仅仅是研究和发展共识机制的普遍化。个人不是通过压迫而是通过理性认同被融入社会秩序中。他们的幸福是通过对个人和自然环境的技术控制而取得的。权力、自由和幸福，所有这一切因而都建

---

① Andrew Feenberg, *Questioning Technology*, London, New York: Routledge, 1999, p. 4.
② Ibid., p. 77.
③ 安德鲁·芬伯格：《技术批判理论》，北京：北京大学出版社，2005年，第173—174页。

立在知识的基础之上。"①芬伯格认为:"资本主义是第一个主要通过技术而不是凭借宗教、礼节和暴力等来抑制属下人口的社会,也是第一个把它看作是基本中立的而不是由内在的逻各斯所支配。"②在发达资本主义社会中,技术控制和社会控制是结合在一起的,因而技治主义成为必然的选择。"技术合理性的永久标志是生产和社会统治并行的预设。"③技术理性不仅存在于生产实践中,还渗透于社会管理领域,技治主义则是技术理性在社会管理领域的具体体现。

芬伯格认为,发达资本主义国家和苏联都是技术统治论国家。显然,这是一种根植于技术决定论的共产主义和资本主义"趋同论",既然技术发展道路是唯一的,而技术规则又决定了社会组织形式,那么以相同技术为基础的共产主义国家和资本主义国家必然在本质上是一样的。按照芬伯格的观点,技术决定论是现代性的核心观念,美国、苏联引入的是同一种技术系统,均是同一种现代化过程的结果,苏联"只是用一种被称作共产主义的现代性来代替美国所提倡的现代性。实际上,两种立场是相似的:都是由技术决定论支撑的理想主义的普适论(universalism)"④。不仅如此,其他引入同样技术系统的国家包括中国在内,最终将步美苏的后尘。

技治主义为什么会在当代兴起?芬伯格提到三点思想领域的背景。首先,现代技术的巨大成功导致技术决定论盛行,技术对公共政治影响越来越大,越来越多的人相信"研究而不是选民不成熟的意见将确定最有效的行动过程"⑤。其次,第二次世界大战之后,发达资本主义国家和苏联的意识形态神话幻灭,"意识形态终结论"盛行,技治主义及时填补了意识形态领域的"空白"。最后,工具主义在当代的盛行,它把人看成社会机器中的"齿轮"或控制对象,把真理看作实用的、可执行的范畴,支持专家对社会进行全面整合,因而有力地支持了技治主义。

在芬伯格看来,技治主义是中产阶级的阶级意识形态和自我理解方式。

---

① 安德鲁·芬伯格:《可选择的现代性》,北京:中国社会科学出版社,2003年,第186页。
② 芬博格:《海德格尔和马尔库塞:历史的灾难与救赎》,上海:上海社会科学院出版社,2010年,第102页。
③ 安德鲁·芬伯格:《技术批判理论》,北京:北京大学出版社,2005年,第79页。
④ 安德鲁·芬伯格:《可选择的现代性》,北京:中国社会科学出版社,2003年,第1—2页。
⑤ Andrew Feenberg, *Questioning Technology*, London, New York: Routledge, 1999, p. 2.

中产阶级主要按照职业而不是政治经济关系划分,知识分子、科学家、技术专家和工程师是中产阶级的主体,是社会中技治主义管理的实施者。中产阶级不是通过继承而是通过选拔而获得阶级身份,教育在选拔过程中起关键作用。芬伯格指出:"中产阶级的成员通常在获得适当的教育证书后,就被雇佣来从事建立在特殊的技术代码基础上的行为。中产阶层不同于现代社会中起源于一种'有机的'经济过程的其他阶级,他们是通过选拔过程来获得他们的阶级身份,而这来源于与一定的知识体系的专业关系。"①教育赋予中产阶级某种专业资格,可以从事某种与技术相关的专业工作。同时,芬伯格又认为,中产阶级对于技治主义的自觉和信心是有限的,尤其是1968年法国"五月风暴"之后,他们无法将自己视为统治者或工人阶级,而是"在传统精英和普罗大众间摇摆"②。

2. 从民主社会主义立场批判技治主义

芬伯格既反对美国式的发达资本主义体制,也反对苏联式的共产主义体制,而是主张经过公众参与改造后的民主社会主义体制。站在民主社会主义的立场上,他对技治主义提出了诸多批评。

芬伯格指出,技术专家治国论观念的前提本身就是矛盾的。他认为:"技术专家治国论的观念建立在两种自我矛盾的前提基础之上:一是对科学有效性的信心,而技术专家治国论却通过使研究服从于市场而破坏了这种信心;二是对构造各种决定论的系统的信仰,而科学本身现在已经怀疑这种信仰。"③首先,在技治主义社会中,研究逻辑与商业逻辑融合,R&D 首先要考虑市场需求,这就与技术自主性主张相矛盾。其次,技术理性的基础地位无法在技治主义观念系统中自我证明,只能以信仰的形式发挥作用,但以有条理的批判为主旨的科学反过来会质疑任何未经证明的信仰。

技治主义是一种欺骗性的意识形态,用谎言掩盖和曲解真实情况,为维护权力和等级制度服务。芬伯格指出,技治主义并不是事实上的理性管理,而是以理性、科学和技术作为幌子,以它们的名义实施极权管理。技术专家

---

① 安德鲁·芬伯格:《技术批判理论》,北京:北京大学出版社,2005 年,第 200 页。
② Andrew Feenberg, *Questioning Technology*, London, New York: Routledge, 1999, p.32.
③ 安德鲁·芬伯格:《可选择的现代性》,北京:中国社会科学出版社,2003 年,第 153—154 页。

治国论管理喜欢使用专业证书、行业术语等,形成人为的信息垄断,制造专业的神秘氛围,从而把不能直接视为合法的社会控制合法化——"技术专家治国论的权威是建立在现代社会建立共识最有效的机制基础之上的——由于决定论的发展观念使技术选择神秘化了。"①技治主义谎称自己的主张是技术要求,实际上并非技术要求,而是权力运作的需要,是权力斗争的产物。芬伯格指出:"技术专家治国论就不是'技术规则'的结果,而是在特殊的发达社会环境下追求阶级权力的结果。"②因此,技治主义维护等级制度管理,"运用技术授权去维护一个扩展的等级制控制体制,使它合法化"③。技治主义与资本主义技术代码增强操作自主性,即与管理者扩张权力的要求是一致的,因为操作自主性有利于越来越多的自上而下的控制。应该说,技治主义以所谓技术共识成功地掩盖了权力真相。

技治主义与民主是冲突的,民主社会主义不赞同技治主义。芬伯格指出:"无论技术统治论被欢迎还是被憎恶,这些决定论的基础没有给民主留下空间。"④技治主义管理极力扩大管理者的权力,剥夺被管理者的权力。因此,民主社会主义对技治主义是持保留意见的,至少是反对资本主义式的技治主义管理的。芬伯格认为:"在20世纪60年代,社会主义被改造成与资本主义的技术专家治国论和共产主义的官僚政治相对立的激进的民主意识形态。自那以后,社会主义就与人类解放的广义概念联系了起来,这包括性别和种族平等、环境改善和劳动过程的人性化。"⑤他指的被改造过的社会主义实际上就是民主社会主义。

在芬伯格看来,马克思、法兰克福学派和福柯、利奥塔等人都是反对技术统治论的。他认为,马克思技术异化理论实际是一种对技术乌托邦的批评,马克思可以被视为反技治主义者——"马克思是发展中的(avant la lettre)技术专家治国论的批判者"⑥。福柯知识—权力理论亦是对规训社会敌托邦的批判,敌托邦批判是共产主义运动衰落后的资本主义批判的主力军之

---

① 安德鲁·芬伯格:《可选择的现代性》,北京:中国社会科学出版社,2003年,第11页。
② 同上书,第110页。
③ Andrew Feenberg, *Questioning Technology*, London, New York: Routledge, 1999, p. 103.
④ Ibid., p. 75.
⑤ 安德鲁·芬伯格:《技术批判理论》,北京:北京大学出版社,2005年,前言,第3页。
⑥ 同上书,第49页。

一。而以马尔库塞为代表的"新左派"主要目标之一就是批判技术统治论,哈贝马斯同样也批判技术统治论,但是"他最终也是悲观地谴责了正在兴起的技术专家治国论浪潮,而没有提供一种有说服力的替代物"①。

1968年法国"五月风暴"可以被视为反抗技术统治论的斗争。芬伯格认为,学生运动既反对发达资本主义,也反对苏联式共产主义,实际是对作为它们基础的技治主义的拒绝。第二次世界大战后,技治主义兴起改变了大学内部的平衡,大学像社会一样被等级化,其成员被分为有知识和无知识两个冲突的部分。于是,大学成了"知识工厂",一个生产有知识的人的地方,在其中,"教授扮演技治主义者的角色,而学生是无知的受压迫者,他/她缺少资质注定要处于附属位置"②。因此,高校被认为是社会的技治主义中心,既培养技治主义者,也按照技治主义方式来组织,所以学生才起来反抗大学。在很多人看来,学生运动有反智主义倾向,但芬伯格辩解说学生们反抗的不是知识和智慧,而是反抗将技术需要和知识权威运用到不公平和不必要的权力压迫中。

芬伯格认为苏联败亡于技治主义和专制。很多人认为,苏联败亡与公有制、计划经济和经济失衡等经济问题有关,芬伯格不同意这种观点,主张从政治方面寻找苏联败亡的原因,尤其是技术官僚化和以技术为基础的专制。苏联失败不是因为太共产主义了,而是太资本主义了,即从资本主义接受了太多的政治因素如官僚主义、技术统治论行政方式等,导致与资产阶级类似的"新阶级"兴起和腐败盛行。

另外,芬伯格还指出,技术统治论盛行还应当为自然和环境被破坏负责。技治主义影响了技术设计过程,将技术目标限制在效率中,因而导致当代社会对自然资源的过度掠夺和浪费,这是反人道、反民主和不安全的。

3. 走出技术统治论:重构技术代码和现代性

芬伯格反对技术决定论,认为它的两个假设都是错误的。他指出,技术自主性暗含本质主义的观点,坚持技术某种不变的本质(如海德格尔的"座

---

① 安德鲁·芬伯格:《可选择的现代性》,北京:中国社会科学出版社,2003年,第90页。
② Andrew Feenberg, Remembering the May Events, *Theory and Society*, 1978, 6(1), p.32.

架"说)因而是无法被改变的。因此,应该引入建构主义,走向了技术的非决定论,其基本立场包括两点:"1. 技术发展是由进步的技术标准和社会标准完全决定的,因此技术发展可以沿着许多不同的方向进行,这要取决于占主导的霸权。2. 当社会制度适应技术发展时,适应的过程是相互的,技术在对社会条件的响应中发生变化,而技术也达到了影响这些社会条件的程度。"① 按照技术决定论,技术自主发展,人们在技术发展面前无能为力。而非决定论认为,现代技术及其秩序并非唯一的、必然的,而是偶然成为如此的,因而是可以重构的。也就是说,芬伯格认为技术与社会是相互建构的,这属于我所谓的"技术的互构论"。

技术的非决定论为突破技治主义的限制提供了可能。在非决定论看来,技术或技术设计是待确定的(underdetermined)。芬伯格指出,"在技术领域,这种观点坚持认为技术原则不能自己决定设计""技术选择是'待确定的'(underdetermined),对可选择事物的最终决定归根到底取决于它们与影响设计过程的不同社会集团和信仰之间的'适应性'(fit)"。② 换言之,技术要素并不能单独决定技术设计过程和确定技术代码,社会要素不可避免地参与到技术设计过程中。同样的技术要素在不同的社会要素的作用下,可以形成不同的技术代码,关键在于具体的技术设计过程究竟如何确定技术。并且,技术设计并不是一劳永逸的,而是不断经受社会考验,技术系统诞生后不断在改变,社会要素会不断涌入技术设计过程中。按照芬伯格的逻辑,既然技术发展道路是可以重构的,那么以技术为基础的技治主义体制也可以改变。并且,由于在技术设计过程中,非技术性的社会要素渗入技术代码,故而以技术为基础的技治主义体制就不能只考虑管理合乎技术理性,于是技治主义就自我瓦解了。

如何重构技术? 芬伯格认为,通过整体的文化规划可以改变既有的技术设计过程,而由于技术设计是当代文明规划的核心,因而技术代码的改变也就意味着整个现代性和现代文明的转变。既有的现代性以技术决定论为基础,是一种技术统治论的现代性。但是,现代化不止有一种必然的模式,目

---

① 安德鲁·芬伯格:《技术批判理论》,北京:北京大学出版社,2005年,第180页。
② 安德鲁·芬伯格:《可选择的现代性》,北京:中国社会科学出版社,2003年,第4页。

前的技治主义模式可以改变。既有的现代化过程过于强调技术理性的作用,因而导致了诸多问题,必须探索既有现代性的替代方式。显然,芬伯格"技术治理模式可选择"的观点与我的一贯主张相一致。

芬伯格提出了三种重新规划现代文明的途径:1) 重构技术代码;2) 探索苏联和发达资本主义之外的新道路;3) 借鉴日本、中国等非西方文明。首先,芬伯格主张,必须对社会主义进行民主化改造,走民主社会主义的道路,包括技术设计在内的所有社会领域实行民主化是社会主义过渡阶段必须完成的任务。在技术设计中,必须扩大劳动者的民主参与,以破除技治主义的迷信。在社会主义社会中,不是技术而是民主化主导向社会主义的过渡,技术进步是民主化的结果,技术进步将解放劳动力。其次,芬伯格强调技术设计可以借鉴前现代技术实践的经验。他认为,古代技术没有割裂手段—目的、事实—价值、功能—形式、自然—文化等,技术产品是和谐的统一体,而现代技术失去了传统工艺传递给人工制品的丰富的象征性。最后,芬伯格还对日本文化进行了研究,对日本传统技术工艺强调美学因素非常推崇,认为非西方技术实践可以启发当代的技术重构。

芬伯格非常重视计算机技术,认为重构既有的计算机技术是突破技术统治论的关键步骤。他认为,当今社会是计算机化社会,现代性集中体现于计算机技术的发展中,主体亦受制于计算机体系。既有的计算机发展道路主要由技治主义范式所主宰,社会计算化与社会技治主义化一致,计算机对于技治主义的实施非常重要,因此重构计算机对于突破技治主义也非常重要。要转变计算机设计中的技治主义范式,首先要将其视为交往机器而不是控制机器来发展——这种观点显然借鉴了哈贝马斯的想法——让计算机为民主化而不是技治主义化服务,其次要让公众更多地参与计算机设计和计算机革命,才能防止计算机技术被极权体制所利用。

教育在与技术统治论的斗争中同样扮演着重要的角色。显然,公众参与技术设计,需要对劳动者进行必要的技术教育,打破技术垄断和技术迷信。在芬伯格看来,教育有不同的模式,意味着对现代性的不同选择,应该走教育的民主化的道路。① 在社会主义社会中,教育应该成为福利,让知识技能与劳动者有效地结合,才能真正实现技术民主化。"这就意味着知识体制要根据下述两个目标发生一种根本的变化:1. 使整个劳动力而不仅仅是一小部分精英获得有效参与管理和政治的资格;2. 提供为了利用技术选择所需要的大量的智力资源,这些技术选择比资本主义劳动过程更加依赖技能和智识。"②当劳动者与知识结合,中产阶级便不能垄断技术资源,或者说更多劳动者开始跻身于中产阶级。于是,中产阶级主要部分将被重构,中产阶级的选拔将在多元目标下完成,管理者权力和技术权力将被有效地降低。

在芬伯格看来,突破技术的技治主义发展,还意味着技术进步与环境之间的和谐。重构技术要把人和环境考虑到技术设计中,技术应适应自然和人的自我发展。芬伯格指出:"社会主义对不损害环境的技术和对人道的、民主的、安全的工作的要求不是外在于技术的逻辑,而是响应了要建构自然、人类和技术要素的协调作用的总体性的技术发展的内在趋势。"③当然,非人的、脱离主体的自然是不存在的,因而逃避式的"回到"原始、素朴的自然是不可行的,应该在技术设计中恢复社会与自然现在已经破裂的有机统一性,即芬伯格所谓"前进到"到自然。

4. 作为反技治主义者的芬伯格

技术决定论很容易引向技治主义的观点。既然科学技术的发展决定了社会发展的总体方向,那么合乎科学思想和技术方法就是合乎历史发展规律的社会运行方式,因而科学化就成为社会治理方式唯一的选择。技术决定论在 19 世纪下半叶和 20 世纪上半叶盛极一时,20 世纪三四十年代美国的技术统治论运动正是在这种背景下出现,技治主义也伴随这场运动风靡全球。技治主义一经产生,就伴随着诸多激烈批判声音,马克思主义者、人文主义者、自由主义者、反科学主义者等的批评形成了反技治主义潮流。芬伯格站在西方马克思主义和民主社会主义的角度对技治主义提出批评,同时融入了

---

① Andrew Feenberg, Reflections on "Literary Education and Democracy", *Comparative Literature*, 1972, 87(7).
② 安德鲁·芬伯格:《技术批判理论》,北京:北京大学出版社,2005 年,第 192 页。
③ 同上书,第 235 页。

70年代以来兴起的社会建构主义的观点。他总结说:"新版《技术批判理论》是法兰克福学派的马克思主义、计算机革命和技术的建构论社会学之间不同寻常的遭遇的产物。"①

马克思主要指责机器帮助资本家通过机器压迫和剥削劳动者,导致劳动者的非人道境遇,而以马尔库塞和哈贝马斯为代表的法兰克福学派批评以科学技术为基础的技治主义是维护资产阶级极权统治的意识形态。作为马尔库塞的学生,芬伯格的批评沿着机器批判和意识形态批判的方向继续前进。

粗略地,技术决定论可以分为乐观主义和悲观主义两种不同的倾向。丹尼尔·贝尔属于典型的乐观者,海德格尔是典型的悲观者,而马尔库塞基本属于悲观者——他提出的"本能革命"和"局外人造反"的悲观色彩很明显,哈贝马斯要乐观一些,但他的商谈伦理在现实中基本上是一种无法执行的"政治乌托邦"理论。芬伯格试图找到一条更有操作性的道路,突破技术统治越来越严厉的社会控制。他的办法主要是:1) 引进建构主义以破除技术决定论;2) 引进民主化以避免社会主义走向苏联的专制模式,以此证明通过技术体系重构可以消解技治主义的风险,走出发达资本主义和苏联共产主义模式"趋同"之后的"第三条道路"。显然,技术决定论导致了某种宿命论,技术正在把我们引入无法控制的境遇,在技术宿命面前人类除了接受根本无能为力。因此,芬伯格理论的确具有更强的操作性和更乐观的态度,对技术宿命论是有力的回击。

然而,芬伯格这种糅杂调和的理论建构方式导致理论本身的基础存在深层的矛盾。在技术代码中的技术因素与社会因素之间的关系上,在重构技术与现代性规划之间的关系上,在技术规划与文明规划之间的关系上,芬伯格始终是含混的。比如,他一方面认为新的文明规划可以让社会重新规划技术,另一方面又认为技术规划是文明规划的关键,从某种意义上说技术重构决定了社会主义的民主化是否可能真正实现。芬伯格提出的非决定论只是在技术的工具论与实体论之间进行了简单的调和,因此不可避免地陷入模棱两可之中。而芬伯格对资本主义和共产主义"趋同论"的反驳也存在同样疑

---

① 安德鲁·芬伯格:《技术批判理论》,北京:北京大学出版社,2005年,第1页。

问。他认为,按照技术非决定论的观点,技术体系可以重构,技术发展道路并不是唯一的,所以虽然苏联模式由于照搬资本主义技术体系而"趋同",却并不代表没有其他建基于新的技术体系之上的社会主义制度,而社会主义的民主化就是全新的社会制度。① 显然,以非决定论为基础的"反趋同论"很容易被指责为是某种理论"拼凑"或循环论证。

从方法论说,芬伯格理论的矛盾根植于现代西方哲学二元论思维方式的束缚。换言之,他的问题在于默认技术—社会、技术—文明、文明—自然等二元对立,不用全新的概念框架消解对立,简单的杂糅避免不了根本性的概念冲突。并且,芬伯格的反技治主义还表现出与海德格尔和某些后现代主义一样的某种怀念前现代的怀旧情绪。显然,这种情绪对于批判是有用的,但是对于解决现实问题而言往往有害无益,容易将入某种难以自拔的悲观之中。

但是,包括哲学在内的人文社会科学的理论因为无法达到如自然科学理论一般的严谨,这在科学时代显得很明显但也很正常,不能因此完全否认芬伯格分析技术治理风险的价值。作为反技治主义的芬伯格将技治主义研究推向了深入,尤其在三点上见解颇为深刻:1) 指出技术统治和专家治国之间存在"鸿沟";2) 指出技治主义不仅在宏观社会框架上起作用,也在微观社会运行中起作用;3) 把技治主义与现代性批判联系起来。如果专家治国并不必然实现技术统治,那么现实中的专家治国是何种统治呢? 这种专制是理性的还是非理性的呢? 以效率为目的的工具理性,是否是科学技术理性的全部? 如果技术治理在社会各个层面都起作用,那么各个层面之间的功能是如何协调的? 技治主义主张是否可以限定在某个层面? 可否根据不同的层面限定技治主义主张从而消除其某些负面效应如反民主倾向? 如果技术治理是现代性的题中之义,那么替代性的现代性是否均为反技治主义的? 是否存在后现代主义的技术治理? 反技治主义社会是否是另一种历史偶然性? 技术治理可以解决现代化对自然环境的破坏么? 这些问题都将技治主义研究深入下去。比如,波普就把社会工程分为乌托邦式的和渐进式的,他赞同

---

① Andrew Feenberg, Technology Transfer and Cultural Change in Communist Societies, *Technology and Culture*, 1979, 20(2).

渐进式的社会工程。①

在技术治理的细节方面，芬伯格提出诸多启发性的观点。第一，他对中产阶级分析颇有新意，尤其是从技术治理的角度分析苏联所谓"新阶级"，以及通过教育福利化以消解或扩大中产阶级的主张，与德热拉斯的著名观点②相比更为冷静和客观。第二，他对技术统治论控制工人阶级劳动过程的分析，明显受到福柯微观权力分析理论的影响，将技术治理在劳动场所实施战略之研究深入下去。他认为工人阶级要与教育、知识相结合，这对于规避技术治理风险非常重要。第三，他提出将计算机视为交往机器的观点，极富启发性，对于当前智能革命语境下的技术治理研究非常重要。不过，计算机交往也可能被技治主义的消费主义所控制，导致隐私被普遍侵犯的状况。第四，芬伯格试图把某些政治哲学理论引入技术哲学关于技术治理的讨论中，尤其是民主主义理论。这些都给技术治理研究的后来者以方法上的启发。

---

① 卡尔·波普：《历史决定论的贫困》，北京：华夏出版社，1987年。
② 密洛凡·德热拉斯：《新阶级：对共产主义制度的分析》，北京：世界知识出版社，1963年。

第 16 章　自由与技术治理

自由主义者对技术治理的批评,主要是抓住"自由"展开的,即技术治理存在侵害个体自由的风险。本章以哈耶克对技治主义的批评为例,来分析技术治理的此类风险。作为自由主义者,哈耶克主张社会秩序是自然形成的扩展秩序,人类试图用理性方法对其控制和重构是狂妄和危险的,结果往往是走向剥夺自由的极权主义,因而极力对技治主义进行批评。

在哈耶克看来,"20 世纪肯定是一个十足的迷信时代,其原因就在于人们高估了科学业已取得的成就"①,人们试图将自然科学方法用于社会政治领域的企图属于"对理性的滥用",这种滥用二百年来极大影响了西方社会的历史进程,尤其是导致了极权主义在 20 世纪的兴起——"普遍要求'自觉地'控制或支配社会过程,是我们这一代人最典型的特征之一。"②哈耶克将政治、经济和社会领域内上述趋势称之为"工程学思维类型"或"工程学观点",而工程学观点符合我所称的"技治二原则",即科学运行和专家治理两条原则。因此,哈耶克所称的工程学和工程学观点,基本上等于本书所理解的技术治理和技治主义。哈耶克认为,社会工程学立场是社会科学领域唯科学主义在社会实践中的表现,因此,他对技治主义的批评同时指向社会工程学和唯科学主义两个方面。他对技术治理风险的分析,在各种反技治主义观点中独树一帜,提出了许多富于启发性的观点,对于理解当代全球范围内的政治科学化趋势有重要意义。

一、唯科学主义的问题

哈耶克是从方法论的角度来理解唯科学主义。他认为,从 19 世纪中叶

---

① 冯·哈耶克:《哈耶克论文集》,北京:首都经济贸易大学出版社,2001 年,第 643 页。
② 弗里德里希·A. 哈耶克:《科学的反革命》,南京:译林出版社,2003 年,第 90 页。

以来,"模仿科学的方法而不是其精神实质的抱负虽然一直在主宰着社会研究,它对我们理解社会现象却贡献甚微"①,不断给社会科学研究造成混乱。他把这种极力将自然科学方法应用于社会科学中的思潮称之为唯科学主义,并认为唯科学主义并非真正在坚持自然科学客观探索的精神,"而是指对科学的方法和语言的奴性十足的模仿"②。在他看来,此类唯科学主义虽然声称科学方法至上,实际上并没有科学性,违背了科学精神,带有严重的偏见,是放弃了科学批判精神的生搬硬套。哈耶克把唯科学主义与"工程学思维类型"放在一起讨论。他认为,工程学思维是唯科学主义在社会治理和政治领域的体现,是社会工程和社会工程师的指导性立场。

哈耶克指出,主张唯科学主义和工程学立场的主要不是自然科学家,而是如圣西门、孔德和凡勃伦这样的哲学家、思想家,实际上他们对自然科学并不太懂。所以,唯科学主义者试图用于社会科学的方法未必是正确的自然科学方法,而是他们自以为的自然科学方法。如前所述,类似的观点芬伯格也有。显然,哈耶克这一观点很有道理。首先,自然科学的具体方法(比如天文观测方法)适用的是自然对象,并不能简单地移植到社会对象上,社会科学只能移植原则、原理、模式、精神等方法论层面的东西,而且还要经过一个方法转换的过程,使之适应于社会对象。其次,什么是真正的科学方法,不同的科学家理解不同,专门研究科学方法论的科学哲学家也见解迥异,迄今为止并没有被一致接受的自然科学方法论,实际上方法论作为哲学理论也不可能像自然科学那样有一致性意见,所以社会科学家声称应用的自然科学方法论只能是某种自然科学方法论——从理论上讲,方法论之间没有绝对的优劣之分,都是"片面的真理"。因此,哈耶克声称他反对唯科学主义并不是反科学,而是反对一种在20世纪大行其道的科学哲学、科学观或科学方法论。他一再宣布自己不反科学,而是反对滥用科学,不反理性,而是反对理性滥用。换言之,他实际上认为,唯科学主义因其对科学方法的歪曲故而是一种反科学的思潮。

哈耶克旗帜鲜明地指出,社会科学不同于自然科学,自然科学方法应不

---

① 弗里德里希·A.哈耶克:《科学的反革命》,南京:译林出版社,2003年,第4页。
② 同上书,第6页。

同于社会科学方法。社会科学研究的对象和目的不同。"它研究的不是物与物的关系,而是人与物或人与人的关系。它研究人的行为,它的目的是解释许多人的行为所带来的无意的或未经设计的结果。"①社会科学研究的人的形式是自觉的或经过反思的选择行为。自然科学也可以研究人类,但是把人当作物来研究,如研究人类无意识的反应过程。并且,社会科学不仅研究人类行动,更是要应用于人类行动,而不是纯粹为了追求真理。人们相信社会科学,根据社会科学成果采取行动。在社会科学中,没有自然科学意义上的客观事实。即使是社会科学研究的物,也只能是行动的人所认为的物。社会科学事实仅仅是意见,是所研究的行动中的人所持的意见。这些意见都是主观的观念,还包括大量关于观念的观念。而且,行动中的人不仅产生动机,还对动机进行自我解释。这就使得社会科学事实变得异常复杂。

哈耶克认为,社会科学研究对象的复杂性导致了社会科学有自己特点。首先,它不可能像自然科学那样做出具体预测,而只能是某种综合的模式预测。"对某种类型的模式之出现所作的预测,和对这种模式的具体事例之出现所作的预测之间的区别有时在自然科学中也十分重要。"②其次,随着复杂性的增加,可证伪性必然会减少,也就是说,社会科学并不像自然科学那样适用于证伪原则。最后,社会科学研究是消极的、否定的,而不是精确预测性的,它只能对既有的扩展秩序进行原理性的解释,甚至排除某些可能性,但不能对社会未来进行任何预测。

因此,唯科学主义主张把自然科学方法应用于社会科学领域就是错误的,更不用说它引入的还是错误的自然科学方法论。哈耶克认为,唯科学主义社会科学方法论主要错误有三:客观主义、集体主义和历史主义,它们三者紧密相连。客观主义用物理过程看待精神过程,把人类行为还原为生理学和心理学问题。于是,人们的反应取决于外界刺激物的客体属性。在社会科学中,不是客体属性而是主体对客体属性的知识决定社会科学事实。客体主义按照自然科学模式关注社会事实的可计算、可量化的方面,忽视了质的方面,在社会科学中导致诸多偏见。集体主义是"这样一种倾向:把社会或经济、

---

① 弗里德里希·A.哈耶克:《科学的反革命》,南京:译林出版社,2003年,第17页。
② 弗里德里希·冯·哈耶克:《经济、科学与政治——哈耶克思想精粹》,南京:江苏人民出版社,2000年,第497页。

资本主义(作为一个既定历史'阶段')或特定产业、阶级和国家这类整体,视为一个有着严格规定性的客体,我们通过观察其整体运行,能够发现各种规律"①。集体主义的错误在于,把社会科学中建构的整体当作实在。在哈耶克看来,"社会科学中的整体实际上是我们以为的物之间的模式或秩序"②。社会科学中的整体性概念均是依据相关性而建构起来的,而非实在性的。换言之,人与人、人与物之间的相互关系在先,然后才可能建构社会科学中的整体概念。历史主义试图把历史研究变成有关社会现象的唯一科学,把历史研究看作对社会的经验研究,从中揭示社会整体的所谓客观历史规律。哈耶克指出,既然社会整体是建构的,客观历史规律就是虚妄的,历史理论先于历史整体,而不是相反——"可见,理论在历史知识中的作用,是形成或建构历史研究的整体;它先于这些整体,除非找出连接着各部分的关系体系,不然是看不到这些整体的。"③众所周知,社会有机体的观念在当代大行其道,哈耶克的批评发人深省。

与唯科学主义相对,哈耶克主张社会科学应该采用主观主义、个人主义和"综合"方法。既然研究对象是主观的,社会科学只能采用主观主义方法。首先,社会科学研究即使涉及物,也是关注人赋予物的属性,而不是其客观属性。"总之,在社会科学中,事物是人们所认为的样子。如果(因为)人们认定,钱才成为钱,词才成为词,装饰才成为装饰。"④其次,虽然人际交流有共同结构,但人们头脑中具体的知识和信念是分散的、不稳定和不完美的。最后,社会科学中没有绝对的、一致的客观知识。个人主义主要强调个体之间的差异,尤其是观念差异,因此个体不能还原为标准主体,并以此为基础走向某种"客观"。前后相继的社会结构之所以稳定,并非前后相继的个体完全一致,而是个体继承了稳定的社会关系、制度、习惯和风俗。所谓"综合"方法,是与自然科学应用的分析方法相对的。既然个体观念不同,对任一个体的反思都没有解释他人的可能,那社会科学研究何以可能? 哈耶克认为,社会科学之所以可能,是因为个体自觉行为最终造成未经设计的后果,即"可

---

① 弗里德里希·A. 哈耶克:《科学的反革命》,南京:译林出版社,2003年,第51页。
② 同上书,第54页。
③ 同上书,第72页。
④ F. A. Hayek, The Facts of the Social Sciences, *Ethics*, 1943(3).

以观察到不属于任何人的设计结果的规则"①。也就是说,社会秩序是存在的,但不是人为设计,而是自然形成的。这就是哈耶克所谓的扩展秩序或自然秩序:"我们的文明,不管是它的起源还是它的维持,都取决于这样一件事情,它的准确表述,就是在人类合作中不断扩展的秩序……这种扩展秩序并不是人类的设计或意图造成的结果,而是一个自发的产物。"②而"综合"方法适用于对扩展秩序的总体把握,形成某种模式的知识。

二、社会工程学的问题

18 世纪末 19 世纪初,自然科学迅猛发展,在人类改造自然界的实践活动中爆发出巨大的威力。在法国,以圣西门和孔德为代表的一批思想家试图把自然科学的方法应用于对人类社会的研究,致力于发现所谓社会规律,并由社会科学精英按照这些规律对社会进行总体改造,从而使人类社会更趋完善。这就是哈耶克所称的社会工程学实践,与唯科学主义思潮是一致的。

哈耶克认为,把唯科学主义社会科学运用于社会实践中,会导致对社会制度的实用主义解释(即认为社会秩序是人类自觉设计的结果),以及社会工程的态度(即主张由社会工程师对社会制度进行重构)。他指出,认为我们有能力理性地设计社会制度,是一种狂妄的想法,因为社会制度虽然是"人类行为的结果,但不是人类设计的结果"③。在他看来,人们如果理解了自发的扩展秩序,也许可以利用和影响它,但不可能控制和改变社会制度。

哈耶克认为,社会工程的立场要求自觉的社会控制,最终导致专制和独裁。要对社会秩序进行控制和重构的要求,意味着承认某种超级头脑,能解释所有的分散于个体头脑中的个人观念,再由超级头脑实施对整个社会的支配。但是,超级头脑也是个体头脑,根本无法于个人观念之外理解个人知识,就像人不能扯着自己的头发脱离地面一样。"这种狂妄的想法,是理性征服

---

① 弗里德里希·A. 哈耶克:《科学的反革命》,南京:译林出版社,2003 年,第 35 页。
② F. A. 哈耶克:《致命的自负——社会主义的谬误》,北京:中国社会科学出版社,2000 年,第 1 页。
③ 弗里德里希·冯·哈耶克:《经济、科学与政治——哈耶克思想精粹》,南京:江苏人民出版社,2000 年,第 521 页。

外部自然界的成功给人带来的最极端的后果。"①在哈耶克看来,超级头脑的想法是自然科学一直批评的拟人论概念,而拥护超级头脑,意味着"相信某个最高权威,尤其是代表机构,必须拥有不受限制的权力"②,极权因此而成。因此,他才从知识论的角度来反驳技治主义与极权主义体制。

哈耶克指出,技治主义已经成为当代社会治理和政治活动最典型的特征,尤其在经济管理活动中影响最大。技治主义对当代社会组织和运行的影响,大大超出一般人的想象。他认为:"大多数全面改造社会的方案,从早期的乌托邦到现代社会主义,都有这种影响打上的烙印。"③哈耶克喜欢商人而不是工程师治理社会的思路。商人的工作更具有社会性,与其他人的自由活动交织在一起,所关心的不是对整个社会进行治理及其结果,而是只考虑其所身处的特定时空环境中的情况,利用个别的知识、特定的技能来解决具体的问题。而社会工程师把社会视为可以按照蓝图组装的机器,把社会重构任务视为自足的整体,不需要考虑个别的知识和情况,这种乌托邦社会工程立场在哈耶克看来只是一种幻觉。哈耶克的观点与技术统治论者凡勃伦关于商人和工程师之间的关系正好相反④,并把凡勃伦的思想认定为德国历史主义者黑格尔和孔德所提出的各种观念的复兴。

哈耶克指责社会工程师(社会科学专家)成为专制和极权的帮凶。他认为,在经济学家等社会科学专家中存在普遍的物理学崇拜,总想模仿物理学模式,对社会进行全面控制,使得他们成为"那些极力想控制社会的狂妄之徒的帮凶"⑤,走到了民主和自由的反面。在当代科学研究领域,不断强化的专业化不可避免,"但是在社会研究中,专注于一个专业却会造成特别有害的后果:它不仅会妨碍我们成为有吸引力的伙伴或良好的公民,并且可能有损于我们在自己这个领域中的能力——至少就我们必须履行的一些重要任

---

① 弗里德里希·A.哈耶克:《科学的反革命》,南京:译林出版社,2003年,第491页。
② 弗里德里希·冯·哈耶克:《经济、科学与政治——哈耶克思想精粹》,南京:江苏人民出版社,2000年,第610页。
③ 弗里德里希·A.哈耶克:《科学的反革命》,南京:译林出版社,2003年,第98页。
④ 刘永谋:《"技术人员的苏维埃":凡勃伦技治主义思想述评》,《自然辩证法通讯》2014年第1期。
⑤ 弗里德里希·冯·哈耶克:《经济、科学与政治——哈耶克思想精粹》,南京:江苏人民出版社,2000年,第471页。

务而言是如此"①。太过于专门化,在社会实践中存在不可避免的缺陷。比如,在经济活动中,需要处理的有多种类型的知识,经济学过于看重自然科学式的知识,这是一种知识歧视。②

哈耶克认为,19世纪下半叶以来,个人主义和自由主义在西方社会受到攻击,宿命论和相对主义成为主流,唯科学主义兴起是主要的原因之一。③但是,"对于我们的文明构成威胁的,并不是——像有时看上去的那样——科学的进步,而是科学主义的谬误,它通常是基于一种想象,以为我们具备事实上我们并不具备的知识。这就使科学要承担起责任,把它的代言人所造成的损害变成好事"④。也就是说,科学或真正的科学精神、科学方法对于纠正唯科学主义的谬误有重要的作用。换言之,哈耶克对社会工程并非一概反对的,而是反对唯科学主义指导的乌托邦社会工程。在他看来,乌托邦社会工程看似强调理性,实际因为滥用理性而成为非理性,"由于它不承认个人理性的能力有限,反而使人类理性没有发挥应有的作用"⑤。哈耶克赞同波普尔对理性的理解,认为真正的理性是了解并遵循理性的限度。

哈耶克以对计划经济与社会主义的批评者著称,他也将对技术治理的批评与对社会主义的批评结合起来。他列举了马克思、列宁以及某些民主社会主义者的言论,说明计划经济就是典型的社会工程技术,社会主义与技治主义同属唯科学主义哲学。因此,当哈耶克在《科学的反革命》中回顾技治主义兴起历史进程时,他所着力批评的唯科学主义者既包括圣西门、黑格尔、孔德、傅里叶、安凡丹和凡勃伦等,也包括马克思、列宁等人,其中圣西门和傅里叶既被称为技术统治论者,也被称为空想社会主义者。在哈耶克看来,唯科学主义、社会主义和技治主义都是19世纪起源于巴黎综合工科学院(也有译为巴黎综合理工大学),一直以来相互交织,技术专家往往更容易有社会主义的倾向。他甚至认为,"它(指的是圣西门的《十九世纪科学著作概

---

① 弗里德里希·冯·哈耶克:《经济、科学与政治——哈耶克思想精粹》,南京:江苏人民出版社,2000年,第448页。
② F. A. Hayek, The Use of Knowledge in Society, *The American Economic Review*, 1945(4).
③ 弗里德里希·奥古斯特·冯·哈耶克:《通往奴役之路》,北京:中国社会科学出版社,1997年,第25—28页。
④ 弗里德里希·冯·哈耶克:《经济、科学与政治——哈耶克思想精粹》,南京:江苏人民出版社,2000年,第627页。
⑤ 同上书,第593页。

说》——笔者注)既是现代实证主义也是现代社会主义的开端,而这两者最初无疑都是反动的和威权主义的运动"①,而马克思的历史唯物主义观点可以追溯到圣西门和孔德的著作中,比如马克思主义者重视现代意义宣传工作的做法以及阶级斗争的概念最早是由圣西门主义者提出的,马克思的理论是圣西门、孔德与黑格尔思想结合的产物。

显然,虽然技治主义与社会主义有一定的联系,但哈耶克夸大两者的一致性甚至将两者等同起来的看法是错误的。首先,圣西门等人的空想社会主义与科学社会主义的区别,马克思主义经典作家已经说得非常清楚。并且,一百多年的社会主义实践活动业已彰显了这种区别。其次,技术统治论要把权力交给专家和工程师,与社会主义主张的无产阶级掌权是完全不同的。当然,专家是否可以为无产阶级专政服务,因而在其中掌握次要的权力,这是另一个值得专门研究的问题。

三、作为反技治主义者的哈耶克

哈耶克对技治主义的批评最大的特点是将社会工程和社会实践问题转变成了社会科学哲学或社会科学方法论问题。在哈耶克看来,科学原理和技术方法并不是直接应用于社会治理,而是首先作用于社会科学研究,形成唯科学主义的社会科学研究方法论,再由坚持唯科学主义的社会科学家即社会工程师运用于自觉的社会设计、控制和改造中,从而使社会向着社会工程师的理想蓝图前进。因此,不同于其他的技治主义批评者,哈耶克批评的专家治国主要不是科学家、技术专家或工程师,而是社会科学家、社会工程师,他批评的关键问题在于:自然科学方法论能否用于社会科学领域?换言之,他主要通过批判唯科学主义社会科学方法论来批判技治主义。按照哈耶克的逻辑,如果自然科学方法不能用于社会科学领域,也就不能用于社会实践,坚持自然科学方法的专家执政就没有合理性。因此,哈里对此评论道:"哈耶克努力将其人类福利理论建基于基础条件之上,主要是依据人类动机、信息特征和知识的特征。否则,他的贡献不会有如此大的冲击力,甚至是对他的

---

① 弗里德里希·A.哈耶克:《科学的反革命》,南京:译林出版社,2003年,第141页。

批判者。"①

显然,哈耶克的逻辑有两个前提没有经过论证。第一,是否科学原理和技术方法可以不经社会科学,直接用于政治活动和社会治理领域?自从休谟两分"是"与"应当"之后,科学价值无涉(value-free)论一直占据主流意见,而社会治理活动最重要的是价值选择问题,因而很容易对上述问题做出否定回答。但是,20世纪六七十年代以来,科学价值无涉论日益动摇,比如马尔库塞、哈贝马斯等人就认为科学包含着自身的价值原则。第二,是否否定唯科学主义就否定了社会工程的合理性?如果唯科学主义是社会科学照搬"自然科学方法"的主张,但如哈耶克承认的,唯科学主义理解的科学方法并不是真正符合科学精神的,因此否定唯科学主义并没有否定将真正的科学方法用于社会政治领域的技术治理的合理性。换言之,哈耶克批评了错误的科学哲学,但并没有完全否定某种正确科学哲学经由社会科学指导社会治理的可能性。这样一来,问题将转变成:选择什么样的科学哲学才是真的将科学原理运用于社会治理?

上述两个前提问题削弱了哈耶克批评的严密性,反过来也说明某种形式的技术治理方案是可行的。按照哈耶克以科学论为基础的实践论之论证逻辑,技术治理将因科学论的选择而具有完全不同的模式。哈耶克选择的科学论是主观主义、个人主义和自由主义的,必然要求在社会实践领域遵循同样的原则,肯定会反对以社会控制手段为乌托邦社会工程。而波普尔选择的科学论是证伪主义,必然会走向在实践中不断证伪、修正和调整的渐进的社会工程。唯科学主义选择的科学论实际是实证主义,得出按照经过验证的历史规律来重构社会秩序的乌托邦社会工程就是必然的了。总之,技术治理问题与我所谓的"科学论选择"是不可分的。

因此,哈耶克对技治主义的批评,一再深入科学哲学的讨论,就不足为奇了。实际上,他提出了对于当代科学哲学发展颇有价值的一些观点。

首先,哈耶克坚持一种建构主义的科学观。在他看来,现代自然科学一反常识性的感觉经验组织方式,重构我们关于外部世界的全部经验,形成与

---

① Elias L. Khalil, Information, Knowledge and the Close of Friedrich Hayek's System, *Eastern Economic Journal*, 2002(3).

直观世界完全不同的科学世界图景。科学世界并不是对经验世界的描述,而是对直接的感觉经验重新"建构"(constructs)。科学实体并不是实在的,而是主观建构的。科学世界不是常识的、自然的,而是反常识、反自然的。"它所关心的不是人对世界想些什么,以及他们如何相应地行动,而是他们应当如何思考人们实际采用的观念,他们观察自然的方式,在科学家看来,必然是暂时性的,科学家的任务就是改变这种图式,改变习惯性的观念,使我们有关新的事物分类的陈述更为精密和准确。"①总之,自然科学是主观建构活动,科学世界是主观建构的世界。

其次,哈耶克的建构主义科学观从个人主义、自由主义理解现代科学的发展,即个人自由对于科学建构意义重大。哈耶克指出,现代自然科学发展是扫除三大障碍的进化进程,1) 沉湎于文献研究;2) 沉湎于观念分析;3) 沉湎于通过"拟人论的"或"万物有灵的"(animistic)方法,在这一进程中正是个人自由精神发挥了巨大的威力。他指出:"个人活力解放的最大结果,可能就是科学的惊人发展,它随着个人自由从意大利向英国和更远的地方进军。"②

最后,哈耶克颇有见地指出,当代科学哲学受到了物理学哲学的束缚,应该勇敢地突破这一束缚。他正确地指出:"有关科学方法的讨论,几乎完全受着古典物理学模式的支配。"③也就是说,既有的科学哲学实际上是以物理学为科学样本的物理学哲学,并不能代表自然科学的全貌。实际上,自然科学的各个分支存在差异,不能把物理学的哲学反思当作科学哲学的一般结论。当代生物学哲学、社会科学哲学的兴起,就充分说明了传统科学哲学在这一点上的错误。

哈耶克对技治主义批评的另一个特点是坚持道德进化论和文化进化论的基本立场。他认为,进化论不仅可以用来解释知识的演进过程,也可以用来解释道德的演进过程。④ "这种道德进化论显然正在形成,它的基本观点

---

① 弗里德里希·A.哈耶克:《科学的反革命》,南京:译林出版社,2003年,第15页。
② 弗里德里希·奥古斯特·冯·哈耶克:《通往奴役之路》,北京:中国社会科学出版社,1997年,第22页。
③ 弗里德里希·冯·哈耶克:《经济、科学与政治——哈耶克思想精粹》,南京:江苏人民出版社,2000年,第473页。
④ Pedro Schwartz, Evolution and Emergence in Hayek's Social Philosophy, *Jahrbuch für die Ordnung von Wirtschaft und Gesellschaft*, 2006(57).

就是,我们的道德既非出自本能,也不是来自理性的创造,而是一种特殊的传统——……它处在'本能和理性之间'——一种极其重要的传统,它能够使我们超越自己的理性能力,适应各种问题和环境。"①也就是说,道德并非人类自觉地设计,也不是本能所赋予的,而是不断进化和选择的结果。这里必须要注意:哈耶克的"道德"概念非常广泛,道德、礼仪、习惯、制度和法律等所有扩展秩序都属于"道德"的范畴。有时候,他也将道德进化论称为文化进化论。他把文化视为习得性规则,大致与上述的扩展秩序、"道德"概念一致,强调文化既非理性创造也非本能继承的,而是摆脱了人类意志而不断进化的。"文明的基本工具——语言、道德、法律和货币——都是自身自发之过程的结果,而不是设计的结果"②,并且,"人脑是一个能够使我们吸收文化而不是设计文化的器官"③。哈耶克所理解的文化的世界类似于波普尔所称的"世界3",每个个体的意识都参与其中,维持其存在,但它又有不依赖于任何头脑的"客观性",并影响每个个体意识的形成。

在哈耶克看来,三类相互重叠的规则决定人类行为模式,即遗传继承的本能规则,进化选择的文化规则,人类自觉设计的理性规则。而长期以来,进化选择的文化规则对人类的影响被低估,导致社会科学对社会运行的错误理解,过于强调本能规则导致宿命论,而过于强调理性规则导致乌托邦社会工程。因此,对待社会制度,哈耶克坚持自由主义和个人主义的立场。并且,"虽然自由不是一种自然状态,而是文明的创造,但它不是作为设计结果而出现的"④。显然,哈耶克对人类行为模式的理解与行为主义者斯金纳存在类似之处,却得出不同的结论,这里关键差别在于:文化进化是否可以被设计,斯金纳认为通过控制相倚性是可以做到的,而哈耶克将个体自由视为某种"文化突变",不应该也不可以抑制和控制,而是顺其自然地留待最终的环境选择。

实际上,哈耶克对于社会工程的态度并不是泾渭分明的。如前所述,他

---

① F. A. 哈耶克:《致命的自负——社会主义的谬误》,北京:中国社会科学出版社,2000 年,第 6 页。
② 冯·哈耶克:《哈耶克论文集》,北京:首都经济贸易大学出版社,2001 年,第 615 页。
③ 同上书,第 606 页。
④ F. A. Hayek, Freedom, Reaon, and Tradition, *Ethics*, 1958(4).

认为社会秩序、制度安排不能自觉设计和重构,但并不认为在扩展秩序面前人是毫无作为的,而是可以利用和影响秩序和制度的。设计、重构与利用、影响相区别的度在哪里?哈耶克并没有进行必要的说明。在极端情况下,乌托邦与宿命论的区别是容易的,但是在不极端的情况下就很难区分。并且,对社会制度局部进行某种程度调整的社会工程已经成为当代社会非常普遍的情况,而且有很多案例证明了小规模的社会工程的价值。因此,对社会工程一味排斥显然是有问题的。

作为当代科技社会最明显的文化特征,科学技术当然会影响政治活动和社会治理。这是不可避免的,也是有一定的积极作用的。这就是社会工程合理性的基础。问题不在于科学指导社会治理活动,而在于科学不能是唯一的指导原则。如果把政治科学化视为社会治理的唯一方向,必然会导致反技治主义者所批评的各种问题,如哈耶克对专制和极权的担心。在多元化社会中,科学化只是政治活动的一个维度,社会工程将被限制在一定的范围之内,并且,权力多元化格局中,政治权力不再是一支独大,而是与个人权力、社会权力、宗教权力、经济权力和文化权力等平行,国家受到必要的限制,此时社会治理的技治主义倾向并不会必然导致独裁,而是可能被民主体制所约束。总之,技术治理、专家政治与民主、自由的关系并非哈耶克所分析的那么对立。

因此,哈耶克二元论的思维方式太明显。他把自然科学方法与社会科学方法、市场经济与计划经济、资本主义与社会主义等简单地完全对立起来,肯定一个否定另一个,非此即彼。这与现实并不相符。实际上,社会科学在一定程度上借鉴自然科学方法,在过去的几十年中极大地促进了社会科学的发展,不能一概否定。在人类经济活动中,计划成分和市场成分总是同时并存,此消彼长,只是程度问题,而不是只能选择其中一个的问题。至于哈耶克将资本主义视为扩展秩序,而把社会主义视为重构秩序,这是不符合资本主义和社会主义的现实发展的,也无视二者在历史中存在一定程度相互借鉴的事实。当然,哈耶克的二元论意在提醒人们警惕乌托邦社会工程的危险,他用这种对立的方式的确也起到振聋发聩的效果。

第17章　人文主义者的担忧

如前所述,不少技治主义理论,尤其是激进的技术统治论,带有浓厚的精英主义和机械主义色彩,因此一直被各家尤其是人文主义者所诟病。人文主义者高张人的主体性,强调人之为人的独特性,将人视作衡量一切观念高低的最高标准,因而痛恨任何贬低人文学科、人文知识分子以及可能将人机械化的思想,并对技术对当代文化的冲击尤为关注。

作为北美媒介生态学派的第二代领军人物,人文主义者尼尔·波兹曼力主将媒介生态学作为人文主义研究。① 他将技治主义称为社会工程学或唯科学主义,总体上对其持强烈批评的立场,但同时呼吁精英控制社会信息传播,在反技治主义者中独树一帜。本章以波兹曼对技治主义的批评,来研究人文主义者分析技术治理风险的特点。

一、技治盛行的危害

从根本上说,波兹曼所谓的唯科学主义大致等同于技治主义的主张。他将唯科学主义归纳为三者互相联系的观点:"第一个不可或缺的观念是,自然科学方法可以用来研究人类行为。……第二个观念是,社会科学揭示的原理可以用来在合情合理的基础上组织社会。……第三个观念是,科学可以用作一个全面的信仰系统,赋予生命意义,使人安宁,使人获得道德上的满足,甚至使人产生不朽的感觉。"② 前两个观念构成了他所谓"社会工程学"的基本立场,而后者则成为他所谓"技术神学"的核心观念。

---

① Neil Postman, The Humanism of Media Ecology. Keynote Address Delivered at the Inaugural Media Ecology Association Convention, June 16-17, 2000, http://www.media-ecology.org/publications/proceedings/v1/humanism_of_media_ecology.html.
② 尼尔·波斯曼:《技术垄断:文化向技术投降》,北京:北京大学出版社,2007年,第86—87页。

波兹曼认为,社会工程学思想起源于18世纪的巴黎高等工程技术学院,可追溯到圣西门、安凡丹、拉普拉斯和孔德等人,主张运用实证化、经验化和自然科学化的社会科学来实施对社会的工程化管理。后来兴起的技术神学思想把技术推到类似伊朗等神权社会中真主的至高位置,代替宗教成为当代社会的道德、意义和信仰的源泉①,而把"精神治疗专家、心理分析师、心理学家、社会学家、统计学家"推上了新神父的位置。

因此,社会工程学是唯科学主义更为实践性、操作性的组成部分,而技术神学是唯科学主义中更为精神性、基础性的组成部分,力图将人的世俗事务和心灵事务一统于科学技术的权威之下,给社会工程学提供总体性、终极性和超越性的宏大诠释。与之相同,技治主义同样包含着由浅入深两个层面的含义:科学运行、专家治理处于具体的层面,而更深地蕴含于其中的是将科学理性应用于整个人类社会,以将其建成为"科学城邦"的乌托邦理想。比如,技术统治论创始人圣西门就主张组成各级牛顿会议,代替教会来教育、管理和指挥所有社会成员。总之,波兹曼理解的唯科学主义与技治主义是基本重合的。

波兹曼认为,唯科学主义在当代流行是有害的。

首先,何为生命,何为人,社会工程学并不能回答诸如此类问题,更不具备鉴别不同答案背后标准的权威。波兹曼认为,唯科学主义要求科学回答类似问题,要求人们盲目接受科学对这些问题的回答,归根结底"是一种绝望中的希冀和愿望,归根到底是一种虚幻的信仰"②。类似于科学的标准化程序根本无法为生命、人生和生活提供终极关怀和行为指导,实际上科学对此并不关心。

其次,社会工程学危害人的主体性。波兹曼指出:"人的判断力的多样性、复杂性和歧义性是技艺的敌人。"③因此,社会工程学要把人转变为可以测量、计算和控制的客体和控制对象,让人逐渐失去自信以及思考、判断的能力,将自身交给技术。

最后,技术神学实际上在消解道德和信仰。波兹曼指出,技术神学用医

---

① Neil postman: Deus Machina, *TECHNOS*, 1992, (4).
② 尼尔·波斯曼:《技术垄断:文化向技术投降》,北京:北京大学出版社,2007年,第96页。
③ 同上书,第94页。

学、精神病学、社会行为学等角度审视道德世界的问题,把罪孽、邪恶等传统道德概念转变成社会偏离、心理疾病等可以客体化和量化的技术概念。这从根本上消解了道德,技术专家们"服务的神灵不讲述公义、行善、悲悯或仁慈。他们的神灵讲述的是效率、精密和客观"①。在当代社会,宗教世界在衰落,人们开始寻求替代性的道德权威,科学试图扮演这样的角色,但科学无疑担不起此任务。

更重要的是,波兹曼从技术与文化的关系的角度对唯科学主义的文化威胁进行了不遗余力的批评。从技术与文化的关系的角度,他把人类文化分成工具使用文化、技术统治文化和技术垄断文化三个前后相继的阶段。②他认为,孔德以及其他法国技治主义者思想的传播,尤其是泰勒、福特等美国技治主义者的努力,使得唯科学主义开始在美国流行,促成了技术垄断文化在20世纪初从美国发端。在波兹曼看来,是泰勒提出技术垄断社会的主要预设:"即使效率并非人类劳动和思想的唯一目标,它至少是劳动和思想的首要目标;技术方面的精打细算总是胜过人的主观评判,在一切方面都是如此;实际上,人的评判并非稳妥可靠,因为它受到粗疏大意、晦涩不清和节外生枝的困扰;主观性是清晰思维的障碍;不能计算的东西要么并不存在,要么没有价值;公民的事务最好是由专家来指导或管理。"③可以说,所谓技术垄断社会,实质上便是总体主义的技治社会。在其中,技术至上,技术对文化构成了致命威胁。波兹曼指出:"仍然认为技术始终是文化的朋友,那么你实在太愚蠢了。"④在技术垄断社会中,文化不得不服从技术的权威,接受技术的指令,技术反对、压制和破坏一切与之不一致的文化因素,不断消解传统的符号和叙事。并且,当代技术压制文化对其进行反思,让人们沉浸在极端技术乐观主义的迷梦中。因此,波兹曼大声疾呼:"失控的技术增长毁灭人类至关重要的源头,它造就的文化将是没有道德根基的文化,它将瓦解人的精神活动和社会关系,于是人生价值将不复存在。"⑤

---

① 尼尔·波斯曼:《技术垄断:文化向技术投降》,北京:北京大学出版社,2007年,第51页。
② 刘永谋:《媒介技术与文化变迁:尼尔·波兹曼论技术》,《天津社会科学》2010年第6期。
③ 尼尔·波斯曼:《技术垄断:文化向技术投降》,北京:北京大学出版社,2007年,第30页。
④ 尼尔·波兹:《娱乐至死·童年的消逝》,桂林:广西师范大学出版社,2009年,第134页。
⑤ 尼尔·波斯曼:《技术垄断:文化向技术投降》,北京:北京大学出版社,2007年,自序,第1—2页。

二、当代技术与官僚主义

波兹曼深入分析了官僚主义与机器意识形态的关系,指出了技术理性与官僚主义之间具有天然的一致性。

一方面,波兹曼是从社会信息活动的角度来理解官僚主义的。他认为,官僚主义产生于19世纪下半叶。由于政府管理领域不断扩张,而社会不断复杂化,社会管理方面的信息急速膨胀、复杂,于是政府引入官僚主义来应对管理信息泛滥的复杂局面。"官僚主义原则上只不过是一系列技术工作的协调机制而已,意在减少需要加工的信息量。"①官僚主义没有整体性、终极性的伦理关怀和政治理想,只有一个核心假设,即社会制度的目标是效率至上,按照可计算性和文牍中心两个原则来处理管理信息。官僚主义本来只是技术手段或处于工具层面的,但最终将服务于社会理想的一套技术方法转变成为凌驾于社会理想之上的超级制度,从工具僭越为目的。"19世纪官僚主义关注的主要是提高运输、工业和商品流通的效率。技术垄断时代的官僚主义挣脱了这样的限制,它声称拥有凌驾于一切社会事务的权威。"②显然,官僚主义离不开各种技术和技术性机制。

另一方面,波兹曼从反工具论的角度理解机器。在他看来,机器不仅是工具,背后还隐藏着嵌入的理念即他所谓的"隐形机器意识形态"。这种意识形态对社会发挥着巨大的影响,是机器力量的真正来源。这一观念类似哈贝马斯所谓的"隐形意识形态"③,但波兹曼主要从人们忽视机器理念的意义上讲,哈贝马斯则意指科学技术伪装成对既有制度保持中立的样子。机器意识形态的核心理念包括简单化、确定化、精确化、标准化、可观察、可计算、可操作等,这些均与官僚主义的追求是相吻合的。

当代技术应用的可能强化了官僚体制,压制社会变革。波兹曼指出,技术在官僚机构的应用出现"动因漂移"现象。所谓"动因漂移",指的是当代社会将许多问题交给技术处理,因此当出现问题时,官僚机构可将责任推给

---

① 尼尔·波斯曼:《技术垄断:文化向技术投降》,北京:北京大学出版社,2007年,第48页。
② 同上书,第9页。
③ 尤尔根·哈贝马斯:《作为"意识形态"的技术和科学》,上海:学林出版社,第69—71页。

技术设备，而掩盖官僚的责任。显然，"动因漂移"①类似于鲍曼所讲的"道德漂移"②，但前者讲的是官僚责任漂移到技术，后者说的是个体责任漂移到集体。正是动因漂移，官僚主义者拥抱技术，各种问题都被解释为技术升级问题或程序改进问题。比如，"电脑强化了官僚机构，压抑了追求重大社会变革的冲动，至少是产生这种结果的部分原因"③。

反过来，官僚主义支持技术的扩展。首先，官僚主义者在政治活动尤其是行政活动中引入大量"软技术"。波兹曼曾用测谎设备、民意测验、公务员考试等技术被官僚机构迅速接受和广泛应用为例，说明官僚主义对技术及其可操作化理念的认同。其次，官僚主义赋予技术专家以重要位置，将相当多公共决策权力转移给专家。实际上，越来越多的官僚本身即为技术型官僚。

波兹曼对官僚主义与技术的结合持警惕的态度。首先，他不认为官僚主义解决了问题，因为官僚主义引入技术方法实际增加了管理信息量。其次，技术手段如电脑打着提高效率的名义与官僚机构结合，但是未必提高了机构效率，只不过把人们的注意力转向了技术细节，把技术进步与机构进步乃至人类进步等同起来，而不是整体改进官僚机构。这是错误的，甚至是危险的。最后，专家们在狭窄的专业领域之外所知甚少，却被赋予过高的位置。

三、社会科学是技治工具

波兹曼认为，社会科学实际是技治主义强有力的工具，试图按照技术原则、方法和规范来控制整个社会。社会科学在当代社会迅速崛起，正是借助了唯科学主义、技治主义的力量。对此，他是不满的，甚至称当代社会科学为"神学"。④ 社会科学不能以控制社会、管理人群为目标，否则社会技术实质就是为极权主义技术统治的帮凶。

波兹曼指出，心理学家、社会学家、人类学家和媒介生态学等社会科学

---

① 尼尔·波斯曼：《技术垄断：文化向技术投降》，北京：北京大学出版社，2007年，第65—66页。
② 齐格蒙特·鲍曼：《后现代伦理学》，南京：江苏人民出版社，2003年，第24页。
③ 尼尔·波斯曼：《技术垄断：文化向技术投降》，北京：北京大学出版社，2007年，第67页。
④ Neil Postman, Social Science as Theology, *ETC*, 1984(41).

不属于自然科学研究。自然科学的研究对象是与人类智能无关的自然过程,而社会科学的研究对象是与人的决定和行动有关的实践,两者之间的区别就如 blink(眨眼睛)与 wink(使眼色)的区别。自然科学力图寻找支配自然过程的不变和普遍的法则,而且假定过程之中存在因果联系。观察、量化和精确并非自然科学的排他性特征,实际上探案、商务和司法等许多活动都具有类似特征。实际上,社会科学自称科学,与对自然科学的崇拜有关。社会科学总是重复着常识观点,出于对数字的崇拜,才用学院化的方法将常识量化和复杂化,但是,精确对于解决人类社会问题难以起到实质性的帮助。波兹曼认为,社会科学努力成为伪科学(pseudo-science),一是要实现某种社会工程的业绩,这并不应该成为理论家的首要考虑,二是向社会争取给予自然科学的心理和物质上的利益。

在波兹曼看来,社会科学是一种讲故事(story-telling)的形式,与小说类似,但又有区别。讲故事意味着作者给一系列人类事件附以某种独特理解,通过给出例证以支持这种理解,但这种理解并不能被证实或证伪,其吸引力来自语言力量、解释深度、例证关联和主题的可信度,而不是来自真理或客观。讲故事意味着作者有一个可以辨识的道德目标,它受到时间、环境以及最重要的文化成见的影响,而社会科学与小说的不同之处在于:1)小说是在叙述(narrative),社会科学是在阐释(exposition);2)小说家的故事是虚构(fiction),社会学家的故事是记录(documentary);3)19 世纪小说是讲故事的主要形式,20 世纪社会科学成了讲故事的主要形式,当代文化中有力的隐喻和图像大多出于社会科学家之手;4)小说注重细致描绘细节,社会科学讲求勾勒整体轮廓;5)小说专注于展示(show),而社会科学致力于解释(explain),更多地运用抽象的社会事实进行推理、逻辑和论证。[①]

波兹曼深入反思了语言技术、测谎技术、统计学技术、信用技术、成绩测验、教育技术以及管理技术等所谓具体的"软技术"或"隐形技术"(意指很多时候人们没有意识到它是技术)的应用,它们实际属于社会科学领域的技术如心理学、社会学、教育学和管理学。所有社会技术背后的意识形态支撑均为唯科学主义,它以科学思想和技术方法看待、干涉和改造人的世界,塑成了

[①] Neil Postman, Social Science as Theology, *ETC*, 1984(41).

社会技术的一般标准,比如统计学技术。技治主义缺乏一套明晰的伦理,又排斥传统,却要寻求合法性的权威,只能求助于统计学的客观数字崇拜。波兹曼认为,用统计数字进行论证的要害有三:1) 把某个抽象概念转变成某个客观的可测量的事物,如民意测验统计调查假定有个"舆论"或"民意"的客观事物,可以从民众身上抽取出来;2) 排序,即将个体按照某个标准安放在某个序列中;3) 忽略未经或不可数字化的问题,让定义客观化和数字化,如智商测量中忽略想象力、联想能力的测试。显然,人类行为的抽象概念大多无法转变为可测量物,对于同一个对象有无数序列标准,不同标准背后有不同的预设,而要研究人,就不能忽视不可数字化的东西,因此,统计技术是非常有问题的,却被广泛运用和神化。统计数字产生了大量的无用信息,造成信息的混乱。

当然,波兹曼并非完全反对社会技术的使用,而是反对技术的神化。"一句话,争论的核心不是技艺本身,而是应不应该让技艺高歌猛进,应不应该神化一些技艺,应不应该排除其他一些技艺。"[①]很多时候,社会技术的使用往往已经僭越了它所服务的目的,成为独立自主的存在,甚至反过来压制使用技术的人。

四、技术无神论"药方"

面对唯科学主义、技治主义思想在当代社会引发的问题,波兹曼主张以技术无神论对抗技术神学,纠正唯科学主义、技治主义的错误。技术神学神化技术,"宣称通往天堂的路是技术创新"[②]。技术无神论不把技术看成神、主宰或终极关注,主张机器运算并不优于人类思想,技术思想不能主导信仰系统,世界是不可完全计算的,公民事务不应由技术专家负责。技术无神论对新技术持怀疑的态度,始终不忘记:1) 所有技术都是双刃剑,好处坏处同时存在;2) 新技术对不同人群影响不同,总是有利于一些人,不利于另外一些人;3) 技术并非简单工具,每一种重要技术均包含着认识论的、政治的或

---

① 尼尔·波斯曼:《技术垄断:文化向技术投降》,北京:北京大学出版社,2007年,第84页。
② Neil Postman, The Information Age: A Blessing or a Curse?, *The Harvard International Journal of Press/Politics*, 2004, 9(2).

社会的成见;4) 技术影响不是单一或局部的,而是整体性和生态性的;5) 技术是特定政治和历史语境下的人造物,但倾向于宣称自己是自然秩序的一部分。①

波兹曼的技术无神论并不成体系,实际包括一些零散的建议。

第一,审视新技术,"对新技术提问"②。要对新技术的影响和效用进行深入的分析,消除社会中不必要的技术控制。波兹曼还提出一系列问题帮助人们审视新技术,包括新技术解决了什么问题,解决了谁的问题,产生什么新问题,如何解决新问题,何人与何机构因新技术而获得权力,新技术对语言有何影响,等等。总之,他认为:"我们需要继续睁大我们的眼睛,我们许多人才能运用技术,而不是被它使用。"③

第二,加强技术教育,避免对技术之社会影响的无知。波兹曼所指的技术教育围绕技术与社会、人的关系展开,而不仅是科学普及教育。技术教育主要让学生了解新技术如何改变了人们的思考和行为,教育学生如何使用技术而非被技术所用。④ 在中国的学科建制中,技术教育大体相当于科技社会学、科技史和科技哲学中有关技术尤其是新技术的内容。

第三,社会科学研究非技术化,回归正确的道路。波兹曼指出,如果接受社会科学是讲故事的观点,社会科学则没有太多的局限,历史反思、哲学思辨、文学批评、案例研究、传记学、语义符号分析、人类学方法等都可以用于社会科学讲故事之中,恰恰不要过度地追求模仿自然科学方法。社会科学研究的正确目标应该是有益于人类理解和体验,重新发现社会生活的真实。波兹曼认为,社会科学只是"道德神学"(moral theology),不发现新的东西,而是重新发现社会生活中不断被阐明的真相,评论道德行为,最终促进人们理解和实践高贵生活。

---

① Neil Postman, Five Things We Need to Know About Technological Change, http://www.mat.upm.es/~jcm/neil-postman--five-things.html,2010 年 6 月 21 日访问。
② 尼尔·波斯曼:《通往未来的过去——与十八世纪接轨的一座新桥》,台北:台湾商务印书馆,2000 年,第 54—62 页。
③ Neil Postman, Five Things We Need to Know About Technological Change, http://www.mat.upm.es/~jcm/neil-postman-five-things.html,2010 年 6 月 21 日访问。
④ Neil Postman, *End of Education: Redefining the Value of School*, New York: Vintage Books,1995, pp. 190-192.

最后，要努力继承传统文化，反对当代技术垄断文化。技术成为当代文明的垄断性力量，所有非技术文化都受到压制。当代文化人要在技术垄断中自保，进而做抵抗技术垄断的斗士。

五、作为反技治主义者的波兹曼

指责其为无视大众、贬低大众的精英主义，从民主主义的角度批评技治主义是很常见的意见。的确，技术如果与政治精英结合起来，将变得异常强大，民主极易在科学的名义下被破坏。然而，波兹曼并不是从精英主义的角度来批评技术治理的。虽然攻击专家地位过高，但他主要批评的是技术专家知识太狭窄不够全面，并非精英无权在公共决策中拥有更多的权力。实际上，波兹曼的精英主义倾向很严重，他为精英控制社会信息传播辩解，不怕被人攻击为威胁言论自由。① 在他看来，公众面对电子时代的信息泛滥是没有分辨力、受人摆布的，只有寻求像他一样的精英的帮助。可以说，波兹曼不满的正是公众没有寻求他的帮助，而是寻求了技术专家的帮助。比如，他批评技治主义者托夫勒，"不要读任何未来学家的书，比如阿尔温．托夫勒。因为他们对现代技术了如指掌，却对人性一无所知，因此他们的预言总是错误的"②。

实际上，这是用人文知识分子的精英主义反对科学技术专家的精英主义。波兹曼的潜台词是科学技术专家最好还是在自然事务中发言，人类事务是人文知识分子才有能力处理的复杂领域。事实上，尽管都被称为知识分子，人文知识分子与科学技术专家在理念、目标、地位等各个方面均差别很大，并且对后者在当代社会中获得的权力和尊崇既羡慕又嫉恨。正如古德纳所言，所谓知识分子"新阶级的内部已经开始分化"③。在当代社会中，科学

---

① 刘永谋：《媒介编码VS社会控制：尼尔·波兹曼的信息论》，《自然辩证法研究》2011年第5期。

② Janet Sternberg, Neil Postman's Advice on How to Live the Rest of Your Life, *General Semantics*, 2005(11).

③ 艾尔文·古德纳：《知识分子的未来和新阶级的兴起》，南京：江苏人民出版社，2002年，第5页。

技术专家更多地与既有体制和政权相结合,而人文知识分子被相对边缘化,在知识分子两个不同部分的竞争中处于明显的劣势。面对这种状况,一些人文知识分子试图放弃精英主义,与大众结合,从大众身上获得力量,而一些人文知识分子无法放弃精英主义,只能在厚古薄今的叹息中孤芳自赏,如波兹曼对印刷时代的无限怀念。当然,按照马克思主义,上述所谓"分化"的核心在于知识分子从来就不是一个阶级。

总体上看,波兹曼是从人文主义尤其是道德、信仰的角度来批评技治主义的。他并不讳言他争做道德卫道士的立场。在他看来,所有社会科学本质上都是道德学,即以增进人类道德为目标,包括他从事的媒介生态学研究在内,媒介生态学的根本宗旨可以说是从道德、文化的角度反思技术尤其是传媒技术。从人文主义的角度批评技治主义亦是一种常见的批评。这种观点认为,技治主义是机械主义,把人看成数字、零件,缺乏道德观念甚至是反道德、反信仰的,更忽视人的意义、价值和终极关怀。因此,技治主义导致社会冷漠、道德沦丧和信仰失落。应该说,这种批评是非常有道理,对于实践技术治理是必要的警醒。

然而,技治主义不能是民主的么?技治主义不能是道德的么?这是两个值得进一步剖析的问题。美国是公认的技治主义的国家,波兹曼亦如此认为,但谁能断定美国因此不是民主国家,因此而道德滑坡?这里的关键是技治主义可以定位在两个不同的层面上,即操作方法层面和社会乌托邦层面。作为一种操作方法,技治主义可以为实现社会理想(如宪政)服务,提高公共决策和行政的效率,促进社会民主和道德。作为一种社会乌托邦,技治主义试图建成总体化的科学城邦或机器社会,无疑对民主、道德、人文和信仰等具有颠覆性的破坏力。

如前所述,总体化的机器乌托邦从来就没有被足够多的人接受,更不用说付诸实施了。北美技术统治论运动的"技术人员的苏维埃"的激进乌托邦理想很快就被大多数技治主义者抛弃,而如社会测量、计划调控、能源调控等温和的操作措施则被坚持,并被当时的政府所采纳和吸收。因此,技治主义可以仅仅作为一种提高行政效率的工具理论,而不是宏大的贯穿性社会理想。这些问题将在第四编中进行详细讨论,在此不赘述。

当然,如此技治主义既可以和资本主义结合,亦可以和社会主义结合,服务于既有社会制度的完善。实际上,从实际历史看,各种技治主义变种中,多数是定位于工具之一层面。无论如何,相对于封建世袭的权力分配制度来说,作为工具的技治主义主张以知识为标准来赋权,无疑具有正面意义。总之,波兹曼忽视了技术治理进步的一面,尤其是对于落后发展中国家的积极意义。

第18章　福柯批判"治理术"

历史主义者认为,包括科技知识在内的所有知识都是历史建构的,不存在一致的、普遍的和实在的真理。因而,历史主义者常常走向相对主义知识观,即所谓真理是相对的,不存在绝对真理。在如此观念之上,历史主义者必然不承认科学原理和技术方法的优越地位,因而对强调技术治理的技治主义者非常不赞同。就公共治理而言,历史主义必然主张各种治理理念都是平等的,强调各种治理方案的并存与多元,甚至走向费耶阿本德所称的"无政府主义"。本章以福柯对技术治理的批评为例,来讨论后现代主义、历史主义和相对主义对技术治理风险的分析。

从主要作品的内容看,福柯基本上是位科技思想史家或技术哲学家,处于笛卡尔以降至拉图尔、斯蒂格勒的法国科学史研究传统中。国内的福柯哲学研究在一定程度上忽视了由此种定位审视福柯思想,而主要将其置于后结构主义、后现代主义的文化研究线索中,换言之,说福柯"侵入科技哲学"是中国科技哲学界的误读,因为他原本就在法国科技哲学的传统中。① 就这一点而言,中国哲学界对福柯的理解,与法国学界对福柯的理解大相径庭,原因可能在于:福柯是通过英语学界的中介而进入中国哲学家的视野中的,而福柯首先是作为文艺研究先锋在美国英语系和传播学系成名的。

从科学史的角度看,福柯后期自称主体问题是其所有研究的核心问题,这并非出于某种形而上学的关注,而是要研究他所以为的技术问题,即包括自我技术和支配技术在内的主体塑成技术。国内学界对福柯主体解构的讨论,很少有突出技术哲学意涵的,因而难以抓住知识考古学、谱系学研究的亮点。或者可以更直接地说,技术而非主体才是福柯思想的基本轴线。

---

① 刘大椿、刘永谋:《思想的攻防——另类科学哲学的兴起和演化》,北京:中国人民大学出版社,2010年,第五章"福柯:知识—权力的共生与解构"。

当然,福柯所理解的"技术"与一般的技术概念是有差别的。无论如何,知识考古学和谱系学研究面对的是科学技术思想史,比如医学史、精神病学史、性科学史、狱政学史、经济学史等。尤其是微观权力分析,不仅分析的对象是权力技术,而且研究的方法也是技术性的,即从细节的、操作的和过程的角度研究权力运作。从某种意义上说,知识—权力研究就是要剖析各种科学技术成果,尤其是福柯所谓的"人类科学"(human sciences),运用于权力领域的各种技术性细节之中。按照福柯的术语,包括战略和策略两方面:"我们应该考虑到战略与策略的双重调节作用,一方面,战略是通过可能采用的特殊策略来调节的,而另一方面,策略则是通过让它们发挥作用的总体战略来调节的。"①

因此,主张"技治二原则"的技术治理是福柯研究的重要问题,在一些地方,他称之为现代"治理术"(gouvernementalite)研究。总的来说,他对技术治理持极端的批判态度,并且深入细节详细地对各种技术治理所用的治理技术进行不厌其烦的批判。但是,技术治理研究讨论的是现代科学技术成果对公共治理活动的影响,所以在福柯所称的"技术"中,只有他所谓的"古典时代"——大约是17、18世纪——以来的部分才属于技术治理所使用的技术。比如在他看来,中世纪如何拷打罪犯属于刑罚技术问题,而不是本书要讨论的技术问题。于是,从技术治理的角度看,并非所有福柯所谓的权力技术,而是他所谓的现代知识—权力或生命权力,才属于技术治理的范围。

总的来说,从技术治理的视角看,福柯的研究工作主要包括五个方面:

第一,福柯主要研究了三种技术治理技术,即区分技术、规训技术和安全技术(亦称人口技术),这三种技术治理形式或治理技术大量运用各种现代科学技术的原理、方法和知识,本身亦属于社会技术的范畴。反过来,福柯相信正是这些技术治理活动,才大大促进了相关科学技术的发展。

第二,福柯还研究对知识的现代治理问题,他称之为"知识纪律化过程"。之所以知识治理属于技术治理的范围,是因为福柯认为,知识纪律化过程是按照自然科学的真理和客观性等级以及技术性的手段来完成,本身实际意味着对知识生产者的治理过程,换言之,知识"治理术"是社会学而非纯

---

① 米歇尔·福柯:《性经验史(增订版)》,上海:上海人民出版社,2002年,第74页。

粹认识论问题。

第三,由上,福柯对于专家在权力运作当中的位置发表了自己的看法,而且暗示各种"人类科学"专家在知识—权力世界中的关键性的位置。在他看来,"真理制度"是一个异质性的"机器",专家是其中的重要组成部分。勉强可以将这些讨论称之为专家政治研究,因为福柯的观点是:所有主体包括专家在内,是知识—权力所塑造的,专家政治不是专家主导而是知识—权力的策略。

第四,福柯对技术反治理问题进行了深入的探讨。在福柯看来,技术治理与技术反治理是两位一体的,这是由于权力与反抗是不可分割所造成的。简言之,"共生"的不仅是知识和权力,还包括技术治理与局部反抗、技术反治理与知识造反。显然,技术反治理也是某种反抗的知识—权力,其中不能缺少懂得专业的特殊知识分子的参谋作用,而技术治理的一方离不开普通知识分子给治理冠以真理的名义。

第五,就治理术最终是针对个体或群体的人而言,福柯的自我技术或修身技术是一种反治理措施,但不是技术的反治理措施。或者说,他以伦理的自我治理反对技术的支配操作,生存美学的复兴仍然是局部的伦理反抗。

一言蔽之,福柯对技术治理的研究是要揭露"治理术"的真相,进而建构"反治理术"。显然,这将揭示技术治理的诸多社会风险,并尝试对风险进行控制。在很多时候,他直接表达了对现代治理术的愤怒,比如他将纳粹主义视为生命政治一种可能形式,即生命权与统治权结合的模式①,再比如他将自由主义视为以自由为名伪装后的治理术②,这些都是他对技术治理持批判态度的明证。由此,可以理解他如何会如此醉心于古希腊的修身技术,他以为找到了对抗当代社会技术治理的终极方法。

一、批判科学运行原则

"技术治理二原则"是不同形式的技术治理模式都坚持的基本立场,其

---

① 米歇尔·福柯:《必须保卫社会(第2版)》,上海:上海人民出版社,2010年,第198页。
② 米歇尔·福柯:《生命政治的诞生》,上海:上海人民出版社,2018年,第36—60页。

中最重要的是科学运行原则,即运用科学原理和技术方法来运行当代社会。在福柯看来,现代社会是知识—权力主导政治和公共治理活动的社会,依赖科学技术知识来维持其权力秩序,因而实际上是技治社会。对此,福柯的批判是,现代社会坚持的科学运行原则,实际上是依据知识—权力的权力治理,而不是依据客观真理的治理,只是名之为真理的权力运作。

1. 知识—权力即技术治理

总的说来,福柯讨论的现代科学技术虽然涉及的学科门类众多,但均在知识—权力的范围内,即在与现代权力"共生"的知识谱系之中。在福柯看来,古典时期以来权力运转机制发生转变,到19世纪从统治权转变为生命权力。他认为:"19世纪的一个基本现象是,我们也许可以称之为权力负担起生命的责任:如果你们不反对,就是对活着的人的权力,某种生命的国家化,或至少某种导向生命的国家化的趋势。"[①]此即福柯所谓"生命权力"的主旨。生命权力的兴起,意味着国家政治和公共治理活动进入生命政治阶段。

生命权力是一种建设性和生产性的力量,通过技术方式干预个体、群体的生活方式,旨在生产、催生、理顺而不是阻碍、征服、摧毁各种社会权力关系,目标是实现当代社会的平稳运行。因此,按照福柯的研究,生命权力对人的生命活动进行具体控制和整体调节,主要存在于技术的两极,即规训技术和人口技术,前者主要针对个体—肉体,后者主要针对群体—人口。福柯认为,人口技术的产生晚于规训技术,但人口技术的诞生并未抹杀规训技术,而是成为新的主导权力技术,两者之间是一种增生关系,就像规训技术兴起并没有取代古典时期形成的区分技术一样。总之,在当代社会的生命权力运转中,规训技术、人口技术和区分技术三种权力技术是并存的,不过人口技术居于主导位置。

生命权力是知识—权力的一种。福柯认为,现代权力是一种知识化、技术化的权力,它离不开知识,反过来,现代知识是一种权力化、力量化的知识,它离不开权力。一方面,权力在逼迫我们生产真理,权力为了运转需要这种真理。另一方面,权力必须服从真理,真理传播、推动权力的效力。因此,考

---

① 米歇尔·福柯:《必须保卫社会(第2版)》,上海:上海人民出版社,2010年,第226—227页。

虑现代权力就不能不考虑现代知识,考虑现代知识就不能不考虑现代权力,在这个意义上可以说,权力和知识在现代社会结合成为知识—权力。也就是说,在现代社会中,知识与权力紧密地结合起来,相互支持、相互纠缠、相互融合,最终形成一种"共生"关系:"不相应地建构一种知识领域就不可能有权力关系,不同时预设和建构权力关系就不会有任何知识。"① 从权力的角度来看,现代社会进入了知识—权力社会或生命权力社会的阶段。

按照福柯的逻辑,显然,知识—权力的运作需要知识的指导,也催生了新的知识,福柯讨论的与权力纠缠在一起的知识主要是各种技术性知识,主干是"人类科学"——在福柯的术语中,它们不同于人文科学(humanities),而是特指以新兴的心理学、社会学、文学和神话研究为代表的"语言学领域"以及诸多由它们再划分、交叉而增生的新学科,讨论与人有关的问题,但不再以现代主体观念为基础来组织知识体系。在一次访谈中,福柯明确指出,"人类科学"均为权力—知识,并暗示某些自然科学如化学亦可以做类似权力分析。② 因此,可以说知识—权力是一种技术性权力,或者说,知识—权力主要由各种权力技术或治理技术组成,而"人类科学"就是现代治理术运行所需要的治理科学,或是知识—权力所催生的权力—知识。也就是说,知识—权力社会必须运用科学原理、技术方法和科学技术知识,来运行其社会权力机制,从而治理整个社会的政治和公共领域的事务,这就是技术治理所主张的"科学运行社会原理"。

讨论福柯对技术治理的批判,主要涉及以现代科学技术为基础的知识—权力的问题,此时治理技术不仅是政府运用技术手段的问题,而是整个社会权力转型并进入以现代治理术为中心的生命政治阶段。从这个意义上讲,知识—权力社会是某种技术治理社会,生命政治社会是其中的一种。因此,福柯对知识—权力的批判,可以从批判技术治理的角度来解读。

不过,福柯的知识—权力即技术治理的剖析并没有太多新意,只是对该问题换了一种历史学的表述方式。福柯对科学运行原则的批判,精彩之处在

---

① 米歇尔·福柯:《规训与惩罚:监狱的诞生》,北京:生活·读书·新知三联书店,2003年,第29页。
② 米歇尔·福柯:《权力的眼睛——福柯访谈录》,上海:上海人民出版社,1997年,第31—32页。

于对各门具体的科学技术在公共治理活动中的权力功能以及它所获得的权力支撑。总的来说,他讨论过的权力—知识主要涉及心理学、临床医学、精神病学、性科学、公共卫生学、经济学、社会统计学、地理学、进化论、语言学、历史学、政治学和哲学等知识领域,尤其是与人的治理相关的"人类科学"非常有创见。

2. 真理制度与趋同论

福柯认为,知识—权力的运转在现代社会中是非常有力的,得到隐秘的"制度"层面的保障,而不是一般人们所感受的松散而间接的联系。为此,福柯专门提出"真理制度"的概念,在不同著作中,他还使用"机器""策略""部署"等不同的术语,来表达与真理制度相同的想法。他指出:"真理以流通方式与一些生产并支持它的权力制度相联系,并与由它引发并使它继续流通的权力效能相联系。这就是真理制度。"[1]福柯还总结了真理制度五个方面的特征:1) 真理制度以科学话语、科学生产制度为中心;2) 真理制度得到经济、政治的不断支持;3) 真理制度与教育、传媒紧密相连;4) 真理制度在大学、军队、媒体等政治或经济机构的监督下运转;5) 真理制度是政治斗争、意识形态斗争和社会冲突的重要战场。

虽然多次重复,福柯并没有把"真理制度"概念讲清楚,但借助此概念他清楚地表达了两层意思:其一,技术治理并不仅仅停留在思想、文化和书本中,而是已经落实到社会制度和社会组织之中,技术治理制度已经成为当代社会运行的核心制度。也就是说,技术治理在现代社会是非常强大的力量。其二,技术治理制度将各种异质性的东西融合在一起,是话语实践和非话语实践结合的产物。按照福柯的观点,真理制度融合了话语、知识、制度、建筑形式、规范性决策、法律、行政措施、科学陈述、技术手段、哲学、道德和慈善事业等,完全打通了话语与非话语要素之间的联系,在当代社会占据主导地位。[2] 因此,知识—权力实现的技术治理并非简单地围绕技术与治理两极展开,而是以知识—权力逻辑整合各种社会力量的治理"装置"。

---

[1] 米歇尔·福柯:《福柯集》,上海:上海远东出版社,2003 年,第 446 页。
[2] 米歇尔·福柯:《权力的眼睛——福柯访谈录》,上海:上海人民出版社,1997 年,第 181—182 页。

进一步地，福柯认为真理制度是所有现代社会制度的核心，从而走向趋同论。福柯认为："该真理制度不只具有意识形态或上层建筑的性质；它是资本主义形成和发展的一个条件。在大多数社会主义国家里起作用的正是这一制度——只是有所改动（中国的问题我不了解，暂且搁在一边）。"① 也就是说，真理制度超越资本主义与社会主义的对立，处于现代性更深的层面，是现代社会制度真正的秘密。

除了在真理制度问题上，福柯的趋同论观点还表现在对生命政治和生命权力的理解上。他认为："无论如何，这是肯定的：从18世纪末和19世纪发展起来的生命权力的主题，没有得到社会主义的批判，而实际上被它重新获取，在某些点上发展、移植和修改，但完全没有在根基上和功能的模式上重新审查。"② 也就是说，资本主义和社会主义最终都进入生命权力和生命政治的阶段，在这一点上没有任何差别。因此，他认为，"不存在社会主义的治理合理性。事实上历史遗迹表明，社会主义只有嫁接到各种治理术的类型之上才能运转"③。

福柯所持的趋同论与丹尼尔·贝尔等人的意识形态终结论类似，可以称之为"技术治理趋同论"，简言之，核心观点就是技术治理的运用消除了社会主义与资本主义的差别。作为一个反技治主义者，福柯为什么会走向与许多技治主义者都持有的趋同论立场呢？关键在于福柯和贝尔一样，都持有很强的技术决定论的立场，不过他对技术决定的现状是批判的，而贝尔比他乐观许多。显然，技术治理趋同论是极其错误的，原因是它将技术治理看得太过基础，超越了经济基础对社会性质的决定性作用。在马克思主义者看来，虽然社会主义社会也出现了技术治理的趋势和特征，但社会主义的技术治理与资本主义的技术治理是有本质差别的。当代社会主义国家同资本主义国家一样，要进行人口普查、公共卫生建设、流行病防治等福柯所谓"生命政治"活动，但根本目标完全不同。

---

① 米歇尔·福柯：《福柯集》，上海：上海远东出版社，2003年，第447页。
② 米歇尔·福柯：《必须保卫社会（第2版）》，上海：上海人民出版社，2010年，第199页。
③ 米歇尔·福柯：《生命政治的诞生》，上海：上海人民出版社，2018年，第116页。

3. 福柯对技术的泛理解

福柯对技术治理的理解太过宽泛,这根源于他对技术的泛理解。他非常喜欢用"技术"这种说法,提出或强调过诸多新的技术术语,如权力技术、自我技术、治理技术、书写技术、区分技术、符号技术、身体技术、规训技术、空间技术、安全技术、监视技术、符号技术、惩罚技术、酷刑技术、性技术、人口技术、监狱技术、医学技术、治安技术等,甚至可以说他笔下的世界基本上是一个技术世界。在《规训与惩罚》中,大的概念如权力、监狱,小的概念如斩首、监视乃至军队走正步,都属于技术。但是,究竟什么是技术,福柯没有费心给出清楚的界定。总结福柯对技术的讨论,可以发现如下的特点:

第一,他所称的"技术"或"技术的"范围非常广,所有细节的、微观的,或者经验的、物质的,或者分析的、计算的,或者理性的、实验的,或者操作的、程序的——不是把实验理解为现代科学可控实验,而是理解为某种尝试—反馈—调整—再尝试的程序——知识或实践,都可能被福柯视为技术。

第二,福柯是从话语实践的角度看待技术知识,也是从结合非话语实践和话语实践的角度来看待技术实践。他明确指出:"这里所说的知识并不局限于科学知识,它是广义的知识,包括所有注入工艺、技术统治这样的专门知识。"①也就是说,考古学和谱系学所主张的知识特征,技术都具有,包括:技术是一种话语实践活动,并非主客观符合的范畴或趋向客观真理性的进步活动,技术知识不是主体认知而是历史实践的产物,技术与意识形态、权力并不排斥——就技术治理研究最重要的,知识是权力—知识,而福柯讨论的技术是权力—技术,甚至可以说,知识—权力主要就是一种技术—权力。

第三,科学与技术平等、平行,不能将技术完全视为科学的应用,甚至很多时候,福柯所讲的科学体现出非常强的技术特征——实际上,他完全不费心去区分科学与技术,因为这对于他研究科学技术哲学和科技史的批判主旨影响不大,即他通过批判要揭露知识如何与权力共谋而获得真理的名号。实际上,福柯没有讨论物理学、化学等"硬科学",更多是讨论"人类科学",而且更多涉及的是与实践相关的应用方面,而不是与客观性相连的认识论方面。

---

① 米歇尔·福柯:《福柯集》,上海:上海远东出版社,2003年,第469页。

在他看来,真理就是知识的权斗,显然操作性的技术在权力斗争中的位置不会低于科学。

第四,福柯完全没有讨论技术在现代与古代之间的巨大差别。现在的主流观点一般认为,现代技术日益成为现代科学的应用,于是根植于现代科学的独特性而具有了与古代技术不同的本质特征,不同技术哲学家对这个差别有不同的看法,比如海德格尔认为现代技术是"算计"。在《词与物》中,福柯从时间维度区别了三种知识型,大致可以按库恩广为人知的术语,视为三种知识范式,既然技术是知识的一种,福柯所称的"技术"应该存在着三阶段的流变——不说技术本质的转变,因为福柯不认为存在什么永恒不变"本质",所有的一切都是历史的。但是,福柯没有费心对古代技术与现代技术予以必要区分,进而在此区分基础上讨论问题。所以,他有古代"修身技术"的术语,显然这种"技术"与今天所称的现代技术没有什么关系,只是某种有章法、有操作规程的技艺。按照如此理解,人类创造和生活其中的理性世界都属于技术世界。按照福柯的理解,古代社会中技术治理也是很普遍的,比如国家修粮仓,考虑了数量、质量、地势、分级等操作性问题,在福柯看来就属于技术治理。

总的来说,福柯对技术治理的理解太过宽泛,这至少在两个方面是错误的:1) 技术治理运用的是现代科学技术成果;2) 技术治理要求专家掌握社会运行的领导权。一句话,技术治理不等于政府在行政活动中运用技术。对技术治理理解太过宽泛,对象不清楚,导致福柯对技术治理的批判扩大到对所有运用科学原理和技术方法的社会治理理性化和科学化的活动都持批判的立场,这就走向极端的非理性立场。

并且,福柯对科学技术知识真理性的相对主义立场,即科学技术不是真理,而与其他知识类型一样都是权力—知识,这就彻底否定了古希腊以来西方社会"真理乌托邦"的梦想,认定所有的技术治理都是打着真理旗号的权力运作,本质上都是伪技术治理。虽然福柯一再强调他并不把一切视为权力,一再强调他认为知识与权力之间是共生而非同一的关系——知识不等于权力——但在技术治理问题上,他过于强调知识的权力斗争,基本上抹杀了科学技术的客观性向度,这就混淆了真理与权力,走向了权力至上的极端立场,完全否定了技术治理活动的正面价值。

另外,如前所述,福柯的批判并没有触及自然科学技术的物理、化学的核心"硬"成分,他对科学真理的看法显然是缺乏坚实支撑的。

二、批判三种"治理术"

研究知识—权力,福柯主要采用的是微观权力分析方法,"重要的是从统治的技术和战术出发进行研究"①"标定和分析那个利用这些话语并试图使它们运转的权力技术,而不是企图进行意识形态分析或'制度主义'(institutionnaliste)分析"②。换言之,微观权力分析方法的主旨是把知识—权力作为权力技术或治理技术来研究的,这与知识—权力的技术性方面是一致的。

在《必须保卫社会》中,福柯讨论了权力发展的三大历史阶段,即统治权、规训权力和生命权力,而生命权力同时囊括人口技术和以往的规训权力。在《性经验史》中,他主要强调权力发展的两大历史阶段,即统治权和生命权力。他明确指出,规训权力和人口权力均为运用权力—知识的技术性权力,即规训技术、人口技术是生命权力技术的两极。在《规训与惩罚》中,他主要讨论古典时代至19世纪中叶的权力技术变迁,依次划分了三种权力技术类型:王权时代的惩罚技术、古典时期的符号技术、19世纪以来的规训技术。在《疯癫与文明》和《不正常的人》中,福柯主要讨论在二百年左右的古典时期中区分技术的兴起和实践情况。总之,福柯对权力流变的阶段划分不是很精确,不同著作之间具体细节甚至有矛盾,但总的来说,从惩罚技术、符号技术、区分技术、规训技术到安全技术的大致线索还是完整的。

就技术治理的主题而言,主要涉及区分技术、规训技术和人口技术,时间上主要是古典时代以来的权力技术,并且福柯强调权力技术的历史流变并非新技术替代旧技术,而是新技术主导权力运作,同时吸纳旧技术的增生和重写(即旧技术被整体上纳入新的权力制度之中)的关系。在福柯的术语中,现代权力技术研究可以被归纳为现代"治理术"研究。

---

① 米歇尔·福柯:《必须保卫社会(第2版)》,上海:上海人民出版社,2010年,第14页。
② 同上书,第25页。

1. 何为"治理术"

何为治理术？从词义上看，治理术是治理技术，指的是现代科学技术应用于治理活动中形成的权力技术。"什么是治理？根据国家理由的原则做出治理，以使国家能变得坚固和永久，使之能变得富有，使之强大地面对一切破坏者。"①所谓国家理由（也有译者译为"国家理性"），在福柯看来是16世纪中期以来出现的现象，即国家统治合理性奠基的理性基础，因而上述治理定义指的是国家统治的理性化。福柯又指出："广义上，可以将'治理'理解为指导人行为的技术和程序。对儿童的治理，对灵魂和良心的治理，对家政、城邦或者自身的治理，正是这一宽泛的框架中，我们可以对自我审查和忏悔进行研究。"②显然，如此治理定义与福柯对技术的泛化理解一致，治理与技术的范围基本相同，技术用于治理，治理需要技术，治理与技术在社会中无处不在，充斥于人与人的互动关系之中，远远超过技术治理讨论的范围。

有时候，福柯谈论古代或中世纪的治理术。但在大多数时候，"治理术"在福柯著作中指的就是现代治理技术，比如他说过"我们生活在一个治理术的时代，这种治理术最早是在18世纪发现的"③。并且，他认为治理术的出现是现代转型的关键，他指出："不再试图改变人的行为动机和方式，把它们当作自然现象加以研究，获取相关规律的知识，并且利用这些知识来发展国家力量，这是人类政治史上的最重大的变化之一，可以说是治理术从传统到现代的根本断裂。"④这段话指出了福柯所谓"治理术"的主旨，即以自然科学的方式研究人。

在《安全、领土与人口》中，福柯如此解释"治理术"概念："'治理术'（gouvernementalite）一词有3个意思：(1) 由制度、程序、分析、反思、计算和策略所构成的总体，使得这种特殊然而复杂的权力形式得以实施，这种权力形式的目标是人口，其主要知识形式是政治经济学，其根本的技术工具是安全配置。(2) 很久以来，整个西方都存在一种趋势和展现，它不断使这种可

---

① 米歇尔·福柯：《安全、领土与人口》，上海：上海人民出版社，2018年，第7页。
② 米歇尔·福柯：《自我技术：福柯文选Ⅲ》，北京：北京大学出版社，2015年，第3页。
③ 米歇尔·福柯：《安全、领土与人口》，上海：上海人民出版社，2018年，第141页。
④ 同上书，第7页。

被称为'治理'的权力形式日益占据了突出地位,使它比各种其他所有权力形式(主权、纪律等)更重要,这种趋势,一方面形成了一系列治理特有的装置(appareils),另一方面则导致了一整套知识(savois)的发展。(3)'治理术'这个词还意味着一个过程,或者说是这个过程的结果,在这一过程中,中世纪的司法国家(Etate de justice),在15世纪和16世纪转变为行政国家(Etat administraif),逐渐'治理化'了。"①

在《自我技术》中,福柯则如此定义"治理术":"我想弄清楚的是,'疯狂'这种奇怪的话语如何使在疯人院内部及外部进行的对个体的管理成为可能。这种支配他人的技术与支配自我技术之间的接触,我称之为治理术(governmentality)。"②这个定义明显语焉不详,很难把握。

在《自我关注的伦理学是一种自由实践》中,福柯又如此定义"治理术":"我所说的是,'治理术'(governmentality)意味着自我与其自身的关系,我希望'治理术'这个概念涵盖整个实践活动领域,这些实践活动制定、界定和组织各种策略,并且把它们工具化,自由的个体在相互打交道时,可以使用这些策略。"

总的来说,"治理术"这一概念主要在福柯在法兰西学院讲座讲义中出现,并未在成熟的专著中使用,因而界定得很不清楚。归纳起来看,福柯使用"治理术"概念,主要想阐明如下意思:

1)治理术是与真理制度类似的知识—权力制度化的概念,是各种异质性的话语实践与非话语实践因素交织的技术治理活动。

2)治理术的诞生是与福柯所认为的现代国家转型结合在一起的,即从司法国家、行政国家转向治理国家(此时国家出现"治理化"特征),或者是从领土国家转变为人口国家,总之现代国家转型意味着治理术与国家权力运作的制度性结合。

3)现代国家以治理术来运转,意味着国家以理性方式运行,而不是由君主喜好或诸神的旨意来运转。

4)治理术不仅治理作为"人口"的人群,而且治理作为肉体的个体,甚

---

① 米歇尔·福柯:《安全、领土与人口》,上海:上海人民出版社,2018年,第140页。
② 米歇尔·福柯:《自我技术:福柯文选Ⅲ》,北京:北京大学出版社,2015年,第55页。

至干预个体的观念活动即福柯所谓的主体化过程。

5) 治理术运用的各种技术有悠久的历史,可以追溯至古希腊罗马时期和基督教牧领时期,但是与国家结合为治理术还是现代以来的事情。

6) 区分技术和规训技术、安全技术是最重要的治理术,规训技术与安全技术是治理术的两极,前者指向个体—肉体,后者指向群体—人口。

总之,治理术基本上可以视为真理制度概念的另一个表达,它与知识—权力或生命权力是基本一致的,是它们的制度化、实践化表达。

2. 区分技术批判

福柯主要是在研究疯人、不正常的人和病人时讨论区分技术的,他讨论区分技术的著作主要包括《疯癫与文明》《临床医学的诞生》《不正常的人》和《精神疾病与心理学》。他指出:"我将我的研究的主体客体化称为'区分实践'。主体既在他的内部自我区分,也和他人区分开来。"①区分技术对人进行分类,分离出"中心人"和"边缘人""标准人"和不"标准的人",目标是寻找出不合乎现代人标准的人,如疯子、罪犯、畸形人、性变态者等,为维护社会秩序服务。在福柯看来,区分技术并不是对人的某种自然或客观的划分,而是"以把一部分人排斥出我们社会的方式"②来进行的。区分技术应用于两个方面:其一是与自己区分,使人对自身的生活状态进行反观,意识到自己的行为与社会标准不相符的地方,并在分裂意识中按社会标准改造自己;其二是与他人区分,按照社会标准的不同维度对人群进行分类,比如划分成健康的人/病人、正常人/不正常的人、理智的人/疯子、守法的人/罪犯、好学生/坏学生,由此挑出不合乎标准的人。

区分技术主要使用和催生的权力—知识,主要是精神病学、医学和心理学中与鉴定、区分、禁闭相关的知识。福柯提出了两种区分模式,"麻风病模式"与"鼠疫模式"。前者是排斥模式,就是将麻风病人从社会中驱逐出来,染上麻风病意味着被社会所抛弃。后者是容纳模式,就是对疫区进行检疫隔离、分区控制,鼠疫病人被严格地监视和观察。在西方历史上,"麻风病模

---

① 米歇尔·福柯:《自我技术:福柯文选Ⅲ》,北京:北京大学出版社,2015年,第107页。
② 米歇尔·福柯:《福柯集》,上海:上海远东出版社,2003年,第250页。

式"曾被大规模用于乞丐、疯子、流浪汉、麻风病人等边缘人群,"鼠疫模式"更是在各种社会治安和人群控制的活动中广泛运用。实际上,"鼠疫模式"并不是对鼠疫病人的真正容纳,它容纳的其实是疫区的健康人群,一旦患病或者很快死亡,或者被清除出社区,也就是说,福柯区分的这两种模式并没有本质性的差别,毋宁说区别在于"麻风病模式"考虑的是被区分的对象,而"鼠疫模式"考虑的是与不合标准的人相关的正常人群,因为这些正常人群随时可能变得不合标准。在福柯看来,两种区分模式同样具有冷酷性,它们以科学和知识的名义排斥边缘人群和弱势群体,缺乏足够的同情和必要的沟通互动。

通过"不正常的人"的谱系学研究,福柯对精神病学权力的过分扩张进行了批判。作为一组对立的概念,"正常"与"不正常"已经成为现代社会被广泛运用的术语,这种运用已经突破了学术或精神病学领域,深入日常生活当中去了。福柯认为,19 世纪以来的所谓"不正常的人"有三个源头,即"畸形人""需要改造的人"和"手淫的儿童",这三个源头从 18 世纪被区分出来,在 19 世纪相互融合形成了"不正常的人"的概念。通过对上述历史过程的分析,福柯认为建立在"本能"概念上的精神病权力不断扩大,制度化的精神病学建立起来,察觉对社会秩序的偏离和反叛行为成为现代精神病学的任务,无纪律、冲动、不驯服、性格倔强、感情冷漠等,所有这一切都被精神病学化了,都可能被归纳到"不正常的人"的范围中。于是,"大致从 1850 年开始,与行为规范的偏离和陷入自动性的程度是两个变量,它们将使人们可以把一种行为或者纳入精神健康的类别,或者相反纳入精神疾病的类别"①。也就是说,正常与不正常之间是连续的序列,没有绝对的正常,所有人都是一定程度上不正常的。因此,所有人都脱离不开精神病学的阴影,进一步而言,所有人都是技术治理和知识—权力需要改造的对象。这是当代治安的一个基本特征,即治安不是只治理坏人,而是要治理所有人,可以称之为"全治理原理"或者"完美治安梦想"。福柯很敏锐地看到了其中可能存在的知识—权力滥用的可能性。

福柯对区分疯人的研究,回顾了疯子从文艺复兴以来的命运,描述了他

---

① 米歇尔·福柯:《不正常的人》,上海:上海人民出版社,2003 年,第 174 页。

们是如何逐渐被识别、被排斥,最终被隔离出来的过程。18世纪末19世纪初,疯人和疯癫开始被人们从非理性的其他群体中区分出来,医学、哲学、宗教等各种不同知识活动对疯癫的研究,开始将疯癫意识和非理性进行区别。人们开始认为,疯人只能被单独禁闭起来,而不应该与小偷、流浪汉关在一起,于是,现代精神病院诞生了。在精神病院中,疯癫和疯人成为纯粹的医学认识的对象,疯癫被认为是一种疾病,不断被监视和审判。在这里,医学变成了司法,治疗变成了镇压。更为重要的是,在精神病院中医务人员被神化。他们代表了实行禁闭的权威和进行审判的理性,作为理性存在物而不是简单的人来面对疯癫。在精神病院中,医学知识的力量并非完全源自其真理性,更是和权力、秩序勾结在一起才拥有的。从此,理性与疯癫的对话完全停止了,两者之间不再有任何共同语言。最重要问题不是疯癫是否一种疾病,而在于疯人的命运转变背后的知识—权力的冷酷区分实践。

福柯对区分技术的批判直指西方社会普遍精神病学化的现象,从理论上说是对弗洛伊德、荣格以来精神分析日益占据的强势地位及其压制性日趋严重的质疑。总的来说,福柯的批评是有道理的,但过于夸张,因为精神病院的建立并非一无是处,更重要的是完善精神病院的相关机制,防止精神病医生一手遮天,侵害病人的权利。并且,福柯夸大区分技术在现代社会分裂和冲突中扮演的角色,把批判的注意力引向了相对不重要的方面。唯物史观认为,现代社会最本质的分裂是无产阶级和资产阶级的分裂,经济地位的分裂才是资本主义社会最大的问题。

3. 规训技术批判

福柯对规训技术的厘定,是从西方社会刑事司法惩罚制度的转变开始切入的。他认为,在古典时期,这一制度发生了从酷刑到监禁的根本性转型,现代监狱亦因此而诞生。这个转变意味着司法领域对罪犯身体的控制技术发生转变,即从酷刑技术转为规训技术,前者是君主权力对罪犯冒犯的报复措施,而后者则是用知识、技术手段对人的行为和肉体进行改造的知识—权力技术。他认为:"规训权力的主要功能是'训练',而不是挑选和征用,更确切地说,是为了更好地挑选和征用而训练。"①因此,规训技术实施对象是人的肉体,包括个体和群体的肉体,不过它是把群体肉体作为个体肉体的简单复数来处理的,而规训技术的目标则是使人成为驯顺的人,这意味着在身体行为上的驯服,进而以此为基础实现所需要的社会秩序。

从福柯谈到规训技术最集中的《规训与惩罚:监狱的诞生》《惩罚的社会》和《必须保卫社会》等作品来看,规训技术中使用和催生的权力—知识主要是狱政学、罪犯改造学、犯罪心理学、精神病学、建筑学、法学、历史学和政治学领域中与罪犯、犯罪、惩罚、监狱相关的知识。这些知识充分运用于规训技术的三种战术或技术中,即层级监视、规范化裁决以及两者在检查中的结合。规训技术必须借助监视而实行强制的机制,并在各个规训机构中设立即时小型的处罚中心。规训系统要享有准司法特权,有自己的法律、自己规定的罪行、特殊的审判形式,它盘踞于正式法律所不能触及之处。检查技术把层级监视技术和规范化裁决技术结合起来,把每个被监视对象的行为公开,由此区分和评价被改造的个体。因此,在规训机构中,检查总是大张旗鼓和仪式化的。在福柯看来,军队的考核、医院的巡诊、学校的考试,都是检查技术的运用。

福柯揭露上述三种技术的治理风险,从而批判启蒙哲学所宣传的现代司法制度走向仁慈的人道主义的资本主义意识形态宣传。表面上,废除酷刑技术是仁慈的,但是福柯认为,规训技术实际是加强而非减缓了对人的控制。首先是监视技术让所有罪犯无时无刻不处于被监视的状态,福柯通过分析边沁的"圆形监狱"理论说明了规训监视的严密性。其次是监狱微型审判机构,很容易将与罪犯有关的立法、司法和执法三种权力集中起来,从而脱离民主社会的控制。最后是检查技术给罪犯形成的心理压力,是对他们的巨大心理伤害。进一步地,福柯还详细分析了上述三种技术所采用的一些具体措施,比如空间划分(主要是如何安排和分割空间)、活动控制(主要是如何控制时间和动作)、重复操练(主要是如何通过训练而改变行为)以及人员组合(主要是如何把不同身体类型的人员按目标组合起来),使得他对规训技术

---

① 米歇尔·福柯:《规训与惩罚:监狱的诞生》,北京:生活·读书·新知三联书店,2003年,第193页。

的批判非常生动具体,令人印象深刻。

除了对规训技术的圆形监狱批判,福柯还批评规训技术从监狱扩散至整个现代社会,使之成为实质上的"监狱社会"或规训社会。他认为,因为规训技术对人改造的效力被推崇,因而自17世纪以来,就不断扩散至劳改农场、教养所、戒毒所、孤儿院、工人宿舍、集体宿舍等许多社会机构中,使得整个社会成为宏大的"监狱连续统一体"。在福柯看来,规训社会存在诸多问题:1) 所有人都成为规训对象,无一人能逃脱被规训的命运;2) 规训机构"建构"出大量的"犯罪人",违反社会秩序的人将永远带着"犯罪性"的烙印;3) 社会中的体罚以各种名目实施,越来越多,人们放松刑罚的实施范围;4) 社会中出现各种准"法律",比如公司章程、学校守则等;5) 实施规训技术的专家越来越多,如教师、医生、社会工作者等都有一定的规训权力,他们的权力也难以被控制。总之,福柯认为规训社会像巨大的机器,吞没了一切,每个人都深陷其中,根本无法摆脱。在一次访谈中,福柯甚至将规训与马戏团驯兽相类比。①

福柯对规训技术治理的批判,是站在反人道主义的立场上进行的,也就是说揭露资本主义人道主义的虚伪性,批评资本主义社会中知识与权力的隐秘"共谋",在一定程度上指出资本主义社会中人们日常被压迫的真相。但是,福柯的批判存在一些问题:1) 缺乏有力的论证,很多想法带有强烈的隐喻色彩,比如说根本没有给出证据,来证明规训技术从监狱扩散到其他社会组织中;2) 看待问题太片面、太极端,看不到规训技术进步的一面,比如说资本主义人道主义有虚伪性,但和中世纪酷刑司法制度相比总体上仍是有改善的,再比如说对人的行为进行改造,对于社会秩序和安全是有益的;3) 反智主义倾向明显。显然,在一定的知识和价值观念的指导下,文明社会对人的行为改造自古皆然,关键不在于改造,而在于适度,取消所有规训无异于取消社会中的教育和宗教活动。当然,有些知识是有问题的,会被历史所淘汰,在这一点上福柯是正确的。

---

① 米歇尔·福柯:《权力的眼睛——福柯访谈录》,上海:上海人民出版社,1997年,第30页。

4. 人口技术批判

福柯认为,规训权力与人口权力是生命权力的两极。规训技术的干预对象是人的肉体,而人口技术"在较晚之后才形成的,大约在18世纪中叶,它是以物种的肉体、渗透着生命力学并且作为生命过程的载体的肉体为中心的,如繁殖、出生和死亡、健康水平、寿命和长寿,以及一切能够使得这些要素发生变化的条件;它们是通过一连串的介入和'调整控制'来完成的。这种'调整控制'就是'一种人口的生命政治'"①,它的干预对象是人口。人口技术的目标"不是个人的训练,而是通过总体的平衡,达到某种生理常数的稳定:相对于内在危险的整体安全"②。因此,福柯也将人口技术称为安全技术。

福柯认为,概率估算和调节是人口技术的核心特征。也就是说,它不考虑特殊个体的控制,而是对人群做统计学意义的调节。所谓人口,就是将人群视为统计学上的自然现象。人口由复杂多样的个体组成,单个人的生活难以预计,但从群体统计学方面看就可以发现某些规律,可以成为技术治理的对象,这就是福柯提出"人口"概念的主旨。

因此,和规训技术相比,人口技术不封闭和划分空间,而是要扩展和离散所调节的空间,人口技术不控制单个肉体,对细节是放任的。人口技术不改造个体,而是认为人口有某种本质或"自然性",它依此对所有人的生命活动进行总体的调节和平衡,福柯称之为调节"常态"(normalite)。人口技术主要运作的领域包括:1) 医学公共卫生职能,全民卫生学习和普及医疗事业运动;2) 老年人治理以及事故、残疾和各种"异常"人群的治理;3) 人口的生存环境治理,这就涉及城市和自然环境的规划。

在福柯看来,人口技术在18世纪就开始出现,但到了当代才成为主导性的权力技术。并且,规训技术主要是由规训机构实施的,而人口技术则是由国家来统一调节的,因此它的兴起意味着政治治理的兴起,也由此福柯所谓的"领土国家"在现代转型为"人口国家",前者关心的是占有土地,后者关心

---

① 米歇尔·福柯:《性经验史(增订版)》,上海:上海人民出版社,2002年,第103页。
② 米歇尔·福柯:《必须保卫社会(第2版)》,上海:上海人民出版社,2010年,第190页。

的是治理人口。由于城市人口集中,因此城市人口治理是人口技术的核心问题。

人口技术运用和催生的权力—知识,主要是社会统计学、政治经济学、经济学、城市规划、公共管理学、公共卫生学、政治学、环境工程、人口科学和性科学等与人口调节有关的知识。在福柯看来,人口技术尤其促进了"人类科学"的发展,"其结果就是:人这个主题,通过把它作为生物、工作的个人和言说主体加以分析的人类科学,必须从人口的诞生出发来加以理解,而人口是作为权力的关联物和知识的对象"①。福柯尤其强调统计学在人口技术中的重要作用。他指出:"从词源上说,统计学指的是对国家的了解,了解某个特定的时候国家的力量和资源。"②

福柯集中批判了自由主义治理术,认为它是人口技术的最重要形式。在《生命政治的诞生》中,福柯把西方治理史大致分为四个时期:古希腊罗马执政官时期、基督教牧领时期、国家管治(police)时期、自由主义和新自由主义国家时期。自由主义国家以自由主义为国家理性,即作为统治合理性的基础。换言之,自由主义治理术并非真的给人民以自由,而是以自由为名来实施人口技术治理战略。福柯提出"自由主义是治理术"的观点,完全颠覆了一般对自由主义的认识。

福柯如何理解自由?他认为:"人们给予18世纪所理解的现代意义上的自由:不是赋予某个人的特权和特别优惠,而是人和东西的行动、迁移、流通的自由。这个流通的自由,在广义上,应该理解为流通的能力。我想,通过自由这个词,应该把流通自由理解为安全配置建立的一个侧面、一个方面、一个维度。"③也就是说,自由是安全技术运作的战略,因而自由主义和新自由主义被福柯视为最主要的人口—安全治理术。何为自由主义?福柯做出如下界定:"我曾指出三个特征:市场的真言化,由治理的效用考量做出的限制,以及欧洲的位置,作为世界市场中一个无限制的发展经济区域。这些就是我所称的自由主义。"④

---

① 米歇尔·福柯:《安全、领土与人口》,上海:上海人民出版社,2018年,第99页。
② 同上书,第360页。
③ 同上书,第60页。
④ 米歇尔·福柯:《生命政治的诞生》,上海:上海人民出版社,2018年,第78页。

以德国自由主义和美国新自由主义为例,福柯仔细地分析了自由主义经济学及其相关治理战略实施的历史,揭露了自由主义经济学、政治经济学和制度经济学是如何治理人口国家的,归纳出自由主义治理术的基本特点:

第一,自由是自由主义治理术的条件,它所实施的各种治理措施都要贯穿自由的线索,因而在自由主义国家中,"自由是每时每刻被制造出来的东西。自由主义不是接受自由。自由主义是每时每刻制造自由、激起自由并产生自由,当然还伴随着(一整套)约束和制造成本问题"[①]。

第二,自由主义国家对国家公共权力进行控制,但是治理机制是人口技术放任细节逻辑所决定的,并非以个人自由对抗国家干预为目的的。自由主义治理术坚持自然主义,把治理对象即人口作为自然现象来治理,力求自然平衡而非治理的扩张。

第三,自由市场是一切治理真理的形成之地,不再是为了实现公平交易。自由主义治理术以效用提高为目标,自由主义国家是利益共同体。

第四,自由主义治理术关注各种自由,如经济自由不受侵害的安全问题,因而也是一种安全技术。

总的来说,由于英年早逝,福柯对人口技术的阐发并未成熟,主要在法兰西学院的讲座中初步提出。因此,他对自由主义的批判说服力不够,甚至有一些混乱。

除了对自由主义治理术的批判之外,福柯还批评人口技术导致种族主义盛行。他认为,人口技术会考虑人口调节和防止人口退化等问题,这催生了各种从种族角度看待人口种族主义的观点。纳粹主义对犹太人进行人种灭绝,就是将人口技术运用到极致,"这样在纳粹社会中就有了这个奇特的东西:这个社会既把生命权力普遍化了,又同时把杀人的统治权权利普遍化"[②]。而在《性经验史》中,福柯还批判人口技术和规训技术都将性经验作为调节对象,前者是要控制个体性行为,后者要避免群体的性变态或性放纵可能导致的人口退化问题,这无疑是对个体过于严密的控制。

---

① 米歇尔·福柯:《生命政治的诞生》,上海:上海人民出版社,2018年,第83页。
② 米歇尔·福柯:《必须保卫社会(第2版)》,上海:上海人民出版社,2010年,第198页。

三、专家批判与反治理思想

除了对治理术的揭露,福柯对技术治理的批判,还表现在对专家治理原则("技治二原则"的第二条)的批判和对反治理的提倡两方面。

首先,显然福柯对知识—权力的批判,必然意味着对深度参与知识—权力运作的各种科学家、精神病专家、医生和技术专家等的严厉批评。但是,他并没用太多的篇章来直接批判专家政治,因为按照他的理论,并非主体占有权力,相反所有人都是知识—权力所塑成的,包括专家在内,因此专家政治的问题在更深的层面上是知识—权力的微观运行机制问题。福柯的专家批判,主要体现在对普遍型知识分子的批评上。

其次,福柯提倡的反治理思想,可以划分为两类:一类是运用技术方法的反治理,主要指的是局部反抗;另一类不运用技术方法,主要指的是生存美学和自我技术。总的来说,福柯的专家批判与反治理理论是紧密相连的。

1. 作为技术反治理的局部反抗

福柯的微观权力理论认为,知识—权力与局部反抗两位一体,不可分割。他认为,权力来自于下层,而不是自上而下的,也不是简单地建基于统治者与被统治者的二元对立之上的,因此,知识—权力在细节处运行,在遍布于社会各个层面的、局部的、毛细血管式的对立中扩散。福柯指出:"面对权力的整体政策,人们作局部的反抗、反击和积极的、有时是预先的防御工作。"[①] 局部反抗并不表示知识—权力运行的失灵,相反它是知识—权力运行所必需的组成部分。换言之,知识—权力与局部反抗是"共生"的,这是福柯提到的第二组共生关系。福柯认为,知识—权力"以各种形式的权力的若干反抗形式作为起点。……它利用这种反抗作为一种化学催化剂,以便暴露权力关系,确定它们的位置,找出它们的应用目的和应用方法"[②]。可以说,局部反抗是知识—权力战略部署中应有之义,微观权力分析并不是要表明权力是

---

① 米歇尔·福柯:《权力的眼睛——福柯访谈录》,上海:上海人民出版社,1997年,第209页。
② 福柯:《福柯的附语:主体与权力》,附于德赖弗斯、P. 拉比诺:《超越结构主义与解释学》,北京:光明日报出版社,1992年,第274页。

没有裂痕和无往不胜的,而"更是要确立一种已经占据的位置和各方势力的行为模式,对各方来说,都存在着反抗和反攻的可能性"①,即"哪里有权力,哪里就有抵制"。

局部反抗是与知识—权力、生命权力和治理术的斗争,这意味着不仅反抗依赖于以知识形式运行的权力,也反抗与权力共谋的知识,即"它们是与知识、能力、资格相联系的权力效应的对立面,是对知识特权的斗争"②。并且,因为反抗的对象是知识—权力,局部反抗想要成功,就必须了解技术治理的秘密并运用针锋相对的技术知识、技术方法来进行反抗。换言之,这就意味着局部反抗是一种技术反治理方式,它离不开专业技术知识的帮助,必须与之结合起来,成为一种知识—反抗。

局部反抗是福柯认定的反抗技术治理最有效的斗争。他认为,在技术治理制度之下,传统的总体反抗不能让人摆脱权力束缚,只能进行局部斗争。在福柯看来,对权力的反抗在历史上有三种形式:"反抗(种族的、社会的和宗教的)统治形式;反对把个体与其生产物分开的剥削形式;反对用这种方式把将个体束缚于自身,使之屈服于他人(敢对隶属、反对主体性和屈服的斗争)。"③在封建社会,反抗统治的斗争是最主要的。到了19世纪,反抗剥削的斗争占据了首位。在当代社会中,福柯认为反对"主体性的屈从"的斗争是最重要的,而这种斗争就是所谓的"局部斗争"。

局部反抗针对的是知识—权力实施技术治理,尤其是反抗区分技术、规训技术和人口技术。局部反抗是直接的斗争,人们直接反抗压迫自己的权力境遇和知识—权力的实施者。局部反抗不是一个整体,没有总体化的战略和组织。局部斗争是反抗现代知识—权力统治的斗争,局部斗争的"主要目标不是攻击'这个或那个'权力制度、团体、高贵人物或阶层,而是攻击一种技术,一种权力形式"④。这种权力形式就是知识—权力或生命权力。正是治理术在当代社会的扩散,才使得局部反抗成为权力斗争的主要形式。在福

---

① 米歇尔·福柯:《权力的眼睛——福柯访谈录》,上海:上海人民出版社,1997年,第166页。
② 福柯:《福柯的附语:主体与权力》,附于德赖弗斯、P.拉比诺:《超越结构主义与解释学》,北京:光明日报出版社,1992年,第276页。
③ 同上。
④ 同上。

柯看来,"妇女、犯人、新兵、病人和同性恋者"①争取解放的运动、"工人自治、环境保护和女权运动"②,这些都属于局部斗争,当代社会中所有的人都在同技术治理进行着局部斗争。

显然,福柯所谓的局部反抗是自相矛盾的反治理理论。一方面,在技治社会中,局部反抗才能真正有效反抗知识—权力;另一方面,局部反抗又是知识—权力运行战略中的一部分,它并不意味着对整个技术治理制度的全盘否定。局部反抗对知识—权力并不能构成真正的威胁,但是可以逼迫它在细节处调整运行机制以提高运行效率,即通过也只有通过局部斗争,知识—权力才能更好地发挥技术治理功能。如此一来,局部反抗完全就是永不结束、没有胜利的斗争,每一次局部斗争的胜利甚至意味着技术治理统治更为完善,当代人就此陷入了万劫不复的知识—权力罗网中。

因此,局部斗争理论把斗争引向了细节问题,否定了马克思的阶级斗争理论和社会主义必然取代资本主义的断言,把人们引向一种无望的、纠缠不清的斗争中。正是在这个意义上,萨特才说福柯是维护资产阶级统治的"最后堡垒"。但是,因为该理论为西方社会20世纪60年代以来兴起的女权运动、同性恋运动、反战运动和环境运动提供了理论上的支持,因而在福柯死后备受推崇。也就是说,不能完全抹杀福柯反抗资本主义的革命者气质,对此,劳斯评论说:"他的目的并不是评价权力运作的合法性或者非法性,而是想激发有效的反馈,以抵抗在他看来具有压迫性的特殊的权力形式。"③在现实中,局部反抗理论激起的是1968年法国"五月风暴"和近年法国的"黄马甲运动"式的社会骚乱。

2. 专家"造反"与知识"造反"

由于知识在局部反抗中发挥关键作用,局部反抗离不开技术知识,因而也就离不开掌握专业技术知识的专家。知识—权力的运行也得到知识和专家的支撑,所以局部反抗需要的知识和专家是不同的知识和专家,一言以蔽

---

① 米歇尔·福柯:《福柯集》,上海:上海远东出版社,2003年,第212页。
② 同上书,第467页。
③ 约瑟夫·劳斯:《知识与权力——走向科学的政治哲学》,北京:北京大学出版社,2004年,第278页。

之,是造反了的专家和知识。

(1) 特殊型知识分子可能成为造反的专家

福柯指出,传统的知识分子是普遍型知识分子,他们扮演着"预言家"的角色,自认为掌握了普遍性的真理,因而要求人们按照他们的教导来生活,而这种普遍性的要求导致了"支配性的后果"①,束缚了人们。当代知识分子主要是特殊型知识分子,即一般所称的专家,像医生、律师、作家、科学家、教授、艺术家都是特殊型知识分子。他们不宣称自己掌握了普遍性真理,只是认为自己在某个领域拥有专业知识,熟悉该领域的秘密。福柯认为,两种知识分子与权力都有密切的关系,两者与权力的关系又是不同的。普遍型知识分子之所以被权力所重视,是因为他们宣称掌握普遍性真理,握有真理就能对人们行使权力。换言之,普遍型知识分子是为知识—权力服务,是实施技术统治的重要力量。相反,特殊型知识分子被权力所重视,是因为他们掌握某个领域的专业知识,因而知悉该领域的知识—权力运作的秘密。换言之,专业型知识分子可以为局部反抗服务,为局部反抗提供所需要的专业知识,反过来专业型知识分子想要反抗知识—权力,就必须与局部反抗相结合,"知识分子同权力作斗争,是为了使权力在最不明显和最隐蔽之处突现出来并且使用权力"②。

在福柯看来,参与反抗知识—权力的斗争,是当代知识分子的重要任务,因而他们应该也可以在局部斗争中扮演重要角色,勇敢地揭露技术治理运作的真相。但是,按照福柯的逻辑,当代专业型知识分子不光对于局部反抗很重要,对于技术治理也很重要,为什么他们会加入局部斗争呢? 对此,福柯完全没有解释。我很怀疑福柯设想的造反的知识分子有多大的可能性。实际上,福柯自己对专业型知识分子的革命性就很怀疑。他认为,在局部斗争中,特殊型知识分子并不是群众的代言人,并不是群众的导师。传统观点认为,群众不能把握知识和表达思想,所以需要知识分子做代理。这种观点在福柯看来不过是知识—权力制度的欺骗性说辞。他认为群众完全能清楚

---

① 米歇尔·福柯:《权力的眼睛——福柯访谈录》,上海:上海人民出版社,1997年,第72页。
② 米歇尔·福柯:《福柯集》,上海:上海远东出版社,2003,第206页。

地掌握知识,也能够很好地表达自己,所以专业型知识分子在局部斗争中实际上扮演着顾问的角色,而不是局部斗争的领导者。总之,造反的专家必须要受革命阶级的领导。

(2) 局部反抗运用的是造反的知识

福柯的谱系学认为,知识的历史是一些知识对另一些知识的战斗史,不同知识之间的斗争目的是要获得"真理"的称号。那么,知识如何成为"真理"呢? 福柯的回答是,权力让知识成为真理。因此,在现代知识的战争中,权力和国家直接进行了干预,福柯称之为"知识纪律化"过程。大致来说,福柯所谓的"知识纪律化"过程有四个步骤:1) 取消和贬低无用的、不能普适的、经济上昂贵的知识;2) 对知识进行规范化,使各种知识之间可以交流、互换;3) 知识等级划分,从特殊的、最具体的知识到最普遍的知识,直至最形式化的知识;4) 金字塔式的知识集中,使控制知识成为可能,保证了知识的挑选、自下而上的传播、自上而下的指导与组织。福柯认为,"知识纪律化"过程是古典时代之后的现象,此时科学接替了哲学的基础作用,成为"知识警察",进行分类、等级化、学科化等。于是,在知识内部产生了以真理为名的纪律检查,知识之间的等级被解释为客观性上的差别。显然,通过权力检查的知识必然与权力相结合,实质上成为一种权力—知识。按照福柯的逻辑,知识检查保证了知识能为权力所用,因此是知识—权力和技术治理非常重要的一环,甚至可以称之为"知识治理术",与前述的三种治理技术相比作用并不逊色。

而局部反抗则需要与检查没有通过的或者边缘的、被压迫的知识结合起来。福柯认为,第二次世界大战以后,知识界出现了两个相当有意思的现象:一是社会批判的分散化、微观化、局部化,比如对精神病学、监狱的攻击,同性恋权利运动等,直接关注的是离人们生活最近的东西;二是"被压迫的知识的造反运动",一些知识要求自己的权利和发出自己的声音。在福柯看来,"被压迫的知识"主要有两类:一类是长期被人们忽视的、边缘化的历史知识,比如关于疯人、监狱、性、屠杀等的历史知识,还有一类是"一系列被剥夺资格的知识,被认为是不充分或精确的知识:素朴的知识,处在等级体系的下层,在被认可的知识和科学的层面之下"①,也就是一般被称为"低级知识""日常知识""地方性知识""特殊性知识"等的那些知识。在福柯看来,他的谱系学就是对"被压迫的知识"的研究,并使之从知识等级中解放出来,以对抗"知识纪律化"过程。因此,知识"造反"因为局部反抗兴起而出现,反过来局部反抗离不开知识"造反"。这就是福柯提到的第三组"共生关系",即知识造反与局部反抗的共生,与前两组"共生关系"即知识与权力的共生、知识—权力与反抗的共生,对于福柯反技治主义理论同样重要。

就知识与权力斗争相结合的意义上说,局部反抗活动也是一种知识—权力实践,或者说是不同的知识—权力组合之间的斗争。我认为,按照福柯的描述,整个当代社会就是知识—权力乱斗的"修罗场",完全找不到方向。如果局部反抗活动成功,按照福柯的理论,这难道不是另一种知识—权力的统治吗?而且,这种统治更可能是一种无政府、无秩序的暴力统治。

3. 作为非技术反治理的自我技术

以技术方式与知识—权力进行斗争,局部反抗可能陷入重重困难。福柯意识到这一点,在后期又提出自我技术和生存美学,来反抗知识—权力的技术治理罗网。在福柯看来,西方道德历史不仅是道德行为和道德规范的历史,也"是个体如何把自己塑造成道德主体的历史,即如何确立和发展各种与自我的关系、反思自我、通过自我认识、考察、分析自我从而改变自我的历史"②。福柯所谓的自我技术就是个体处理与自我关系的实践活动,不同历史阶段有不同的自我技术。之所以自我技术被福柯称为"技术",是因为它采用了诸多的操作性、程序性和践行性的方法和技艺,实际上这些"技术"并非现代自然科学技术意义上的"技术",自我技术不属于运用自然科学技术成果的技术治理活动。

福柯指出:"首先,我相信不存在独立自主、无处不在的普遍形式的主体。我对那样一种主体观持怀疑甚至敌对的态度。正相反,我认为主体是在被奴役和支配着建立起来的;或者,像古代那样的情形,通过解放和自由的实

---

① 米歇尔·福柯:《权力的眼睛——福柯访谈录》,上海:上海人民出版社,1997年,第217页。
② 米歇尔·福柯:《性经验史(增订版)》,上海:上海人民出版社,2002年,第143页。

践,当然这是建立在一系列的特定文化氛围中的规则、样式和虚构的基础之上。"①也就是说,福柯认为存在两种道德主体,即伦理主体—自我主体和支配主体—屈从主体,与之相对应存在两种主体塑成技术,即自我技术和支配技术,前者是通过治理自我而成为主体的技术,而后者是支配他人或被他人治理而成为主体的技术。从自我意识组织的角度看,知识—权力所使用的区分技术、规训技术和人口技术都属于支配技术——在福柯看来,不是主体使用权力技术,反过来是知识—权力塑成了主体。因此,福柯反对支配技术,而强调复兴自我技术,实际上是反对被治理、被支配,而强调治理自己,试图从知识—权力和技术治理手中抢夺伦理自治和自我自治的权利。从技术治理的视角看,复兴自我技术实质上是反技术治理的活动,并且是非技术的、伦理的反治理活动。

自我技术的核心是修身技术,它从关心自我或照管自我的角度来处理与自我的关系,是福柯所谓的关心自己的伦理要求的主要实践活动。福柯认为,西方历史上修身技术经历了四个发展阶段:

第一,古希腊时期。在古希腊修身是贵族子弟成为未来统治者的必修课,它不仅仅是对自身的担忧,也是包括照顾身体、保持健康、满足欲望以及阅读、写作、沉思和回忆等一整套修身实践活动,会运用非常具体的如节制训练、良心坚持和思想检查等诸多"技术"或技艺。古希腊修身技术的目标是转向自身,进而考察与他人、与城邦的关系。

第二,希腊化罗马时期。此时修身技术不再是贵族的专利,而是变成一般人立身处世的要求。

第三,中世纪时期。基督教一统天下之后,"摒弃自身"成了修身活动的新律令,忏悔和苦行盛行。

第四,进入现代。福柯指出:"我以为这个带上引号的'笛卡尔时期'是以两种方式起作用的,既在哲学上重新确定'认识你自己',又同时贬低'关心自己'。"②也就是说,现代之后,关心自我转变为精神上的关心,即通过怀疑自我以获得自我的确定性。于是,关心自己的修身训练被认识自己的理智

---

① 米歇尔·福柯:《权力的眼睛——福柯访谈录》,上海:上海人民出版社,1997年,第19页。
② 米歇尔·福柯:《主体解释学》,上海:上海人民出版社,2005年,第15页。

方法所取代。

除了修身技术,福柯还考察所谓的直言技术。他认为,关心自己,要求"应该说出关于自身的真话",此即福柯所谓的"直言"(parresia)实践,属于自我技术的一种形式,目标是"建构说关于自己真话的主体"[1]。直言术不是修辞学,而是勇敢地说真话,即使因此可能付出生命,或者损坏与他人的关系。福柯归纳了四种说真话的方式,即预言者说真话、智者说真话、教师说真话和直言者说真话,并以犬儒主义者为例,对四种说真话的模式进行非常详细的比较和分析,指出直言实践是如何将说真话的人引向自身的真相,从而完成照管自己的伦理任务。在福柯看来,直言实践包括和朋友通信、冥想和独处等许多"技术"或技艺,但显然直言技术不属于现代自然科学技术的范围。同样,到了现代以后,西方哲学和文化的核心主题从关心自己转变为认识自己,福柯所谓的直言术衰落。也就是说,知识、真理和认识问题在古代哲学中是被置于主体的伦理探索之下的,而到了现代这一关系被翻转。

福柯认为,修身技术和直言技术的衰落,而支配技术盛行,是当代虚无主义盛行和道德危机的原因。也就是说,当代伦理领域被技术治理所占据,道德不是自我治理的而是被他人治理的,按福柯的术语是"以伦理为导向的道德"转变成"以规范为导向的道德"。显然,他提出解决当代道德困境的对策,就是要在当代复兴修身技术,重新奠定道德活动的自治基础,反对伦理领域的技术治理。这就是他所谓的现代生存美学的主旨。现代生存美学并非提出什么新的道德规范,而是强调自治反对治理。之所以称之为"美学",是因为它进一步主张道德的美学目标,即每个人的生活都应该用美学思想指导,成为有个人风格的"艺术品"。

现代生存美学术语本身就显示出反技术、反技术治理的浓厚气息。它并非照搬古希腊的自我技术,或者复兴古代道德,而是主张在美学指导下当代人在道德领域实践个人选择和创造,使整个社会呈现自治基础上道德多元化的状态。显然,这种反治理的主张具有鲜明的精英主义色彩,把个体精神、审美感受置于过高的位置。首先,以美学态度来指导生活,需要很好的经济

---

[1] 米歇尔·福柯:《说真话的勇气:治理自我与治理他者2》,上海:上海人民出版社,2016年,第7页。

条件以及很高的修养和教育条件,这些条件并非所有人尤其是底层劳动人民所能具备的。其次,把反治理的责任推给个人选择,忽视社会变革的价值,很容易在政治上变得非常保守。再次,个体创造是有前提的,不是凭空而来的,自我技术反治理也可能和局部反抗一样,最终落入知识—权力的反治理布局中。最后,通过自我技术反抗治理,强调个体经验和审美,忽视比个体更高的超越性和价值,很容易堕入色情的、无聊的、盲目的甚至暴力的游戏态度之中。福柯践行现代生存美学,但他的反治理的私生活并没有多高尚,最后甚至成为公开为他实际上的犬儒主义生活方式进行辩护的借口。总之,自我技术的非技术反治理和局部反抗的技术反治理都否定对资本主义知识—权力制度的总体批判,把问题归结到局部的或个人的层面,违背了马克思主义唯物史观,因而根本无法找到人类彻底解放的方向。

综上所述,与其他反技治主义者相比,福柯对技术治理的批判有如下特点:

第一,反科学主义或反理性主义。福柯明确说,谱系学就是一种"反科学"①,实际上他反对的不仅是现代科学技术,也是所有的技术方法和理性思考,为疯癫、变态、罪犯等非理性人群争取权利。这是典型的后现代主义者的态度,即反对理性、真理和科学,认为各种知识之间没有客观性差别,因而就谈不上优先以科学原理和技术方法来治理社会了。虽然后现代主义科学观的问题显而易见,但也提醒技治主义者时刻记住现代科技的有限性,避免走到"科学万能论"的极端。

第二,历史主义。在历史主义者眼中,真理是在历史中不断流变的、戴在不同知识头上的称号。由此,福柯把技术治理尤其是治理术也看成不断历史流变的,并没有一成不变的技治模式。显然,当真理桂冠被夺走的时候,以往被认为是治理技术的实践会被新技术治理所抛弃。实际上,福柯主要研究的材料也是历史,不过不是帝王将相的统治权历史,而是以往被忽视的谱系学历史。这也导致福柯对技术治理的批判是零碎的,或者按照他的说法,是奉献"有用的零件和工具"②。必须承认,此类零碎分析,对于深入研究技术

---

① 米歇尔·福柯:《必须保卫社会(第2版)》,上海:上海人民出版社,2010年,第6页。
② 米歇尔·福柯:《权力的眼睛——福柯访谈录》,上海:上海人民出版社,1997年,第72页。

治理风险具有重要的价值。

　　第三,精英主义。在反技术治理方面,福柯以人文精英主义批判技治精英主义。他强调反抗技术治理离不开专家的参考,他主张的修身技术并非平民能实施的美学反抗,这都是福柯精英主义的突出表现。在精英主义思路之下,福柯认真地探讨反治理技术运作的可能性和方式,提出诸多反治理的思想,对于研究技术的治理与反治理之间的平衡,以及寻找当代社会技术治理的界限有重要的启发意义。

第 19 章　专家阴谋论

在各种对技术治理的批评意见中,就接受人数而言,当属阴谋论(conspiracy theory)的批评为最。学者偏爱精深而严密的意识形态理论,因而常常低估阴谋论对当代社会思想的重大影响。阿诺德认为:"以不同的形式和伪装,阴谋论自 20 世纪中期以来已经成为美国文化中最明显和持久的线索。"①实际上,无论古今中外,阴谋论对普通民众吸引力巨大,在面对技术治理问题时亦是如此。在新冠疫情当中,各种专家阴谋论层出不穷,生动地说明阴谋论的巨大影响力。

与技术治理相关的阴谋论五花八门,基本叙事框架一般是:一小撮失去良知的专家秘密组成小集团,与巨富资本家、顶级政客勾结起来,利用最新的科学技术手段,密谋并秘密实施奴役普通民众的计划。因此,可以称之为"专家阴谋论"。和其他形式的阴谋论一样,专家阴谋论也与时代背景高度一致。因此,在当前智能技术高歌猛进之际,专家阴谋论与智能革命的大背景联系非常紧密。本章用两个典型例子来分析智能革命时代的专家阴谋论,进而分析专家阴谋论对技术治理风险的揭示作用。

一、伍德的专家阴谋论

在《技术统治论兴起》中,伍德集中表达了他的专家阴谋论。他的观点一言以蔽之:"新世界秩序的特洛伊木马不是共产主义、社会主义或纳粹主义,而是技术治理。"②也就是说,世界已经被全球极少数精英所操控,正在将

---

① Gordon B. Arnold, *Conspiracy Theory in Film, Television, and Politics*, Westport, Connecticut, London: Preaeger, 2008, 前言, p. vii。
② Patrick M. Wood, *Technocracy Rising: The Trojan Horse of Global Transformation*, Mesa, AZ: Coherent Publishing, 2015, 扉页。

它引入技治主义的乌托邦之中。

伍德对技治主义的理解非常宽泛和模糊。他认为,技术治理实践可以追溯到"优生学"运动、俄国革命、费边社会主义和北美技术统治论运动等,技治主义思想渊源包括实证主义、唯科学主义、进步主义、达尔文主义、法西斯主义、社会主义和费边主义等,是思想"大杂烩",而技治主义者成分也很复杂,包括科学家、发明家、工程师和其他社会精英。总的来说,伍德归纳的技治主义的基本主张包括:1) 反对资本主义制度;2) 计划分配财富;3) 工业国有;4) 专家而非政客统治;5) 以社会进化思想指导未来发展;6) 科学至上,反对正统基督教。并且,技术治理本质上是乌托邦社会工程,整个社会都要按照技治主义者设计的科学方式运转,尤其是安排生产和提供商品、服务。技术治理的直接目标是建立经济乌托邦,放弃以价格为基础的经济运行模式,支持以能量或资源为基础的经济运行模式。技术统治论运用的并非自然科学知识,而是圣西门、孔德等哲学家提出的科学方法,即实证主义方法。

智能技术是当代最新技术治理的基础。伍德认为,全球技术治理的阴谋必须以最新的智能技术在公共治理中的应用即智能治理为基础。最重要的是以全球智能网络(global smart grid)为基础的能量控制,因为以能量来测量社会是技术统治论者的核心主张,如今可以在智能电网中得以实现。除了电力,全球智能网络还可以控制水、天然气等基本物资,其中物联网技术尤其重要,它可以连接万事万物,无须人的介入。而运行规则由程序员在技治主义者指导下写好,技治主义者主要制定政策。没有全球智能网络,技治主义者就没有办法控制能量和物资的分配和消费。于是,技治主义者全力推进智能革命,推崇大数据和数据融合。技治主义者必须实现完全监控社会(total surveillance society),工程师们要监测一切,需要完全的数据采集,在此基础上控制社会。因此,对于技治主义者来说,数据越多越好。

在伍德看来,今天技治主义目标是在全球范围内实施技术统治,而不局限于某个国家,技术统治的领域亦不限于经济,而是要将整个社会包括经济、政治、文化、社会、宗教等全部整合在一起。在历史上,北美技术统治论运动极其有效地传播了技治主义,但并没有被当时的美国主流社会接受,罗斯福总统采纳了一些技术治理措施,但没有把权力交给技治主义者。之后,技治主义者在美国被打压,直到20世纪70年代以布热津斯基为首的新技治主义者复活,最重要的新技术统治组织是行事极其低调的三边委员会。它于1973年主要由D.洛克菲勒和布热津斯基发起成立,由美日欧顶尖的政治、经济和学术精英组成,推行"国际经济新秩序"(New International Economic Order)技术统治方案,其成员占据了多国的政府、商业和学界关键位置。伍德认为,布热津斯基在其名著《两个时代之间》中主张的电子技术时代,实际上就是全球技术治理时代。在伍德看来,三边委员会策划了中美重建外交关系、苏联解体、德国统一以及"颜色革命"、创建欧盟、推动WTO等全球重大的政治事件,目的不是要反共产主义,而是建立受其操纵的统一的世界秩序,朝着专家统治的时代前进。

那么,技术统治论者实施了哪些具体技术统治举措呢?按照伍德的归纳,技治主义者的核心经济主张包括:1)废除货币,代之以能量券;2)按照功能序列(functional sequence)运行经济;3)实现经济的平衡负载。伍德认为,这就使得奥威尔《一九八四》式的监视不可避免。而技治主义者对绿色经济的强调,实际就是实现平衡负载即产销平衡。

在国际事务中,技治主义者不遗余力推进全球化。伍德认为,联合国完全被三边委员会所控制,用来推进全球化,全球性问题被提出来就是为在全球推进技术统治寻找借口。并且,全球技治主义精英协调合作,不断窃取国家权力,《21世纪议程》、可持续发展等都是包藏祸心的"特洛伊木马"。在政治上,技治主义者悄悄把资本主义转变成技治主义,中国也被三边委员会控制,慢慢从社会主义变成了技治主义。[①] 就这个观点而言,伍德属于"技治中国论"的支持者。[②]

在伍德看来,最终技术统治论者将逐渐抹杀国家主权边界,按照功能序列为基础建立政府,实现工程师掌权。他认为,专家政治是非选举的专家实施规章管理(regulatory management),而传统政治是选举官员实施政治统治(government),技术治理政策由技治主义者设计,地区治理结构取代了主权国家的治理模式。

在社会方面,"优生学"是主要技术治理手段,对人口实施总体控制。在

---

① Patrick M. Wood, Technocracy and the Making of China, *August Forecast & Review*, 2013(5).
② 刘永谋、仇洲:《技治主义与当代中国关系刍议》,《长沙理工大学学报(社会科学版)》2016年第5期。

环境保护方面,主张可持续发展和碳金融。在西方日益流行的碳金融是以碳为基础的能量凭证,不再是以价格为基础的货币,这实际上是技术统治的新措施。

在法律方面,技术统治破坏法治,以科学技术为名义制定的法规、政策代替民主选举和宪法制度。在教育方面,推行教育国际化,在全球范围挑选、培训和联合精英。在宗教方面,技治主义者是反基督教的,比如圣西门提出的新基督教、孔德提出的人道教,都是世俗的人道主义信仰,在其中科学家和工程师取代了教士,用经济和政治的救赎取代灵魂的救赎。

总之,技术统治的触手伸向了科学持续发展、绿色经济、全球气候变化、碳排放交易、《21世纪议程》规划、国家核心标准制定、智慧城市、智能电网和人口控制等大量的重大治理事务之中,将它们变成实施技术治理阴谋的途径。

在伍德看来,技治主义的根本错误在于:把人完全看作被自然规律和历史规律支配着的存在,而人的最高目标是融入社会整体,进行新的技术创造。换句话说,人不是自然的仆人,而是世界的主宰。技治主义者自负于掌握了这些规律,只有他们能挽救我们。伍德认为,技术统治论以科学之名在全球范围兴起,实质上是一种欺骗,因为它承诺的美好生活根本不会实现。

二、凯斯的专家阴谋论

相比较而言,伍德的专家阴谋论具备较为成熟的理论形态,而凯斯观点的非理性特点更明显。凯斯的标志性观点是:"真正的敌人不是美国对苏联,或者政治左派对右派,而是那些操纵历史之阴阳的人。"[①]谁是他口中的"阴"呢?巨富、顶尖科学家和大政治家组成的技治主义精英集团,他们是时刻密谋控制普通民众的阴谋同盟,他们通过各种心灵控制(mind control)组织和行动来控制整个世界。

凯斯的叙事缺少内在的关联性,似乎被公众疑虑、恐惧和反对的东西,

---

① Jim Keith, *Mind Control*, *World Control*: *The Encyclodia of Mind Control*, Illinois: Adventure Unlimited Press, Kempton, 1998, p. 28.

都是技治主义者的阴谋。凯斯认为,技治主义付诸实际始于20世纪之交被人们热议的未来设想即"新世界秩序",著名科幻小说家威尔斯是它最重要的代言人。在他的小说《未来世界》中,威尔斯想象了一个由少数精英、白种英国人及其美国伙伴,通过世界国来控制地球的计划,而创造世界新秩序的责任在于科学家和技治主义者。

凯斯认为,威尔斯设计的技治主义蓝图,后来被精英们秘密地稳步推进,其中的关键就是研究和推行心灵控制技术。技治主义者成立低调的精英组织,如英伦圆桌(British Round Table)、德裔血统协会(German-spawned Skull and Bones society)、罗德圆桌(Rhodes Round Table)等,将巨富家族(如洛克菲勒家族、摩根家族等)、顶级专家、著名大学和学术机构以及精英政客均纳入其中,秘密推进新世界秩序,而联合国不过是技治主义者推行世界控制蓝图的工具。

凯斯细致地描述或者说想象了专家们控制世界的主要措施:

(1) 推行"优生学"计划。"优生学"主张通过科学方法"优化"人种,用安乐死的方法消灭所谓"劣等"人群。精英集团成立了一些"优生学"研究机构,向政府兜售相关的人口控制政策。凯斯认为,技治主义者支持过纳粹的"优生学"计划,是纳粹的真正缔造者,纳粹的理想社会蓝图和技治主义乌托邦差不多,除了一点,即技治主义者反对国家主义,主张建立世界国家。

(2) 推行心理学控制。在凯斯看来,心理学研究尤其是行为主义心理学,是以生理学为基础的,基本上是心灵控制阴谋的理论产物。从冯特、华生到斯金纳,很多行为主义心理学家得到过精英资金的资助。凯斯认为,冯特研究完全把人当成"软体机器",可以随意进行技术操控。斯金纳的名著《瓦尔登湖第二》是世界控制哲学的清楚表达,而教育在斯金纳看来就是人类行为控制工程。心理学研究成果被应用于普通教育之中,这种普鲁士教育得到了美国的支持,因为国家已经为少数阴谋者所控制。精英们建立许多心理学研究机构,如英国塔维斯托克研究所(Tavistock institutute)、英国国家精神健康协会以及与后来的世界卫生组织有关的世界精神健康联盟。

(3) 支持建立情报部门。精英们在西方尤其是英美的支持下建立情报部门,包括美国的战略服务办公室(OSS)和中央情报局(CIA),资助它们进行很多心灵控制研究如 MKULTRA 项目。情报部门进行了许多使用药物、催眠等心灵控制技术的研究和应用项目,它们得到了技治主义组织的大力支持,其目标是把赫胥黎小说《美丽新世界》变为现实。在凯斯看来,赫胥黎的《美丽新世界》和奥威尔的《一九八四》被称为反乌托邦小说,实际上作者都是支持精英主义计划的,属于技治主义者。凯斯认为,奥威尔就很同情苏联,苏联和布尔什维克主义也是受到技治主义精英资助的政治运动。

(4) 煽动美国60年代学生运动。技治主义者给美国国家学生联合会提供资助,给他们提供致幻剂麦角酸二乙基酰胺(LSD),煽动他们以反对越战为名实施暴力行动,反过来再以学生暴乱为借口,要求国家推动心灵控制、警察监控、药物使用等更严厉的社会控制。

(5) 实施暗杀和破坏活动。通过催眠等技术方法制造"满洲候选人"(Manchurian candidate)①作为刺客或自杀袭击者,进行暗杀、爆炸和其他严重暴力破坏活动。凯斯认为,肯尼迪总统、摇滚巨星列侬等人都是被控制的人刺杀的,还有许多炸弹袭击也是如此,甚至许多美国狂热宗教团体都是美国中央情报局运用心灵控制技术的实验产物。

(6) 研究和秘密应用电磁武器,比如"死亡射线"、微波武器。电磁武器看起来不致命,但实施隐蔽攻击,可以严重影响和控制人的心灵。

(7) 利用UFO外星科技进行心灵控制。美国51区(Area 51)已经掌握了一些外星人的高科技,用于控制心灵,美国中央情报局的MONARCH计划就是以此为目的。

总之,在凯斯看来,人类文化史就是一部心灵控制的历史,20世纪新科技工具尤其是智能技术的应用,使得心灵控制进入新的阶段。新兴的智能技术整合各种技术治理手段,将专家对世界的控制推向了对整个人类的完全控制。凯斯认为,技治主义者尝试用智能技术建构"世界大脑",通过电磁广播、互联网以及脑机连接等新技术,尝试将每个人的大脑接入计算机网络,从而实现对所有人的心灵和身体的随心所欲的控制。

显然,凯斯的专家阴谋论耸人听闻,缺乏支撑观点的有效证据,很多地方漏洞百出,甚至自相矛盾,但因为贴近普通民众,更易得到大范围的传播。

---

① 傅满洲(Fu Manchu),西方通俗文艺中的邪恶大反派,擅长催眠之类的心灵控制术。傅满洲是华人,最早出自英国作家萨克斯·罗默的小说。显然,傅满洲是西方流行的"黄祸论"(Yellow Peril)即西方人歧视华人的拟人化。

正如他自己所说的,"世界就是科幻小说"①。他并不在意自己的观点是不是属实,而是在意是否表达了普通民众心中的想法。凯斯的观点属于普及型专家阴谋论,并不是想以某种体系化理论形式来获得支持,而是注重细节和案例,抓住受众的情绪反应。实际上,凯斯提到的大多数细节问题,伍德都有同样的看法,不过伍德更关心把自己的观点构造成一种背景更宏大、看起来学术性更强的精致型专家阴谋论。总的来说,两人的专家阴谋论目标都是一样的,即对技术治理和专家治国进行阴谋论的攻击。

三、专家阴谋论的风险启示

阴谋论由来已久,专家阴谋论是其新形式。波普尔认为:"阴谋社会理论,不过是这种有神论的翻版,对神(神的念头和意志主宰一切)的信仰的翻版。"②在《荷马史诗》中,荷马相信特洛伊之战中发生的一切,实际上是奥林匹斯山上神祇的阴谋,希腊诸神之间的争斗是人间兴衰的真实原因。在阴谋论中,形形色色的权贵、精英人物和集团代替了神祇,策划了普通公众遭受的一切不幸。专家阴谋论则让专家成为反派主角,它的兴起有很强的时代背景。

首先,专家阴谋论兴起与科学家、技术专家、工程师以及社会工程师(如银行经济学家、管理学家、心理治疗师等)大规模崛起是一致的。科学与研发成为大规模的社会职业,主要还是第二次世界大战之后的趋势。此时,科学从"小科学"转变为"大科学",越来越多的人加入科研队伍,民族国家越来越重视规划科学的发展,越来越多的资金投入科学之中,整个社会日益科学化,专家在各个领域的权力越来越大,这些都让普通公众对专家日益警惕。

其次,专家阴谋论兴起与当代科学技术迅猛发展有重要关系。20世纪中叶以来,第三次科技革命兴起,21世纪之交智能革命更是突飞猛进,大量的新科学新技术涌现出来,普通民众很难消化吸收,而原子弹爆炸以直观的

---

① Jim Keith, *Mind Control, World Control*: *The Encyclodia of Mind Control*, Illinois: Adventure Un-limited Press, Kempton, 1998, p.309.
② 卡尔·波普尔:《猜想与反驳》,上海:上海译文出版社,1986年,第174页。

印象彰显了科技新发展具备毁灭世界的能力,这一切都让人们对新科技感到陌生、怀疑、忧虑甚至恐惧。

再次,大众传媒尤其科幻文艺极大地传播了专家阴谋论。基于商业原因的考虑,阴谋论一直都是大众传媒偏爱的主题,因为民众缺乏专业知识,阴谋论没有理解上的专业门槛,深受普通民众的欢迎。① 在好莱坞科幻电影中,专家阴谋论是最常见的卖点,银幕上充斥着的弗兰肯斯坦式的疯狂科学家,日益成为公众心目中对科学家的刻板印象。

最后,专家阴谋论兴起是最近几十年各种阴谋论盛行的一部分。人类社会进入网络时代,各种观点传播更自由、更宽松,阴谋论得以快速形成和流通,越来越多的人参与阴谋论的生产,提供各种素材和证据,取代了传统阴谋论口耳相传的形式。当认知市场自由化之后,不是最有理性的知识产品而是虚假可疑的观点如阴谋论占据了思想市场,比如竟然有 20% 的当代人相信光明会秘密控制了世界。②

此次新冠疫情持续时间长,波及范围广,病毒变种多,加上在有些国家疫情被严重政治化,民众承受了巨大的心理压力。这也为专家阴谋论的流传推波助澜。

从上述两个案例中,可以归纳出智能革命时代专家阴谋论的常见特点:

第一,对最新科学技术的强烈关注,这是最突出的特点。普通民众对新科技的力量一方面非常迷信,另一方面又非常害怕。除了智能技术,纳米技术、基因工程和航天科技常常成为专家阴谋论的热点话题。

第二,对专家的超人主义理解。专家阴谋论者将专家视为一心追寻更多知识、信奉超人主义的狂人,认为技治主义与超人主义一体两面,实质是梦想实现人性完美的新社会。也就是说,技治主义者热衷于将自己变成超人,一是通过纳米技术、生物技术、信息技术和认知科学的聚合技术(converging technologies)增强人体,二是制造超越人类治理的机器人赛博格(cyborg)来超越人类。

第三,以技术治理为主线,融合各种与新科技相关的热点元素。比如,

---

① 施爱东:《阴谋论的形态特征及其故事策略》,《民族艺术》2016 年第 6 期。
② 布罗内:《为什么阴谋论会如此兴盛?》,《第欧根尼》2016 年第 2 期。

把科幻小说《美丽新世界》和《一九八四》视为典型技治主义社会的蓝图;谴责专家秘密实施"优生学"措施,技治主义者支持纳粹,苏联大力实施技术治理方案;认为环境保护和全球化是精英阴谋,科学家正秘密研发和实施心理学和洗脑科技,国家通过信息通信技术监控每一个人,建立世界新秩序是技术治理阴谋等。这些都是夺人眼球的指控。进而,阴谋论者将与新科技相关的专业问题政治化,再将政治问题阴谋化,就完成了既不可证实又不能证伪的专家阴谋论。

最后,专家阴谋论包含狂热的民粹主义情绪。阴谋论标榜人民,反对任何形式的精英政治,而专家阴谋论把反对对象对准了专家,不相信有独立于权力的专家力量存在,认为科学家要么是书呆子,要么就是疯子。专家阴谋论者指责技术治理反对自由、民主、法制和基督教,勾结纳粹,策划洗脑,煽动民众反对专家的狂热情绪。

比如伍德就认为,技治主义在美国力量非常强大,但技治主义者在美国隐藏得很深,应该被公之于众。如何辨别隐藏的技治主义者呢?伍德认为有以下两三项特点就是技治主义者:倡导"伪科学点子",比如全球变暖/气候变化或可持续发展;制造或执行那些不遵从立法、司法和公众批准的规则或政策;倡导或参与 NGO、环境团体或任何联合国机构的工作;倡导建基于智能电网、城市改造或公私合营为基础的经济发展或政策;选举或任命官员,积极参与地方治理项目如治理委员会组织;不愿意听或对任何反对意见及讨论置之不理。伍德呼吁人们立刻起来反对技治主义者,但不要采取暴力,不要针对个人,主要反抗方法是辩论、媒体批评、控诉渎职、抗议和游说等。

总的来说,专家阴谋论虽然流行,但是存在根本性问题。

波普尔认为,阴谋论有的乍看起来具备理论形态,但是它和神话一样,与科学理论有根本性的区别,即科学允许对其自身进行批判性讨论,因为科学把"光"照射在事物上,不仅解决问题,还引起新问题和新的观察实验。这就是波普尔所谓的"探照灯理论"。他甚至认为,阶级压迫理论比如资产阶级联合起来欺负工人的观点,就有阴谋论的色彩,显然这是为资本家辩护的错误观点。[1] 波普尔对阴谋论的批评主要有:1)不是没有阴谋,而是阴谋没

---

[1] 卡尔·波普尔:《猜想与反驳》,上海:上海译文出版社,1986年,第487—493页。

有那么多,改变不了社会生活基本运行状况;2)阴谋很少会成功,因为社会发展和制度很复杂,有意识策划作用不大,期望和结果往往判然不同;3)阴谋论把某个群体视为一个人,相信某种集团人格,这是错误的,因为集团成员各不相同。

还有人认为,很难相信阴谋团体能秘密协调事实复杂、大规模的阴谋工作,或者团体成员能如此久地保守秘密以至于改变人类事务的轨迹。阿诺德指出:"大规模阴谋论看起来操作太复杂,很难让如此多的人保守秘密。"[1]

除此之外,理论非常不严谨,缺乏证据,错误归因,情绪性和非理性明显,意识形态色彩浓厚,转移视线,阻碍对真正问题的深入探讨等,都是对阴谋论的常见批评。显然,上述对阴谋论的批评同样适用于专家阴谋论。

具体而言,专家阴谋论特有的问题还有:1)否定专家在专业问题上享有更大的话语权,这显然是有问题的;2)对技术治理和智能治理理解太过模糊和宽泛,随意将各种主题纳入其中;3)完全否认科学技术在公共治理领域的正面价值,明显坚持极端反科学主义立场。

然而必须要指出,专家阴谋论并非毫无意义的。

首先,流行的专家阴谋论往往以颠倒或曲折的形式,反映出技术治理与科技发展中的某些问题,值得学界进行必要的关注和研究。比如,中国转基因食品中的专家阴谋论,提醒我们在这一领域要注意专家相对于政府的独立性,需要加强专家与民众之间的沟通。

其次,专家阴谋论能在一定程度上起到缓解民众面对科技未知时的压力情绪。在高科技时代,普通民众对科技风险和不确定性有深深的无力感,此时专家阴谋论可以"剔除一些简单解释,归咎于外在于我们的单一原因,同时免除我们的责任"[2]。不能要求所有人成为专家,适当程度的阴谋论也不是完全无益的。

最后,从技术治理运作机制而言,治理、反治理和再治理均为技术治理的组成部分。反治理是对正向治理的反作用力,而再治理是对整个技术治理

---

[1] Gordon B. Arnold, *Conspiracy Theory in Film, Television, and Politics*, Westport, Connecticut, London: Preaeger, 2008, p. 3.

[2] 勒纳尔:《信奉阴谋论的原因》,《第欧根尼》2016年第2期。

框架尤其是专家权限的约束。当治理与反治理、再治理之间达到实践中的动态平衡,技术治理才能发挥更好的建设性作用。专家阴谋论就属于反治理领域的阻力,也属于再治理领域的压力。

实际上,在现实技术治理实际之中,不可能完全消除专家阴谋论,也没必要消除它,而是要理解它,与它共存。当然,过于盛行的专家阴谋论可能产生巨大的社会风险和社会破坏性,会提醒我们采取一些相应措施,比如有针对性地进行辟谣等。

第四编

有限技术治理理论

第20章　科技谦逊主义

第一编讨论技术治理的基本原理,指出技术治理不止一种模式,存在着选择和建构技治模式的可能空间。当然,现实条件制约着社会对技治模式的选择和建构,也就是说"国情"是技术治理系统运转的约束条件。第二编分析技治主义者设想的各种技术治理方案,具体证明了技术治理模式的多样性,也提供构建技治新模式的诸多有益元素。第三编研究技术治理可能导致的各种社会风险,进一步提醒试图驾驭技治制的理论家在考虑问题时,除了分析社会约束条件,还要重点考虑社会风险的规避,如此才能达至"满意"的技术治理运行方式。

在上述工作的基础上,第四编要面对的问题是:"满意"的技术治理系统应该是什么样的?显然,要回答这个问题需要具体的语境,才能完成对技术治理的谨慎的、历史的和具体的审度。因此,第四编中的讨论背景默认的是当代中国的历史语境,但是由于在全球化的背景下,当代中国某些"国情"又具有相当程度的全球性,所以第四编中讨论诸多原理和原则又具有一定程度的普遍性,属于我所属意的一般技治建构原则。

总的来说,我将我推荐的技术治理运行方式称为"有限技术治理",它建基于我所称的"科技谦逊主义"和"有限技治原则"的基础上。进一步而言,有限技治原则是作为科学论的科技谦逊主义所衍生出的技术治理观念。

一、科技论的有限建构

如前所述,在"技治二原则"中,科学运行原则是技术治理的根本性原则,而专家治理活动必须真正实践科学运行原则,否则可能使技术治理沦落为伪技术治理。然而,科学运行原则要求按照科学原理和技术方法来治理社会,而对于何为科学原理、如何运用技术方法,不同学科的科学家和技术专家理解不尽相同,而专事现代科学技术反思的既有的科学哲学和技术哲学研究亦没有一致的意见。

关于"科学原理与技术方法",大致可以分为两个部分:一部分是自然科学技术中明确表达的定律、公式、科学事实、实证方法和操作规程等,将它们用于治理活动中,大家争议较少;另一部分是通过反思自然科学技术知识、活动和建制,而得到的关于科学技术的精神、气质、原理、立场和模式等,由于大家对此意见并不一致,因而用于治理活动是聚讼纷纭。在第一编中,我们讨论过治理转译的问题:自然科学技术的研究对象是自然界,直接将其成果用于人类社会的治理活动的情况并不常见,往往要经过治理转译的过程,而在治理转译的过程中,基本上需要科学技术反思层面的科学论来介入——也就是说,上述第二部分"科学原理与技术方法"在技术治理中更为常见。这就涉及之前讨论过的"科学论选择"问题。

因此,从某种意义上说,将科学原理与技术方法用于治理活动,主要是将某种科学范式用于治理活动。但是,科学范式是不可通约的,而且对同一科学共同体所坚持的范式细节,大家的理解并不相同。玛斯特曼仔细地分析过库恩的范式概念,归纳出它的三个主要维度,即作为形而上学的范式或元范式、作为社会学建制的范式,以及作为教材、工具、仪器设备和语言规范等"样板"的人工范式或构造范式。[1]因此,"科学原理与技术方法"与"范式"一样异质性、多层次、多向度,包含的内容非常复杂,并不仅仅是确定无疑的数字、公式和程序。也就是说,"科学原理与技术方法"的具体内容在治理语境中存在极大的不确定性。

自20世纪二三十年代维也纳学派兴起以来,专门的科学哲学研究已形成逻辑实证主义、证伪主义、历史主义,以及由科学知识社会学(SSK)、后现代主义科学哲学、现象学科学哲学组成的"另类科学哲学"等许多学派,它们观点相互冲突,今天处于科学哲学的"战国时代"[2]。而专门的技术哲学出现得要晚数十年,大约可以从20世纪六七十年代算起。建制化的技术哲学虽

---

[1] 玛斯特曼:《范式的本质》,载伊姆雷·拉卡托斯、艾兰·马斯格雷夫编:《批判与知识的增长》,北京:华夏出版社,1987年,第113—115页。
[2] 刘大椿、刘永谋:《思想的攻防——另类科学哲学的兴起和演化》,北京:中国人民大学出版社,2010年,第7页。

然主要集中于美国、德国、荷兰和中国，但是同样是观点林立，如工程主义技术哲学、技术批判理论、现象学技术哲学、后现象学技术哲学、人文主义技术哲学等，对于技术方法的理解各不相同。并且，在专门的科学哲学和技术哲学之前，相关问题的哲学讨论已经出现，不过并未形成专门性的理论体系。如果再加上学术和思想全球化之后，非西方的传统科学哲学和技术哲学的思想资源的融入——如古代中国道家技术哲学思想的再阐释——对于科学原理和技术方法的理解和阐释，就变得更为莫衷一是。

面对各种不同科学观，如何选择并提倡某种科学观，使之运用于技术治理实践之中，如前所述我称之为"科学论选择"问题。为了建构合适的技术治理模式，应当如何选择(或建构)科学论呢？我认为，至少可以从三个方向上有限度、有目标地思考这个问题。

第一，技治科技论是有限的，并非整全的科学哲学理论。

作为技术治理基础，技治科技论并不需要回答所有科学哲学的问题，甚至对于"科学是什么"等科学哲学基本认识论问题，也不打算予以深究。为什么？它的目标是技术治理，而不是要澄清科学真理问题。科学究竟是不是真理？科学实体是否是实在的？这样的问题对于技治科技论没有实质意义，不影响技术治理的现实实践。

技治科技论主要集中思考的是现代科技在治理活动中的运用，也就是说，它是在当代科技发展与社会互动的语境中出现的，最终目标是理解和解决人与新科技的关系问题，尤其是人们如何面对新科技社会冲击的问题。总的来说，科学技术哲学理论包括科学认识论、方法论和价值论等层面，技治科技论考虑的是方法论和价值论层面的有限范围的某些问题，这些问题基本围绕着治理目标来展开。

第二，技治科技论是面向普通公众的，是对社会主流科学观中与技术治理相关的思想的总结。

在《科学研究纲领方法论》中，拉卡托斯指出科学哲学存在"讲给谁听"的问题，而他的理论"主要是讲给科学哲学家听的"[①]。的确，专业科学哲学理论尤其是辩护主义理论，多数是写给科学哲学家的，不仅普通公众不关心、

---

① 伊·拉卡托斯：《科学研究纲领方法论》，上海：上海译文出版社，1999年，第190页。

难理解,在科学家和技术人员中同样流传不广。这类科学论理论主要是分析既有科技哲学理论的问题,在批判基础上形成新的理论。有一些科学论比如费耶阿本德的无政府主义方法论,则主要是说给大众和外行听的,告诉他们新科技在威胁他们的生活。

毫无疑问,技治科技论面向的不是专业科学哲学家的小圈子,而是应用技术进行治理实践的人,包括治理者和被治理者。因此,技治科技论除了包含某些基本科学方法论和价值论问题,重点涉及当代科技与权力、政治之间的关系问题。

更重要的是,技术治理并非治理者强力施加于被治理者的单向运动:它得到被治理者的配合越多,运行的效果便会越好。所以,技术治理推行的科学原理和技术方法要符合社会上主流的科学观念,才能让技术治理语境中的人相信是技术需要而非其他秘密的考量在"治理"他们的行为。

第三,技治科技论并无对错之分,只有是否与"国情"契合之分。

在技术时代,与科学知识相比,人文理论终究是矛盾的、不自洽的,哲学理论更是如此。但是,这并不代表科学哲学没有价值。哲学反思的重点不是逻辑上无漏洞的理论——数学、物理学也未必达到如此目标——重要的是达到对人特别是具体历史境遇中人之生存状况更深刻的理解。因此,技治科技论建构的目标,同样是要对治理语境中的当代人有更深理解。

人们容易忘记,哲学理论,包括科学哲学和技术哲学理论,并没有自然科学尤其是物理学意义上的对错,这种对错主要系于实验可检验性。而且,哲学发展也没有不断向真理前进的"进化",晚出现的哲学观念并不比前出现的更正确,或者更好、更有力。但是,"实践是检验真理的唯一标准",哲学理论在具体的历史语境中存在着是否符合、是否适用于历史实践的问题。

从某种意义上说,越是能反映更多人科学观的技治科技论,越是能帮助技术治理的推行,也就是越能契合"国情"。换言之,在很大程度上,科学论的有限建构所做的工作不是建构,而是在辨识,从各种科学论中辨识出社会上最为流行的科学论。"满意"的技治科技论可能不是最理性的科学论,可能不是最符合既有科技发展史的科学论,可能不是被科技论研究者最为认同的科学论,但一定是治理语境中的公众最容易接受和认可的科学观念。因此,"满意"的技治科技论在理论上并不更优,形式上并不更严密。总之,建构技治科技论的方向是更普遍的社会接受度。

最后,上述对技治科技论的看法,并不是否定已经得到公认的自然科学技术知识(定理、定律、公式、事实等)的真理性和科学方法的确实性,更不否定将它们直接用于治理活动——虽然能直接应用的场合并不多——一定程度上的无歧义性。显然,石蕊试纸放在酸性溶液中变红,不会因为与治理语境相关便改变,但这个知识并不直接与治理活动相关。所以,技治科技论往往悬置真理问题,并不等于否定科学的真理性。问题是,绝大多数的自然科学技术成果,比如实验方法,用于治理语境中往往会发生不同于用于自然界的重要变化。

二、谦逊的有限科技观

按照上述科学论建构思路,结合中国国情,应该选择何种技治科技论呢?我认为,在中国最广为接受的科学观,是一种推崇既不迷信科学知识、相信科技力量,同时又警惕技术风险的有限科学观,我称之为"科技谦逊主义",简而言之,它的基本立场可以提炼为一句话:"科学第一,但不唯一。"

让我们试想一下,大多数普通中国人,如果患病,他们会怎么做呢?如果仅仅是上火长痘,或者轻微牙疼,他们可能弄点民间土方,比如熬个绿豆粥清清"火"。如果病情较重,第一选择肯定是上医院去看医生,而且是先去看所谓"西医"——实际上,中国今天的中医院和中医,同样要用机器检查、化验,开药常常也是中药西药并用。但是,如果治疗较长一段时间,感觉医学方法效果不好,或者不能根治,很多人会考虑试试偏方土方、针灸推拿等。

这个例子就是我所说的"科学第一,但不唯一"立场的形象体现。也就是说,当代中国人遇到问题,首先会求助于科技,看看科技能不能解决问题,但如果没有奏效,也不会排斥其他非科学的方法。对待现代科技的这种态度,在中国人的生活和工作中非常常见,不仅局限于吃药看病。比如在此次新冠疫情中,中国人的应对措施便是如此的,优先使用现代科技手段,不排斥某些辅助性的"土办法"。

从某种意义上说,"科学第一,但不唯一"是一种温和的科学主义立场。柯林斯和埃文斯将科学主义分为四种,即"科学主义1:忠于科学方法或理性的规范模型。科学主义2:科学原教旨主义,即一种狂热的观点,认为任何问题的唯一合理的解决方案都得在科学或科学方法中寻找。科学主义3:在涉及公共领域的科学和技术问题时,科学家所限定的'命题问题'(propositional questions)是解决争论的唯一合法途径,但它却将问题所涉及的政治性搁置起来。科学主义4:这种观点认为,科学不仅是一种资源,而且是我们文化的核心"①。"科学第一,但不唯一"的立场与"科学主义4"的立场类似,主要从人类生存资源的角度来看待科学,主张"一种基于证据的科学规范和文化,它是决策过程中必不可少的"②。但与"科学主义4"不同,"科学第一,但不唯一"强调科技资源的首要作用,同时重视对当代科技之外的其他资源和文化的运用,以及它们与科技文化资源的融合与互补。

有些人认为,中国流行极端的唯科学主义。这种看法解释不了,为什么传统非科学的东西、迷信的东西,在当代中国尤其是在偏远的乡村仍然被广为接受。的确,现代科技伴随着1840年鸦片战争的枪炮声才大规模传入中国,富国强兵的梦想使得中国人对科技推崇备至。但是,中国人接受现代科技的实用主义态度,某种程度上恰恰阻碍流行的科学主义走到唯科学主义的极端,因为在现实中现代科技并非万能的,而且它所催生的许多问题比如环境污染,已经为普通中国老百姓所熟悉。相比较而言,坚信科学是客观真理的认识论立场,更容易走向不容置疑的唯科学主义,因为人们容易接受如下辩护:真理虽然让人痛苦,但它仍然是真理。

因此,"科学第一,但不唯一"并非唯科学主义立场,而是有限而温和地推崇现代科技。如此说来,它反对"科学万能"和"科学唯一",是相对谦逊的,因而又被我称为"科技谦逊主义"。使用这个术语,希望突出"谦逊"二字,提醒技治主义者和技术治理的设计者、实施者,要时刻牢记科学技术的有限性,因为很多实践技术治理的人,对现代科技持有过高的期望和不切现实的想象。忘记科技的有限性,丢掉谦逊的态度,既不符合现代科技的实际,也不符合大多数人对科技的认知,更不利于更好地运用技术治理措施。

总的来说,科技谦逊主义的基本立场都与技术治理相关,主要包括四个

---

① 哈里·柯林斯、罗伯特·埃文斯:《反思专长》,北京:科学出版社,2021年,第10页。
② 同上。

方面:1) 有限科技论,强调科学知识和技术方法的有限性;2) 有限自然观,强调敬畏自然;3) 有限价值观,强调现代科技的价值有限;4) 有限技治观,强调技术用于治理的有限性。接下来一一展开讨论。

1. 有限科技论

现代科学哲学百年来的讨论,早已从认识论上证明科学知识并非绝对真理,而是可错的、有限的。任何科学原理和公式都是有条件的,有自己的适用范围,只是在有限的条件和范围中才是正确的,离开这些条件和范围就可能走向谬误。并且,上述约束参数往往是理想化的,很多时候在现实世界中很难实现。比如惯性定律,便是假想了一个绝对不受外力干扰的环境。波普尔的证伪主义甚至主张,只有原则上可能证伪的命题,才属于自然科学知识的范围。当然,拉卡托斯等人令人信服地证明了,在科学事业中,证伪和证实一样很难绝对地完成,同样也面对着非常复杂的历史条件。但是,实际的科学史表明,科学知识的发展不会停止,无论什么科学理论,最终都会被新理论所取代。可以预想,爱因斯坦的相对论最终会和牛顿力学体系一样,被新力量所取代,不过我们并不知道取代什么时候发生,由谁完成。

因此,有限性才是对科学知识的"科学"认知。但是,科学知识的有限性并不能否定,现代科学知识是人类迄今为止所获致的形式上最为完美和严密的知识形式。如果用同样的理性与逻辑的标准衡量其他人类知识,比如哲学知识、文学知识和宗教知识等,会发现它们根本谈不上多少以实验检验为基础的科学真理性,就算作为规律直接表达的可重复性都很难做到,常常被发现处于自相矛盾和相互攻讦之中。

同样,现代技术方法也是有限的,尤其运用于人类社会环境中,更是受到太多约束。比如经常使用的问卷调查方法,看起来很量化,实际漏洞百出。对某事物的接受度从 0 到 10 赋值,不同的人选的 5 是否有可比性? 不同时间、地点进行询问,你会不会每次都选 5? 因此,用技术方法研究人的治理行为,目标只能是大致地"满意"运用,将其作为一种重要的方法,而不能对其彻底地膜拜。换言之,我们能够讨论的是令人满意的技术方法,而不存在所谓最佳技术方法。

进一步而言,整个人类科技认识活动的作用都是有限的,目标是帮助人类更好地在地球上生存下去。从这种意义上说,科技知识是群体主义的,"群体分析学的前提预设是:人类必须以群体的方式存在于世界中,这一事实决定了人类的知识的形态"①。我所谓的"群体主义知识论",就是承认科学知识的异质性、多元性,反对不同学科知识之间的还原性和客观性等级,强调知识平等,尤其是人文科学、社会科学与自然科学之间的平等。可以说,人类一直在探索着的是"差不多"的知识,试图将其"差不多"地运用于生存环境中,进而努力过上"差不多"的美好生活。历史经验告诉我们,对绝对完美境界的追求,往往最后成为悲剧甚至惨剧的根源。

2. 有限自然观

在技术治理系统中,自然的技治与社会的技治紧密结合在一起,无法完全区别开来。在其中,自然因素是被纳入社会的自然因素,社会因素是存在于自然界的社会因素。因此,处理不好两者的关系,就会直接影响系统运行的效率。很显然,人类及其社会始终处于自然之中,首先要找准自身在自然中的位置,协调好与自然的关系,融入整个自然界中,才可能可持续地存在和繁荣。工业革命以来,随着科学技术的迅猛发展,思想家们更多强调的是问题的另一面,即更重要的是与人类社会相关、为人类所利用的人化自然和人工自然,而与人无关的天然自然是没有意义的。这种强调对于增强人类自信心和自尊心,对于支撑改造自然界以为人类福祉服务,有着极其重要的作用。但是,自然并非只有被纳入社会的部分,更多的是没有被纳入的、异己的,甚至对人类社会有破坏作用的部分。在技术时代,人类与自然的互动被极大地扩展和加强,因而人类社会遭遇的自然反作用力也越来越大,因此更应该强调如何将人类社会融入自然环境之中。

在治理语境中,现代思想家们主要考虑的问题是,不要像对待自然一样对待人。此时,他们实际上默认了所谓对自然的"征服和改造",同时希望通过物与人的二分法阻止"征服和改造"扩散到对人的治理行动中。然而,事实表明这样的努力正在失败,对物的残忍最终会走到对人的残忍。因此,问

---

① 刘永谋:《行动中的密涅瓦:当代认知活动的权力之维》,成都:西南交通大学出版社,2014 年,第 11 页。

题应该是反过来,即要像对待人一样对待自然,而不是像对待自然一样对待人。也就是说,对人的温柔应该走向对物的温柔,对人的治理与对物的治理应该一同抛弃"征服和改造"的"残忍逻辑",而一同走向我所谓的"接纳和融合"的"温柔逻辑"。

此次新冠疫情让公众深刻地领悟,今天的科学技术已相当发达,但面对伟大的自然,人类依然还很渺小,必须敬畏自然、敬畏病毒,这才是真正理性和科学的态度。目前全球疫情尚未结束,越来越多的人主张重新看待科技在处理人与自然关系中的作用,强调在自然面前保持必要的谦逊,反对科技狂妄主义的情绪,此种面对自然的新态度我称之为有限自然观,或者称之为"环境问题的科技谦逊主义"[①]。它主要包括四个基本立场:1) 客观看待科技的力量;2) 要从"征服自然"彻底转向"敬畏自然";3) 反对自然观的一元论,主张自然观的多元论;4) 从保护环境转向保证人类种族延续。科技谦逊主义体现在传染病防控与应对的问题上,集中体现为"敬畏病毒"的根本态度。

仔细思考,在自然观问题上狂妄的唯科学主义态度是不科学的。它认为,现代科技已经基本上掌握自然的秘密,因此和自然相比,现代科技力量无比强大,可以随意征服和改造自然。如上所述,有限科技论从认识论反驳了这种观点,摧毁在自然观问题上唯科学主义的认识论基础。并且,认定现代科技在自然面前为所欲为的想法违背了科学的理性精神,因为科学活动所主张的"有组织的怀疑精神"也适用于自身,包括对科技力量自身的怀疑。实际上,自然和宇宙的秘密无穷无尽,人类今天掌握的不过是沧海一粟,在这种情况下简单粗暴地对待自然,不仅不科学,而且是愚蠢和危险的。

此次新冠疫情给人类社会在自然观问题上以极大的教训,已经促成社会一般自然观开始向有限自然观转变。

首先,随着现代科技越来越发达,人类似乎因感觉自己手握"利器",敬畏之心越来越弱,结果被自然残酷"打脸"。这是此次新冠病毒给人类最深刻的教训之一。实际上,目前我们对病毒世界了解还很少,现代医学面对传染病远远没有公众所想象的那么强大。据科学家估计,1000 克海洋沉积

---

① 刘永谋等:《疫情应对与技术治理》,北京:中国社会科学出版社,2022 年,第 12 页。

物中平均有5000种病毒,整个海洋中病毒颗粒挨个排列,长度可以达到4200万光年。① 不光对病毒无知,公众对传染病的了解也非常有限,而很多人对现代医学治疗传染病的威力过于乐观。

其次,面对新冠病毒,面对SARS病毒,面对自然界,人类要重新学会像先民一样敬畏自然。《血疫:埃博拉的故事》②以大量细节生动地说明,"敬畏自然"不是一句漂亮话,而是人类繁衍生息、社会长治久安的基础。表面上看起来,21世纪的人类前所未有地强大。可是,一场致死率2.7%③的传染病,一个多月时间就引起全世界震动。如果埃博拉病毒——致死率50%以上——在全世界传播,人类会不会灭绝?在自然面前,人类还敢妄称伟大吗?敬畏自然,真的不是句漂亮话。

再次,科技谦逊主义认为,社会对各种自然观都应该包容,反对自然观的一元论,主张自然观的多元论。关于我们为什么要保护环境这个问题,存在着人类中心主义和非人类中心主义两种相左的观点,它们各有短长,各有拥护者和反对者。但是,人类中心主义和非人类中心主义既然都不是科学,就没有什么科学意义上的对错,不过是不同的伦理学或哲学理论,用来作为"保护环境"立论基础。也就是说,科技谦逊主义对于各种自然观保持开放和包容的态度,反对在自然观领域一支独大的一元论。

最后,科学谦逊主义认为,以目前的科技为武器,人类最多能保护自己,根本谈不上保护环境。从某种意义上说,"保护环境"这种说法极其狂妄。④自然不需要人类的保护,地球更不需要人类的保护,人类能不能保护自己都值得怀疑,何谈保护自然和地球呢?反过来说,人类也没有毁灭自然和地球的能力。有人担心人类造成的污染可能会毁灭地球上所有的生物,这是完全不可能的,生命远比一般人以为的要顽强——地球史上大规模的火山喷发、陨石撞击地球都没有灭绝生命,在深海海底、在火山口,在完全没有氧气的环境中,我们都发现过生命的痕迹——而人类因环境污染而灭绝倒是非常可

---

① 卡尔·齐默:《病毒星球》,桂林:广西师范大学出版社,2019年,第68—70页。
② 理查德·普雷斯顿:《血疫:埃博拉的故事》,上海:上海译文出版社,2016年。
③ 这是2020年第一波疫情时钟南山给出的数据,见http://shareapp.cyol.com/cmsfile/News/202002/02/web323257.html,中国青年报客户端,2022年11月8日查询。有研究指出,2020年秋冬季第二波、第三波疫情的致死率已经下降,病毒的毒性在减弱。
④ 刘永谋:《"敬畏自然"不是漂亮话》,《中国科学报》2020年2月20日。

能、非常容易的。所以,减少污染是为了保护人类自己,而不是自以为的保护自然和地球。脆弱的是人类及其文明,不是生命。如果不敬畏自然,不顺应环境,为所欲为,人类很快就会把自己灭绝。敬畏自然,并不是人类道德优越性的宣示,而是保命存身的明智之举。

总之,新冠疫情提醒人类,必须从科学狂妄主义转到科学谦虚主义,才符合马克思主义自然观的基本原理。在技术治理语境中,常常牵涉自然因素,必须以科技谦逊主义的立场来审视治理中的自然物和人工技术物。

3. 有限价值观

无论如何,技术是人的技术,离开人不会有科技,或者说离开人的科技没有任何意义。但是,如今这个事实常常被忽视,一些技术哲学中所谓的人文主义传统研究,典型的比如海德格尔等人的技术现象学,认为技术已经脱离人、凌驾人、奴役人,某些所谓硅基文明主义者欢迎"碳基"人类文明被未来的"硅基"机器人文明取代。假定人类今天从地球上消失,就不再存在什么自主性的技术问题,因为所谓技术的自主性指的是技术相对于人的自主性,也就不再有什么文明,因为所谓文明是属人的,与人类社会不可分离的。在很大程度上,哲学家提出的技术自主发展的观念,不过是一种拟人性的隐喻,以此来提醒人类警惕技术发展导致的负面效应。对于普通公众而言,技术有"生命"、有"意识"、能"自主"的想法很难理解,主要是在专业学者圈子流行。

科技谦逊主义认为,人类发展科技的最终目的毫无疑问是为了人类福祉,即使追求真理的冲动,最后也是要落实到造福社会。换言之,当两者发生冲突之时,真理必须服从于善,科技必须为改善生存状况服务。既有的人类科技发展史证明,现代科技是提升人类利益尤其是物质利益最有力的武器之一。按照一些人的观点,真本身就是最高的价值,但是,科技谦逊主义不是将科技作为某些真理(比如相对真理)推崇,而主要将其作为促进善之工具来推崇。这本身就是对科技价值认识的有限观点。或者说,主要从实用的角度赋予现代科技以价值。

其次,科技谦逊主义清醒地认识到,科技对人类利益的提升是有限的。并不是所有人类面临的难题,现代科技都能加以解决。现代科技能解决的主要是物质方面的问题,而对于人类精神状态方面的提升作用非常有限。即使是对人类物质利益的提升,现代科技的作用也是有限的,要受到自然环境和历史环境的制约。比如,从科技生产力的角度看,饥饿问题目前已经很容易由现代农业技术解决,实际却迟迟没有解决,说明农业科技要与社会制度变革相结合,才能收到更大的实效。

最后,科技谦逊主义承认,科技并不总是产生正面价值,在不少地方会产生负面效应,社会应用科技一个很重要的问题就是要"扬善抑恶"。有些思想家比如波兹曼认为,现代技术发展有害于文化繁荣;有些人比如斯诺认为,现代科学与文化是冲突的;还有些人比如丹尼尔·贝尔认为,科学与文化的冲突是技治社会要面对的重要问题之一。总之,现代科技对人类精神的助益,如今已经受到极大的怀疑。不仅在精神领域,在有形的自然环境问题上,新科技应用加剧环境污染和气候变化,被绝大多数人所承认。

与科技谦逊主义相比较,卡尔纳普提出过有些类似的"科学的人道主义"观点。它包括三个基本主张:"第一个观点是:人类没有什么超自然的保护者或者仇敌,因此人类的任务就是去做一切可以改善人类生活的事情;第二个观点是:我们相信人类有能力来这样改善他们的生活环境,即免除目前所受的许多痛苦,使个人的、团体的乃至整个人类的内部和外部的生活环境基本上都得到改善;第三个观点是:人们一切经过深思熟虑的行为都以有关世界的知识为前提,而科学的方法是获得知识的最好方法,因此,我们必须把科学看作改善人们生活的最有价值的工具。"[①]此次新冠疫情提醒我们,作为一个物种,人类并不是没有自然风险和生存风险的。因此除了卡纳尔普认定的改善工作,科技谦逊主义还认为人类必须紧迫地考虑种族延续的问题,尤其是在气候变化和环境污染已经威胁到人类生存的今天。并且,所谓人类生活环境的改善,并不能单纯考虑人自身,而是对人类生存的整个异质性网络(拉图尔所谓的行动者网络)进行改善,或者说生活环境的问题要与环境问题的问题综合起来考虑。

---

① 鲁道夫·卡尔纳普:《卡尔纳普思想自述》,上海:上海译文出版社,1985年,第134页。

4. 有限技治观

在将技术用于社会治理活动的问题上,科技谦逊主义承认在某些领域、某些问题和某些场合下技术提高效率的作用,并力主优先和尽量运用技术治理手段造福社会,同时提醒治理者和社会工程师,要时刻谨记现代科技有限性所决定的技术治理有限性,并主张对技治制既要有效利用,又要有效控制。不仅是技术治理,对于所有治理活动,科技谦逊主义都是采取一种具体语境具体分析的审度态度,重视治理活动的实际效果反馈、风险控制,以及持续地更新和调整。

在技术与社会制度的关系问题上,有限技治观认为,在很大程度上,科技决定当代社会发展的方向,但是绝不能说科技是唯一决定因素。在技术时代,科技对制度的作用力非常显著,但情况并非自古如此,也不会一直如此。并且,社会制度对技术的反作用同样不可忽视。在很大程度上,有限技治观主张制度与技术是互相构成的,社会制度中存在大量技术因素,而技术活动中存在大量制度因素。从总体上说,我赞成技术与社会的"互构论",但认为隐含于"互构论"之下更重要的问题是对技术进行控制。

有限技治观对技术手段的强调,不是作为真理来推崇,而是作为效率工具来重视。也就是说,优先考虑技术措施是出于实践考量,而非认识论上的理由。在我看来,真理常常与唯一性、确定性相连,容易走向总体主义和普遍主义的治理观,而效率工具则可以是多样的、杂合的、有限的、冗余的——效率提升有阈值,而工具也可能过时或失效。有限技治观搁置科学是不是真理的问题,集中考虑科技如何能成功地改善我们的生活。技术治理的终极目标是行动,要让科技成果惠及更多的社会个体,同时要防范科技应用可能危害我们的生活。因此,技治工具应该是可以取舍、组合、调整和控制的。这可以说是某种技术治理的建构主义态度,否定存在某种"实体"或"刚性"的技治模式,主张因地制宜地建构"满意"而非"最佳"的技治制。

因此,有限技治观坚持"技治选择论"的立场。自20世纪三四十年代的北美技术统治论运动以来,现实中技术治理实践的既有形式五花八门,差别很大。仅就新冠疫情技治而言,世界各个国家采取了许多不同的技治模式、战略和方法。从理论上说,坚持不同的科学观,主要采用何种科技知识,由哪个专家群体来领导,主要用何种途径规范被治理对象等,均会通往不同的技术治理形态。总之,技术治理有一定程度的社会规划性,但并没有一个必须达至的乌托邦目标,而是需要不断实施、反馈和调整技术治理的诸种细节,使之与当下的历史语境相契合。

有限技治观以造福社会为最高目标。换言之,造福社会是有限技治观判别技治系统是否有效率的最终标准。显然,为此目标能达成,有限技治主义者既要强调技术治理必须适应新科技的未来发展,又坚持必须控制技术发展及其在治理语境中有节制的运用。随着社会历史条件的变化,特定的技术治理模式需要随之演进,与时俱进。也就是说,技术治理的实施需要不断选择、调整和变化,这是动态平衡而不是静态锁闭的过程。一种技治模式越能适应科技发展,越能利用科技服务人类社会,它成功的可能性就越大。此时,技术治理不仅仅是控制力量,也应该成为服务于民主制的自由力量——就像新冠疫情中,免于病毒侵袭和伤害,也是一种民众的渴求。

三、有限科技的"精神气质"

刻画科学活动的形象时,常常使用"科学的精神气质"(ethos of science)这一术语。它最早是1938年由默顿提出来的,默顿主要将其视为科学家从事科学活动所遵从的社会规范来理解。也就是说,大多数科学家均依照它来进行研究工作。于是,通过科学家的所作所为,科学便给外界呈现出如此的精神形象——"科学的精神气质"。那么,科技谦逊主义眼中的科技即我所称的"有限科技",它的精神气质如何呢?对有限科技的精神气质的描述,可以进一步推动有限技术治理研究的深入。

1. 两种"科学的精神气质"

在《科学与社会秩序》中,默顿指出:"科学的精神特质是指用以约束科学家的有感情色彩的一套规则、规定、惯例、信念、价值观和基本假定的综合体""违反规范的行为将受到内化的禁律的抑制,并且会受到精神特质的支持者们所表达出的反对情绪的抑制"。① 后来,在《科学的规范结构》中,默顿将科学的精神气质视为科学良知即科学家内化的超我和道德信念,并归纳出著名的四条"默顿规范",普遍主义、"公有性"、无私利性和有组织的怀疑。②

在默顿看来,"默顿规范"刻画出当时科学活动的基本形象:1)普遍主义,科学面前人人平等,不分国家、种族、性别、信仰和阶级等差别;2)"公有性",所有重大科学发现都是社会合作的产物,科学成果属于全社会和全人类;3)无私利性,科学家从事科学活动的唯一目的是科学知识,不应以科学谋取私利;4)有组织的怀疑,所有科学知识都要经过科学共同体的仔细检查才能被接受,科学家对自己和别人的工作都应该采取怀疑的态度。但是,默顿最早提出科学的精神气质恰恰是因为在现实中纳粹对科学的干预,尤其是对普遍主义的违背,当时许多德国科学家恰恰是支持纳粹的科技政策的。也就是说,普遍主义并非科学家自觉遵循的科学良心。实际上,除了普遍主义,很多人指出默顿规范的另外三条也常常被科学家违背,可以在科技史上找到大量相反的例证。

因此,一些人认为,默顿规范是"应然"的理想,而不是"实然"的真相。另外一些人则认为,默顿是从17世纪业余的、贵族的英国科学史研究中得出的印象,那时现代科学的建制化过程刚刚开始,所以默顿规范是小科学时代的规范,并不适用于大科学时代。齐曼则认为,默顿规范讨论的是学院科学的精神气质,而第二次世界大战之后,与学院科学并存的是后学院科学兴起。后学院科学并非学院科学一样的精英科学和基础科学,而是集体化、功利化、产业化、科层化和国家规划的科技事业,它并不信奉默顿规范。③ 齐曼将学院科学的社会规范归纳为CUDOS,即公有主义(communalism)、普遍主义(universalism)、无私利性/谦逊(disinterested/humble)、独创性(originality)和怀疑主义(skepticism),而认为后学院科学的社会规范为PLACE,即所有者的(proprietary)、局部的(local)、权威的(authoritarian)、定向的(commissioned)和专门的(expert)。按照齐曼的看法,齐曼规范与默顿规范同时存在于科学

---

① R. K. 默顿:《科学社会学:理论与经验研究》,北京:商务印书馆,2003年,第350页,脚注1。
② 同上书,第361—370页。
③ 约翰·齐曼:《真科学:它是什么,它指什么》,上海:上海科技教育出版社,2002年,第85—97页。

界中,比例不同地分布于大学、工业实验室、私人和政府科技组织之中。

在科技谦逊主义看来,尽管默顿规范与齐曼规范差别很大,甚至存在明显冲突,但是它们都是专事反思科技的学者,特别是科学社会学家眼中的科学形象,并非普通公众眼中的科学形象。对于技术治理而言,更有意义的是后者,而不是专家的观点,因为专家看法常常与普通公众差别很大。比如,不少专家强调科学与技术的区别,可是普通公众接受的是"科技"一词,不太明白科学与技术之间的区分,也怀疑两者能不能区分开来。因此,我将普通公众理解的科学技术,称之为"人民的科学精神气质",与"专家的科学精神气质"相区别。

就技术治理而言,"人民的科学精神气质"更为有用,更能帮助有限技术治理的实行。更重要的是,"专家的科学精神气质"强调对科学活动主流行为规范的归纳,而"人民的科学精神气质"归纳的是普通公众心中科学家为人处世的特质,但公众心中的看法很可能是肤浅的、错误的,甚至是矛盾的,很多时候,可能是公众对当代科技的某种"美化"。但是,如果要用技术来治理社会,就必须了解治理者和被治理者心中所理解的科技是什么样子的。

必须承认,社会一般科学观受专业科技哲学和科技史学者研究的直接影响很小。粗略地说,公众心中的科学印象,最主要受到大众传媒和教育经历的影响。比较而言,专业科学技术研究(Science & Technology Studies,简称STS)对大众传媒的影响,显然不能高估。何况专业研究中各种观点相互攻讦,大众传媒"喜欢"哪一种观点非常复杂,但它肯定不会像学术研究一样公正地对待每一种观点。至于教育经历,接受专业科学技术教育的人极少,公众主要是从老师口中、学校的科技人员以及某些在学校流行的普及读物中,获得对当代科技的印象。无论如何,不能高估专家观点对主流科技观形成的作用。因此,"专家的科学精神气质"可能更符合统计学上的证据,但是对于有限技术治理意义却更小一些。

2. "人民的科技精神气质"

更精确地说,"人民的科学精神气质"应称为"人民的科技精神气质",它应该包括什么样的"人民的科技"形象呢?再次强调一下,我所归纳的"人民的科技"可能包含大多数公众——多数是温和科学主义者——对当代科技的印象、期许和理想,而"实然"与"应然"糅杂的东西可能常常并非真实的科学,但"真实"在我们的议题中却并不十分要紧。

齐曼提出过所谓"真科学"的说法。但是,不同人眼中的科技不尽相同,不同专业、行业的科技工作所遵循的规范不尽相同,不同科技群体具有的精神气质也不尽相同,当代科技在很大程度上是多元的、异质的,所以"真科学"作为一个概念可以存在,但要真正概括出主流的"真科学"形象却几乎是不可能的。究其根本,原因在于今天的科技事业已经变得如此之庞大,很难对它进行总体上的概括。

每一种专业STS学者总结的"真科学"的真实程度都要打折扣,因而不必对"人民的科技"要求更高。从理论上说,"主流意见"存在。但是,真正去总结"主流意见",就类似运用韦伯的理想型(idea type)思考问题,并没有一个如自然科学实验一般的研究程序和研究结果。"主流意见"来源很复杂,并且某种逻辑似乎很严密的科学观理论体系,各个组成部分常常不一致。作为"主流意见"的一种,"人民的科技"亦是如此。

总的来说,我认为,"人民的科技"主要有如下一些"精神气质"。

第一,效率。大多数公众都同意,科技效率非常高,甚至是人类目前掌握的最有力的效率工具,在造福社会方面作用巨大。并且,科学家、技术专家和工程师由于长期学习科技,他们的行为方式也变得非常高效,很少浪费时间于目标之外的事情上,比如庸俗的娱乐、打扮和闲聊。当然,科技效率针对的主要是物质事务,而不是精神事务。或者说,不少人认为,情绪、信仰对于专家不那么重要,他们努力让理性占据自己的大脑。

第二,渐进。和哲学、宗教相比,科技并不指望从整体上把握世界,彻底地改造人的思想和行为,让人类脱胎换骨。科学是分科之学,一个一个问题、一个一个的领域逐步推进。科技推崇的分析思路,便是从探索事物的组成部分开始深入的。专家们往往非常务实,不期望"地上天国"能一蹴而就,而是专注于眼前的工作,脚踏实地向前进。与专家相对的是诗人,他们生活在幻想的浪漫国度。

第三,民主。科学与民主的关系非常复杂。在科学共同体的内部,就追求真理而言,科学是精英的事业,天才们引导着科学前进的方向。没有办法比较一千个普通科技工作者与某个天才如爱因斯坦对科学知识的贡献大小,但就科学活动的组织如发表、交流等而言,科学界尤其是学院科学界极力主张,在学术共同体内部有组织地人人平等交流和自由发表。在科学观共同体的外部,科学界常常向社会要求学术自由,并将专业意见自由表达的风气传播到全社会,但同时专家在各种社会争论中,难免不以真理和知识的名义,要求公众给予自己意见更多的关注。但是,受到"五四运动"的影响,一般中国公众认为,科学天然是支持民主的,民主也是需要科学的。"科学与民主"或者"民主与科学"并行不悖,在当代中国仍然是主流观点。

第四,有限。在当代中国,传统文化的力量仍然非常强大,近来复兴中华民族文化的呼声越来越响亮。现代科技——强调"现代"二字,意指没有人能否认中国古代技术发达——并非中国传统,而是外源性的舶来品。因此,很多中国公众认为,科技很有用,但老祖宗留下来的很多非科学的东西也很有用,两者并不冲突,而是相互补充的;在很多时候,现代科技发挥不了作用,中国传统文化却能大展拳脚,尤其是在"中国人心灵的安顿"方面。

第五,容忍。首先,科技探索免不了出现错误,科学一直在错误与真理的较量中前进。"失败是成功之母",科学家能包容工作中的错误,只要勇于承认错误和改正错误,完全不会有损于科学家的形象,相反会增加公众对他们的尊敬。科学家不是神,也不是宣布自己永远正确的政治领袖和宗教领袖。其次,科技工作者不断追求更完美的解决问题之道,永远不满足于现有的成绩和状态,这本身便是一种容忍,"满意"而不是"最优"。显然,如果科学家相信有不可超越的"完美",便不可能不断超越前人,科学活动就会逐渐停滞下来。

第六,多元。随着大家对科学活动的了解加深,越来越多人知道,在科技前沿的所有重要问题上,专家之间存在许多不同的观点,而比较公认的教材观点只是科技"大厦"的很小一部分——即使是教材知识,经过十年、二十年内容也要发生某些明显的变化。因此,科学界对于知识上多元争议的局面首先是容忍的,其次更要保持对于争议各方的平衡,尽量不要出现权威对异己观点的打压——公众如此印象,显然可能是过于理想了——让各方面都能"发声",直至科学观察和实验做出最后的判定。显然,多元科学与科学容忍紧密相连。

四、有限技治原则

到技术治理问题上,科技谦逊主义主张有限技治观。具体展开来说,主要坚持与"人民的科技精神气质"相吻合的有限技治原则,具体见下文。

1. 有限工具原则

有限工具原则,指的是将技术治理视为一种有限的工具来对待。首先,技术治理是服务于更高目标比如中国特色社会主义建设事业的手段。如果它与更高目标相冲突,就必须要改造或者取消。其次,技术治理的作用和功能是有限的。如果要扩大其作用,增强其功能,就必须对技治系统进行精心调试。无论如何,技术治理的作用和功能受到具体语境的限制,这是有限技术治理理论最核心的观点。

按照有限工具原则,现实的技术治理方案不应该是覆盖全社会。历史经验和许多思想家的研究都已证明:至大无外的总体化技治乌托邦是不可能的,更是极其危险的。切实可行的技治制总是局限在一定范围、领域、层次和时空中的,比如既有的技治实践大多集中于经济与政治领域中,很多技治主义者将政治与经济结合起来考虑,表现出政治经济学的思维方式。而运用技术方法来控制思想,受到被治理者最强烈的反抗,所以思想尤其不属于有限技术治理应该踏足的领域。

在反技治主义者看来,将技术治理视为作用有限的治理工具,存在着一个前提性的疑问:技术治理是在治理活动中运用技术,这种技术运用是否会摆脱治理者的控制呢?这个疑问之所以产生,是与当代技术哲学中的技术自主性争论相关的。可以将各种观点大致划分为三种,即技术工具论、技术实体论和技术互构论。

技术工具论认为,技术仅仅是一种工具,是实现目标的手段,本身并没有善恶,所谓技术的善恶实际是使用它的人的善恶。比如说,一把菜刀,人们可以用来切菜,也可以用来杀人。菜刀杀人了,人们不能指责菜刀,而是要追究拿菜刀人的责任。

技术实体论认为,技术并非简单的工具,而是负载着价值的,也就是说它是自主发展的,有着自身发展的方向,最终会实现它的目标,这不以人的意志为转移。比如,很多人认为互联网天然就是反权威、去中心的,还有一些人认为区块链必会推动公开和诚信。如果技术是实体性的,技术治理作为技术运用的发展方向之一,也会是实体性的。那么,技术治理本身便会是目的,而不是有限工具,而这个目的在反技治主义者的眼中便是前述的机器乌托邦。因此,机器乌托邦的观念往往以技术的实体论作为支撑。

在21世纪之交,在工具论和实体论之外,出现新的技术互构论,即人与技术之间是相互建构的关系,并非简单的谁决定谁的"主奴"关系。由此,人与技术在相互影响中不断发展和变化。芬伯格提出的技术代码设计论,以及最近流行人与机器的协同进化论,就属于技术互构论的一种。

在我看来,技术自主性争论要面向实践语境才能做出判断。①

第一,工具论向实体论的变迁,也就是说越来越多的人从工具论转向实体论,是技术发展得越来越复杂的结果。当技术相对简单的时候,人们比较容易相信工具论。当技术变得越来越复杂,一般人难以或者完全理解不了,单个的人无法驾驭或操纵复杂技术系统的时候,人们比较容易相信工具论。比如,上述简单的菜刀例子可以用来支持工具论,而复杂的互联网例子则用来支持实体论。

第二,技术的自主性争论根源于如何理解人与技术、人与机器关系的问题。

有人认为机器帮助人类,也有人说人机是对抗关系,而现在越来越多的观点是人与机器是协同进化的。人机协同进化论很有道理,但这是一种以"上帝视角"或"宇宙视角"思考问题的方式,站在非常超脱的位置看人机关系。的确,人与机器必然是协同进化的,但是协同进化的最终结果可能是人类灭绝。因此,有意义、有价值的是"人类视角"的思考问题方式,也就是说必须着力思考:在人机协同进化中人类应该如何选择应对方案,才能确保人族福祉。从某种意义上说,AI出现让人类面对我所谓的"新无知之幕",即不知道人机协同进化的最终结果却要做出选择。政治哲学所谓的"无知之幕",粗略说是有关国家如何建构的:公众聚在一起商量建成一个国家,结束

---

① 刘永谋:《AI向善,还是人类向善》,《民主与科学》2019年第6期。

人与人之间野蛮暴力状态,但是每个人都不知道在建成后国家中自己将处于哪一个阶层、哪一种角色,只能在这种对未来无知状态中,讨论应该如何安排新国家的社会制度。

因此,在无知之幕之下,参与建立国家的人都会支持给穷人和弱势群体提供必要的制度保障和救济措施,因为每个人都可能是其中一员,与之相应,"新无知之幕"是一个隐喻,指的是人类将在盲人摸象中,应对未来与模拟主体、能力超强的 AI 共同生活。因此,在新无知之幕之下,人类的思考必须以 AI 可能导致的最坏结果为出发点,尽一切努力控制 AI 的发展和应用。

第三,存在一种常见相关错误看法:工具论肯定技术是价值无涉的(value-free)的,即技术与价值因素无关,而实体论肯定技术是价值负载的(value-loadded),即技术本身包含着价值因素。并且,价值相关与否,不能与自主性有无等同起来。也就是说,价值负载不等于自主性,而价值无涉不等于没有自主性。

是否价值无涉,或价值负载,涉我们对"价值"与"价值无涉""价值负载"三个术语的界定。显然,特定的技术或人工技术物与价值的关系是不同的。一般来说,价值指的是客体的某种属性与主体需要之间的一致关系。比如,计算机伦理学家摩尔(James H. Moor)认为,根据机器人与价值之间的关系不同,可以将其分为四类:1) 有伦理影响的智能体(ethical impact agents),即无论有无价值意图但具有伦理影响的智能体;2) 隐含的伦理智能体(implicit ethical agents),即通过特定软硬件内置安全和安保等隐含的伦理设计的智能体;3) 明确的伦理智能体(explicit ethical agents),即能根据情境变化及其对价值规范理解而采取合理性的智能体;4) 完全的伦理智能体(full ethical agents),即像人一样具有意识、意向性和自由意志并能对各种情况做出伦理决策的智能体。[①] 也就是说,机器人与价值关系也是有不同层次的,很难用二分法简单地进行区分。很难说某种技术与价值完全无关,比如菜刀如果被用来与歹徒搏斗,肯定与善多少有些关系。也很难说某种技术内在"充满"价值,比如互联网对于不使用物联网的人,或者不会上网的人,与满足主体需要的功能就没有什么关系。总之,价值关系是在客体与主体相互联

[①] James H. Moor, Four Kinds of Ethical Robot, *Philosophy Now*, 2009, 72(3/4).

系中发生的,涉及主体因素,不能完全由作为客体的技术所决定。因此,工具论、实体论很难简单地与价值无涉或价值负载相对应。

第四,无论是工具论、实体论,还是技术设计论,它们都是哲学观念,而并非自然科学意义上的客观理论,也就是说你不能说在科学意义上判定哪一个对或哪一个就错了。哲学观念是不能用实验或观察来检验、证实或证伪的。

因此,工具论与实体论的争论,在实践中直接指向的是技术能不能控制的问题,这个问题的答案不应该从技术中寻找,不在于技术本身,而在于人类,准确地说是在于人类的技术选择:第一,我们有没有决心和勇气控制技术的发展;第二,更重要的是,为达成对技术的控制,我们愿意做出何种付出甚至牺牲。比如,手机很好玩,让人上瘾,控制手机上瘾本质上是控制你从手机上获得的感官刺激。我将上述对技术自主性问题的理解,称之为"技术控制的选择论"。

换言之,对于技术治理而言,技术自主性争论意义不大,人类必须选择将技术视为可以控制的工具,或者搁置该问题的争议而转向努力控制技术。所以,技术控制的选择论并不属于传统的技术工具主义,更像是一种意志力激励理论。但是,就将技术治理视为有限工具上,两者的效果是差不多的。

2. 制度—技术原则

丹尼尔·贝尔认为:"按照科技治国的方式,目的只是追求效率和产量,目的已经成为手段,它们自身的就是目的。"①很多人有类似的观点,可以称之为"工具的反噬论":技术以往是工具,如今却僭越了更高的目的。技术控制的选择论不赞同贝尔的观点,认为工具与实体的二分法是存在问题的。当某种技术对人的影响足够大,就将这种技术称为实体论的,而当人对某种技术的控制程度足够高,就将这种技术称为工具论的。技术人工物对人的影响程度有大有小,不能一概而论,反过来人对技术工具的控制程度也是有大有小,不能一概而论。因此,简单地把技术划定为工具或实体都是有问题的,将技术、人一同作为异质性的行动者中的一员,放在行动者网络中整体地、平等

---

① 丹尼尔·贝尔:《后工业社会的来临:对社会预测的一项探索》,北京:新华出版社,1997年,第388页。

地看待问题,更符合实际情况。

因此,按照有限技术治理理论,工具的"反噬"实际是使用工具的人没有很好地控制工具的结果,也就是说,偏离了原来的目的,被另外的目的所取代。技术控制的选择论只是鼓励人类努力去控制它,并不等于认为控制技术很容易,或者技术工具不可能失控。并且,总体上谈论技术失控或受控也是没有意义的,但的确在某些语境中,技术工具失去控制,"工具反噬"情形出现。

因此,必须努力控制技术工具和技治系统,尤其重视用制度—技术的方法来解决。这种努力我称之为技术治理的再治理,特别将其中的制度—技术的主流称之为"技术再治理"。之所以强调制度性、技术性的努力,主要是考虑在中国道德说教过于流行,研究者思考解决某个问题的方案很容易想到道德调节方式。而 21 世纪的今天,社会价值观日趋多元化,道德批评的力量变弱。相比而言,制度—技术的调节方式更能"落地",制度建设往往重视技术性的方式,技术解决可以固化为长效机制。比如,面对新科技的强烈冲击,各种伦理委员会纷纷建立起来,如果相关的程序机制、法律法规等制度性方面不健全、不执行,它们就会沦为人们常说的"橡皮图章"。当然,不能否定道德、宗教和文化的调控方式的作用,但是我更看好制度、技术的调控力量。

3. 民主控制原则

总的来说,对技术治理进行制度控制,就是要实现社会主义民主制对技治制有效而适度的控制。如第三编所述,很多思想家认为,民主制与技治制肯定是相冲突的,理由是两者的目标是不同的,前者是自由平等,后者是真理的乌托邦。

有限技术治理理论认为,这种观点并不完全正确。为什么?第一,有限技治目标是有限效率提升,并不必然与民主制相冲突,因为民主制并不反对效率。第二,民主制并不意味着人民物质生活贫困,相反民主制同样希望提升社会福祉和社会成员的生活水平,因此当然也应该可以利用技治制为民主制服务。第三,如果整个社会效率目标成为唯一目标,压制民主自由的目标,的确会出现民主制与技治制的冲突,但有限技术治理既反对总体主义的机器乌托邦,也反对失去控制的技治工程。第四,在现实生活中,技术治理已经被民主制国家越来越多地运用,并没有出现不可调和的冲突。所以,社会主义民主制可以利用技治制,而且应该将技治制作为效率工具利用。

民主制可以与技治制结合的观点,并非什么怪异的论调,当代很多理论家同样如此认为。梅诺德指出,当代西方民主制在经济领域越来越多地运用技术统治论方法,并且认为当代民主制的有效运转已经离不开专家与技治理。[1] 尼科尔斯在谈论美国的反智主义问题时,提出民主制并不等于所有人参与决策,民众需要专家作为代表,以他们的名义来决策,现在的问题是民众不信任专家,导致民主制出现混乱。[2] 在《政治与科学:两者在美国民主制中的动力学关系》中,普赖斯则直接主张:科学发展应该置于民主控制之下,而专业和科学活动应该为民主服务。[3]

以美国为例,埃兹拉希详细地分析过科学在自由—民主国家中的政治作用,令人信服地指出,"科学在支撑现代自由—民主的行动、权力和责任等观念方面所发挥的特殊的政治作用和意识形态作用"[4]。在他看来,科学知识作为政治行动的合法化基础,只是这种支撑作用的次要方面,更重要的是科技融入当代民主政治活动中主流的工具主义范式。埃兹拉希所谓的"政治的工具观念"指的是:"当相互分离的行动被视为实现特定目标的手段时,它们就能够相互连贯。"[5]也就是说,各种相互分离的政治行动,只要能实现统一的政治目标,工具主义政治就可以将它们作为工具使用,并以各个行动的可见结果来分担政治责任。显然,工具主义政治范式强调政治行动要推动明显的政治目标,而在其中科学技术可以用来判断某个政治行动的效果。

因此,埃兹拉希认为,科学技术从三个方面支持工具主义政治范式,1)调和自由与秩序;2)在保证代理人是负责任行动者的前提下,实现政治权力运用的去人格化[国];3)确保代理人的行动是出于对公民的利益,确保他

---

[1] Jean Meynaud, *Technocracy*, New York: The Free Press, 1969, pp. 13-14.
[2] 托马斯·M.尼科尔斯:《专家之死:反智主义的盛行及其影响》,北京:中信出版社,2019年,第235—240页。
[3] Don K. Price. *Government and Science: Their Dynamic Relation in American Democracy*, New York: Oxford University Press, 1962, p. v.
[4] 亚伦·埃兹拉希:《伊卡洛斯的陨落:科学与当代民主转型》,上海:上海交通大学出版社,2015年,第1页。
[5] 同上书,第18页。

们能够承担责任①,并对这种支持作用进行仔细的分析,证明科学技术在民主运行的上述三个方面"发挥着有限但重要的作用"②。"因此,自由—民主工具主义倾向于鼓励行动者选择那些从理性与公共角度上看技术可行的行动,至少如此表现自己。"③而"在民主国家中,医生、物理学家、化学家、工程师、经济学家、心理学家和其他专业人士被大规模地用于不同层面的管理活动,以民主将工具主义制度化,不只是将其作为行动的具体模式,而且,甚至可能将它作为建构和批评公共行动并使之合法化的政治策略"④。总之,埃兹拉希认为,"科学技术通过支撑工具性的公共行动范式,在对现代自由—民主行动和责任的建构中发挥了重要的作用。工具主义是科学—技术的行动标准向公共的自由—民主国家领域的延伸"⑤。

同时,埃兹拉希也承认,美国现在流行的是一种肤浅而简单的反科学观点:将科学视之为理性的,而将政治视为非理性的,因而两者之间存在永远的斗争。他认为,在20世纪的最后十年,科学技术对自由—民主政治的支持作用明显衰退,政治领域去工具主义的潮流愈演愈烈。但在20世纪的大部分时间中,美国是同时作为民主和科学的"世界之都"而存在的,而在20世纪最后几十年,批判主义对现代科技的持续攻击,使得社会对科技的信任逐渐丧失,各种反科学主义盛行,科技不再是自由—民主政治最重要的支持力量。在埃兹拉希看来,类似现代早期教会与国家分离,科技与国家在21世纪之交逐渐分离,他称之为"科学的私有化"⑥——科技不再是国有化的国家基础——对应"宗教的私有化"。

4. 容忍反抗原则

公共治理活动是一种权力行为,必然存在针对权力目标的反作用力。换言之,权力与反抗是并生的,就像物理学中作用力和反作用力同时并存一

---

① 亚伦·埃兹拉希:《伊卡洛斯的陨落:科学与当代民主转型》,上海:上海交通大学出版社,2015年,第20—21页。
② 同上书,第33页。
③ 同上书,第39页。
④ 同上书,第44页。
⑤ 同上书,第78页。
⑥ 同上书,第14页。

样。传统权力观把公共治理活动视为权力者研究、选择、发布和执行治理命令、规章和法律的自上而下的单向过程,把治理研究归结为这一过程的效率提高问题。这种观念忽视了被治理者的反作用即反治理问题,实际上反治理会在很大程度上形塑公共治理的真实面貌,使之变形、失形甚至某种程度的失效,但是治理—反治理并存是公共治理的现实规律。因此,有限技治主义认为,技术治理必须要容忍反治理的反抗行为,技治系统不可能完全消除反治理,否则最终结果只能是系统的全面崩溃。

并且,反治理对于技治系统并非完全是无益的。福柯认为,权力反抗并非完全是破坏性的,而是权力机制所包含的策略,权力反抗并非意味着对权力的总体拒绝,而是针对某种具体权力运作机制的局部反抗,反抗者因此需要对局部权力运作细节有专业的理解。[①] 也就是说,反治理研究的主旨并非完全铲除反治理,而是要理解和控制反治理。总之,技术反治理并不是拒绝技术治理,而是不同权力者运用权力机制为自身谋取利益的行为。因此,有限技术治理主张对反治理活动保持一定程度的容忍。技治系统当然不能任由反治理活动随意泛滥,但是控制反治理努力的目标是在技术治理与反治理之间求得某个阈值间的某种平衡,而此阈值在不同的语境和国情中并不相同。因此,控制存在界限,技术治理超过界限便成为技术操控,会导致反抗活动大增,最后严重影响技治系统的运行。

技术治理是典型的知识—权力运作形式,即局部权力行使需要科技的支持,而局部知识需要权力的帮助,两者缺一不可。在其中,技术反治理对于治理过程的形塑作用不亚于技术治理过程,两者均使用类似的专业知识,为了实现相反的目标,加上知识使用者的状态差别而呈现殊为不同的权力效应,而局部知识的专家因其突出的作用,成为治理方和反治理方均要咨询、争取和利用的对象。

5. 渐进工程原则

无论是有限原则,还是容忍原则,均包含着渐次朝着目标前进的主张。有限技术治理因而主张,治理活动不能空谈形而上学的绝对善之追求,而是

---

① 米歇尔·福柯:《权力的眼睛——福柯访谈录》,上海:上海人民出版社,1997年,第209页。

要落到实处,尤其是力图通过科学的社会工程来促进经济—政治—社会的发展,使人民获得切实的福祉,但是总体主义的社会工程既存在走向极权主义的危险,在现实中也难以真正操作,因此应该实施的是局部的渐进社会工程,逐步地改善社会生活,一点一点地提高人民福祉。

并且,渐进进步可以随时修正,甚至停止和取消,只要即时关注渐进社会工程实施进展,不断更新所涉及的各种数据,并持续思考其中存在的问题。有限技术治理并非一辆开动就不能停止的"庞然大物",而有着"船小好掉头"的优势。也就是说,渐进工程原则同时意味着谨慎推进技术治理措施的思想。科学原理和技术方法毕竟首先是针对自然界的,而且最初是起源于实验室的,将其用于治理活动中不得不慎重行事,因为世界绝对不同于实验室。

与渐进工程原则类似,埃兹拉希主张,当代治理活动要坚持政治谦逊主义和"微观乌托邦"。他认为:"20世纪的最后几十年中,不连贯和不一致替代了大规模任意行动的趋势。在一个深受社会道德相对主义和认知怀疑主义影响的社会中,连贯性往往代表虚假、关于知识和权威的站不住脚的主张、不可接受的权力运行。相反,不一致性似乎表示谦卑、对抑制主观性和多样性的拒绝,以及对于大量关于目的、原因和现实的概念的宽容。"[1]按照我的术语,在技术治理活动中,科技谦逊主义决定了技术政治上的谦逊主义,它最后通向的是技术治理的渐进主义。埃兹拉希将渐进工程兴起称之为"微观乌托邦的兴起":"在20世纪后半叶,完美生活乌托邦愿景首要目标很少包含较大的社会,而主要的焦点是个人或小团体的生活。乌托邦主义的主导流派是微观而不是宏观的乌托邦。其理想的形式,与其说是一个实际或潜在的,压倒一切的理想秩序的想法,还不如说是当地一个微观乌托邦的联邦。"[2]

6. 专家平衡原则

有限技术治理认为,应该对专家权力进行内部和外部两方面的制衡。

从内部看,专家群体是异质性的,包含着相互不一致,有时甚至冲突的

---

[1] 亚伦·埃兹拉希:《伊卡洛斯的陨落:科学与当代民主转型》,上海:上海交通大学出版社,2015年,第382页。
[2] 同上书,第367页。

"子群体",应该利用不同专家的知识差异,通过专家相互制衡来约束技术治理的前进道路。实际上,这意味着有限技术治理同时承认自然技术专家、社会技术专家和人文专家的技治合法性,属于我所谓的"泛专家"的立场。换言之,这也是在专家群体内部坚持民主原则,防止某个专业群体压倒其他专家。

从外部看,专家并不掌握治理过程的所有权力,尤其不掌握最终的决策权力。在实际治理活动,必须对专家的权限进行清晰的划定。这种划定既是一种约束,即防止专家越权,同时也是一种保护,即专家的权力不能随意被剥夺。有限技术治理认为,专家在治理活动中的权力主要集中于建议权和监督权,有些时候更重要的是划定的专家权力必须受到尊重,以法律法规以及正式程序等制度——技术方法来加以保护,防止专家参政成为形式主义的"摆设"。从更大的范围看,专家权力属于学术权力的一种,有限技术治理建议整个社会应该建设成学术权力、政治权力、经济权力、新闻权力、宗教权力、NGO权力和文化权力等诸种权力平衡而和谐的状态,这种状态本身便是对专家权力的有力制衡。

在思想史上,很多学者强调过人文专家对自然科学专家的平衡,比如第三编中提到的加尔布雷思、波兹曼、古德纳和加塞特等人。不过,强调专家平衡原则最有名的理论,当属普赖斯在《科学阶层》中提出的"四大阶层多元平衡论"[①],后面的章节将集中论述。总之,专家平衡原则是重要的有限技治原则之一。

---

① Don. K. Price, *The Scientific Estate*, Cambridge, MA., London, England: Harvard University Press, 1965.

第21章 技术治理的反治理

反治理现象与治理相伴而生。在技术时代,技术治理以科技的名义实施,遭遇到的阻力也许小一些,但仍然是非常普遍的现象。在某些特殊的情景之下,针对技术控制的反治理行动可能激化矛盾,甚至严重影响技治系统的效率。但是,有限技治系统必须在一定限度内容忍反治理的存在,甚至欢迎一定程度的反抗活动。那么,对于技术治理,反治理的存在究竟有什么价值?存在的限度如何呢?存在的类型或状况又如何呢?这是本章要讨论的内容。

一、反治理的价值

有限技治理论认为,反治理与治理一样,是技治系统必不可少的组成部分。治理不可能没有反治理,技治系统完全抹杀反治理结果只能是导致崩溃。在福柯看来,反抗与权力共生。对此,他指出:"我所谓的反抗不是一种实体。它并不先于它所反对的权力。它与权力是共生的、同时存在的。"[1]从乐观方面理解福柯的话,反治理总是可能的,无论何种权力策略,被治理者都是有办法打破它的罗网的;从悲观方面说,反治理并非组织起来的,也并非目标明确的,而是混乱的、零星的。不过福柯不认为此类反抗是悲观的,相反他认为,反抗"不存在一个大拒绝的地点"[2],而只能是针对直接压迫的直接而局部的反抗。

按照福柯的逻辑,打砸机器的卢德主义者才找到真正反抗权力的道路,而不是从"机器压迫工人"的现象层面深挖资本主义制度缺陷的马克思主义

---

[1] 米歇尔·福柯:《权力的眼睛——福柯访谈录》,上海:上海人民出版社,1997年,第46页。
[2] 米歇尔·福柯:《性经验史(增订版)》,上海:上海人民出版社,2002年,第71页。

者。他以为,即使推翻资本主义制度,仍然身处于现代知识—权力的笼罩之下,包括反治理活动本身。换言之,反治理之所以存在,是知识—权力特意留下的某种"空间",留出的某种"缺口"。因此,反治理不是拒绝治理,也不可能拒绝治理,而是"如何才不被那样治理,即如何不以那些原则的名义,不以心中的某某目标,不依照诸如此类的程序来被治理,即是说,不被那样,不因为那样,不像那样而受治理"①。

反技治主义者福柯最深刻的绝望在于:反治理活动同样是知识—权力规训的结果,而且反治理者完全找不到所要反对的权力中心,因为知识—权力是无中心、无主体的。或许,福柯意识到自己权力理论的悲观之处,试图从权力的生产性和建设性的观念中来解释治理与反治理的合理性。他认为,不能把权力完全视为破坏性和压迫性的,而应该看到它生产和建设的一面:知识—权力的渗透和扩展支撑起现代社会的秩序和制度——他称之为"真理制度"。而作为权力的组成部分,反抗也是生产性和建设性的。关于这一点,福柯主要强调的是知识—权力机制在具体语境即他所谓的"权力的毛细血管"中,反抗帮助权力逻辑铺陈开来。因此,福柯的论述听起来像是认为,反治理也是被治理系统控制着的,并不是真正的反抗,而是曲线地顺应权力意图。

有限技治理论认为,反治理不能完全被认为技治系统的阻力,主要是从技治系统的运行目标即效率角度来考虑的。辩证地看,花大力气去消除反治理,本身存在边际效率的问题:到了某个节点之后,投入大量人力、物力和财力,在消除反治理方面的收效却甚微。在极端情况下,反治理空间被挤压得消失殆尽,导致整个技治系统动荡甚至崩溃,追求最大效率结果导致完全没有效率,甚至要重建整个技治系统。

更重要的是,有限技治理论反对福柯所谓的"权力无主体"的观念。在技治系统中,治理者与被治理者在具体语境中是可以分辨的。的确,存在治理者与被治理者身份转换的问题,即治理者在下一个语境中可能是被治理者。按照福柯的观点,权力不属于主体,反过来主体是权力控制和塑成的,治理与反治理于是都陷入无法解脱的悲观主义之中。有限技治理论认为,权力

---

① 米歇尔·福柯:《什么是批判:福柯文选Ⅱ》,北京:北京大学出版社,2015年,第174页。

当然是有主体的,治理与反治理的平衡问题,恰恰是处理好技术治理活动中治理者与被治理者之间的关系问题。不过,这种关系的处理是动态平衡的,不可能一劳永逸地解决。

和福柯的无主体反治理不同,斯金纳所说的反治理是被治理者针对治理者的反抗行为。当然,控制主体可能是个体,也可能是群体,或者组织起来的机构。按照行为主义的基本立场,包括人在内的有机体,从根本上说是受到外界环境控制的刺激—反应系统。因而在人类社会中,控制行为是不可避免的。在斯金纳看来,控制是中性的,而不是贬义词。控制在社会中必然存在,既包括来自人的控制,也包括来自自然环境的控制,根本就不可能消除。因此,重要的问题不是消除控制,而是要设计好控制。

技治主义者斯金纳从行为主义角度看待反治理的不可或缺性。他认为,反控制是必须的,没有反控制,无法进行控制。① 他指出:"受控者身上的一个效应是诱发他进行反控制。它可能表现出生气或挫折等情绪反应,包括对控制者进行伤害或施加厌恶性操作行为,这种行为可以通过减少类似的厌恶后果而得到强化。"② 也就是说,反治理行为属于有机体的生物学特征,根本就无法消除。不过,在斯金纳的理论中,既然控制是中性的,反控制也是中性的,都属于有机体适应环境的行为。于是,反控制平衡控制,有利于将控制者与被控制者的关系安排得更好。

因此,斯金纳认为,运用行为工程进化文化设计,包括对反控制进行设计,安排有效的反控制,尤其是"使一些重要的后果对控制者的行为施加影响,这乃是一至关紧要的问题"③,能保证在民主社会中,控制者同时是被控制者。有限技治理论同样认为,治理与反治理的平衡打破,技治系统会变得混乱。但是,有限技治理论并不认为反治理可以进行精确的设计,尤其不认为行为主义能够完全解决反治理的设计问题。

在科技谦逊主义者看来,斯金纳在治理与反治理问题上很狂妄。由于治理活动的复杂性,无论是治理还是反治理,有限设计和有限控制的治理目标,都不是在某种一致的理论基础上,按照既定的蓝图和方法进行总体化的

---

① B. F. Skinner, *About Behaviorism*, New York: Vintage Books, 1976, pp. 173-174.
② B. F. 斯金纳:《科学与人类行为》,北京:华夏出版社,1989 年,第 301 页。
③ B. F. 斯金纳:《超越自由与尊严》,贵阳:贵州人民出版社,1988 年,第 171 页。

精确设计。有限技术治理的实施者，必须不断接受反馈和反抗的信息，不断对设计和控制进行动态的调整。从这种意义上说，有限技术治理与其说是控制活动，不如说是尝试控制的活动，最终结果是一定程度的控制和一定程度的失控并存。

对待治理尚且如此，对于反治理现象，有限技治主义者更多强调谦逊和平等地接受，然后在此基础上进行疏通、引导和转化，在必要的情况下才会考虑强制性的压制措施。相比于治理活动，反治理活动并没有统一的意图和行动，往往是自发、突发和爆发的，有时甚至会突然上升到高风险的程度。总之，反治理活动是不确定的、偶然性的，不可能按照治理者的意图发生，治理者根本不可能完全估计到可能出现的反治理情形。所以，对反治理的容忍符合技术治理的实际情形。

当然，有限技治理论也反对面对反治理无可奈何的情绪，强调面对反治理有所作为，尤其是不断侦测、即时感知和迅速反应。因此，对技术治理的反治理现象的容忍，意味着不断对技术治理活动持续地改进和提高，核心是技治系统效率的不断提高。

进一步而言，技治效率提高既包括技治系统本身的效率提高，也包括技治系统对于整个社会效率的提高。从社会效率的角度看，容忍反治理活动的存在，首先就可以起到社会"减压阀"的作用，可以释放被治理者积累的紧张情绪。也就是说，即使反治理对技治系统效率有所损耗，但对于社会总体效率是有作用的。

二、在治理与操控之间

人类社会不能没有秩序。换言之，福柯所谓的权力、斯金纳所谓的控制，以及有限技治主义者所谓的治理，都是不可能完全消除的。没有它们，社会秩序将不复存在，而秩序消失，意味着社会的瓦解和人类退回野兽状态。然而，如果社会对个体的控制太过严厉，自由彻底失去，人类沦落到奴隶的境地，丧失起码的自主性和尊严，则是陷入另一种野兽状态。在技术时代，前一种状况发生的概率很小，更为可能的是后一种状况。其中的原因很显然：由于新技术的效率很高，当今天它被用于治理活动，人类社会的秩序程度在理论上会急速提高。

1. 技术时代的自由状况

随着技术的发展,社会控制是不是越来越严格,个体自由是不是越来越少? 对此,很多人做出肯定的回答,典型的比如贝尼格。他的《控制革命:资讯社会的技术和经济起源》(1986)一书属于传播学的经典著作,集中反映他的这种看法。

从内容上看,《控制革命:资讯社会的技术和经济起源》是一本历史著作——准确地说,属于经济—技术史著作——论述了传播技术兴起的历史过程。很明显,这本书受到钱德勒的巨制《看得见的手——美国企业的管理革命》(1977)[①]影响巨大。大致来说,两本书都是研究1840年至20世纪20年代(《看得见的手——美国企业的管理革命》)、30年代(《控制革命:资讯社会的技术和经济起源》)美国社会的经济—技术发展的历史著作。两本书的目标和视角不同,因而从同一段历史中得出不同的结论。钱德勒讨论管理革命,认为美国从市场资本主义演进到经理式资本主义;而贝尼格讨论控制革命,认为美国从工业社会进入信息社会,而第二次世界大战之后的计算机社会不过是信息社会发展的新阶段。

与《看得见的手——美国企业的管理革命》相比,《控制革命:资讯社会的技术和经济起源》在史学功底方面相形见绌。但是,贝尼格认为,自己的长处在思想方面,即他提出的控制革命理论能够综合当时各种社会转型思想,比如贝尔的后工业社会理论、布热津斯基的电子技术时代理论、埃吕尔的技术社会理论,以及古德纳新阶级理论等,这些观点在贝尼格看来都是控制革命的某个方面的表征。[②] 不过,贝尼格说法太过自信了,因为30年后看,控制革命理论并没有比上述列举的思想更流行。

总的来说,贝尼格的思想不复杂。如《控制革命》的副标题"信息社会的技术和经济起源"所示,他的目标是要回答信息社会(台湾译本翻译为"资讯

[①] 小艾尔弗雷德·D. 钱德勒:《看得见的手——美国企业的管理革命》,北京:商务印书馆,1987年。

[②] 贝尼格:《控制革命:资讯社会的技术和经济起源》,台北:桂冠图书股份有限公司,1998年,第3—8页。

社会")兴起的过程,主要包括兴起原因和发展阶段。在他看来,18世纪开始的工业革命导致19世纪中叶的控制危机,控制危机又激发19世纪末的控制革命,而控制革命在20世纪30年代基本解决工业革命触发的控制危机,最重要的结果便是工业社会进入信息社会。

何为控制危机?贝尼格将社会视为一个物质、能量和信息的处理器。那么,社会处理器运转不畅,便会出现危机。在他看来,工业革命之前,农业社会需要处理的物质和能量很少,而工业化加速社会物质和能量处理系统的发展,工业社会的信息传播和处理能力跟不上制造业和运输业中的革新发展,所谓的"控制危机"因而在19世纪中叶爆发。换言之,虽然不能说完全失控,彼时社会对技术—经济发展的控制减弱。实际上,贝尼格主要讨论的是19世纪中叶以来美国制造业和运输业中的控制危机。

何为控制革命?"即技术结构和经济结构中各种迅速变化的合成,资讯借此得到收集、贮存、处理和传播,正式的或计划中的决策可以透过它实现社会的控制。控制革命自19世纪最后几十年发轫起,一直持久不衰,近来又随着微处理机技术的发展加快了步伐。"[1]很清楚,贝尼格讨论的主要是技术—经济问题,而不是"控制"一词容易让人想到狭义的政治—权力问题,或者说他讨论的是技术控制而非政治控制——当然这两者根本无法完全分清。他所讲的技术变革,既包括自然技术变革,也包括社会技术变革,前者比如摄影、电影、轮转印刷、打字机、电缆、电话、电报、磁带、收音机和电视机等传播技术的推广,后者比如科层制、泰勒制和流水线等组织技术的发展。在贝尼格看来,这些技术革新被用于经济生活三个不同领域,即"生产、分配、商品的消费及服务"[2],遏制了控制危机的蔓延,最终完成控制革命。

控制革命在19世纪末发端,到20世纪30年代已经解决工业革命所导致的控制危机,但为什么控制革命还在不断发展,今天还导致信息技术大规模兴起呢?贝尼格认为,有三个原因[3]:1)物质—能量处理与信息处理"正螺旋"发展,即社会的物质—能量处理能力增加,促进信息处理能力发展,而社

---

[1] 贝尼格:《控制革命:资讯社会的技术和经济起源》,台北:桂冠图书股份有限公司,1998年,第xiv页。
[2] 同上书,第22页。
[3] 同上书,第337—338页。

会的信息处理能力增加,反过来促进物质—能量处理能力发展;2)控制增强意味着信息处理技术能大幅度提高经济利润,因而社会会不断提高信息处理能力;3)信息处理能力增强是对物质处理能力提高的危机反应,本身也要得到进一步的控制——这一点类似我所谈论的再治理逻辑。因此,在贝尼格看来,控制危机会不断出现,刺激控制革命不断出现,在此过程中信息处理能力和信息技术便不断地前进。

贝尼格没有解释为什么上述三条理由在前工业社会不适用。换言之,我们能不能说,控制危机与控制革命是不是在人类社会中一直都存在?人类社会是否一直是在控制与失控的张力中不断前进呢?

再仔细想一下,贝尼格的论证存在同义反复的味道。为什么?按照他的逻辑,控制革命意味着技术领域和经济领域的某些变革,然后他用史料证明的确有这些变革,所以控制革命在20世纪之交已经发生了。但是,问题的关键是控制有无发展,如何发展,以及控制增加的判定标准是什么。按照他的理解,控制"即对于一个预定目标的有目的的影响"[1],那么我们要回答人类社会是否更多制定目标,又更能实现预定目标了?遗憾的是,《控制革命》对相关问题讨论得还很不够。

还有一个重要的问题:控制危机、控制革命如何与信息联系起来?控制革命如何催生的不是控制社会而是信息社会?这与贝尼格对控制的理解有关。他认为控制有两个要点[2]:1)控制不等于"强力控制"(force control),强力控制只是控制的一小部分,控制力量可以是轻微的。这解释了他的控制革命为什么没有重点研究政治、权力、法律、暴力等问题,而是讨论技术—经济问题。2)控制离不开两个活动:信息处理与交互传播,因此一个社会的控制能力与信息处理能力是成正比的。于是,贝尼格就从控制问题过渡到信息社会。显然,这个逻辑是有漏洞的,控制离不开信息,但控制不能等于信息,否则"控制革命"一词完全可以用"信息革命"取代。

因此,在一定程度上,贝尼格偷换了概念,简化了问题,回避了与控制相关的难题。从技术治理的角度来看,这样的"操作"把反对控制的焦点引向

---

[1] 贝尼格:《控制革命:资讯社会的技术和经济起源》,台北:桂冠图书股份有限公司,1998年,第11页。

[2] 同上书,第12—13页。

了技术尤其是信息技术,让很多人对信息治理—智能治理的批判变成技术批判。信息技术发展等于控制发展吗?信息越多,社会的控制能力越来越强吗?类似成见经不起推敲,网络信息的便捷流通,在很多时候冲破了控制的罗网,而不是相反。

另外,贝尼格的技术决定论思想很明显。他认为,"由于技术规定了一个社会所能做的限度,因此技术的革新可以被认为在控制革命与革命状态相一致的早期社会变革中推动社会变化的一个主要动力"[①],又认为技术发展意味着控制需求增加(他甚至给出一个理由:技术需要推广传播,因此需要发展传播技术),因此技术社会在他看来就等于控制社会了。如此一来,我们只有取缔技术,才能摆脱控制了吗?我认为,无论如何,绝不能把信息社会等同于控制社会,两者之间的联系至今并没有得到认真的研究,有的都是未经审查的陈词滥调。

换言之,贝尼格认定的信息社会是否等于控制社会即控制更严格的社会?对此,贝尼格并没有明确地回答,他只是说,控制革命意味着控制的恢复:"尽管大众媒介和远程通讯方面的变化如此迅速,但是控制革命也代表了——虽然是由于日益增强的集中化———种向经济和政治控制的回复,工业革命期间,在更多的地方层级就丧失了这种控制。"[②]他的意思是,工业革命导致控制危机,现在控制恢复了。究竟恢复到什么水平,还是超过以前的水平,贝尼格没有讨论。显然,在贝尼格这里,"控制"具有很强的褒义,因此他考虑得更多的是如何防止"失控",而不是如何防止过度控制即我所谓的"操控"。

就控制问题而言,贝尼格研究的深入程度不如斯金纳。从某种意义上说,生命和有机体是"控制体",包括对自身的控制和对环境的控制。作为有机体,人无时不刻不在寻求控制,这就是所谓"人是意义的动物"命题的要义——意义意味着目标,"目标"加上"影响"便得到"控制"。因此,斯金纳很正确地指出,在人类社会中消除控制是不可能的。有限技治理论认为,人不可能摆脱控制和被控制,否则就成为非人——从这个意义上说,控制是人

---

① 贝尼格:《控制革命:资讯社会的技术和经济起源》,台北:桂冠图书股份有限公司,1998年,第12—13页。
② 同上书,第13页。

的本性,如果一定要说有什么"人性"的话。因此,自由问题的关键不是摆脱控制,而是设计好控制,控制好控制,即我所谓的"治理与操控的界限"问题。

今天社会控制是不是变得越来越严厉,越来越让人难以接受呢?这个问题首先就是严厉与否的标准问题,还涉及统计学数据。不同的标准结论不同,而且严厉有主观性,不同的人感受不同。对此,现代主义者是否定的,认为现代性是解放人类的,让我们免于前现代的暴力恐惧。而后现代主义者是肯定的,认为现代性尤其是技术现代性现在日益束缚人类,比如福柯、阿甘本等人搞的生命政治理论。如前所述,贝尼格没有直接回答。但总的来说他的态度是肯定的,因为他主要讨论的是技术—经济的发展。他的想法已经不适应智能革命背景的社会现状,今日备受关注的是操控尤其是智能操控的问题,而非失控如智能失控的问题。

2. 科技与自由的复杂关系

当代科技与人类自由的关系非常复杂,并非简单的相互支持或相互反对的关系。有些人主张,科学的本质是自由。的确,科学家历来主张学术自由,说科学亲近自由当然没错,不过要说科学的本质是自由,显然过头了。[①] 从历史来看,科学是以求真为目标的知识创造活动,同时也有造福社会的功利诉求。

第一,科技既可能促进自由,也可能妨害自由。科技能提高生产力,这意味着人类从资源匮乏中获得自由。科学能扩大知识的边界,这意味着从"必然王国"和无知的统治下获得自由。但是,科技也可能被用于奴役人们,剥夺人的自由。斯金纳的心理学研究是个典型例子,他的行为主义理论认为所谓自由、尊严和意志力等都是不存在的概念。当然,他自认为行为主义科学地阐明了自由问题,实际上有利于人类自由。

第二,在科学活动中,自由表达与权威确立同时存在。有什么不同的科学观点,科学家、技术专家都可以按照体制程序自由发表意见,供科学共同体同仁商榷。但同时,科学又是精英的事业,原创性工作主要是少数"无形学院"顶层精英做出的,绝大多数科研工作者做的都是一些"边边角角"的研

---

① 刘永谋:《科学不够哲学凑?》,《民主与科学》2020年第6期。

究,所以,科学界的马太效应非常明显,这实际也有利于科学的发展。

第三,在大科学和后学院科学时代,科学界对外要求学术自由,同时又要求国家和社会的支持,这注定只能在自由与不自由之间寻找平衡。众所周知,第二次世界大战之后,国家规划科学已经成为全球性现象。

第四,在社会制度层面,科学与自由的制度关系非常复杂,科学与民主制并非是并行不悖的。在资本主义社会中,如马克思所言,科学技术更容易为资产阶级利用。科学家参与政治活动,即所谓的专家政治,存在着威胁民主制的风险。一定要记住:科学标准不是民主投票的结果,因此科学逻辑扩散到社会事务中必然是以精英主义为底色的。

第五,在中国语境中讲科研自由,目标是想将科研活动从行政束缚中解放出来。这实际是在国家规划与学术自由之间找平衡,并非"科学本质上是自由的"——科研工作者希望的是少一点对学术的行政干预,而不是其他什么自由。反过来,为了实现促进科技创新,国家也认可保护科研自由。有意思的是,国家的保证常常要用行政化方法来实现。因此,国家规划科学的活动自身也是在行政化和去行政化之间平衡。

因此,我认为,我们无法笼统地说技术是否有利于自由。并且,从控制角度看,控制增加是否绝对等于自由的减少呢?按照贝尼格的观点,控制增强不等于"强力控制"的增强。当代社会的情形,可能是强力控制不断减少,而非强力的温和控制不断增加。如果此种情形属实,我们既很难得出控制绝对增加的结论,更难以得出自由绝对减少的结论。

在很大程度上,自由是一种个体对自身行动所受约束的主观感受。自由感因人而异,受语境、习俗、传统和文化影响很大。在新冠疫情期间,同样的技术治理措施,美国人的感受与中国人差别非常明显。与之相应,对于控制,对于秩序,不同国家和地区、不同人群的评价也不尽相同。

进一步而言,秩序是否意味着自由的消失?显然,在人类社会中,秩序与自由一直是并存的,不能将二者作为对立的范畴来看待。从理论上说,存在着"自由的秩序",也就是说在某个阈值中,二者存在同时增加的可能性。为什么?因为秩序意味着社会反应的重复性和可预见性,而自由则意味着个体行为的自主性和合意志性,两者并非"迎头"碰撞的,而是在不同维度上"生长"的。并且,秩序与自由都是有范围的、有层次的。也就是说,讨论秩序和自由,必须要分清什么秩序、谁的秩序、哪里的秩序,必须要分清什么自由、谁的自由、哪里的自由。在某些情况下,一种自由或秩序的增加,意味着另一种自由或秩序的减少。因此,秩序与自由的关系,无法做出一致性的普遍归纳,而是必须在具体的语境中具体讨论。

3. 控制的界限

伴随着权力、控制和治理,反抗、反控制和反治理如影随形。秩序过了头,治理就转变成操控。反过来亦是如此,反抗过了头,争取权利就转变成野蛮暴乱。现实中人类社会的运行,绝大多数时间只能存在于治理与操控、争取权利与野蛮暴乱之间。也就是说,治理与操控之间存在着边界,保证着技治系统能够平稳而现实地运行。从某种意义上说,治理是对反治理力量的控制,这条边界也是权力与反抗的边界。从空间的角度看,这条边界既是对反治理容忍的界限,也是再治理限制治理权力的界限。总之,有限技治理论认为,治理者认定的控制界限"在治理与操控之间",反对技术治理成为技术操控。

治理与操控的界限究竟何在呢?对反治理究竟容忍到什么程度?关于控制的界限,有限技术治理理论赞同如下基本立场。

第一,重视界限的划定。也就是说,在技术治理活动,控制界限是设计者和治理者都必须要考虑的最重要问题之一。一个技治系统如果对治理和操控的界限没有任何规定,就抓不住所面对的诸多问题的要害。当然,这个边界不会像物理学定律一样清楚和精确,但是对它应该有个大致的认识,尤其是对何为"过界"有比较清晰的理解。对于被治理者而言,类似理论问题当然不是他们要考虑的,但在各种反治理实践活动中,他们渐渐能明白:治理者容忍的空间也是有限的,没有治理者会完全放弃达成秩序的责任,因而反抗最终会遭遇到容忍"底线"。

第二,在治理与操控之间。反治理与治理的平衡问题,永远不可能用取消治理或消除反治理来解决。大致可以说,取消治理意味着对治理制度的彻底否定,消除反治理意味着对反治理者自由的彻底抹杀,真实的技术治理只可能在这两者之间存在。如斯金纳所言:"控制者与被控制者之间的关系是相互决定的。"①必须避免一些人处于另一些人的绝对操控之中,必须有意保证和保护一定程度的反治理活动。从制度上,技治系统要设计使反治理可见、表达甚至宣泄的渠道。反过来,治理者必须成为他所设计和实施的技治系统的被治理者——也就是说,他也受到技术治理,而不能超出至其外或其上——避免治理者滥用控制。

第三,具体问题具体分析。并不存在一条统一的、不变的界限,适用于任何治理场合,能解决所有的治理与反治理平衡的问题。控制界限的确定,依赖于治理者与被治理者之间的动态博弈,而不是静止于某一个点。对于治理者而言,对反治理的容忍有时候等于治理者的自律,要求时刻警惕自身过界的可能。当然,对反治理的容忍不能完全交由自律来解决,必须尽可能地以技术—制度方式要求治理者。当自律失效,治理权力超出界限,这个问题便完全进入我所谓的再治理应对的范围。无论是反治理还是再治理,无论是自律还是他律,都必须在具体语境中讨论,这不仅是由于相关背景或国情的不同,也是因为不同的治理问题本身差异巨大。比如,无人驾驶和"优生学"所要完成的界限划定任务根本不同,前者考虑更多的是汽车公司与个人之间的责任问题,而后者考虑更多的是社会各阶层的公平问题。

第四,重点关注不对称的治理关系。在很大程度上,对控制的反感与"谁在控制"有关。讲起控制,多数人想到的是强者尤其是国家和政府对弱者的"强力控制",即某种不对称的影响。所谓治理者与被治理者之间的博弈,存在很多不同的具体情况,有些博弈关系是非常不对称的。对控制界限的讨论,要集中于类似的问题上,而不能泛化地讨论治理者对被治理者的"影响"。我认为,这就是福柯权力理论最大的问题。因此,一是要关注包括政府在内的各种强大组织和机构,审查它们对普通社会个体的技术治理措施;二是要关注社会上弱势群体,如老人、小孩、女性、残疾人和精神病人,审查他们所遭受的过于严厉的技术治理。

第五,局部反治理与局部治理。福柯认为,面对知识—权力无所不在的束缚,最有效的反抗是局部反抗,而不是颠覆制度的革命。有限技治理论赞同局部反治理的立场,但原因并不是在于革命与改良的选择上,而是坚持技

---

① B.F.斯金纳:《超越自由与尊严》,贵阳:贵州人民出版社,1988年,第169页。

术治理的实践应该是局部的、有限的,因而局部治理对应着的是局部反治理。有限技治理论将技术治理作为效率工具,这种立场决定了它认为治理与反治理都是在工具意义上受到社会控制。因此,治理与操控的区分也是局部的。比如,在生命伦理的范围内,邱仁宗认为:"以下的行为控制准则是可以考虑的:1)鼓励保持或促进受控者的自尊和尊严的方法;2)不应使用破坏受控者理性思考能力的方法;3)不应使用从根本上改变受控者个性的方法;4)应力求避免基本上依靠欺骗、使受控者对有关事实一无所知的方法;5)应力求避免采取对身体具有侵害性的方法;6)尽可能采用通过病人认知和情感结构起作用的方法。"①

第六,细致审查原则。必须在对技术治理的方方面面进行细致地审查之后,再具体划定治理与操控之间的界限。首先,考虑控制界限问题时,不能不考虑控制行为的目的。从理论上说,技治系统主要考虑效率目标。但是,如前所述,技治效率与社会效率可能出现冲突。在系统内部,技治效率对于不同的主体可能不同,常常也出现相左的情况。而且,伪技术治理常常侵入技治系统,偷偷用其他目标来替换效率目标。因此,这些情况都要求治理主体仔细审查控制行为的真实目的。其次,要考虑控制的形式。有些治理措施是诱导性的,有些治理措施是强制性的,甚至有些治理措施让被治理者感到非常不快。显然,如斯金纳主张的,如果技术治理必不可少,要尽量采用温和的、被治理者容易接受的技治形式。再次,要考虑控制的强度。有限技术治理反对严格精确到特定个体的控制行为,也就是说,它主张所有的治理行为面对的应该是统计学意义的群体。如果某一项控制措施针对的是某个具体的人,很难保证不是专门针对他的迫害。在此情形下,单个人的反治理力量基本上被孤立,难以找到群体反抗的配合,完全失去与越界操控对抗的可能性。现代社会以来,没有哪一项社会接受的法律法规,专门针对哪一个人。最后,要审查控制的时空性。这一点与上述局部原则相一致的,即所有的控制都必须局限于某一个时空之中。当时空条件变化的时候,对应的技术治理措施就失去了合法性,必须要及时调整、改变或取消。

---

① 邱仁宗:《生命伦理学(增订本)》,北京:中国人民大学出版社,2020年,第191—192页。

三、反治理的类型学

反治理活动包括哪些？根据针对的治理者不同，斯金纳讨论的反控制行为主要分为四种类型：1）对个人控制的反控制；2）对群体控制的反控制；3）对机构控制的反控制；4）不同控制形式之间的相互冲突。个人对其他的人控制，往往遭到所有人的反控制，而且斯金纳认为进行控制的个体对控制也会"感到内疚"①。群体的控制力量会更大，尤其是许多人对某个个体进行控制，个体的反控制力量处于劣势。当控制者是有组织的机构尤其是政府时，控制与反控制的不对等就更为明显。在斯金纳看来，面对政府控制，人们提出的各种自由、权利观念可以视为反控制手段。② 不同控制形式之间的相互冲突，比如法律控制与宗教控制、教育控制在特定的语境可能目标并不一致，有时候宗教控制会受到经济团体和教育团体的反对，政府和法律的控制比心理学控制更为严格。总之，斯金纳的类型学与他对控制的划分是相对应的。

有限技治理论是从技术角度区别反治理活动的，即反治理可以分为技术性的和非技术性的，主要运用技术方法和手段的反治理活动属于技术反治理。面对技术治理，反抗途径同样包括技术性的和非技术性的。技术性的反对技术治理的行动，即技术反治理，对于技术治理的反治理非常重要。原因很简单，因为技术治理是典型的知识—权力运作模式，只有了解它的相关知识，"以其人之道还治其人之身"，才能得到更好的效果。也正因此，洞悉某个领域的知识—权力运作方式的专业型知识分子，在技术反治理中扮演重要的角色，同时为治理者和被治理者所需要。然而，非技术性的反治理活动，因为专业性不强而效率不高，却更为常见，往往表现出明显的情绪性和非理性特点。

下面用例子分别来介绍技术反治理和非技术反治理。

1. 智能反治理

作为日新月异的新技术治理手段，智能治理并非敌托邦科幻文艺想象

---

① B. F. 斯金纳：《科学与人类行为》，北京：华夏出版社，1989 年，第 302 页。
② 同上书，第 325 页。

那么简单、有效和粗暴,针对性的反治理行动也早已显现,达成智能革命背景下治理与反治理在真实世界中的平衡。智能治理领域的反治理可以称为智能反治理,与智能技术的运用紧密相关,主要包括如下问题。

(1) 智能低效问题

公共治理智能化是否真的提高了治理效率?这个问题必须在不同语境中认真地分析。智能治理同样试图贯彻科学原理和技术方法,实现科学管理原理。但是德鲁克认为,科学管理大大提高了体力工作者的生产率,但是对于越来越多的非体力知识工作者的效率提升作用不大。[1] 仅就办公自动化而言,效率是否提高也受到人们的质疑。波兹曼认为:"电脑使得政治、社会和商务机构实现自动化运行,在这个过程中,电脑未必使这些机构提高效率,但有一点是肯定的,它们使人不注意这些机构是否必需以及如何改进这些机构。大学、政党、教派、司法审理、公司董事会并不会由于自动化而改进工作。它们只不过更加吓唬人、更加技艺化,或许还多了一点点权威,然而它们的预设、理念和理论里的缺陷却原封不动。"[2] 而有人认为,目前智能技术在法院、行政机关的理性审核、裁决当中的应用,在很多地方并没有提高效率,产生的问题比解决的更多。[3]

(2) 技术怠工问题

怠工问题从来就有,也从未得到彻底消除,引发了很多研究。泰勒的科学管理理论在很大程度上就是为了解决怠工问题提出来的,即"制止各种形式的'磨洋工';调整雇主和雇员之间的关系,使得每位工人都愿意发挥其最大优势,以其最快的速度工作"[4]。现代科技应用于生产提高了效率,同时也催生了利用现代科技的技术怠工行为,在智能革命的背景下呈现出新的特点。比如,借口学习新的智能技术来怠工,利用新的信息技术将大量本应由基层处理的决策任务推给领导者等。并且,智能治理会加剧"动因漂移"现象,即将很多问题交给智能技术处理,出现问题的时候则可以将责任推给技

---

[1] 彼得·德鲁克:《21世纪的管理挑战》,北京:机械工业出版社,2009年,第138—140页。
[2] 尼尔·波斯曼:《技术垄断:文化向技术投降》,北京:北京大学出版社,2007年,第167页。
[3] 苗振林、赵译超:《客观看待"智慧法院"》,《河南教育学院学报(哲学社会科学版)》2018年第3期。
[4] 弗雷德里克·泰勒:《科学管理原理》,北京:机械工业出版社,2013年,第6—7页。

术设备,此时责任问题变成了应该升级智能设备、程序和算法的问题。

(3) 智能破坏问题

存在自上而下的智能强制,就存在自下而上的智能破坏。在电子监控中,既存在公权力的压倒性力量,同时也有民众的网络监督、信息披露、"人肉搜索""网络水军"甚至网络造谣。利用智能技术的欺诈和犯罪也已经出现,比如智能合成语音诈骗、3D建模动图解锁人脸识别系统、智能垃圾电话等。对于智能破坏尤其是机器人犯罪问题,不仅更难察觉,而且责任人更难被区分,目前还没有得到足够的关注。

(4) 官僚主义智能化问题

官僚主义是公共治理偏离、低效甚至失效的重要原因。官僚主义者拥抱技术,对智能技术更是情有独钟,尤其大规模的智能城市管理更因体现出官僚机构的强大力量而备受青睐。但是,官僚主义与智能化的结合往往催生反治理的力量。波兹曼指出,从信息的角度,官僚主义产生于应对19世纪下半叶以来政府扩展和社会复杂化导致的管理信息泛滥的问题。官僚制度以效率至上为目标,试图减少需要加工的信息量,以可计算性和文牍中心两个原则来管理信息。① 正因如此,20世纪信息处理技术的发展对官僚制产生了极大的影响。② 在现实公共治理活动中,对信息的关注恰恰增加了管理信息量,制造出许多原本没有的待处理信息,比如智能技术制造出城市管理中水电气、交通、人流等信息。并且,越来越多的信息与智能化,催生出的新问题又需要官僚主义加以应对,导致官僚机构的不断膨胀。在这种情况下,官僚主义和官僚机构的限制、优化和精简将变得更加困难。并且,官僚机构在智能化中的专业狭窄的情况会更加加剧,官僚们囿于部门视野当中,无法把握公共治理的整体状况,这在"智慧城市"治理当中已经发生。③

(5) 过度治理问题

现代治理最大特点就是全覆盖性,即使用强制力不等的学校纪律、公司

---

① 尼尔·波斯曼:《技术垄断》,北京:北京大学出版社,2007年,第48页。
② James R. Beniger, *The Control Revolution: Technological and Economic Origins of the Information Society*, Cambridge, MA, London: Harvard University Press, 1986, pp. 407-425.
③ Rob Kitchin, The Real-time City? Big Data and Smart Urbanism, *Geo Journal*, 2014,79(1).

规章、政策命令、治安条例到法律,形成对所有违纪、违规、违法的社会偏离行为进行处理。实质上,它假定没有绝对完全合乎所有标准的人。但是,这种假定是一种理想型(ideal type)或者方法论,在现实中只能在一定程度上付诸实施,否则就会出现过度治理的问题。比如,在电子监控问题上,并非越多越细越好。实际上,很多社会参数是没有必要获取的,很多违纪违规行为应该交还道德领域,甚至要被社会所容忍。过度监控可能成为阻碍治理的反作用力,浪费人财物,陷于信息过载之中,严重降低智能治理的效率。

2. 美学反治理

非技术反治理种类庞杂,相互关联不大。比如,20 世纪 90 年代以来在西方盛行的反科学主义思潮,马尔库塞所谓的"大拒绝",罗斯扎克指出的嬉皮士等"反文化",新近兴起的反科技的科技艺术,以及对抗算法平台的"反算法行动"(比如不登录、不点赞、不关注、不转发、不评论,拒绝用智能手机等),甚至包括近来在中国受到推崇的"慢生活""普通学"和"躺平学",都属于非技术性反治理的范畴。非技术反治理诉诸情绪性的非理性反抗活动,往往具有明显的美学意涵,多数又可以划在美学反治理之内。

面对晚期资本主义的技术—经济控制,马尔库塞提出"大拒绝"的理念,将希望寄托于他所谓的"局外人"身上。在他看来,反抗已经不能指望工人阶级,也不是原来所谓的"人民",因为"'人民',即先前的社会变革酵素,已经'上升'成为社会团结的酵素"[①]。他认为,反治理的主力是"在保守的公众基础下面的生活在底层的流浪汉和局外人,不同种族、不同肤色的被剥削者和被迫害者和不能就业者"[②]。除了乞丐、流浪汉、妓女、失业者,还有大学生,尤其是"第三世界的大学生"。这是什么逻辑?按照马尔库塞对单向度社会的描述,反抗只能是绝对的拒绝——"大拒绝",即对整个发达资本主义商业文明、生活方式的全盘拒绝。简单说,马尔库塞推崇的反治理行动就是彻底不参与资本主义社会中知识—权力运转逻辑,完全跳出主流社会制度的约束。

[①] 赫伯特·马尔库塞:《单向度的人:发达工业社会意识形态研究》,上海:上海译文出版社,2006 年,第 233 页。

[②] 同上。

马尔库塞的"大拒绝",属于第二次世界大战以来西方社会流行的"美学革命"的反治理思路。大致来说,"美学革命"主张,通过一种新的生活方式,或者个体对(同样的)现实生活一种新的看法,赋予生活全新的美学意义,从而实现反治理目标。如第三编所述,福柯的反治理主张也属于美学革命的路数。他并不指望"局外人",而是提倡人人通过自我技术来与技治系统相对抗。从根本上说,自我技术通过对自身精神境界的塑造和提升,来反抗技术治理的力量,从技治系统中抢夺伦理自治和自我自治的权利。显然,自我技术的精英主义气息浓郁,因为并不是所有人都能完成精神"修炼"。从某种意义上说,"美学革命"似乎是一种自我欺骗——审美可以改变个人的生活态度,但不可能改变冷冰冰的社会制度和社会关系。正如马尔库塞在《单向度的人:发达工业社会意识形态研究》中引用本雅明的话作为结尾,"只是因为有了那些不抱希望的人,希望才赐予了我们"[1]。这里暗示的是,显然通过"大拒绝"的反治理效果不会理想,很难对技治系统产生实质的反作用力。

然而,"美学革命"思想自 20 世纪 60 年代以来在世界范围内产生重大影响,与各种反战运动、性解放运动、反种族主义运动、激进生态主义运动、同性恋运动相结合,加上毒品、致幻剂盛行,催生出一种与传统主流文化完全格格不入的反文化,在年轻人尤其是大学生当中相当盛行。罗斯扎克指出,年轻人中流行的反文化不被主流社会视为一种文化,而认作令人惊恐的"野蛮入侵"[2],但反文化实际上说明年轻人还拥有人类健康本能,而它早已被成年人所抛弃,因而彼时代际冲突是深入心灵最深处的[3]。有意思的是,大学生们虽然出身于中产阶级,却自认为是"人民"的一员,可他们的激进主张,工人阶级并不支持。工人阶级希望在资本主义体制内部,依靠工会组织,争取更多利益,不赞成年轻人的激进主张。所以,"布尔乔亚不是在工厂发现自己的敌人,而是从早餐桌边自己纵容的孩子中,发现自己的敌人"[4]。因此,在罗斯扎克看来,中产阶级们出钱把自己的孩子送入大学,到头来孩子们却

---

[1] 赫伯特·马尔库塞:《单向度的人:发达工业社会意识形态研究》,上海:上海译文出版社,2006 年,第 234 页。

[2] Theodore Roszak, *The Making of A Counter Culture: Reflections on the Technocratic Society and Its Youthful Opposition*, New York: Anchor Books, 1969, p.42.

[3] Ibid., p.47.

[4] Ibid., p.34.

激烈地反对自己。

在反文化之中,中产阶级的孩子们不惜毁掉自己,也要和社会对抗。比如,诗人金斯伯格等人搞的"垮掉的一代"文艺,苹果公司的创始人乔布斯也参加过寻找神秘东方的"超越之旅"。他们追溯瓦兹学禅宗,或者学习儒家和儒教,跟随中国西藏和尼泊尔的喇嘛修行,或者沉迷于生态主义艺术和各种毒品、致幻剂、滥交,或者大搞无政府主义,很多人长期到处流浪。罗斯扎克指出,经过半个世纪的斗争,人们发现推翻政府或某个统治集团最终是徒劳,因为根本改变不了技术统治论的工业体制,换言之,"干翻"几个资产阶级的"小堡垒"根本改变不了当代社会的基础,反文化运动要创新反抗形式,因而容易出现狂热的情况。① 也就是说,罗斯扎克将反文化运动视为反对技术治理的反治理行动。

罗斯扎克认为,技术统治论不仅是一种具有巨大物质力量的权力结构,还是一种总体文化律令。西方年轻人反对老一代,实际上反对的是美国社会根深蒂固的技术统治论秩序。年轻人认为,老一辈已经完全落入技术统治论的罗网,呈现为一种几乎病态的不抵抗(pathological passivity),以技术统治论的目标为唯一目标。

在罗斯扎克眼中,技术统治论有三重含义②:1) 工业社会达到组织一体化巅峰阶段的社会形式:现代化、效率、时髦、理性、计划、社会安全、高等教育、大规模协作、富裕、社会工程、技术操纵等;2) 专家体制或者是雇佣专家的制度,在其中,技术专家具备超越各种政治力量之外最终裁决的地位;3) 社会合理性由技术专家提供,因而最终是用科学知识来提供。因此,技术统治论与工业体制、工业主义是一体的,利润和资本制度可以推翻,但更深层的技术统治论制度却无法推翻。

罗斯扎克认为,反抗技术统治论的关键的问题是要反对社会经济制度中的专家的家长制或"技术的家长制"③。于是,罗斯扎克将推翻资本主义问题转变成了拒斥科学技术的问题,尤其是反对科学文化的问题。显然,当代

---

① Theodore Roszak, *The Making of A Counter Culture: Reflections on the Technocratic Society and Its Youthful Opposition*, New York: Anchor Books, 1969, p. 82.
② Ibid., pp. 3-8.
③ Ibid., p. 19.

社会要放弃工业、科技是不可能的,因而按罗斯扎克的逻辑,资本主义也就无法反抗了。在罗斯扎克看来,反抗技术,可以从反抗教育开始,在技术统治论社会中高等教育证书是非常重要的,因此大学生就要反抗大学,宣传"读书无用论",以此摆脱工业体制的逻辑。显然,以不读书、不上大学和"学生造反"来反抗技术治理,破坏性很强,典型例子就是1968年法国"五月风暴"的街头暴力行动。

最近30年来,当代艺术与新科技的发展关系密切,催生所谓科技艺术,如人工智能(AI)艺术、生物艺术、虚拟实在(VR)艺术与大地艺术等。在此背景下,当代艺术活动日益政治化和社会化,新科技批判性反思与当代艺术找到某种"契合点",比如大地艺术关注气候变化和环境保护,机器人艺术思考人工智能伦理,虚拟实在艺术批判"电子监控社会"等。当代艺术活动日益表现为将艺术家和观众同时卷入的社会行动,而对新科技的当代哲学伦理学反思亦日益强调"走出书斋",提倡为控制新科技的社会冲击而切实行动起来,故而两者常常发生"共振"。总之,不少科技艺术活动属于艺术形式呈现出来的反治理活动。

有意思的是,当代艺术危机论者认为,新科技既激发当代艺术危机,又有助于应对当代艺术危机——"它(指技术——笔者注)既是毒药,也是解药"[①]。首先,艺术家在应对危机中责任重大,要主动学习和运用新科技手段与公众合作,激发人们的审美状态。其次,观众应借助新科技成为与职业艺术家水平相当的业余爱好者,人人都要成为"真正"的艺术家,由此恢复艺术的超凡精神。再次,艺术政治化的结果不应该是艺术被政客利用,而应该是艺术家努力用艺术改造现实政治,使艺术政治化等同于对艺术异化的反抗。最后,艺术家要关注新科技的社会应用,积极参与到批判科技异化的社会行动中,在其中不断推动艺术向前发展。总之,当代艺术的批评者并不完全反对新科技与艺术活动的融合,而是对目前的融合方式不满。

---

① 贝尔纳·斯蒂格勒:《意外地哲学思考:与埃利·杜灵访谈》,上海:上海社会科学院出版社,2018年,第30页。

第22章 技术治理的再治理

如前所述,在实践中,技术治理可能导致诸多社会风险,因而必须用制度—技术的方法来加以规避,这实际上是如何控制技治系统的问题,此即我所谓的技术治理的再治理。再治理强调制度主义的调控方法,即通过制度设计,对技治系统加以引导、调适和控制。当然,制度主义与伦理主义并非脱节的。伦理主义通过伦理审思、道德批判和社会舆论起作用,而制度主义实质上是对传统、习俗、伦理和文化诉求的制度化。因此,技术治理的再治理基本目标是使技治系统的设计与运行符合现存的主流伦理价值观。

讨论技术治理的再治理问题,首先就要思考:对技术治理进行再治理是否可能?一些人主张技术失控论,应该如何看待呢?其次,民主制与技术治理的关系如何?它究竟如何能对技术治理进行制度—技术控制?最后,在中国语境中,哪些具体的再治理策略是值得重视的?这些便是本章要讨论的内容。

一、控制技术的可能性

有限技治理论坚持技术控制的选择论立场,将技术治理视为一种效率工具,坚信技治系统必须得到控制,而且也能够得到控制。因此,有限技治主义者反对悲观主义的技术失控论和技术实体论。

1. "技术失控论"批判

面对宏伟的长城、金字塔和大运河,在为人类创造力骄傲的同时,也容易让人对技术人工物产生惊叹、崇拜乃至敬畏的情绪。此时,在膜拜者眼中,人的造物不再是人造的,而被认为是"外星来物",根本不是单个人能理解、使用和控制的东西。虽然类似情绪早已有之,但只有到了当代技术加速发展,技术系统日益精巧、复杂和大型,才成为社会上普遍的想法。杰伊认为,一些人对计算机的应用表现出焦虑、敌对甚至恐惧的情绪,拒绝使用计算机,或者攻击和破坏计算机。① 在当代社会中,越来越多的人感到技术日益摆脱了人类的控制,越来越"自主""自立"。类似的观念,美国技术哲学家温纳称之为"自主性技术观念",而笔者更愿意称之为"技术失控论"。实际上,如维斯尼奥斯基所指出的,20世纪六七十年代,技术悲观主义和技术失控论开始流行,许多工程师努力与批评性技术理论进行和解,试图建构新的技术政治学。②

温纳早期坚持技术已经完全失控的立场,是当代技术失控论者的代表。在代表作《自主性技术:作为政治思想主题的失控技术》中,温纳对各种技术失控论进行梳理、总结和评论,表达对技术失控论的赞成,以及对技术失控掩饰不住的悲观。在该书中,有则第一次世界大战中的故事,鲜明地反映出温纳几近绝望的悲观情绪。③ 1914年8月1日,战争迫在眉睫,俄国对德国最后的战争通牒置之不理。一番思量之后,德皇威廉宣布全国总动员,启动施利芬计划,但很快皇帝后悔了,希望由英国斡旋避免战争。于是,他召来参谋长,要停止战争计划。可是,将军告诉德皇,施利芬计划不可能被停止:"一经确定,它就无法被更改。"在温纳眼中,各种各样的技术系统都是施利芬计划,启动之后就成为脱缰的野马,必然由着自己的"性子"向前飞奔,最终把人类社会"拖"散、"拖"垮、"拖"得"稀巴烂"。因此,他才花气力对既有技术失控论思想进行总结,以期给人类敲响警钟。

在技术控制论的主题之下,温纳辨析了诸多重要的技术哲学问题。比如技术变革过程是唯一的,还是多样化的;技术变革过程能否受人控制,人类过分依赖技术变革是否导致自由选择能力受损。比如技术为什么会失控,是因为人性缺陷,还是因为基督教或古希腊哲学的影响——显然,他熟悉的主要是西方技术传统。比如在技术活动中,处于核心位置的究竟是技术专家,

---

① T. B. Jay, Compute-phobia: What to Do about it?, *Management Review*, 1982, (21).
② Matthew H. Wisnioski, *Engineers and the Intellectual Crisis of Technology, 1957-1973*, Princeton, NJ: Ph. D dissertation of Princeton University, 2005, pp. 3-4.
③ 兰登·温纳:《自主性技术:作为政治思想主题的失控技术》,北京:北京大学出版社,2014年,第256页。

还是存在超越于所有人之上的技术秩序,当代人是否不仅不能控制技术,反过来还得适应新技术发展,被技术所控制。比如是国家控制技术,还是技术超越国家,此时技术是否还是阶级统治的工具,或者反过来人与人之间的关系是技术秩序的一部分。所有这些问题都被温纳归结到"技术政治"的范围中,许多以往属于政治的问题,今日被逐渐划归到技术领域。

由此,技术失控论者温纳质疑传统的技术乐观主义观念,尤其是它的三个基本立场:1)人了解自己的造物;2)人能控制自己的造物;3)技术仅仅是工具。温纳以为,正是类似观念的流行,才使得当代技术逐渐失控,因而要用技术自主性观念代替老观念。他将其称为"认识论的卢德主义"[①],也就是说,在思想上时刻保持反技术的紧张,但行动上却不要像卢德主义者一样去砸机器、砸实验室,而采取某些更温和的办法,比如对技术"脱瘾",坚决不用手机。

显然,温纳不管提出什么"对策",都是不合逻辑的,因为既然技术已然完全失控,人类除了等待宿命的裁决,所有的努力归根结底都是徒劳的挣扎。后来,温纳的立场有所松动,暗示可以通过将价值因素融入技术设计中,对技术发展的方向进行一定程度的调节,他肯定意识到绝对的技术失控论让人完全失去希望。换句话说,警钟让人警醒,丧钟则毫无价值。

迄今为止,关于人与技术的控制关系,主要有三种基本哲学立场:自主论、工具论和互构论。如果技术自主发展,人控制不了,自主论则容易滑入宿命论。如果技术只是工具,技术尽管发展好了,工具论容易滑入技术亢奋。互构论则认为,人与技术相互影响,结果并不确定。从理论上说,上述三种立场,均可以找立论的证据和逻辑。但是,它们都是技术观,而非物理学意义的科学理论,并没有可重复性检验意义上的对错。什么叫控制?什么叫失控?不同的标准,便会得出技术是否失控的不同结论。当然,在某些具体的技术争论中,特定的立场可能更有说服力。

有限技治理论认为,无论如何,不管什么样的结论,如果它让人类丧失控制技术的勇气和决心,就应该被抛弃。今天,人类正面临深度科技化的前

---

① 兰登·温纳:《自主性技术:作为政治思想主题的失控技术》,北京:北京大学出版社,2014年,第284页。

所未有之变局。不用纠结于纯理论的争辩,因为我们的目标是行动而不是思辨。更为重要的问题是:如何才能让人类为控制技术发展而行动起来,并且说服大家为控制技术而牺牲某些技术便利。显然,控制新技术发展,人人相关,需要人人参与。这就是有限技治理论主张的"技术控制的选择论"的基本立场。

2. "技术实体论"批判

进一步分析,温纳的技术失控论的基础是技术实体论关于技术自主性的主张。在《鲸鱼与反应堆》中,温纳提出所谓技术政治学,核心的观点是:技术内在地是政治性的,而并非传统认为技术应用是政治性的,而技术本身是非政治性的,因此要用政治学或政治哲学的方法来研究技术。我们来分析一下温纳的这种技术实体论主张。

对于用政治学或政治哲学的方法来研究技术,我完全赞同,因为我将技术哲学视为跨学科的问题学,它核心的任务是理解和调控当代技术的社会冲击,因而不管哪种方法、哪种资源,只要能有益于协调技术与人、社会关系,都应该毫不犹豫地加以利用。有限技治理论和温纳的分歧,主要在于对政治性内在于技术的观点。没有人能否认,今日技术与政治关系非常紧密,但政治性究竟是在技术本身,还是在技术应用中呢?从理论上说,关键在于如何区分技术与技术应用。

比如说,有人说互联网技术是民主的,或者说民主性是内在于互联网技术的,我则认为分布式、无中心的万维网是民主式互联网应用,而互联网技术本身是无政治性的,它也可以设计为集中的等级网络。实际上,当前互联网应用也存在很多集权的案例。显然,如果民主是互联网技术的内生价值,便无法解释既存的互联网的集权一面。

同样的例子还有核能利用问题。有人认为,核能技术先天是极权的。我认为,他们主要是认定只有极权政府才能解决核能利用的安全问题,才得出如此结论。对此我认为,1) 核能目前的利用方式导致安全问题非常突出,但是核技术会发展,此种利用方式未来存在改进的可能;2) 现实中民主政府发展和利用核能的能力和意愿,并不弱于极权政府;3) 关键在于坚持民主制并不等于不能在局部的范围中,为了某种特殊目的如安全、健康,而采取一些集权的措施或工具。总之很清楚的是,对于如何区别技术与技术应用,有限技治主义者和温纳理解是不同的,他将技术应用扩大为技术本身。

进一步而言,上述区别是一个纯理论问题,对于现实中指导操作没有太大的意义。无论哪种区分,都不能在政治内在技术的实体论与政治外在技术的工具论之间做出"科学性"判决。有限技治主义者反对技术实体论的原因,主要是因为它很容易导向宿命论,将人类置于"混吃等死"的境地中,既然技术是"座架",奴役着、支配着我们,我们面对万劫不复的地狱之火何必做徒劳挣扎呢?

幸好技术实体论只是一种人类观念,并非客观性的科学事实。因此,有限技治主义者选择将技术与技术应用分开,将技术的政治问题视为技术应用的后果或冲击——这正是温纳极力反对的观点。如此,技术的负面效应根源于人类的不当运用,我们有可能控制技术负面效应,而将技术发展引导到有利于人类福祉的方向上去。

技术控制的选择论与简单的工具论是不同的,因为它承认技术应用的后果很难真正了解清楚,也承认存在"技术应用陷阱",即当技术应用后果完全明了之时,往往可能很难控制和应对。因而,我同意技术创新一开始,以及在之后的技术应用过程中,必须考虑可能的技术负面效应,伦理、法律应该介入技术创新过程。而且我赞同,在技术应用后果不明了之时,技术创新应该慎行、缓行或停止。但更重要的是,为了控制技术,人类必须做出努力和牺牲,如温纳所说的"比过去我们承认的要多,我们必须承担对我们正在制造东西的责任"[1]。减缓和控制技术创新是必要的努力,舍弃某些舒适但有害的创新更是必要的牺牲。

另外,有限技治主义者将自然技术与社会技术统称为技术,社会技术的政治性是不是内在的呢?坚持社会技术与社会技术应用的区分,以及社会技术的政治外在性,要比自然技术难得多。但是,也是不可能的,关键在于如何理解政治性。如果将政治理解为众人之事,社会技术必然是政治性的,因为社会技术改造的就是人与人之间的关系。但是,此时说社会技术与政治相

---

[1] Longdon Winner, *The Whale and the Reactor: A Search for Limits in an Age of High Technology*, Chicago and London: The University of Chicago Press, 1992, p.33.

关,并不等于某项技术必然是恶的或善的,或者必然有利于其一特定人群而有害于另一特定人群的。比如银行利率调节技术,它的不同应用方式会产生不同的结果。换言之,如果把政治性理解为某项社会技术的权力偏好是完全先定而不可更改的——这恰恰是争论政治性的要害所在——那政治性内在于社会技术的观点便可以商榷。事实上,难以想象的是,一种必定全然有害的社会技术能在社会中顺利地长久推行下去。

虽然有限技治主义者在社会技术与政治的关系的理解上,与自然技术不尽相同,但是两种理解都考虑到实体论与工具论背后的根本性问题,即人类是否能够控制技术,以及如何才能控制技术。技术控制的选择论坚持"技术可以控制"的基本立场,并且将"如何控制"的答案系于不断努力、勇敢尝试和无畏牺牲,不需要以乐观的实体理论或乐观的工具理论作为支撑。当然,选择论同时意味着,对技术作用于社会的机制要进行深入的、语境性的研究,如此才有可能有效地控制新技术的发展。

温纳用纽约长岛摩西立交桥例子证明技术是内嵌政治性的,这个例证非常有名,被很多人引用,但经不起仔细推敲。摩西(Robert Moses)是公共基础设施承建商,是20世纪六七十年代支持对纽约城市建设进行现代化改造的代表人物。当时,不少纽约人反对这种改造,并形成了反对运动,摩西成为反对运动指责的"反面典型"。① 在改造过程中,摩西在纽约建造许多立交桥。他的传记作者指出,他的建造工作存在社会偏见和种族歧视。摩西的立交桥阻止12英尺高的公交车通行,而可以让小汽车通行。穷人黑人都是坐公交车,而白人富人才有自己的小汽车。②

如果仔细分析,这个例子根本不能得出温纳想要的结论,用技术与技术应用二分的理论同样可以解释它:立交桥技术是中性的,但摩西对它的运用却掺杂政治性的考虑,即以建筑技术服务于政治目的。我还可以换另外一种解释:效率并非技术应用的唯一目标,政治也可能成为它的目标,传统观念错在将效率视为技术的唯一目标,而不是错在政治性内在外在的理解错误。事

---

① 从华尔街到板门店:《为什么美国不修二三四五环》,https://mp.weixin.qq.com/s/-a95PdZvGIL1ET7m8YCQtkg,2021年10月6日发布。
② Longdon Winner, *The Whale and the Reactor: A Search for Limits in an Age of High Technology*, Chicago and London: The University of Chicago Press, 1992, pp. 22-23.

实上,对于效率与效能的区别,也能解释有效率并不等于有效能,技术应用追求整体效能而非简单的效率。比如,在某些决策情境下,拖延技术最没有效率,但最有效能。总之,温纳关于这个例子解释的歧义有些牵强,有学者专门著文进行过分析。①

温纳还想用人的"故意"缺失,来说明技术内嵌政治性的结论。② 他所举的西红柿收割机的例子,也是一个著名的例子。他认为,西红柿收割机的发明者并没有任何"故意"——这与摩西立交桥不同,从20世纪40年代西红柿收割机被加州大学研究者发明出来之后,西红柿收割机改变了西红柿种植方式(比如软烂的品种被淘汰),减少了小种植场主的人数,人工采摘西红柿工作岗位消失等。他的意思是:这里面没有人的"故意",那就是技术的"故意",即技术内嵌的政治性。然而,"故意"的进一步说明是很无力的。第一,上述技术与技术应用的区别的问题,这里并没有解决。比如说,西红柿收割机不能设计成可以采摘软西红柿而不将它压坏的吗?第二,怎么能确定西红柿收割机没有淘汰采摘工人的"故意",没有偏好较硬口味的西红柿的"故意"?第三,任何技术应用都有某些不可预见的后果,这能不能等同于所谓"故意"的缺失。

总之,只有将技术问题归结为人的问题——按照马克思主义的观点,归结为以技术为中介的人与人之间关系的问题——才能从主观能动性的角度鼓励诸种技术控制的努力,而不是将技术归结为某种"天命的悲剧",消耗整个种族的勇气。所以,有限技治论者反对类似温纳的断言:"虽然一个人可以用特定装置导致的特定结果,一个人也可以很容易想象一个大致类似的装置或系统可以被建造或安装,而产生非常不同的政治后果。我们现在必须审视和评价的观念是:某些技术不允许这样的弹性,而且选择它们就意味着选择不可改变的特定生活形式。"③从这个角度来看,技术控制的选择论是一种乐观主义——不是技术乐观主义,而是一种技术控制的乐观主义,也是一种

---

① 韩连庆:《"解释的弹性"与社会建构论的局限:对"摩西天桥"引起的争论的反思》,《自然辩证法研究》2015年第1期。
② Longdon Winner, *The Whale and the Reactor: A Search for Limits in an Age of High Technology*, Chicago and London: The University of Chicago Press, 1992, pp. 25-27.
③ Ibid., 29.

工具主义——不是简单的工具论,而是充分考虑工具使用复杂性的工具论。

二、生命政治理论批判

新冠疫情期间,以其生命政治理论为基础,意大利哲学家阿甘本对政府运用技术治理措施抗击疫情进行猛烈批评,引发各国学者关于疫情技治的争论。① 以阿甘本的观点为例,可以进一步分析对技治系统进行控制的可能性和必要性。

1. "例外状态"理论

2020年疫情爆发初期,对于意大利政府应对疫情封城锁国的政策,阿甘本一开始的观点是:新冠病毒并不严重,和流感差不多,政府采取疯狂的紧急措施,是另有所图,即将"例外状态"常态化,借机扩充国家的治理权力。后来,意大利疫情急转直下,他不能坚持说新冠病毒不严重了,但仍然认为:就算疫情严重,政府也是借机实施阴谋,所有应对疫情的严管措施只怕今后会成为常态了,不应该如此治理,不应该就为了活着而牺牲生活。②

阿甘本的观点建立于他的生命政治理论即"例外状态理论"的基础上。这个理论有三个关键概念:"赤裸生命""神圣人"和"例外状态"。

什么是"赤裸生命"呢?阿甘本把"活着"和"生活"对立起来,活着指向的是身体,是纯粹动物性的生命,这就是他所谓的"赤裸生命",而人不能光活着,还得生活。他认为:"身体是一个双面性的存在:既是向至高权力屈服的载体,又是诸种个人自由的载体。"③而生活究竟是什么呢?阿甘本认为是思想,没有思想,人就完全成为动物。只有身体与生活相结合,既活着也生活,此时人的生命才成为"形式生命",当生活被剥离,只剩下活着,人的生命就成了"赤裸生命"。

---

① 刘永谋:《一场关于权利、自由与治理的大论战》,《环球》2020年第10期。
② 王悦:《因为疫情,欧洲哲学家们吵翻了!》,"南风窗公众号",2020年3月31日发布,https://mp.weixin.qq.com/s/z3qKWdNMARxoP7robehJiA。
③ 吉奥乔·阿甘本:《神圣人:至高权力与赤裸生命》,北京:中央编译出版社,2016年,第170页。

那么,谁的生命完全降格为赤裸生命了呢?在阿甘本看来,最典型的就是纳粹集中营中的囚犯,还有战争中的难民:他们为了活着,只能任人宰割,是他所谓的"神圣人"。什么是"神圣人"呢?其实这个词最好翻译为"天谴之人",否则容易让人误以为它是个褒义词。阿甘本认为,在古罗马法中就已经出现了"神圣人"的概念,他犯下了某种罪大恶极的特殊罪行,所以别人杀死他也是无罪的,而且他死了也不能被祭祀。① 既然杀死"神圣人"无罪,所以他不属于世俗,而不能祭祀他,所以他也不属于神灵,因此他是"神圣的",就是"两不靠"的,因此他各方面的地位和权利等都是模糊的、待定的。阿甘本还对"神圣"这个词进行过考察,认为这个词指向的其实是不人不神的"中间地带"。

什么是"例外状态"呢?"神圣人"所处的状态即"例外状态",因为适用他的各种习俗、伦理、法律和政治权利等规矩都没有,完全要等主权者来决定。阿甘本所谓的主权者,指的是国家至高权力。希特勒要种族灭绝犹太人,在纳粹集中营中的犹太人,纳粹看守应该怎么对待他们呢?纳粹国家并没有成文条例,而且他们采取的野蛮措施也不可能成文公布出来。因此,集中营处于无法无天的"例外状态",纳粹看守想怎样处置犹太囚徒就怎样处置。

除了集中营、战争难民之外,阿甘本认为,"例外状态"并非极其罕见,在各种紧急状态、戒严状态和军事管制状态中经常发生。他认为,"911"之后,小布什总统授权对涉嫌参与恐怖活动的人,美军可以进行无期限羁押和审讯,这就是典型的"例外状态"。

总的来说,"例外状态"有两个特点:1)常规的规定没有涉及;2)主权者对"例外状态"的处置有绝对权力。也就是说,"例外状态因此是一个无法空间,而其中的赌注乃是一个没有法律的法律效力"②。

与"例外状态"相对的是正常状态。阿甘本认为,"例外状态"本来是暂时的不正常状态,但"例外状态"中形成的某些治理方式常常在正常状态中被延续下来。因此,历史上"例外状态"一再出现,一再悄悄地改变现代政

---

① 吉奥乔·阿甘本:《神圣人:至高权力与赤裸生命》,北京:中央编译出版社,2016年,第104页。

② 吉奥乔·阿甘本:《例外状态》,西安:西北大学出版社,2015年,第58页。

治,悄悄地扩大着国家权力对人民的奴役。因此,在某种程度上,阿甘本认为今天我们所有人都是潜在的"神圣人"。换言之,在不同程度上都生活在集中营中。

面对"例外状态"不断转变成正常状态的局面,我们应该怎么办呢？按照上面的逻辑,阿甘本当然是要反对"赤裸生命",号召大家回归形式生命。简单地说,就是既要活着,又要生活,而生活的关键是要有思想,"只有当思想存在的时候——生命形式乃始在其自身的事实性与物性之中转变为形式生命"①。当所有人都回归"形式生命",阿甘本认为大家就组成了共同体,其中的人民再也不能被降格为"神圣人",人人都过着真正的生活。

2. 科学的建构性问题

按照"例外状态"理论,阿甘本把因为抗击疫情所实施的各种技治措施如社会隔离,全部当作"制造例外状态"的手段,视之为国家权力悄悄扩展的阴谋。阿甘本的言论不但对于中国人来说太过耸人听闻,在欧洲也招致许多人的批评。但是,也有一些欧洲人,尤其是某些激进人文学者和极端反科学的普通公众,支持阿甘本的观点。这与数十年来生命政治理论在欧洲的流行有关。总的来说,"例外状态"理论属于生命政治理论的一种,继承和发展福柯的生命政治理论。简单说,生命政治理论的核心观点在于:现代知识—权力主要通过对社会成员的身体进行控制来运转。

有限技治理论认为,生命政治理论过于夸大了技治系统的极权主义操控风险,否认生命技术治理合理性的一面。针对阿甘本的批评,可以做出两点重要的反驳:1)传染病疫情应对措施怎么能与集中营相类比呢？新冠病毒不是一种自然现象吗？此种质疑的核心点在于如何理解科学的建构性。2)生命政治完全是邪恶的吗？它能完全被抹除吗？此种质疑的核心点在于如何全面地评价生命政治。

阿甘本断定新冠病毒是"大号流感",时间是在 2020 年 2 月底,依据是当时意大利国家研究中心的观点。也就是说,他最初立论根据是当时的科学证据。但是,很快意大利疫情急速爆发,新冠病毒远超流感的危险性暴露出来:

---

① 吉奥乔·阿甘本:《无目的的手段》,开封:河南大学出版社,2015 年,第 13 页。

致死率更高，没有对治药物，没有免疫疫苗，不能再简单地把新冠病毒当"大号流感"来对待了。欧洲的科学家和医生们对新冠病毒的认识，随着疫情推进，有了新的理解，开始放弃之前过于轻视的看法。疫情爆发至今，所有国家都花了大力气应对，完全将之视为"大号流感"的观点，已经被主流意见所抛弃。

因此，阿甘本最初立论的根据有问题，他不能再据此断定政府采取的隔离措施是无中生有了。但是，他可以改口说，就算病毒真的很"凶猛"，但政府趁机把人民推向"例外状态"，采取非常规措施，也是不对的，我们不能为活着不要生活。但是，为了应对疫情，政府采取了某些紧急措施，保障人民生命和财产的安全，这和当年希特勒因反犹主义修建集中营，能都一样归之为"例外状态"吗？新冠病毒在显微镜下可以看得到，可以分离出来，引发的是实实在在的传染病，而反犹主义说犹太人危害人类，危害欧洲，应该要被灭绝，难道不是彻头彻尾的意识形态谎言、彻头彻尾的仇恨煽动吗？阿甘本将两者类比，根源在于对现代科学技术的理解上与有限技治主义者存在根本性差别。他所持的是社会建构主义的科学观，在欧洲"新左派"知识分子的圈子里非常流行。社会建构主义认为，科学知识是社会建构，由社会因素尤其是社会利益所左右，因此并不是客观的。

社会因素对科学活动有没有影响？肯定有，因为科学家是社会的人，科学是科学家的活动，所以科学活动肯定受到社会因素的影响。比如，科学家选择科学问题的时候，肯定会优先选择受社会关注因而能争取到研究资金的研究课题。但是，一般认为，在核心的知识生产环节中，也就是在做科学实验、搞科学观察、提出科学假说，以及检验完善科学理论的过程中，科学家要保证客观中立，根据数据和事实来做结论。但是，社会建构主义不这么认为，而是认为科学知识生产过程的每一个环节都受到社会利益因素的影响，完全不是科学家所宣称的是客观中立的，而科学家说科学是客观的、没有私人利益的，不过是为了让自己的工作显得冠冕堂皇，以追求真理之名获得更多的资金。这就是科学知识社会学（SSK）所谓的"科学修辞学"的基本观点。

科技谦逊主义反对科学的建构主义主张，认为它夸大社会因素对科学生产活动的影响：在科学知识生产的核心领域，客观性、可检验性而不是社会性是主导性因素。但是，科学知识社会学在20世纪90年代在西方社会红极一时,虽然21世纪有所回潮,但在欧洲的文人尤其是阿甘本的"新左派"圈子中,仍然是非常流行的。

受1968年"五月风暴"影响而成长起来的一代欧洲理论家,"新左派"很多,对现代科技持有强烈的敌意。按照科学建构主义的观点,新科技暗地里与权力勾结,为资本服务,帮助统治阶级压迫穷人、工人、弱者、女人和第三世界国家人民。因此,在建构主义者阿甘本心目中,连客观的科学知识都不存在,哪有什么实实在在的新冠病毒呢? 他认为,新冠病毒是政府为了奴役人民建构出来的,根本没有什么纯粹的"自然病毒"。在新冠病毒知识与反犹主义之间,他看不出什么区别,因此拿意大利封城与纳粹集中营类比。

3. 生命政治的评价

如前所述,关于生命政治,福柯在一些书尤其是几本演讲录中零零碎碎进行过论述。不过他总的思想基本是清楚的。福柯认为,权力运作模式在19世纪发生了根本性的转变,从王权转变成了生命权力,两者对待人的根本态度是不一样的。生命权力是知识和权力共生的权力,它指向的是人的肉体及其行为。也就是说,生命权力要控制每个人的生活,就要研究人、改造人,就需要复杂细致和可操作的相关知识。比如,改造罪犯的行为需要相关的狱政学、犯罪心理学等知识。反过来,生命权力的运作过程,会促进各种与相关新知识的产生和发展,比如人口学、社会统计学和城市规划等,就是由此而兴起。这就是知识与权力共生关系的基本含义。换言之,生命权力是一种技术性的权力,要运用诸多治理技术来控制人群和社会。

在福柯看来,生命权力不仅是某种理念,还落实到现代社会的制度和组织层面,形成他所谓的"真理制度"。而生命政治就是生命权力施加于每个个体的政治治理技术,是真理制度的重要部分。如前所述,福柯仔细分析过生命政治所使用的一些治理技术,尤其是区分技术、规训技术和人口技术等。首先,生命政治治理术作用的对象不是人的思想,也就是说不关心洗脑的问题,而是作用于人的肉身,要改变人的行为,要干涉人如何活着。其次,生命政治治理术对肉身的干涉从两极作用:一是如何改造个体的人的行为,这主要对应着规训技术;二是如何改变作为群体的人即人口的行为,这主要对应着人口技术。

总的来说,阿甘本的生命政治理论可以说是对福柯提出的生命政治概念的进一步阐释,想说明生命政治究竟是如何产生、发展和扩散的。阿甘本的答案是:生命政治在"例外状态"中产生和发展,然后以"例外状态"转变为常规状态的方式扩散。因此,福柯和阿甘本的生命政治理论都是对知识—权力滥用的批评。在福柯看来,治理术让当代社会变成了监狱社会。在阿甘本看来,治理术让当代社会变成了集中营社会。他们所用的名词不同,立场大致是一样的。

生命政治属于技术治理的一种思路,即运用技术方式来改造人的行为和生活,以提高社会运行效率。在第三编中,我们讨论过西方民众对技术治理的普遍成见。正因为这种成见,我们发现此次新冠疫情中,西方民众对生命政治表现出非常抵触的情绪。然而,生命政治真的是完全邪恶的?生命政治难道一点好处没有?无论如何,和封建时代动辄肉刑、杀头的治理方式比较起来,生命政治肯定是一种进步。

更重要的是,很多人不明白:绝对的自由是不存在的,完全不受人干涉和控制的人生是不存在的。从根本上说,文明就意味着对人性的改造,没有文明对每个人的培育,人与兽不会有太大的差别。生活在文明社会中,被改造、被控制在所难免,同时也会改造别人、控制别人。比如,教育就是改造人的重要方式,当代社会所有人都要接受义务教育。关键问题在于控制的度,即上一章讨论的,控制要在治理与操控之间。适度控制,适度改造,促进社会进步,维护社会秩序,这属于正常的治理范围。但是,如果控制过头,改造过头,或者为了极权主义目的进行控制和改造,就不属于正常的治理范围,而属于极权主义操控了。

也就是说,生命政治的确存在着走向极权主义的风险,但它并不必然走向极权主义。而在阿甘本看来,生命技治术的使用只能是以极权主义操控为目标,结果只能是我所谓的机器乌托邦,除此之外别无可能。所以,对于任何的生命政治措施,都不要被它表面的好处所迷惑——在疫情当中,这种好处最明显是挽救人的生命——而是要坚决拒绝,誓死反抗。这就像阿甘本对现代科技的态度一样:因为科学技术可能存在负面效应,所以要反对所有现代科技的社会应用。显然,这是典型的因噎废食,失去理性。事实上,经过新冠疫情的洗礼,西方民众和思想界对生命政治和技术治理的态度也逐渐发生改变,要求客观看待的人越来越多。

不过,阿甘本等人对生命政治的批评,也并非是全无道理的。他的判断是对人类历史浩劫的深刻反思,对于后世政治运作尤其是技治系统的运行,有重要的警示和提醒作用。首先,时刻不能忘记"将权力关进笼子",警惕权力者扩大权力的欲望。其次,技治措施的运用是有限制的,要坚决防止它超出适用范围如时空约束、对象约束等。最后,秩序与自由之间的平衡,不能完全倒向秩序的一极。总之,随着新冠疫情的发展,有关智能治理的各种争议,如人脸识别技术的过度使用等,说明阿甘本的批评并非绝对的无稽之谈。

4. 对圆形监狱的民主解读

如前所述,在治理术的讨论中,福柯发展了边沁的圆形监狱理论,作为生命政治和规训的重要隐喻。一般认为,边沁提出的圆形监狱机制是极权主义统治工具,福柯进一步将其视为知识—权力催生规训社会的秘密所在。但是,边沁的确指出,圆形监狱的看守塔中的看守,随时要接受来自外部的上级的监督。也就是说,监视者同样也是被监视的。在福柯看来,这恰恰说明没有人能摆脱监视社会的"索伦之眼"。

然而,埃兹拉希则据此指出,圆形监狱是可以倒转的:将人民放入看守塔,可以将治理者的言行曝光于民主恒常的监督之下,于是监视便转变成监督。显然,这种监督很好地将治理者置于不知道会被谁检举的"匿名压力"下。按照埃兹拉希的说法,杰斐逊和潘恩等人首先意识到上述倒转的可能性,而将圆形监狱设计为政治权威对公众负责的民主工具。①

埃兹拉希对圆形监狱的民主意涵的引申,是对福柯批评"治理术"一个很好的反驳,生动地表明福柯思想过于偏激和敏感的特点。他提出所谓的"证明性视觉"的概念,并同时将其运用科学与民主两个方向,"18 世纪时,'光'或'光照'常被用来隐喻知识及其在社会中的扩散,这表明公众更为广泛地参与到了文化和政治秩序中。这是证明性视觉取向普及并融入到科学

---

① 亚伦·埃兹拉希:《伊卡洛斯的陨落:科学与当代民主转型》,上海:上海交通大学出版社,2015 年,第 143—144 页。

之外的权力和权威修辞的一种重要标志"①。在他看来,从某种意义上说,民主意味着政治的可观察性,圆形监狱因而可以意味着,"在自由—民主政治文化中,实验科学家在自然事实面前的谦逊变为政治演员在社会和政治'实在'的公共事实面前的顺从"②。

有限技治理论部分赞同埃兹拉希对"光"的民主解读:只有在现代民主国家,权力者才是可见的,才被剥下"皇帝的新衣"。正如埃兹拉希指出的,"尽管现代极权主义国家和现代之前的封建—贵族统治社会都没有为针对权威的证明性视觉取向留出空间,但后者是缺乏证明性视觉文化所需的社会文化条件,而前者则是要压制本可以做见证者的观众的独立性。在封建社会或贵族统治的社会中,人民和政府基本上是不可见的,而可见空间主要被用来仪式性展示或是赞颂等级制"③。这应该是评价"启蒙之光"的"基本面"。历史经验表明:极权主义总是见不得光,在其中真相被隐藏、被美化、被歪曲,而谎言却大行其道。在极权主义国家中,了解真相往往是某种特权,一定的权力等级对应知情权的大小,普通民众则完全被谎言所笼罩。所以,可见性不必然带来民主,但民主制必然是可见的。但是,有限技治主义者不同意埃兹拉希之处在于:在承认可见性民主潜能的同时,承认圆形监狱逻辑的社会扩散既加强对治理者的监督,也导致对被治理者的控制大大增强。很难说,监督和控制到底谁增强的程度更大,但两者毫无疑问都是同一束"启蒙之光"的效应。

三、民主制与技术治理

许多反技治主义者认为,技术治理与民主制相冲突,技术治理必然会导致极权制度,而民主制必然会禁止技术治理。但是,在现实的当今民主社会中,技术治理却到处存在,甚至不断地在扩展。也就是说,民主制与技治制并不是必然冲突的,而是可以在一定程度上兼容的。

---

① 亚伦·埃兹拉希:《伊卡洛斯的陨落:科学与当代民主转型》,上海:上海交通大学出版社,2015年,第100页。
② 同上书,第109页。
③ 同上书,第113页。

有限技治理论认为,民主制与技治制的并存,必须以民主制对技治制的有效控制为基础。也就是说,社会主义民主制是更基本、更高的制度框架,而技治制是民主制的效率工具,处于社会主义民主制的控制之下。正如第一编所分析的,技治制属于少数人决策的制度,理想状态是贤能制,不理想的时候可能沦为寡头制。因此,民主制控制技治制的基本目标在于:一是防止寡头制倾向,二是将其控制在必要的局部范围中。反过来,有限技治理论认为,技治系统如果想要在当今社会健康地发展,就必须自觉地接受社会主义民主制的控制。首先,技治制要服从民主制的更高目标,做到有效为人民服务。其次,技治制要主动融合技术民主化的各种措施,在运行过程加入更多的民主程序。最后,当技术目标与民主目标相冲突,技治系统应该放弃内部效率目标,无条件地服从社会主义民主制的决策。总之,有限技治主义者主张的是"民主制控制的技术治理",而非凌驾于民主制之上的技治制。

主张民主制控制技治制的当代学者越来越多,普赖斯和贾萨诺夫在其中最为著名。从某种意义上说,他们都属于民主控制技术治理的支持者。我们通过评论他们的观点来阐述有限技术治理理论的相关观点。

1. 普赖斯的观点

普赖斯是美国科学政治学最重要的开创者之一,美国政治学学会设有普赖斯奖纪念其学术贡献。兰姆布莱特认为,他应该是第一个严肃讨论政府与科学关系的学者。[①] 普赖斯以美国作为案例,得出民主可以控制科学技术和专家政治的结论。

普赖斯对美国科学与政府的历史关系进行了详细总结。在美国建国过程中,"科学参与了共和国革命,破坏旧的君主权(Sovereign Authority)体系"[②],美国社会和政府长期坚信科学与民主一样是进步的源泉,一直支持科学技术的发展。即使第二次世界大战之后,这种观念发生了一定程度的动摇,但今天美国科学家仍然比政治家、企业家的社会地位更高。[③] 历史上,美

---

① W. Henry Lambright, Scientists, Truth, and Power, *Public Administration Review*, 2009, 69(2).
② Don K. Price, *Government and Science: Their Dynamic Relation in American Democracy*, New York: Oxford University Press, 1962, p.9.
③ D. K. Price, Endless Frontier or Bureaucratic Morass? *Daedalus*, 1978, 107(2).

国科学家对政治尤其是立法和行政——因为其中许多问题不能由法律先例或抽象原则推理加以解决,不得不借助科学证据以及有组织专业人员的意见——影响很大。

因此,普赖斯指出,美国政治体系中实用和实验方法盛行,一向有技术治理传统或专家治国传统。① 美国科学家在影响政治体系的同时,又希望科技机构保持自身的独立性和自治传统。美国人对科学影响政治形成了两种常见看法:1) 应该建立好人政府,作为好人的科学家应该进入政治领域;2) 政治学应该向物理学学习,建立牛顿力学式的分析体系。总之,"科学已经成为美国政治体系中的重要建制",而"美国体制给政府科学家以其他国家不能比拟的自由和影响"。②

普赖斯认为,进入20世纪,科学与民主的关系继续发生变化,科学革命尤其是物理学革命对当代美国的政治制度造成了如下三大冲击。

首先,科学革命使得公共和私人部门之间联系更为紧密,科学技术与政治、经济的边界越来越模糊。自19世纪以来,科学越来越抽象,科学家处理日常经验的具体事务的情况越来越少,而是用新的分析和实验方法开拓自然界没有的、全新的和不可预测的产品,只有大公司才有能力去经营这样的产品。第二次世界大战之后,科学家尤其是物理学家越来越多参与到更大的学术—工业联合体(academic-industrial complex)中,并深深地卷入政府事务。并且,科学抽象不断打破不同学科的边界,开始渗透到工业和政府领域,迫使工业和政府利益融合。科学与工程联姻,工程成为基础科学,成为工业与政府融合的切入点,这导致社会变化速度不断提高,而工程师的目标也发生改变,"现在的工程师越来越多考虑的不是如何增加既有产品的效率,或者甚至不是创造新产品,而是如何发展新市场和新产业"③。美国政府开始大规模资助科技研发活动,大学和工业实验室的费用相当一部分是政府的投资,尤其是第二次世界大战美国政府武器研究项目受益之后。换言之,科技已经

---

① Don. K. Price, *The Scientific Estate*, Cambridge, MA., London, England: Harvard University Press, 1965, p. 30.
② Don. K. Price, The Scientific Establishment, *Science, New Series*, 136(352).
③ Don. K. Price, *The Scientific Estate*, Cambridge, MA., London, England: Harvard University Press, 1965, 33.

成为大国权力角逐的关键战场。政府与科学的关系越来越紧密,这让科学部分卷入科层制(bureaucracy)中,而官僚机构也与科学发现、科学家和专业共同体有了更大的关系。

其次,科学革命导致公共管理事务出现一种新的复杂秩序,科学家—管理者越来越多地出现在政治领域。在美国,科学家很容易进入政界,在高层不多,但在底层操作部门则非常普遍。于是,科学越来越被政府部门视为一种思考问题的方式,即"负责任决策过程因此不是由某些爱国主义教条开始的政治理念的定义,而是用管理和科学方法实现目标的推论"[①]。于是,中心化的最终决策实际被分解为各个环节的理性理解和科学决策,在政策执行领域更是如此。反过来,第二次世界大战以后,政府借助自然科学、社会科学的各种研究项目,不断扩大了自身的职责和权力范围。

最后,科学革命颠覆了美国传统的分权制衡(Checks and Balance)系统,科学技术的自主性和不可预测性越来越强。普赖斯认为,在美国科学与人文冲突是个伪问题,因为人文在美国一直力量很弱,稍微能与科学抗衡的是法学、神学和道德哲学等,这些学科在20世纪开始对科学不断进行批评,但是"对科学的影响没有重要的挑战;科学的确被用于推动'从蜜蜂喂养到帝国的管理'"[②]。科学受到有力质疑是第二次世界大战以后的事情,其中很重要的文化因素是:科学与宗教在美国并未真正和解,虽然不再直接相互争吵,但并未真正结盟。不过是科学家很少宣称科学方法是思考人类和宇宙的唯一方法,而神学很少宣称与政治事务联系起来。在思考方式上,科学家仍然是对宗教进行非议的建制化异议者(the established dissenters)。而科学内部,对于自身力量的限度认识很不够。因此,对于科学和科学家的分权制衡还很不够。

普赖斯指出,在科学革命的冲击之下,尤其是第二次世界大战之后,科学与政治之间的摩擦不断,以艾森豪威尔离任的告别演讲——他提出要警惕科学与军工的共谋——为代表,人们怀疑科学发展能否与美式代议制政

[①] Don. K. Price, *The Scientific Estate*, Cambridge, MA., London, England: Harvard University Press, 1965, p. 67.

[②] Ibid., p. 94.

治兼容。① 因此，西方尤其是美国社会和民众越来越对政府和有组织的科学家、专业人员不信任，对于技术治理越来越担心：一是担心专家政治不按科学管理的原则来施行，二是担心彻底施行专家政治可能把整个社会变成巨大的机器。很多人担心政治家理解不了新的科学发现，胜任不了他们的工作。"类似担心越来越看似有理了：科学产生的新权力可能超出了宪法程序的控制，科学家可能变成了新的统治派系或秘密建议者阴谋集团。"②但普赖斯则认为，科学最大的危险不是导致独裁而是对存在意义的迷失，没有政治目标指导技术应用的盲目力量。③

于是，美国学界开始重新思考科学与民主的关系。普赖斯指出，建国以来，美国人一直相信人类社会进步依赖于民主与科学的组合，但第二次世界大战以后开始怀疑科学与民主是自然同盟的假设，要求认真思考科学和科学家在民主政治和宪法体制中的地位问题。这与当时更大的文化背景有关，即美欧学界对包括理性与自由政府结盟等各种启蒙信念产生了怀疑。与此形成鲜明对比的是，普赖斯指出，苏联主流思想对于将科学用于政治领域非常乐观，认为"共产主义体制是唯一能让政治建基于科学方法的路径"④。

对20世纪下半叶美国社会科学与民主关系的变化，虽然普赖斯给予了足够的注意，但是他没有预料到21世纪之后这种关系会恶化到很严重的程度，此次新冠疫情中美国人的表现就说明了这一点。很多普通美国民众甚至直接将科学、科学家视为民主制的威胁，这是美国疫情在全世界最严重的重要原因之一。

然而，普赖斯并不认为技术治理必然会反民主。对此，他评论道："我不认为，可以说重大政策问题由科学决定的体系肯定是不民主的，会否认任何多数民主的自由选择——即使可能碰巧是如此的。"⑤在当代社会，自然科学

---

① Don K. Price, Escape to the Endless Frontier, *Science*, *New Series*, 1963, 148(3671).
② Don K. Price, *The Scientific Estate*, Cambridge, MA., London, England: Harvard University Press, 1965, p. 57.
③ Don K. Price, The Established Dissenters, *Daedalus*, 1965, 94(1).
④ Don K. Price, *The Scientific Estate*, Cambridge, MA., London, England: Harvard University Press, 1965, p. 5.
⑤ Don K. Price, *Government and Science: Their Dynamic Relation in American Democracy*, New York: Oxford University Press, 1962, pp. 161-162.

与社会科学一样,不可能与政治论题完全隔离,科学家没有办法彻底躲开政治。科学对于政治体系影响最大的是科学思维方式,而且政府中越是基层越需要精确科技的支持,而高层由于不必做非常精确的回答而只是原则讨论,因此更多是依赖统计概率。科学不会限制政治和管理公共事务的自由裁量范围,许多政策问题并不能由科学研究完全解决,而是要将科学知识和政治价值结合起来才能解决。因此,科学不能给政治问题提供最终答案,而是提出许多新的需要解决的问题,自然科学不排除更需要政治和宪法的力量。普赖斯主张,科学要服从美式民主制,要置于民主控制之下,使其更好地为民主和宪法服务,而学术自由应被纳入自由体系之中,而不是某个阶层的特权。

普赖斯还认为,美国民主制对技术治理的控制是可以做到的,关键是设计一种政治体制使得学术自由得到保护,并使科研结果的治理应用被置于负责任的民主程序的指导之下。普赖斯指出,科学发展到今天已难以为普通公民理解,目前只有两种主要方式在控制科学的实践应用:1)对选民科普或让公民代表了解更多科学;2)支持科学家进入政治高层。实际上,科学家其实也只了解自己的专业,专家治国最终还得依赖于政治力量。对此,他评论道:"即使我们有选民和一个完全由科学家组成的国会,我们仍然面对问题最困难的部分:当我们知道一个问题的科学方面之后,我们如何通向我们所赞同的行动以及应用科学实现目标。而且科学家对政府实际事务目标偏好不会比他们自己的科学方法更多。他们将问题留给专业人士和管理者。"[①]总之,普赖斯坚持技治制必须接受民主制的控制,才能规避技治制的社会风险。

普赖斯的讨论以美国为出发点,但对于普赖斯的基本立场,有限技治主义者大致赞同:1)技治制不必然与民主制相冲突;2)民主制可以控制技治制。他对民主制与技治制之间关系的理解,主要的问题在于:1)强调了两者一致性的一面,而对于两者之间的冲突考虑得不够充分。这与美国的国情有关,因为美国的民主制很发达,基础很牢固。但是,在许多国家和地区不具备这种情况,民主制的薄弱很容易导致技治制成为敌视民主制力量的有力工具。也就是说,讨论民主制与技治制关系的时候,不能脱离具体的历史语境。

---

① Don. K. Price, *The Scientific Estate*, Cambridge, MA., London, England: Harvard University Press, 1965, p. 122.

2) 更重要的问题是,究竟如何保障民主制对技治制的控制,这是一个更为考验制度智慧、更需要审度理性的问题。对此,普赖斯主要提出专家权力分权与制衡的办法——下面会专章讨论类似观点——对于权利意识和传统强大的美国很有价值,但对于中国这样与美国国情迥异的国家作用要大打折扣。
3) 更深层次的问题,牵涉到制度设计之下的社会普遍价值观和主流价值观的差异。当代中国是一个科学主义远盛于美国的地方,这决定了再治理的任务更为艰巨,需要花费更多的精力去研究、预判和防范。

2. 贾萨诺夫的观点

在科学技术与政治、政策关系领域,贾萨诺夫是当代美国最著名的学者之一。她出身于印度,求学于美国,成名作《第五部门》曾获美国政治学会普赖斯奖,她长期担任哈佛大学肯尼迪政治学院科学技术研究(Science and Technology Studies,STS)项目组的带头人,兼任国际科学社会研究学会主席。她的研究兼收发达国家和发展中国家尤其是印度的经验,又带有浓厚的女性视角,同时结合理论反思和实务分析(尤其精通法律问题),因而颇具特色。总之,讨论当代美国技术治理和治理技术,贾萨诺夫是绕不开的人物。

与普赖斯相比,贾萨诺夫从分析技术监管问题得出技治制必须也可以被民主监管。在具体讨论技术监管问题之前,贾萨诺夫首先讨论一个前提性的问题:技术可不可能被治理呢?有很多人认为,技术从根本上是无法被民主制所理性控制的。对此,贾萨诺夫是反对的,并对流行的三种观点,技术决定、专家治国论和结果意外论进行了批评。[①] 技术决定论认为,技术具有自主性,有自身发展的规律,决定整个社会的历史进程。专家治国论认为,技术监管是专家的事务,普通公众难窥其堂奥。结果意外论认为,技术系统过于复杂,出现预计不到的意外是难免的。显然,这三种观点都否定民主制监管技术系统的可能性,贾萨诺夫都不赞同。

相反,贾萨诺夫赞同技术系统可塑性的观点,也就是说,技术系统在很大程度上是适于进行伦理分析和政治监管的。有一点必须指出:贾萨诺夫使

---

① 希拉·贾萨诺夫:《发明的伦理:技术与人类未来》,北京:中国人民大学出版社,2018 年,第 10—18 页。

用的是"技术系统"概念,也就是说,她谈论技术时,不是把它们当作孤立的、单一的东西,而是看作以集群形式存在的。这无疑是正确的。正是基于技术系统复杂性的细致分析,她才能说明监管何以能在某些环节、某些方面和某种程度上实现。并且,她对技术系统的分析,也说明技术集群与政治之间的紧密联系。贾萨诺夫持有经典民主主义者的立场,相信强有力的民主制是可以控制技术发展的,控制目标是实现"对技术的理性民主监管"[①]。

贾萨诺夫认为,民主制对技治制的控制,主要集中于当代技术发展的三个方面的主要问题:技术风险,技术不平等,自然被威胁。[②] 由于技术系统日益复杂,技术方法和目的之间发生断裂,技术风险难以预料,目前主要应对方法是由专家进行风险评估,但贾萨诺夫认为,风险评估存在价值观冲突和风险难以量化的问题。技术导致不平等,如技术产品和服务的生产者和消费者之间的不平等,不同国家、地区、人群和阶层之间享有技术权利的不平等,不平等问题在当代社会愈演愈烈,在技术灾难中如切尔诺贝利核电站泄漏表现得最为明显。这是一种结构性的不平等,涉及国内国际的制度架构的设计。当代技术发展对自然的威胁,包括对自然物的重塑(典型的比如转基因农业),以及对人的自然性的改造(典型的比如人体增强和人体基因工程),引发大量的伦理争议和监管难题。至于近来热门的信息伦理以及仿制药等知识产权争论,实际上同时牵涉上述的风险、不平等和威胁自然问题。

贾萨诺夫回顾全球历史经验,认为对技术系统进行监管主要是从三个方面着手,即预测监管、所有权监管、责任监管。[③] 预测监管就是预测技术发展的社会后果与风险,然后进行预见性的引导和防范。所有权监管主要调整与技术有关的所有权问题,其中最主要的是知识产权,比如豁免某些穷国在医药方面的知识产权保护义务,以减轻穷国富国在医疗方面的不平等。责任监管包括对技术方面的公共责任和个体责任的强调,尤其是政府、专家和工程师的责任。

贾萨诺夫还认为,近年来备受关注的技术监管新措施包括三个:技术评

---

① 希拉·贾萨诺夫:《发明的伦理:技术与人类未来》,北京:中国人民大学出版社,2018年,第9页。
② 同上书,第3—4页。
③ 同上书,第178页。

估、伦理委员会、公众参与。① 贾萨诺夫指出,它们在一定程度上推进了技术的监管,但都面临着两难的问题。技术评估带有专家治理的固有特质,容易忽视普通公众的利益,而伦理委员会和公众参与引入非专业力量来监管技术,在意见表达的充分性方面仍然存在诸多争议。但是,不能因此就对民主制监管技术系统失去信心,重要的是具体分析此类监管方式在不同语境中的运用,查漏补缺,不断前进,使之适应于不同的国情。

如前所述,对技术进行治理,我称之为治理技术。治理技术包括对技术的研发和应用两方面进行控制,因此,治理技术包括对技术治理进行再治理,也要对技治技术的研发进行控制。也就是说,贾萨诺夫讨论的技术监管问题,包含了对技术治理的监管问题。她反对技术监管的技治主义立场,即技术监管完全由专家所决定,进而讨论了摆脱专家主导的三种技术监管措施,对于技术治理的再治理很有启发意义。但是,她提出的再治理措施在中国是否有用?实际上,她的想法近年来在中国学界产生了一些影响,但实践上与中国国情存在不小的差距,需要深入研究。更重要的是,有限技治主义者更重视制度层面的总体设计,试图在基本框架上考虑再治理问题,而不仅是从经验层面总结有益的尝试。

四、再治理的制度建构

民主制究竟如何才能约束技术治理呢?从如何应对技术控制增强的角度,斯金纳实际讨论了技术治理的再治理问题。斯金纳对技术控制再控制的分析,对有限技治主义者颇有启发。

斯金纳认为,"随着人类行为被进一步分析,控制将变得更有效。或迟或早必须面对这个问题"②。如何应对这个问题呢?他归纳了四种态度。

第一,否认控制,即主张任何技术都不可能被完全控制。斯金纳反对这种观点。

第二,拒绝控制,即有意识地拒绝、反抗所有的行为控制。对此,斯金纳

---

① 希拉·贾萨诺夫:《发明的伦理:技术与人类未来》,北京:中国人民大学出版社,2018年,第178页。
② B.F.斯金纳:《科学与人类行为》,北京:华夏出版社,1989年,第412页。

是部分赞同的:他支持反治理,但不认为有人能最终彻底摆脱所有的控制。

第三,多样化的控制,即技术控制要多元化、分散化。对此,斯金纳是赞同的。为什么? 首先,这可以避免极权主义的危险。他指出,"一个相当明显的解决办法是将人类行为的控制分布在许多力量上,这些力量具有的共同性是这样少以至于它们不可能在一个专制的单位里结合在一起。一般说来这是一种民主反对极权的论证。在极权主义的国家里,所有的力量都被一起集中到一个唯一的超级力量之下"①。其次,不同的控制形式之间存在相互制衡的可能。比如,经济控制经常与教育控制冲突,宗教控制经常与政府控制冲突。最后,"多样化允许一种较安全的和更灵活的在文化设计里的实验"②。也就是说,多种形式组成的社会控制容易进行调整,而不会导致整个结构的严重问题。

第四,对控制进行控制,尤其是政府力量的限制。斯金纳重点强调的是对技术控制进行全面控制。按照他的行为主义理论,应该更多地使用不使人厌恶的控制形式,减少使人厌恶的控制形式,政府强力控制便属于使人厌恶的控制形式。这实际上是强调从政府统治到多元共治的转变。

如前所述,有限技治主义者尤其强调运用审度的立场,紧密结合中国特色社会主义民主制的现实国情,来分析技术治理的再治理问题。总的来说,再治理制度的设计要朝"内外结合,重点突出"上努力。

1. 内外结合

有限技治理论认为,技术治理的再治理应该同时从技治系统的外部和内部两个方面来考虑。从外部来看,制度—技术设计的重点在于处理限制技治制的权力问题,防范技治系统权力过大。其核心问题包括:1) 技治系统权力范围的制度划定;2) 技治权力越界的侦测和纠错制度。从内部来看,制度—技术设计的关键在于平衡技治系统内技术力量,防范技术权力对多元化民主声音的忽视。其核心问题至少包括:1) 技治系统的民主参与;2) 技术知识与治理知识的融合。归根结底,以民主制约束技术治理,既是社会主

---

① B. F. 斯金纳:《科学与人类行为》,北京:华夏出版社,1989 年,第 418 页。
② 同上书,第 415 页。

义民主制的总体要求，也是技治系统在民主社会中能有效运转的前提。

虽然不同的地区、历史、文化和国情必然对再治理产生重要的影响，但也可以找出一些共性的可能制度设计要点。大致来说，外部再治理至少可以考虑如下方面的问题。

第一，建设多元化的权力平衡社会。多元化社会反对某种权力形式如政治权力独大，实现政治权力、商业权力、学术权力、宗教权力、媒介权力和非政府组织权力等的多元共生，有限技术治理制度将部分政治权力赋予专家，但它应受到非政治权力的制衡。

第二，社会主义民主制对技治制制度性的持续指导和限定。有限技术治理并不是国家总体制度设计，而是在社会基本制度的框架之下，为新时代中国特色社会主义民主制服务的局部制度安排。换言之，渐进的而不是乌托邦的社会工程，是技术治理再治理目标允许的技治制模式。有限技术治理可以在受控的局部发挥提高效率的优势，促进社会公共治理的水平。

第三，制度性限定技治制和专家的政治权力。有限技术治理不是把所有的政治权力尤其是决策权力制度性地赋予专家，而是将其中的某些部分如建议权、执行权赋予专家。当代政治活动中的事实因素越来越多，但这并不影响政治最高目标仍然是价值而非事实，以事实为基础的效率并非公共治理活动最高目标。所有政治权力交给专家，可能导致社会政治活动失去理想。

第四，建设开放社会而非封闭社会。封闭社会容易走向总体主义的乌托邦，而对外界开放、沟通和融入全球化的社会则不容易如此，因为它会受到外部世界更大的影响，它的人民也会有可能进行客观的制度比较和选择。开放社会的边界是模糊的，这对于总体控制的乌托邦是根本性的威胁。当技治极权不幸出现的时候，外部力量的介入非常重要。因此，有限技术治理与开放社会是相适应的。

第五，从政府统治向社会共治转变。传统观念中公共治理将政府视为唯一的治理主体，而社会共治则把政府视为公共治理主体中起主导作用的力量，但并不排斥其他组织甚至个人成为参与的一方。当代公共治理事务日益复杂，尤其在涉及高新科技的领域如核能建设和利用、转基因食品管理、环境污染治理和气候变化应对等问题中，仅仅依靠政府力量是不够的，多元主体共同协同参与到公共治理之中将日益重要，切实将对抗和竞争转变为共建、共治和共享。

而就技治系统内部而言,有限技术治理至少可以考虑制度建设以下几个方面的问题。

第一,专家行政的民主参与。的确,在许多涉及科技的行政事务中,专家发挥主导作用是必要的,但是这不能否定利益相关者介入的必要性。并且,专家在科技民主决策中负有"公众理解科学"的责任,也就是说对民主参与各方进行必要的科学与知识的普及、教育和传播。事实上,涉及技术事务的政治决策并不一定需要很精深的专业知识,在较短时间中理解决策中的技术精义在多数时候是可能的。这正是欧洲正在兴起的技术民主运动的前提。

第二,培育独立精神的学术制度。参与技术治理的专家是大学培养的,而大学应该有独立的学术目标和学术自由,尤其不应成为政府的附庸。当然,反过来也是一样,政治也不应成为专家的试验场。关键是要防止学术与政治的恶性共谋,学术研究沦为政治背书的工具。当两者共谋时,专家权力过大最容易出现。

第三,保证知识背景全面平衡的专家制度。对于具体的技治议题,同时涉及技术和治理两个方面,涉及自然科学、社会科学和人文科学相关领域的跨学科知识。尤其是与新科技相关的社会问题和伦理问题,需要相关领域的各种专家的参与。因此,技治系统中的知识要素必须全面,不同学科背景的专家比例要平衡,尤其要警惕把技治问题简化为某一领域的技术问题来对待。

第四,技术专家制度化的伦理和社会责任教育。有限技治理论认为,培养专家对社会一般伦理观念和民主制度的认同,以及关注技术治理可能导致的风险,尤其是在工程师培养阶段对专家"预备队"进行一般伦理和工程伦理教育,有益于专家对自身权力的自我约束。

第五,针对专家越权的政治纠错制度。当发生专家严重越权的现象时,依靠基本政治设计尤其是民主制结束越权并加以制裁非常重要。在政治和公共治理活动中,不出现错误是不可能的,重要的是设计出现错误时止损和纠错的常规机制,防止走向极端情况。

第六,多种技治措施的综合利用。如斯金纳所主张的,有限技治系统强调技治措施的多元化,也强调尽量寻找行政控制的替代方法。为什么?除了斯金纳分析的技术原因之外,最重要的理由是:在社会主义民主制语境中,技术治理处理的是人民内部问题,归根结底要在一种平等协商与民主集中的和谐关系中前进。

2. 重点突出

中国的民主制是中国特色的社会主义民主制。由于社会主义国家的领导阶级是工人阶级及其同盟军农民阶级,所以社会主义民主制对于专家权力是有约束的,尤其对专家权力与资本的结合一直十分警惕。最近,中国对网络平台的反垄断问题的重视,就很好地佐证了这一点。除此之外,中国政府对公共治理活动的支配地位,是在中国考虑技术治理再治理的重要背景。换言之,有限技治主义者认为,政府在再治理中的角色设计,以及切实发挥政府在再治理中的作用,是中国特色社会主义民主制控制技治制的关键一环。在中国,很多时候正是政府在主导某一项具体的技治活动或技治措施,比如当前正在进行的新冠疫情技治,这就要求政府必须同时考虑治理和再治理两方面的问题,不能完全陷入效率唯一的陷阱中。

除了处理好政府与再治理的关系之外,有限技治主义者认为,技术治理再治理的制度—技术建构结合中国语境,可以至少重点考虑如下问题。

(1) 建立和完善科技伦理委员会

随着高新技术的迅猛发展,尤其最近十年智能革命方兴未艾,各种科技伦理问题层出不穷,引发全社会的强烈关注。最近几年,作为重要的应对措施之一,各级科技伦理委员会纷纷成立。在科技伦理委员会要面对的诸多科技伦理问题中,许多问题均与技术治理紧密相关,比如数据隐私与数据安全问题。

毫无疑问,设立科技伦理委员会是在发达国家已经产生效果的再治理措施。但是,不少学者也注意到科技伦理委员会在实际运用中存在着各种问题。布驰认为,如今流行的各种科技伦理委员会,在技术化科学的时代必然是作用不大的。他认为,在后学院科学时代,还有没有科学共同体,以及默顿所谓的"科学的精神气质",在很大程度上都可以质疑;按照技术化科学的运行逻辑,专家的成绩是被工业和资本所奖励的,而不再是求真的满足,或者同行的认可。① 在这种情况下,主要由科技专家组成的伦理委员会,再加上一些社会科学家、伦理学家,点缀极个别的利益相关者,真的能对科技伦理问题做出权威的判断吗？在布驰看来,这实际是科技专家在决定科技伦理问题,与技术统治论的思路仍然类似,"可能唯一的区别是:对专家的信任不是放在知识和决策能力上,而是放在他们的道德上"②。可是,专家的道德更可信任吗？如果在技术化科学时代,科学共同体与科学的精神气质都没有了,还如何进行专家的道德自我监管。并且,技术创新的社会后果远远超出伦理委员会的认知和控制范围。

布驰的批评是有一定道理的。在中国,科技伦理委员会还是新鲜事物,仍然需要进一步完善。至少有三个问题要注意:1) 科技伦理委员会目前主要还是由科技专家以及"圈内人"组成,不仅要更多吸收哲学家、伦理学家和社会学家等人文社科专家,还要吸收更多利益相关者尤其是被治理者。2) 科技伦理委员会要制度化、法律法规化,建立科技伦理委员会发挥作用的长效机制。对于委员会的组成比例、启动情形、议事规则和程序等具体事项,应该结合国情不断完善,查漏补缺。3) 尤其是防止科技伦理委员会成为可有可无的"橡皮图章",必须赋予它明确的审查权、监督权和问责权。在现实中,很多科技伦理委员会建立起来,似乎只是在与技术相关的治理决策中增加了一道"盖章"手续而已。

(2) 人文主义工程师教育的制度推广

20世纪七八十年代以来,工程伦理研究在北美和西欧日益受到关注,在21世纪初逐渐成为科技哲学界的国际性热门问题。这与工程和工程师在当代社会的重要地位是紧密相连的。今天,中国已然成为全球首屈一指的工程大国,工程师社会责任与工程伦理的研究和实践在中国毫无疑问具有重大的理论和现实意义。

要想相关理念真正落实,关键是引导专家在运行技治系统时进行自我约束。原因很简单,无论公众如何参与技术治理事务,只要将技术运用于治

---

① Massimiano Bucchi, *Beyond Technocracy: Science, Politics and Citizens*, Longdon, New York: Springer Science + Business Media, LLC, 2009, p.44.
② Ibid.

理活动,工程师对技术事务的把握肯定更为深刻、更为清楚,因而如果专家隐瞒关键技术秘密,仅靠外行很难完全驾驭技治系统。

因此,大学生在学习成为工程师的成长时期,对他们进行工程师教育就非常必要。有限技治理论认为,中国大学期间的工程师教育应该制度化和强制化,作为思想政治教育的重要部分。并且,工程师教育必须坚持强调人是目的的人文主义方向,以责任和伦理为教育的关键词。

按照米切姆的观念,就是要培养人道主义工程的观点,即"笼统地说,工程巧妙地利用科学,使自然资源为人类所利用,为人类谋取便利……人道主义工程因此可以描述为带着积极的同情,巧妙地利用科学以满足所有人的基本需求,尤其是无权、无钱或者其他被边缘化的人"①。

斯大林时期的著名工程师彼得·帕尔金斯基(Peter Palchinsky)也提出过类似的观点。当时的背景是布尔什维克领导人大力推广泰勒制,帕尔金斯基则提出,社会主义的理性化方法应该区别于资本主义的方法,不仅仅强调时间和动作研究以寻求最大效率,还应该推进工人教育和福利,工人应该从效率提高中得到好处,因此他主张用人道主义取代泰勒主义。② 帕尔金斯基工程观点的核心是提升工人的知识,从而不再需要泰勒主义者为无经验工人设计的工程方法,因为有知识的工人将会是工作的主人,而不是工作的奴隶。苏联工程师的研究学者格罗克霍夫也认为,苏联时期工程师的命运,说明工程师必须阅读人文学科的知识,才能更好地完成自己的使命。他特别提到哲学方面的知识,尤其是技术哲学和工程哲学在工程师教育中的重要作用。③

无论如何,人文主义工程观是符合马克思主义对平等和正义的追求的。问题的关键在于:在中国语境中,人文主义工程教育应该如何进行?比如,工程教育要不要吸收传统文化中的优秀思想资源,人文主义工程观与诸种中国大工程如何结合等,均需要进一步深入研究。

---

① 卡尔·米切姆:《工程与哲学——历史的、哲学的和批判的视角》,北京:人民出版社,2013年,第277页。
② Loren R. Graham, *The Ghost of the Executed Engineer: Technology and the Fall of the Soviet Union*, Cambridge, MA, London, England: Harvard Univerity Press, 1993, pp. 38-39.
③ Vitaly Gorokhov, Politics, Progress, and Engineering: Technical Professionals in Russia, 载于Londgon Winner, (edit) *Democracy in a Technological Society*, Dordrecht: Springer-Science + Business Media, B.V., 1992, pp. 175-185.

(3) 强调更多使用偏向道德化等"软"技术治理方法

如前所述,技术治理措施有些比较"硬",比如政府的法令,而有些比较"软",比如道德、风俗等调节方法。传统中国的治国之道强调德治,中国人比较容易接受道德调节的治理方法。技术能不能与道德调节结合起来,或者说,如何用技术方法影响社会道德风向,从而帮助公共治理目标的实现呢?

在中国传统文化中,存在着所谓"藏礼于器"的说法。据《左传·成公二年》记载,孔子提出了"器以藏礼"的观点,即按照礼的要求来设计与制造器物,以实现器物所蕴含的"无言之教化"功能。[①] 胡适认为,在孔子看来,"不但说一切器物制度,都是起于种种意象,并且说一切人生道德礼俗也都是从种种意象上发生出来的"[②]。如此可知,器物(技术人工物)在儒家的道德教化具有重要地位。

近年来,荷兰技术哲学家维贝克等人提出"道德物化"的观点,与"藏礼于器"有类似之处。维贝克的理论创见并不在形上层面,而在于提出技术调节理论,即技术既不是道德无涉的工具,也不能将主体提升至超人的"天命"位置,而是可以用于调节人类的行动,包括道德行动。他吸收当代技术哲学的热点,粗略建立了一种技术调节(道德)的理论,亦可称之为"道德物化"理论。

维贝克指出:"在我的后现象学路径中,技术调节关注行动和知觉,而非认知;技术调节不仅是关于道德观念的被调节特征,而且大部分也是关于我们所做出的道德决定的行动、知觉和解释的技术调节。"[③]技术调节哲学的核心观点是:技术在人与现实之间的关系中发挥着积极的调节作用。他认为,技术调节包括经验调节和实践调节,前者是技术对人的经验尤其是知觉的调节作用,后者是技术设计和技术运用活动中技术对人的行动的调节。从类型学上说,技术调节可以区分为显性—隐性、强迫—劝说和引诱等类型,不同调节方式对应不同的技术调节主体性,传统所谓的自由、民主和责任等问题

---

① 张卫:《藏礼于器:内在主义技术伦理的中国路径》,《大连理工大学学报(社会科学版)》2018年第3期。
② 胡适:《中国哲学史大纲》,上海:上海古籍出版社,1997年,第62页。
③ 彼得·保罗·维贝克:《将技术道德化:理解与设计物的道德》,上海:上海交通大学出版社,2016年,第68页。

便在如此情境中进行具体的探讨。

按照维贝克的归纳,设计伦理学包括预期调节、道德想象(类似决策理论中的情境规划)、评估调节和道德化(包括铭刻和价值敏感设计)等方法。而运用伦理学只有一个关键词:负责任地使用。显然,在技术调节哲学中,维贝克真正有所创见的是设计哲学,而伦理地运用技术并非新颖的观点。

与设计伦理学相关,技术哲学家近年来还提出负责任创新(responsible innovation,RI)、技术评估(technology assessment,TA)等新观念,都是强调将技术的伦理考量从效果"提前"到设计阶段,从外部审查"深入"到内部建构。显然,道德化技治方法相比传统的道德调节更为有力、更为深入,而相比其他"硬"技治方法更为温和。因此,从强调选择"软"方法而言,道德化技术治理属于对技治系统进行约束的再治理范畴。

(4) 技术决策与科研活动中的人民参与

进入新世纪,在西方发达国家,技术民主化浪潮非常盛行,热议的各种技术方面的公共听证会(public hearing)、顾问委员会(advisory committee),以及"公民科学"(Citizen Science,指业余科学爱好者通过网络组织,参与科研活动)和"开放科学"(Open Science,指按照协议,免费向所有人开放科研活动中的资料和数据)等公民参与(citizen participation)新举措,均可归于其中。德萨里奥认为,当代西方国家技术活动中公民参与急速增加,原因恰恰在于对技术和技术精英的怀疑情绪的增加,技术相关决策的公民参与主要关心两个问题:1) 民主审查新技术的缺点;2) 公共政策领域的技术问题(这直接涉及技术治理);公民参与技术活动是技治制与民主制的结合,是当代民主化运动最重要的组成部分,最终将使得西方民主社会走向技术民主社会(technodemocracy society)。①

有限技治理论认为,技术民主化的诸种措施,均属于再治理的范围之中。也就是说,通过它们来平衡技治专家和技治系统的权力。通过公民参与活动来约束技术治理活动,备受西方思想家的重视,但也有学者指出不能将技术领域的公民参与活动理想化。贾萨诺夫认为:"伦理委员会和公众参与

---

① Jack DeSario, Stuart Langton, Citizen Participation and Technocracy, *Policy Studies Review*, 1984, 3(2).

实践虽然对澄清问题有帮助,但作为民主治理的机制也是有自身缺陷的。"①

布驰则非常清醒地指出,当代科技活动的公民参与活动,时刻都要在技术化科学(technoscience)的背景下考虑问题,而考虑到当代科技活动的主流是技术化科学,所谓的"技术统治论反应"(technocratic response)及其问题就很好理解了。他认为,这种反应有两条基本信条:1)公众与政治决策者对科技发展不了解;2)媒体时代科技报道多数是错误的,这样的信条导致技治主义者用"科学文盲"(scientific illiteracy)和"反科学偏见"(anti-scientific prejudice)来贬损反对意见。② 换言之,这种反应认为公众理解科学是有缺陷的,只有两条应对办法:1)复杂问题只能由专家决定;2)传媒要努力缩小公众与专家之间的知识差距,使专家得到社会支持。布驰直言这是一种"把科学家当传教士"的模式。③

在中国语境中,布驰指出的问题涉及"科学普及"与"科学传播"两个概念的差别的问题,前者目标是科技人员提升人民科技知识水平,后者目标是科技人员与人民进行沟通。科技沟通肯定能提高人民的科技知识水平吗? 布驰认为,这是想当然的,很少认真讨论,大家迷信"更多沟通=更多理解=更多对科学的社会支持=更多创新=更多经济发展"④的教条。按照布驰的深入分析,越关注、越沟通并不一定越被支持,沟通到支持的链条非常复杂。换言之,我们今天所做的科学普及工作,应该更多地视为专家与人民之间平等地交流,而不能幻想它能实现人人都是专家、人人都支持专家的目标。进而言之,人民参与科技活动最终目的不是来受教育的,而是提高人民对科技活动的兴趣和参与度,从而促进人民对技术治理的民主控制。这符合社会主义民主制的基本原则。

当然,有限技治主义者同样认为,对公众参与技术决策不可迷信。显然,公民、利益相关者和专家在桌边坐下来,常常是"一场灾难",结果是无休止的"扯皮",而不是理想中各方达成理性的协议。按照布驰的观点,公众参

---

① 希拉·贾萨诺夫:《发明的伦理:技术与人类未来》,北京:中国人民大学出版社,2018年,第175页。
② Massimiano Bucchi, *Beyond Technocracy: Science, Politics and Citizens*, Longdon, New York: Springer Science + Business Media, LLC, 2009, pp. 1-2.
③ Ibid., p. 2.
④ Ibid., p. 13.

与并不是作为某种技术官僚决策的修补措施,技术治理加上公众参与并不自动让我们走出技术决策的困境。布驰正确地指出,专家与非专家、科学与社会、科学与政治之类的对立,在技术化科学面前过时了。① 事实上,技术化科学是无法与它的应用分开的,今天的技术决策常常体现为某种政治方案,只能在此基础上进行抉择。因此,有限技治主义者认为,人民参与技术决策是社会主义民主制的重要组成部分,而不仅仅是为了技术决策服务的。一方面,技术治理必须交给人民参与来平衡,另一方面,技术化科学是民主制的宝贵资源。因此,民主制与技术治理并非零和博弈,而是必须结合起来。按照布驰的说法,"今天的知识社会不仅与民主社会'兼容',而且今天的知识社会不可能在没有民主社会的情况下存在"②。

另外,人民参与科研活动,新中国有自己的传统——毛泽东时代的"群众科学运动",即国家动员群众参与某些科技领域的科研活动,如粮食杂交、科学种田和血吸虫病防治等。③ "群众科学"与"公民科学"出现的背景、实践理念和操作方法等均不相同,但是从技术治理的再治理角度看,均属于民主化地控制技治系统的再治理手段。总之,在中国语境中,技术决策与科研活动中一定程度的人民参与不仅可能,而且是非常必要的。

---

① Massimiano Bucchi, *Beyond Technocracy: Science, Politics and Citizens*, Longdon, New York: Springer Science + Business Media, LLC, 2009, p. 95.
② Ibid., p. 96.
③ 易莲媛:《"群众科学"与新中国技术政治研究述评》,《开放时代》2019年第5期。

第 23 章　渐进技治论

如前所述,在技治主义思想史上,主张渐进主义技术治理的思想家不少。有限技治理论也赞同渐进技治的主张,但是它的渐进技治论以科技谦逊主义为基础,因而决定它的渐进技治论有自己的逻辑、特色和主张。那么,究竟何为有限技治主义的渐进技治论？它如何贯彻科技谦逊主义的基本立场？本章主要通过与波普尔的渐进社会工程论做比较,来回答这一问题。

一、反对总体策略

在 20 世纪思想史上,波普尔以证伪主义著称,亦是著名的自由主义者。有限技治理论坚持科技谦逊主义,同时希望有限技治系统在社会主义民主制与自由的指导下相兼容。有限技治主义者与波普尔立场并不相同,但在赞成渐进主义、反对总体主义的问题上,有限技治主义者与波普尔的立场基本一致。

在波普尔看来,对社会发展进行干预或改造的社会工程存在两种不同的策略,乌托邦策略和渐进策略。波普尔赞同后者,而强烈反对前者。在他看来,乌托邦的社会工程师相信社会发展具有历史必然性,因而试图按照自己坚信的历史规律建构某种终极理想社会的蓝图,进而以此为根据对现实社会实施全面改造;而渐进的社会工程师或者否认历史规律的存在,或者质疑人类认识历史规律的可能性,反对对现实社会进行按图索骥式的总体化重构,主张审视、调整和改进具体的、局部的社会建构,逐步推进社会向前发展。

波普尔所谓的"乌托邦策略",有限技治主义者称之为"总体(主义)策略"。"乌托邦"一词主要强调它的现实虚幻性,"总体主义"一词主要强调技治工程设计者的基本认识论立场,即对科学能够总体化解决社会治理全部问题的唯科学主义狂妄态度。既有的技术治理史表明,总体策略在现实中并非没有人坚持,事实上不少技治主义者的头脑中均带有总体主义的主观性,但结果在实践中收获的均为局部和具体的技治推进,根本没有实现过各个微小技治系统的完全统一协作。从这个意义上,可以说总体策略均以失败告终,但有限技治主义者承认,在如此失败中,技术治理仍逐渐推进。换言之,以"总体"一词称呼之,有限技治理论认为总体策略仍然是虚幻性与现实性相结合的,并非完全不结果。

并且,这种虚实结合性并不仅仅体现于总体策略中,也体现于渐进策略中。也就是说,有限技治主义者认为,渐进策略的社会工程目标并不宏大,同样只能追求"满意"而非"最佳"结果。科技谦逊主义者认为,同自然科学一样,指导社会工程的社会科学亦是有限的——老实说,有限性更加明显——因而在很大程度上,渐进策略的具体方案只是某种工作假设,将在与现实的"碰撞"中不断调整和变化。不仅总体主义蓝图不能实现,渐进主义蓝图同样不能百分之一百实现——这是有限技治理论希望社会工程的设计者和实施者能清醒意识到的。

因此,有限技治社会如所有技治社会一样,是偏好更多的社会预测与控制的控制论社会。但是,由于对科学的谦逊认知,有限技治主义者深知控制论社会的局限性——与其说它是实现控制的社会,不如说它是向往更多能造福社会福祉的控制的社会。并且,由于对"效率至上"的警惕,有限技治主义者反对所有总体主义企图,审度每一个社会工程的细节进展,并为零星而确实的前进感到满意。

同样,在波普尔看来,乌托邦的社会工程存在诸多危险,因而要彻底摒弃。

首先,波普尔认为,乌托邦策略所依照的理想蓝图是自认为的、可疑的。在《历史决定论的贫困》中,波普尔对"历史规律说"进行了颇为有力的批评,历史规律的有无、历史规律能否认识都是需要商榷的问题。在这种情况下,按照某种所谓历史规律建构的"理想国"蓝图就非常可疑。并且,不同的历史规律信仰可能形成不同甚至相互冲突的蓝图。

对此,有限技治主义者表示赞同,如上所述坚持,所有理论蓝图——包括"总体蓝图"和"渐进蓝图"——都是待改进的,需要的审度不仅是"总体蓝图"。

其次，波普尔认为，乌托邦策略在实践中往往导致危险的教条主义，不允许对理想社会蓝图进行质疑，难以纠错。波普尔指出，当乌托邦的社会工程出现问题的时候，乌托邦主义者总是指责实施社会工程的方法和手段，而坚信目标的正确，因而在此情形下终极理想没有修正的可能。乌托邦的社会工程实施后果难以预测，而且没有足够的实践经验和社会科学知识可以作为社会总体化改造的基础。这种观点与哈耶克在《致命的自负》中令人信服的论证是一致的。更重要的是，当错误出现的时候，它无法进行纠错，只能等待暴烈的革命对其进行毁灭。对整体方案的任何质疑，无法像针对渐进策略那样归责于某一部分的问题，而是会导致对整体的攻击，这是乌托邦主义者无法容忍的。并且，整体方案本身就包括了对反对意见进行压制的计划。因此，波普尔认为："实际上，乌托邦工程和渐进工程之间的区别，与其说在于规模和范围，其实不如说在于对不可避免的意外情况的审慎和准备。"①

对此，有限技治主义者表示完全赞同。按照马克思主义基本原理，实践而不是理论，是检验真理的唯一标准。如果强力让实践"符合"总体理论，结果很可能是灾难性的。这在既有技术治理的历史上不乏例证。

再次，波普尔认为，乌托邦策略可能为了终极理想国家的实现，牺牲当代人的利益，让活着的人受苦。在乌托邦主义者看来，为了理想付出一定的牺牲是正常的，甚至是高尚的，而不会质疑付出太大代价的理想是否值得。波普尔认为，乌托邦的社会工程要让理想社会蓝图成为全社会的信仰，对每个社会个体进行思想控制和改造，反对思想和言论的自由，甚至对不能接受该蓝图的和不适应新社会的人进行清洗。所以，波普尔写道："即使怀抱着建立人间天堂的最美好的愿望，但它只是成功地制造了人间地狱——人以其自身的力量为自己的同胞们准备的地狱。"②

在有限技治主义者看来，当总体策略导致波普尔所说的情况，此时的技治工程已经走向伪技术治理，并没有真正实现技术治理所要求的提高社会运行效率的目标，而是在此借口之下实现别的目的，尤其是极权统治的目的，因此严重降低社会运行的效率。显然，未来人的效率与当代人的效率，应该在

---

① 卡尔·波普：《历史决定论的贫困》，北京：华夏出版社，1987年，第54页。
② 卡尔·波普尔：《开放社会及其敌人（第1卷）》，北京：中国社会科学出版社，1999年，第35页。

技治系统的效率目标中综合考虑。比如,为了未来总体主义社会的目标而对当代人进行清洗的做法,无论从哪个角度看都是没有效率的,均不符合有限技术治理所理解的社会运行效率之提高。一言蔽之,有限技术治理所理解的效率,以社会福祉为最终判别标准。

最后,波普尔认为,渐进的社会工程实施时运用的是理性而不是暴力激情,而乌托邦的社会工程很容易走到非理性道路上,导致专制独裁,压制民主和自由。波普尔指出,乌托邦的社会工程由某种艺术家的思维指导,很容易导致放弃理性,而走向浪漫主义、激进主义和暴力。因此,"与之相反,乌托邦主义者试图实现一种理想的国家,他使用作为一个整体的社会蓝图,这就要求一种少数人的强有力的集权统治,因而可能导致独裁"[1]。面对既有现实社会,乌托邦的社会工程必然会采取激进的革命方法,尝试建设一个全新的社会。当出现反对意见时,因为有必要为之牺牲的信念,乌托邦主义者可能会忽视和压制各种反对意见,而他们相互之间出现分歧时往往会诉诸暴力。波普尔所谓的"乌托邦继任者难题"——独裁者死后,如何保证继任者继续坚持同样的社会理想蓝图——在乌托邦的社会工程中会不断出现。而渐进的社会工程坚持逐步的改良,反对以颠覆性革命来改造社会,不相信"一个毁灭了全套传统价值的社会会自动地变成一个较好的社会"[2]。不过,波普尔不是绝对否定革命,主张民众可以暴力推翻专制统治。

对此,有限技治主义者认为,波普尔对乌托邦主义的这一批评非常深刻,但是他的批评是对一般乌托邦主义的批评,并非具体到社会工程的总体策略。之所以波普尔将乌托邦策略视为非理性的,这与他特殊的证伪主义理性观有关——这一点下文深入分析。如果坚持不同的理性观,就不能完全赞同波普尔的意见。有限技治主义者认为总体策略同样是理性产物,尤其是抛弃科技谦逊主义的"越界理性"之结果。波普尔提醒总体策略有压制自由、实现独裁的风险,有限技治理论是赞同的。更重要的是,他提出的"乌托邦继任者难题"非常深刻。在技术治理语境中,这一问题则转变为总体战略

---

[1] 卡尔·波普尔:《开放社会及其敌人(第1卷)》,北京:中国社会科学出版社,1999年,第295页。

[2] 卡尔·波普尔:《猜想与反驳——科学知识的增长》,上海:上海译文出版社,1986年,第490页。

如何可能持续坚持的问题，而不是选择某个继任者的问题。在一个技治系统中，各个专家都具有一定权威，都有一定的对总体战略的裁量和解释空间，虽然存在不断的沟通，仍不可能到达非技治的独裁者统治的同一性。事实上，有限技治理论认为，并不存在坚持某个确定的技治战略的问题，技治方案永远处于不断适应和调整的状态中。因此，无论是"乌托邦继任者难题"，还是"战略持续难题"都被消解了。

二、从谦逊到渐进

总的来说，有限技治理论不赞同总体策略，主要原因是反对它背后的唯科学主义立场。科技谦逊主义认为，无论自然科学还是社会科学，都是有限的，以此来指导社会改造活动，一定要谨守有限技治观，避免狂妄和狂热导致灾难。而波普尔对乌托邦策略的反对，主要是反对他认为的非理性主义，将乌托邦策略视为非理性的东西。因此，渐进技治论与波普尔的渐进社会工程论有很多相似之处，但根本上的差别在于坚持的科学观不同。

波普尔因其证伪主义科学观而著名，渐进的社会工程是证伪主义向政治领域扩展的必然结果。他的证伪主义借鉴进化论的思想，用生物进化过程类比科学发展过程，并提出类似的科学知识的不断变异—选择的方法论。在证伪主义科学方法论看来，科学活动的目标在于解决客观意义的问题，解决问题是通过试错法来进行的，即不断提出试探性的解答，然后通过经验检验排除错误的答案。科学理论是科学家对客观问题所做的大胆的普遍性假设，科学不可能认识客观真理，只能探索或猜测真理。随着科学的不断发展，理论的可证伪度提高，经验内容增加，理论可能被暂时确认，但终究要被证伪。科学的发展是猜测、证伪、再猜测、再证伪的不断逼近真理的过程，是运用试错法的四段式循环过程：$P_1 \rightarrow TT \rightarrow EE \rightarrow P_2 \cdots\cdots$（P 是问题，TT 是尝试性的理论，EE 是排除错误）。于是，"'变异'可以被解释为多少是偶然的试错策略，而且'自然选择'可以被解释为通过排错来控制变异的一种方式"[①]。

在波普尔看来，"社会科学规律或假说是存在的，它们与自然科学的规

[①] 卡尔·波普尔：《客观知识：一个进化论的研究》，上海：上海译文出版社，2005 年，第 274 页。

律或假说是相似的"①。也就是说,社会科学应该遵循同样的证伪主义方法论,遵循试错法。所以,社会科学也不能发现普遍有效的历史规律或社会真理,应该是通过排除错误而不断前进的"技术的社会科学"②,"一门其成果可以由零星的社会工程来检验的社会工艺学"③;而渐进的社会工程就是社会试错法之应用,即排除社会科学假说的错误或检验其成效的实践应用活动。渐进的社会工程以社会科学研究的成果作为指导,其实施结果反过来又会提出新的问题,修订和改进社会科学的理论假设,两者相辅相成。因此,渐进的社会工程是证伪主义科学方法论经由社会科学方法论引入政治事务的结果,强调社会工程可以不断纠错,从错误中学习,并在未来避免同样的错误。

波普尔的上述论证,有限技治主义者并不完全赞同。显然,上述扩展逻辑中存在两个有问题的预设。

第一个预设是理性知识对政治活动进行指导的正当性问题,类似波普尔所称的"康普顿问题"④。个体所思指导个体行动,群体的知识指导政治活动,这是人类独有的并因而具备强大生物竞争优势的特征。但是,把知识指导资格限于理性知识尤其是科学知识,是现代以来的理性至上观念的结果,与科技谦逊主义"科学第一,但不唯一"的主张相悖。实际上,宗教知识、道德训诫乃至巫术观念都可以作为政治实践的基础,在人类历史上的某些阶段、某些地方甚至相当成功。

第二个预设是社会科学方法与自然科学方法一致性问题,波普尔并未对此进行必要的证明。即使自然科学方法论在研究自然界问题上具有显而易见的优势,由于社会科学领域的问题与自然界存在着本质的不同,也不能简单地将自然科学方法照搬到社会科学中。即使是许多观点与波普尔类似的哈耶克,在《科学的反革命》一书中也专门批评了社会科学研究中的唯科学主义倾向。

有限技治主义者坚持自然科学方法有限性的观点,反对将它视为能够

---

① 卡尔·波普:《历史决定论的贫困》,北京:华夏出版社,1987年,第48页。
② 同上书,第35页。
③ 卡尔·波普尔:《开放社会及其敌人(第2卷)》,北京:中国社会科学出版社,1999年,第338—339页。
④ 卡尔·波普尔:《客观知识:一个进化论的研究》,上海:上海译文出版社,2005年,第266页。

绝对保证客观性而应该在社会科学领域用它取代其他所谓"非科学方法"的观点。有限技治主义者认为，社会科学当然需要向自然科学学习，但社会科学完全自然科学化既是不可能的——逻辑实证主义的"统一科学运动"已经证明——也是错误的，社会科学方法论应该是既重视自然科学方法论，同时坚持多元化。有限科技观认为，自然科学方法本身都是有限的，将其推广到社会科学更应该是有限的。事实上，自然科学内部的方法论并不完全统一，如物理学与生物学差别不小，将其运用于社会科学方法论肯定也是有内部差别的。

进一步而言，作为一种科学观，证伪主义存在着严重问题，业已受到诸多质疑。波普尔的学生拉卡托斯指出，经验既不能简单地证实也不能简单地证伪理论，旧理论在很大程度上只能由新理论来证伪，并且证伪的单位不是单个理论或命题，而是整体的科学研究纲领。① 严格地说，科学研究纲领之间不是简单的证伪关系，而是时而进化时而退化的关系。在拉卡托斯看来，科学发展的动态模式是：科学研究纲领的进化阶段→科学研究纲领的退化阶段→新的进化的研究纲领证伪取代退化的研究纲领→新的研究纲领的进化阶段。在某些情况下，退化的研究纲领通过调整又可能重新进入进化阶段。除了拉卡托斯之外，库恩、费耶阿本德等许多科学哲学家都对证伪主义进行了有力的批判。马蒂洛斯对波普尔的方法论极为不满，指出"他的工作本质上是哲学或形而上学的或方法论的，他从未提出或设计一个预言从而用'科学的'方式检验它"，也就是说，证伪主义本身就不能或通不过证伪。② 总之，如果证伪主义不是自然科学的正确理解，上述扩展逻辑从出发点上就值得商榷。

对于证伪与证实的认识论问题，科技谦逊主义并不关注。但是有一点很清楚，完全地证伪或证实，在有限科技观看来都过于自信，实际情形应该是有限地证实或证伪的，并且有限证实与有限证伪一直都在实际科学活动中很好地运用着。如果以有限科学的观点代替客观真理的观点，有限证实、有限证伪以及有限判决性实验——在方法论上有限判决的意义的实验——就不

---

① 伊·拉卡托斯：《科学研究纲领方法论》，上海：上海译文出版社，1999年。
② Antony M. Mardiros, Karl Popper as Social Philosopher, *Canadian Journal of Philosophy*, 1975, 5(1).

会难以接受了。有限技治主义者认为,科学不是形而上学地追求证实真理或证伪真理的事业,而是技术时代以有限理解来增进人类福祉的社会活动。

波普尔的渐进社会工程论与他的反历史主义的立场是一致的。众所周知,波普尔极力反对历史主义。历史主义者认为,社会历史的发展存在不以人类意志为转移的客观规律,因而社会实践行动只有遵循历史规律才可能成功。历史主义容易导致某种形式的宿命论,否定人类意志的意义和价值,怀疑任何能动的社会改造的可能性。历史主义也可以与社会工程相结合,指向乌托邦社会工程,即按照历史规律所指明的方向来全面重构社会,促进或加快整个社会向终极社会前进的步伐。在波普尔看来,我们只能知道人类知识的发展是不断证伪的过程,但无法预测科学知识的增长,而人类知识增长强烈影响人类的历史进程,因此无法预测人类历史的未来进程。也许,我们可以进行局部的、短期的社会预测,但绝不能对历史发展进行总体性预测。并且,历史主义的历史规律是无法经验证伪,只能是形而上学,而并非真正的科学知识。因此,波普尔认为,历史主义方法并非科学研究方法,它"把社会科学变成政治家手中的有力工具"[①]。总之,总体规划的历史主义与局部推进的证伪主义是矛盾的。

对于历史主义和历史规律问题,有限技治主义者认为,必须以马克思主义哲学基本原理辩证地看待,既要看到历史规律不以人类意志为转移的一面,又要看到人类意志尤其是人民群众在历史活动中的能动性作用。从理论上说,波普尔的反驳是有道理的,对历史主义可能导致风险的判断也是有道理的。如果把历史规律理解为绝对真理,显然不符合有限科技观,因为科技谦逊主义将科技规律都视为有限的。而且,有限技治理论坚持"科学第一,但不唯一"的基本立场,首先要考虑的是自然科技方法,而不是历史主义使用的历史预测方法。但是,有限技治理论承认,在实践生活中,人类一直在使用历史预测的方法。现实中的历史预测绝大多数是局部的,自认的时效性也不强,常常作为某种操作目的而非终极真理来使用,而那些宏大的人类命运式的历史预测,一般被人们视为某种巫术谶语之类的迷信,并不能导致实际上的操作,仅仅作为某种传说来流传。因此,有限技治理论认为,有限历史预

[①] 卡尔·波普:《历史决定论的贫困》,北京:华夏出版社,1987年,第45页。

测既是事实存在的,亦可以作为多元社会工程方法中的一种辅助方法,不应完全否定。

可以说,在历史主义问题的讨论中,波普尔并没有坚持具体和局部的渐进原则,而是采取非黑即白的纯粹主义。就其将问题放入完美理论想象中再推理而言,波普尔可以说是以乌托邦思维方式看待历史主义的。总之,科技谦逊主义主张彻底放弃乌托邦思维方式,对待历史主义也应该结合语境具体分析,而不是以总体主义的宏大叙事做判断。

三、如何渐进前进

21世纪之交,社会技术或社会工程的思想在国内越来越受到人们的关注,而波普尔所提的渐进社会工程主张是其中重要的一种观点。在认识论的乐观主义基础之上,他赞同对社会发展进行适当的政治干预,认为"全面的反干预主义政策是站不住的"①,同时他又主张社会干预是渐进的,而不是乌托邦式的。如前所述,除了波普尔的渐进社会工程论,威尔斯主张费边主义的渐进主义,罗伯等温和技术统治论者主张与既有政府妥协的渐进主义,有限技治理论主张渐进技治战略,也属于渐进主义路线,与技术治理的总体主义战略相对。那么,有限技治理论主张的渐进技治论与它们有什么相似之处,又有什么区别呢?下面主要通过比较渐进社会工程论和渐进技治论来加以说明。

第一,渐进主义都没有统一的理想社会蓝图,目标不是步入"理想国"。

渐进社会工程的目标,波普尔认定为铲除现实中存在的恶,即"采取找寻社会上最重大最紧迫的恶行并与之斗争的方法,而不是追求其最大的终极的善,并为之奋斗的方法"②。他认为,终极的理想社会蓝图无法进行评判——它是否真的完美无缺、能否实现、需要付出什么代价等,而现实社会中人们遭受的苦难、不公、疾病和战争等"恶"可以被逐一确认和改善。因此,渐进的社会工程是改进某一具体"恶"的系统斗争方案,涉及某个单项制

---

① 卡尔·波普:《历史决定论的贫困》,北京:华夏出版社,1987年,第47页。
② 卡尔·波普尔:《开放社会及其敌人(第1卷)》,北京:中国社会科学出版社,1999年,第293页。

度,其实施效果容易评价。它是小规模的,"不使整个社会发生革命性剧变"①,可以根据实施结果的反馈,不断进行调整或终止,因而失败的风险相对较小。因此,波普尔总结道:"简而言之,我的论点是人类悲剧是理性改革政策最急迫的问题,而幸福不是。幸福的获致应该留待我们私人的努力。"②

对于上述观点,有限技治主义者基本上赞同,即我们无法认定最高的善,因此无法追求终极"理想国"。但是,"除恶"工作肯定会面对一个难题:当缺乏足够长远的目标时,如何能识别现实社会中紧迫的恶？的确,杀戮、饥饿、疾病和战争很容易被识别,但在加尔布雷思所称的当代"富裕社会",这样"明显的恶"不是不存在,但的确比几百年前少很多,尤其是在西方发达国家。在这种情形下,什么是恶,当然与人们对善的规划相关。比如,流产是善还是恶,某些女权主义者可能会将其视为女性自我选择的权利。再比如,制造克隆人是恶吗？如果极权主义洗脑是恶,那大众传媒的商业洗脑呢？善与恶的识别,在很多时候显示出明显的时代性。当人人都富裕的时候,某些不平等而非绝对的死亡、饥饿,才是恶。总之,极恶与至善一样都是形而上学概念,因此在非极端条件下,除恶的思路局限性很大。

渐进技治论认为,波普尔所言之"除恶"指的是逐步铲除某种"明显的恶",而这同时意味着增进我所谓的"明显的善"。我们的确不知道最高的善,但可以在一定语境下确定"明显的善"。"明显的善"不是抽象的、宏大的,更不是终极的、不变的,在特定的语境中一般人的直觉便可直接认定,不存在深奥的争论。比如,在今天的非洲,让更多的人吃饱吃好,属于"明显的善";而在肥胖易发的美国,让人吃得更健康,则属于"明显的善"。也就是说,渐进技治论主张,渐进除恶的社会工程与渐进向善的社会工程要结合起来,共同推进人类福祉。或者说,渐进技治主义者认为,渐进除恶与渐进向善是同一个渐进工程的两面。

第二,渐进主义均强调尊重社会工程所处的社会传统和历史习惯。

渐进社会工程论认为,既有的多数社会建构并非人的有意设计而是自然"生长"出来的,因而它反对把社会作为整体来重新设计,而这正是乌托邦

---

① 卡尔·波普尔:《开放社会及其敌人(第1卷)》,北京:中国社会科学出版社,1999年,第306页。

② Karl R. Popper, Utopia and Violence, *World Affairs*, 1986, 149(1).

社会工程的目标所在。与之相反，乌托邦社会工程关心的问题总是全社会的，没有任何私人的、个别的性质，要按照确定计划改造整个社会，无视既有的传统。而波普尔的渐进社会工程的社会建构，既包括私人的，也包括公众的，对两者并无区分和歧视，只要对除恶有利即可。

有限技治理论赞同局部社会工程是多元的，并无优劣高下，尤其不认为国家和政府是技治战略制定和实施的唯一主体。但是，渐进技治论认为，21世纪多数社会建构属于"有意设计"与"自然生长"相结合的产物，不过绝大多数"有意设计"最后并没有合乎最初的"意思"，可人们仍然在不断"有意设计"。并且，渐进社会工程论是从反乌托邦主义的立场来强调尊重传统和历史的，而渐进技治论更多是从适应治理语境角度来强调尊重传统和历史。渐进技治论认为，要顺利运转局部社会工程，提高技治系统的效率，就必须考虑治理者和被治理者的行为方式，采取更适应治理语境的技治策略，而既有的行为方式受到传统和历史的极大影响，因此无视既有传统和历史，完全从理想蓝图出发运行社会工程，必然要在现实中受挫，遭遇传统和历史的强大阻力。当然，渐进技治活动也要改变传统和历史，但这是在一定程度上逐渐进行的。

第三，渐进主义把主要注意力放在技术—经济领域而不是终极目的上，着力在除恶的实际方法、步骤和措施上下功夫。在这一点上，渐进社会工程论与渐进技治论基本相同。当然，有限技治主义者认为，当代社会的技术—经济问题与政治是交织在一起的，即当代社会是导论中所言的政治经济学社会。

波普尔认为："正如自然工程的主要任务是设计机器和改造、维修机器一样，渐进社会工程的任务是设计各种社会建构以及改造和运用已有的社会建构。"[①]渐进社会工程论者将眼光置于搜寻既有社会中的不完善之处，然后研究、制订和实施具体的解决方案，并不断反馈、修正和再实施新的解决方案，一点一点消除现实社会中存在的人类苦难。渐进技治论者搜寻的目光，如上所述还包括"明显的善"。渐进主义并不反对理论研究，只是更关心与社会实践紧密相关的理论问题。正如波普尔类比说，这就像社会工程理论家

---

① 卡尔·波普：《历史决定论的贫困》，北京：华夏出版社，1987年，第50页。

应该是像伽利略的实验科学家,而不是像牛顿的理论科学家。

第四,渐进主义注重社会科学的作用,主张社会科学研究要为渐进向善和渐进除恶服务。

按照波普尔的观点,社会科学的任务不是发现历史规律,提出某种宏大的历史预言。在政治领域,当人们按照某种知识或方案行动的时候,无法预测行动会导致什么结果,尤其是意外的和不希望出现的结果。此时,就需要社会科学,因为"社会理论的任务在于揭示我们的企图和活动怎么会引起不希望的结果,以及如果人们在某种社会环境中干各种各样的事,那么会产生什么样的结果"①。因此,波普尔将社会科学视为一种治疗性的"社会工艺学",用技术方法治疗社会"疾病",为改良具体的社会建构服务,能做出某些具体的、局部的、工程性而绝非普遍性的社会预测。

有限技治主义者认为,在一定程度上社会科学可以被视为"社会工艺学",既可以"治病",也可以"美容"。但是,一定要牢记社会科学的有限性,对于社会科学的"工艺效果"不要给予过高的期望。从根本上说,自然科学、社会科学以及整个技治系统,在有限技治主义者看来都是实现社会主义民主制目标的有限工具,不管它们是否宣称发现真理,最终均要服从人类福祉的终极目标。

第五,渐进主义强调在技术上、细节上不断反馈、调整和进化,不断地与时俱进。

关于这一点,渐进技治论与波普尔的观点是完全一致的。有限技术治理是一种柔性的技术治理模式,强调知行合一的运行模式。当技治方案被发现与现实存在某些冲突,就要对它进行细节调整。这是渐进技治论最重要的主张,亦是它能在"智能治理综合"背景下迅速推进的根本原因。换言之,当前智能治理的推进过程中,出现不少的问题,必须要及时查知,予以调整。

四、渐进与民主制

在政治问题上,波普尔以自由主义著称,并不认为自己是渐进技治主义

---

① 卡尔·波普尔:《猜想与反驳——科学知识的增长》,上海:上海译文出版社,1986年,第176页。

者,甚至试图把社会技术、社会工程观点等与专家治国论进行区别。① 但我认为,他实际上也是技治主义者,原因主要在于以下三点。

第一,波普尔赞同对社会发展进行适当的政治干预,这种干预可以采取与自然工程类似的工程方法来进行,人类可以作为"社会工程师"干预社会,"就像我们创造新的思想、新的艺术作品、新的房子或新的机器一样"②"把科学方法引入政治事务当中"③。换言之,他赞同用现代科学、技术的知识、方法和原理来改造社会,只是他对自然科学的理解采取了不同于传统的证伪主义理解。

第二,波普尔认为指导渐进的社会工程的社会科学研究同样必须遵循证伪主义方法论,这是将他所理解的科学原理推广到社会科学中,渐进的社会工程师"希望在社会和政法的研究中采用科学方法"④。按照证伪主义方法论,社会科学和自然科学都不能获得一劳永逸的真理,只能通过排除错误而前进——自然科学通过观察实验来试错,而社会科学通过渐进的社会工程来试错。

第三,波普尔一再强调渐进的社会工程在开放社会中的必要性,实际上这暗示了指导渐进的社会工程的社会科学和社会科学家的某种特殊位置。当然,波普尔是言论自由、民主和多元主义的拥趸,他不会同意社会科学家们谋求优于其他人的权力地位,但不能否定他们因为其专业知识而对渐进的社会工程有更多的发言权。再进一步,他把社会科学视为自然科学在社会领域的拓展,显然技术专家和工程师而不是诗人、文学家,对渐进的社会工程师有更好的理解力。

总之,波普尔渐进社会工程论的有限技治主义色彩浓厚。同所有的技治主义者一样,波普尔虽然并不简单地把自然科学知识视为认识论上的客观真理,但仍然给予它最高的尊崇,即认为自然科学是一条人类最有可能达致真理的知识生产道路,所有其他学科都应效法此路。他肯定是苏珊·哈克所

---

① 卡尔·波普:《历史决定论的贫困》,北京:华夏出版社,1987年,第45页。
② 卡尔·波普尔:《开放社会及其敌人(第1卷)》,北京:中国社会科学出版社,1999年,第50—51页。
③ 同上书,第307页。
④ 卡尔·波普:《历史决定论的贫困》,北京:华夏出版社,1987年,第69页。

谓的"尊崇主义者",只不过他是因为科学方法论而非科学真理论而推崇自然科学。他认为:"客观性是基于相互的理性批判,基于批判的方法和批判的传统。"①

与之不同,纽拉特的技治主义把科学知识作为真理来推崇,不过他的真理观并非传统的主客符合真理观,而是一种意义或语言的真理观。圣西门、凡勃伦和布热津斯基等人对科学的推崇,更多是基于其在改造自然界的活动中体现出的巨大威力,这种实践论或实用论的尊崇主义无法不想到把改造自然卓有成效的科学原理和技术方法应用于改造人类社会。有限技治理论对于科学认识论和方法论的关注不多,更多是强调现代科技作为效率工具的力量,但同时强调对效率工具的有效控制。

渐进社会工程论很好地兼容了民主自由与技术治理,值得特别关注。换言之,波普尔很好地论证了渐进技治论有兼容民主自由的优点。一般认为,技治主义主张把权力赋予专家,他们因为知识而非选举获得权力,这与民主制是冲突的,当专家获得权力后,会按照数字方法和技术程序来治理社会,会把效率而不是自由放在首要的位置。但是,波普尔将渐进社会工程置于民主的掌控之下,赋予专家处置渐进社会工程更多权力,但把自由批评和最终否定的权力保留在人民手中。因为在他看来,民主的精义并非无事不投票,而在于对统治者进行限制,把实际的社会管理者的权限控制在必要的限度之内。并且,在波普尔看来,民主的自由批评和言论自由对渐进社会工程之纠错必不可少。

为什么?关键在于波普尔对理性的特殊理解,即"理性是指(对一个人自己的理论和与之竞争的理论的)理性批判"②,这与传统的理解大相径庭——无论是把理性作为人类高级的认知能力,还是逻辑和数学的方法,或者现实和实用的态度,都是从理性的建设方面来理解的。当理性意味着理性批判,能自由批评就成了自由的关键,能和平否定恶政府就成了民主的本质,而能不断除恶纠错就成了社会工程的目标——它们都是理性的推论,能够统一在理性精神之下。

---

① Karl R. Popper, Reason or Revolution?, *European Journal of Sociology*, 1970, 11(2).
② 卡尔·波普尔:《无尽的探索——卡尔·波普尔自传》,南京:江苏人民出版社,2000年,第157页。

波普尔还论证渐进社会工程与他所主张的"开放社会"之间的一致性,认定它是实现其开放社会理想的重要手段。在他看来,存在两种不同的社会:一种是可以理性批评,根据言论自由和多元化原则组织起来的自由主义社会即开放社会;另一种是无法理性批评,根据本质主义和整体论原则组织起来的专制社会即封闭社会。在开放社会中,人们可以自由批评政府,政府必须根据民意来纠错,否则人们可以和平地更替政府,不断完善社会。而在封闭社会中,除非暴力革命,政府是无法被颠覆的,也无法实现实质性纠错。因此,波普尔认为专制与民主的区别在于,"在民主政体下,可以不流血地推翻政府;在专制政体下则不可能"①。

波普尔支持"纯粹的形式自由""民主、人民评判和废除政府的权利是我们所知道的唯一手段,通过这种手段我们能够试图保护我们自己免遭政治权力的滥用"②。他所求的不是革命,而是通过民主手段对统治者进行控制。国家是必要的恶,但必须被限制,"国家干预应当被限制在真正需要保护自由的地方"③。显然,在开放社会中,渐进社会工程大有可为,能帮助它纠错除恶。它的目的不是实现理想的善,而是同各种罪恶作斗争,限制国家和统治者的权力。也只有在开放社会中,渐进社会工程才可能得到实质的进展,而在封闭社会中,往往无法或难以对其制度进行实质的修正,最终的结局总是暴力革命颠覆专制政体。总之,一个好的政治模式应该能更好地实施渐进的社会工程,波普尔认为开放社会就是这样的社会。

当然,对于某些自由主义者来说,技治主义是无法接受的。比如哈耶克认为,社会科学完全不能采用自然科学的方法论,社会秩序完全是自然发生的扩展秩序,因而任何工程规模的社会计划都是人类理性的狂妄之举。而在福柯这样的后现代主义者看来,不管是乌托邦的社会工程,还是渐进的社会工程,都是现代社会大规模的规训活动,必然要涉及对人的行为的改造和控制,渐进的社会工程的散布已经把现代社会变成某种"监狱社会"。而对于

---

① 卡尔·波普尔:《猜想与反驳——科学知识的增长》,上海:上海译文出版社,1986年,第500页。
② 戴维·米勒编:《开放的思想和社会——波普尔思想精粹》,南京:江苏人民出版社,2000年,第366页。
③ 同上书,第370页。

相对主义者如费耶阿本德而言,自然科学方法并没有什么优越之处,其实践应用亦无什么好处,将自然科学的逻辑扩展到政治领域则是不可理喻的。因此,波普尔提出一种并不危害民主自由的渐进技治主义,而且论证有力,意义非常重大。

然而,在有限技治主义者看来,波普尔对自由的理解存在问题,这导致他的"除恶观"本身就是一个远大的形而上规划。波普尔追求的绝对言论自由、理性批判的理想社会就是某种不能实现的乌托邦。就纯粹理论而言,绝对自由、民主和批判存在很多的问题。绝对自由包括自由拥抱独裁的自由,这在希特勒上台过程中表现得很明显,此即所谓"柏拉图悖论"。在实践中,民主很容易沦为多数人的暴政,让少数人群如同性恋人群陷入悲惨的境地中。更多的时候,言论自由实际沦为了永无休止的争吵,理性批判原则在终极言论自由中也会陷入这种争吵。因此,有限技治理论认为,渐进技治论仍然需要足够远大的目标,当然不是终极理想目标。并且,渐进技治论考虑"除恶"时,同样指向的是"明显的恶",实施方式也是渐进的,而不是梦想一劳永逸地总体"除恶"。总之,渐进技治工程的任务是渐进向善与渐进除恶的结合。

并且,有限技治理论认为,民主制与技术治理之间的关系,首先是在宏观制度层面前者对后者的利用和控制,其次是微观运行中两者之间的沟通和一致的关系。实际上,在渐进技治工程的细节处,民主制与技治制的冲突不再明显,因为民主制的运行同样面对着绩效的问题。换言之,波普尔从抽象和宏观层面论证渐进社会工程对于民主自由的支持作用,而有限技治主义者从具体和微观层面看待渐进技治论与民主自由相互沟通的一面。

在《使民主运转起来——现代意大利的公民传统》中,以意大利的公民传统为例,帕特南很好地论证了民主制运行效率的高低依赖于普通公民在民主社会中充满活力的群众性基层活动。他发现,"收集到的证据可谓汗牛充栋:地区政府运行的头20年,政治气候与政治文化发生了巨大的变化,从意识形态冲突转向合作,从极端主义走向中庸之道,从教条主义转向宽容,从抽象的原则转向实际的管理,从利益表达走向利益整合,从激进社会改革转向

'好政府'"①。因此,他提出衡量基层民主制运行绩效的 12 项指标,1)内阁的稳定性;2)预算的及时性;3)统计和信息;4)立法改革;5)立法的创造性;6)日托中心;7)家庭诊所;8)产业政策工具;9)农业开支能力;10)地方医疗保健单位的支出;11)住房与城市发展;12)官僚机构反应的灵敏度。② 显然,帕特南对基层民主制绩效的强调,体现出明显的技术治理尤其是社会技术的气息,说明民主制与技治制在基层政府活动可以很好地结合起来。

渐进技治工程与民主自由的融合既是它最大的优点,也是它在当代社会存在和发展的前提。除此之外,渐进技治工程在实践上还有诸多不能否定的长处。首先,在全球范围内,不同程度的社会工程已经成为当代政治活动的大趋势,在这种情形下,渐进策略在实践中的确比乌托邦策略更为温和、稳妥和有效。其次,正如柯亨所言,渐进的社会工程把政治哲学思考转向控制罪恶意义重大。③ 这种转向的根本意义在于彻底抛弃宏大的意识形态争论,在终极目标待定的状况下,将社会工程作为一种逐步前进的手段来运用。波普尔提出的对策包括推动和平、制止人口爆炸、发展教育等。他认为,渐进的社会工程"既非左派也非右派"④。最后,随着当代科技,尤其是物联网、云技术与大数据技术的迅猛发展,人们能够获得越来越及时、广泛的数据、信息和知识的支撑,渐进技治工程的实施越来越有利,对它的调节和控制也越来越便捷。

---

① 罗伯特·D. 帕特南:《使民主运转起来——现代意大利的公民传统》,南昌:江西人民出版社,2001 年,第 40 页。
② 同上书,第 74—83 页。
③ Felix S. Cohen, Review, *The Yale Law Journal*, 1951, 60(8).
④ 戴维·米勒编:《开放的思想和社会——波普尔思想精粹》,南京:江苏人民出版社,2000 年,第 440 页。

第24章 专家平衡论

如前所述,有限技治理论认为,在技术治理活动中,专家拥有的权力必须是有限的,要从内部和外部两方面对专家权力进行制衡。总的来说,从外到内,平衡专家权力的策略主要包括三个组成部分:1)专家权力的外部限制;2)专家与政治家在技治活动中的相互权力制衡;3)专家群体内部分化与抗衡。有限技治主义者反对专家权力过大,鼓励内外部平衡机制发挥作用,提醒技治专家时刻牢记科技谦逊主义,尽心尽力为社会主义民主制服务。

一、专家权力的外部限制

如果不讨论具体的形式,技术治理最受人关注的政治风险在于:专家权力过大,威胁民主和自由,极端情况下可能导致许多人所担心的机器乌托邦,即把整个社会变成大机器而每个社会成员变成其中可以随时替换的小零件。随着智能时代的到来,这一点变得更为明显和突出。在很多人看来,算法专家通过算法平台控制其他人,权力之大已经失控。

从某种意义上说,技治主义兴起之初可以被视为自然科学知识分子的政治权力表达。20世纪以来,大科学时代到来,科学从业人员和社会技术相关职业人士急速增长,成为不可忽视的权力主体和政治力量。他们在公共治理领域行使的权力,以知识为基础,属于福柯所谓的知识—权力,以专业知识分子身份同时介入技术治理与反治理之中,成为权力效应的各方都要争取的力量,掌握的权力很容易失去自律和约束。因此,有限技治理论极力主张,必须对于专家权力扩张进行风险防范。

那么,究竟如何防范专家权力失控呢?有限技治主义者认为,首先要划定技治专家的权力范围和决策角色,其次在实际技术治理活动中对专家权力进行平衡。当然,权力划定也是权力平衡的重要方式。下面结合几种观点,谈谈有限技治理论对于专家权力划定的看法。

1. "专家清除论"

在费耶阿本德看来,当代社会给予专家的权威和地位过高,社会重大事务的最后决策权不应该属于专家,虽然专家的意见要听取,但最后的决定应该由民主构成的委员会来决定,这种委员会中专家应该是少数。首先,通常专家的意见往往不一致,甚至任何一种观念,都可以被专家论证为正确的。其次,专家往往与谈论的问题没有直接关系,只能从自己的概念框架出发理解没有体验的领域,或者说,他们常常不知道自己在说什么。最后,专家决策比外行更好是无法证明的。专家的意见常常带有偏见,是不可靠的,需要民主的外部控制。因此,"法律、习俗、事实这些被放在公民面前第一位的东西依赖于人类的声明、信仰和知觉,因而重要的事应该指向人们(的知觉和思想)所关心的事,而不是抽象的代理机构和遥远的专家"①。

显然,费耶阿本德给专家划定的位置,我称之为"平平无奇的意见提供者"。也就是,专家意见和其他人的意见分量一样,具有同等的参考价值。据此,费耶阿本德号召人们把专家、科学家从社会生活的中心地位中清除出去。他认为,从西方理性主义一产生起,知识分子便自以为是地把自己看成老师,把世界看成学校,把公众看成有待教化的学生;知识分子与理性主义的结合让他们获得了权力和利益,知识分子说社会需要遵循客观规律,只有他们才是理性规则的发现者、保卫者,这样便把社会各种事务的决策权窃为己有,阻止民主深入社会。

费耶阿本德指出,知识分子并没有特殊的重要性,对于解决问题重要的不是专家意见,而是适当的民主程序。在即将到来的自由社会中,专家、科学家将回到应该有的、和外行平等的位置上去。对此,费耶阿本德很有煽动性地写道:"伟大的人物与伟大的社会权力结合在一起可以管理——即使是以最温和的方式管理——其他人的生活的时代逐渐结束了。"②

费耶阿本德甚至主张科学活动本身也需要民主化,在自由社会中外行

---

① 保罗·费耶阿本德:《告别理性》,南京:江苏人民出版社,2002年,第47页。
② 保罗·法伊尔阿本德:《自由社会中的科学》,上海:上海译文出版社,2005年,第150页。

可以而且必须监督科学。"可以"指的是外行通过深入研究,可以把握科学和其他被专家操纵的重要社会事务,而"必须"指的是最后的决定权应该放在直接与之相关的人的手中。"创造性科学家和一般公众甚至在科学的最刻板和最先进的部分里也拥有决策的自由。"①费耶阿本德认为,"外行将控制科学,而且并不造成危害"②。

可以看出,费耶阿本德虽然在决策过程中给专家留出位置,但否认专家在专业问题上的特殊性,将其置于与外行意见相同的地位,实际已经走到反专家、反专长的过激和片面的立场上。社会纷繁复杂,社会事务林林总总,普通公民不可能对它们都很了解,或者花大量的时间和精力来研究。并且,所谓"利益相关者"很多时候都很难界定。因此,专家意见有重要的参考价值。费耶阿本德的"外行主导"在实践中很难操作,产生的问题必将不会少于"专家主导"。不过,他主张对技治专家权力进行限制的主张,有限技治主义者是赞同的。

2. "管制科学的协商模式"

在《第五部门:当科学顾问成为政策制定者》中,贾萨诺夫认为,关于公共政策分析中专家的位置,传统观点主要分为两种范式:"第一种范式是技术统治论(technocratic),它把科学家看成是某些高技术含量决策的首要决策者;第二种范式是民主论(democratic),它将广泛的公众参与视为抵制滥用专家权威的灵丹妙药。"③这两种范式在贾萨诺夫看来,都没有反映美国的真实状况——《第五部门:当科学顾问成为政策制定者》主要是以美国的情况作为案例来分析的。

在贾萨诺夫看来,当代社会科学参与政府公共决策的真实背景包括:1)政府中的技术专家委员会即"第五部门"兴起,它们运用科学知识给决策部门提供帮助。2)在决策过程中引入与研究科学不同的、专门用于科技相关决策活动的"管制科学",结果引发大量争论。3)美国社会对技术统治论

---

① 保罗·法伊尔阿本德:《自由社会中的科学》,上海:上海译文出版社,1990年,第280页。
② 保罗·费耶阿本德:《知识、科学与相对主义》,南京:江苏人民出版社,2006年,第107页。
③ 希拉·贾萨诺夫:《第五部门:当科学顾问成为政策制定者》,上海:上海交通大学出版社,2011年,第2页。

的态度一直在摇摆,反技治主义的主张力量很强大。4) 由于科学知识本身的社会建构性,往往管制科学及其争论与不确定性,成为决策面临的问题。5) 技术统治论模式与民主论模式,均被质疑——"认为科学家可以保持价值中立向权力机构坦陈真理的想法,完全是脱离现实的神话。同样,没有得到科学共同体的尊重而仅依靠广泛的公民参与也无法保证决策具有合理性"①——美国的相关制度因而被要求进行改革。

通过对介入公共决策的科学知识的深入分析,贾萨诺夫提出第三种替代范式,即她所谓的"管制科学的协商模式"。也就是说,关键的问题是政府中的科学咨询委员会如何提供用于公共决策的管制科学知识。对此,贾萨诺夫既反对完全让民众参与,也反对完全由专家决定,而是使之处于专家审议与民主决策之间。"为了避免科学争论,监管机构明确采用了大量制度上和程序上可供选择的方案,这些方案泛及从完全的民主参与到专业化的专家审议之间的整个区间,包括从利用或不利用科技咨询的非正式的规则制定到正式委托美国国家科学院的多种方式。监管改革面临的挑战就是,判定在特定的科学、法律、行政和政治环境中,科学政策制定应处于这个区间的哪个位置。"②也就是说,政府中的技术专家委员会要发挥功能,外部科学共同体的参与必不可少,这种参与不考虑政策问题,而是要审查管制科学知识的科学性,这样可以减少因管制科学知识建构性导致的争议;而公众的参与对于公共政策中的技术专家决策同样非常重要,能够对管制科学中的社会性因素进行审查。

因此,贾萨诺夫的"协商范式"强调技术专家、政府、公众与科学共同体之间的协商作用,主张必须依靠政治协商才能妥善确定管制科学的问题。对此,她指出:"在监管机构得出一个能够同时被科学界和关注监管的外行利益团体接受的结论之前,需要反复进行多轮的分析和评审。"③她的想法显然受到哈贝马斯的交往行动理论的影响,并且将哈贝马斯的想法在专家问题上付诸具体的讨论,而不仅停留在形而上学的层面。她的最重要的贡献在于:

---

① 希拉·贾萨诺夫:《第五部门:当科学顾问成为政策制定者》,上海:上海交通大学出版社,2011年,第22页。
② 同上书,第317—318页。
③ 同上书,第344页。

提出管制科学的概念,指出作为技治知识的管制科学与纯粹自然科学相比的不同之处,进而为公众参与管制科学生产做辩护。就技治知识的建构性主张而言,她将哈贝马斯与科学知识社会学(SSK)的主张结合起来,形成独具特色的建构主义的管制科学协商理论。

贾萨诺夫将作为技术治理基础的技治知识纳入协商的范围,把技治专家视为技治知识生产者的一员,关键在于必须不断与公众协商技治知识的生产。的确,技治知识必须放在具体的治理语境中生产,但外行缺乏基本的知识生产经验和技能,如何才能真正有效地参与技治知识的生产而不是阻碍它以致最终一无所获呢?对此,贾萨诺夫主张对于参与政治协商的各方要大致划界,但究竟怎么划界,她语焉不详。从根本上说,有限技治主义者认为,对于技治知识的生产,外行可能做出更大贡献的是治理而非技术方面,以及与具体语境相关的地方性知识。在目前的情况下,如果不贯彻有限科技观,而是秉持传统科技观,类似的知识贡献被视为"低人一等",就无法真正实现贾萨诺夫的知识协商过程。因此,有限技治主义者认为,不必夸大公众参与技治活动的作用,技治知识的生产环节,主要或者基本上应该交给专家完成,公众提供相关的信息和经验,并对技治知识的生产过程进行监督。换言之,按照马克思主义哲学原理,有限技治理论将这种立场表达为:在技治知识的生产活动中,理论要结合实践,专家要联系群众。

3. "诚实的代理人"

按照皮尔克的总结,技治专家参与政策决策活动,可能扮演四种角色,即纯粹的科学家、科学仲裁者、观点的辩护者、政策选择的"诚实的代理人"。[①] 他赞成的第四种立场,即专家在政策与政治活动中要努力扮演好"诚实的代理人"的角色。他认为,前两种角色即纯粹的科学家、科学仲裁者看起来不关心政策问题,只是提供客观中立的信息咨询,在实践中常常偷偷为某种观点辩护,还不如专家公开和直接地表达自身的政策意见。

何为"诚实的代理人"?皮尔克指出:"诚实的代理人的明确特征是努力

---

① 小罗杰·皮尔克:《诚实的代理人:科学在政策与政治中的意义》,上海:上海交通大学出版社,2010年,第1—2页。

扩展(或至少阐明)决策选择的范围,使决策者可以根据自己的偏好和价值观去决策。政策选择诚实的代理经常通过集合具有广泛见解、经历和知识的一起工作的专家来最好地得以实现。"①也就是说,技治专家的主要职责是尽可能提供决策方案,不能出于任何原因隐瞒可能的决策方案。所以,作为"诚实的代理人",专家最重要的是要"坦诚",坦诚地将科学与可能的行动联系起来。

在皮尔克看来,"诚实的代理人"并非某个专家个体,而是汇集不同观点的专家组成的制度性机构,可以为决策者提供广泛的选择。也就是说:"政策选择的诚实代理人不是简单地寻求把科学成果更好地'传达'给政策制定者,或者主张某一个'最好的'行动方案,而是要提高将科学纳入政策情境的能力,也就是说,要解决这样的问题:什么样的政策选择与科学成果相一致,什么样的不一致?"②显然,皮尔克强调技治专家的组成要包容各种不同的意见,这一点有限技治主义者是非常赞同的。

与贾萨诺夫相比,皮尔克认识到技治活动的平衡不仅要在专家与公众之间完成,也要在专家群体内部平衡。有限技治主义者认为,科技的有限性亦体现在某一知识领域存在各种相互争胜的观点。在任何一个问题上,并不存在最后议定的唯一正确观点淘汰其他错误观点的情形,在技治知识的生产活动中更是如此。因而,在技治专家意见中,必然存在基于不同知识信念制订的不同决策方案。不同决策方案背后的知识信念,应该要很好地呈现给最终的决策者,让决策选择过程更加全面和深刻。

4. 技治专家权力范围

针对皮尔克的观点,有限技治主义者认为,技治专家并不仅仅是一个事不关己的科学选择的提供者,而是因为对技治活动的参与而扮演治理者的角色。首先,技治专家的意见不能仅仅作为可以置之不理的"参考",而是要从制度上保障专家建议权的实现;其次,除了做出建议之外,专家还应该手握决策方案实际实施的监督权,以及在反馈基础上对技治活动进行调整的建议修

---

① 小罗杰·皮尔克:《诚实的代理人:科学在政策与政治中的意义》,上海:上海交通大学出版社,2010年,第2页。
② 同上书,第139页。

正权。总之，有限技治理论认为，技治专家在技治活动的诸多环节都享有有限的权利，当然也承担有限的责任。

总的来说，技治专家在技治系统中主要以建议者和监督者发挥作用，而不是作为必须负责的立法者、决策者和执行者发挥作用。

一方面，专家的建议权和监督权对技治系统要有约束力。因此，1）建议者作为建议者有正式法律地位；2）建议要公开和正式地给出，如此执行者不能无故无视建议；3）建议者要了解和监督建议的实施，及时跟进提出监督意见；4）建议要以操作计划或执行项目的形式出现；5）执行者不能随意提名或免除建议者，建议者也必须考虑执行者的实际情况。

另一方面，专家的建议权和监督权又是有限的，不能过于迷信。在帮助政治决策和治理决策中，科学解决问题的能力是有局限。自然科学最大的问题在于它是一种一般性的抽象，而人类社会的情况都是独一无二的，因而只能部分解决问题。社会科学同样是分专业的，而问题是跨专业的，社会科学家与政府官员的合作往往很难。更重要的是，所有科学的建议者被管理责任和公民责任撕裂，不能完全独立于政府，而且所谓建议也不完全是个人研究的结果，而是大规模政府组织的政策决策研究的结果。与政策的建议者不同，最终决策的政治家要知道科学并非什么都能解决，因而他们实际是在高度不确定的状态下做出决定的。[①] 而科学家清楚地知道并说出自身的局限性，把自己限定于政策建议者和监督者的身份上，也是作为专业人士的职业伦理要求。

二、专家与政治家分权制衡

技术治理是技术与治理的结合，牵涉各方面的利益相关者。其中，主导技治决策活动的主要是技治专家和政治家。有限技治理论主张，在技术治理过程中，专家与政治家之间要进行分权和制衡，如此可以平衡技治专家的权力。以下结合普赖斯的观点，来讨论有限技治主义的立场。

[①] Don K. Price, Money and Influence: The Links of Science to Public Policy, *Daedalus*, 1974, 103(3).

1. "四大阶层多元平衡论"

如何更好地运行技术治理？普赖斯提出了"四大阶层多元平衡论"，主张科学家、政治家均保持自己的独立，在摩擦中达到动态的一致和制衡。① 他的这种主张深得民主制分权制衡的精髓，他讨论的语境，与以民主集中制为特色的中国特色社会主义民主制存在不小差距，但分权制衡的主旨仍然值得有限技治主义者认真对待。

（1）四大阶层与四种机能

在普赖斯看来，政治领域的机构和个体，不是由其承担的公共事务，也不是因经济利益不同所决定，而是由他们所受的训练和所拥有技能的差别所决定。不同阶层（estate）的训练和技能不同，在政治活动中履行的功能也不同。

普赖斯认为，在将科学抽象知识应用到公共治理领域的具体实践事务的过程中，有四个阶层发挥着基本的功能性作用，是科学阶层（scientific estate）、职业阶层（professional estate）、管理阶层（adminstrative estate）和政治阶层（political estate）。这是一个向政治领域依次传递科学抽象成果的链条，反过来也是向科学领域传递政治价值原则的链条，越靠近科学一端，越关注客观真理和科学知识，越靠近政治一端，越关注人类价值和政治平衡。总之，这是双向传递的阶层链条。

这四个阶层对应着政府和公共事务中四种广泛的功能，即科学功能、职业功能、管理功能和政治功能，分别涉及四种不同的目标，即科学数据、职业目标、雇主利益和一般道德。但是，实际上它们甚至在理论上也很难清楚地区分开来，在政治体系中表现为渐进的谱系。总之，"在谱系的一极，纯科学关注知识和真理；在另一极，纯政治关注权力和行动"②。

（2）专家阶层的局限

科学阶层属于更宽泛的学术阶层的一部分，主要包括科学家、技术理论

---

① Don K. Price, Money and Influence: The Links of Science to Public Policy, *Daedalus*, 1974, 103 (3).

② Don. K. Price, *The Scientific Estate*, Cambridge, MA., London, England: Harvard University Press, 1965, p. 135.

家、和大学教授等。普赖斯认为,科学家阶层扮演哲学家和历史上类似的真理源泉的角色,但他们生长缓慢,社会得以很好适应他们,而科学阶层在 20 世纪尤其是第二次世界大战以来增长过快,社会来不及调试与它的关系,尤其是政治家与科学家的关系。①

按照普赖斯的观点,职业阶层如工程师、医务人员和法律人士等,可以作为科学与政治之间的桥梁,比如把法律规定"转译"为蒸汽锅炉安全规程、医药卫生措施等。职业阶层所运用的技能并非完全科学的,"职业人士不仅考虑科学数据,也要考虑目标"②,因而它与科学阶层不同,也与管理、政治阶层不同。

有限技治主义者认为,科学阶层与学术阶层的一部分,因为加入治理情境,一同组成了技术治理所指的技治专家阶层,他们以专业能力参与和影响政治活动。但是,专家阶层的政治能力是有局限的:1) 科学抽象不问目的,只问手段和效率,只有先确定目标,科学才能有助于决策;2) 政策问题规模巨大,复杂性高,难以符合科学精确性要求;3) 科学用于观察的设备和方法有缺陷;4) 科学指导复杂活动比如军事行动,存在明显局限,因为军事上更多依赖于直觉经验。

(3) 四阶层的多元平衡

在普赖斯看来,专业人员在政治行动中的指导作用,很像在法庭中法律专业人士在教堂和政府之间的中介作用——实际上,西方法学如自然法等很多是中世纪神学讨论的遗风。因此,科学在政治活动中被作为真理的一种来源,同样也存在与政教制度分离类似的政科制度分离的问题。他认为:"与政治紧密相连的科学机构应该思考如何才能够保持独立,从政府控制下获得相对自由。"③科学阶层要求学术自由,要按照真理传统处理问题,同样,政治也要按照自己的民主自由传统处理问题,对保护科学独立性不感兴趣,希望约束科学家,防止他们越出科学的严格界限,反对以科学真理的名义要

---

① Don K. Price, Here and There: The Twofold Principle of Freedom and Responsibility, *American Scientist*, 1965, 53(4).
② Don. K. Price, *The Scientific Estate*, Cambridge, MA., London, England: Harvard University Press, 1965, p. 133.
③ Don K. Price, The Natural Sciences, The Social Sciences and Politics, *Minerva*, 1988, 26(3).

求排他性的极权,避免普遍受人担忧的科学与政治共谋的危险。

普赖斯认为,科学、职业、管理和政治四大阶层之间关系不是等级制关系,而是一种多元主义(Pluralism)关系。科学家和职业人士参与政策制定时,必须给予他们更大的裁量权。政治家和管理人员必须控制技术计划的关键方面,以实现对选民负责任的决策。在自由社会中,要在政治活动中有效利用科学技术的技能,必须在四种阶层之间实现操作上和工作上的分权制衡(Checks and Balances)制度。科学技术关注的问题超越政治制度,这能让管理和政治阶层"软化"和超越意识形态的冲突,形成更理性的决策。科学和职业阶层参与公共事务,促进经济繁荣,减少由于经济不安全导致的激进主义。与科学阶层相比,政治阶层关注用权力影响公民,要取得他们的支持,他们的权威不是建基于知识基础之上,因此在自由宪法体制中,政治阶层必须是民主的和负责任的。在政策制定中,政治家和管理人员要尊重科学真理和职业专长,更要关注对选民的责任、雇主和社会的福祉。政治家具有界定问题的能力,可以向科学家提问。科学家无权干涉政治家的目标,但可以提出实现目标的可能性、可行性和代价等建议。政治家在不同的建议之间进行比较,减少风险,还可以区分不同政策问题和元素,决定由谁和哪个机构来处理。

因此,普赖斯认为,四大阶层之间相互独立,因而可以互相补充和支持,它们之间的平衡是动态的、相对的,没有固定模式的,良好的状态是实现一种在分权制衡中的多元主义的一致(the pluralist consensus)。在中国语境中,问题存在民主集中的一面。也就是说,普赖斯的四大阶层除了相互独立之外,还要注重在更高层次上达到很大程度上的集中意见。所以,有限技治主义者认为,专家平衡也是需要控制的,并非随心所欲,甚至由平衡导致争吵,由争吵走向无所作为,这就完全违背技治系统提高社会效率的目标了。

(4) 科学阶层与政治阶层"婚姻关系"

普赖斯形象地把上述多元平衡关系称为"婚姻关系"。他认为,科学阶层与政治阶层之间的健康关系不是伙伴关系,而是婚姻关系。他坚持科学是宪法体制下多元主义的重要基础,它与政治是根本不同的,反对科学一味朝民主目标努力或政治应该接受科学方法主导,因此科学与政治之间要相互独立,相互补充,而使两者相互融合乃至完全相似并不会带来社会进步。纯科学是不需要政治民主的,也不需要负担政治责任,科学真理不由多数投票所决定,科学共同体要坚持自主性,实现科学自我管理的多元主义,而政治责任则是其他阶层考虑的事情。

有限技治主义者认为,普赖斯的比喻非常贴切,因为他首先将参与技术治理的各阶层视为一种更高效的合力,进而论证有限独立对于效率的贡献。独立是为了互补,而不是为了破坏性地对抗,多元平衡应该是一种"结果"的动态平衡方式。从自然史的角度看,婚姻和家庭的出现及其演变,显然有助于人类更有效地适应环境。并且,由于各地的婚姻和家庭状况不太一样,也就使得"婚姻关系说"具备更丰富的内涵和语境性。

(5) 自由和责任双重原则

普赖斯指出,在公共事务中,所有阶层尤其是科学阶层,必须遵守自由和责任的双重原则:"最重要的原则是双重的:(1) 离谱系一端集中于真理的身份是,更多地冠以自由和自我管理,而(2) 离权力实施一端更近的身份,更少允许把它组织为合作的实体,更多是要在提交给选民最终决策的意义上,强调通过政治责任的检验。"[1]普赖斯分析了当代科学技术与自由的关系。他认为,多数科学家认为科学内在精神上是一种自由,因为科学研究过程需要科研自由,因此科学家在政治上是倾向于支持自由的。但是,科学与宗教一样,与世俗权力交织在一起,科学家实际上会与各种政治制度合作。因此,"科学对西方自由自治在历史上的贡献并不大"[2]。因此,科学阶层若要参与政治活动,就同样必须在自由和责任两极之间找到平衡。也就是说,纯科学需要自由,纯政治要对选民负责,政治领域中的科学阶层必须兼顾两者。

2. 普赖斯的若干平衡措施

究竟如何实现上述多元平衡呢?普赖斯通过实证案例研究,提出诸多完善技术治理的具体措施,其中有一些颇有价值。美国的情况与中国有很大

---

[1] Don. K. Price, *The Scientific Estate*, Cambridge, MA., London, England: Harvard University Press, 1965, p. 137.

[2] Ibid., p. 271.

不同,其经验只能作为参考。不过,基于现代管理制度来规划科学发展,是当今世界的发展潮流,因而我们必须对此进行深入探讨,不能仅仅停留在原则问题层面。

(1) 打破专家与政界的不当联合

在科学内部,科学家们容忍不同的观点,与思想自由逻辑是一致的。在不同学科知识之间应该实现平衡,科学发展要坚持多元主义,这对于避免极权政治体制是有帮助的,因为主张真理唯一往往是专制的前提。自然科学、社会科学、神学、哲学等知识均不能单独决定公共政策的最终目标,探寻真理的分权是以分权制衡保护自由的民主制度的基础。

在科学外部,科学家们主张科学工具论,即科学仅仅是效率工具而没有最终目的,这可以为科学家要求学术自由提供支持理由,同时也为他们积极参与政治活动提供支持理由。但是,随着科学自由在当代的不断扩大,技术治理容易被推上神坛,越出应该有的界限,对自由民主造成威胁,尤其是科学家与政客形成共谋——"技术治理的危险更可能由特殊的国会委员会和专业人士利益在某个机构或部门中结盟而造成。"[①]因此,必须对科学与政治进行分权制衡,防止两者之间极权主义的合流和结盟。对此,有限技治主义非常赞同。

(2) 最佳的机构组织方式是零散拼图式的

在美国语境中,普赖斯归纳政府利用科学界力量辅助决策主要有三种组织形式:1) 聘用全职科学家,政府部门下设科学部门;2) 兼职聘用科学家,组成临时委员会;3) 将科研机构并入政府,科学家控制该机构的运行。无论哪种形式,普赖斯反对将科学的政治机构组织成统一而融贯的体系,即不需要将它们放入单一的机构中。相反,科学力量要根据政治的实际需要,零散地输入不同的部委或项目中。

显然,普赖斯的用意是贯彻民主制提倡的分权与制衡原则。有限技治理论认为,零散拼图式组织机构当然可以防止技治专家联合,走向权力膨胀,但同时对技治系统的效率也存在影响。有限技治主义主张局部社会工程,并

---

① Don. K. Price, *The Scientific Estate*, Cambridge, MA., London, England: Harvard University Press, 1965, p. 277.

不需要很大范围的统筹考虑,但是不赞同过于强调权力分散,起码在局部社会工程内部,技治专家的意见还是要强调民主集中的。至于民主与集中的划界,必须在具体的技治语境中才能予以确定。

(3) 以预算方式对科学界进行必要的约束

在普赖斯看来,对政治界的科学力量进行约束的主要手段是预算。他认为,最大的问题是,很多美国国会批准的科学资助,最后实际对实践工作没有什么贡献或者贡献不大,而其主要贡献在于对大学的一般教育和研究目标的促进。[①] 随着国家资助越来越多,这样的问题就越来越大,要求资金能产生实际应用的压力越来越大。政府如何有效地资助科学,核心问题在于编制和实施科学预算。

在预算实施方面,普赖斯对第二次世界大战以后美国逐渐形成的政府资助科学的合同制度非常推崇。这种政府与大学、公司实验室和研究机构的关系,以合同管理为基础,保持对方的基本独立性,又能对其进行有效的管理。普赖斯认为,合同体系有活力、有实效,因为它模糊了公共与私人之间的严格界限,因而合同体系最大的问题不是公私冲突,而是管理问题,尤其是不同的合同各行其是,缺少整体考虑。

实际上,通过预算项目制来管理科学研究活动,在当代已经成为世界通行的主流做法。在不同的国家,预算项目制面对着不同的情况,无论如何,预算项目制是政治约束科学的重要形式。有限技治主义者赞同,要结合国情认真研究科研的预算项目制,尽力提高实施效率,促进科技服务于社会的社会主义民主制诉求。

(4) 努力保持科学资助的多元化

与布什的《科学:没有止境的前沿》不同,普赖斯对政府主导和控制科学发展是质疑的,担心这有损于科学的学术自由。大学一直是保卫科学自主的大本营,科研资助不能限于甚至不能主要来自联邦政府,而是要保持多元化。20 世纪以来,私人企业、大型基金、州政府以及私人对科学的资助越来越多,终身职位(tenure)的设立,促进了科学资助的多元化,这极大地帮助了大学

---

① Don K. Price, Money and Influence: The Links of Science to Public Policy, *Daedalus*, 1974, 103 (3).

保持独立。① 普赖斯认为,科学家获得资助的途径多元,意味着更大的议价能力。

(5) 科学家保持某种建制化的异议者的角色

传统观点认为,科学家应该努力与政治相隔绝,在政治之外扮演建制化的异议者(established dissenters)的角色。普赖斯认为,这种角色在今天同样应该予以很大程度上的保留。作为异议者的科学家,既可以成为政府机构的内部人(insider),更多还是要做外部人(outsider)。② 作为政府机构的内部人,科学应该服从政治传统的价值体系,不追求乌托邦。但作为政府机构的外部人,科学家要对目前政策进行批评,不接受传统政治教条的有效性,或者反对科学完全服从建基于传统价值的权威体系。他指出,很多科学家坚持科学与政治的隔离,因此将科学与政治之间的关系视为"不幸的被骗婚姻"③。也就是说,科学家应该做外部人的观点,仍然是科学界的主流观点。普赖斯认为坚持这种立场,能更好地保持科学界的独立性。

在有限技治理论中,普赖斯所说的异议者角色,更多体现在技治专家对技术治理过程的监督上,而不在于对政治决策的一味批评上。经过民主集中制的技治决策,在实践中不可能得到完美的实现,肯定只能是朝着"满意"的方向前进。在其中,存在诸多细节问题和反馈问题,需要技治专家保持警惕。实际上,保持警惕的应该不仅是技治专家,也是所有被卷入技治系统的利益相关者。

(6) "三维度分析法"

在对技术治理的分析中,普赖斯提出了知识、制度和政策的三维度分析法。④ 首先要研究知识是如何影响政治,以及反过来政治对知识又如何反作用。其次要讨论科学技术建制如何搭建才不至于威胁自由,尤其是避免与官僚机构形成共谋(conspiracy),这必须要靠制度建设。最后要研究负责任而

---

① D. K. Price, Endless Frontier or Bureaucratic Morass? *Daedalus*, 1978, 107(2).
② Don K. Price. The Established Dissenters, *Daedalus*, 1965, 94(1).
③ Don K. Price, *Government and Science: Their Dynamic Relation in American Democracy*, New York: Oxford University Press, 1962, p. 2.
④ D. K. Price. Purists and Politicians, *Science*, *New Series*, 1969, 163(3862), pp. 25-31.

又有效率的公共政策如何制订的问题,引导政策研究向分析方向发展。他将这种分析法称为实用的还原主义(pragmatic reductionism)方法。应该说,普赖斯的著作很好地应用了三维度分析法。不管这种方法有什么问题,他主张对技术治理进行理性的实证分析的观点,对于加强技术治理理论研究都是很有借鉴意义的。

3. 专家与政治家的有限论平衡

在有限技治主义者看来,普赖斯主要讨论的是与技术治理活动相关的专家与政治家的权力平衡问题,这属于有限技治主义专家平衡论所讨论问题的一部分。他努力将理论反思和现实政治结合起来,为实际的技术治理实践提供指导,又不使理论反思流于形式。他大量运用历史学方法以及案例分析方法,深刻地切入美国具体政治制度安排的问题,在理论的"应然"和历史的"实然"的张力之间寻找平衡。应该说,普赖斯的努力取得了很重要的开拓性成果,但也存在一些问题:

第一,对策和措施有问题。莫里森认为,普赖斯对美国现实太过乐观,尤其是对政府和军方对科学自由的干涉估计不足,因此他所提出的对策方案在现实中多不可行。[1] 邓尼认为,多元主义与四阶层平衡很有借鉴意义,但普赖斯的具体建议与之并不完全一致。[2] 有限技治主义者认为,普赖斯这方面最大的问题在于美国语境太强,很多想法不见得适用于别的国家和地区,但是他的平衡论启发价值极大。

第二,概念和模型问题。萨耶认为,普赖斯的"阶层"概念主要是从主体方面来处理科学政治学问题,这是有局限的。[3] 兰姆布莱特则认为,普赖斯的四阶层模型假定个体知道自身处于何种位置,应当处于何种位置,这并不是实情。[4] 有限技治主义者赞同类似的批评。在现实技术治理活动中,一是不少治理者很难清晰地将自己划定为哪一阶层,二是治理者与被治理者身份

---

[1] Elting E. Morison, Science and Public Policy, *Public Administration Review*, 1955, 15(1).
[2] Brewster C. Denny, Science and Public Policy: A Literature in Search of a Filed, *Public Administration Review*, 1965, 25(3).
[3] Wallce S. Sayre, Scientists in Politics, *Science*, *New Series*, 1965, 150(3969).
[4] W. Henry Lambright, Scientists, Truth, and Power, *Public Administration Review*, 2009, 69(2).

不断变化,主客二分的思路分析问题时常常面临困难。相比较而言,有限技治理论更为赞同拉图尔等人提倡的行动者网络(Actor-Network Theory,TNT)分析方法,该理论强调要平等地看待自然与社会中所有的人类与非人类要素。①

第三,"科学"概念处理过于笼统。自然科学有许多差别很大的分支,与政治的关系很不相同。对此,普赖斯坦言自己没有仔细区分基础科学与应用科学,也没有考虑社会科学是否是科学的问题。② 他意识到社会科学与自然科学的差别,认为科学知识有两种生长模式,一种是垂直金字塔式的,另一种是平行知识树式的,牛顿力学是前一种典型,而社会科学更多是按照第二种方式生长的。③ 社会科学是根据实际问题而不是学科逻辑生长的,而社会科学家更多是以个人形式而非自然科学家那样以学会组织形式卷入政治之中。他也意识到,努力避免主观偏见,依靠最客观的数据,在社会科学中自身就导致了巨大的偏见。④ 总的来说,普赖斯对科学技术的理解太过于简单,对社会科学用于技术治理的特殊性和有限性考虑不足。

相较而言,普赖斯对待技术治理的中性态度,在西方学界并不多见。他主张深入研究技术治理,既要平衡专家权力,又要通过制度建设发挥技治专家在社会运行中的作用。极端的唯科学主义和反科学主义,都是他要避免的。巴茨认为,普赖斯把被感情主义纯科学观点、自私科学家虚伪隐瞒观点所扭曲的思想进行了澄清。⑤ 他极力反对科学与政治在建制上合流,又不否认科学能够促进政治效率。总之,普赖斯看待技术治理的建设性基本立场,与有限技治理论是一致的。有限技治主义者主张,哲学反思应对技术治理进行一定程度的经验概括,比如它的主要战略措施、运行机制和模式选择等,并且,还应该思考技术治理的历史性、语境性和地方性的问题,比如技术治理与

---

① B. Latour, *Reassembling the Social: An Introduction to Actor-Network-Theory*, Oxford, New York: Oxford University Press, 2005.

② Don K. Price, *Government and Science: Their Dynamic Relation in American Democracy*, New York: Oxford University Press, 1962, pp.3-4.

③ Don K. Price, The Natural Sciences, The Social Sciences and Politics, *Minerva*, 1988, 26(3): 416-428.

④ Don K. Price, Money and Influence: The Links of Science to Public Policy, *Daedalus*, Vol. 103, No. 3, Science and Its Public: The Changing Relationship, Summer 1974, pp. 97-113.

⑤ Marston Bates, Review to Government and Science, *Scientific American*, 1954, 191(5).

中国特殊国情之间的关系。

普赖斯始终认为,对科学和专家的控制,是技治系统制度建设的问题,而不是科学和科学观的澄清问题。① 这种观点非常有启发性,避免技治研究陷入空泛的宏大反思,落不到公共事务的实践之中。不过,将科学观与政治价值绝对隔绝,实际上是不可能的。虽然均主张平衡专家权力,但有限技治论与普赖斯的区别恰恰因所坚持的科技观不同而根本不同。

在科学观问题上,普赖斯是老派的工具论者,即认为科学技术只是实现目的的工具,自身是价值无涉的(value-free),超脱于意识形态争论之外,必须将科学技术及其应用清楚地区分开来——他自认为这是实践唯物主义者的立场。② 他认为,自然科学容忍不同的意见,科学家对于建立新的政治教条没有兴趣,这可以让他们从意识形态争论中抽身出来,对科学事业的独立性起到支持作用。普赖斯认为不能简单地认为科学与民主、自由是天然的同盟,是站在工具论立场上得出的必然结论;但是,他明显有科学决定论的倾向,尤其是在科学技术对政治的作用上。比如,他认为,"当然,从广义上讲,科学和技术的发展对任何地方的政府政策均有决定性的影响"③,这又与工具论是相矛盾的。更重要的是,经过科学哲学近百年来的发展,传统的科学工具论受到了各种各样的批评,不再为学界所公认。

与之相区别,有限技治理论坚持科技谦逊主义,既反对技术实体论,也反对传统的工具论,而坚持前述的"技术控制的选择论"。有限技治主义者将技术治理视为民主制控制下的有限效率工具,以此为出发点选择不遗余力地对技术及其应用进行足够控制,但不认为技术治理的问题完全等同于主体的价值观问题,而将其视为治理语境下技术与人相结合的问题,因而对于技术治理再治理之复杂性有充分估计,有长期与之缠斗的决心、毅力,并不断完善控制技术与技术治理的长效机制。在技治系统的运行中,技术因素、治理者因素、被治理者因素以及其他环境因素(包括物质性因素,也包括文化性因素),都需要受到同等的重视。因此,普赖斯对专家平衡的强调,完全是基于工具主义立场对美式民主制的维护,而有限技治理论更多则是出于对当代

---

① Don K. Price, Escape to the Endless Frontier, *Science*, *New Series*, 1963, 148(3671).
② D. K. Price, Purists and Politicians, *Science*, *New Series*, 1969, 163(3862).
③ Don K. Price, Organization of Science Here and Abroad, *Science*, *New Series*, 1959, 129(3351).

科技有限本性的深刻理解。

三、"泛专家"及其分化与抗衡

有限技治理论认为，参与技术治理的专家圈子内也存在相互平衡的力量，必须要制度性地利用专家之间的分化与抗衡带来的张力，来防止专家权力过于集中。首先，与具体技治语境相关的专业知识很多，专家的学科背景不局限于自然科学领域，而是要扩展到人文社会科学领域，甚至相关的地方性知识，因而技治专家的范围应囊括足够的专家领域，此即我所谓的"泛专家"主张。其次，重视和正视科学争论和不确定性导致的相互冲突的专家意见，不掩盖专家意见的不一致性，维护专家内部的分化与抗衡的多元并存局面，此种分化与抗衡实际将实现专家内部的权力平衡局面。

1. 有限技治理论的"泛专家"主张

一些极端的技治主义者认为，在技术治理活动中，必须绝对听从专家的意见，因为现代科技是唯一确定无疑的客观真理。有限技治主义者反对这种唯科学主义的论点，罗斯扎克称之为"客观意识的神话"（myth of objective consciousness）。他指出，技术统治论社会依靠专家运行，宣传没有专家社会就会崩溃，理由是因为专家掌握可信赖的知识，依据这些可信赖的科学知识，就可以实现人类需求、计划、教育和发明等社会目标，所以科学知识是对人、对现实世界最佳的阐释，此即"客观意识的神话"，即将科学视为唯一可信赖的知识基础之信念。[①]

罗斯扎克之所以认为客观意识是神话，是因为他认为科学成为当代统治性文化，不是认识论即真理原因而是心理学即信仰或崇拜的原因。他用当时最新的科学哲学思想，如库恩的《科学革命的结构》（1962）、斯诺"两种文化"演讲（1968）等，来说明科学并非绝对客观真理。的确，百年来的科学哲学发展史已经有力地证明了这一点。但是，有限技治主义者不同意罗斯扎克

[①] Theodore Roszak, *The Making of A Counter Culture: Reflections on the Technocratic Society and Its Youthful Opposition*, New York: Anchor Books, 1969, p. 205.

将当代科学权威完全归结为心理学原因,而是认为科学权威有心理学的因素,更多的是由于实践论原因(现代科技的巨大实践力量)和认识论原因(科学知识是迄今为止人类获致的形式最为严密的知识形式)。迄今为止,人类并未找到绝对真理,也并未找到绝对良善,虽然科学既不是绝对真理和绝对良善,但是它在人类此类的追寻中展现出如果不是最重要也是绝对不可忽视的潜能。

不过,罗斯扎克的确指出了科学不确定性的一面。在治理语境中,科学的不确定性使得技术治理活动变得更加不确定,触发技治专家和技治知识内部的巨大分歧。皮克尔指出,由于科学的不确定性,有很多科学观点与期望的决策结果不相符合,于是科学不确定性就成为政治斗争场所,它也使得科学家在决策制定过程中角色变得非常复杂。从某种意义上说,"一般的决定以及具体的政策制定,都是控制不确定性的过程。好的决定可以减少想要结果的不确定性,使之向期望的方向发展"①。但是,他又不得不承认:"科学不确定性的减少不一定带来政治共识。"②因此,技治知识分歧最终导致技治决策异常复杂。

皮尔克指出,传统线性模型忽视上述复杂性,将技治知识视为确定的,这是既有科技决策领域问题的根源。他认为,在第二次世界大战之后,美国的科技政策领域出现两种不同的理论模型:线性模型与利益相关者模型。③前者强调基础研究的重要性,认为科学扩散是从基础研究经应用研究、研发创新最后到社会收益的过程,因此科学在相关政策行动充当特殊指导的作用。后者强调综合考虑相关决策的所有利益相关者的诉求,科学家是其中的利益相关者之一,因此必须要仔细考虑科学如何用于决策活动中。在皮尔克看来,从布什的《科学:没有止境的前沿》开始,线性模式被神化了,如今受到越来越多质疑,但科学技术研究领域还有很多学者在坚持它,这完全落后于实际情况的发展。因此,皮尔克反对线性模式,主张以利益相关者模型取代之,将技治专家定位为利益相关者中的"诚实的代理人"。

---

① 小罗杰·皮尔克:《诚实的代理人:科学在政策与政治中的意义》,上海:上海交通大学出版社,2010年,第61页。
② 同上书,第51页。
③ 同上书,第8—14页。

皮尔克的观点提醒我们：技治专家的意见并不一致，存在各种相左的专家意见。对于技术治理而言，技治专家的组成必须要涵盖各种不同意见的专家，不掩盖科学共同体内部的科学争论，相反要在治理语境中将其彰显出来，以此来为决策者提供更多可选择的决策方案。甚至可以说，在可行性范围内，技治方案越多越好，防止某些专家压制其他专家的不同意见。换言之，"泛专家"意味着"泛方案"。

按照贾萨诺夫的"管制科学"理论，"泛专家"主张根源于技治知识的特殊性，即它不同于治理语境之外的学院知识，是技术与人在治理语境中相结合催生的知识分支。贾萨诺夫将与政策相关的科学称为"管制科学"，与纯粹象牙塔中的"研究科学"相区别。她认为，只有意识到二者的差别，才能搞清楚技术专家委员会在政府公共决策中的位置。

贾萨诺夫认为，管制科学处于科学与政策的交叉边缘，根本无法摆脱政治和意识形态的渗透，而"那种认为以科学为基础的监管可以借助同行评议来摆脱政治和意识形态束缚的想法，绝对是一种误导"[1]。为什么？因为"管制科学的一个最显著特征就是政府与产业界深入参与了知识的生产和证明过程"[2]。在管制科学中，同行评议的作用被夸大了，同行评议的结果对于管制科学并不具有约束力。而且，同行评议并非完全认识论的，而是具有社会性，这一点在管制科学领域更为突出。并且，管制科学与研究科学之间存在文化冲突，这实际阻碍了政府中的技术专家委员会与专业科学共同体之间的交流。

比较研究科学与管制科学，贾萨诺夫指出，两者的差别主要包括如下方面[3]：1) 研究科学的目标是要生产原创性的知识，管制科学的目标不是发现真理，而是非常实用的，即"很明显就是生产出促进政策制定的'技术、工艺与工具'"[4]。研究科学家希望得到学界的同行认可，而管制科学家则希望满足立法需求，得到政府的认可。2) 研究科学主要由大学完成，产出公开发表

---

[1] 希拉·贾萨诺夫：《第五部门：当科学顾问成为政策制定者》，上海：上海交通大学出版社，2011年，第110页。
[2] 同上书，第108页。
[3] 同上书，第106—109页。
[4] 同上书，第106页。

的论文。管制科学则主要由政府和产业界发展,产出的各种研究报告和调查数据分析往往不公开发表。3) 研究科学的时间表是自由的,可以调整,甚至可以搁置以等待更多的数据。而管制科学则有解决问题的固定时间表,面临很大的政治压力。4) 研究科学的争论主要依靠正式或非正式的同行评议加以解决,而管制科学争论的解决则要结合监管部门的同行评议、司法审查、立法监督和实地视察等综合程序来加以解决。当研究科学出现问题时,由科学共同体做出反应,而管制科学出现问题,往往触发政府、法院和媒体的问责要求。5) 研究科学知识的优劣,主要由实验事实和同行评议确定。而管制科学则更为复杂,除了真实性标准之外,还要与既有政策相符,得到充分的法律检验。

在科技与公共政策领域,贾萨诺夫的"管制科学"论得到很多人的赞同。有限技治主义者认为,贾萨诺夫指出技治知识和技治专长的特殊性,对于进一步引导、调整和控制技术治理活动具有重要意义。但是,贾萨诺夫忽视了技治知识明显的地方性和语境性,前者指的是技治知识与国情的强相关关系,后者指的是不同的技治语境中的技治知识呈现不同的特点。对于研究科学向管制科学的转化,贾萨诺夫并没有解释得很清楚,尤其她的研究囿于美国语境,对于中国的情况只具有启发性的价值。总之,贾萨诺夫的"管制科学论"支持有限技治理论的"泛专家"主张,即在专家内部实现不同专长、不同意见、不同学科之间的平衡。

2. 技术专家与人文社科专家的分化

有限技治理论认为,存在着不同学科专家的分化现象,尤其是技术专家与人文社科专家的分化,并强调技治系统要平衡不同学科的专家意见。实际上,此种分化现象已经被许多思想家和理论家所指出。

在古德纳看来,新阶级是存在缺陷的阶级,最大缺陷就是内部分化,即人文知识分子与技术知识分子的分化。人文专家与技术专家同为新阶级,是因为他们都因文化资本获益,坚持相同的专业主义意识形态,即"新的意识形态认为生产力主要依赖于科学和技术,认为社会的问题可以在技术的基础上,用通过教育获得的技能加以解决"①。新阶级的专业主义使得"一种审慎的、批判的话语文化"——可简称为"批判的话语文化[CCD]"②——在新阶级中成为主流。这是一套历史演变而来的话语基本原则:批判既有的所有主张,评判不是诉诸权威,而是以引证的论点为根据达到辩论者之间的资源认可。古德纳还归纳了批判的话语文化标准,即客观、有效、理论性、反思性和反对权力,并将批判的文化话语视为新阶级的普遍意识形态。

为什么新阶级均赞同"批判的话语文化"呢?古德纳借助库恩的范式理论和默顿学派的科学共同体概念来论证,认为知识分子受过相似的教育,具有相似的背景,相互关系密切。不过他承认,技术专家常常隐藏自己的批判意识,与人文专家公开批判资本主义不同。

显然,将"批判"作为技术专家的信念值得商榷。"有组织的怀疑主义"与批判是不同的,怀疑要"有组织",技术知识分子承认共同的基本判别标准(以可检验性为核心)和程序(围绕同行评议展开),可检验性标准在人文圈子是不存在的,而文科同行评议也不存在清晰一致的判别尺度。在实践中,往往可以发现技术专家是建设性的,以问题解决为导向的,而人文专家只是希望加深对问题更深的理解,忽视理论的实际应用。古德纳归纳的"批判的话语文化"的客观和有效性标准,对于人文专家基本上不适用。

进一步,古德纳也看出人文社科知识分子和技术知识分子之间的不同。新阶级内部分化是他的重要观点,即人文社科专家与技术专家的社会地位不同,前者比后者更加边缘和被冷落,两者之间存在矛盾,这是新阶级自身的最大缺陷。③ 相比加尔布雷思,古德纳的观点尚属温和,加尔布雷思在《新工业国》中认为,知识分子分裂为技术阶层(Technostructure)和科教阶层,并且主张以后者对抗前者,以免前者权力过大。④ 他所称的科教阶层在学校、大学和研究机构从事与教育和科研有关的工作,有时被人称为知识分子、作家和诗人等,而他所称的技术专家阶层主要包括技术人员、计划人员和其他专业

---

① 艾尔文·古德纳:《知识分子的未来和新阶级的兴起》,南京:江苏人民出版社,2002年,第37页。
② 同上。
③ 同上书,第10页。
④ 约翰·肯尼思·加尔布雷思:《新工业国》,上海:上海人民出版社,2012年,第271—278页。

人员。

古德诺认为,"人文知识分子的活动领域普遍缺乏获得一致认可的有效范式,而可能会有几个相互竞争的范式"①。而技术专家更为团结,人文专家偏好派性,新阶级的内部斗争不利于夺权。技术知识分子的兴趣是技术性的,人文知识分子的兴趣是批判、解放、解释等政治性的。20世纪急速壮大的是技术专家,他们开始获得更多的权力。技术专家与科层制官僚之间关系更为密切,后者在束缚前者发展的同时,又给技术知识分子提供庇护。

类似的观点还有科塞在1970年出版的《理念人:一项社会学的考察》。他将知识分子称为"理念人",意思是知识分子最重要的特征是关心普遍的意义和价值,不光讨论具体问题的答案,"知识分子是为理念而生的人,不是靠理念吃饭的人"②。所以,知识分子继承传道士和先知的精神,同时是中世纪弄臣的继承者,表现出戏谑的处世态度,对传统持批判态度,喜欢纯粹知识,回避技术专家目标明确的智力活动。按照如此刻画,科塞将知识分子与专家对立起来,知识分子指的应该是文科专家,尤其是文人—思想家。但是,科塞对"理念人"的分析基本上又囊括所有文化人——科学家也包含在内,在政府里任职的科技人员也有可能是"理念人"。事实上,很多科技人员并不关心人类普遍核心价值问题。因此,科塞从意识形态角度界定知识人的努力前后矛盾。

有限技治主义认为,从共有文化上看,人文社科专家与技术专家差别很大。后者奉行的是"有组织的怀疑主义"(默顿语),在认识论和方法论上是比较一致的,比如承认观察实验和可检验性,使用数学和统计学语言,遵守逻辑法则等,而前者遵循的则是前提批判的个人主义,相互之间并不坚持一致或类似的意识形态,人文专家似乎对任何问题都没有共同意见。1969年,斯诺提出科学文化与人文文化对立的观点。③ 在有限技治主义者看来,没有什么单一的人文文化,而是无数种人文意见,因而也就谈不上与科学文化对立。所以,人文社科专家难以像古德诺、科塞一样用意识形态或共有文化来界定,

---

① 艾尔文·古德纳:《知识分子的未来和新阶级的兴起》,南京:江苏人民出版社,2002年,第67页。
② 刘易斯·科塞:《理念人:一项社会学的考察》,北京:中央编译出版社,2001年,第2页。
③ C. P. 斯诺:《两种文化》,北京:生活·读书·新知三联书店,1994年。

毋宁说作为职业概念来使用更为有效。至于由于专业差异所导致的意见不一致,不仅在自然科学、社会科学和人文科学的条块分割中存在,在三大科学部内部同样存在。有限技治主义者恰恰认为,这样的分歧应该在技治知识的专家咨询中得以足够地展开,将技术治理推向更高的水平。

3. 管理者与知识人、工程师的抗衡

有限技治理论认为,在技术治理"三大主力"即管理者、知识人和工程师之间,存在协作与竞争的关系,在某些时候可能出现抗衡的情况,尤其是管理者履行管理职能的对象,包括知识人与工程师。在技治系统中,三者之间的张力有利于平衡技治专家的权力格局。

在管理者革命相关理论中,管理者往往与知识人、工程师交织在一起。泰勒心目中理想的管理者是科学家,要对劳动场所的管理工作进行科学研究,凡勃伦的工程师同时包括经理人和知识人,伯恩哈姆的管理者甚至还包括政府官僚。从专家治理的角度看,经理人和知识人、工程师都属于技治专家,但大体上说,经理人因行使专业管理职能而跻身专家,知识人因生产专业知识而成为专家,工程师因具体实践执行而成为专家,三者在理论上存在职能差别。在实践中,经理人活跃在管理层,而知识人活跃在研发部门,工程师活跃在研发部门和施工现场。

当然,可以将管理活动理解为对管理科学知识的应用,研发活动是对其他自然科技知识和工程知识的应用,因而三者之间的协调与知识差距并没有实质意义。但是,即使从知识角度看,管理学属于社会科学,与自然科技知识和工程知识还是不同的,因而如帕特南指出的,管理者与知识人、工程师在精神气质上是不同的。①

进而言之,在专业知识的名义下,专家治理的职能和目标非常复杂。除了上述的知识生产和组织管理的职能,还有其他的目标指向。经济学家常常以智库形式,参与对国家宏观经济运行的治理活动,扮演社会预测—解释者的角色。很难相信经济学家的理论真的能控制复杂社会的运行,但是他们提

---

① Robert D. Putnam, Elite Transformation in Advanced Industrial Societies: An Empirical Assessment of the Theory of Technocracy, *Comparative Political Studies*, 1977, 10(3).

出某些社会预测，或者解释某些发生的事情，对于社会稳定运行起着重要的作用。至于工程师治理社会，更多会聚焦于工程物的制造或运行之上，包括自然工程物，也包括社会工程物。总之，由于支撑专家的专长（expertise）的复杂性，导致专家治理功能的复杂性。在专家治理的讨论中，要区分各种不同情况，否则可能陷入混乱和矛盾。在专家委员会的运行中，必须平衡各种专家力量，避免一支独大。

在管理者与知识人、工程师的关系问题上，吉拉斯指责新阶级对思想的专制统治，比如对知识活动领域进行专制统治，因此经理人在苏联压制知识人和工程师。知识生产被意识形态征服，整个体制只能有唯一思想家即斯大林，人民知识权被剥夺，与教条不符的思想都被宣布为异端。因此，他认定的"新阶级"即政治官僚—管理者从根本上会阻碍科学和知识的发展。在艺术方面，更是如此。吉拉斯对思想专制最为愤慨："专制统治最恶劣的表现就是在于它强迫人们不要像平常那样去思想，强迫人们表达不是他们自己的思想。"[1]不过，吉拉斯的批评与苏联自然科学技术尤其是军事科技领域的快速进步不甚相符。

米尔斯对管理者与知识人、工程师关系的理解，与吉拉斯类似，即知识人、工程师是当权者的附庸，常常还自鸣得意。米尔斯认为，当代知识分子完全落入保守主义，错误地认为权力精英也是持保守立场的。这种解读完全是臆想，是对权力精英的美化，捍卫所谓的贵族气质。权力精英讨厌保守言论，他们的意识形态是社会达尔文气质的成功学，不过没有清楚地阐述出来。至于专业能力替代金钱作为权力基础，在米尔斯看来完全是无稽之谈，知识分子、专家和工程师都是受雇的技术人员和助手，给权力精英们帮忙或帮闲。[2]

德鲁克主张管理者与知识人、工程师之间是温和领导的关系，后两者具有相对独立性。首先，因为彼时社会正在进入知识社会，所以，组织和激励知识工作者与技术人员、工程师的工作是职业管理者的最重要任务。他指出：

---

[1] 密洛凡·德热拉斯：《新阶级：对共产主义制度的分析》，北京：世界知识出版社，1963年，第134页。
[2] 查尔斯.赖特·米尔斯：《权力精英》，南京：南京大学出版社，2004年，第440页。

"在知识社会中,知识而非财富占据社会中心位置。"①新一代职业管理者的最重要任务就是要提高知识运用成效,一是不断扩散和增长知识,二是要努力用成就激励知识工作者。对知识的重视实际使得从事体力劳动的工人阶级受到威胁,需要职业管理者去协调工程师与工人之间的冲突。总之,"21 世纪,管理需要做出的最重要的贡献与 20 世纪的贡献类似,它要提高知识工作和知识工作者的生产率"②。其次,在《社会的管理》和《21 世纪的管理挑战》中,德里克提出知识工作者在知识社会是相对独立的自我管理者。在知识社会中,知识工作者人数越来越多,其中同时从事知识工作和体力工作的技术人员、工程师占比最大。由于知识工作者都是专家,能胜任专门化工作,因而需要职业管理者组织各专业人员共同工作,在这个意义上,知识工作者要接受管理者的领导。但是,知识工作者具有很强的独立自主性,并且掌握了生产工具,因而"组织需要知识工作者要远比知识工作者需要组织更加强烈"③,于是"越来越多的劳动者和大多数知识工作者将需要自我管理"④。从这个意义上说,知识工作者又是独立的,而非传统社会中的依附性阶级。

无论如何,有限技治理论认为,管理者与知识人、工程师虽然都属于技治专家,但不能看成完全一致的某种阶级或阶层。就三者之间的关系而言,应该是相互独立,相互制衡的。同管理者一样,知识人、工程师内部也存在诸多分裂和矛盾。因此,技治专家根本不能作为一种团结的集团,让技治专家采取某种一致夺权行动更是不可能实现的。而技治系统的建构,应正视和充分利用上述不一致性,实现专家权力的平衡。

---

① 彼得·德鲁克:《社会的管理》,上海:上海财经大学出版社,2003 年,第 61 页。
② 彼得·德鲁克:《21 世纪的管理挑战》,北京:机械工业出版社,2009 年,第 118 页。
③ 彼得·德鲁克:《社会的管理》,上海:上海财经大学出版社,2003 年,第 66 页。
④ 彼得·德鲁克:《21 世纪的管理挑战》,北京:机械工业出版社,2009 年,第 142 页。

第25章 技术治理与当代中国

如前所述,北美技术统治论运动一经兴起,就迅速传播到中国。1978年改革开放以后,各类科技人员与教育工作者迎来"科学的春天",不少专家逐渐走上领导岗位,用科技专业知识为建设中国特色社会主义事业服务。海外境外一些学者比如贝淡宁(Daniel A. Bell)认为,中国改革开放事业取得巨大成绩的重要原因是采取技术统治论的措施,或者干脆认为当代中国已经从社会主义走向技治主义[①]——这便是所谓的"技治中国论"。究竟应该如何看待技术治理与当代中国的关系,技术统治论如何传入当代中国,产生何种影响,以及对建设中国特色社会主义事业有何帮助等,是本章要讨论的主要问题。

一、技术统治论与中华民国

1911年,辛亥革命爆发,一举颠覆了早已摇摇欲坠的封建清王朝。虽然1912年中华民国政府成立,但是实际中国连名义上的统一都没有实现,继而陷入了长期的军阀混战之中。1927年,蒋介石领导的南京政府成立,才基本上实现了名义上的统一,实际上的统一甚至可说直到1949年中华人民共和国成立之前都未真正实现。因此,在20世纪头30年,中国政治处于严重的动荡、交替和纷争之中,而在思想领域亦如是。

既有复兴传统文化不同分支的各种努力,更有对西方各种思想的积极引入,包括达尔文主义、资本主义、马克思主义、布尔什维克主义、共和主义、自由主义、实用主义、无政府主义、科学主义、纳粹主义等。在中西方文化强

[①] Liu Yongmou, The Benefit of Technocracy in China, *Issues in Science and Technology*, 2016, 33(1).

烈碰撞的大背景中,越来越多的中国人卷入各种思想文化运动,主动开始学习西方文化,试图将其与中国现实结合起来,寻找一条复兴中国的道路。很多西方理论并不适合中国国情,因而在稍加尝试之后很快被放弃,但有一些则被中国人接受并加以发展,对中国之后的发展道路产生了重要的影响,其中最著名的当属马克思主义和社会主义,也包括20世纪20年代至40年代北美技术统治论运动主张的技治主义。

1. 技术统治论传入中国

20世纪二三十年代,中国大批留学生学成归国参加建设,成为中国学界、政界和商界的中坚力量,其中从美国归国的留学生占相当比例。因此,在美国兴起的北美技术统治论运动和技治主义经由他们的介绍,引起了中国思想界的重视。以哥伦比亚大学的毕业生为例①,在民国时期非常有影响力的胡适、顾维钧、蒋廷黻、罗隆基、宋子文、马寅初都是哥伦比亚大学的毕业生。再比如,1928年成立的南京政府第一届立法院的53位立法委员中,归国留学生33人,美国归国留学生最多,13人,其中哥伦比亚大学毕业生最多,5人。

早在20年代末,就有人在中国宣传技治主义的思想。比如1929年罗隆基发表《专家政治》,认为"20世纪的政治,是专家政治"②,又在《我们要什么样的政治制度》中,详细讨论了实现专家政治的方法。③ 同年,胡适在《知难,行亦不易》中提出,"政治家虽然重在实行,但一个制度或政策的施行,都应服从专家的指示"④。

20世纪30年代初期,美国技术统治论在中国的传播进入高潮,成为一股有力的社会思潮。许多著名的思想杂志、重要报纸都对美国技术统治论运

---

① 哥伦比亚大学是美国技术统治论运动早期最重要的据点,20年代许多技术统治论者与哥伦比亚大学合作展开活动。后来,由于技治主义者攻击资本主义基本制度,被迫离开哥伦比亚大学另谋发展。但是,技术统治论对哥伦比亚大学毕业生影响很深,不少该校毕业生热衷于技术统治论运动,积极参与罗斯福新政,比如,哥伦比亚大学的R. 莫利和A. 小伯利教授就是著名的罗斯福智囊团(Brain Trust)的核心成员。参见 William E. Akin, *Technocracy and the American Dream, the Technocrat Movement, 1900-1941*, Berkeley, Los Angeles, London: University of California Press, 1977, 第五章。
② 罗隆基:《专家政治》,《新月》1929年第2卷第2号。
③ 罗隆基:《我们要什么样的政治制度》,《新月》1929年第2卷第12号。
④ 胡适:《知难,行亦不易》,《新月》1929第2卷第4号。

动进行了介绍,还出现了一些有关技治主义思想的著作。译著方面比如李百强翻译的《推克诺克拉西》,蒋铎翻译的《技术统治》,静明翻译的《技术统治主义》,以及范大年翻译的《什么是特克诺克拉西》。① 报刊方面,当时最重要的《东方杂志》《国闻周报》《独立评论》《大公报》等,均有很多文章涉及北美的技术统治论,既包括对北美技术统治论运动及其思想的介绍,也有对技术统治和技术治理进一步的质疑、议论和发展。②

经过一番传播,技术统治论思想在当时中国知识分子尤其是留美归国知识分子中备受追捧。比如,1933 年 3 月,《国闻周报》以"美国萧条的救星"为题翻译了技治主义者拉蒙德(Allen Raymond)的文章 Technocracy offers a Cure,对美国技术统治论主张进行了全面的介绍,并且配发了一幅照片,是加利福尼亚州技术学会成员与爱因斯坦的合影,照片的说明是"爱氏对此项运动颇有兴趣"③。1933 年 4 月,《东方杂志》发表《窦克诺克拉西——技术统治》一文,用十分醒目的广告式语言介绍了美国技术统治论运动的概况,以及世界各国对技治主义的评价,将技治主义称为"新的救世福音"④。

进一步地,当时中国不少知识分子提出效仿北美技术统治论运动,希望在中国掀起类似运动。比如,1932 年胡适发文主张知识精英组成各类团体,参与政治活动⑤,1934 年丁文江发文呼吁"动员学术界知识分子为国家的专家政治服务"⑥。1935 年 7 月,《大公报》社评《应付国难与政治改造》明确主张专家政治,认为"救亡建国首赖良好正确之智识,政治之趋势实际上必成

---

① 参见赖孟德:《推克诺克拉西》,李百强译,上海:世界书局,1933 年。英文原版是:Allen Raymond, *What Is Technocracy?*, New York: Whittlesey, McGrawHill, 1933。罗伯(Harold Loeb):《技术统治》,蒋铎译,北京:商务印书馆,1935 年。英文原版是:Harold Loeb, *Life in a Technocracy: What it Might Be*, New York: The Viking Press,1933。阿克拉特:《技术统治主义》,静明译,北京:商务印书馆,1935 年。英文原版是:Frank Arkright, *The A B C of Technocracy*, Based on Authorized Material, New York and London: Harper, 1933。列因格:《什么是特克诺克拉西》,范大年译,上海:南强书局,1933 年。该书没有原版的版权信息,只说由两篇论文组成,前一篇原题为 Towards Technocracy。经过分析,我认为前一篇论文应来自于 Graham Allan Laing, *Towards Technocracy*, Belize: Angelus Press, 1933,而后一篇应来自 Allen Raymond, *What is technocracy?*, New York: Whittlesey, McGrawHill, 1933。

② Yongmou Liu, American Technocracy and Chinese Response: Theories and Practices of Chinese Export Politics in the Period of the Nanjing Government, 1927-1949, *Technology in Society*, 2015, (43).

③ 赖孟德:《美国萧条的救星》,腾霞译,《国闻周报》1933 年第 10 卷第 9 期。

④ 许德佑:《窦克诺克拉西——技术统治》,《东方杂志》1933 年第 30 卷第 8 期。

⑤ 胡适:《中国政治出路的讨论》,《独立评论》1932 年第 17 号。

⑥ 丁文江:《民主政治与独裁政治》,《独立评论》1934 年第 113 号。

专家政治"①。

1937年抗日战争全面爆发,思想争论为实际行动所代替,许多中国专家纷纷加入南京政府,形成了专家参政的政治浪潮。因此,1937年之后学界更多讨论的是中国的专家及其专业技能如何在行政活动中发挥作用的问题,而对于技治主义理论本身的讨论步入低潮。

2. 南京政府时期的专家议政

如第一编中所述,北美技术统治论运动引起美国政府的兴趣,很多技治专家被吸收进罗斯福政府,成为"新政"的专家智囊团成员。不久,美国政府的专家治理模式被中国南京政府所效仿,加上由于日本入侵导致的民族危机激发了专家们参与政权、建设国家的热情,中国在30年代中后期出现了实践专家治理的热潮。直至1949年南京政府退出历史舞台,专家治理一直是南京政府时期中国政治的一大特色。总的来说,南京政府时期的专家治理可以大致分为专家议政、专家咨政和专家参政三个阶段,或者说三种最主要的形式。

一开始,中国专家的政治实践,主要表现为专家在政府体制之外独立办报办刊,针对国事发表自身意见,即"议政"。首先,专家议政主要是出于专家对国家和民族危机的担忧。南京政府建立之初,面临着内外交困的艰难局面。对内是军阀连年混战,民不聊生,对外是日本出兵侵占东北三省。对此情形,学者不可能无动于衷,关起门做学问。② 其次,很多专家选择议政是为了兼顾政治和学术。投身政治之际,大多数教授仍然对学术念念不忘,不愿全身投入到政治中。于是,很多人选择了独立创建公共舆论平台,既可坚守在学界,又可在体制之外对政事发表摆脱党派利益的公正意见。胡适就主张"独立的政论家,越多越有益,越发达越好"③。因此,他参与创办了《新青年》《努力周报》《新月》《独立评论》等著名思想杂志。

---

① 社评:《应付国难与政治改造》,《大公报》1935年7月4日。
② 比如,有人批评理首学问的翁文灏,"在国破时穷的中国,国事较之学实更紧急万分……他二十年辞清华校长,二十一年辞教育部长,我认为都是翁先生放弃了不应该放弃的责任"(陈篯:《读〈我所知道的翁咏霓〉》,《独立评论》1934年第104号)。
③ 胡适:《政论家与政党》,《努力周报》1922年第5期。

当时,专家议政的主要报刊包括《新月》《独立评论》《东方杂志》《国闻周报》以及《大公报》等,美国技术统治论也主要通过它们传入中国思想界。《大公报》开设"星期论文"专栏,专门刊登著名学者对于时政的看法。议政专家大多有欧美留学背景,相互之间频繁交往,形成了一个松散的群体。他们多在大学、研究所中担任教授、研究人员,尤其以北京大学、清华大学的教授为骨干。比如,《独立评论》共有作者 356 位,人数最多的是学者①,主要来自 20 多所高校或科研院所,其中发稿数量前 20 位的作者基本是学者,所发论文占所有文章一半以上。②

专家议政针对的时政问题有的是与自己的专业研究有关,有的完全没有关系。议题涉及面非常广泛,政治、经济、文化、军事、外交、教育等无所不包。并且,专家之间的观点差异很大,对许多重大问题往往意见纷纭。比如,在传统文化与西方文化的关系问题上,就有"全盘西化""充分世界化""中国本位""折中调和"等多种观点。另外,发表意见专家的专业领域既包括自然科学,也包括社会科学和人文科学。

3. 南京政府时期的专家咨政

随着专家议政影响越来越大,南京政府开始有选择地接受专家的政治主张,着手把专家力量纳入政府系统。一开始,政府组建类似罗斯福智囊团的组织,让专家研究活动直接为实际行政决策提供意见、建议和支持,即"咨政"。南京政府组建的最为著名的专家咨政机构是国防设计委员会,它开展了类似美国政府的国家潜在生产能力调查的大量资源调查活动。

1931 年冬,曾留学英国的钱昌照向蒋介石提议创办国防设计机构,希望以此机构凝聚各界知名士人、社会贤达和行业专家,调查国家资源,为政府科学决策做参考。他的提议很快得到蒋介石的赞同。1932 年,蒋介石在南京、牯岭、武汉等地,先后与大约 30 位专家会面,或专门聆听其讲学。③ 通过交流,蒋介石与专家们达成一致,国防设计委员会因此于 1932 年 11 月正式成立,隶属国民政府参谋本部。蒋介石自任委员长,翁文灏担任秘书长,实际事

---

① 胡适:《丁文江的传记》,合肥:安徽教育出版社,1999 年,第 143 页。
② 陈仪深:《独立评论的民主思想》,台北:联经出版社,1988 年。
③ 钱昌照:《钱昌照回忆录》,北京:中国文史出版社,1998 年,第 38 页。

务由钱昌照负责。该会首批任命了 39 位委员,大多是学术界和实业界的专家,后来陆续增补了一些委员,并聘请了 200 名左右的专门委员。

国防设计委员会下设军事、国际关系、经济及财政、原料与制造、运输与交通、文化、土地及粮食、专门人才调查组等,后又根据各项调查研究计划成立专门委员会,几乎汇集了当时各领域最著名的专家。国防设计委员会是一个政策研究和咨询机构,主要对国防、工业建设的现状、潜力和资源进行全面和广泛的调查研究,为当局决策提供方案和可行性报告。该会成立后的第一项调查是对长江三峡的首次实地科学勘测,完成了《扬子江上游水力发电勘测报告》。国防设计委员会提交的意见、建议和报告得到了蒋介石和国民政府的高度重视。在 1935 年改组前,该会总共提交 156 项调查报告,基本上都被有关部门采纳。①

4. 南京政府时期的专家参政

在专家咨政活动收到实际效果之后,南京政府开始大规模吸纳专家加入政府系统,许多专家因而完全退出专业领域而转到政界,成为技术官僚,即"参政"。但是一开始,许多国防设计委员会的咨政专家并没有完全脱离其专业领域,而是兼顾专业和咨政。比如,翁文灏担任国防设计委员会的秘书长之后,仍然以主持地质研究所的工作为主业。至于委员,则在专门事务结束即回归专业领域。而参政的专家必须完成从专家到政客的身份转变,因此很多专家比较犹豫。但是,1937 年抗日战争全面爆发,刺激大批专家加入到政府中,为抗战救国服务。

南京政府对某些专家咨政机构进行了改造,或者设立某些由专家主导的事务性权力机构,赋予其实际政治决策权力。1934 年,国防设计委员会设立计划部掌管国防事业的各种项目,其主要任务开始从调查统计向计划管理过渡。1935 年,国防设计委员会改组为资源委员会(隶属中央军事委员会),完全由咨询机构变成了权力机构,具体从事经济资源的调查、开发,全面筹划重工业建设,成为战时主持实业建设的重要机关。除了资源委员会以外,军事委员会参事室、国民参政会等权力机构也主要由专家组成和主导。

---

① 薛毅:《国民政府资源委员会研究》,北京:社会科学文献出版社,2005 年,第 129 页。

专家参政的另外一个重要途径，就是将著名专家吸纳到政府的高层。1935年11月，蒋介石对行政院实行改组，资源委员会的三名重要成员担任行政院内阁成员，即铁道部部长张嘉璈、外交部部长王世杰、实业部部长吴鼎昌。许多《独立评论》的主要撰稿人先后步入南京政府高层，比如翁文灏、丁文江、胡适、蒋廷黻、吴景超、陈之迈、张忠绂、张其昀、顾毓琇、傅斯年、任鸿隽、张奚若、陶希圣等。据钱昌照说，专家势力壮大，甚至引起了国民党其他派系的嫉妒，因而在蒋介石处抱怨。① 以南京政府行政院、立法院、司法院、考试院、监察院和考试院的正副院长为例，具有专家背景的占62%，73%有留学经历。②

专家参政更广泛的途径是通过行政技术化努力，大规模吸纳专家到政府中工作，主要担任事务性和专门性的官员。彼时，南京政府日益关注行政技术问题，尤其注重美国经验，内政部次长甘乃光主持行政院效率研究会，出版《行政效率》杂志，提出了许多行政技术化的措施，其中之一就是通过专门知识考试选拔专门人才充实到政府中。南京政府制定《考试法》规定，笔试环节必须考查专业知识。据统计，至1947年，高等考试14次，录用荐任文官4046人；普通文官考试从1934年开始，到1947年举行14次，委任文官6210人。③

总的来说，南京政府时期出现的专家参政浪潮，是专家与政府相互靠拢和契合的过程。除了提高行政效率以服务抗战救国之外，还有其他原因促成双方合作。一方面，国民党内派系斗争给专家参政提供了机会。长期以来，国民党内部派系林立，蒋介石有意将专家引入政府，以制衡其他派系的力量。另一方面，一些专家早有参政的强烈愿望。早在20年代初期，丁文江、胡适等人就提出"好人政府"的主张，即由全国公认的"好人"组成政府，他们所谓的"好人"实际指的就是优秀知识分子，尤其有国外留学背景的知识分子。因此，大量专家与南京政府"一拍即合"，但实际上绝大多数专家并没有什么明确政治立场，在政治上表现出机会主义和功利主义，主要关心权位、金钱或传统意义的所谓"建功立业"，并非全心全意实践技治主义的主张。

---

① 钱昌照：《钱昌照回忆录》，北京：中国文史出版社，1998年，第144—148页。
② 刘国铭：《中华民国国民政府军政职官人物志》，北京：春秋出版社，1989年。
③ 常洪波：《南京国民政府文官考试制度评析》，《北方丛刊》2001年第6期。

5. 民国专家权力的依附性

在南京政府时期，中国著名专家参与政治活动，很多是以公共知识分子的身份，而不纯粹作为某个专业人才。这与美国的情况很不同。20世纪30年代，中国的现代知识分子群体及其各种专业学会出现不久，学科分化刚刚开始，很多自然科学家同时拥有很深厚的人文、社会知识素养，也对专业外的问题很有兴趣。《独立评论》发稿数量前20位的专家中，多数是自然科学家。因为在公共传播媒介上积极发表对于热点问题的看法，这些专家实际上成为社会中思想、舆论的权威，即不只是专业知识分子，更是今天所谓的公共知识分子。在南京政府任职的著名专家中，大多数人的工作与自己的专业无关。

与美国相比，中国技治主义者与政府、国民党的关系远比美国更为密切。他们认为，所有政治活动都是在承认现有政权基础上进行。蒋廷黻认为，专家要积极拥护国民党，国民党有错要帮助纠正，不但纠正还要拥护它。① 丁文江指出，目前中国处于危急存亡之时，更需要有力的政府，不应该破坏政府，并表示对平民政治、议会政治失去兴趣。② 因此，蒋介石完全不必像罗斯福那样担心政府中技治主义者会暗中破坏资本主义制度，更不必承受社会上对他任用技治主义者的批评压力。

专家加入南京政府推动当时中国政治的进步，但并没有从根本上改变当时的权力格局。从权力的角度看，专家从政主张权力的合法性根植于专业知识，即专家的专业知识是其享有权力的理由。当时中国政治权力根本上是来源于武力的，即依据武装力量大小来分配权力。因此，在南京政府中，专家权力始终处于辅助的次要位置，依附于军人权力、国民党权力。许多专家都不是经过正常程序，而是通过蒋介石的手谕直接任命的。③ 当他们遇到派系斗争受到各方势力的排挤时，只能向蒋介石求助。反过来看，由于专家议政影响颇大，各方政治势力都试图拉拢专家，蒋介石极力促成专家从政有利用专家治国的实践，也包括收买独立力量、打击异己势力（比如汪精卫）和装点

---

① 蒋廷黻：《知识阶级与政治》，《独立评论》1933年第51号。
② 丁文江：《中国政治的出路》，《独立评论》1932年第11号。
③ 比如蒋廷黻，参见蒋廷黻：《蒋廷黻回忆录》，台北：台湾传记文学出版社，1979年，第173页。

门面以摆脱"军人政府""一党专政"的指责等其他考虑。这一点从专家从政后被要求加入国民党可以得到佐证。很多专家在不知情的情况下,就被动加入了国民党。①

二、技治中国论辨析

苏联解体、东欧剧变之后,中国无疑已经成为世界社会主义的领头羊。今天,中国人通过马克思主义中国化日益走上自己原创和开拓的道路,中国特色的社会主义建设实践日益走向深入,在很多方面已经超出了马克思主义经典作家的预设和论述,因此理解当代中国的最新发展成为备受关注的主题。

在过去的30年中,国外及中国港台地区有一些学者,从技术治理和技治主义角度来理解改革开放之后的中国政治走向,提供了一种技治中国论的理解中国最新发展的新视角,值得给予适当关注。总的来说,技治中国论将技治主义视为当代中国政治制度创新的"亮点",是中国模式的重要组成部分,但是对中国实际发展状况存在根本性的误解。

1. 国外及中国港台地区技治中国论

改革开放以来,大批1949年前参加革命工作的老干部离退休,越来越多接受过大学教育的年轻干部被补充到党政机关工作。1980年,邓小平提出"干部四化",即革命化、年轻化、知识化和专业化,肯定了吸收专业人才加入干部队伍的组织路线。② 据《人民日报》的报道,80年代前6年,至少137万在1949年以前被任命的县级以上老干部离退休,约46.9万受过大学教育的青年干部走向领导岗位。③ 相应地,中共中央委员会的人员组成发生了显著

---

① 比如钱昌照。钱昌照任教育部常务次长时,一次陈布雷打电话祝贺他加入国民党,"我摸不着头脑,忙问是怎么回事。他说,他同张群两人介绍,在蒋介石主持的中央政治会议上,提出我和刘尚清两人正式通过为特别党员。不久以后,他亲自把党证送给我"。参见钱昌照:《钱昌照回忆录》,北京:中国文史出版社,1998年,第139页。
② 邓小平:《邓小平文选》第2卷,北京:人民出版社,1983年,第361页。
③ 数据转引自 Li Cheng, Lynn White, China's Technocratic Movement and the World Economic Herald, *Modern China*, 1991, 17(3)。

变化,以 1982 年的第十二届中共中央委员会为分水岭,接受过理工科教育的委员所占比例越来越高;而同样的变化也出现在相对基层的政府中,1986 年,78%的市长都曾接受过大学以上的教育,并且其中 75%的市长的专业是工程学或自然科学,这与 1981 年相比增长得非常快。① 经过多年新陈代谢,相当多受过理工科教育的大学毕业生和工程师走上党政领导岗位,中国党政领导干部组成发生了显著的变化。

上述变化在 20 世纪八九十年代,引起了国外及中国港台地区学者如安惴斯(Joel Andreas)、白霖(Lynn White)、克雷(Donald W. Klein)、李成(Li Cheng)、臧小伟(Xiaowei Zang)、李鸿永(Hongyung Lee)等一些专事当代中国研究的学者的注意。他们经过研究认为,技术官员在中国政治领域占据越来越重要的地位,甚至超过党政官员,这种技治主义倾向对中国的政治体制和政权结构产生了持续而深远的影响。这种技治中国论的主要论据是中国高层(省级以上)领导者的教育背景,尤其是中共中央委员会的人员构成变化。在他们看来,中共中央委员会的人员组成可以看作中国社会发展道路有效而真实的制度表达。②

在技治中国论者看来,当代中国在很大程度上已经转向技治主义,逐渐改变以往对政治性的强调,越来越强调专业性和实用性目标。一方面,他们认为,这种转变给改革开放之后中国经济、社会和科技的发展注入强大的动力,提高了中国老百姓的物质生活水平,创造了中国国内生产总值跻身全球第二的历史奇迹。另一方面,他们认为,这种转变将科技力量与党的领导结合起来,强化了国家与政府机构的执政能力。显然,技治中国论者对技治主义的矛盾态度,与前述西方社会对技术治理长期以来的负面成见有着非常大的关系,但在事实面前又不得不承认技术治理作为效率工具的作用。

2. 中国不是技治主义国家

应该如何看待技治中国论? 总的来说,技治中国论存在三个主要的

---

① Li Cheng, David Bachman, Localism, Elitism and Immobilism: Elite Formation and Social Change in Post-Mao China, *World Politics*, 1989, 42(1).

② Donald W. Klein, Lois B. Hager, The Ninth Central Committee, *China Quarterly*, 1971, (45).

问题。

首先,技术官员的定义模糊。

何为技术官员?技治中国论者认为,成为技术官员需要同时具备三个条件:1) 接受过系统的理工科、经济以及其他应用科技专业的高等教育;2) 曾有在工厂、工业管理或经济规划部门的工作经历;3) 目前在党政机关担任重要领导职务,掌握实际权力。技术官员的权力合法性至少应该部分依赖于专业知识或管理经验,拥有技术专家所没有的政治权力,且不是社会主义理论家或军事精英。① 显然,这种标准规定下的技术官员不一定是技治主义者。第一,受过理工科高等教育又有实际专业经验的领导者,可能并不是因专业能力而走上领导岗位的;第二,受过理工科高等教育的领导者,不见得会自觉运用科学管理和科学治理的理念、原则和方法来施政。因此,上述三个条件对技术官员的界定很不完善。

其次,数据和论证存在问题。

由于对技术官员的界定有问题,因此数据统计必然会出现问题,很容易出现数据偏大的情况。并且,技术官员在中国领导集体中数量占优,这并不能断定中国已经走上技治主义道路。这里涉及谁实际掌控政治权力的问题,数量优势并不等于权力优势。此外,用技治中国论者的数据分析方法分析第十七届、第十八届和第十九届中共中央政治局常委,会发现"文科"背景出身的公共管理型国家领导人近年来逐渐增多。因此,有人认为,中国政治精英正在实现从革命运动型到技术专家型再到公共管理型的转变,而各省市自治区党委常委已经是公共管理型干部占主体,最高文凭大多为经济学、管理学和政治学等学科。② 而按照有限技治理论,经济学、管理学和政治学多属社会技术相关领域,主要因为这些社会科学领域自然科学化的趋势已经成为主流。

最后,对中国政治精英选拔理解存在偏差。

应该说,中国官员晋升有多重因素的考量。在中国官员的实际选拔过程中,哪些因素发挥了重要影响,仍需深入探讨,但至少可以肯定,无论学历

---

① Li Cheng, Lynn White, The Thirteenth Central Committee of the Chinese Communist Party: From Mobilizers to Managers, *Asian Survey*, 1988, 28(4).
② 孙珠峰、胡伟:《中国党政官员学历变化和代际更迭研究》,《学术界》2012 年第 3 期。

和出身如何,对党和国家的忠诚度以及政治履历,依旧是相当重要甚至是决定性的。这一点关系到坚持党的领导和国家的社会主义根本制度,因此在长期内都不会发生根本性改变。

因此,要在中国区分党政干部和技术官员不仅是困难的,而且没有意义。安舟提出了"红色工程师"的概念,指出中国共产党在培养自己的专业精英时,有意识地增加工农子弟在大学生群体中的比重,在高校加强思想政治工作,在奖惩机制中引入"又红又专""红先于专"的标准,造就了一批"红色工程师",因而用"红色工程师"来定义中国新兴的政治精英更为恰当。① 安舟的观点,说明技治中国论者在很大程度上并未充分了解中国政治官员的晋升逻辑。

应该说,技治中国论部分反映了中国政治的某些实际变化,即改革开放以来,干部队伍知识化、专业化和技术化,以及决策和行政的科学化日益受到重视。然而,不能简单地据此将其视为中国政治转向技治主义的表现。

在科技时代,鉴于科技的影响渗透到社会的方方面面,国家的管理者若对科技缺乏了解,将很难熟练地处理社会公共事务。当代社会治理不可能完全排斥技术治理措施,尤其是许多与科学技术直接相关的公共治理问题,如转基因食品、核能民用、环境治理等,必须在一定程度上实行技术治理。随着高新技术迅猛推进,此类问题在公共治理领域越来越多。在这种情况下,或多或少的技治主义倾向成为全球的普遍现象,不独中国如此。

在中国改革开放之后,社会急剧转型,社会结构日益复杂,不研究社会问题,不运用科技手段,很难胜任政务工作。随着党和国家的工作重心向经济建设工作转移,由于科技在生产力发展中的第一推动作用,熟悉现代科技发展的官员在经济建设中更能大展身手。自1977年恢复高考后,中国科技迅速发展,尤其是90年代末中国高校扩招之后,知识阶层尤其是受过理工科高等教育的科技人员越来越多,自然理工科背景出身的官员也会随之增多。中国政治领域某种程度的技治主义变化呼应了中国社会知识化尤其是行政

---

① Joel Andreas, *Rise of the Red Engineers*: *The Cultural Revolution and the Origins of China's New Class*, Standford: Standford Universtiy Press, 2009.

决策科学化的基本趋势,科技专家参政的现象在某种程度上是事实,行政活动的科学管理水平得到大幅度的提高。但是,不能因此就说当代中国正在或已经从社会主义转向技治主义,技治主义因素只是辅助性的和次要的。

总之,技治中国论部分理解了当代中国政治的某些实际变化,即干部队伍日益知识化、专业化、技术化,以及行政和决策的日益科学化,但是据此认为中国社会主义基本制度发生改变却是绝对错误的。在中国,技术治理主义不是作为总体性乌托邦蓝图,而是作为辅助的、温和的、渐进的改革工具,为建设中国特色社会主义事业服务,受到中国特色社会主义民主制的强力约束,完全不会否定社会主义根本制度。

三、中国特色有限技治战略

有限技治理论认为,从某种意义上说,改革开放以来中国之所以取得了巨大成就,科教兴国战略下的科学运行和专家治理功不可没。中国目前的科技发展水平以及人民的科技素养,与西方发达国家相比尚有差距,不能赶西方的"时髦",一味跟风批评技术治理。在现阶段,适时、适度、适合的技术治理措施,对于中国发展和中华民族伟大复兴具有积极作用。同时,有限技治理论认为,当代中国的技术治理必须也能够服务于中国特色社会主义制度的总体目标,要接受中国特色社会主义民主制的领导,要控制在一定的历史阶段、适当的范围和程度当中,要警惕和防范它的某些缺陷和风险。

1. 适度技术治理易被接受

显然,对技术治理的评价必须放在具体的国情和历史进程中。美国技术统治论运动在南京政府时期流行一时,掀起当时专家政治的"小高潮"。1949 年之后,技治主义被视为修正主义受到压制,但相比于人文社会专家,自然科学家和技术工程人员的政治待遇稍好。[①] 1978 年之后,技治主义在中国的确有一定程度的复兴。也就是说,当代中国对技术治理和技治主义的接

---

① Yongmou Liu, American Technocracy and Chinese Response: Theories and Practices of Chinese Export Politics in the Period of the Nanjing Government, 1927-1949, *Technology in Society*, 2015, (43).

受程度颇高,技术治理在实际历史进程中对当代中国政治活动影响颇大。

有限技治主义者认为,总的来说,适度技术治理容易被中国人接受,可能有如下三个原因。

首先,科学主义思想在当代中国知识阶层中较为盛行。

19世纪下半叶,中国知识分子开始反思中国衰弱的原因,科学落后被认为是最重要的原因。到20世纪20年代,主张科学至上的科学主义在中国盛极一时,后来虽然起起伏伏,但科学主义总的来说在中国一直比较流行。①甚至有人认为,科学主义后来在爱国主义旗帜下甚至成为新中国的意识形态。② 技治主义实际是科学主义在政治领域的一种表现形式,因此很自然就得到中国人的认同。

其次,技治主义与中国"尚贤"思想和精英政治传统相契合。

"尚贤"是中国传统思想尤其是儒家思想的重要主张。墨子说"尚贤使能"③,孔子提出"选贤与能"④,"举贤才"⑤,孟子提出"贤者在位,能者在职"⑥。后世儒士将孔孟的思想发扬光大,形成了一整套"尚贤"的主张。粗略地说,"尚贤"思想核心观点主要包括:贤才标准以德为主,以能为辅,通过各种方式选拔贤才,任用贤才为官吏,贤才要服从国家和君主。在古代中国,贤人政治主要是作为与亲贵政治相对的主张出现的,后者主张任用亲属、贵族或喜欢的人。相较而言,西方的专家政治强调个人的才能和专业素养,贤人政治讲求对儒家经典的体认和个人道德修养的表率,并不注重专业能力。但是,贤人政治与专家政治在基本精神上是一致的,即主张知识是获得权力的前提——贤人学习的是儒家经典,专家学习的是现代科技知识。因此,美国技术统治论运动传入中国,很容易得到主张贤人政治的中国知识分子的支持。

---

① D. W. Kwok, *Scientism in Chinese Thought: 1900-1950*, New Haven: Yale University Press, 1965, pp. 2-19.
② Beverley M. Kitching, Scientism as Ideology: Science, Philosophy and Politics in the Peoples' Republic of China, *Discussion Papers in Economics and Public Policy*, 1993, (6).
③ 《墨子·尚贤》。
④ 《礼运·大同》。
⑤ 《论语·子路》。
⑥ 《孟子·公孙丑上》。

最后，技治主义与马克思主义、社会主义之间关系紧密。

技治主义公认的鼻祖圣西门，被马克思主义者称为空想社会主义者，空想社会主义被视为马克思主义理论的重要渊源之一。技术统治论最著名的理论家凡勃伦主张对经济进行全盘规划，被很多人视为马克思主义者，当然这一点被正统马克思主义者所否定。列宁也曾主张批判地汲取泰勒等人的科学管理思想，推动社会主义建设事业。并且，某些技治主义者与社会主义者有一些类似的主张，比如，认为资本主义社会必然因生产发展而导致最终灭亡，科学技术是推动生产力发展的重要推动力等。

2. 适度技术治理有益中国

有限技治主义者认为，除了技治主义比较容易被中国人接受之外，技术治理措施在一定程度上的运用对中国的公共治理和政治活动具有正面意义。

首先，作为效率工具，适度技术治理造福中国社会的效果，尤其是提升人民物质生活水平的效果非常明显。适度的技术治理对于现代中国的发展发挥了非常正面的作用。

其次，相比"血统论"和世袭制，技治主义是一种更好的权力赋予方式。中国的封建时代非常长，相比"血统论"基于出身赋予权力，世袭制基于血缘继承权力，技治主义基于能力和专业知识赋予权力，有利于更好地管理今天的中国。

再次，主张适度的技治主义有利于明确知识分子在社会主义体制中的位置，保障知识分子的权利，使中国政治更好地适应知识经济、知识社会的现实。

最后，当代中国行政活动还需要进一步科学化、理性化。行政活动过于科学化、理性化会导致很多问题，但是严重不足会导致更大的问题。适度的技治主义可以改善这些问题。

有限技治理论可以作为辅助性、工具性的手段为中国特色社会主义建设事业服务。如前所述，技治主义可以作为一种激进的乌托邦蓝图，把国家政权全面移交给科技专家和工程师掌管，按照严格的技术手段和数字方法管理社会，也可以作为一种社会改造工具，与不同的制度和国情相融合，对社会公共管理进行科学化的改良，在一定程度上促进社会进步。技治主义是一种工具,一种手段,发挥何种作用,取决于执政者的选择和实施。

在现阶段,把技术治理作为效率工具,用来提升行政科学化水平,有益于中国特色社会主义建设事业。尤其是随着大数据时代和智能革命的到来,在更高程度上和更大范围内,按照科学原理、技术手段和数量方法来配置各种社会资源,既是必需的,也是可能的,这需要科技专家和社会科学家在社会公共事务管理活动中发挥更大的作用。当然,适度的技治主义对于中国政治活动的积极作用是阶段性的,因此,当代中国政治活动的技治主义改良活动必须控制在一定的历史阶段、适当的范围和程度中。

3. 建构中国模式若干问题

在民国时期,对于北美技术统治论运动,中国思想界也并非简单地接受。有人就全盘反对推行技术统治论,比如,1931 年,中国的英文杂志《中国评论周刊》(The China Critic)发表《作为政治家的工程师》(The Engineer as Politician),认为专家很难成为杰出的政治家,并预测胡佛将在 1932 年大选中失利。① 但是,当时大多数思想家结合中国实际,对美国技治主义进行了审慎的分析、取舍,形成了不同于美国的中国式技治主义思想,并用其指导不同于美国的中国式专家治理实践。

同样,有限技治理论认为,当代中国接受和采取适度的技术治理战略,同样要与当代中国的具体国情和语境相结合,努力形成中国特色的有限技治模式,为中国特色社会主义建设事业服务。要建构有限技术治理的"中国模式",以下问题值得关注。

(1) 注意吸收和融合中国传统相关思想和措施

有一种观点认为,上述"尚贤"思想形成一整套选拔人才的技术性和程序性方法,尤其是把"选能"与"崇德"结合起来的方法,值得有限技治主义者学习和借鉴。也就是说,中国的技治必须与德治很好地配合和协调,才可能获得更大的施展空间。并且,在中国儒家治国传统中,还有诸多治国理政的技术性和程序性资源。有限技治主义不承认存在所谓的"传统儒家技治主义",是因为技术治理是建立在现代科技的基础上的,但某些传统的治理技

---

① The Editorial, The Engineer as Politician, *The China Critic*, 1931, (3).

术和治理程序如果能在当前历史条件下进行改造更新,还是可以吸收进中国特色有限技治系统的。

(2) 注意当代中国的技术—经济—能源发展状况

按照凡勃伦的观点,技术统治论只有在发达工业国家才适用,苏联都不适用。① 1933 年,斯科特在一次演讲中分析了中国的情况,指出能量券在中国行不通。他认为,考虑到中国人口庞大,把中国人的生活水平提高到北美的水平,必须消耗 2 倍至 2.5 倍的全球 1929 年总能耗,中国人是没有能力生产出如此多的能量的。② 哈伯特也认为,除非发现新的未开采能源,否则中国人就只能继续目前维持温饱的生活标准,无法施行以能量券为核心的技术统治论制度。③ 如此明显的问题,民国时期的中国学者不可能不注意到。④

经过改革开放的努力,当代中国经济已经取得长足的发展,能源状况也得到极大的改善。但是,从科技水平来看,当代中国科技事业发展突飞猛进,但与美国相比还存在不小的提升空间。从人均参数来看,中国也没有进入发达国家的行列。并且,中国幅员辽阔,各地发展很不平衡,很多地方还很落后,因而很多技术治理手段并不适用。总之,中国特色有限技治战略必须真实地反映当代中国发展的实际状况。

(3) 注意中国人对技术治理的理解有自己的"地方性特色"

在北美技术统治论运动中,技治主义者认定"专家"主要是工程师和企业管理专家⑤,而在当时的中国,"专家"不是学科概念,而是一个与以儒士为主体的旧式知识分子相对的概念,基本等同于所有受现代教育的新式知识分子。今天,中国人认定的"专家"非常泛化,既包括自然科学专家,也包括人

---

① Thorstein Veblen, *The Engineers and the Price System*, New York: Harcourt, Brace & World, 1963, pp. 100-103.
② H. Scott, The Hotel Pierre Address, *Technocracy*, 1940, A(19).
③ M. King Hubbert, *Technocracy Study Course*, New York: Technocracy INC., 1934, 1935, 1936, 112.
④ 比如,沈养义指出,中国和美国国情差别很大,不能照搬美国的技术统治论。参见沈养义:《推克诺克拉西的理论和社会经济计划》,《东方杂志》1933 年第 30 卷第 11 号。
⑤ 在凡勃伦的理论中,技术统治所称的专家主要是"工业专家,工程师,化学家,矿物学家,各种技术人员"(industrial experts, engineers, chemists, mineralogists, technicians of all kinds),可以称之为"生产工程师"(production engineers)。See Thorstein Veblen, *The Engineers and the Price System*, New York: Harcourt, Brace & World, 1963, p.66, 72.

文科学专家、社会科学专家,甚至包括"国学大师"等传统文化的专家。

北美技术统治论运动中,技治主义者分为激进派和温和派,相对而言温和派更多。但是,技治主义传入中国后,中国技治主义者完全属于温和派,反对激进的暴力革命,赞同与既有政府合作,逐步实施社会改良措施,因而从没有像在美国那样招致广泛的批评。

中国的技治主义者历来不关心乌托邦技治主义的观点,如价格系统和能量券问题,注意力主要集中于三个方面,即专家治理国家(强调确立专家在政权和政治事务中应有的、独立的位置)、公共管理技术化(强调政府要用技术方法和程序方法来管理社会公共事务)、行政系统技术化(重视用技术方法管理政府行政系统)。

(4) 注意防范技术治理的社会风险,反对总体主义社会工程

在中华人民共和国成立后很长一段时间中,经济领域都采取彻底的计划经济和社会主义公有制。技术治理重视计划的作用,推崇有限技治工程,在中国语境下很容易让人想到改革开放之前的苏联式计划经济体系。在智能革命的背景下,一些人提出所谓"数字共产主义"的想法,即利用智能平台对整个社会实行总体主义计划经济。的确,随着计算技术、物联网、大数据和云计算等技术的发展,在更高程度、更大范围内进行资源配置和计划成为可能。

然而,计划不等于计划经济。在人类历史的任何一个阶段,在经济活动领域,均有计划和市场因素,不过是量的差别。虽然某个人、某个家、某个经济单位、某个城市在一定程度上的计划从来都没有停止过,但对整个社会完全精确的计划远比想象的复杂。因此在社会主义初级阶段,即使在纯粹经济领域,计划运行也离不开市场机制的相互补充。

除此之外,在智能革命和人类深度科技化的阶段,有限技术治理在中国的运用还存在诸多社会风险,比如容易"只见数字不见人"等。这些问题有些属于全球普遍问题,有些与中国国情相连,需要深入研究,努力预防,积极应对。

(5) 时刻牢记"服务国家,造福人民"的宗旨,以技术治理服务于建设中国特色社会主义的伟大事业

自技术统治论传入中国,中国人思考技治主义的基本问题是它如何能为国家强大服务。而北美技术统治论运动的激进派思考的基本问题是它如何能改变资本压制技术的状况。对于当代中国来说,技术统治论者的问题已经解决,社会主义取代资本主义,资本压制技术的状况已彻底扭转。因此,有限技治主义者主张,建构中国特色有限技治系统,必须始终如一地贯彻"服务国家,造福人民"的宗旨,接受党和国家的领导,走中国特色社会主义的根本道路,服务于建设中国特色社会主义和实现中华民族伟大复兴的宏伟事业。

主要参考文献

译著和中文文献

马克思. 机器、自然力和科学的应用[M]. 北京:人民出版社,1978.

马克思,恩格斯. 马克思恩格斯全集. 第17卷[M]. 北京:人民出版社,1963.

马克思,恩格斯. 马克思恩格斯全集. 第19卷[M]. 北京:人民出版社,1963.

马克思,恩格斯. 马克思恩格斯全集. 第23卷[M]. 北京:人民出版社,1972.

马克思,恩格斯. 马克思恩格斯全集. 第27卷[M]. 北京:人民出版社,1972.

马克思,恩格斯. 马克思恩格斯全集. 第47卷[M]. 北京:人民出版社,1979.

马克思,恩格斯. 马克思恩格斯全集. 第46卷(下)[M]. 北京:人民出版社,1980.

〔古希腊〕亚里士多德. 政治学[M]. 吴寿彭译,北京:商务印书馆,1965.

〔美〕亚历克·内瓦拉-李. 惊奇:科幻黄金时代四巨匠[M]. 孙亚南译,北京:北京理工大学出版社,2020.

〔美〕爱德华·贝拉米. 回顾:公元2000—1887年[M]. 林天斗、张自谋译,北京:商务印书馆,1963.

〔美〕爱德温·T. 莱顿. 工程师的反叛:社会责任与美国工程职业[M]. 丛杭青等译,杭州:浙江大学出版社,2018.

〔美〕阿尔温·托夫勒. 预测与前提——托夫勒未来对话录[M]. 粟旺等译,北京:国际文化出版公司,1984.

〔美〕阿尔文·托夫勒. 第三次浪潮[M]. 朱志焱等译,北京:新华出版社,1996.

〔美〕阿尔文·托夫勒. 权力的转移[M]. 吴迎春、傅凌译,北京:中信出版社,2006.

〔美〕艾尔文·古德纳. 知识分子的未来和新阶级的兴起[M]. 顾晓辉、蔡嵘译,南京:江苏人民出版社,2002.

〔美〕B. F. 斯金纳. 超越自由与尊严[M]. 王映桥、栗爱平译,贵阳:贵州人民出版社,1988.

〔美〕B. F. 斯金纳. 科学与人类行为[M]. 谭力海、王翠翔、王工斌译,北京:华夏出版社,1989.

〔美〕B. F. 斯金纳. 瓦尔登湖第二[M]. 王之光、樊凡译,北京:商务印书馆,2016.

〔美〕贝尼格. 控制革命:资讯社会的技术和经济起源[M]. 俞灏敏、邱辛晔译,台北:桂冠图书股份有限公司,1998.

〔美〕彼得·德鲁克. 社会的管理[M]. 徐大建译,上海:上海财经大学出版社,2003.

〔美〕彼得·德鲁克. 21世纪的管理挑战[M]. 朱雁斌译,北京:机械工业出版社,2009.

〔美〕彼得·德鲁克. 技术与管理[M]. 慈玉鹏译,北京:机械工业出版社,2020.

〔美〕保罗·法伊尔阿本德. 自由社会中的科学[M]. 兰征译,上海:上海译文出版社,1990.

〔美〕保罗·法伊尔阿本德. 反对方法:无政府主义知识论纲要[M]. 周昌忠译,上海:上海译文出版社,2007.

〔美〕保罗·费耶阿本德. 告别理性[M]. 陈健等译,南京:江苏人民出版社,2002.

〔美〕保罗·费耶阿本德. 知识、科学与相对主义[C]. 陈健等译,南京:江苏人民出版社,2006.

〔美〕C. 赖特·米尔斯. 白领——美国的中产阶级[M]. 杨小东等译,杭州:浙江人民出版社,1987.

〔美〕查尔斯·赖特·米尔斯. 权力精英[M]. 王崑、许荣译,南京:南京大学出版社,2004.

〔美〕D. 普赖斯. 小科学,大科学[M]. 宋剑耕、戴振飞译,北京:世界科学社,1982.

〔美〕丹尼尔·贝尔. 后工业社会的来临:对社会预测的一项探索[M]. 高銛、王宏周、魏章玲译,北京:新华出版社,1997.

〔美〕丹尼尔·贝尔. 资本主义文化矛盾[M]. 赵一凡等译,北京:生活·读书·新知三联书店,1989.

〔美〕丹尼尔·贝尔. 意识形态的终结:50年代政治观念衰微之考察[M]. 张国清译,南京:江苏人民出版社,2001.

〔美〕丹尼尔·A·雷恩. 管理思想史(第5版)[M]. 孙健敏、黄小勇、李原译,北京:中国人民大学出版社,2009.

〔美〕戴维·赫斯. 新时代科学:超自然及其捍卫者和揭露者与美国文化[M]. 乐于道译,南昌:江西教育出版社,1999.

〔美〕德怀特·沃尔多. 行政国家:美国公共行政的政治理论研究[M]. 颜昌武译,北京:中央编译出版社,2017.

〔美〕多米尼克·斯垂特菲尔德. 洗脑术:思想控制的荒唐史[M]. 张孝铎译,北京:中国青年出版社,2011.

〔美〕F. W. 泰罗. 科学管理原理[M]. 胡隆昶译,北京:中国社会科学出版社,1984.

〔美〕凡勃伦. 企业论[M]. 蔡受百译,北京:商务印书馆,1959.

〔美〕凡勃伦.有闲阶级论——关于制度的经济研究[M].蔡受百译,北京:商务印书馆,1964.

〔美〕弗朗西斯·福山.我们的后人类未来[M].黄立志译,桂林:广西师范大学出版社,2016.

〔美〕弗洛里安·兹纳涅茨基.知识人的社会角色[M].郏斌祥译,南京:译林出版社,2012.

〔美〕郭颖颐.中国现代思想中的唯科学主义(1900—1950)[M].雷颐译,南京:江苏人民出版社,2005.

〔美〕H.马尔库塞等著.工业社会和新左派[C].任立译,北京:商务印书馆,1982.

〔美〕赫伯特·马尔库塞.爱欲与文明:对弗洛伊德思想的哲学的探讨[M].黄勇、薛民译,上海:上海译文出版社,2005.

〔美〕赫伯特·马尔库塞.单向度的人:发达工业社会意识形态研究[M].刘继译,上海:上海译文出版社,2006.

〔美〕赫伯特·马尔库塞.现代文明与人的困境——马尔库塞文集[C].李小兵译,上海:上海三联书店,1989.

〔美〕亨利·乔治.进步与贫困[M].吴良健、王翼龙译,北京:商务印书馆,1995.

〔美〕乔·奥·赫茨勒.乌托邦思想史[M].张兆麟等译,北京:商务印书馆,1990.

〔美〕卡尔·米切姆.工程与哲学——历史的、哲学的和批判的视角[M].王前译,北京:人民出版社,2013.

〔美〕L.罗恩·贺伯特.戴尼提:现代心理健康科学[M].哥本哈根:新时代国际Aps出版社,1988.

〔美〕兰登·温纳.自主性技术:作为政治思想主题的失控技术[M].杨海燕译,北京:北京大学出版社,2014.

〔美〕理查德·霍夫施塔特.美国生活中的反智主义[M].何博超译,南京:译林出版社,2021.

〔美〕刘易斯·科塞.理念人:一项社会学的考察[M].郭方等译,北京:中央编译出版社,2001.

〔美〕罗伯特·D.帕特南.使民主运转起来——现代意大利的公民传统[M].王列、赖海榕译,南昌:江西人民出版社,2001.

〔美〕罗伯.技术统治[M].蒋铎译,上海:上海社会科学院出版社,2016.

〔美〕芒福德.机械的神话[M].钮先钟译,台北:黎明文化实业股份有限公司,1972.

〔美〕尼尔·波斯曼.技术垄断:文化向技术投降[M].何道宽译,北京:北京大学出版社,2007.

〔美〕尼尔·波兹曼.娱乐至死·童年的消逝[M].章艳、吴燕莛等译,桂林:广西师范大学出版社,2009.

〔美〕R. K. 默顿.科学社会学:理论与经验研究[M].鲁旭东、林聚任译,北京:商务印书馆,2003.

〔美〕苏珊·哈克.理性地捍卫科学——在科学主义与犬儒主义之间[M].曾国屏、袁航等译,北京:中国人民大学出版社,2008.

〔美〕托尔斯坦·凡勃伦.科学在现代文明中的地位[M].张林等译,北京:商务印书馆,2008.

〔美〕托马斯·M.尼科尔斯.专家之死:反智主义的盛行及其影响[M].舒琦译,北京:中信出版社,2019.

〔美〕沃尔特·李普曼.公众舆论[M].阎克文、江红译,上海:上海人民出版社,2002.

〔美〕沃尔特·李普曼.幻影公众[M].林牧茵译,上海:复旦大学出版社,2013.

〔美〕维克托·迈尔-舍恩伯格.删除:大数据取舍之道[M].袁杰译,杭州:浙江人民出版社,2013.

〔美〕希拉·贾萨诺夫等.科学技术论手册[M].盛晓明等译,北京:北京理工大学出版社,2004.

〔美〕希拉·贾萨诺夫.第五部门:当科学顾问成为政策制定者[M].陈光译,上海:上海交通大学出版社,2011.

〔美〕希拉·贾萨诺夫.自然的设计:欧美的科学与民主[M].尚智丛、李斌等译,上海:上海交通大学出版社,2011.

〔美〕希拉·贾萨诺夫.发明的伦理:技术与人类未来[M].尚智丛、田喜腾、田甲乐译,北京:中国人民大学出版社,2018.

〔美〕小罗杰·皮尔克.诚实的代理人:科学在政策与政治中的意义[M].上海:上海交通大学出版社,2010.

〔美〕小艾尔弗雷德·D.钱德勒.看得见的手——美国企业的管理革命[M].重武译,北京:商务印书馆,1987.

〔美〕约翰·布鲁德斯·华生.行为主义[M].李维译,杭州:浙江教育出版社,1998.

〔美〕约翰·肯尼思·加尔布雷思.富裕社会[M].赵勇等译,南京:江苏人民出版社,2009.

〔美〕约翰·肯尼思·加尔布雷思.新工业国[M].稽飞译,上海:上海人民出版社,2012.

〔美〕伊万·塞林格、罗伯特·克里斯主编.专长哲学[M].成素梅、张帆等译,北京:科学出版社,2015.

〔美〕詹姆斯·C.斯科特.国家的视角:那些试图改善人类状况的项目是如何失败的[M].王晓毅译,北京:社会科学文献出版社,2012.

〔美〕兹比格涅夫·布热津斯基.实力与原则:1977—1981年国家安全顾问回忆录[M].邱应觉、梅任毅、王家湘等译,北京:世界知识出版社,1985.

〔美〕兹比格涅夫·布热津斯基.竞赛方案——进行美苏竞争的地缘战略纲领[M].刘晓明、陈京华、赵滨译,北京:中国对外翻译公司,1988.

〔美〕兹·布热津斯基.大失败——20世纪共产主义的兴亡[M].军事科学院外国军事研究部译,北京:军事科学出版社,1989.

〔美〕兹比格涅夫·布热津斯基.大失控与大混乱[M].潘嘉玢、刘瑞祥译,北京:中国社会科学出版社,1995.

〔美〕兹比格纽·布热津斯基.大棋局——美国的首要地位及其地缘战略[M].中国国际问题研究所译,上海:上海人民出版社,1998.

〔美〕兹比格纽·布热津斯基.第二次机遇:三位总统与超级大国美国的危机[M].陈东晓等译,上海:上海人民出版社,2008.

〔美〕兹比格涅夫·布热津斯基、布兰特·斯考克罗夫特.大博弈:全球政治觉醒对美国的挑战[M].姚芸竹译,北京:新华出版社,2009.

〔英〕奥尔德斯·赫胥黎.美丽新世界[M].陈超译,上海:上海译文出版社,2017.

〔英〕C.P.斯诺.两种文化[C].纪树立译,北京:生活·读书·新知三联书店,1994.

〔英〕弗·培根.新大西岛[M].何新译,北京:商务印书馆,1959.

〔英〕戴维·米勒编.开放的思想和社会——波普尔思想精粹[C].张之沧译,南京:江苏人民出版社,2000.

〔英〕弗里德里希·奥古斯特·冯·哈耶克.通往奴役之路[M].王明毅、冯兴元等译,北京:中国社会科学出版社,1997.

〔英〕弗里德里希·冯·哈耶克.经济、科学与政治——哈耶克思想精粹[M].冯克利译,南京:江苏人民出版社,2000.

〔英〕F.A.哈耶克.致命的自负——社会主义的谬误[M].冯克利译,北京:中国社会科学出版社,2000.

〔英〕冯·哈耶克.哈耶克论文集[C].邓正来译,北京:首都经济贸易大学出版社,2001.

〔英〕弗里德里希·A.哈耶克.科学的反革命:理性滥用之研究[M].冯克利译,南京:译林出版社,2003.

〔英〕赫·乔·威尔斯.神秘世界的人[M].金光辉、徐新译,西安:太白文艺出版社,2010.

〔英〕赫伯特·乔治·威尔斯.当睡者醒来时[M].肖恩和译,南京:江苏凤凰文艺出版社,2015.

〔英〕哈里·柯林斯、罗伯特·埃文斯.反思专长[M].张帆译,北京:科学出版社,2021.

〔英〕K.R.波珀.科学发现的逻辑[M].查汝强、邱仁宗译,北京:科学出版社,1986.

〔英〕卡尔·波普.历史决定论的贫困[M].杜汝楫、邱仁宗译,北京:华夏出版社,1987.

〔英〕卡尔·波普尔.无尽的探索——卡尔·波普尔自传[M].邱仁宗译,南京:江苏人民出版社,2000.

〔英〕卡尔·波普尔.猜想与反驳——科学知识的增长[M].傅季重等译,上海:上海译文出版社,1986.

〔英〕卡尔·波普尔.开放社会及其敌人.第1卷[M].陆衡等译,北京:中国社会科学出版社,1999.

〔英〕卡尔·波普尔.开放社会及其敌人.第2卷[M].郑一明等译,北京:中国社会科学出版社,1999.

〔英〕卡尔·波普尔.客观知识:一个进化论的研究[M].舒炜光等译,上海:上海译文出版社,2005.

〔英〕乔·柯尔.费边社会主义[M].夏遇南、吴澜译,北京:商务印书馆,1984.

〔英〕乔治·奥威尔.一九八四[M].董乐山译,上海:上海译文出版社,2009.

〔英〕沃尔特·白芝浩.物理与政治,或"自然选择"与"遗传"原理应用于政治社会之思考[M].金自宁译,上海:上海三联书店,2008.

〔英〕威廉·佩第.政治算术[M].陈冬野译,北京:商务印书馆,1978.

〔英〕约翰·齐曼.真科学:它是什么,它指什么[M].曾国屏、匡辉、张成岗译,上海:上海科技教育出版社,2002.

〔法〕昂利·圣西门.圣西门选集.第1卷[M].王燕生等译,北京:商务印书馆,1979.

〔法〕昂利·圣西门.圣西门选集.第2卷[M].董果良译,北京:商务印书馆,1982.

〔法〕昂利·圣西门.圣西门选集.第3卷[M].董果良、赵鸣远译,北京:商务印书馆,1985.

〔法〕贝尔纳·斯蒂格勒.技术与时间1:爱比米修斯的过失[M].裴程译,南京:译林出版社,2000.

〔法〕贝尔纳·斯蒂格勒.技术与时间2:迷失方向[M].赵和平、印螺译,南京:译林出版社,2010.

〔法〕贝尔纳·斯蒂格勒.技术与时间3:电影的时间与存在之痛的问题[M].方尔平

译,南京:译林出版社,2012.

〔法〕贝尔纳·斯蒂格勒. 意外地哲学思考:与埃利·杜灵访谈[M]. 许煜译,上海:上海社会科学院出版社,2018.

〔法〕布鲁诺·拉图尔.科学在行动:怎样在社会中跟随科学家和工程师[M].刘文旋、郑开译,北京:东方出版社,2005.

〔法〕布尔迪厄.文化资本与社会炼金术——布尔迪厄访谈录[C].包亚明编译,上海:上海人民出版社,1997.

〔法〕亨利·法约尔.工业管理与一般管理[M].胡苏云等译,成都:四川人民出版社,2017.

〔法〕福柯.权力的眼睛——福柯访谈录[C].严锋译,上海:上海人民出版社,1997.

〔法〕米歇尔·福柯.必须保卫社会[M].钱翰译,上海:上海人民出版社,1999.

〔法〕米歇尔·福柯.性经验史(增订版)[M].佘碧平译,上海:上海人民出版社,2002.

〔法〕米歇尔·福柯.不正常的人[M]. 钱翰译,上海:上海人民出版社,2003.

〔法〕米歇尔·福柯.规训与惩罚:监狱的诞生.第2版 [M].刘北城、杨远婴译,北京:生活·读书·新知三联书店,2003.

〔法〕米歇尔·福柯.杜小真编选.福柯集[M].上海:上海远东出版社,2003.

〔法〕米歇尔·福柯.安全、领土与人口[M].钱翰、陈晓径译,上海:上海人民出版社,2018.

〔法〕米歇尔·福柯.惩罚的社会[M].陈雪杰译,上海:上海人民出版社,2018.

〔法〕米歇尔·福柯.生命政治的诞生[M].莫伟民、赵伟译,上海:上海人民出版社,2018.

〔法〕吉尔·德勒兹.哲学与权力的谈判:德勒兹访谈录[M].刘汉全译,北京:商务印书馆,2000.

〔德〕安德烈亚斯·罗德. 21.0:当代简史[M]. 朱颜译,北京:商务印书馆,2020.

〔德〕鲁道夫·卡尔纳普.卡尔纳普思想自述[M].陈晓山、涂敏译,上海:上海译文出版社,1985.

〔德〕鲁道夫·卡尔那普.世界的逻辑构造[M].陈启伟译,上海:上海译文出版社,1999.

〔德〕尤尔根·哈贝马斯.作为"意识形态"的技术和科学[M]. 李黎、郭官义译,上海:学林出版社,1999.

〔德〕尤尔根·哈贝马斯.认识与兴趣[M].郭官义、李黎译,上海:学林出版社,1999.

〔德〕于尔根·哈贝马斯.后形而上学思想[M].曹卫东、付德根译,南京:译林出版社,2001.

〔德〕尤尔根·哈贝马斯.理论与实践[M].郭官义、李黎译,北京:社会科学文献出版社,2004.

〔德〕马克斯·霍克海默、西奥多·阿道尔诺.启蒙辩证法——哲学片段[M].渠敬东、曹卫东译,上海:上海人民出版社,2006.

〔意〕吉奥乔·阿甘本.例外状态[M].薛熙平译,西安:西北大学出版社,2015.

〔意〕吉奥乔·阿甘本.无目的的手段:政治学笔记[M].赵文译,郑州:河南大学出版社,2015.

〔意〕吉奥乔·阿甘本.神圣人:至高权力与赤裸生命[M].吴冠军译,北京:中央编译出版社,2016.

〔加〕安德鲁·芬伯格.可选择的现代性[M].陆俊等译,北京:中国社会科学出版社,2003.

〔加〕安德鲁·芬伯格.技术批判理论[M].韩连庆、曹观法译,北京:北京大学出版社,2005.

〔加〕芬博格.海德格尔和马尔库塞:历史的灾难与救赎[M].文成伟译,上海:上海社会科学院出版社,2010.

〔奥〕奥托·纽拉特.社会科学基础[M].杨富斌译,北京:华夏出版社,2000.

〔奥〕O.纽拉特.科学的世界观:维也纳小组——献给石里克[J].王玉北译,哲学译丛,1994(1):36—44.

〔苏〕Э.B.杰缅丘诺克.当代美国的技术统治论思潮[M].赵国琦、黄立夫等译,沈阳:辽宁人民出版社,1988.

〔俄〕叶甫盖尼·扎米亚京.我们[M].陈超译,上海:上海译文出版社,2017.

〔以〕亚伦·埃兹拉希.伊卡洛斯的陨落:科学与当代民主转型[M].尚智丛、王慧斌、杨萌等译,上海:上海交通大学出版社,2015.

〔南斯拉夫〕密洛凡·德热拉斯.新阶级:对共产主义制度的分析[M].陈逸译,北京:世界知识出版社,1963.

〔西〕奥尔特加·加塞特.大众的反叛[M].刘训练、佟德志译,长春:吉林人民出版社,2004.

〔荷〕彼得·保罗·维贝克.将技术道德化:理解与设计物的道德[M].闫宏秀、杨庆峰译,上海:上海交通大学出版社,2016.

刘大椿、刘永谋.思想的攻防——另类科学哲学的兴起和演化[M].北京:中国人民大学出版社,2010.

刘永谋.论技治主义:以凡勃伦为例[J].哲学研究,2012(3):91—97.

刘永谋.行动中的密涅瓦:当代认知活动的权力之维[M].成都:西南交通大学出版

社,2014.

刘永谋. 技术治理的逻辑[J]. 中国人民大学学报,2016(6):118—127.

刘永谋. 技术治理的哲学反思[J]. 江海学刊,2018(4):46—52.

刘永谋. 技术治理、反治理与再治理:以智能治理为例[J]. 云南社会科学,2019(2):29—34.

刘永谋. 技术治理与当代中国治理现代化[J]. 哲学动态,2021(1):43—45.

刘永谋. 技术的反叛[M]. 北京:北京大学出版社,2021.

刘永谋等. 疫情应对与技术治理[M]. 北京:中国社会科学出版社,2022.

邱仁宗. 生命伦理学(增订本)[M]. 北京:中国人民大学出版社,2020.

邬晓燕. 科学乌托邦主义的建构与解构[M]. 北京:中国社会科学出版社,2013.

薛毅. 国民政府资源委员会研究[M]. 北京:社会科学文献出版社,2005.

段伟文. 深度科技化与中国技术哲学的未来之路[J]. 哲学动态,2021(1):49—52.

外文文献

Ackerman, Bruce. *We the People: The Civil Right Revolution*[M]. MA: Harvard University Press, 2014.

Adair, David. *The Technocrats 1919—1967: A Case Study of Conflict and Change in a Social Movement*[D]. Vancouver, MA: Dissertation of Simon Fraser University, 1970.

Adams, Walter. A Blueprint for Technocracy [J]. *Science*, New Series, 1967, 157 (3788): 532-533.

Akin, William E. *Technocracy and The American Dream: The Technocrat Movement, 1900—1941*[M]. Berkeley, Los Angeles: University of California Press. 1977.

Andreas, Joel. *Rise of the Red Engineers: The Cultural Revolution and the Origins of China's New Class*[M]. Stanford, California: Stanford University Press, 2009.

Arnold, Gordon B. *Conspiracy Theory in Film, Television, and Politics*, Westport, Connecticut[M]. London: Preaeger, 2008.

Bailes, Kendall E. The Politics of Technology: Stalin and Technocratic Thinking among Soviet Engineers[J]. *The American Historical Review*, 1974, 79(2): 445-469.

Bartley, Russell H., Bartley, Syvia Erickson. Stigmatizing Thorstein Veblen: A Study in the Confection of Academic Reputation[J]. *International Journal of Politics, Culture and Society*, 2000, 14(2): 363-400.

Beissinger, Mark R. *Scientific Management, Socialist Discipline, and Soviet Power*[M]. Cambridge: Harvard University Press, 1988.

Bell, Daniel. Veblen and the New Class[J]. *American Scholar*, 1963, 32(3): 616-638.

Bell, Daniel. Twelve Modes of Prediction: A Preliminary Sorting of Approaches in the Social Sciences[J]. *Daedalus*, 1964, 93(3): 845-880.

Bell, Daniel. Ideology and Soviet Politics[J]. *Slavic Review*, 1965,24(4): 591-603.

Bell, Daniel. The Year 2000: The Trajectory of an Idea[J]. *Daedalus*, 1967, 96(3): 639-651.

Bell, Daniel. The Return of the Sacred? The Argument on the Future of Religion[J]. *The British Journal of Sociology*, 1977, 28(4): 419-449.

Bell, Daniel A.. China Model: Political Meritocracy and the Limits of Democracy[M]. Princeton:Princeton University Press, 2015.

Boorstin, Daniel J.. *The Republic of Technology: Reflections on Our Future Community*[M]. New York: Harper & Row, 1978.

Brint, Steven. Rethinking the Policy Influence of Experts: From General Characterization to Analysis of Variation[J]. *Sociological Forum*, 1990, 5(3): 361-385.

Brzezinsiki, Zbigniew. Cincinnatus and the Apparatchik[J]. *World Politics*, 1963, 16(1): 52-78.

Brzezinski, Zbigniew. *Between Two Ages: America's Role in the Technetronic Era*[M]. New York: Viking Press, 1970.

Brzezinsiki, Zbigniew. Selective Global Commitment[J]. *Foreign Affairs*, 1991, 70(4): 1-20.

Brzezinsiki, Zbigniew. Dogmatic Dangers: When Policymaking Rigidfies Ideas[J]. *Harvard International Review*, 2006(2): 66-69.

Bucchi, Massimiano. *Beyond Technocracy: Science, Politics and Citizens*, Translated by Adrian Belton, Longdon[M]. New York: Springer Science&Business Media, LLC, 2009.

Burnham, James. *The Managerial Revolution*[M]. Bloomington: Indiana University Press, 1941.

Burnham, James. Managing the Managers[J]. *Challenger*, 1960, 8(8): 18-23.

Burris, Beverly H.. Technocratic Organization and Control[J]. *Organization Studies*, 1989, 10(1): 1-23.

Burris, Beverly H.. *Technocracy at Work*[M]. Albany: State University of New York Press, 1993.

Carleton, William G.. The Century of Technocracy[J]. *The Antioch Review*, 1965—1966, 25(4): 487-506.

Carlisle, Robert B.. The Birth of Technocracy: Science, Society, and Saint-Simonians [J]. *Journal of the History of Ideas*, 1974, 35(3): 445-464.

Cartwright, Nancy, Cat, Jordi, Fleck, Lola, Uebel, Thomas E. *Otto Neurath: Philosophy Between Science and Politics*[M]. Cambridge, New York: Cambridge University Press, 1996.

Cassano, Graham. Choosing our ancestors: Thorstein Veblen, Radical Institutionalism and Sociology[J]. *Critical Sociology*, 2009, 35(3): 367-377.

Centeno, Miguel Angel. The New Leviathan: The Dynamics and Limits of Technocracy [J]. *Theory and Society*, 1993, 22(3):307-335.

Clarence, Emma. Technocracy Reinvented: The New Evidence Based Policy Movement [J]. *Public Policy and Administration*, 2002, 17(3):1-12.

Conroy, Stephen S.. Thorstein Veblen's Prose[J]. *American Quarterly*, 1968, 20(3): 605-615.

Cooke, Morris L.. The Spirit and Social Significance of Scientific Management[J]. *Journal of Political Economy*, 1913, 21(6): 481-493.

Cooke, Morris L.. Scientific Management of the Public Business[J]. *The American Political Science Review*, 1915, 9(3): 488-495.

Cooke, Morris Llewellyn. Ethics and the Engineering Profession[J]. *The Annals of the American Academy of Political and Social Science, The Ethics of the Professions and Business*, 1922, 101(1): 68-72.

Cooke, Morris L.. Forecast of Power Development[J]. *The American Economic Review*, 1937, 27(1): 236-242.

Cooke, Morris Llewllyn. Professional Ethics and Social Change[J]. *The American Scholar*, 1946, 15(4): 487-497.

Davis, C. H.. *The American Technocracy Movement: A Case Study in the History of Economic Thought*[D]. Washington, D. C.: Ph. D Dissertation of American University, 1986.

DeSario, Jack. Stuart Langton. Citizen Participation and Technocracy[J]. *Policy Studies Review*, 1984,3(2): 223-233.

Dreyfus, H. L., Dreyfus, S. E.. *Mind Over Machine: The Power of Human Intuition and Expertise in the Era of the Computer*[M]. New York: Free Press,1986.

Dugger, William M.. Veblen's Radical Theory of Social Evolution[J]. *Journal of Economic Issues*, 2006, XL(3):651-672.

DuPuis, Melanie, Gareau, Brian J.. Neoliberal Knowledge: The Decline of Technocracy and the Weakening of the Montreal Protocol[J]. *Social Science Quarterly*, 2008, 89(5):

1212-1228.

Ellul, J.. *The Technological Society*[M]. New: Vintage Books,1967.

Faulkner, Joseph Kaye. *The Emergence of Technocracy as a Social Reform Movement*[D]. Salt Lake City, UT: Ph. D Dissertation of University of Utah, 1965.

Feenberg,Andrew. Remembering the May Events[J]. *Theory and Society*, 1978, 6(1): 29-53.

Feenberg, Andrew. Technology Transfer and Cultural Change in Communist Societies[J]. *Technology and Culture*, 1979, 20(2): 348-354.

Feenberg, Andrew. *Questioning Technology*[M]. London, New York: Routledge, 1999.

Fischer, Frank. *Technocracy and the Politics of Expertise*[M]. Newbury Park, London, New Delhi: Sage Publicaitons, 1990.

Fodor, Jerry A. Special Sciences: Or, the Disunity of Science as a Working Hypothesis [J]. *Synthese*, 1974,28 (2): 97-115.

Forester, Tome(ed). *The Information Technology Revolution*[M]. Cambridge: MIT Press, 1985.

Fredrickson, George M.. Thorstein Veblen: The Last Viking[J]. *American Quarterly*, 1959, 11(3): 403-415,

Galbraith, J. K.. *The New Industrial State* [M]. Boston: Houghton Mifflin Company, 1971.

Galbraith, John Kenneth. Conversation with an Inconvenient Economist[J]. *Challenge*, 1973,16(4): 28-37.

Galbraith, John Kenneth. Economics and the Quality of Life[J]. *Science, New Series*, 1964, 145(3628): 117-123.

Galbraith, John Kenneth. Time and the New Industrial State[J]. *The American Economic Review*, 1988, 78(2): 373-376.

Galbraith, John Kenneth. What Happened to the Good Society? [J]. *Challenge*, 2001, 44(4): 5-13.

Gilbreth Frank B.. Units, Methods, and Devices of Measurement Under Scientific Management[J]. *Journal of Political Economy*, 1913, 21(7): 618-629.

Gantt, H. L. , Loos, Issac A.. Education and Industrial Efficiency-Discussion[J]. *The American Economic Review*, 1915, 5(1): 227-233.

Gilbreth Frank B.. Motion Study as an Increase of National Wealth[J]. *The Annals of the American Academy of Political and Social Science*, The American Industrial Opportunity, 1915,

59: 96-103.

Gilbreth, Lillian M.. Efficiency of Women Workers[J], *The Annals of the American Academy of Political and Social Science*, 1929, 143: 61-64.

Graham, Loren R.. *The Ghost of the Executed Engineer: Technology and the Fall of the Soviet Union*[M]. Cambridge, MA, London, England: Harvard Univerity Press, 1993.

Greenwald, Howard P.. Scientist and Technocratic Ideology[J]. *Social Forces*. 1979, 58(2): 630-650.

Greenland, P. C.. The Claims of Technocracy[J]. *The Australian Quarterly*, 1959, 3(1): 88-96.

Gruber, Helmut. *Red Vienna: Experiment in Working-Class Culture, 1919—1934* [M]. New York, Oxford: Oxford University Press, 1991.

Gunnell, J. G.. The Technocratic Image and the Theory of Technocracy[J]. *Technology and Culture*, 1982, 23(3): 391-416.

Habermas, Jurgen. *The Lure of Technocracy* [M]. translated by Ciaran Cronin, Cambridge, UK; Malden, MA: Polity Press, 2015.

Harari, Yuval Noah. Why Technology Favors Tyranny[J]. *The Atlantic*, 2018 (10): 10-16.

Hayek, F. A.. Economics and Knowledge[J]. *Economics, New Series*, 1937, 4(13): 33-54.

Hayek, F. A.. The Use of Knowledge in Society[J]. *The American Economic Review*, 1945, 35(4): 519-530.

Hayek, F. A.. Freedom, Reason, and Tradition[J]. *Ethics*, 1958, 68(4): 229-245.

Haynes, Roslynn D.. *H. G. Wells Discoverer of the Future: The Influence of Science on his Thought*[M]. London: The Macmillan Press LTD, 1980.

Hodgson, Geoffrey M.. Choice, Habit and Evolution[J]. *Journal of Evolving Economy*, 2010, 20:1-18.

Hubbert, M. King. *Technocracy Study Course*[M]. New York: Technocracy INC., 1934, 1935, 1936.

Jones, Barry. *Sleepers, Wake! Technology and the Future of Work*[M]. Oxford: Oxford University Press, 1995.

Keith, Jim. *Mind Control, World Control: The Encyclodia of Mind Control*[M]. Illinois: Adventure Unlimited Press, Kempton, 1998.

Khanna, Parag. *Technocracy in America: Rise of the Info-State* [M]. Kentucky: CreateSpace, 2017.

Kitchin, Rob. The Real-time City? Big Data and Smart Urbanism[J]. *Geo Journal*, 2014, 79(1): 1-14.

Kleinberg, Benjamin S.. *American Society in the Postindustrial Age: Technocracy, Power, and the End of Ideology*[M]. Columbus, Ohio: Charles E. Merrill Publishing Company, A Bell & Howell Company, 1973.

Knorr, K. D. (ed.). *The Social Process of Scientific Investigation*[C]. Dordrecht: Reidel Publishing, 1981.

Latour B.. *Reassembling the Social: An Introduction to Actor-Network-Theory*[M]. Oxford, New York: Oxford University Press, 2005.

Lakoff, Sanford A.. Knowledge, Power, and Democratic Theory[J]. *Annals of the American Academy of Political and Social Science*, 1971, 394(1): 4-12.

Layton, Susan. The Critique of Technocracy in Early Soviet Literature: The Responses of Zamyatin and Mayakovsky[J]. *Dialectical Anthropology*, 1978, 3(1): 1-20.

Leob, Harvold. *Full Production Without War*[M]. Princeton, N. J.: Princeton Univ. Press, 1946.

Loeb, Harold. *The Way It Was*[M]. New York: Criterion, 1959.

Leob, Harold, Segal, Howard P.. *Life in a Technocracy: What It Might Be Like*[M]. Syracuse, New York: Syracuse University Press, 1996.

Li, Cheng. *The Rise of Technocracy: Elite Transformation and Ideological Change in Post-Mao China*[D]. Princeton: Ph. D dissertation of Princeton University, 1992.

Li, Cheng, White, Lynn. Elite Transformation and Modern Change in Mainland China and Taiwan: Empirical Data and the Technocracy[J]. *The China Quarterly*, 1990, 121: 1-35.

Li, Cheng, White, Lynn T.. China's Technocratic Movement and the World Economic Herald[J]. *Modern China*, 1991, 17(3): 342-388.

Liu, Yongmou. American Technocracy and Chinese Response: Theories and Practices of Chinese Export Politics in the Period of the Nanjing Government, 1927—1949[J]. *Technology in Society*, 2015, 43: 75-85.

Liu, Yongmou. The Benefit of Technocracy in China[J]. *Issues in Science and Technology*, 2016, 33(1): 25-28.

Lynn, Richard. *Eugenics: A Reassessment Human Evolution, Behavior, and Intelligence*[M]. London: Greenwood Publishing Group, 2001.

Lyon. D.. An Electronic Panopticon? A Sociological Critique of Surveillance Theory[J]. *The Sociological Review*, 1993, 41(4): 653-678.

Maier, Charles S.. Between Taylorism and Technocracy: European Ideologies and the Vision of Industrial Productivity in the 1920s[J]. *Journal of Contemporary History*, 1970, 5(2): 27-61.

Mallet, Serge. *The New Working Class*[M]. Bristol: Spokesman Books, 1975.

Mardiros, Antony M.. Karl Popper as Social Philosopher[J]. *Canadian Journal of Philosophy*, 1975, 5(1): 157-171.

Marks, John. *The Search for the "Manchurian Candidate": The CIA and Mind Control*[M]. London: Penguin Books Ltd., 1979.

McAdams, John. *The New Class in Post-industrial Society*[M]. New York: Palgrave Macmillan, 2015.

McLeod, Mary. "Architecture or Revolution": Taylorism, Technocracy, and Social Change[J]. *Art Journal*, 1983(2):132-147.

Medina, Eden. *Cybernetic Revolutionaries: Technology and Politics in Allende's Chile*[M]. Cambridge, MA, USA: MIT Press, 2011.

Mestrovic, Stjepan(ed.). *Thorstein Veblen on Culture and Society*[C]. London, Thousand Oaks, New Delhi: Sage Publication, 2003.

Meynaud, Jean. *Technocracy*[M]. translated by Paul Barnes, New York: The Free Press, 1969.

Mitcham, Carl. *Step toward a Philosophy of Engineering: Historical-Philosophical and Critical Essays*[C]. London, New York: Rowman & Littlefield, 2020.

Mithell, Ross E. Thoretein Veblen, Pioneer in Environmental Sociology[J]. *Organization & Environment*, 2001, 14(4): 389-408.

Moylan, Tom. *Scraps of the Untainted Sky: Science Fiction, Utopia, Dystopia*[M]. Boulder, CO: Westview Press, 2000.

Nagel, E., Suppes, P., Tarski, A. (eds.) *Logic, Methodology, and Philosophy of Science: Proceedings of the Nineteenth International Congress*[C]. Stanford: Stanford University Press, 1962.

Naour, Paul. *E. O. Wilson and B. F. Skinner: A Dialogue Between Sociobiology and Radical Behaviorism*[M]. New York: Springer Science + Business Media, 2009.

Nelson, Daniel. *Frederick W. Taylor and the Rise of Scientific Management*[M]. Madison, Wisconsin: The University of Wisconsin Press, 1980.

Neurath, Otto (ed.). *Empiricism and Sociology* [C], Dordrecht: Reidel, 1973.

Neurath, Otto. *Philosophical Papers 1913—1946*[C]. Dordracht, Holland: D. Reidel

Publising Company, 1983.

Neurath, Otto(ed). *Unified Science*[C]. Dordrecht, Boston, Lancaster, Tokyo: D. Reidel Publishing Company, 1987.

Neurath, Otto. *Economic Writings Selections 1904—1945*[C]. New York, Boston, Dordrecht, London, Moscow: Kluwer Academic Publishers, 2005.

North, Christopher Tius. From Technocracy to Aristocracy: The Changing Career Paths of Japanese Politicians[J]. *Journal of East Asian Studies*, 2005(5): 239-272.

Olson, Richard G.. *Science and Scientism in Nineteenth-Century Europe*[M]. Urbana, Chicago: University of Illinois Press, 2008.

Olson, Richard G.. *Scientism and Technocracy in the Twentieth Century: The Legacy of Science Management*[M]. New York, London: Lexington Books, 2016.

Orwell, George. *The Collected Essays, Journalism and Letters of George Orwell (Volume IV): In Front of Your Nose (1945—1959)*[C]. London: Secker & Warburg, 1968.

Ouyang, Guangwei. Scientism, Technocracy, and Morality in China[J]. *Journal of Chinese Philosophy*, 2003, 30(2): 177-193.

Peters, Benjamin. *How Not to Network a Nation: the Uneasy History of the Soviet Internet*[M]. Cambridge, MA, USA: MIT Press, 2016.

Popper, Karl R.. Back to the Pre-Socratics: The Presidential Address[J]. *Proceedings of the Aristotelian Society, New Series*, 1958—1959, 59: 1-24.

Popper, Karl R.. Epistemology and Industrialization, Remarks on the Influence of Philosophical Ideas on the History of Europe[J]. *ORDO*, 1979, 30: 3-20.

Popper, Karl R.. Utopia and Violence[J]. *World Affairs*, 1986, 149(1): 3-9.

Postman, Neil. Social Science as Theology[J]. *ETC*, 1984, 41(1):22-32.

Price, Don K.. *Government and Science: Their Dynamic Relation in American Democracy*[M]. New York: Oxford University Press, 1962.

Price, Don K.. Escape to the Endless Frontier[J]. *Science, New Series*, 1963, 148(3671): 743-749.

Price, Don K.. Here and There: The Twofold Principle of Freedom and Responsibility[J]. *American Scientist*, 1965, 53(4): 525-530.

Price, Don. K.. *The Scientific Estate*[M]. Cambridge, MA., London, England: Harvard University Press, 1965.

Price, D. K.. Endless Frontier or Bureaucratic Morass? [J]. *Daedalus*, 1978,107(2): 75-92.

Price, Don K.. The Natural Sciences, The Social Sciences and Politics[J]. *Minerva*, 1988, 26(3): 416-428.

Putnam, Robert D.. Elite Transformation in Advanced Industrial Societies: An Empirical Assessment of the Theory of Technocracy[J]. *Comparative Political Studies*, 1977, 10(3): 383-413.

Radaelli, C. M.. *Technocracy in the European Union*[M]. London, New York: Routledge, 1999.

Raymond, Allen. *What is Technocracy*[M]. New York: Whittlesey House, 1933.

Reisch, George A.. *How the Cold War Transformed Philosophy of Science: To the Icy Slopes of Logic* [M]. Cambridge, New York: Cambridge University Press, 2005.

Richardson, J. E (ed.). *Handbook of Theory of Research for the Sociology of Education* [C]. Westport, CT: Greenword Press, 1986.

Roszak, Theodore. *The Making of A Counter Culture: Reflections on the Technocratic Society and Its Youthful Opposition*[M]. New York: Anchor Books, 1969.

Savigear, P.. Some Political Consequences of Technocracy[J]. *Journal of European Studies*, 1971, (1): 149-162.

Smith, Michael M.. Marx, Technocracy, and the Corporatist Ethos[J]. *Studies in Soviet Thought*, 1988, 36(4): 233-250.

Scott, David. What would Veblen Say? [J]. *Leisure Sciences*, 2010, 32(3): 288-294.

Scott, Howard, et al. *Introduction to Technocracy*[M] New York: Continental Headquarters, Tecnocracy Inc., 1936, 1937, 1938, 1940.

Scott, Howard. *The Evolution of Statesmanship & Science and Society*[M]. New York: Continental Headquarters, Tecnocracy Inc., 1939.

Scott, Howard. *Science Versus Chaos*! [M]. New York: Continental Headquarters, Tecnocracy Inc., 1939.

Scott, Howard. The Hotel Pierre Address[J]. *Technocracy*, Series A, 1940, 19: 3-10.

Scott, Howard, Faulkner, J. K.. *History and Purpose of Technocracy* [M]. Ferndale: Technocracy INC,1984.

Segal, H. P.. *Technological Utopianism in American Culture*[M]. NY: Syracuse University Press, 2005.

Skinner, B. F.. Behaviorism at Fifty [J]. *Science, New Series*, 1963, 140 (3570): 951-958.

Skinner, B. F.. *Contigencies of Reinforcement: A Theoretical Analysis*[M]. New York:

Meredith Corporation, 1969.

Skinner, B. F.. *About Behaviorism*[M]. New York: Vintage Books, 1976.

Skinner, B. F.. Selection by Consequences[J]. *Science, New Series*, 1981, 213(4570): 501-504.

Skinner, B. F.. *Upon Further Reflection*[C]. Englewood Cliffs, NJ: Prentice-Hall, INC., 1987.

Skinner, B. F.. *Recent Issues in the Analysis of Behavior*[C]. Columbus, Ohio: Merrill Publishing Company, A Bell & Howell Information Company, 1989.

Smith Laurence D. (ed.). *B. F. Skinner and Behaviorism in American Culture*[M]. Bethlehem: Lehigh University Press, 1996.

Smith, Michael G.. Marx, Technocracy, and the Corporatist Ethos[J]. *Soviet Thought*, 1988, 36(4): 233-250.

Spender, J.-C., Kijne, Hogo J.. *Scientific Management: Frederick Winslow Taylor's Gift to the World?* [M] Boston, Dordrecht, London: Kluwer Academic Publishers, 1996.

Symons, John, Pombo, Olga, Torres, Juan Manuel(eds.). *Otto Neurath and the Unity of Science*[C]. London, New York: Springer, 2011.

Taylor, Frederick W.. A Comparison of University and Industrial Discipline and Methods [J]. *Science, New Series*, 1906, 24(619):577-583.

Tilman, Rick. *The Intellectual Legacy of Thorstein Veblen: Unresolved Issues*[M]. Westport, Connecticut, London: Greenwood Press, 1996.

The Association of Mechanical Engineers. *Gantt on Management: Guidelines for Today's Executive*[M]. New York: The American Management Association, Inc., 1961.

The Technocracy Inc.. *America Must Show the Way!* [M]. New York: Continental Headquarters, Tecnocracy Inc., 1940.

The Technocracy Inc.. *Energy Certificate* [M]. New York: Continental Headquarters, Tecnocracy Inc., 1940.

The Technocracy Inc.. *The Mystery of Money*[M]. New York: Continental Headquarters, Tecnocracy Inc., 1941.

The Technocracy Inc.. *Technocracy in Plain Terms: A Challenge and a Warning* [M]. New York: Continental Headquarters, Tecnocracy Inc., 1942.

Touraine, Alain. *The Post-Industrial Society; Tomorrow's Social History: Classes, Conflicts and Culture in the Programmed Society*[M]. **translated by** Leonard F. X. Mayhew, New York: Random House, Inc., 1971.

Uebel, Thomas E. (ed.). *Rediscovering the Forgotten Vienna Circle: Austrian Studies on Otto Neurath and the Vienna Circle* [M]. Dordrecht, Bosoton, London: Kluwer Academic Publishers, 1991.

Veblen, Florence. Thorstein Veblen: Reminiscences of His Brother Orson [J]. *Social Forces*, 1931, 10(2): 187-195.

Veblen, T.. *The Theory of Business Enterprise* [M], New York: Charles Scribner's Sons, 1915.

Veblen, T.. *The Engineers and the Price System* [M], New York: Harcourt, Brace & World, 1963.

Veblen, Thorstein. *Absentee Ownership and Business Enterprise in Recent Times: The Case of America* [M]. New York: A. M. Kelley, Bookseller, 1964.

Walker, Pat (ed.). *Between Labor and Capital: The Professional-Managerial Class* [C]. Boston: Southe End Press, 1978.

Wasserman, Janek. *Black Vienna, Red Vienna: the Struggle for Intellectual and Political Hegemony in Interwar Vienna, 1918—1938* [D]. Washington: Washington University in Saint Louis, 2010.

Wells, H.G.. *The Discovery of The Future* [M]. New York: B. W. Huebsch, 1913.

Wells, H.G.. *The Shape of Things to Come* [M]. London: Penguin Classics, 2006.

Wells, H.G.. *The New World Order* [M]. New York: FQ Classics, 2007.

Wells. H.G.. *A Modern Utopia* [M]. Auckland, New Zealand: The Floating Press, 2009.

Wells, H. G.. *The Open Conspiracy: Blue Prints for World Revolution* [M]. London: Read Book Ltd., 2016.

Whyte, William H.. *The Organization Man* [M]. Pennsylvania: University of Pennsylvania Press, 1956.

Winner, Longdon. *The Whale and the Reactor: A Search for Limits in an Age of High Technology* [C]. Chicago and London: The University of Chicago Press, 1992.

Winner, Longdon(ed.). *Democracy in a Technological Society* [C]. Dordrecht: Springer Science&Business Media, B. V., 1992.

Weishaar, Wayne. Tehcnocracy: An Appraisal [J]. *The North American Review*, 1933, 235(2): 121-128.

Wisnioski, Matthew H.. *Engineers and the Intellectual Crisis of Technology, 1957—1973* [D]. Princeton: Ph. D dissertation of Princeton University, 2005.

Wood, Patrick M.. *Technocracy Rising: The Trojan Horse of Global Transformation* [M].

Mesa, AZ: Coherent Publishing, 2015.

Woodall, Jean. *The Socialists Corporation and Technocratic Power: The Polish United Workers' Party, Industrial Organization and Workforce Control, 1958—80* [M]. Cambridge, London, New York: Cambridge University Press, 1982.

Wutke, Eugene Roger. *Technocracy: It Failed to Save the Nation* [D]. Kansas City: Ph. D dissertation of University of Missouri at Kansas City, 1964.

Zang, Xiaowei. The Fourteenth Central Committee of the CCP: Technocracy or Political Technocracy? [J]. *Asian Survey*, 1993, 33(8): 787-803.

Zilsel, Edgar. *The Social Origins of Modern Science* [M]. Dordracht: Springer Science&Business Media, 2003.

Zins, Daniel L.. Rescuing Science from Technocracy: "Cat's Cradle" and the Play of Apocalypse [J]. *Science Fiction Studies*, 1986, 13(2):170-181.

图书在版编目(CIP)数据

技术治理通论/刘永谋著. —北京：北京大学出版社，2023.5
ISBN 978-7-301-33631-1

Ⅰ.①技… Ⅱ.①刘… Ⅲ.①科学技术管理—研究—中国 Ⅳ.①F204

中国版本图书馆CIP数据核字(2022)第229755号

书　　名	技术治理通论 JISHU ZHILI TONGLUN
著作责任者	刘永谋　著
责任编辑	魏冬峰　段　珩
标准书号	ISBN 978-7-301-33631-1
出版发行	北京大学出版社
地　　址	北京市海淀区成府路205号　100871
网　　址	http://www.pup.cn　新浪微博：@北京大学出版社
电子信箱	weidf02@sina.com
电　　话	邮购部 010-62752015　发行部 010-62750672 编辑部 010-62752728
印刷者	北京中科印刷有限公司
经销者	新华书店 965毫米×1300毫米　16开本　42印张　645千字 2023年5月第1版　2023年5月第1次印刷
定　　价	158.00元

未经许可，不得以任何方式复制或抄袭本书之部分或全部内容。
版权所有，侵权必究
举报电话：010-62752024　电子信箱：fd@pup.pku.edu.cn
图书如有印装质量问题，请与出版部联系，电话：010-62756370